北京通州年鉴

2022

北京通州年鉴编辑部　编

方志出版社
Publishing House of Local Records

图书在版编目（CIP）数据

北京通州年鉴 . 2022 / 北京通州年鉴编辑部编 . —
北京 : 方志出版社，2022.9
ISBN 978-7-5144-5320-1

Ⅰ. ①北… Ⅱ . ①北… Ⅲ . ①通州区—2022—年鉴
Ⅳ . ① Z521.3

中国版本图书馆 CIP 数据核字（2022）第 218751 号

责任编辑：李晓晓
责任校对：刘玉霞
责任印制：梅中英
出 版 者：方志出版社
地　　址：北京市朝阳区潘家园东里 9 号（国家方志馆 4 层）
邮　　编：100021
网　　址：http://www.zgfzcb.cn
发　　行：方志出版社图书营销中心（010-67110500）
印　　刷：北京朝阳印刷厂有限责任公司
开　　本：889 毫米 ×1194 毫米　1/16
印　　张：36.75
字　　数：1107 千字
版　　次：2022 年 9 月第 1 版
印　　次：2022 年 9 月第 1 次印刷
定　　价：200.00 元

中共北京市通州区委党史工作办公室
北京市通州区地方志办公室

主　　任	朱军辉
副 主 任	崔淑敏　陈瑞昆
工作人员	张　莉　张亚昆　史圣洁　王莎莎 王　妍　郭宝祥　赵龙刚　艾玉勃 郭卫民　吴兴保　王梓义

北京通州年鉴编辑部

主　　编	朱军辉
副 主 编	崔淑敏　陈瑞昆
执行副主编	张　莉　张亚昆
编　　辑	张　莉　张亚昆　赵龙刚

编 辑 说 明

一、《北京通州年鉴》是一部综合性资料性文献，在中共北京市通州区委和通州区人民政府的领导下，由区委党史办（区地方志办公室）主持编纂。

二、《北京通州年鉴》以马克思列宁主义、毛泽东思想、邓小平理论、“三个代表”重要思想、科学发展观、习近平新时代中国特色社会主义思想为指导，坚持辩证唯物主义和历史唯物主义的立场、观点和方法，围绕北京城市副中心建设大局，突出时代感和地方特色，旨在全面、客观、系统反映上一年度区域发展情况。

三、《北京通州年鉴（2022）》反映2021年1月1日至12月31日期间通州区域内的情况（部分内容依据实际情况略有上溯或下延），文中一般直书月、日，不再写年份。农用面积采用亩为计量单位。

四、《北京通州年鉴（2022）》设有特载、专文、大事记、区情概览、中国共产党北京市通州区委员会、通州区人民代表大会、通州区人民政府、中国人民政治协商会议通州区委员会、纪检监察、民主党派、人民团体、法治、军事、功能区建设、经济管理、农业 农村、工业 信息化、建筑业 房地产业、商贸 服务业、金融、旅游、交通 邮电、生态环境、城乡规划与建设、城乡管理、应急管理、科技、教育、文化、卫生健康、体育、社会建设、社会生活、街道乡镇、人物 荣誉、统计资料和附录。

五、《北京通州年鉴（2022）》收有通州区处级以上机构及处级以上党政实职领导干部名录，并收录2021年内获得市以上各类先进人物、先进单位名单。

六、选入年鉴的文章和条目，均由各部门、各单位确定专人撰写，经各部门单位主管领导审阅。一人提供多个条目的，只在最后一个条目后署名。本年鉴主要数据和统计资料由统计局提供，部分数据合计或相对数由于单位取舍不同而产生的计算误差，均未做机械调整。照片由通州区融媒体中心和各供稿单位提供。

七、文中所记城市副中心、副中心均指北京城市副中心，服贸会指中国国际服务贸易交易会。

编 辑 说 明

一、《北京通州年鉴》是一部综合性资料性文献，在中共北京市通州区委和通州区人民政府的领导下，由区委党史办（区地方志办公室）主持编纂。

二、《北京通州年鉴》以马克思列宁主义、毛泽东思想、邓小平理论、“三个代表”重要思想、科学发展观、习近平新时代中国特色社会主义思想为指导，坚持辩证唯物主义和历史唯物主义的立场、观点和方法，围绕北京城市副中心建设大局，突出时代感和地方特色，旨在全面、客观、系统反映上一年度区域发展情况。

三、《北京通州年鉴（2022）》反映2021年1月1日至12月31日期间通州区域内的情况（部分内容依据实际情况略有上溯或下延），文中一般直书月、日，不再写年份。农用面积采用亩为计量单位。

四、《北京通州年鉴（2022）》设有特载、专文、大事记、区情概览、中国共产党北京市通州区委员会、通州区人民代表大会、通州区人民政府、中国人民政治协商会议通州区委员会、纪检监察、民主党派、人民团体、法治、军事、功能区建设、经济管理、农业 农村、工业 信息化、建筑业 房地产业、商贸 服务业、金融、旅游、交通 邮电、生态环境、城乡规划与建设、城乡管理、应急管理、科技、教育、文化、卫生健康、体育、社会建设、社会生活、街道乡镇、人物 荣誉、统计资料和附录。

五、《北京通州年鉴（2022）》收有通州区处级以上机构及处级以上党政实职领导干部名录，并收录2021年内获得市以上各类先进人物、先进单位名单。

六、选入年鉴的文章和条目，均由各部门、各单位确定专人撰写，经各部门单位主管领导审阅。一人提供多个条目的，只在最后一个条目后署名。本年鉴主要数据和统计资料由统计局提供，部分数据合计或相对数由于单位取舍不同而产生的计算误差，均未做机械调整。照片由通州区融媒体中心和各供稿单位提供。

七、文中所记城市副中心、副中心均指北京城市副中心，服贸会指中国国际服务贸易交易会。

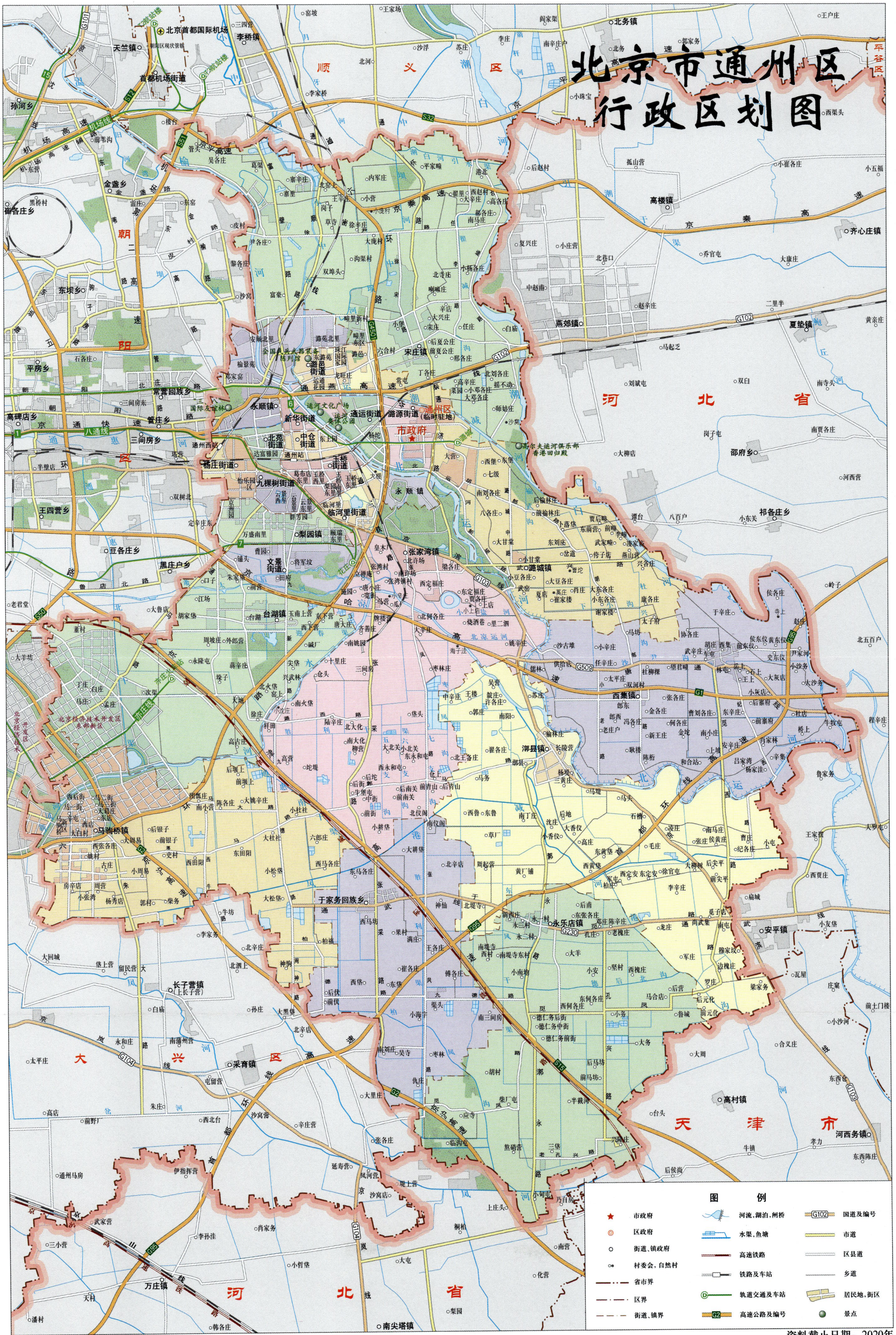

审图号：京S（2021）071号

资料截止日期：2020年

数字副中心

辖区面积	906 平方千米	个人存款余额	2155.1 亿元
年末户籍人口	83.5 万人	专利授权数	7965 件
年末常住人口	184.3 万人	技术合同成交额	476.4 亿元
地区生产总值	1206.3 亿元	幼儿园	248 所
第一产业增加值	13.2 亿元	小学	81 所
第二产业增加值	448.7 亿元	中学	46 所
第三产业增加值	744.4 亿元	医疗卫生机构	609 个
一般公共预算收入	92.4 亿元	医院床位	4425 张
一般公共预算支出	330.3 亿元	体育场地	1460 个
社会消费品零售总额	563.6 亿元	房屋施工面积	1513.5 万平方米
居民人均可支配收入	49695 元	房屋竣工面积	109.2 万平方米
居民人均消费支出	33413 元	商品房销售面积	118.8 万平方米
银行人民币存款	6051.1 亿元	城市绿化覆盖面积	8814.9 公顷
银行人民币贷款	1976.8 亿元	人均绿地面积	41.14 平方米

数字副中心

地区生产总值（万元）2017—2021

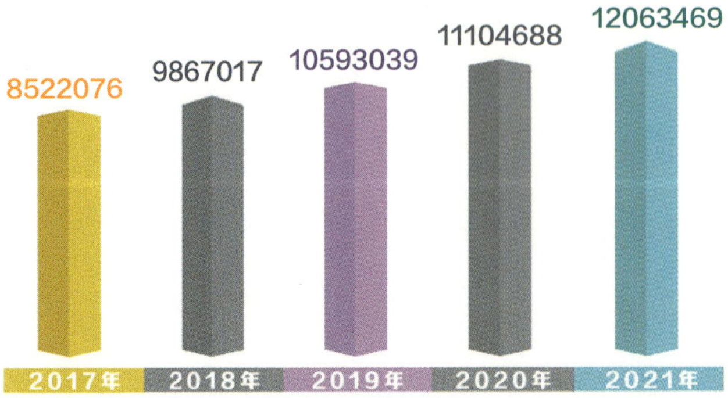

第三产业增加值（万元）2017—2021

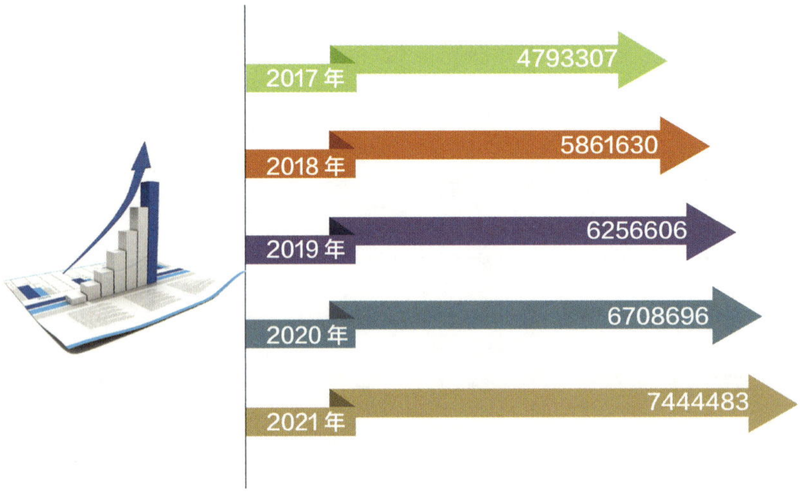

社会消费品零售总额（万元）2017—2021

万元地区生产总值能耗下降率（%）2017—2021年

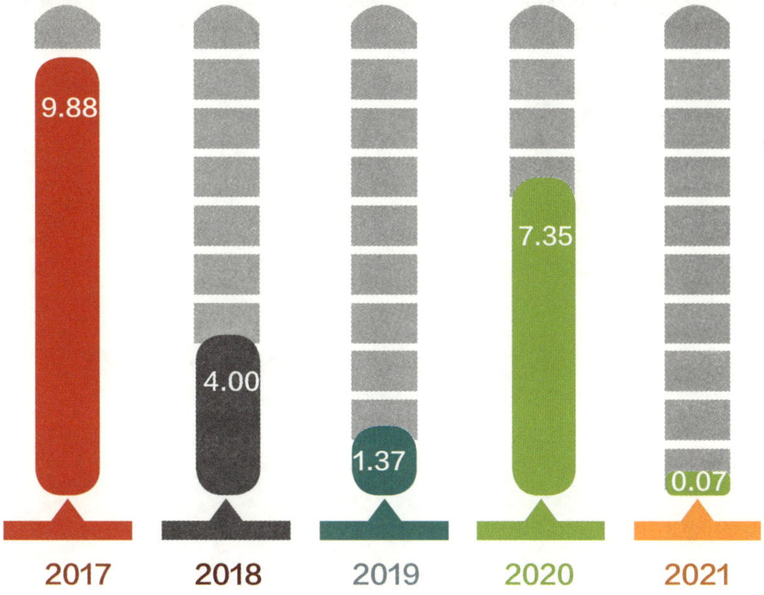

城市绿化覆盖面积（公顷）2017—2021年

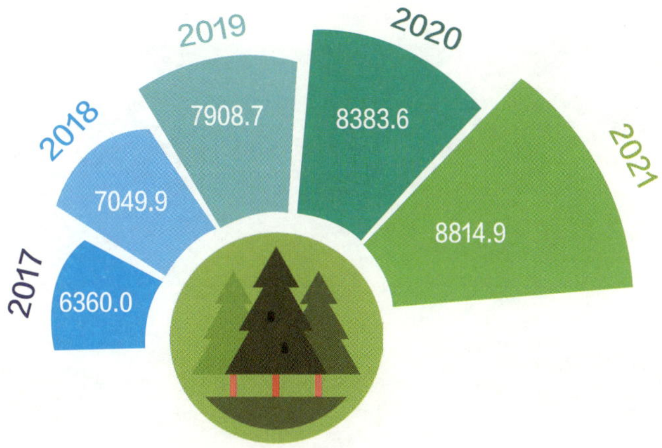

全区居民收入（元）2020年/2021年

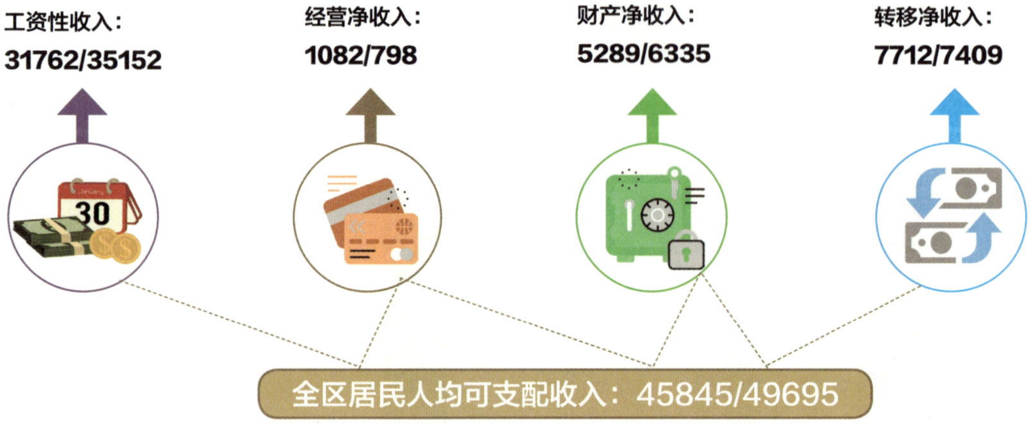

城乡各项社会保险参保人员（万人）2020年/2021年

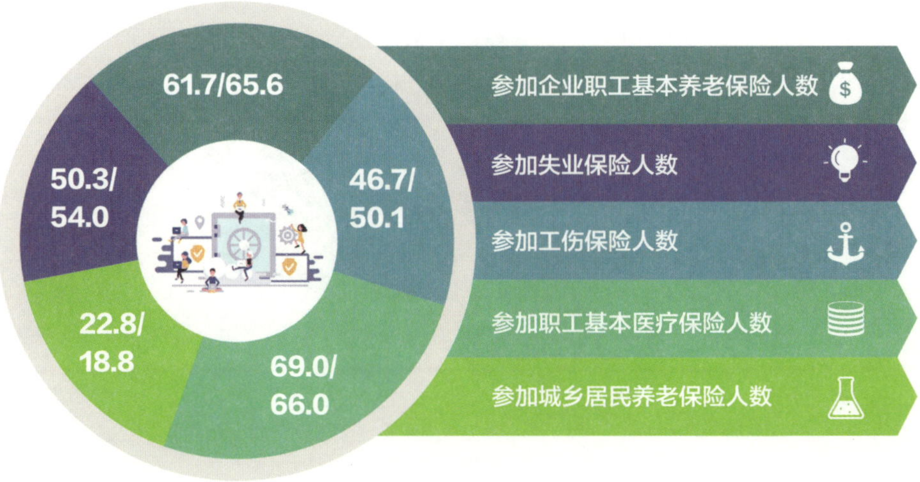

卫生

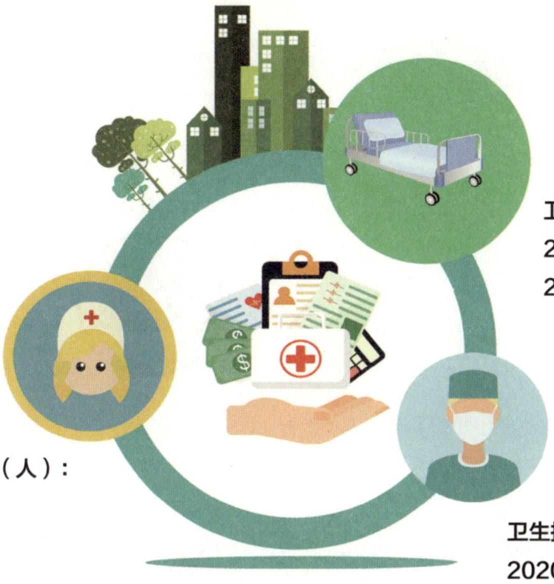

卫生机构实有床位（张）：
2020 年 4155
2021 年 4425

执业（助理）医师（人）：
2020 年 4062
2021 年 4203

卫生技术从业人员（人）：
2020 年 10486
2021 年 10846

教育

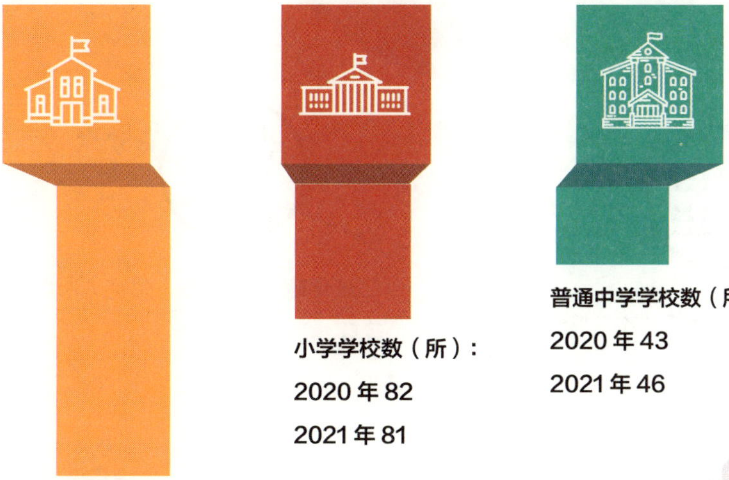

普通中学学校数（所）：
2020 年 43
2021 年 46

小学学校数（所）：
2020 年 82
2021 年 81

幼儿园数（所）：
2020 年 227
2021 年 248

生态环境

森林覆盖率（%）
33.43

湿地面积（公顷）
6294.6

公园绿地面积（公顷）
3331.3

细颗粒物（$PM_{2.5}$）年均浓度（微克/米^3）
36.0

二氧化硫年均浓度（微克/米^3）
3.0

二氧化氮年均浓度（微克/米^3）
33.0

/重要会议/

▲ 12月7日，中国共产党北京市通州区第七次代表大会召开

| 区融媒体中心提供 |

▲ 12月7日，中国共产党北京市通州区第七次代表大会现场

| 区融媒体中心提供 |

▲ 12 月 14 日，中国人民政治协商会议北京市通州区第七届委员会第一次会议召开

| 区融媒体中心提供 |

▲ 12 月 15 日，北京市通州区第七届人民代表大会第一次会议召开

| 区融媒体中心提供 |

/ 庆祝中国共产党成立 100 周年 /

▲ 6 月 30 日，举办北京城市副中心党群服务中心揭牌仪式

| 区融媒体中心提供 |

▲ 6 月 7 日，通州区举办"学习强国"党史知识竞赛总决赛

| 区融媒体中心提供 |

▲ 6月19日，红星照耀大运河——中国共产党北京市通州区历史主题展览开幕

| 区融媒体中心提供 |

▲ 6月，《中国共产党北京市通州区历史（1921—2021）》正式出版

| 区委党史办提供 |

▲ 6月25日，“百年百人红色基因代代传”主题展开展

| 区融媒体中心提供 |

▲ 6月29日，位于西海子公园西门的庆祝中国共产党成立100周年立体花坛全新亮相

| 区融媒体中心提供 |

▲ 6月25日，通州区举办庆祝中国共产党成立100周年文艺演出

| 区融媒体中心提供 |

▲ 6月29日，通州区举办“永远跟党走　建功副中心”庆祝建党100周年文艺会演暨表彰大会

| 区直机关工委提供 |

/ 重点工程建设 /

▲ 1月20日，广渠路东延项目正式通车运行 | 区融媒体中心提供 |

▲ 1月20日，东六环改造工程施工现场，"运河号"盾构机刀盘顺利下井

| 区融媒体中心提供 |

▲ 3月16日，北京城市副中心行政办公区二期工程施工现场 | 区融媒体中心提供 |

▲ 4月25日，宋庄蓄滞洪区二期建设工程内，两侧健身步道等亲水设施已建设完毕

| 区融媒体中心提供 |

▲ 4 月 26 日，北京城市副中心站综合交通枢纽二标段项目钢管柱工程圆满收官

| 区融媒体中心提供 |

▲ 5 月 26 日，京唐铁路（北京段）京哈线上行线回拨任务顺利完成

| 区融媒体中心提供 |

▲ 8月25日，北京东至通州500千伏线路工程（北京段）全线架通

| 区融媒体中心提供 |

▲ 12月22日，被称为“文化粮仓”的北京城市副中心剧院工程中的音乐厅率先实现外立面亮相

| 区融媒体中心提供 |

/ 产业发展 /

▲ 4月28日，首旅集团成为2021年第一个入驻北京城市副中心的国有企业。图为集团临时办公地点

| 区融媒体中心提供 |

▲ 5月13日，2021年北京·河北廊坊北三县项目推介洽谈会暨北京城市副中心（通州区）与廊坊北三县一体化高质量发展论坛在大厂回族自治县举办

| 区融媒体中心提供 |

▲ 5 月 26 日，2021 年第十届北京现代种业博览会在通州国际种业科技园区开幕

| 区融媒体中心提供 |

▲ 5 月 27 日，首届“新区汇——城市新区国际传播与品牌发展论坛”在北京城市副中心举办

| 区融媒体中心提供 |

▲ 8 月 12 日，北京城市副中心第一家市属国企总部大楼——北投集团总部大楼北投大厦项目正式开工

| 区融媒体中心提供 |

▲ 9 月 3 日，北京城市副中心展区亮相中国国际服务贸易交易会　| 区融媒体中心提供 |

▲ 9月3日，中国国际服务贸易交易会上北京城市副中心金融展区 | 区融媒体中心提供 |

▲ 9月3日，中国国际服务贸易交易会上北京城市副中心文旅展区 | 区融媒体中心提供 |

▲ 9月6日，北京城市副中心“两区”顾问委员会成立。图为向委员代表颁发聘书

| 区融媒体中心提供 |

▲ 9月17日，2021北京城市副中心文旅产业峰会暨全球主题娱乐行业领袖高峰论坛开幕

| 区融媒体中心提供 |

▲ 10月19日，2021年北京城市副中心绿色发展论坛开幕

| 区融媒体中心提供 |

产业发展

▲ 10 月 23 日，2021 全球财富管理论坛在北京城市副中心举办 | 区融媒体中心提供 |

▲ 11 月 27 日，区委副书记、代区长孟景伟（右二）到九棵树街道东郎产业园区北京米小圈教育科技有限公司调研

| 九棵树街道提供 |

/ 文化 旅游 体育 /

▲ 2 月 26 日，由北京广播电视台携手天津海河传媒中心、河北广播电视台共同打造的《京津冀之声》开播上线仪式在北京城市副中心举行

| 区融媒体中心提供 |

▲ 9 月 22 日，2021 北京国际设计周开幕活动暨北京 2022 年冬奥会和冬残奥会宣传海报发布活动在张家湾设计小镇北京未来设计园区举行

| 区融媒体中心提供 |

▲ 10 月 9 日，2021 北京（国际）运河文化节开幕 | 区融媒体中心提供 |

▲ 5 月 17 日，改造后的西海子公园三庙一塔景区 | 区融媒体中心提供 |

▲ 6 月 26 日，京杭大运河北京段 40 千米河道迎来全线试通航 | 区融媒体中心提供 |

▲ 9 月 20 日，北京环球度假区正式开园 | 区融媒体中心提供 |

▲ 5 月 23 日，北京银行 · 2021 北京城市副中心马拉松开跑　　| 区融媒体中心提供 |

▲ 5 月 27 日，潞城全民健身中心实现主体钢结构封顶　　| 区融媒体中心提供 |

▲ 5 月 30 日，北京城市副中心骑游系列活动暨运河绿道骑游周启动 ｜区融媒体中心提供｜

▲ 10 月 10 日，北京城市副中心举办“起航运河，逐浪时代——副中心赛艇大师赛”

｜区运河商务区管委会提供｜

/社会民生/

▲ 5月17日，通州区新冠疫苗接种突破100万人 | 区融媒体中心提供 |

▲ 9月13日，北京城市副中心政务服务中心正式开厅运行 | 区融媒体中心提供 |

▲ 3月11日，举行清华大学通州金融发展与人才培养基地项目启动仪式

| 区融媒体中心提供 |

▲ 8月31日，首都师范大学附属中学通州校区新校园举办落成典礼 | 区融媒体中心提供 |

▲ 10 月 28 日，北京安贞医院通州院区建设项目智慧工地数据决策系统展示

| 区融媒体中心提供 |

▲ 12 月 18 日，北京大学人民医院通州院区正式开诊 | 区融媒体中心提供 |

▲ 12 月 23 日，北京友谊医院通州院区二期主体结构封顶 | 区融媒体中心提供 |

▲ 9 月 28 日，北京城市副中心首个家园中心——中仓社区家园中心正式开业

| 区融媒体中心提供 |

▲ 10 月 12 日，老旧小区北小园改造竣工

| 区融媒体中心提供 |

/ 生态环境 /

▲ 10 月 29 日，北关大道跨北运河桥梁——千荷泻露桥 | 区融媒体中心提供 |

▲ 10 月 31 日，大运河森林公园秋景 | 区融媒体中心提供 |

▲ 运河商务区夜景 | 郭建华 摄 |

▲ 6 月 5 日，温榆河河畔 | 郭建华 摄 |

▲ 北京城市副中心温榆河、小中河、通惠河、北运河及运潮减河五河交汇处

运河商务区管委会提供

▲ 改造后的萧太后河 | 郭建华 摄 |

▲ 燃灯塔景区和运河商务区

| 运河商务区管委会提供 |

目　录

特　载

专　文

大事记

区情概览

地情概况

国民经济和社会发展

中国共产党北京市通州区委员会

综　述

重要会议和活动

组织工作

宣传工作

统战工作

政策研究

机构编制

区直机关工作

保密工作

老干部工作

党校工作

党史和地方志工作

通州区人民代表大会

综　述

重要会议与决议、决定

人事任免

监督工作

视察与调研

代表工作

通州区人民政府

综　述

政务工作

政务服务

外事与香港事务

扶贫协作

信　访

机关事务服务

中国人民政治协商会议
通州区委员会

综　述

重要会议

专门委员会

纪检监察

综　述

监督检查

审查调查

作风建设与廉政教育

深化改革

巡察工作

民主党派

中国国民党革命委员会
北京市通州区总支部委员会

中国民主同盟通州区工作委员会

中国民主建国会通州区工作委员会

中国民主促进会通州区工作委员会

中国农工民主党通州区工作委员会

中国致公党通州区工作委员会

九三学社通州区工作委员会

人民团体

通州区总工会

共青团北京市通州区委员会

通州区妇女联合会

通州区科学技术协会

通州区工商业联合会

法　治

综　述

政法委与综治

法治政府建设

公　安

检　察

法　院

司法行政

全面依法治区

军　事

人民武装

人民防空

功能区建设

“两区”通州片区

运河商务区

中关村科技园区通州园

张家湾设计小镇

国家网络安全产业园区（通州园）

漷县镇医药健康产业集聚区

北京通州国际种业科技园区

北京通州文化旅游区

宋庄文化创意产业集聚区

经济管理

综合调控

财　政

税　务

审　计

统 计

市场监督管理

消费者权益保护

国有资本监督管理

国有资本运营

私营个体经济发展

投资促进

农业 农村

综　述

种植业

林　业

养殖业

农机服务

美丽乡村建设

农村经济管理

工业　信息化

工　业

信息化

网络安全

建筑业 房地产业

综 述

建筑业

房地产业

商贸 服务业

综 述

商业服务业

对外及对港澳台经济贸易

金 融

综 述

金融服务

银 行

旅 游

综 述

旅游景点

旅游活动

行业管理

交通　邮电

道路建设与养护

交通运输

邮　政

通　信

生态环境

综　述

森林城市建设

水系治理保护和海绵城市建设

生态环境治理体系和治理能力建设

生态环境保护督察

污染防治攻坚战

生态环境安全监管

城乡规划与建设

综　述

规划和自然资源管理

重点工程

房屋管理

水务建设

城乡管理

综　述

接诉即办

智慧城市

网格化建设

市政管理

交通管理

城管执法

园林绿化

市容环境

公用事业

气　象

应急管理

综　述

应急救援

防灾减灾救灾

防震减灾

安全生产监管

综合管理

消　防

科　技

综　述

科技活动

科技成果

知识产权

教　育

综　述

学前教育

基础教育

职业教育　成人教育

特殊教育

学校选介

文　化

媒体传播

有线电视

文化活动

文学艺术

文化产业

文化设施

文化遗产保护

文化市场监管

档　案

卫生健康

综　述

医疗与中医工作

疾病防控

基层卫生

卫生监督

妇幼保健与人口卫生

首都医科大学附属北京潞河医院

北京市通州区妇幼保健院

体　育

综　述

体育设施建设

竞技体育

群众体育

社会建设

综　述

社会组织工作

社区建设与管理

基层自治组织建设

社区工作者队伍建设

精神文明建设

社会生活

人民生活

人力资源和社会保障

医疗保障

退役军人事务

民政事务

残疾人事业

红十字事业

街道　乡镇

潞源街道

通运街道

中仓街道

新华街道

北苑街道

玉桥街道

文景街道

杨庄街道

九棵树街道

潞邑街道

临河里街道

永顺镇

梨园镇

宋庄镇

张家湾镇

漷县镇

马驹桥镇

西集镇

潞城镇

台湖镇

永乐店镇

于家务回族乡

人物 荣誉

附　录

北京通州年鉴

2022

特载

勇担新使命　启航新征程
为把北京城市副中心建设成为新时代高质量发展的典范而努力奋斗

——在中共北京市通州区第七次代表大会上的报告

中共北京市通州区委书记 赵 磊

2021 年 12 月 7 日

一、过去五年的主要工作

区第六次党代会以来的五年，是区委始终坚持以习近平新时代中国特色社会主义思想为指引，明确战略定位、绘就发展蓝图，拉开城市框架、承接功能疏解，实现深刻转型、保持生机勃发的五年。习近平总书记四次亲临北京城市副中心，亲自召开中央政治局常委会会议审议北京城市副中心控规。党中央、国务院批复北京城市副中心控规，国务院印发关于支持北京城市副中心高质量发展的意见，这些都充分体现了以习近平同志为核心的党中央对北京城市副中心的领航定向和亲切关怀，为北京城市副中心发展擘画了蓝图、指明了方向。蔡奇同志、陈吉宁同志坚持每月双调研、深入一线，高位统筹、全局调度、把脉问诊，先后 40 余次到北京城市副中心调研指导，形成举全市之力建设北京城市副中心的新局面。北京城市副中心党工委管委会牵头抓总、统筹协调、狠抓落实，充分发挥“副中心的事副中心办”体制优势，推动北京城市副中心规划建设跑出“加速度”。区委团结带领广大党员干部群众，抢抓机遇、埋头苦干、奋力拼搏，推动经济社会实现跨越式发展。地区生产总值突破千亿元大关，全区固定资产投资突破千亿元大关，一般公共预算收入突破百亿元大关。全区城乡面貌日新月异，经济社会各领域提质升级，人民生活更加幸福。昔日的水陆之要会，畿辅之襟喉，正朝着建设成为国际一流的和谐宜居之都示范区、新型城镇化示范区、京津冀区域协同发展示范区、国家绿色发展示范区阔步迈进。

五年来，区委始终坚持把政治建设摆在首位，坚决落实“看北京首先要从政治上看”的要求，不折不扣贯彻党中央、市委决策部署。深入学习习近平新时代中国特色社会主义思想，牢固树立“四个意识”、坚定“四个自信”、做到“两个维护”，高标准开展好“两学一做”学习教育、“不忘初心、牢记使命”主题教育、党史学习教育，不断增强区委和全区广大党员干部的政治判断力、政治领悟力、政治执行力。看齐中央要求、对标指示精神，始终站在国家战略的高度落实各项重大决策部署，始终以讲政治的高度审视、谋划、推动北京城市副中心规划建设发展，始终把服务保障市级机关安全运行作为落实首都“四个中心”功能建设、提高“四个服务”水平的重要政治任务，忠诚履行“站岗放哨”使命，北京市级行政中心顺利迁入并实现平稳运行。高标准做好国庆 70 周年庆典、建党 100 周年庆祝大会等重大活动的服务保障，在服务党和国家工作大局中展现了新担当新作为。

五年来，区委始终坚持推动北京城市副中心控规落地，确保“一年一个节点，每年都有新变化”，城市框架全面拉开。完成经营性用地供应185.7公顷，推动市区两级563项重点工程建设，涉及投资4850亿元。城市基础设施建设规模和水平持续提升，八通线南延、七号线东延顺利运行，公路总里程达到2494千米。一批标志性重大工程梯次推进，城市绿心森林公园开园迎客，大运河畔的首都新地标初显锦绣，城市绿心三大公共建筑主体结构实现封顶。环球主题公园一期实现盛大开园，广渠路东延地下道路建成通车，通州堰、北京城市副中心站综合交通枢纽、东六环入地改造工程全面提速。重要节点建设实现新突破，运河商务区产业空间不断拓展，行政办公区二期启动，特色小镇多点开花，“众星拱月、串珠成链、各美其美”的城市空间和功能布局初现雏形。

五年来，区委始终坚持区域协同发展，京津冀协同更加紧密、城乡发展更加均衡、新老城区更加融合。深入贯彻“四统一”要求，全面落实通州区与北三县协同发展规划，交通一体化加快形成，产业合作更加深入，高频便民、政务服务等事项实现区域通办，教育、医疗、养老等优质资源辐射延伸，大气、水污染联防联治不断深化，毗邻边界景观带建设初显成效。围绕“一核两翼”格局，与雄安新区携手共进，实现从理念对标、规划对标到优势互补、分工合作的快速过渡。聚焦城乡共荣，全区360个村全部通过美丽乡村人居环境整治验收。国家级现代农业产业园区启动创建，现代化都市农业稳步发展，集体土地实现区镇统筹，农业农村发展在规范中提升、在提升中规范。坚持新老同兴，在发展中唤醒城市记忆，在建设中传承历史文脉，首个家园中心正式投用，高质量完成21个老旧小区改造提升和300余条背街小巷整治，特色鲜明、清朗有序、宜居宜游的老城街巷焕然一新。

五年来，区委始终坚持高质量发展，立足承接中心城区功能疏解，产业发展基础进一步夯实。聚焦“3+1”主导功能，坚持疏解与承接双向发力，大力构建高精尖产业体系。疏解退出企业688家，清理整治工业大院30个，城区内储备1225公顷建设用地，为产业高质量发展留足空间。总部经济提质升级，中国长江三峡集团有限公司二三级企业等一批大型总部企业承接落地。科技创新能力持续增强，金融业增加值对GDP贡献率超过10%，5家企业成功上市。文旅产业集群加快形成，环球主题公园与特色小镇文旅产业联动发展态势初显。“两区”建设扎实推进，在推外资项目数量居全市前列，“服务业产业＋自贸区园区”双轮驱动的创新开放格局加快形成。全国首个以智能自助服务为主的政务服务大厅投入使用，两项商事制度改革举措获国务院表彰，营商环境考评排名首次进入全市第一梯队，企业满意度居全市第一。

五年来，区委始终坚持绿色发展理念，全力打造蓝绿交织、清新明亮、水城共融的生态城市，绿色发展底色更加凸显。坚持“一微克一微克地抠”，$PM_{2.5}$累计浓度从80微克/立方米降低至36微克/立方米，改善率达到55%，空气质量创历史最好。坚持滨水贯通、水岸共治，53条（段）黑臭水体治理任务全部完成，水生态环境大幅改善。坚持大尺度建绿和百姓身边增绿相结合，全区森林总面积达到46.83万亩，森林覆盖率达到34.45%，公园绿地500米服务半径覆盖率达到91.46%，“两带、一环、一心”绿色空间架构初现雏形。率先在全市开展镇级新型集体林场改革。清洁能源公交车、环卫车占比显著提升，建成步行绿道300余千米。成功举办三届北京城市副中心绿色发展论坛。北京城市副中心天更蓝、水更清、绿更多，绿色低碳成为百姓生活新风尚。

五年来，区委始终坚持精治共治智治，城乡面貌日新月异，城市治理更加精细、更加智慧。坚持用“减法”换“加法”，着力深化疏解、强化治理、优化提升，城市颜值与内涵不断提高。强力推进两轮“疏整促”专项行动，拆除违法建设4210万平方米，拆除销账和腾退土地量保持全市前列。持续查处无证无照、治理占道经营、整治“开墙打洞”，实现动态清零，高分通过国家卫生区复审，荣获“首都环境建设示范区”等称号。“城市大脑”建成上线，“数字孪生城市”系统投入使用，信息技术助力城市治理能力持续提升。强化主动治理、未诉先办，回应解决市民诉求64万余件。坚持党建引领抓好两个“关键小事”，垃圾分类在北京市“6+1”组内排名持续稳定前列，物业管理“三率”均超过90%，文明整洁、舒适宜居的北京城市副中心芳容初绽。

五年来，区委始终坚持以人民为中心的发展思想，人民群众更多更好地共享发展成果。坚持用心用情用力补短板，教育、医疗、文化、就业、社保、养老等公共服务体系和社会保障体系更加均衡完善。新增义务教育学位2.6万个，北京学校、人大附中等10所市级名校入驻，教学水平和育人质量稳步提升。友谊医院(一期)、北大人民医院通州院区全面建成，全区诊疗水平和公共卫生服务能力快速提升。大运河国家AAAAA级旅游景区创建工作持续推进，大运河（通州段）实现全线旅游通航，运河风韵、人文风采、时代风尚的美丽画卷徐徐展开。成功举办首届北京城市副中心全程马拉松等品牌活动，副中心文体发展迈出新步伐。就业规模和质量不断提高，新增城乡劳动力就业9.65万人。建设筹集各类政策性住房3.7万套，低保、大病重残家庭住房保障率连续三年稳居全市第一。社会保险覆盖范围持续扩大，养老、儿童、残疾人等社会福利体系更加健全。对口帮扶的4个地区全部提前完成脱贫任务。

五年来，区委始终坚持全面深化改革，持续为北京城市副中心建设注入动力和活力。在北京城市副中心党工委管委会直接带领下，深度融合、形成合力，承接的市级两批次137项赋权全面落实并顺利运行，北京城市副中心建设发展的要素瓶颈制约和体制机制障碍得到有效破解。不断加强对全面深化改革的统筹领导，聚焦高质量发展和治理能力现代化，完成改革要点任务203项，体制机制和重点领域改革实现多点突破。稳妥有序实施行政区划调整、党政机构与事业单位改革，新组建7个街道办事处，全面完成“政事分开”任务，党政部门设置和职能配置更加优化。深化园区改革，优化整合园区资源要素，产业集聚发展态势加快形成。“放管服”改革更加深入，431项行政执法职权实现下放，1580项事项实现“一次不用跑”。“三块地”改革、区属国企改革、“一会三函”审批制度、政务服务“一网通办”等一系列创新举措取得新成效。

五年来，区委始终坚持统筹发展和安全，社会保持和谐稳定，新冠肺炎疫情防控取得阶段性胜利。严格实施城市体检，在全市率先开展自然灾害风险评估与防控研究。积极创建国家安全发展示范城市，大力实施城市安全隐患治理三年行动计划，城市发展更具韧性。全面开展历史积案化解、矛盾隐患排查化解，深入推进扫黑除恶常态化和政法队伍教育整顿，“雪亮工程”成为全国精准化治安防控标杆，平安考评连年获市级优秀，居民安全感显著提升。组建全面依法治区委员会，一体推进法治政府、法治社会建设。面对突如其来的新冠肺炎疫情，始终树牢首都防疫从紧从严意识，坚持常态化防控和应急处置有机结合，动员组织11万名机关干部、在职党员、医务人员、公安干警、社区工作者以及广大人民群众，齐心协力构筑起疫情防控的坚固防线，大数据排查和“敲门行动”核查340万人次，完成全市进京卡口40%以上人员、车辆查控任务，核酸采样523万人次，接种新冠疫苗350万剂次，完成6000余人次境外入京人员集中隔离服务保障工作，疫情防控形势持续稳定可控。

五年来，区委始终坚持“抓好党建是最大政绩”的理念，全面加强党对各项工作的领导。坚定不移把方向、谋大事、抓党建、保平安，共召开书记专题会177次，区委常委会300次。从严从实抓好区委班子自身建设，区委班子成员带头认真落实“对党忠诚、个人干净、敢于担当”的要求，党的政治领导力、思想引领力、群众组织力、社会号召力显著增强。持续推动党的创新理论入脑入心，全区党员干部以习近平新时代中国特色社会主义思想武装头脑、指导实践、推动工作的效果和能力不断增强。成功创建并蝉联“全国文明城区”荣誉称号，新时代文明实践三级体系实现全覆盖，文明底色更加浓郁。强化意识形态和舆论宣传工作，健全完善副中心新闻发布机制，《北京城市副中心报》正式发行，《京津冀之声》《副中心之声》开播上线，《副中心新闻》改版亮相，媒体融合深度推进，阵地管控高效有序。深入贯彻落实新时代党的组织路线，紧紧围绕高质量发展强化组织动员、队伍保障和人才支撑。建立知事识人体系，创新开展“贴近式”考察，注重在服务大局、推动重点任务落实中培养干部。圆满完成乡镇党委换届，快节奏、体系化推进全区干部队伍建设，实现“三升两降一优化”。“党性锤炼”等三项教育培训干部8700余人次。创新开展“党建引领首都高校助力一流副中心建设”聚才工程。顺利完成两轮村（社区）换届，“两委”班子实现年龄、学历“一降一升”。党建引领“双报到、双积分”品牌荣获全国城市基层党建创新最佳案例，北京城市副中心党群服务中心建成投用。深入实施“灯塔计划”“运河计划”，引进培养高层次人才577名，全区人才资源总量增长17%。中国北京人力资源服务产业园通州园区开园运行，高标准完成国际人才社区城市规划设计、土地上市等工作。扎实推进人才一体化发展示范区建设，打造“通武廊”“通宝唐”区域人才合作品牌。全力支持区人大、区政府、区政协、区纪委区监委、区法院、区检察院依法依章程履行职能。大统战格局初步形成，各民主党派、工商联、无党派人士作用有效发挥，民族、宗教、侨办、对台等工作取得新进展。老干部工作富有成效，工会、共青团、妇联、残联、红十字会、文联等人民团体桥梁纽带作用更加突出。党管武装工作持续加强，连续三届荣获“全国双拥模范城”称号，军政、军民团结局面更加巩固。

五年来，区委始终坚持落实全面从严治党责任，全区政治生态不断净化、持续向好。认真履行全面从严治党主体责任，全面完成中央、市委巡视整改工作。围绕北京城市副中心控规实施、重点工程建设、生态环境治理、营商环境优化、疫情防控等工作强化监督。深化运用监督执纪“四种形态”，紧盯群众反映强烈的突出问题开展专项治理。驰而不息纠“四风”树新风，全区作风建设不断向善向好。建立健全巡察体制机制，实现处级单位党组织及村（社区）巡察全覆盖。深化纪检监察体制改革，在全市第一批成立监察委员会，全面完成派驻机构改革。一体推进不敢腐不能腐不想腐体制机制建设，全区纪检监察组织共处置问题线索6707件，给予党纪政务处分961人。统筹抓好纪律教育、警示教育，强化以案为鉴、以案促改，风清气正的政治生态持续巩固。

五年积厚成势，鉴往方能知来。我们要深切认识到：必须始终牢记“看北京首先要从政治上看”的要求，始终保持增强“四个意识”、坚定“四个自信”、做到“两个维护”的高度自觉，确保党中央、市委各项决策部署不折不扣落实。必须坚定不移落实北京城市副中心战略定位，更加自觉从党和国家需要的高度、从京津冀协同发展战略大局来审视和把握北京城市副中心工作，切实履行好疏解、承接、服务、带动职责。必须全面贯彻新发展理念，落实“世界眼光、国际标准、中国特色、高点定位”的要求，推动北京城市副中心高质量发展，努力使各项工作走在全市前列。必须全面深化改革，坚持问题导向，围绕瓶颈难点，深入推进体制机制改革和各领域政策集成创新，持续增强北京城市副中心发展动力活力。必须着力践行以人民为中心的发展思想，坚持人民城市人民建、人民城市为人民，实现新老共兴、城乡共荣，把不断满足人民对美好生活的需要作为一切工作的出发点和落脚点。必须始终坚持和加强党的全面领导，坚持党要管党、全面从严治党，深入推进党的政治建设、思想建设、组织建设、作风建设、纪律建设，为北京城市副中心各项事业发展提供坚强保障。

五年风雨兼程，知困方能自强。我们要清醒地认识到，发展中还面临许多困难和挑战。最主要的是：国际形势发生深刻复杂变化，防范“黑天鹅”“灰犀牛”等风险事件的压力始终存在。产业结构还不够优化，跨越式提升“副中心能级”的内生动力还不够强劲。城市精治共治水平还不够高，防治“大城市病”的压力还很大。公共服务领域还有不少短板，强供给惠民生的“副中心温情”诠释得还不够细不够全。生态环境建设还面临不小压力，向美而行的“副中心风貌”还未充分展现。基层党组织战斗堡垒作用发挥还不充分，干部人才队伍的能力和作风还不能完全适应和匹配北京城市副中心的发展要求。全面从严治党还存在薄弱环节，群众身边的腐败和作风问题还时有发生。我们必须敢于担当、勇于作为，切实解决好这些问题，推动北京城市副中心发展迈上新台阶。

同志们，五年来通州区由远郊区县成长为北京城市副中心，城市面貌万象更新，城市元素兼收并蓄，城市活力朝气蓬勃，人人洋溢着对这座千年之城的美好期待。这些成绩的取得，离不开习近平总书记、党中央的亲切关怀和坚强领导，离不开市委的统筹谋划和指挥调度，离不开市级各部门、各兄弟区、津冀地区的鼎力支持和紧密协作，离不开全区上下的同心同德和艰苦奋斗。在此，我代表中共北京市通州区第六届委员会，向全区广大党员干部群众，向各民主党派、工商联、人民团体、社会各界人士，向离退休老同志、驻通州部队、中市属单位，向所有关心、支持、参与北京城市副中心建设事业的同志们、朋友们，表示崇高的敬意和衷心的感谢！

二、全面夺取北京城市副中心高质量发展新胜利

历史的车轮滚滚向前，奋斗的脚步不能停歇。规划建设北京城市副中心是以习近平同志为核心的党中央作出的重大决策部署，是党中央赋予我们的政治使命和历史责任。牢记使命、勇担责任，关键要做到六个“始终牢记”。

第一，我们要始终牢记党中央、国务院规划建设北京城市副中心的初衷使命是构建功能清晰、分工合理、主副结合的首都城市空间新格局。持续拓展发展空间，提升城市承载力，有序承接中心城区功能和人口疏解。立足“四个服务”工作大局，高标准服务保障行政办公区，强化与中心城区的紧密对接、良性互动，提升对首都功能的服务能力，真正实现以副辅主、主副共兴。

第二，我们要始终牢记北京城市副中心的战略任务是建设京津冀协同发展桥头堡。深入落实“四统一”要求，辐射带动北三县协同共进，加快建设通州区与北三县一体化高质量发展示范区。与雄安新区持续保持“两翼齐飞”态势，在协作中发展、在发展中互促，共同推动京津冀协同发展重大国家战略向纵深迈进。

第三，我们要始终牢记北京城市副中心的发展要求是创造经得住历史检验的副中心质量。深入落实高质量发展要求，切实把高质量发展贯穿到城市规划、建设、管理和经济社会发展的各方面和全过程，构建具有全国示范效应、体现系统深入的“北京城市副中心质量”体系，加快打造服务北京构建新发展格局的重要支点，努力建设千年之城。

第四，我们要始终牢记北京城市副中心的治理目标是建设成为未来没有“城市病”的城区。坚持标本兼治、远近结合、建管并重，突出城市治理的科学化、精细化、智慧化、低碳化，充分认识、尊重、顺应城市发展规律，用绣花功夫打造一座品质精、生态美、能感知、会思考、可进化、有温度、韧性强的世界城市典范，建设一个不一样的和谐宜居之城。

第五，我们要始终牢记北京城市副中心的本质属性是建设人民的幸福家园。树牢“民生是最大的政治”、让人民幸福是“国之大者”理念，坚持人民城市人民建、人民城市为人民，围绕“七有”“五性”要求，解决好群众的操心事烦心事揪心事，实现新老共荣、城乡融合，切实增强北京城市副中心人民群众的获得感幸福感安全感。

第六，我们要始终牢记北京城市副中心的坚强保障是坚持和加强党的全面领导。坚定不移坚持和加强党的全面领导，确保全区上下步调一致向前进。把全面从严治党贯穿于北京城市副中心建设发展全过程，把“严”的主基调长期坚持下去，持之以恒正风肃纪反腐。坚持党管干部、党管人才的原则，努力打造适应高质量发展、现代化建设要求的高素质专业化干部队伍，确保党中央、市委对北京城市副中心的各项决策部署落实落地。

站在“两个一百年”交汇、“两个大局”交织的历史关口，在全面建成社会主义现代化强国新征程的启航时刻，我们要时刻保持干事创业的精气神，一步一个脚印走，一锤接着一锤敲，用过硬的实绩、扎实的成效将北京城市副中心的美好蓝图变为现实，真正让这座运河源头之城、京畿重地之区脱胎换骨、化茧成蝶。

今后五年是北京城市副中心发展的关键时期。全区工作的指导思想是：以习近平新时代中国特色社会主义思想为指导，全面贯彻党的十九大和十九届二中、三中、四中、五中、六中全会精神，认真学习即

将召开的党的二十大精神，深入贯彻习近平总书记对北京重要讲话精神和对北京城市副中心重要指示精神，全面落实党中央、市委各项决策部署，坚持稳中求进工作总基调，科学把握新发展阶段，完整、准确、全面贯彻新发展理念，服务、融入新发展格局，以高质量发展为主题，以供给侧结构性改革为主线，以改革创新为动力，以安全稳定为底线，以满足人民日益增长的美好生活需要为目的，牢牢把握北京城市副中心战略定位，深入实施京津冀协同发展重大国家战略，着力建设国际一流的和谐宜居之都示范区、新型城镇化示范区、京津冀区域协同发展示范区和国家绿色发展示范区，为建设和谐、宜居、美丽的大国首都，打造以首都为核心的世界级城市群作出副中心贡献。

今后五年的奋斗目标是：圆满完成“十四五”规划各项目标任务，承接北京非首都功能疏解和人口转移取得显著成效，城市管理和社会治理水平明显提升，现代产业体系初步形成，通州区与北三县一体化高质量发展制度体系基本建立，为打造服务北京构建新发展格局的重要支点奠定坚实基础。

——党的建设坚强有力。党的全面领导不断加强，总揽全局、协调各方的作用充分发挥。全面从严治党向纵深发展、向基层延伸，基层党组织战斗堡垒作用和党员先锋模范作用更好发挥，干部队伍的政治能力、履职能力、服务能力更加过硬，党风政风持续向好，政治生态风清气正。

——城市承载力显著提升。主要功能节点、重点功能区全面建成，立体高效的综合交通体系初步构建，“一城一带一轴、四区三镇多点”的城市框架和发展布局基本成型。安全可靠的市政能源设施体系全面建立，新型基础设施加快布局，城市韧性持续增强。

——综合经济实力显著提升。地区生产总值年均增速 8% 左右，一般公共预算收入年均增速 5% 以上，每年保持千亿以上投资强度。坚持创新驱动，“3+1”主导功能板块持续壮大，金融业、总部经济集聚态势更加明显，逐步形成若干千亿级产业集群，现代产业体系基本构建，城市发展动能更加强劲。

——辐射带动力显著提升。北京城市副中心与北三县一体化高质量发展机制更加完善，区域协同发展实现新突破。交通互联互通更加紧密，产业融合发展不断深入，共建共享的区域生态体系和服务保障体系更加完善，京津冀协同发展“桥头堡”作用充分发挥。

——绿色发展水平显著提升。国家绿色发展示范区建设指标体系初步建立，生态环境不断优化，空气质量进一步改善，全域水质不断提升，建成北京平原地区首个森林城市，“一带、一轴、两环、一心”的绿色空间格局基本形成。绿色能源使用范围大幅拓展，绿色低碳产业体系加快构建，绿色低碳生产生活方式大力推广，朝着碳达峰碳中和目标稳步迈进。

——民生福祉显著提升。教育、医疗、文化、体育等公共服务更加优质均衡，城市发展更加安全可靠，现代化城市治理体系不断完善、治理能力明显提升。新老城区有机融合，乡村振兴稳步推进，共同富裕取得阶段性进展。人民群众精神文化生活日益丰富，获得感幸福感安全感更加充实、更有保障、更可持续。

同志们，“志之所趋，无远弗届”。在广大党员干部群众的共同努力奋斗下，北京城市副中心必将发生从量变到质变的崭新跨越。她将成为全面彰显新发展理念、深刻融入新发展格局、充分体现副中心质量的模范标杆；成为“一核”带动“两翼”、发展辐射三地、交通通达四方的增长新极；成为科技广泛应用、产业提质升级、人才加速汇聚的创新高地；成为贸易投资便利、要素自由流动、国际交往频繁的开放窗口；成为生产低碳高效、生活节能环保、生态和谐宜居的绿色示范；成为古今交相辉映、人文积淀深厚、游人心驰神往的文旅胜地；成为公共服务完善、社会保障全面、城市治理现代化、城乡发展一体化、百姓安居乐业的幸福家园。

（一）全力打造理念先进、内涵丰富的未来之城

坚持世界眼光、国际标准、中国特色、高点定位，以未来城市建设理念，以创造历史、追求艺术的精神，全力以赴筑框架、强供给、促协同，把北京城市副中心建设成为令人向往、特色鲜明、带动强劲的现代化城市。

一是全面构筑布局合理、标准领先、颇具颜值

的城市“风骨”。坚持规划为引领、交通为骨架、重要节点和重大项目为支撑，以最先进的理念、最高的标准、最好的质量筑牢城市四梁八柱，充分体现城市精神、展现城市特色、彰显城市魅力。全面建成行政办公区二期、运河商务区起步区、城市绿心三大公共建筑、北京城市副中心站综合交通枢纽、东六环入地改造等重大节点，呈现主要功能区块相互支撑、主要景观和主要建筑风貌相得益彰的城市新气象。推动重点特色小镇精彩亮相，尽快形成多点支撑、群星璀璨、协调共进的发展局面。加快建设“一环六横四纵”轨道交通、“十一横九纵”骨干路网，基本建成多维立体、街衢洞达、高效互联的现代化综合交通体系。

二是不断丰富功能完善、充满活力、颇具韵味的城市“血肉”。坚持人民城市为人民，加快补齐和完善城市功能，推动工作、居住、休闲、教育、医疗等要素合理布局、有机衔接，确保人人都能享受新时代发展带来的高品质生活。加快构建低碳高效、布局优化的能源复合网络，确保全区群众用上干净水、安全电、清洁气、暖心热。完善“筑巢引凤”政策，搭建多元发展平台，吸引各类人才就业创业，让北京城市副中心成为充满活力、年轻人慕名而来的向往之地，成为富有机遇、各路英才寻梦圆梦之地。延续城市肌理、历史风韵和地域特色，以文化底蕴滋养城市灵魂，充分展现自然与人文完美融合的新时代美丽画卷。

三是着力彰显辐射强劲、带动显著、颇具格局的城市“胸襟”。始终坚持立足京津冀协同发展国家战略大局，以大视野、大智慧、大境界持续提升北京城市副中心战略牵引、资源配置、协同带动能力，全面打造京津冀协同发展“桥头堡”。强化“两翼”联动，加强与雄安新区对接合作、错位发展，实现“两翼”齐飞。深入落实“四统一”要求，在体制机制、要素流动、交通互联等方面探索协同创新路径，全力推进通州区与北三县一体化高质量发展示范区建设。持续巩固和发展“通武廊”战略合作协同基础，联合打造“通宝唐”京东黄金走廊，推动一批区域协作新模式、新举措落地见效。

（二）全力打造创新引领、宜商宜业的活力之城

围绕“3+1”主导功能，把创新引领作为带动北京城市副中心高质量发展的关键引擎，在“五子”联动中找准发力点，推动形成现代产业体系，全力打造服务北京构建新发展格局的重要支点。

一是做大做强经济发展新引擎。坚持创新引领特色产业集群发展，为经济蓄势赋能插上创新驱动的翅膀。深入落实“西朝海通”四区结对机制，有序承接中心城区央企、市属国企等产业疏解，打造国际商务服务新中心。高水平建设运河金融城，打造全球财富管理中心。大力发展数字经济，打造具有国际竞争力的数字产业集群。加快传统产业转型升级，打造新一代信息技术产业集群。围绕台马板块智能制造产业发展，打造全国高端装备产业创新示范区。紧抓环球主题公园资源优势，打造“文旅+”全产业链体系。大力发展现代种业，打造全国种业科技产业集聚区。

二是充分释放“两区”建设红利。强化政策联动，注入更多更具竞争力的开放发展“副中心元素”，打造具有全球影响力的开放新高地。落实外商投资准入前国民待遇加负面清单管理制度，基本建成以贸易便利、投资便利为重点的开放政策体系。研究设立综合保税区，探索免税商品“线上+线下”运营模式。积极开展本外币一体化资金池试点，争取更大力度的政策支持。探索形成与国际高标准投资经贸规则相衔接的服务业对外开放制度创新和要素供给体系，逐步提高服务业对经济发展的贡献率。

三是倾力打造营商环境副中心样板。对标国际先进理念和通行规则，打造服务便捷高效、市场开放包容、竞争公平有序的国际一流营商环境。深化完善企业服务包、企业管家制度和“通八条”政策体系，建成副中心城市会客厅，实现“政府端菜”到“企业点菜”的转变。统筹推进四级智慧政务延伸布局，实现更多服务事项就近能办、多点可办、少跑快办。全面落实市场准入负面清单制度，分类清理妨碍公平竞争的规定和做法，健全完善市场监管体系，进一步增强市场竞争活力。

（三）全力打造低碳高效、生态优美的绿色之城

牢牢把握绿色发展这个北京城市副中心最鲜明的特色，全面推进绿色城市建设，高标准打造国家绿色发展示范区，让绿色成为北京城市副中心看得

见、可体验、有内涵的深厚底色。

一是积极推进碳达峰碳中和先行示范。深入实施碳达峰碳中和专项行动，在实现“双碳”目标的进程中充分彰显“副中心担当”。着力优化能源消费结构，提高光伏、地热等可再生能源比重，全面实施减油、降气、增电措施，构建绿色高效能源体系。强化绿色理念引领城市建设，大力推行绿色设计、绿色建材、绿色建造，新建公共建筑全面执行三星级绿色建筑标准。着力打造绿色智能的城市运行保障体系，积极倡导绿色低碳生活，建成一批近零碳排放楼宇、社区和园区示范项目，力争“双碳”工作走在全市前列。

二是着力构建人与自然和谐共生的生态环境。以创建国家森林城市为抓手，不断丰富群众荡舟运河上、漫步森林中、坐看云起时的美好生活体验。建设潮白河国家森林公园和一批城市公园、精品乡村公园，森林覆盖率达到36.5%，让市民拥抱片片绿林。基本建成通州堰等一批工程，推进海绵城市建设，实现全域水系互联互通、滨水岸线便利可达，打造水系纵横的北方水城，让市民亲近池池净水。深化“一微克”行动，实现$PM_{2.5}$年均浓度持续下降，为市民撑起一片蓝天。建立严格的土壤环境保护制度，为市民守好一方净土。

三是大力培育绿色发展新动能。推动企业绿色转型发展，建立碳排放双控预警、限制、禁止清单，实现绿色发展蝶变升级。大力吸引绿色金融和第三方服务机构向北京城市副中心集聚，打造国家绿色金融改革创新示范区。设立国际绿色投资集团，推动北京绿色交易所提质升级，实现全国自愿减排碳交易中心职能落地见效，努力引领全市绿色金融发展。加快绿色科技创新，推动绿色科技成果在北京城市副中心就地转化、推广应用。持续办好北京城市副中心绿色发展论坛，打造绿色发展城市新名片。

（四）全力打造古今同辉、文旅融合的人文之城

聚焦“一区一河三镇”，以文化旅游区和大运河文化带建设为轴线，有机串联特色小镇和重要节点，打造京东旅游精品路线，以文旅发展聚人气、汇商气、显文气，展现古今同辉的人文盛景。

一是做强文旅功能彰显时代风尚。坚持近悦远来、宾主尽美，进一步做优环球主题公园周边综合配套，力争让游客多留一夜。启动文化旅游区北部地块和周边区域开发建设，利用好北京冬奥品牌，引进一批文化科技、演艺娱乐、冰雪体验等优质项目，辐射带动宋庄艺术小镇、台湖演艺小镇、张家湾设计小镇等特色小镇文旅产业联动发展，着力打造“处处是风景，步步皆诗情”的文化旅游新胜地，充分彰显北京城市副中心作为全球旅游目的地的现代都市风范。

二是传承历史文脉留住通州古韵。充分挖掘大运河丰富的历史文化资源，保护好、传承好、利用好大运河这一祖先留给我们的宝贵遗产，加快打造大运河文化带示范样板。建好大运河国家文化公园，创建大运河国家AAAAA级旅游景区，实现大运河京津冀段水域旅游通航。积极推进通州古城、路县故城、张家湾古镇等区域保护修缮，提炼做强运河文化IP，讲好千年运河经典故事，形成“河为线，城为珠，线串珠，珠带面”的发展格局，确保历史底蕴厚植文化根基、乡愁记忆永续留存。

三是依托人文风采打造消费品牌。树立经营城市理念，推出一批高品质商业综合体、特色商业街区、老旧厂房升级改造精品示范案例，充分发掘城市地标的“形象代言”功能，加快打造“有生命、有故事、有情怀”的消费新场景。举办大型文艺演出、优秀舞台艺术展演、文创产品展览展示等文化活动，带动公共文化事业繁荣发展。深入实施国际消费中心城市建设，发展首店经济、夜间经济等消费业态，助推景区消费向全域消费、白天消费向全时消费、传统消费向新兴消费转变。

（五）全力打造内外兼修、高效智慧的共治之城

积极调动社会多元主体，广泛运用现代科技手段，推动城市由内而外实现功能完善、形象提升、品质彰显，构建多元共治、齐抓共管的现代化治理新格局。

一是深入实施城市更新行动。创新城市更新思路和模式，既注重“面子”，更注重“里子”，优化城市功能、保护城市肌理、留住城市记忆，构建层次分明的城市更新滚动格局。实施100个城市更新项目，统筹推进老旧小区改造、背街小巷整治、

公共服务设施配套，发扬“工匠”精神、下足“绣花”功夫，实现由处处“盆景”向片片“风景”转变。积极探索引入市场化运营模式，高质量推进南大街片区十八个半截胡同城市更新。建成一批生活便利、功能齐全的家园中心，打造一批精品街区示范点，进一步让老城美起来、活起来、便利起来。

二是着力构建社会治理共同体。充分发挥党委、政府、群众自治组织、社会组织在社会治理中的作用，持续畅通各类主体参与社会治理的渠道，增强社会力量参与社会治理的能力，持续提升治理体系和治理能力现代化水平。强化大抓基层导向，持续完善基层治理应急机制、服务群众响应机制，加强面对面沟通，倾听每个群体声音，敞开每个居民心扉，切实解决好群众身边的操心事烦心事揪心事，掀起新一轮落实“接诉即办”工作条例热潮。

三是加快建设新型智慧城市。强化数字赋能城市治理，重塑城市治理模式和生活方式，让城市运行更有速度更有温度。搭建“一网一脑一平台一中心”数字底座，实施“数字＋生活”“数字＋治理”“数字＋融合”“数字＋双碳”“数字＋产业”“数字＋安全”六大标志性工程，构建新型智慧城市体系，打通数据壁垒、融通信息孤岛，让城市会思考、让生活更美好。加快推进“双千兆”城市建设，布局高速泛在通信新网络。推动传统与新型基础设施整体优化、协同融合，基于数字孪生强化“规建管运”一体联动，实现城市运行大数据深度共享和城市治理数字化转型升级。实施一批智慧惠民工程，让群众畅享智慧生活。

（六）全力打造功能齐备、保障充分的共享之城

深入落实“保障和改善民生没有终点，只有连续不断的新起点”要求，全力向学有优教、劳有厚得、病有良医、老有颐养、住有宜居、弱有众扶的更高保障水平迈进，让更多发展成果由人民共享。

一是着力构建更加优质的公共服务供给体系。坚持在高质量发展中创造高品质生活，不断提升各项社会事业发展水平。建成人民大学通州校区、北京第一实验学校等一批优质学校，实现安贞医院、首都儿研所、友谊医院通州院区二期等一批优质医院投入使用，推进互联网医院建设和诊疗结果全域互认，构建覆盖城乡、优质均衡的教育、医疗体系。坚持不懈抓好常态化疫情防控，健全公共卫生应急管理体系，筑牢群众健康防线。加快补齐体育设施短板，提升体育事业和体育产业发展水平。

二是扎实做好民生社会保障工作。坚持保基本、守底线、惠民生，让发展更有温度，让幸福更有质感，让人民群众对美好生活的更高期盼得到更好满足。实施就业优先战略，实现更高质量和更充分就业。大力发展普惠型养老服务，构建居家社区机构相协调、医养康养相结合的养老服务体系。持续加大面向残疾人的教育、就业支持力度，稳步提高残疾人社会保障水平。强化职住平衡，多渠道增加保障性租赁住房、共有产权房、人才住房等政策性住房供给，多层次织密扎牢住房保障网。巩固拓展脱贫攻坚成果，持续做好对口支援帮扶工作。

三是深入推进平安副中心建设。坚持统筹发展和安全，着力构建“大平安”工作格局。坚决防范政治安全领域重大风险，健全完善重大活动常态化安保机制。加快创建全国法治政府建设示范区，着力打造一流的法治城区。深入推进扫黑除恶常态化机制建设，坚持露头就打、消除后患。加快实施“雪亮工程”二期，让城市眼睛亮起来、安全感升起来。坚持以防为主、防抗救相结合，全面提升抵御自然灾害的综合防范能力，健全完善公共安全事件应急体系，强化韧性城市建设。

（七）全力打造城乡互促、均衡发展的共富之城

坚持北京城市副中心155平方千米与拓展区一体发展，功能区和重点项目建设多维拉动，深入实施乡村振兴战略，加快形成城乡互促、协调联动、共同富裕的发展格局。

一是着力探索城乡资源优化配置新路径。建立健全城乡融合发展体制机制，推动城乡要素有序流动、合理交换。统筹新型城镇化发展，加快形成分区指导、分类推动、分级管控的城乡融合发展新策略，提升拓展区综合承载能力和发展势能。深入开展新一轮“疏整促”专项行动，以“长牙齿”的硬措施持续推进违法用地和违法建设整治，以疏解腾退换取城乡高质量发展空间。紧抓绿隔地区建设契机，研究探索城乡一体发展新路径，促进“人地钱技”

等资源走出“围城”，向农村地区有序流动。

二是加快打造城乡产业融合发展新标杆。充分发挥“3+1”主导功能板块的辐射带动作用，赋能乡村产业做强做大。进一步打响国际种业科技园品牌，大力发展以种业为重点的科技农业，建设一批国家级现代农业产业化示范基地。加强耕地监管，全面落实“米袋子”“菜篮子”稳产保供任务。持续做强“一村一品”，发展林下经济，培育一批富有“农味”“京味”的农产品品牌。充分挖掘第一产业附加值，推动南部四乡镇现代田园综合体建设，着力打造特色鲜明、优势明显、效益显著的“桃花源”。

三是着力建设城乡共同富裕先行区。构建农民增收长效机制，显著缩小城乡发展差距。对接重大工程、特色小镇建设等领域用工需求，提高农民就业质量。稳步探索宅基地“三权分置”模式，强化集体“三资”管理，鼓励乡镇集体经济组织发展“物业”经济，用好各乡镇联营公司、集体林场等集体经济新平台，持续壮大集体经济实力。充分发挥公益慈善事业的第三次分配作用，改善城乡居民收入和财富分配格局。发挥财政调控职能，加大对南部四乡镇发展的支持力度。深入推进美丽乡村建设，推动乡村基础设施和公共服务配套提档升级，因地制宜发展精品民宿，初步建成城乡统一的社会保障体系，打造城乡共同富裕的副中心样板。

为实现这些目标，我们必须坚持以改革破解难题、以创新推动发展，全面落实《国务院关于支持北京城市副中心高质量发展的意见》，下好先手棋、打好主动仗，抓好“大块头”、搞好“小快灵”，全力确保《意见》的主要目标、重点任务和“一方案三清单”落地落实，大力推动管理体制、国有企业、投融资体制、土地管理利用等重点领域改革取得新突破，着力带动一批微改革微创新，进一步激发市场活力、释放发展潜力，形成全面谋划推动高质量发展新格局。

三、坚持和加强党的全面领导，为北京城市副中心高质量发展提供坚强政治保障

全面推进新时代党的建设新的伟大工程，大力弘扬伟大建党精神，牢固树立抓好党建是最大政绩的理念，坚决落实管党治党政治责任，在新的赶考路上努力开创全面从严治党新局面。

（一）旗帜鲜明抓政治建设，确保全区步调一致向前进

始终把党的政治建设摆在首位，增强“四个意识”、坚定“四个自信”、坚定捍卫“两个确立”、坚决做到“两个维护”，坚决落实“看北京首先要从政治上看”的要求，始终在政治立场、政治方向、政治原则、政治道路上同党中央保持高度一致，严守政治纪律和政治规矩，持续提高政治判断力、政治领悟力、政治执行力，把党的政治优势转化为推进北京城市副中心一张蓝图绘到底的强大动力和坚强保障，团结带领全区广大党员干部群众，以咬定青山不放松的执着，奋力推动党中央和市委关于规划建设北京城市副中心的一系列重大决策部署不折不扣落地实施。

（二）坚持不懈抓思想建设，坚决维护副中心意识形态安全

深入落实《关于新时代加强和改进思想政治工作的实施方案》，把思想政治工作作为党的建设的重要方面，自觉承担起举旗帜、聚民心、育新人、兴文化、展形象的职责使命。始终牢记“意识形态工作是为国家立心、为民族立魂的工作”要求，坚决打好意识形态工作主动仗，着重加强对互联网、学校、媒体、文娱等阵地的管理，不断增强社会主义意识形态凝聚力和引领力。加强舆情研判，定期梳理舆情风险点，全力保障北京城市副中心舆情平稳。持续巩固壮大主流思想舆论，把《北京城市副中心报》、“融汇副中心”App等平台打造成全市乃至全国有影响力的宣传思想文化品牌，通过媒体深度融合、品牌效应聚合等方式，进一步提高新闻舆论传播力、引导力、影响力、公信力。深耕“通州榜样”品牌，结合全国文明城区、国家卫生区复检复查，加强培育、选拔、表彰各类先进典型。充分发挥新时代文明实践中心作用，着力打造北京城市副中心精神文明建设新高地。

（三）聚焦大局抓干部人才队伍建设，强化北京城市副中心高质量发展力量支撑

牢固树立重品德、重才干、重担当、重实绩、重公认的选人用人导向，注重在“赛场”上选“千里马”，在实践中选“实干家”。高标准完成北京城市副中心干部队伍三年行动计划，坚持内育外引，选优配强各级领导班子，着力加强年轻干部队伍建设，统筹用好各年龄段干部，努力打造敢担当、善作为、作风硬、活力足的领导班子和干部队伍。选派“精兵强将”全力支持北京城市副中心党工委管委会干部队伍建设。制定实施北京城市副中心干部教育培训规划，针对处级干部、中青年干部、年轻干部、科职干部等不同层面，广泛开展干部思想淬炼、政治历练、实践锻炼和专业训练，加强全方位管理监督和正向激励，强化公务员队伍结构优化和素质提升，推动干部队伍更加契合北京城市副中心高质量发展需要。深入落实“两区”“三平台”建设干部人才支撑三年行动计划，研究制定人才队伍建设五年行动计划，积极争取市级创新政策先行先试。围绕重点产业领域引才聚才，推动高层次人才快速集聚、人才与产业融合发展。研究“一揽子”人才服务举措，持续做强中国北京人力资源服务产业园通州园区，高标准建设国际化、数字化、生态化国际人才社区，持续优化人才发展环境。

（四）守正创新抓基层组织体系建设，推动党建引领服务保障水平升级

巩固村（社区）“两委”换届成果，加强基层“领头雁”队伍建设，对新任党组织书记分级分类开展示范培训、全员轮训，深化村“两委”考核工作，加强日常管理和激励扶持，抓好后备年轻干部力量储备，不断提升基层队伍履职能力。聚焦党建引领乡村振兴和社区治理，强化基层党组织政治功能。规范落实各领域基层党组织工作条例，不断提升城市、农村、机关、国企、学校、医院等领域党建工作水平。集中精力打造具有副中心特色的党建新品牌，做深做实“小支部、大党建”“双报到、双积分”品牌，持续深化党建引领基层治理“5·20”模式，大力推进新兴领域党建工作，培育一批“党建强、发展强”的先进典型。从严党员发展、教育、管理和监督，广泛开展系列主题活动。抓好三级党群服务中心功能拓展和体系化运行，建强红色阵地。

（五）从严从实抓纪律建设，推进党风廉政建设和反腐败斗争不断取得新成效

坚持把党的纪律建设作为全面从严治党的治本之策，始终保持“赶考”的清醒，坚定“难不住、压不垮”的决心和信心，进一步压实各级党组织主体责任和纪检监察组织监督责任，打造上下贯通、层层负责的责任链条。推动监督由“单兵作战”向“系统集成”转变，聚焦政策支持力度大、投资密集、资源集中的领域，强化精准监督，以强有力的政治监督保障北京城市副中心高质量发展。紧盯惠民富民政策落实，持续整治“只微笑不办事”“一把手依赖症”等作风问题和群众身边的腐败问题。持续发挥巡察利剑作用，强化巡视巡察整改成果运用。把“严”的主基调长期坚持下去，健全完善各项制度机制，以系统施治、标本兼治的理念正风肃纪反腐。充分运用监督执纪“四种形态”，认真落实“三个区分开来”，做到精准执纪执法、严肃追责问责。强化纪律教育和警示教育，充分发挥“运河清风”廉洁文化品牌效应，大力弘扬崇廉尚洁、担当实干、敬业奉献的正能量，全力营造风清气正的政治生态。

（六）凝心聚力抓党的领导制度体系建设，巩固安定团结的政治局面

充分发挥区委总揽全局、协调各方作用，定期听取区人大常委会、区政府、区政协、区纪委区监委、区法院、区检察院党组工作汇报，从严执行重大问题和重大事项请示报告制度。支持人大及其常委会履职系统化建设，围绕换届工作，全面构建代表履职服务保障、代表联系选民、代表建议办理新格局，确保新一届人大代表满怀干事创业豪情、保持旺盛的革命斗志，在北京城市副中心规划建设管理的各领域，努力创造出经得起实践、人民与历史检验的业绩。支持人民政协发挥好专门协商机构作用，围绕团结和民主两大主题履行职能，开展政治协商、民主监督、参政议政，广泛凝聚共识，切实发挥好“重要阵地、重要平台、重要渠道”作用。深入推进政法领域改革，锻造“四个铁一般”政法铁军。加强对民族、宗教、侨务、对台工作的领导，充分发挥民主党派、工商联和无党派人士作用，进一步强化适应北京城市副中心建设需要的大统战格局。充分

发挥工会、共青团、妇联、残联、红十字会、文联、科协等群团组织作用，把人民群众紧紧凝聚在党的周围。认真落实党管武装工作，做好双拥、退役军人保障和优抚安置等工作。用好老干部宝贵资源，薪火相传做好新时代老干部工作。

名词解释

1. 四统一：指通州区与河北省廊坊北三县地区统一规划、统一政策、统一标准、统一管控。

2. 两带、一环、一心："两带"指东部以潮白河为依托，规划建设长约50千米的生态绿带，西部与朝阳区之间规划建设长约30千米的生态绿带；"一环"指在北京城市副中心外围规划长约56千米的环城绿色休闲游憩环；"一心"指城市绿心森林公园。

3. 数字孪生城市：指通过对物理世界的人、物、事件等要素数字化，形成物理维度上的实体城市和信息维度上的虚拟世界同生共存、虚实交融的格局；通过数字化方式为物理对象创建虚拟模型，来模拟其在现实环境中的行为，从而实现各类事件的自动感知、快速反应、科学决策、自动处置、全程监督。

4. 两个"关键小事"：指生活垃圾分类、物业管理。

5. "6+1"：指北京市城六区（东城区、西城区、朝阳区、海淀区、丰台区、石景山区）和通州区。

6. "三块地"改革：指农村土地征收、集体经营性建设用地入市、宅基地管理制度改革。

7. 一会三函："一会"指市政府会议集体审议；"三函"指建设项目前期工作函、建设项目设计方案审查意见、施工登记意见书。

8. 政务服务"一网通办"：指依托一体化在线政务服务平台，通过规范网上办事标准、优化网上办事流程、搭建统一的互联网政务服务总门户、整合政府服务数据资源、完善配套制度等措施，推行政务服务事项网上办理，推动企业群众办事线上只登录一次即可全网通办。

9. 雪亮工程：指以县、乡、村三级综治中心为指挥平台、以综治信息化为支撑、以网格化管理为基础、以公共安全视频监控联网应用为重点的群众性治安防控工程。

10. 一带、一轴、两环、一心："一带"指依托大运河构建城市水绿空间格局，形成一条蓝绿交织的生态文明带；"一轴"指依托六环路建设功能融合活力地区，形成一条清新明亮的创新发展轴；"两环"指环城绿色休闲游憩环和设施服务环；"一心"指城市绿心森林公园。

11. "一环六横四纵"轨道交通："一环"指M102线；"六横"指6号线、22号线（平谷线）、八通线、市郊铁路北京城市副中心线、京唐城际、7号线；"四纵"指17号线、M101线、城际铁路联络线、市郊铁路通密线。

12. "十一横九纵"骨干路网："十一横"指北京城市副中心11条东西向主要道路，包括潞苑北大街、朝阳北路—潞苑二街、潞苑南大街、通燕路、新华大街—召里大街、玉带河大街—兆善大街、广渠路东延—运河东大街、怡乐中街—九棵树东路—京津公路、怡乐南街—云景南大街—小圣庙街、万盛南街、云瑞南街—施园街；"九纵"指北京城市副中心9条南北向主要道路，包括金榆路—怡乐西路、商通大道—通惠北路—翠屏西路—九棵树西路、通顺路—新华北路—九棵树中路、榆西路—东关大道—故城东路—颐瑞东路、潞苑东路—芙蓉东路—潞阳大街、东六环西侧路、通怀路—通济路—张凤路、春明西路—通济路、东部发展带联络线。

13. "五子"联动：指以建设国家科技创新中心、"两区"建设、数字经济、以供给侧结构性改革引领和创造新需求、深入推动以疏解北京非首都功能为"牛鼻子"的京津冀协同发展为"五子"的联动发展，形成叠加效应。

14. "西朝海通"四区结对：指依托中心城优质资源，强化通州区与西城区、朝阳区、海淀区结对发展。

15. "双碳"目标：指中国二氧化碳排放力争于2030年前达到峰值，努力争取到2060年前实现碳中和。

16. 一区一河三镇："一区"指文化旅游区；"一河"指大运河文化带；"三镇"指台湖演艺小镇、张家湾设计小镇和古镇、宋庄艺术小镇。

17. 十八个半截胡同：位于通州旧城东南隅，南大街东侧，回民胡同与东顺城街之间。一条南北走向的中街将马家胡同、熊家胡同、紫竹庵胡同、蔡老胡同、白将军胡同、头条、南二条、南三条共8条胡同一分为二成16个半截的胡同，加上仅及当地胡同一半长的半截胡同和北二条胡同，形成十八个半截胡同。

18. 一网一脑一平台一中心：“一网”指副中心万物互联立体感知网；“一脑”指副中心城市大脑；“一平台”指副中心政务大数据平台；“一中心”指副中心人工智能算力中心。

19. 双千兆：指千兆光纤网络和5G。

20. 宅基地“三权分置”：指宅基地的所有权、使用权以及农户作为集体经济组织成员的资格权三权分置。

21. 第三次分配：指由高收入人群在自愿基础上，以募集、捐赠和资助等慈善公益方式对社会资源和社会财富进行分配，是对初次分配和再分配的有益补充，有利于缩小社会差距，实现更合理的收入分配。

22. 两区、三平台：“两区”指国家服务业扩大开放综合示范区和中国（北京）自由贸易试验区；“三平台”指中国国际服务贸易交易会、中关村论坛和金融街论坛。

23. “5·20”模式：指以强组织、搭平台、抓骨干、聚合力、建机制5方面为框架、20条具体措施为支撑的副中心党建引领基层治理模式。

24. 三个区分开来：指把干部在推进改革中因缺乏经验、先行先试出现的失误错误，同明知故犯的违纪违法行为区分开来；把尚无明确限制的探索性试验中的失误错误，同明令禁止后依然我行我素的违纪违法行为区分开来；把为推动发展的无意过失，同为牟取私利的违纪违法行为区分开来。

25. 四个铁一般：指培养造就一支铁一般信仰、铁一般信念、铁一般纪律、铁一般担当的干部队伍。

北京市通州区人民政府工作报告

——在北京市通州区第七届人民代表大会第一次会议上

北京市通州区代区长 孟景伟

2021 年 12 月 15 日

一、过去五年工作回顾

过去五年是通州发展史上具有里程碑意义的五年，在市委、市政府和区委的坚强领导下，在区人大、区政协的监督和支持下，区政府始终坚持以习近平新时代中国特色社会主义思想为指导，全面贯彻落实党的十九大和十九届历次全会精神，立足新发展阶段，贯彻新发展理念，融入新发展格局，勠力同心、砥砺前行、勇挑重担，推动通州经济社会发生深刻而长远的变化，全面开启了北京城市副中心建设的新时代。

（一）功能定位深入落实，副中心建设生机勃发

顶层设计擘画宏伟蓝图，资源聚焦积蓄强大动力。按照“三最一突出”标准、汇集多方力量精心编制的北京城市副中心控规，史无前例地由党中央、国务院批复发布，形成引领副中心发展的立体坐标系。高标准完成“十四五”规划纲要等系列支撑成果，形成系统、科学的“任务表”、“项目库”和“施工图”。成立副中心党工委、管委会，形成高位统筹、市区联动和“副中心事副中心办”的体制机制。2021 年 8 月，国务院出台《关于支持北京城市副中心高质量发展的意见》，政策聚焦态势进一步巩固和扩大，为持续推进副中心发展提供了强大动力。

城市框架全面拉开，重大工程规模推进。按照“一年一个节点，每年都有新变化”的要求，持续推进副中心重大工程建设，实施重点项目 563 项，累计投资 4850 亿元。行政办公区一期竣工投入使用。运河商务区累计建成规模 412 万平方米。环球主题公园一期盛大开园，成为首都文旅新名片。城市绿心森林公园开园迎客，三大建筑主体结构全部封顶。副中心综合交通枢纽、东六环路入地改造等标志性工程全速推进。广渠路东延建成通车，地铁 1 号线与八通线贯通运行。武窑桥等一批跨河桥梁建成使用，新建城乡道路 259 千米，城区路网密度提升至 4.3 千米 / 平方千米，轨道运营里程达到 40.08 千米。

疏解承接双向发力，功能转移初见成效。牢牢抓住疏解非首都功能这个“牛鼻子”，以“壮士断腕”的决心拆除违法建设和淘汰落后产能。累计拆除违建 4214 万平方米，腾退土地 5672 公顷，均居全市第一。完成全部工业大院清理整治，疏解 1443 家“散乱污”企业、688 家一般制造业企业。有序承接中心城转移功能，第一批市级机关入驻。友谊医院等 13 家优质教育医疗资源在副中心布局建设，中国长江三峡集团有限公司等一批央、市属企事业单位实现搬迁落户，财富管理等符合副中心定位的业态加快向副中心转移聚集。

（二）发展动能显著增强，“高精尖”产业体系加快构建

经济实力跃上新台阶，发展质量提档升级。

地区生产总值突破千亿元，一般公共预算收入突破百亿元，全社会固定资产投资突破千亿元，社会消费品零售额突破五百亿元。产业结构持续优化，经济对房地产的依赖程度逐年减弱。金融业推动产业能级持续提升，增加值年均增速达20.1%，对全区GDP贡献率超过20%。固定资产投资规模稳居全市前列，经济发展后劲和抗风险能力显著提升。

优质要素加速集聚，经济活力持续增强。强化多方联动，累计引入重点企业654家。总部经济特色凸显，一批世界500强外资项目、大型国企及民企总部实现落户。14家银行成为独立法人行或一二级分行，全国首家外商独资货币经纪公司落户发展，持牌交易所达到4家。科技创新要素加速汇聚，高新技术企业达到1040家，技术合同成交额增长近6倍。存量与增量同步升级，上市企业达到7家、新三板挂牌公司21家，50家企业获得市级“专精特新”中小企业称号，其中4家获评国家级“小巨人”企业。

产业空间布局优化，园区品质和承载力加快提升。17个产业园区优化整合为3个，对标国际标准加快建设。运河商务区建筑全部达到绿色星级标准，园区注册企业近1.5万家。文化旅游区实现地铁和高速路直通入园，智慧管理平台建成运行，首旅总部等29家企业落户，北投集团总部办公楼实现开工建设。张家湾设计小镇成为北京设计之都主平台，吸引207家企业入驻。国家网络安全产业园区和中国北京人力资源服务产业园加快建设，台马板块纳入亦庄开发区统筹建设，科技支撑作用全面加强。

亲商安商氛围浓厚，营商环境不断优化。成立通州区产业发展促进委员会，建立招商项目“一口进一口出”全流程服务体系和产业高质量发展指标体系。实施副中心“通八条”系列产业支持政策。副中心政务服务中心建成使用，政务服务全面实现“一网、一门、一次”办理，1573项事项实现“一次不用跑”，企业开办、财产登记等实现1日办结。率先建立包容审慎监管体系，建立一站式公共服务平台“政策通”。事中、事后监管等一揽子服务措施受到国务院通报表彰。副中心营商环境持续优化，全市考评位列第三。

（三）联动发展全面加强，区域协同更加深化

城乡统筹深入实施，乡村振兴成果初显。9个特色小镇完成规划编制。国务院农村人居环境整治三年行动圆满收官，获评“全国清洁村庄行动先进县”，累计完成112个美丽乡村创建任务，基础设施短板加快补齐，农村人居环境显著改善。以国际种业科技园为带动，创建国家级现代农业产业园区。果村芹菜、柏庄生菜、孔庄食用菌、沙古堆大樱桃入选全国“一村一品”示范。农民收入稳定增加，低收入农户、低收入村全面“脱低”。

城市更新纵深开展，新老城区加快融合。紧盯老城短板和群众所需，加快完善公共服务设施，提升公共空间品质。累计投资477.7亿元实施106个城市更新项目。完成21个老旧小区综合整治，启动老城7个片区棚户区改造。生活性服务业网点实现全覆盖，首个社区级家园中心投入使用。实施老厂房更新改造，建成北京未来设计园等项目，昔日老城不断焕发新活力。

区域合作持续深化，京津冀协同取得实质性进展。深入落实“四统一”要求，制定与北三县协同发展规划，区域交通网络不断织密，生态协同取得阶段性成果，公共服务一体化迈出坚实步伐，产业协同发展体系加快构建，453项高频便民事项和70项政务服务事项实现区域通办。与雄安新区协同联动、错位发展，“两翼齐飞”新格局加快构建。对口支援成果显著，助力受援地区提前一年完成脱贫摘帽，成为国务院东西部扶贫协作“携手奔小康”优秀典型。

（四）城市管理基础不断夯实，治理水平持续提升

综合整治纵深推进。连续五年深入推进“疏整促”专项行动，“开墙打洞”、占道经营、群租房保持动态清零，300余条背街小巷面貌焕然一新。深入实施“公厕革命”、架空线入地等工程。“点亮”城市夜景，建设完工大运河景观带等一批景观照明工程。荣获首都城市环境建设示范区称号，高分通过国家卫生区复审，成功创建并蝉联全国文明城区。

基础设施更加完善。交通出行环境有效改善，形成15条“绿波带”道路，城区平均车速提升

15.6%。建成南水北调通州水厂等一批供水设施，集中供水能力达到53.5万立方米/日。启动一批变电站工程，供电保障能力提升30%以上。完成河东5号调峰热源厂建设，建成燃气管道2400千米，能源供应能力大幅上升。

智慧城市加快建设。初步实现全区5G网络室外连续覆盖。启动“城市大脑”建设，三维感知“立体城市”网络系统基本建成，全域地下管网实现可视化管理，生态环境综合治理平台获评“智慧城市十大样板工程”，“雪亮工程”建设应用被评为全国示范。加快应用场景布局，全国首例“数字货币+自贸区智慧园区”应用场景落地张家湾设计小镇，建成首个基于5G+8K技术的数字体验馆。

基层治理不断强化。新设7个街道办事处，完成超大社区拆分，启动10个撤村建居试点。建成17个社区议事厅和44个楼门院治理市级示范点，社区社会组织达到6091个，梨园中街一巷成为全国首个“家庭家教家风”示范街。推进两个“关键小事”，垃圾分类在北京市中心城区组内排名稳居前列，业委会（物管会）组建率和物业服务覆盖率均超过90%。大力抓好“接诉即办”，实施365个“小微项目惠民生”，一批群众急、难、愁、盼问题得到解决。开展全国安全发展示范城市创建，群众安全感、满意度指数连年上升。

（五）践行绿色发展理念，生态环境明显改善

污染防治实现历史性突破。坚持结构减排、工程减排、管理减排并重，不断深化“一微克”行动。制定全市最严的扬尘治理“双十条”量化标准，率先划定非道路移动机械低排区，严格区域交通限行政策，实施烟花爆竹禁限放，率先实现区域“无煤化”目标。空气质量创历史最好成绩，$PM_{2.5}$累计浓度从80微克/立方米降至36微克/立方米。净土持久战深入推进。

生态绿色成为副中心最亮丽底色。新增造林面积11.2万亩，建成东郊森林公园等8个万亩森林组团，全区森林覆盖率达到34.45%。新增公共绿地近3万亩，建成各类公园52处、园艺驿站13处，居住区公园绿地500米服务半径覆盖率提升至91.46%。国家森林城市创建指标全部达标，“一环两带”绿色空间架构初现雏形。

水环境质量稳步提升。北运河通州段全线通航。建成区污水实现全收集全处理，全区污水处理率达到91.41%。国、市控考核断面水质总体改善3～4个水质类别，53条段黑臭水体基本实现长治久清，北运河、运潮减河、温榆河上榜“北京市优美河湖”。海绵城市试点区基本建成，10座雨水泵站应急防汛工程获得国家优质工程奖。

国家绿色发展示范区加快建设。率先编制碳达峰、碳中和行动纲要，制定绿色建筑高质量发展意见，城市绿心森林公园、副中心智慧能源服务保障中心等6个项目成为近零碳排放示范。绿色金融政策和机构体系初步建立，绿色资源加速集聚，绿色市场稳步扩容。建成健康绿道300余千米，完成40千米道路慢行系统改造，绿色出行比例达74.2%。

（六）社会事业加快发展，群众福祉切实增强

公共服务水平大幅提升。引入首师大附中、黄城根小学等10所优质教育资源，完成34项中小学建设工程，新增学位2.6万个。全区无证园基本消除，学前教育普惠率达到87%。无证校外培训机构实现动态清零。东直门医院通州院区二期、潞河医院四期投入使用，北大人民医院通州院区即将开诊。医联体建设覆盖22家社区卫生服务中心。获评“首都公共文化服务示范区”荣誉称号。成功举办北京城市副中心全程马拉松等品牌赛事。人民武装、宗教、侨务及对台工作健康发展，民防、气象、地方志、档案、保密、地震、红十字、残疾人、慈善等各项事业呈现新局面。

民生保障基础不断夯实。促进城乡劳动力就业9.65万人，登记失业率控制在3.8%以内。最低生活保障标准提升38%。完成无障碍环境建设三年行动计划。建成养老机构24家、养老驿站132家。打造“通惠明天”儿童福利服务项目，设立16个儿童成长驿站。竣工政策性住房项目30个，建设各类政策性住房3.7万套。圆满完成第三次全国农业普查、第四次全国经济普查和第七次全国人口普查。连续三届被评为“全国双拥模范城”。

新冠肺炎疫情防控有力有效。坚决把人民群众生命安全和身体健康放在第一位，深入推进社区疫

情防控、医疗保障、隔离点管理、进京通道查控、物资保障等各项重点任务。开展核酸检测547万人次，疫苗接种364万剂次。全区疫情始终平稳可控。

（七）改革创新全面深化，发展环境更加开放

重点领域改革取得新突破。深入推进行政、事业单位改革，政府部门设置和职能配置进一步优化。“放管服”改革取得新成效，在全市率先试行网上“证照联办”。182项政务服务事项下沉街道乡镇，431项市区行政处罚权及行政强制权实现下放。实施财税金融改革，成功入选“金融服务综合改革试点城市”。深化农村“三块地”改革，组建9个乡镇联营公司平台，统筹推进集体经济发展。实施国资国企改革，业务板块不断整合优化。

对外开放展现新格局。新设外商投资企业354家。“两区”建设加快推进，运河商务区、张家湾设计小镇成为自贸区国际商务服务片区组成部分，贸易自由化便利化水平不断提升。国际化一站式服务中心建成运行，外国人来华工作许可、居留许可实现“两证联办”，“新建楼宇项目住所证明新方式”入选商务部第三批最佳实践案例并在全国复制推广，“政务服务京津冀‘区域通办’联动机制”等创新成果入选北京市第一批改革创新案例并在全市复制推广。

城市影响力实现新提升。成功举办四届全球财富管理论坛、三届副中心绿色发展论坛等活动。北京国际设计周、北京时装周、北京城市建筑双年展三大活动永久会址落户张家湾设计小镇。北京市“两区”建设展示会客厅建成使用。副中心媒体跨级别、跨区域、跨平台融合，官方主流“媒体矩阵”全面启航，副中心知名度、美誉度、影响力大幅提升。

（八）政府自身建设持续加强，服务发展能力稳步提升

政治站位不断提高。始终牢记“看北京首先要从政治上看”的要求，持续增强“四个意识”，坚定“四个自信”，做到“两个维护”。深入开展各项主题教育活动。高标准完成国庆70周年、建党100周年、冬奥会冬残奥会筹备等重大服务保障工作。忠诚履行“站岗放哨”使命，市级机关政务环境安全有序。认真履行全面从严治党主体责任，全面完成中央、市委巡视整改工作。

自身建设全面加强。坚持依法行政，“通州区行政复议规范化建设”入选全国法治政府建设示范项目。深入推进违规发放津补贴、违规配备使用办公用房和公务用车专项整治。持续强化审计监督，积极推进预算绩效试点改革。创新实施人大、政协列席政府常务会等日常监督制度，认真抓好各类议案、建议和提案办理工作。大力推进政府信息公开和政务公开。2020年区政府工作绩效考核位列全市第一。

各位代表，规划建设北京城市副中心是习近平总书记亲自谋划、亲自部署、亲自推动的千年大计、国家大事。2016年中央政治局研究部署北京城市副中心建设以来，习近平总书记四次亲临副中心，做出一系列重要指示，为北京城市副中心发展指明方向。市委、市政府主要领导坚持每月“双调研”，高位统筹、指挥调度，形成举全市之力建设副中心的新局面。回顾过去的五年，是我们全面贯彻落实党中央决策部署和习近平总书记系列重要讲话精神，奋力推进北京城市副中心规划建设发展的五年；是全面落实京津冀协同发展国家战略，发展思路、发展模式、发展内涵发生深刻变化的五年；是规划体系全面形成、城市框架有序拉开、产业结构加速升级、综合承载力不断提升、发展成果惠及全区人民的五年。这些成绩的取得，是以习近平同志为核心的党中央指引方向、亲切关怀的结果，是市委、市政府正确领导的结果，是副中心党工委、管委会牵头统筹的结果，是区委直接领导、强力推进的结果，是区人大、区政协监督和支持的结果，是各位代表和委员共同凝聚智慧、倾心建言献策的结果，是各民主党派，人民团体，驻通州部队，武警官兵，公安民警，驻通州中、市属单位和兄弟区鼎力支持的结果，是全区人民共同努力奋斗的结果。在此，我代表区政府向奋战在各条战线上的广大干部职工、向所有关心支持通州发展的各界人士和全区人民表示崇高的敬意和衷心的感谢！

回顾五年来的工作，我们深刻体会到：

——必须始终坚持旗帜鲜明讲政治这一基本要求，始终在思想上政治上行动上同以习近平同志为核心的党中央保持高度一致，坚决贯彻执行党中央、市委和区委各项决策部署，才能把准政治方向，在

纷繁复杂的外部形势及各领域斗争中找到正确位置、保持战略定力、坚定发展信心，才能推进副中心高标准建设、高水平管理和高质量发展。

——必须始终坚持立足大局、融入大局、服务大局这一战略思维，才能切实抓住难得机遇，在激烈竞争中实现跨越式发展。五年来，我们立足京津冀协同发展国家战略和首都发展大局，坚定不移推进非首都功能疏解和承接，副中心建设大踏步推进。站在新的历史起点，我们要准确把握新发展阶段，贯彻新发展理念，融入新发展格局，进一步将副中心建设机遇优势、政策优势、资源优势转化为发展优势，全面开启副中心建设崭新篇章。

——必须始终坚持以人民为中心这一发展思想，推进共建共治共享，才能取得全区人民的支持，为副中心发展提供不竭的前进动力和力量源泉。五年来，我们依靠群众、发动群众、惠及群众，取得了全国文明城区、国家卫生区等一个又一个胜利，人民群众幸福感、获得感持续提升。面对广大群众对美好生活的新期待，我们要坚持共同富裕方向，不断增强“人民城市为人民”的责任感和使命感，让全区人民更多、更好、更公平地共享副中心发展成果。

——必须始终坚持系统观念这一治理原则，牢固树立底线思维，强化顶层设计，深化工作联动，才能确保副中心持续稳定健康发展。五年来，我们注重规划先行，安全、发展两手抓，统筹疫情防控和经济社会发展，副中心建设保持良好局面。面对新形势和新任务，我们要进一步加强整体谋划，深化战略配合与战术协同，有效增强工作的系统性，持续提升风险防范和应急管理水平，推动副中心建设继续保持生机勃发良好态势。

——必须始终坚持改革创新这一根本动力，敢闯敢试敢为人先，才能战胜工作中的各种艰难险阻，走出一条创新发展之路。五年来，我们积极探索、勇于开拓，通过改革啃下一个又一个硬骨头，形成一个又一个副中心样板。面对副中心建设更高标准和要求，我们要进一步解放思想、大胆创新，在优化体制机制、突破政策壁垒、探索创新路径等方面继续先行先试，努力开创各领域建设的副中心模式。

——必须始终坚持目标导向、问题导向这一工作方法，真干苦干实干，踏石留印、抓铁有痕，才能在工作中打开局面，迎来光明发展前景。五年来，全区上下锚定副中心发展目标，直面矛盾与问题，各类短板弱项加快补齐，各领域工作取得积极进展。面对未来副中心建设的宏伟蓝图，我们要对标副中心控规和高质量发展各项任务书、时间表，进一步认清和找准短板问题，咬定青山不放松，一任接着一任干，努力开创无愧于党、无愧于人民、无愧于时代的新业绩。

这些既是我们对过去工作的深刻体会，也是我们做好未来工作的必然遵循。

在肯定成绩和总结经验的同时，我们也清醒地认识到在发展中面临的困难和问题，主要表现在：一是经济发展体量、结构和质量距离副中心功能定位及“高精尖”现代产业体系还有很大差距，推进各类优质要素集聚落地、培育经济增长新动能还需要付出长期艰苦的努力；二是城乡治理水平还不够高，基础设施、城市治理、生态环境等方面还存在薄弱环节，实现“双碳”目标还有较大难度，补齐短板、强化弱项还有大量任务需要完成；三是发展不充分、不均衡问题仍然突出，优质资源供给尚不能满足人民群众的需要，产业与功能之间、城与乡之间的互动互促还不够协调，乡镇地区大规模疏解后的接续发展问题亟待破题；四是京津冀协同发展“桥头堡”作用还需持续强化，与“北三县”协同还欠深入，“腹地”与“纵深”作用发挥不够充分，与雄安“两翼齐飞”态势还没有稳定形成；五是用改革破解难题的力度还不够大，面对新形势和新任务，还需大胆改革创新、丰富措施办法，进一步打开工作新局面；六是政府干部队伍的能力和作风与副中心建设的高标准和高要求还有差距，“本领恐慌”“等靠要”心态还在部分层面存在，干部的责任意识、担当意识和工作执行力也都需要进一步强化提升。对于这些困难和问题，我们将高度重视，认真加以解决。

二、未来五年工作的总体要求、奋斗目标和主要任务

未来五年，是开启全面建成社会主义现代化强

国第二个百年奋斗目标新征程的重要五年，也是落实北京城市战略定位、推动首都新发展的重要五年，更是副中心落实国务院高质量发展意见，加快控规实施，推动副中心框架基本成型、主导功能基本稳固、现代产业体系加快构建、区域协同突破发展、城市品质加快提升的重要五年。我们必须始终胸怀“两个大局”，牢记“国之大者”，从党的百年奋斗历程中汲取智慧和力量，深刻认识国内外环境正在发生的深刻复杂变化，准确把握副中心发展历史方位，在新起点上谋求新发展，在新征程中展现新作为，在新时代里再创新辉煌。

未来五年，我们要认真落实区第七次党代会确定的目标任务，以习近平新时代中国特色社会主义思想为指导，全面贯彻党的十九大和十九届历次全会精神，认真学习即将召开的党的二十大精神，深入贯彻习近平总书记对北京重要讲话精神和对北京城市副中心重要指示精神，全面落实中央、市委、市政府和区委的各项决策部署，坚持稳中求进工作总基调，科学把握新发展阶段，完整、准确、全面贯彻新发展理念，服务、融入新发展格局，以高质量发展为主题，以供给侧结构性改革为主线，以改革创新为动力，以共同富裕为方向，以安全稳定为底线，以满足人民日益增长的美好生活需要为目的，牢牢把握副中心战略定位，深入实施京津冀协同发展国家战略，着力建设国际一流的和谐宜居之都示范区、新型城镇化示范区、京津冀区域协同发展示范区和国家绿色发展示范区，为建设和谐、宜居、美丽的大国首都，打造以首都为核心的世界级城市群作出副中心贡献。

未来五年的奋斗目标是：圆满完成“十四五”规划各项目标任务，承接北京非首都功能疏解和人口转移取得显著成效，城市管理和社会治理水平明显提升，现代产业体系初步形成，通州区与北三县一体化高质量发展制度体系基本建立，为打造服务北京构建新发展格局的重要支点奠定坚实基础。

——城市承载力显著提升。主要功能节点、重点功能区全面建成，立体高效的综合交通体系初步构建，“一城一带一轴、四区三镇多点”的城市框架和发展布局基本成型。安全可靠的市政能源设施体系全面建立，新型基础设施加快布局，城市韧性持续增强。

——综合经济实力显著提升。地区生产总值年均增速8%左右，一般公共预算收入年均增速5%以上，每年保持千亿以上投资强度。坚持创新驱动，“3+1”主导功能板块持续壮大，产业结构持续优化，金融业、总部经济集聚态势更加明显，现代产业体系初步形成，城市发展动能更加强劲。

——民生福祉显著提升。教育、医疗、文化、养老等公共服务更加优质均衡，城市发展更加安全可靠，现代化城市治理体系不断完善、治理能力明显提升。新老城区有机融合，乡村振兴稳步推进，共同富裕取得阶段性进展。人民群众精神文化生活日益丰富，获得感幸福感安全感更加充实、更有保障、更可持续。

——绿色发展水平显著提升。国家绿色发展示范区建设指标体系初步建立，生态环境不断优化，空气质量进一步改善，全域水质不断提升，建成北京平原地区首个森林城市，“一带、一轴、两环、一心”的绿色空间格局基本形成。绿色能源使用范围大幅拓展，绿色低碳产业体系加快构建，绿色低碳生产生活方式大力推广，朝着碳达峰碳中和目标稳步迈进。

——辐射带动力显著提升。副中心与北三县一体化高质量发展机制更加完善，区域协同发展实现新突破。交通互联互通更加紧密，产业融合发展不断深入，区域生态体系和服务保障体系实现共建共治共享，京津冀协同发展桥头堡作用更加凸显。

未来五年经济社会发展的主要任务是：

（一）高质量推动规划体系全面落地，谱写副中心建设新篇章

瞄准功能定位，牢牢把握高位统筹及政策、资源、要素聚焦优势，始终保持工匠精神，打造理念先进、内涵丰富的未来之城、共富之城。

基本建成城市框架，搭建副中心“四梁八柱”。保持每年千亿以上投资强度，坚持任务项目化、项目清单化、清单责任化，加快重点功能区、重要节点建设。完成行政办公区二期建设，保障市级机关搬迁入驻。推动与行政功能密切相关的社会服务机

构迁入，带动中心城区其他相关功能疏解。全面建成运河商务区核心启动区，实现重点组团项目全部完工投入使用，总建筑规模达686万平方米。推进环球主题公园后续项目及周边区域开发，形成集文化、科技、休闲、娱乐、商业为一体的城市综合体，打造北京文化旅游新地标。全面建成并高水平运营副中心大剧院、图书馆、博物馆，加快建设通州堰分洪体系。确保站城一体的副中心综合交通枢纽投入使用，完成东六环路入地改造，开工建设六环高线公园。深化通亦联动，加强网络安全产业园、中关村通州园与台马板块协同发展，加快形成创新链、产业链。大幅提升张家湾、台湖、宋庄创新生态集聚能力，形成多点开花的发展态势。

深入推进乡村振兴，持续促进城乡融合。坚持城乡统筹，以城带乡，加快核心区农村城市化进程，推动拓展区城乡融合发展。以特色小镇为抓手，加快培育农村新的经济增长点，千方百计增加农民收入。有序推动集体建设用地入市和统筹利用，大力发展文化旅游、科技创新、高端制造等现代产业。做强国际种业科技园区，建设现代农业产业化示范基地。完成333个美丽乡村建设，全面提升人居环境质量，打造一批以“精品民宿、运河文化、特色产业”等为特点的样板村。大力发展集体物业经济，推进数字乡村建设。不断强化集体“三资”管理，全面完成农村产权制度改革。细致落实耕地“田长制”，严守耕地红线，严防大棚房问题反弹。推动M102（支）线向宋庄镇、张家湾镇延伸，建设潞小路二期、新潞马路等一批道路，增开乡镇公交线路，构建城乡一体的综合交通体系。完成260个村饮用水水质提升工程，推进城乡供水一体化，实现农村饮用水达标提质。大力开展城乡标准化办学，完善基层医疗卫生服务体系，提高城乡基本公共服务水平。

加快城市有机更新，全力推进新老共荣。创新城市更新思路和模式，构建层次分明的城市更新滚动格局。完成100个城市更新项目，建设14个家园中心，完成150余个老旧小区改造，实施5个棚改项目，打造8个精品示范街区，持续增加老城教育、医疗、养老、体育等公共服务功能，不断提升老城宜居品质。加强老城文化肌理保护和开发利用，推进南大街片区十八个半截胡同申请式腾退，建设共生街区。通过见缝插绿、立体绿化等措施织密城市绿网，丰富老城绿色休闲体验。优化铁路沿线、高架桥下等存量公共空间功能，规范城市秩序，将老城区打造成为环境优美、幸福宜居、富有活力的现代化城区。

深化区域协调联动，打造协同发展桥头堡。着力建设与北三县一体化高质量发展示范区，努力成为现代化首都都市圈建设的重要支撑。率先实现区域交通一体化，实现22号线（平谷线）、京唐城际等一批轨道线路通车运行，推进一批跨境道路建设。共抓生态环境保护，协同建设潮白河国家森林公园，加强大气、水跨界联合监测执法，全面消除入河点源污染。深化产业协同机制，创新协作模式，共建产业园区。采取合作办院、设立分院、组建医联体等形式，共同培育北三县区域医疗养老服务功能。支持优质学前教育、中小学与北三县开展跨区域联合办学，统筹推进公共服务资源共享。强化与雄安新区两翼联动，深化“通武廊”“通宝唐”战略合作，推动形成更加紧密的协同发展格局。

（二）高质量构建现代产业体系，打造经济发展新高地

加强产业组织，大力培育支柱产业和特色产业，全面夯实副中心经济基础、增强发展后劲，打造创新引领、宜商宜业的活力之城。

坚持功能承接与内生发展两手抓，提升经济增长能级。围绕央企二三级公司、市属国企事业单位等中心城区外溢优质资源，做好产业承接和落地服务。深化“五子”联动，大力培育和发展数字经济、现代金融等重点产业和特色产业。聚焦行政办公，引入各类专业服务企业，打造顶尖人才集聚高地和高端智库服务平台。聚焦高端商务，承接和新设立总部机构40家以上、财富管理机构突破200家，深化国际财富管理中心建设，打造国际商务服务新中心。聚焦文化旅游，承接好环球主题公园资源外溢，重点抓好“一区、一河、三镇”建设，打造文旅商融合发展示范区。围绕国际消费中心城市建设，加快推进新业态、新模式、新服务布局，增加优质消

费供给，打造地标性商业街区和多层次差异化商圈。聚焦科技创新，用好中关村先行先试改革政策，新培育市级“专精特新”企业100家，实施一批国家重大科技项目和应用示范项目，推动信通院国家ICT技术产业创新基地、中芯国际、小米汽车等一批重大项目建成投产，打造千亿级产业集群。

畅通产业项目落地路径，精准有效抓好要素保障。加快产业空间资源释放。制定存量空间引导政策，盘活利用低效国有用地及楼宇，多种模式强化集体土地产业化利用。健全教育、医疗、住房等服务机制，全面提升副中心对海内外高层次人才的吸引力。设立政府产业引导基金，吸引集聚创业资本，建立政府科学决策和专业化运营相结合的投资管理机制。大力发展私募股权二级市场基金，促进金融与产业资本循环畅通。充分发挥产业政策和政府基金对市场预期引导、市场资源调配和产业集聚的牵引作用。

持续优化营商环境，打造更具竞争力的产业生态。完善招商体制机制，构建产业政策精准完善、招商队伍专业高效、部门属地齐抓共管的大招商工作格局。依托应用场景开发开放，积极发挥第三方专业机构作用，加快构建“以投资促招商，以项目促落地”的新型招商服务体系。强化企业服务和交流平台搭建，完善科技创新服务体系，促进政银企深度对接合作。加强财源建设，全面强化企业走访服务，全方位做好企业服务管家，实施重点项目“全程代办”“全周期管理”。深化“放管服”改革，加快优化行政审批、完善智慧政务，强化要素交易、市场监管、知识产权保护等体系建设，全面提升服务体验和效能。

（三）高质量完善公共服务功能，促进民生福祉再上新台阶

围绕“七有”“五性”，聚焦群众关心关注的重点难点问题，持续强化民生保障，建设更有温度和厚度的副中心，全力打造功能齐备、保障充分的共享之城、人文之城。

全面提升公共服务水平。建设现代化教育强区。大力支持公办园和普惠民办园发展，统筹配置义务教育资源，增加学前及义务教育学位供给，新建幼儿园、中小学各10所，新增学位2.16万个，景山学校通州校区、北京第一实验学校等一批优质学校建成使用，全力建设基础教育优质均衡示范区。拓宽高中特色办学路径，巩固职业教育成果，加快人民大学通州校区、清华大学金融发展与人才培养基地建设。优化医疗卫生资源配置，实现安贞医院通州院区等优质资源投入使用，加快国际化综合医院等项目建设，确保三级医疗机构达8家以上，新增床位4450张。完善整合型医疗卫生服务体系，增强全方位全周期健康服务与保障能力。创建大运河国家AAAAA级旅游景区，实施路县故城遗址公园博物馆等一批文化保护和开发项目，让古老运河焕发缤纷活力。加大群众体育设施供给，推进体育赛事品牌化发展。继续做好民族、宗教、侨务和对台工作，促进民防、气象、地方志、档案、保密、地震、双拥、红十字、残疾人、慈善等各项事业健康发展。

持续完善社会保障体系。紧扣稳就业保就业主线，力争登记失业率控制在5%以内。区养老院建成并投入使用，新建养老照料中心11家，实现街道乡镇机构养老全覆盖；新建养老驿站88家，实现村居养老服务全覆盖；新增家庭养老床位1000张，“一键呼”设施惠及更多有需求群体，每千名常住人口养老床位数达到7.5张。儿童福利工作平台实现全覆盖，全面提升社会救助服务工作水平。完善社区“自治法治德治”均衡融合机制，推进“全能社工”“综合窗口”模式全覆盖。积极落实三孩生育政策，促进人口长期均衡发展。建立健全“租购补”并举住房制度，建设保障性住房2万套，推进区域职住平衡。

加强韧性城市建设。大力创建国家安全风险防范示范区，开展城市风险评估三年行动计划，建设城市生命线安全风险综合监测预警中心，实施一批韧性社区和韧性项目。毫不放松抓好各领域安全生产工作，优化应急管理体系，进一步提升防灾减灾救灾能力。打造消防教育培训基地，新建6座消防站，配建乡镇街道小型消防站。建成执法办案中心南区和4个派出所。加强公共卫生应急体系建设，健全人员、物资、制度等保障机制，做好疫情常态化精准防控。

（四）高质量开展生态文明建设，全面推动绿色低碳新发展

深入打好污染防治攻坚战，推动经济社会发展全面绿色转型，全力打造低碳高效、生态优美的绿色之城。

全力创建国家绿色发展示范区。深入推进“双碳”目标实施，持续加强外部绿色电力供给，加快地热、太阳能光热和光伏系统在重点领域、区域的规模化开发和高效利用。大力推行绿色设计、绿色建材、绿色建造，行政办公区等重点区域率先建成“近零碳排放示范区”。建立健全绿色金融发展体系，打造国家绿色金融改革创新示范区。发挥绿金院和绿交所的“孵化器”作用，加快推进全国自愿减排交易中心建设，研究制定绿色金融标准及创新机制，鼓励绿色信贷、绿色债券等各类金融工具创新应用。大力推进慢行交通、立体步道网络系统建设，绿色出行比例提高到80%。积极建设绿色人居环境，完善生态基础设施，倡导绿色生活方式，力争“双碳”工作走在全市前列。

着力构建水绿生态空间。创建国家生态文明建设示范区，确保国市两级约束性指标全部达标。营造“清新明亮、亲水宜人”的滨水环境。完成城北、两河水网一期工程，加快实施二期工程，推进城南水网台马、漷牛等片区骨干沟渠水网项目。加快实施萧太后河下段、玉带河等骨干河道景观提升及生态修复工程。建设自然生态的海绵城市，建成区比例达50%。完善全域湿地生态系统，实施不少于1000亩的湿地修复精品工程。基本建成环城绿色休闲游憩环13个公园，加快建设东西生态绿带和南北生态廊道，实施300千米精品绿道升级及建设，推进3000亩老城区城市绿地、100个“精品乡村公园”建设，全区森林覆盖率提高至36.5%。“蓝绿交织、水城共融”的城市风貌基本实现。

纵深推进污染防治攻坚战。持续开展蓝天保卫战，深入推进“一微克”行动和区域联防联控联治，强化细颗粒物、臭氧、扬尘、挥发性有机物协同治理，推动$PM_{2.5}$年均浓度持续下降，基本消除重污染天。纵深推进碧水攻坚战，大力推进治污截污工程，新建河东、减河北资源循环利用中心，新增污水处理能力13万吨/日、污泥干化处理规模200吨/日。新建农村污水收集管线120千米，实现农村污水处理设施全覆盖。全面规范入河排水管理，完成全区入河排污口整治并动态清零，国家和市级地表水考核断面达标率实现100%。统筹推进土壤源头防治和风险防控，守牢生态环境安全底线。

（五）高质量推进城市管理现代化，树立城市治理新标杆

健全城市综合治理体系，推进系统化、智慧化、多元化治理，加快建设没有“城市病”的共治之城。

突出精细治理，持续提升城乡环境品质。圆满完成新一轮疏整促专项行动，实现“治标向治本”“表层到肌理”“点线到全面”转变，使疏解更深入、整治更彻底、提升更系统。实现城区主次干道和背街小巷通信架空线、电力架空线全部入地，推进市政设施扩容和停车设施改造，施划停车位4.5万个。继续开展背街小巷和乡村庭院精细化治理，着力提升公共空间服务功能和设计水平。深入推进垃圾分类，健全生活垃圾全链条管理，加大再生资源回收扶持力度。实现小区物业服务管理全覆盖，推动业委会（物管会）高效履职。强化党建引领，统筹融合街巷长、小巷管家、网格员、协管员等各类基层力量，发挥各类社会组织专业化优势，深入推进“接诉即办”和“未诉先办”，加快提升城乡综合治理能力。

强化数字赋能，加快提升城市治理智慧化水平。全面建设“智慧通州”。加快布局新基建，推进全域“双千兆”网络建设，布设城市感知智能设备，构建新型数字基础设施系统。深化“城市大脑”功能，全面建成100G带宽政务骨干网，实现城市运行“一网统管”。推进数字孪生城市建设，打造以“全网感知、全城通办、全域协同、全景开放、全时响应”为主要特征的新型智慧城市体系。有效集成公共设施、生活、环境等各领域应用，建设智慧生活体验馆等场景。推动社会服务、城市治理、社会治安各领域数字化转型升级和融合治理，实现精准施策、靶向发力，助推城市治理决策科学化、防控一体化、服务便捷化。

完善设施建设，大幅提升城市运行保障能力。适度超前建设国际一流的安全、高效、智能、低碳

的市政基础设施体系。实现M101线通车，推进6号线南延，轨道交通线网里程达到57.3千米，初步形成“一环六横四纵”轨道交通体系。建设潞苑二街等东西向干道和春明路等南北向干道，打通通惠北路北延等17条断头路，新增道路里程231千米，城区路网密度达到5.6千米/平方千米，基本建成“十一横九纵”市政主干路网体系。构建绿色低碳综合能源系统，完成北京东—通州北500千伏工程、通州北500千伏输变电工程，形成“一南一北、双电源支撑”供电格局。建设宋庄西、城市绿心等次高压调压站工程，形成多源多向、互联互通的燃气系统。推进行政办公区综合能源站等项目，健全清洁低碳、多元化供热体系。实施南水北调通州水厂（二期）等工程，完善“多水源、多水路”水源保障格局。

（六）高质量推进改革创新，乘势而上构建开放新格局

对接高质量发展需求，推进更大范围、更深层次、更高水平的全面深化改革，为把副中心建设成为新时代高质量发展的典范保驾护航。

大力度推进改革创新。充分发挥先行先试政策优势，形成一批引领示范性的改革创新成果。完成街道所辖40个行政村撤村建居工作，提升街道管理精细化水平。撤并与新建相结合，优化调整社区规模，夯实社区治理体系。推进农村集体产权制度改革，深入落实村地区管，强化集体经济组织的市场主体地位，实现集体产业转型升级。推动一二三产业用地类型合理转换，探索产业用地租售并举的多元供应方式。深化投融资体制改革，支持设立不动产投资信托基金（REITs）、创业投资基金等，进一步激发民间投资潜力和创新活力。持续深化国资国企改革，组建完善产业运营平台，健全激励约束机制，培育服务副中心经济社会发展生力军。

高水平实施对外开放。依托“两区”政策优势，积极探索开放发展新业态、新模式、新路径。加快建设法定数字货币创新试验区，加大在数字经济、科技创新、技术转让和国际人才就业等方面的政策支持力度，形成推动服务业高水平开放的长效机制。积极对接国际市场，深化市场准入、跨境支付等领域体制机制改革。申请设立海关特殊监管区域，试行跨境服务负面清单管理模式，开展本外币一体化资金池、数据跨境流动安全管理等试点，进一步提升国际投资和贸易便利化水平，全面服务好境外企业“走进来”、副中心企业“走出去”。

全方位拓展城市影响力。拓展全球视野，对接国际标准，推动设立副中心国际城市联盟和智库联盟，依托北京自贸区展示中心，构建中国—新加坡城市科技领域合作交流等平台。强化全球财富管理论坛、运河城市国际论坛等活动国际影响力，提升国际设计周、北京建筑双年展等品牌规格与能级，争取更多国际品牌和论坛永久会址落地。积极接轨国际文创市场，举办国际文娱演出、艺术品和体育用品展会等活动。完善北京城市副中心媒体矩阵，扩大传播影响范围，全方位展现副中心建设脉搏和发展成果。

高标准创建全国法治政府示范区。提高政府依法履职能力，完善行政权责清单，推进重大行政决策规范化建设，加强重大合同协议监督管理，提升行政决策公信力和执行力。深化综合行政执法改革，健全跨部门、跨层级执法协作联动机制。积极推进行政复议体制改革，打造行政复议副中心样板。健全社会矛盾预防化解机制，强化区级社会矛盾多元调解指导中心建设。推进法治政府建设向基层延伸，培育壮大“两公”律师队伍，切实提升部门、街道乡镇依法行政能力和国企依法经营水平。加强法治社会建设，完善公共法律服务体系。实施“八五”普法规划，不断提升全民法治素养。

三、关于2022年政府工作的建议

各位代表，万里征程风正劲，千钧重任再扬帆。2022年是新一届政府的开局之年，扎实做好2022年的各项工作，对实现未来五年经济社会发展目标至关重要。我们必须着眼五年发展，锚定2022年目标任务，凝心聚力、拼搏奋进，全力开新局、谋新篇。

2022年全区经济和社会发展的主要目标是：地区生产总值增长6.5%左右，一般公共预算收入增长6%，全社会固定资产投资超千亿元，社会消费品零售额增长5%左右，登记失业率控制在5%以内，居

民人均可支配收入稳步增长，能耗强度、大气污染物和水污染物排放完成市级下达的节能减排任务。

为实现上述目标，突出抓好十个方面重点工作：

一是狠抓重大工程建设，全力展现副中心发展新形象。深入落实《国务院支持北京城市副中心高质量发展意见》，推动任务、项目、政策三个清单加快落地。深化投资管理体制改革，巩固副中心党工委管委会专班机制，实行项目“双主责”“双管家”“双清单”服务模式。坚持高位统筹、挂图作战、持续发力，保持千亿以上投资规模，推动重点项目展现新节点、露出新面貌。统筹时序安排，批次推进15宗78公顷经营性用地供应，保障重点项目用地需求。加快行政办公区二期建设。确保运河商务区完工440万平方米。大力推进北京环球度假区后续项目及周边区域开发，实现张家湾车辆段开工，加快环球影城北综合交通枢纽、通马路综合交通枢纽建设。启动张家湾古镇建设。加快推进绿心三大公共建筑、通州堰分洪体系、副中心综合交通枢纽、东六环入地改造、地铁6号线、M101线工程建设。

二是狠抓招商体制机制完善，加快项目引进落地。建立完善“四个一”招商工作机制，确保每个重点产业都有一个区领导联系、一套工作班子、一支招商队伍、一个决策咨询机构。搭建“经济大脑”，健全副中心产业发展评估机制。大力推动中心城区央、市属国企以及文化、创新等优质资源向副中心转移发展，开工建设首旅集团总部、华夏银行总部、北建院总部等一批产业项目。建设招商项目数字化管理系统，瞄准头部企业精准招商；实施“链长制”管理，着眼产业链条统筹招商；建立产业可利用空间地图，抓住落地环节高效招商；推进基层财政体制改革，激励街道乡镇齐抓共管合力招商。进一步释放产业发展空间，加强集体建设用地产业化利用，盘活闲置楼宇等空间资源。进一步做优企业服务，对重点项目推行“全程代办”，推动政务服务“审批事项最少、办事效率最快、服务水平最优”，大力构建更具竞争力的营商环境。

三是狠抓“五子”联动，推动经济高质量发展。推进国际消费中心城市建设，进一步承接北京环球度假区外溢资源，推动周边酒店升级改造和精品酒店建设，加快奥特莱斯和免税店布局建设，培育发展夜经济、首店经济，打造更多高品质商圈和网红打卡地，促进文旅商融合发展。深入推进“两区”建设，探索贸易与投资便利化等政策在副中心先行先试，力争形成一批有突破、能落地、出实效的制度创新成果，吸引更多优质项目落地。加快打造现代化财富管理集聚区，设立通州区产业母基金，吸引北京绿色低碳科创接力基金（S基金）等机构落地，大力引进银行理财子公司、保险资管、证券资管等金融供给侧改革增量资源。强化科技创新支撑，建立健全“城市建设—应用场景释放—项目招商集聚—产业生态优化”良性循环发展机制。积极推进有条件企业上市，力争培育出20家市级“专精特新”企业。大力发展数字经济，重点引入城市科技、网络安全、数字设计等高科技企业，支持驻区金融机构积极拓展数字人民币业务，围绕餐饮、娱乐、休闲、信贷等多维场景打造数字人民币使用新体验。

四是狠抓新老共荣、城乡统筹，推动均衡发展、共同富裕。新开工15个老旧小区综合整治项目，实现一批工程完工。引入“首开模式”，加快家园中心建设，丰富老城空间形态。紧紧围绕“七有五性”需求，推动医疗、教育、文体、养老等公共服务设施落点落图，进一步加快老城人居环境、公共服务等领域提质升级。接续实施“百村示范、千村整治”工程，高标准开展乡村振兴示范村庄创建。推进农业现代产业园区建设，完成种业园区规划设计，引进一批重点战略合作企业。加快于家务生鲜农产品直供中心和台湖、宋庄、张家湾等地集体土地租赁住房建设，布局发展一批精品民宿，切实发挥乡镇联营公司作用，拓宽集体产业用地用途，不断壮大集体经济、增加农民收入。大力开展土地复耕、闲置农业设施及撂荒土地整治，引导土地集中流转，实现规模化经营。加快补齐农村基础设施短板，持续推进农村饮用水安全提升工程，完成40个村供水管线改造，提升165个村饮用水水质，推进城乡供水一体化发展。

五是狠抓民生服务提质，不断增强群众获得感、幸福感。深入落实“双减”政策，保持无证培训机构动态清零。加快北京二中通州校区改建等工程进度，积极推进文旅区中小学、潞苑中学等项目建设。推动友谊医院通州院区二期、安贞医院通州院区、区医疗中心、区疾控中心、区精神病医院等项目实施。做好新冠肺炎疫情常态化精准防控。大力推动大运河国家AAAAA级旅游景区创建，实施张家湾城墙及通运桥修缮等文物保护修缮工程。加强劳动力技能培训，促进城乡劳动力就业1.5万人以上。加快养老设施建设，新增家庭养老床位300张，扩大“一键呼”等助老设备覆盖范围。积极推进撤村建居工作。深入开展“全国双拥模范城”创建。严格规范房地产秩序，建设筹集保障性住房6600套。集中攻坚消防安全隐患整治，确保社会和谐稳定。

六是狠抓综合整治提升，不断提高城乡治理能力。统一规划、统一标准、统一设计、统一建设、统一运维，推进智慧城市建设，聚焦民生、产业等7大领域实施14项标杆示范工程，发布和建设一批应用场景。完善市政基础设施体系，推进玉桥西路、翠屏路等城市道路建设，加快文旅区西区公交中心站等配套场站建设，实现城乡公交纳入市公交系统统一运营管理。启动创意园等3处输变电工程，推动行政办公区热力管网二期工程建设，加快再生能源发电厂二期、有机质综合处理站施工。启动新一轮“疏整促”专项行动，拆除违法建设300万平方米，腾退土地320公顷，创建10个“无违建”镇，力争实现“基本无违法建设区”目标。建立健全“一核多元、融合共治”基层治理体系。聚焦完善常态化工作机制，持续抓好两个“关键小事”。推动“接诉即办”数字化转型，整合党的建设、综合治理、城市管理等各类网格，下沉公共服务、社会服务、志愿服务等各种资源，做到精准施策、“未诉先办”。做好北京冬奥会、冬残奥会、党的二十大等重大活动服务保障工作。

七是狠抓污染防治攻坚，全力提升生态环境建设水平。持续改善区域空气质量，进一步加大移动源、固定源执法监管力度，健全完善在线监控体系和长效监管机制。纵深推进水环境建设，实施通惠河、港沟河等骨干河道景观提升及生态修复工程。建成城北水网一期（翟减沟）、两河水网减运沟综合治理工程，加快推进城南水网片区建设。完成河东资源循环利用中心一期和40个村生活污水收集处理设施建设，启动减河北综合资源循环利用中心建设及漷县、台湖污水处理厂升级改造。精细绘制“污染源—管网—排口—河流”关系图，强力推进入河排污口清理整治工作。加快海绵城市建设，建成区比例达35%。实施造林2.3万亩，圆满完成新一轮百万亩造林任务，全区森林覆盖率达到35%。完成漫春园等5个全龄友好化公园改造。实现164千米绿道贯通，提升绿道体验。强化国有自然资源资产管理，加强生态保护执法，高压治理违法违规挤占生态空间、破坏自然生态等行为，持续优化生态空间格局。

八是狠抓国家绿色发展示范区建设，加快培育绿色发展新动能。积极承接北京绿色金融改革创新试验区各项改革任务，推动绿色金融政策集成创新。高标准建设北京绿交所，加快承建全国自愿减排交易中心。积极参与国家绿色金融标准研究，深化国际合作，提升副中心绿色金融国际影响力。完善绿色建筑顶层设计，规范绿色建筑设计、施工、运行、管理，在行政办公区等重点区域开展超低能耗建筑示范，推动新建保障性及政策性住房全面采用装配式建筑，推进新建公共建筑创建“近零碳排放示范区”，有序开展既有建筑绿色改造，推动绿色建筑规模化发展。扎实推进节能减碳工作，建设首个区级5G自然科普教育基地及碳中和科普体验地。研究制定地热利用规划，建设电力大数据应用场景，加快形成绿色低碳生产生活方式。

九是狠抓与北三县一体化高质量发展示范区建设，纵深推进协同发展。完善工作协调机制，深入落实“四统一”要求。实现京唐城际铁路建成通车、北运河（京冀）通航，加快轨道交通平谷线及厂通路建设，打通一批交界区域断头路，推进通宝路、石小路、姚家园路东延等一批道路前期工作。持续加强环境污染联防联控联治，加快潮白河国家森林公园前期工作，共享绿色生态空间。探索一体化联合招商、跨区域分税共享等机制创新，积极推进产业园区对接，引导相关项目向北三县转移，优化区域产业链。高质量办好潞河中学三河校区，进一步推动养老服务项目向北三县延伸布局，不断拓展公共服务领域合作，共建共享更多优质资源。

十是狠抓作风建设，持续提升政府效能。旗帜鲜明讲政治，压实政府全面从严治党主体责任。强化高效率落实、高效能管理和高水平服务，用好新一轮市级赋权，加强预算绩效管理和成本控制，认真做好创建全国法治政府建设示范区迎检工作。加强干部队伍建设，突出“严、真、细、实、快”要求，大力倡导“马上就办、办就办好”的工作作风，坚决向任何形式的“躺平”“内卷”“圆滑官”等作派宣战，以等不起的紧迫感、慢不得的危机感、坐不住的责任感，勇于担当、大胆作为，做到胸中有全局，眼中有问题，脑中有思路，手脚有行动，让只争朝夕、雷厉风行、讲求高效的优良作风成为各级干部的鲜明特质。

名词解释

（按在报告中出现的先后顺序排列）

1．三最一突出：指最先进的理念、最高的标准、最好的质量，突出水城共融、蓝绿交织、文化传承的城市特色。

2．国家级“小巨人”企业：国家级专精特新“小巨人”企业的简称，是全国范围内“专精特新”中小企业中的佼佼者，是专注于细分市场、创新能力强、市场占有率高、掌握关键核心技术、质量效益优的排头兵企业。

3．“四统一”要求：京冀交界地区实施统一规划、统一管控、统一标准、统一政策。

4．农村“三块地”：指农用地、集体经营性建设用地以及宅基地，农村“三块地”改革包含农村土地征收、集体经营性建设用地入市、宅基地管理制度改革。

5．“两区”建设：指建设国家服务业扩大开放综合示范区和中国（北京）自由贸易试验区国际商务服务片区。

6．双碳：指碳达峰、碳中和。

7．两个大局：指中华民族伟大复兴的战略全局、世界百年未有之大变局。

8．“一城一带一轴、四区三镇多点”城市框架：“一城一带一轴”指北京城市副中心155平方千米区域、大运河生态文明带和东六环创新发展轴；“四区”指行政办公区、运河商务区、文化旅游区和科技创新板块四大重点功能片区；“三镇”指张家湾设计小镇、台湖演艺小镇、宋庄艺术小镇三个特色小镇；“多点”指北京城市副中心拓展区的新型小城镇，包括潞城生态智慧小城镇、马驹桥科技服务小城镇、漷县文化健康小城镇、西集生态休闲小城镇、于家务科技农业小城镇、永乐店新市镇。

9．“五子”联动：指国际科技创新中心、“两区”建设、数字经济、以供给侧结构性改革引领和创造新需求、深入推动京津冀协同发展这五个方面联动发展。

10．一区、一河、三镇：“一区”指文化旅游区；“一河”指大运河；“三镇”指南部的张家湾设计小镇、中部的台湖演艺小镇、北部的宋庄艺术小镇。

11．韧性城市：指城市或城市系统能够化解和抵御外界的冲击，保持其主要特征和功能不受明显影响的能力。韧性城市在灾害发生时能够承受冲击，快速应对，恢复城市功能正常运行，并通过调整适应来更好地应对未来的灾害风险。

12．“两公”律师：指公职律师和公司律师，即任职于党政机关或人民团体的公职律师及国有企业律师。

13．“双主责”“双管家”“双清单”：为确保2022年区属固定资产投资项目落地的三个服务模式。“双主责”指纳入项目库的项目实行主责单位与配合单位双主责，在项目推进中担负同等责任；“双管家”指主责单位与配合单位均明确一名副处级以上主管领导作为项目的服务管家；“双清单”指建立新开工项目清单与申请债券资金项目清单。

14．首开模式：首开集团通过打造全国领先的非经营性资产管理处置平台，统筹小区和集团周边资源，实现资源大统筹、政策大集成和要素大平衡，积累了老旧小区改造、物业服务升级和人居环境高质量发展的可复制、可推广的成功经验。

专文

通州区党史学习教育工作总结

自党史学习教育启动以来，在中央、市委的坚强领导下，在市委第三指导组的有力指导下，通州区坚持把党史学习教育作为重大政治任务，坚决扛起主体责任，按照学史明理、学史增信、学史崇德、学史力行的要求，以副中心标准从严从实抓好党史学习教育各环节，持续奏响学党史、悟思想、办实事、开新局的奋进强音。全区四套班子、91家处级单位、2773个基层党组织、7.4万名党员坚持将习近平总书记关于党史学习教育历次重要讲话作为根本遵循，坚持学深悟透、融会贯通、学以致用，坚持紧贴民生、深入调研、求真务实，坚持紧抓问题、深挖细查、刀刃向内，广大党员干部经受了一次全面深刻的历史自信、理论自觉、政治意识、性质宗旨、革命精神、时代责任教育，理想信念更加坚定，干事状态得到激发，为民意识不断深化，各级党组织的创造力、凝聚力、战斗力持续提升，北京城市副中心各项重点工作得到有力推动。现将工作总结报告如下：

一、工作开展情况

（一）聚焦“开好局”，突出组织领导氛围营造，确保学习教育稳扎稳打

中央、市委召开党史学习教育动员大会后，通州区迅速行动，精心谋划、周密部署，确保学习教育组织到位、人员到位、工作到位、责任到位。一是领导重视，全面做好思想动员。区委将党史学习教育作为重要政治任务来抓，区委常委会专题学习习近平总书记在党史学习教育动员大会上的重要讲话精神，研究贯彻落实意见。召开全区党史学习教育动员大会，引导各级党组织和广大党员干部深刻认识开展党史学习教育的重大意义，以高度的政治责任感和历史使命感切实把党史学习教育抓紧抓好。二是完善机制，全面落实主体责任。成立区委书记任组长的领导小组，制定下发实施方案、工作方案、专项方案等指导性文件。组建7个工作组、11个区委指导组，压实各方责任、层层传导压力。召开领导小组会、领导小组办公室会、工作推进会等区级会议15次，及时将中央、市委的最新要求落地落实。建立与市委党史学习教育领导小组办公室定期联系、与各工作组密切对接等工作机制，实现上传下达，统筹推进。各级党委（党组）严格落实区委要求，成立工作机构、明确工作责任，排班制表、推进落实。各基层党支部采取“三会一课”、主题党日等形式，推进党史学习教育落在实处。三是加强宣传，全面营造氛围声势。坚持报、网、端、微齐发力，充分展现通州区党史学习教育的生动局面。截至年底，累计在中央、市属主流媒体刊播稿件220余篇，在区级媒体发布相关稿件1360余篇。中央电视台新闻联播头条播出《新征程开局“十四五”——打造蓝绿交织的北京城市副中心》等报道，区委书记赵磊接受采访。《人民日报》《北京日报》刊发《北京通州 凝聚崇德向善榜样力量 推动公民思想道德建设》《北京城市副中心小巷整治补民生短板》《通州区百余项“小微项目惠民生”工程，小提升解决居民大难题》等稿件，报道通州党史学习教育经验做法。区属媒体开设《我为群众办实事》《党旗在基层一线高高飘扬》《民声我听 民忧我解》《学党史 办实事》等专题专栏，聚焦深入学习、为民办实事、成果经验、红色印记等方面，持续开展报道。积极做好通州区党史学习教育简报编发工作，截至年底，刊发简报176期，市委党史学习教育简报刊登通州区相关做法23次，集中展现了通州区开展党史学习

教育取得的丰硕成果，营造了良好工作氛围。

（二）聚焦“学什么”，突出“两个重点”“两个亮点”，丰富充实学习内容

按照中央、市委部署要求，在真学深学习近平总书记关于党史学习教育系列重要讲话精神及十九届六中全会精神、重点学持续学四本指定教材的基础上，将通州区地方党史、红色资源两大特色内容融入其中，充实党员干部群众的“精神食粮”。一是重要讲话固本。把学习贯彻习近平总书记在党史学习教育动员大会、中国共产党成立100周年庆祝大会上的重要讲话精神，在福建、广西、青海、西藏、陕西榆林等地考察时发表的重要讲话精神，以及党的十九届六中全会精神作为统领这次党史学习教育的“本”和“纲”，精心谋划、统筹安排、扎实推进，持续掀起学习热潮。二是指定教材溯源。始终把指定教材的学习作为“根”和“源”，第一时间为处级以上干部配齐《论中国共产党历史》等指定学习材料和重要参考材料，为全区每名党员配发《习近平新时代中国特色社会主义思想学习问答》，督促引导党员干部学好、用好参考材料。要求各单位结合实际，有效做好对《中华人民共和国简史》《社会主义发展简史》《改革开放简史》的学习运用，推动党史学习教育进一步升华。三是地方党史提质。扎实推进通州地方党史编写研究出版工作，成功出版全市第一批区县党史基本著作——《中国共产党北京市通州区历史（1921—2012）》，并配发各党支部，为全区党员干部学习地方党史提供有力参考。结合现有党史资料，补充整理魏颂尧等8位红色人物事迹，以及“北京大学平民教育讲演团在通县宣传新思想”等6个党史故事，并编入《岁月如逝川 初心如石磐——红色通州》党史资料集，进一步充实地方史志资料。四是红色资源赋能。运用好市级区级红色资源，因地制宜开辟“第二课堂”，让文物成为最好的“教科书”，让英烈模范成为最好的“德育师”“教育家”。积极发挥潞河中学校史馆、区博物馆、邢德荣烈士陵园等副中心特有红色资源优势，充分挖掘“家门口”的红色资源，整理出中共潞河中学支部旧址等9处具有代表性和一定影响力的红色遗址、遗迹，根据史实梳理出相应的红色故事，为全区干部群众打造身边的“红色学习阵地”，不断增强党史学习教育的体验度和鲜活性。

（三）聚焦“怎么学”，突出形式创新全面覆盖，持续强化学习效果

紧紧围绕目标要求，加强政治引领、突出精准务实、创新学习形式，推进党史学习教育实现全覆盖。一是抓住关键少数，领导示范带头学。各单位党委（党组）严格落实《关于组织开展党史学习教育集中学习研讨的通知》，坚持“带领式”学习，抓好“规定动作”与“自选动作”有机结合，围绕重点学习内容，全区党委（党组）理论学习中心组以多种形式组织开展集中学习2500余次，切实发挥了示范带动作用，推动全区理论武装工作不断向纵深处延伸。二是创新学习形式，线上线下结合学。利用各类新兴媒体、区属媒体等平台开展线上学习，以新时代文明实践中心为依托，制定实施含有64项特色子活动的“永远跟党走”群众性主题宣传教育活动方案，扎实开展“看、听、说、读、写、展”等系列主题活动，采取深入基层学、特色集中学、实地参观学等线下方式，推动党史学习教育在全区“火”起来。在打造“线上课堂”方面，利用区属媒体开设《党课开讲啦》专题专栏，集中展播一批生动鲜活、贴近实际的精品党课，让党的声音时刻响彻在基层一线。录制播出38期《红色印记》《红色回忆》《红色故事》三大系列电视专题节目，引领全区干部群众重温红色历史、传承红色基因。制作《聆听红色故事 汲取奋进力量》系列广播节目，以30期录音专题、4期访谈节目的形式，在《副中心之声》等平台上宣传，覆盖人群近68.2万。组织开展《永远跟党走》歌曲传唱活动，4个作品入选市级《传唱活动》专栏并通过北京时间等平台宣传推广。其中，通州区教委（北京小学通州分校）和通州区政协的作品分别获得了260万和123万的高点击量。各单位聚焦自身优势，积极开拓“指尖上的课堂”。例如，区总工会以通州几代劳模的故事为主线，拍摄20期《百名劳模谈初心话使命》系列片，讲述建党百年以来，国家和人民在党的领导下取得的巨大发展和进步，用党的光辉历史教育人、用文化的源泉鼓舞人，强化对副中心职工的文化思想教育和价值引领。又

如，潞城镇积极探索“互联网+”党史学习教育模式，通过“e潞同行”公众号“潞城之声”村村通广播等方式，策划专题栏目，邀请地区党员讲述自己的初心故事和对时代的理解，在群众之间引起强烈共鸣。在动员干部群众讲起来、读起来、写起来方面，以区委理论宣讲团、“永远跟党走”红色宣讲团为“主力军”，与党政领导干部、专家学者、优秀党员、老党员等搭建起多层次的宣讲格局，深入属地和各单位围绕党史、“七一”重要讲话精神、六中全会精神等专题开展宣讲3000余次。“永远跟党走”红色宣讲团代表通州区参加北京市百姓宣讲调研汇讲活动，并取得全市第一名的好成绩。组建752个“红色经典诵读班”，以“五个一”标准化模式打造红色理论宣讲阵地，开展系列活动3567场。持续深化“书香副中心”品牌建设，各实体书店以“红色经典 献礼百年”为主题，举办红色主题活动700场，参与读者超过10万人次。策划制作《习语用典》党员篇、群众篇、青少年篇系列字帖，将理论传播融入日常、抓在经常。在增强干部群众融入感、体验感、现场感方面，举办“红星照耀大运河——中国共产党北京市通州区历史主题展览”，吸引市级机关干部、全区党员群众和青少年学生近12万人次参观。利用科技手段将主题展览进行数字化全景拍摄包装，依托新时代文明实践中心等平台打造线上展厅，进一步扩大展览影响力。举办“百年百人 红色基因代代传”专题巡展，汇集一百名通州英烈、建设楷模、时代先锋、抗疫英雄等模范代表，采用“讲展”结合的方式，将百年来通州人民在党的领导下励精图治、艰苦创业的奋斗精神，传递到3万余名参展观众心中。以“奋斗百年路 启航新征程”为主题，以红色电影、现实题材电影为载体，通过“电影+”等活动形式，开展公益电影放映10803场次，吸引观众近36万人次。三是探索多维模式，依托活动深入学。积极面向干部群众开展多种形式的活动，推动党史学习教育学在基层、热在基层。在深化理论学习方面，开展“百讲党课进基层”活动，以基层单位从“见证100年 建功新时代”等五大类67个专题中“点单”，区委党校老师“送学上门”的形式，进一步增强党员干部服务北京城市副中心建设的理论保障。举办“学习强国”党史知识竞赛，全区71个街道乡镇、委办局及“两新”组织代表积极参赛，线上直播累计观看达3.51万人次，全面展现了全区干部群众学党史的热情。在激发学习热情方面，开展“首都职工心向党，同心接力绣党旗”职工主题宣传教育活动，覆盖各行各业劳动者2000余人，被北京电视台等新闻媒体广泛报道，线上短视频点击量达106万次，并作为党史学习教育先进经验典型在全市推广。邀请庆祝中国共产党成立100周年优秀舞台艺术作品展演剧目《香山之夜》在国家大剧院台湖舞美艺术中心上演，为全区1000余名机关、基层党员干部群众带来一场丰富的红色艺术盛宴。聚焦重要节日、节点开展专题活动方面，清明节各部门各单位通过祭扫烈士墓、聆听英雄事迹、瞻仰革命遗址等多种形式，让广大党员干部群众在缅怀革命先烈的丰功伟绩和崇高精神中接受爱国主义精神洗礼；“七一”前夕，各级党（工）委利用革命旧址、革命纪念馆、烈士陵园等资源，组织开展新党员代表入党宣誓和党员重温入党誓词活动。国庆期间组织“倡导国庆新民俗 打造爱国活动周”活动，营造热烈喜庆的节日氛围。在引领服务方面，组织开展“党旗在基层一线高高飘扬”“我为党旗增光辉”“我为副中心添光彩”活动，动员副中心党员干部、志愿者积极参与到疫情防控、垃圾分类、社区治理等服务中，当好群众的“勤务兵”。四是认真开好专题组织生活会，对照检查反思学。围绕“学党史、悟思想、办实事、开新局”的主题，各级党组织严格按照专题组织生活会要求，扎实开展会前学习、征求意见、谈心谈话等各项准备工作。全区22个街道（乡镇）、69家局处级单位1547个党支部规范标准的召开了专题组织生活会，约5万名党员干部以高度政治自觉和行动自觉围绕学党史和习近平总书记“七一”重要讲话谈体会收获，围绕党史学习教育目标查找问题、分析原因、制定整改清单，每名党员都在严格的党内生活中得到了锤炼提升。各单位坚持问题导向，坚决落实整改，使专题组织生活会成为了为民办事的“助推器”。五是加强监督指导，督导反馈改进学。8月20日至26日，党史学习教育市委第三指导组对通州区进行实地督导，调研走访区市场监管局等单位，了解党史学习教育开展情况，并对通州区工作予以充分认可。党史学习教育区委领导小组要求各单位要严格按照市委督导组的意见和要求，结合实际继续抓好党史学习教育，扎实推进“我为群众办实事”实践活动。区委各指导组围绕学习研讨、专题组织生活会、学习贯彻六中全会精神等关键环节，对全区91家单位开展巡回指导、随机抽查、调研走访、巡听旁听等指导工作，推动党史学习教育扎实开展。坚持指导各单位将学习党史同对照现实、推动工作结合起来，定期摸排“我为群众办实事”实践活动进展情况，确保各单位对标对表、按时按点、保质保量完成为民办实事任务清单。截至年底，各指导组以列席方式参与指导各单位理论学习中心组、书记讲党课、组织生活会等300余次，审阅、调阅相关材料3600余份。

（四）聚焦“为何学”，突出群众立场服务意识，切实为民办实事解难题

把开展好“我为群众办实事”实践活动作为重要政治任务来抓，坚持从最困难群众入手，从最突出问题抓起，从最现实利益出发，切实把一桩桩实事办到了群众心坎上，切实提升群众的幸福感、安全感、满意率。一是围绕重点环节，强化组织统筹。制定《关于在全区开展“我为群众办实事”实践活动实施方案》《关于在“我为群众办实事”实践活动中推进“接诉即办”解决重点民生诉求的工作方案》，全面安排部署实践活动。把握各环节重点任务，多次召开领导小组会、专题工作会、单位调度会、工作推进会等会议，共同研究推进、协调解决实事项目。定期通报全区“我为群众办实事”完成情况，在全区上下形成了上下联动、横向协同的“一盘棋”工作格局。二是聚焦重点问题，精准服务民生。结合市级“每月一题”专项和通州区“12345”市民热线诉求情况，聚焦副中心民众最关注的就业、教育、医疗、住房等民生问题，制定《通州区27+5项重点民生诉求清单》，围绕“5+1”类重点任务共列出599项实事任务。区级层面，重点民生项目清单完成32项，推进措施152条，完成率100%；区属22个街道（乡镇）、69家局处级单位分别完成重点民生项目清单233项、334项，完成率100%。三是瞄准问题短板，构建长效机制。坚持在解决问题过程中补齐短板、健全机制，区级层面，先后完善了“接诉即办”相关的《奖励激励和责任追究办法》《工作考核细则》《专项考评细则》等23项制度机制，为推进工作提供有力的制度保障。各单位结合工作实际制定出台制度机制74项，为推动“我为群众办实事”实践活动制度化、常态化提供了有效保障。四是跟进宣传推广，全面展现工作成效。持续用好宣传阵地，通过多种途径积极宣传报道办实事成果。截至年底，通州区“我为群众办实事”相关情况在中央主要新闻媒体报道200余条、在市级新闻媒体报道1100余条、在区级媒体报道2300余条，相关内容在互联网播发约60万条、转载约6万条、点击数约2600万次，全面展现在“我为群众办实事”实践活动的有力推进下，副中心党员群众的获得感成色更足、幸福感更可持续、安全感更有保障。

二、特色做法

通州区始终坚持把开展党史学习教育同贯彻落实中央、市委各项决策部署、高质量推进副中心建设、完成改革发展稳定各项任务紧密结合，积极打造党建品牌，推动党建工作优势和活力转化为基层治理的效能和动力，探索形成“党建引领副中心建设”的特色经验，推动党史学习教育取得实效。

一是突出政治引领，彰显副中心标准。区委始终把学习贯彻习近平新时代中国特色社会主义思想作为首要政治任务，把认真贯彻落实习近平总书记重要指示批示精神和党中央决策部署作为党内基本的政治规矩，突出政治统领、党建引领，坚持高起点、高标准、高水平规划建设管理好北京城市副中心，通过党史学习教育引导全区上下更加深刻认识到副中心建设的历史重要性和新时代重任，不断推动全体党员干部增强“四个意识”、坚定“四个自信”、做到“两个维护”“三个一”“四个决不允许”，忠诚捍卫“两个确立”，从思想和行动上做到“党中央提倡的坚决响应、党中央决定的坚决执行、党中央禁止的坚决不做”。区委理论学习中心组发挥

龙头作用，坚持更高标准、更严要求，围绕党史学习、前沿领域等主题，以交流研讨、专题讲座、参观学习等形式开展集中学习36次；全区各级党组织通过理论学习中心组学习、党支部（党小组）学习等形式，开展学习2万余次，全区党员干部运用党的科学理论解决实际问题的能力水平得到不断提高。比如，围绕学习领会习近平总书记对北京城市副中心重要指示精神的丰富内涵、精神实质和实践要求，以副中心党工委和区委理论学习中心组联合（扩大）会形式，召开集中学习、交流研讨和宣讲报告会，进一步统一思想、提高站位、协同作战，立足副中心新发展阶段“三个定位”，推进学习成果转化。

二是突出重点保障，服务中心任务。区委坚持把做好庆祝中国共产党成立100周年和北京冬奥会、冬残奥会的服务保障工作作为党史学习教育最实际、最生动的实践，抓好抓实每个细节。严格按照中央、市委部署安排，做好中国共产党成立100周年庆祝活动服务保障。组织2292名观众参加庆祝大会，选派102名公共文明引导员参与活动引导，全面展现运河儿女蓬勃向上的精神风貌。及时做好物资发放等服务对接，合理做好主干街道的环境布置，持续开展广泛宣传，通过制作《我在北京城市副中心为党送祝福》创意互动H5融媒产品，吸引17.3万人参与互动，营造庆祝建党100周年的热烈氛围。全力做好冬奥会、冬残奥会的服务保障工作，高标准做好观众组织工作。在气氛营造上，依托全区630个新时代文明实践所（站）开展《一起向未来》传唱活动，将《一起向未来》作为全区中小学校体美课、音乐课主要内容，持续点燃全民迎冬奥的激情。

三是突出因地制宜，抓好分类指导。坚持从实际出发，针对不同层级、不同领域、不同对象特点，科学合理做出安排，通过改进组织指导方式，切实增强党史学习教育效果。一方面，立足层级特点，精细组织指导。发挥领导干部“头雁效应”，带头开展集中交流研讨，带头制定个人学习计划，带头讲授专题党课，带头赴街道乡镇等联系点、分管领域“四不两直”、问需解难。发挥基层党支部战斗堡垒作用和广大党员先锋模范作用，将“我为群众办实事”实践活动与“党旗在基层一线高高飘扬”、“我是副中心党员”党建品牌建设紧密结合、同步推进。截至年底，全区机关事业单位中有约500个党支部与村（社区）党支部结对共建，联合开展“我为群众办实事”主题党日活动900余次；各级党组织建立党员先锋岗1851个、责任区7760个，所属党员参与志愿服务活动、为身边群众办实事10万余人次。另一方面，立足领域特色，精准施策管理。针对不同类型党员开展党史学习教育中存在的难点和瓶颈问题，采取差异化、个性化措施，量体裁衣、因人制宜、有的放矢，补齐工作短板。在“两新”组织，研究制定出台专门实施方案，明确7项重点任务。依托“双报到、双积分”、党建工作协调委员会等平台，引导“两新”组织发挥专业特长，积极参与到物业管理、法律咨询、便民服务等社会治理工作中，切实解决实际困难。例如，区民政局创办北京市首家社会组织党校，通过专题讲座、参观研学、开设“党史微课堂”等形式，对通州登记注册的504家社会组织开展党性教育、党性研究、党建业务学习和培训，带领社会组织知史爱党、叩问初心。在教育系统，将党史学习作为师德师风建设的重要内容，组织“筑牢教育信仰 追求幸福人生”主题培训，围绕“学习党史 厚植教育人的家国情怀”及“学党史、强信念、跟党走”开展专题研讨，活动覆盖全区11245名中小学校教师。启动教研课题《一体化视域下中小幼“红色基因”教育实践研究》，征集“育人杯”德育案例及党史主题精品思政课程32件，以党史学习教育为契机提升教师史学涵养。在青少年教育上，积极开展以“学起来、唱起来、讲起来、做起来”为主要方式的教育活动。相继组织“穿越时空的对话——写给先烈的一封信”“唱支歌儿给党听”“青年大学习·一起学党史”“红领巾学党史”等活动，制作“学党史、强信念、跟党走”主题团课5节，录制“团队学党史 百课话百年”百集短视频，邀请党史专家、部队官兵、老党员等通过国旗下讲话、主题团课、队课及班会等形式进行党史宣讲，推动党史学习教育在青年群体中“活”起来。制定落实《关于充分利用红色资源 加强青少年党史教育的实施方案》，组织区博物馆、区档案馆等市级爱教基地深入全区10所中小学开展“流动的爱国主义教育基地进校园巡展活动”，5000余名学生参与其中。

四是突出问题导向，满足群众需求。紧扣群众关切、基层一线期盼，努力推动“我为群众办实事”见实效。坚持解决群众反映强烈的突出问题，围绕着群众急难愁盼，切实打出一套有力的“组合拳”。比如，区住建委聚焦住房保障，围绕推动北京城市副中心空间结构不断优化和品质不断提升的目标，让老旧小区居民体验“换新居”、棚户区居民实现“安居梦”，2021年老旧小区改造18个项目50万平方米，惠及居民6000余户，梁各庄22万平方米安置房惠及村民2000余户。坚持以创新驱动深化区域合作，在谋划蓝图、思考问题、推动工作中做好结合文章，推动京津冀协同发展。如，区政务服务局通过与异地签署合作协议、异地布设北京市政务服务便民自助终端等方式，实现京津自贸区、雄安新区、廊坊及北三县等地的多项政务服务事项“跨省通办”。又如，区委宣传部抓牢建党100周年主题主线，举办“行走京津冀”集中采访活动，进一步促进三地在媒体交流、文旅融合等方面的成果共享。坚持精准聚焦民生需求，将公共资源延伸到基层、覆盖到乡村（社区）、惠及特殊群体。如，区发改委以“小微项目惠民生”为抓手，梳理出涉及便民设施服务、人居环境提升、公共服务设施改造“三大类”166个项目，通过微更新、微利用、微治理等务实创新举措，总投资3300.15万元，集中解决了一批空间修补、房屋漏水、设施改造等群众身边事，惠及16个街镇百姓，切实用惠民“小项目”撬动民生“大幸福”。

三、主要成效及不足

党史学习教育开展以来，通州区认真贯彻落实中央、市委部署要求，坚持对标对表、以上率下，坚持依靠群众、守正创新，坚持统筹推进、学用结合，既把“规定动作”做到位，又把“自选动作”做出彩，党史学习教育特色鲜明、亮点纷呈。全区广大党员干部受到了全面深刻的政治教育、思想淬炼、精神洗礼，各级党组织的创造力、凝聚力、战斗力大大提升，达到了学党史、悟思想、办实事、开新局的目的。550名代表对全区党史学习教育好评率达到99.96%，取得“四个显著成效”：

（一）筑牢信仰之基，学习贯彻党的创新理论的自觉性更加坚定。我们党历来重视理论创新，始终坚持把马克思主义基本原理同中国具体实际相结合、同中华优秀传统文化相结合，这是我们党不断从胜利走向新的胜利的成功密码。党史学习教育中，全区党员干部围绕习近平新时代中国特色社会主义思想和党的十九届六中全会精神，结合4本指定教材，在读原著、学原文、悟原理中感悟思想伟力。通过学习党的辉煌成就、艰辛历程、历史经验和优良传统，大家深刻领悟到了坚持中国共产党领导的历史必然性，提升了历史自信；深刻感悟到了习近平新时代中国特色社会主义思想是当代中国马克思主义、二十一世纪马克思主义、是中华文化和中国精神的时代精华，增强了理论自信；深刻领悟到了中国特色社会主义道路的正确性，强化了道路自信；深刻领悟到了中国共产党为什么能、马克思主义为什么行、中国特色社会主义为什么好等道理，坚定了做习近平新时代中国特色社会主义思想的忠诚信奉者和坚定实践者的决心和信念。

（二）突出政治忠诚，拥护“两个确立”、做到“两个维护”更加坚决。党的十八大以来，党和国家事业取得历史性成就、发生历史性变革，最根本的原因在于有习近平总书记作为党中央的核心、全党的核心掌舵领航。通过党史学习教育，全区广大党员干部深刻感悟到“两个确立”是我们党百年奋斗伟大实践得出的重大历史结论，是实现中华民族伟大复兴的深远考量，是全党所愿、民心所向；深刻感悟到习近平总书记作为马克思主义政治家、思想家、战略家的卓越政治智慧、强烈使命担当、深厚为民情怀，从而更加自觉地拥戴核心、捍卫核心，增强“四个意识”、坚定“四个自信”、做到“两个维护”，始终在思想上政治上行动上同以习近平同志为核心的党中央保持高度一致。特别是在建党100周年庆祝活动中，通州区以最高标准做好服务保障工作，组织2292名观众参加庆祝大会，做好物资发放服务对接，全面展现了通州党员干部的忠诚担当和良好精神风貌。

（三）厚植宗旨意识，践行以人民为中心的发展思想更加主动。党的百年历史，就是一部践行党的初心使命的历史，就是一部党与人民心连心、同呼吸、共命运的历史。通过党史学习教育，全区广大党员深刻感悟到江山就是人民、人民就是江山；人民是党执政兴国的最大底气，民心是最大的政治，从而更加自觉地走好群众路线，全心全意为人民谋利益，为实现全体人民共同富裕而奋斗。特别是把开展“我为群众办实事”实践活动作为党史学习教育的基本着力点，在办好一件件民生实事中涵养了为民情怀。聚焦民生诉求，扎实推进599项实事任务圆满完成，解决了一批群众身边的“急难愁盼”问题。以“接诉即办”为抓手，聚焦“每月一题”，重点解决房屋不动产证书办理、增设小区充电桩、退费纠纷等问题，解决率和满意率分别达到88.17%和90.42%，群众获得感得到明显提升。切实抓好群众身边的关键小事，垃圾分类在北京市中心城区组内排名稳居前列，业委会（物管会）组建率和物业服务覆盖率均超过90%。

（四）主动担当作为，奋进新征程、建功新时代的精气神更加振奋。回望历史，是为了更好地走向未来。通过开展党史学习教育，全区广大党员深刻感悟到走好新时代赶考之路必须牢记初心使命，必须勇于担当作为。这一年，我们坚持把党史学习教育同高质量推进北京城市副中心建设结合起来，以国务院出台《关于支持北京城市副中心高质量发展的意见》为契机，持续推进北京城市副中心健康快速发展。重大工程规模推进，环球主题公园一期盛大开园，副中心综合交通枢纽、东六环路入地改造等标志性工程全速推进。疏解承接双向发力，拆除违建、腾退土地数量居全市第一。营商环境不断优化，建立招商项目“一口进一口出”全流程服务体系和产业高质量发展指标体系，1573项政务服务事项实现“一次不用跑”。公共服务水平大幅提升，北大人民医院通州院区开诊，首师大附中通州校区、北京学校中学部启用招生。圆满完成村和社区“两委”换届工作。

总的来看，通州区党史学习教育进展顺利，取得了预期成果。但是对标对表中央、市委相关要求，全区党史学习教育还存在以下不足之处：一是党史学习教育成果转化效能仍需进一步提升。在将党史学习教育成果转化为为民办实事解难事的具体行动、以党史学习教育成效推动北京城市副中心高质量发展上仍需持续发力、久久为功。虽然全区“我为群众办实事”599项清单任务已经全部完成，但是“接诉即办”市民热线群众诉求量仍旧居高不下，客观反映出很多群众急难愁盼问题尚未得到解决，应坚持把办实事融入日常、抓在经常，抓好成果转化，以点带面推动解民忧破难题。二是党史学习教育覆盖面有待进一步延伸拓宽。通州区立足党史学习教育特点和全体党员、干部实际，针对青少年、流动党员、“两新”组织党员、离退休老党员等不同群体需求，分类指导、精准施策，不断创新内容、形式、方法，推动党史学习教育全覆盖、有实效。结合测评表反馈情况，针对“增加学习的覆盖面和趣味性，确保入脑入心”“提高党员参与度”等建议，应进一步深化党史学习教育成效，不断扩大党史学习教育覆盖面，持续推进党史学习教育向广度深度拓展。三是红色资源保护挖掘利用还不够深入充分。在全区党史学习教育中，注重发挥潞河中学校史馆、周文彬塑像广场等红色教育基地的教育功能，组织广大党员、干部进行瞻仰参观。但通过对全区红色资源的梳理摸底，仍存在红色资源文化内涵挖掘不够深入、保护利用手段不够丰富、社会功能发挥不够充分等问题。比如平家疃红色教育基地，有着深厚的革命历史文化底蕴，今年5月正式对外开放后，接待参观党员群众200余人，受众人数较少，社会教育功能没有充分发挥，还应在加强展陈设计、创新活动形式、提升红色基地吸引力影响力上加大力度。

四、下一步工作思路

党史学习教育是党的建设伟大工程的永恒课题，是全体党员干部不忘初心、牢记使命的终身课题。下一步，通州区委将深入贯彻落实习近平总书记在党史学习教育总结大会上的重要指示精神和中央、市委的部署要求，认真贯彻落实党的十九届六中全会精神和市委十二届十八次全会精神，把党史学习教育中形成的创新做法、典型经验总结固化并长期坚持下去，大力发扬伟大建党精神，汲取奋进新征程、建功新时代的思想养分，为高质量建设北京城市副中心建设提供源源不断的发展动力，以实际行动迎接党的二十大胜利召开。

（一）在“学”上深拓展，健全完善党史学习教育常态长效机制。深入总结运用党史学习教育成果，把党史学习教育融入日常、抓在经常，持续将学习贯彻习近平新时代中国特色社会主义思想引向深入，引导党员干部坚定捍卫“两个确立”，坚决做到“两个维护”。进一步完善党员干部自学、党委（党组）理论学习中心组、干部教育培训、基层党组织集中学习、分层分类理论宣讲等各项制度，细化完善学习内容、学习考核、学习评价等长效机制，以制度化、标准化解决学习中容易出现的反复性、顽固性问题，推动“四史”学习和党的创新理论学习取得新成效。深入挖掘、传承、利用好区域内红色资源，在党员干部中经常性开展红色教育、党性教育，更好地用红色基因和光荣传统强化党员意识、锤炼党性修养。建立健全领导干部带动党员、普通党员带动群众的常态化学习机制，以与时俱进、丰富多样的形式和载体，推动党史学习教育深入基层、深入群众、深入人心，在北京城市副中心形成常态、取得长效。

（二）在“做”上细对标，巩固拓展“我为群众办实事”实践活动成果。引导党员干部树牢让人民幸福是“国之大者”的理念，始终把人民群众满不满意作为各项工作的出发点和落脚点。固化全区“为民办实事”工作经验，聚焦群众“七有”“五性”需求，拓展办实事项目清单，建立常态化工作机制；对已完成的实事经常“回头看”，随时查漏补缺，确保实事办成一件、巩固一件。围绕贯彻新发展理念、保障基本民生需求、深化放管服改革、推进基层治理体系和治理能力现代化等工作，强化民生保障，建设更有温度和厚度的副中心。强化党建引领，统筹融合街巷长、小巷管家、网格员、协管员等各类基层力量，发挥各类社会组织专业化优势，深入推进“接诉即办”和“未诉先办”，用心用情用力解决好群众的操心事、烦心事、揪心事，不断提升群众的获得感安全感幸福感。

（三）在“改”上见实效，高标准召开民主生活会，不断推进新时代党的建设。提高认识、统一思想，准确聚焦主题，从严从实抓好民主生活会各个环节，把讲政治的要求体现到集中研讨、个人自学、谈心谈话、查摆问题、对照检查、批评和自我批评全过程，以实际行动坚定捍卫“两个确立”、坚决做到“两个维护”，始终在思想上政治上行动上同以习近平同志为核心的党中央保持高度一致。以此次民主生活会为契机，进一步抓好党的思想理论、干部队伍、基层组织、全面从严治党等重点工作，切实增强全区党组织的创造力、凝聚力、战斗力。

（四）在“促”上优提质，凝聚齐心协力建设北京城市副中心的磅礴力量。把党史学习教育中形成的好经验、好作风，同学习贯彻党的十九届六中全会精神结合起来，同落实通州区“十四五”规划、落实区第七次党代会精神结合起来，深入落实《国务院支持北京城市副中心高质量发展意见》，在狠抓重大工程建设、加快项目引进落地、推动经济高质量发展、推动城乡统筹发展、提升民生服务品质和综合治理能力、加强生态环境建设、培育绿色发展新动能等重点工作上持续发力，立足新发展阶段，完整、准确、全面贯彻新发展理念，深入实施京津冀协同发展战略，聚焦功能定位，保持战略定力，进一步加强综合承载能力建设，有序承接核心区产业疏解，完善教育、医疗、文化、商业等配套设施，提升公共服务水平和生活便利性，增强区域产业黏性，真正让学习教育的实际成效转化为推动副中心高质量发展的生动实践，以优异成绩迎接党的二十大胜利召开。

（区委宣传部提供）

通州区新冠肺炎疫情防控工作总结

（2021 年 12 月 31 日）

2021 年，通州区坚决贯彻习近平总书记重要讲话精神和党中央、国务院、市委市政府的各项决策部署，毫不动摇坚持“外防输入、内防反弹”总策略和“动态清零”总方针，压紧压实四方责任，切实做到“三防”“四早”“九严格”，有力有序有效推进疫情防控工作，坚决打赢疫情防控的人民战争、总体战、阻击战。

一、新冠肺炎疫情防控工作基本情况

通州区坚持把疫情防控作为压倒一切的头等大事来抓，从严从实从细抓好各项防控措施。自 2021 年 1 月 1 日至 2021 年 12 月 30 日 24 时，通州区未发生死亡病例，实现医院、工地、学校零感染，全区疫情防控形势持续稳定可控，切实维护人民群众生命安全和身体健康。

疫情防控主要措施及特色亮点

（一）全面加强组织领导，压实属地责任

一是加强统筹调度。在区委书记任组长，区委副书记、区长任副组长的区疫情防控工作领导小组体制机制下，健全完善“一办十七组”组织架构，坚持“早会商、晚调度”，统一领导指挥全区疫情防控工作。截至年底，累计组织召开区疫情领导小组会议 121 次，专题部署会、调度会 230 余次，切实扛起了首都疫情防控主体责任。紧盯“双节”、国庆假期等重点时期，成立疫情防控现场处置工作专班和“两节”期间通州区疫情防控工作专班等专班，推动各项决策部署落实落细。

二是压实属地责任。各街道乡镇全面担负起辖区内各项防控措施和任务的落实，实行日报告、零报告和信息统一发布等制度，对疫情高发区来京人员做好溯源，强化筛查，按照市级要求对外地返京人员进行集中隔离、居家隔离或纳入社区健康管理。截至年底，通过“敲门行动”、大数据排查等方式，累计排查 200 万人次，牢牢抓好基层疫情防控。区级领导坚持到联系的街道乡镇指导疫情防控工作，街道乡镇干部坚持包社区、包村，基层防疫力量持续加强。

（二）强化医疗救治和院感防控，坚守安全底线

一是提速扩面推进疫苗接种。坚持条块结合，紧盯“一老一小”，加强宣传引导，细化完善登记、接种、留观等环节，全力推进疫苗接种工作，确保应接尽接、应快尽快。同时，持续开展服务送上门工作，通过下社区村、进企业、入学校等方式提高便利程度，全力做好疫苗接种服务保障工作。截至年底，共组建 19 个固定接种点，22 个儿童专用接种点，派出医疗保障队 3527 次，出动医护人员 3678 人次，累计接种疫苗 389 万剂次，其中 3 ~ 11 岁 21 万剂次，60 岁以上 42 万剂次。

二是推进新冠肺炎疫情医疗救治工作。加强国家新冠肺炎各版诊疗方案和重型、危重型病例医疗救治方案等文件解读培训，制定印发通州区新冠肺炎医疗救治工作方案，规范开展救治服务工作。组建包含感染、呼吸、重症、流行病等专业共 24 名人员的通州区新冠肺炎专家组，将友谊医院通州院区、胸科医院、东直门医院通州院区、解放军总医院京东医疗区（263 医院）等医疗机构纳入全区新冠肺炎监测、会商、督查、培训体系，医疗救治能力不断提升。持续夯实医疗救治基础，设立潞河医院为区属定点救治医院，建成 10 间负压病房（含 3 间重症）

24张床位，同步推进牛堡屯院区负压病房升级改建，建成后预计负压病房数可达35 ~ 50间。

三是深化医疗机构院感防控。全面落实二三级医院非急诊全面预约，加强三级预检分诊管理，推动二级及以上综合医院建立或升级改建发热门诊、建立核酸检测实验室，全面加强医疗结构防控筛查能力。充分发挥基层医疗机构“哨点”作用，2021年各基层医疗机构接诊具有发热、乏力等11类患者67624人次，通州区严格做好人员追访，实现人员闭环管理。强化监督检查，累计出动执法人员18895人次，监督检查医疗机构10923户次，其中三级187户次，二级228户次，一级954户次，未定级9554户，对现场发现存在预检分诊不规范、个人防护不到位等问题的机构下发监督意见书，敦促落实整改，坚决堵塞疫情防控漏洞。

（三）抓好重点场所常态化防控，织密疫情防控网

一是从严抓好重点场所疫情防控。深入贯彻落实国家、市、区各项防控指引要求，督促电影院、商超、景区、KTV等场所落实从业人员健康管理，严格人流管控，落实测温、“一米线”、消杀、通风等措施，坚决阻断疫情传播风险。动态调整药店疫情防控工作，严格落实扫码测温、登记信息等措施，对可疑症状患者通过快速通道直接转入医疗机构发热门诊实行进一步筛查。

二是强化进京检查站查验工作。与北三县、武清对接，紧跟最新进返京疫情防控政策，坚持“逢车必查、逢人必核”要求，确保不漏一人，对13个外围检查站，24个乡村道路卡口涉疫警示人员采取查控、劝返等措施。2021年以来，13个外围检查站、24个乡村卡口共进京通行车4878万辆次，查控车辆3033万辆，查控人员6355万人。其中，劝返车辆18.7万辆，核查涉疫警示信息人200.5万人（劝返23.8万人）。特别是针对高峰时段拥堵情况，提前采取增加安检通道、增派安检警力、增加查控点位等措施，最大化地提高查控效率，同时依托“通武廊”小区域警务合作机制，开展前置查控，确保在做好疫情防控工作的同时，保障群众顺利通行。

三是严格落实重点地区（进）返京人员管理。对中高风险地区旅居史人员采取“敲门行动”等方式进行细致摸排，严密防范疫情输入风险。巩固完善干部常态化下沉、“双报到”、社会动员等工作机制，发挥社区、村干部、网格员、党员和志愿者的积极作用，有效充实一线防控力量。始终高强度抓好各项常态化疫情防控政策措施落地落实，对于入境未满21天返通人员，安排专人专车24小时待命，“手递手”闭环接转至集中观察点进行集中观察，补齐21天，切实做到重点人员闭环管理。

（四）加大核酸检测力度，统筹推进“应检尽检”“愿检尽检”

一是有序开展核酸检测。做好各项物资准备和人员队伍组建，全年累计完成核酸检测5240119人次，其中，为应对突发疫情，先后开展3轮重点人群大规模核酸检测，包括2021年1月，受河北疫情影响，完成与河北临界村、重点行业等人群核酸检测803345人次；2021年10月，受内蒙古疫情影响，完成出租车司机、快递、冷链从业人员等九类重点人群核酸检测139260人次；2021年12月，因宋庄镇小堡村华卿画室疫情，完成封控区、管控区、防范区全员核酸检测59371人次。

二是持续提升检测效率。优化采样点位选址，精准测算各属地、社区、村到采样点的时间，实行专人管理，送检由“串联”变为“并联”，力争用最短的时间完成检测全过程。合理分类采样人群，为残障人士、老年人士开通“绿色通道”，减少特殊人群排队时间。截至年底，通州区储备采样人员3901人，检测机构9家（含第三方），其中6家公立医疗机构日核酸检测能力达30560管；3家为第三方检测机构，日最大检测量为6.3万管，辖区内单日最大检测能力为93560管。

（五）做好隔离点规范管理，切实做到服务温情化

一是从严日常管理。不断优化运行机制，制定通州区集中隔离观察点工作实施方案，明确文旅、卫健等13家保障单位的职责。由公安、属地等单位派驻人员组建各隔离点工作专班，严格24小时值守，落实每日会商机制，进行风险研判和协调处置各类问题。深入梳理排查隔离管控薄弱环节，对“三区

两通道”进行规范，稳妥做好人员接转、隔离观察、核酸检测、解除观察、消毒消杀、病例转运、垃圾处理等各环节工作，确保每个环节有标准、有人管、有落实。

二是加强人文关怀。坚持把抓好隔离人员服务保障作为隔离点工作的重要一环，努力为隔离人员营造舒心暖心的环境。尊重隔离人员国籍、民族、宗教等不同用餐习惯，动态调整搭配，做到精细化营养化配餐。建立重点隔离人员台账，为老幼病残孕人员提供订制服务，对患有基础疾病人员重点关注，对需要转诊人员及时做好闭环转运、全程跟踪。强化未诉先办，增设内线服务电话和微信群聊，24小时在线，做好政策宣传和问题解决，切实让隔离人员感受到副中心温情。

（六）全力做好各方面服务保障工作，确保社会稳定

一是强化社会面防控宣传检查。持续加强宣传力度，向社区（村）下发宣传海报，并设计印制14万余册《防疫在路上》等宣传手册进行发放，进一步提示居民自觉落实各项防护措施，当好“健康第一责任人”。同时通过区级融媒体平台、户外公益广告张贴、抖音等新媒体等方式，营造健康防疫氛围，截至年底，总阅读量超过1500万次。开好新闻发布会，宣传政府政策，回应社会关切，确保舆论平稳有序。强化市区联动，紧盯“三类七小”场所、社区（村）、餐饮、农贸市场等场所，对全区22个街道乡镇开展全覆盖式检查指导，累计排查单位26万次，发现并推动整改问题1万余个。

二是精准高效助力复工复产。加大企业走访力度，聚焦未达产的原因及困难，强化统筹协调和要素保障，为服务业领域困难企业开展减免房产税、城镇土地使用税等服务，切实“减”出企业获得感。完善对中小微企业的帮扶举措，支持各类企业、工商户在做好常态化疫情防控工作的同时加快恢复发展。截至年底，通州区共计971家规模以上市场主体，复工率100%；2667家规模以下市场主体，复工2660家，复工率99.7%。

三是大力驰援廊坊市。1月12日、1月16日通州区共派出370名经验丰富的医务人员前往河北省廊坊市大厂回族自治县支援当地的核酸检测采样工作，并完成驰援任务。

四是用心用情用力做好群众生活服务保障。强化群众诉求办理，通过建立快速处置、一单双派、接诉必办、数据实时共享等机制，对13850件“12345”热线反映诉求及时办理，有效提高了群众的满意感获得感幸福感。以市场、商场、超市、粮油店、蔬菜水果店等民生商品经营场所作为重点，持续开展疫情防控期间价格监督检查，全力做好市场稳价保供工作，截至年底，禽蛋、蔬菜、肉制品等27种主要生活必需品市场价格稳定，品种齐全，货源充足。针对特殊时期生产活动和工程作业，制定工作方案，明确工作责任和疫情防控措施，安全有序推进重点建设项目平稳开展，保障城市生命线平稳运行；针对定点医院、集中隔离场所，做好供电、供气、供热等应急保障服务，全力确保城市运行平稳有序。深入开展爱国卫生运动，40余万人次参加周末大扫除、除“四害”活动，形成讲文明、讲卫生、防疾病的良好社会风尚。

三、存在的主要问题和下一步工作

2021年，我们在社会面疫情防控中还存在一些问题：居住在河北廊坊北三县，通勤过境通州到京工作人员比较多，外围联防联控压力依然较大；部分社会单位、企业特别“七小门店”落实疫情常态化防控措施不够严格，存在时松时紧的现象；部分农村地区疫情防控的宣传力度不够大，居民个人防护意识不高；重点人群疫苗接种的组织工作还有不全不细的地方，一老一小的疫苗接种率还有提高空间。

下一步，我们将继续深入贯彻落实党中央、国务院疫情防控重大决策部署和市委、市政府最新工作要求以及本次督查意见，从严从细从紧抓好疫情应急处置和常态化防控，筑牢联防联控的防线。

一是加强联防联控，严防中高风险地区输入风险。针对外围卡口多、环京农村多、流动人口多、过境车辆多的特点，进一步加强沟通对接，充分发挥京津冀联防联控机制作用，加强一体化管控，联动做好进京卡口检查、大数据排查、隔离观察、流

调溯源工作，坚决守好首都东大门。

二是加强统筹调度，做好新冠疫苗接种工作。紧盯环球主题公园、八里桥市场等重点区域，进一步做好行业重点职业人群查缺补漏，确保应接尽接。进一步规范接种场所、流程设置，积极稳妥、安全有序推进九类重点人群新冠疫苗接种工作。进一步做好宣传引导，加强政策性解读，创新方式方法，努力打消群众疑惑，尤其是对老年人和低龄儿童家长要耐心劝说，逐步提升接种意愿。

三是保持备战状态，积极应对“两节”防疫大考。针对“两节”期间人流量增大的特点，进一步细化完善方案预案，健全工作机制，充实工作力量，全面加强辖区社会面疫情防控力度。坚持党政机关干部带头在京过年，倡导居民群众就地过节、非必要不出京、不出境，尽最大努力减少辖区人员流动。紧盯重点区域、重点场所、重点人群、薄弱环节，加大宣传力度，引导居民群众自觉遵守防疫措施，做好个人健康防护。进一步通过优化检查流程、设立“绿色通道”、货运司机闭环管理等措施，畅通货物进京渠道，全力做好市场保供稳价和供应链保障。

（通州区疫情防控办公室提供）

北京通州年鉴
2022

大事记

1　月

1日起　通州主城区规划面积155平方千米范围内排水设施移交北京排水集团进行运营维护管理，涉及排水管网489千米、检查井10643座、雨水口19464座、排水泵站19座，服务人口68万人。

12日　市委常委、常务副市长崔述强到北京环球主题公园项目现场调研、指导工作，并在通州文化旅游区规划展厅召开环球主题公园项目建设和运营工作联席会议暨大型游乐设施安全监管改革试点工作联席会议第四次会议，区委副书记、区长赵磊参加调研座谈活动。

同日　中国青年志愿者协会与上海复星公益基金会联合开展的中学生志愿服务示范项目培育计划入选项目名单公布。通州区西集中学北运河、潮白河河堤护绿志愿服务项目和潞河中学“青春伴夕阳——松堂关怀”行动成功入选首批“中学生志愿服务示范项目”。

16日　中央政治局委员、北京市委书记蔡奇，市委副书记、市长陈吉宁围绕“深入学习贯彻中共十九届五中全会和中央经济工作会议精神，推进北京城市副中心高质量发展”主题到北京城市副中心调研。察看广渠路东延工程、张家湾设计小镇、北京城市副中心站综合交通枢纽施工现场后，提出要求。

18日　副市长、北京城市副中心党工委书记、管委会主任隋振江到于家务乡北京通州国际种业科技园区展示中心、神舟绿鹏农业科技有限公司和果村调研科技农业小镇建设情况。

26日　通州区永乐店中学、于家务中学、玉桥小学、永顺镇中心小学4所学校入选第二批北京市教育信息化融合创新“双百”示范行动项目名单，成为信息技术与课堂应用融合创新项目校。

28日　市委常委、政法委书记齐静到北京城市副中心白庙北检查站、潞河医院调研检查疫情防控和社会稳定工作情况。

同日　北京环球项目一期工程全部建设内容已按期完工；31日，北京环球主题公园及度假区4平方千米管理权限及相关管理责任全部移交运营团队，标志着环球项目一期由建设期全面转入运营筹备期。

1月　根据区委深改会要求，区水务局下属基层水务所经营的14个水厂交由区国资委下属企业大运河（北京）水务建设投资管理有限公司进行统一经营管理，成立大运河供水公司，专门负责14家水厂的经营管理工作。

2　月

3日　北京城市副中心“十四五”开局动员会暨通州区政府第五次全体扩大会议召开。

11日　副市长、北京城市副中心党工委书记、管委会主任隋振江到自来水集团通州分公司、通州京环公司城市机扫中心、通州供电公司调度中心和土桥公交场站调研检查节日期间城市运行及民生保障工作。

16日　区委书记曾赞荣到马驹桥镇新冠疫苗临时接种点调研检查疫情防控工作。区委副书记、区长赵磊一同检查。曾赞荣、赵磊现场查看疫苗接种、留观等场所，详细了解疫苗接种流程和接种点整体运行情况。区领导朱益军、董明慧、倪德才参加。

19日　2021年北京城市副中心重点工程攻坚作战动员会召开。

23日　北京城市副中心党工委副书记、管委会副主任、区委副书记、区长赵磊到潞苑北大街东延规划路、厂通路规划路调研北京城市副中心与廊坊北三县交通一体化工作。

同日　区2020年度街道、乡镇和系统党（工）委书记抓基层党建述职评议考核会召开。

同日　北京全国棉花交易市场集团有限公司在通州区登记注册，正式迁址落地副中心。

26日　通州区街道乡镇党（工）委书记月度工作点评会召开。

3　月

4日　市委常委、常务副市长崔述强，副市长、北京城市副中心党工委书记、管委会主任隋振江到北京城市副中心调研。察看施园公交首末站、环球影城北交通枢纽、通马路交通枢纽工程规划地点、文旅区西区公交中心站和曹园南大街后，召开北京环球度假区项目建设和运营工作联席会议暨大型游乐设施安全监管改革试点工作联席会议第五次会议。

同日　区法院举行漷县人民法庭审判大楼启用

仪式。

8日　副市长、北京城市副中心党工委书记、管委会主任隋振江到台湖图书城、台湖演艺车间、玉桥街道玉桥南里社区调研北京城市副中心文化创意产业发展和老旧小区改造工作。

9日　区政府正式批复金坨、大甘棠、江场等61个村庄规划。

11日　清华大学通州金融发展与人才培养基地项目启动仪式在北京城市副中心举行。清华大学党委书记陈旭，副市长、北京城市副中心党工委书记、管委会主任隋振江分别致辞。区领导赵磊、阳波参加。

18日　组建北京市通州区水务综合执法队，为区水务局所属正科级全额拨款公益一类事业单位，核定编制20名。不再保留北京市通州区水政监察大队。北京市通州区水利工程质量监督站不再承担行政执法职责。

20—27日　区教委举办“阳光下成长 快乐中绽放”为主题的通州区第24届学生艺术节活动。

27日　中央政治局委员、市委书记蔡奇，市委副书记、市长陈吉宁到北京城市副中心调研检查环球主题公园开园前各项准备工作，察看副中心施园公交首末站工程项目、北京环球度假区项目一期工程。

29日　《通州区国有企业公司制改革工作方案》以区政府办名义正式印发。截至2021年底，全民所有制企业公司制改革工作全部完成。

31日　区政府、中关村管委会、市科委发布《北京城市副中心加快新场景建设三年行动方案》和《2021年副中心首批应用场景项目清单》。

3月　根据区事业单位改革需要，区国资委将国资委离退休人员服务中心和北京市通州区国有企业会计服务中心整合，组建国资委政策法规指导中心。

4　月

1日　北京城市副中心政务服务管理局、北京市通州区政务服务管理局、天津滨海新区政务服务办共同签署“跨省通办”协议。

9日　北京财贸职业学院与中智（北京）经济技术合作有限公司作为代表共同签署《校企合作协议书》，中国北京人力资源服务产业园通州园区就服务辖区大中专院校毕业生就业工作达成合作意向。

13日　市委常委、统战部部长孙梅君到通州区三庙一塔景区、宋庄艺术区新的社会阶层人士联谊会、北京通州国际种业科技园区调研统一战线工作。

同日　副市长、北京城市副中心党工委书记、管委会主任隋振江到宋庄镇调研规划建设工作。

16日　举办“学党史、悟思想、办实事、开新局”教育实践暨“千年大运河 魅力副中心”摄影展和摄影大赛颁奖活动。中国金像奖摄影名家、摄影协会会员、摄影爱好者等人近60幅摄影作品参展并集结成册。其中《千年大运河新航程》摄影作品被《中国纪检监察杂志》第16期电子版选为封面；此次摄影展多张照片入选市委书记蔡奇要求制作的北京城市副中心建成五年专题片；此次活动被《中国摄影报》第45期专版刊登。

17日　副市长、北京城市副中心党工委书记、管委会主任隋振江到北运河西滨河路、运河壹号（大船）项目、瓮城遗址公园、爱琴海购物公园、富华水乡区等地，调研运河商务区规划建设、招商运营等情况。

20日　区税务局联合天津市武清区、河北省廊坊市三地税务部门，以“深化‘通武廊’税收合作助力‘京津冀’协同发展大局”为主题，举行税收合作座谈活动，签订《“通武廊”税收合作框架协议》，明确税务信息资源共享、优化纳税服务和建立人才交流机制等共建内容，开启“通武廊”三地税收协同共建的新格局。

21日　副市长、北京城市副中心党工委书记、管委会主任隋振江到中仓街道南大街、北京城市副中心政务服务大厅和城市绿心三大建筑项目，调研北京城市副中心重点工程项目建设情况。

23日　区教委与团中央中国光华科技基金会携手共建的“光华公益书屋”正式在北京城市副中心投入使用。

24日　首旅集团入驻北京城市副中心土桥PLUS文创产业园。

28日　中央政治局委员、北京市委书记蔡奇，市委副书记、市长陈吉宁到北京城市副中心调研老城“双修”。察看玉桥南里社区、梨园中街一巷、“三庙一塔”、西海子公园、首旅集团总部土桥PLUS懋隆文创产业园临时办公区，并在新华街道召开座谈会。

4月　区财政局印发《通州区政府专项债券全生命周期管理暂行办法》。

同月　区行政事业单位办公用房可视化管理平台进入试运行阶段。

5　月

10日　副市长、北京城市副中心党工委书记、管委会主任隋振江以“四不两直”方式到北京振兴源印刷厂、北京星月泡沫塑料有限责任公司、北京金讯达投资管理有限公司和北京鲁泰物流有限公司检查安全生产工作。

同日　副市长、北京城市副中心党工委书记、管委会主任隋振江到北京大学人民医院通州院区查看院区开诊筹备情况。

13日　在2021年北京·河北廊坊北三县项目推介洽谈会暨北京城市副中心（通州区）与廊坊北三县一体化高质量发展论坛上，区妇幼保健院院长张万龙、副院长马海会分别与河北大厂回族自治县卫生健康局主任王春生、三河市迎宾北路社区卫生服务中心主任巨琛就北京市通州区妇幼保健院大厂分院项目和三河市迎宾北路社区卫生服务中心医联体建设项目签订框架合作协议。

15日　国家发展改革委党组成员、副主任丛亮到北京城市副中心规划馆、北京城市副中心站综合交通枢纽、运河商务区、城市绿心森林公园、张家湾设计小镇和北京环球度假区调研。市委常委、常务副市长崔述强，区领导赵磊、阳波参加。

16日　区残联在运河广场举行第三十一次全国助残日活动，近200名残疾人及爱心单位参加。

17日　北京城市副中心（通州区）非建设空间土地资源管控规划及行动计划（土地复耕阶段工作）阶段性成果通过区政府第108次常务会审议。

20日　区教委举办2021年“丹佛斯”杯通武廊职业学校技能大赛。

21日　通廊深度合作推进会暨跨区域妇产科联盟启动会议在区妇幼保健院召开。

同日　北京友谊医院与徐辛庄社区卫生服务中心紧密型医联体揭牌暨启动仪式举办。

23日　北京银行·2021北京城市副中心马拉松在通州举行。副市长、北京城市副中心党工委书记、管委会主任隋振江，市体育局局长赵文，北京城市副中心党工委副书记、管委会副主任、区委副书记、区长赵磊，北京国资公司董事长岳鹏等为赛事鸣枪发令。区领导刘东伟、董明慧参加起跑仪式。

25日　由中国银行业协会、北京市地方金融监督管理局共同主办的“科技助力金融，合作共赢未来”外资银行2021金融科技论坛在副中心召开。

26日　19时，潮白河生态补水水头抵达通州区界，29日，潮白河上游水头在白庙橡胶坝下与下游有水河道汇合，潮白河北京段22年来首次实现全线水流贯通。

27日　首届“新区汇——城市新区国际传播与品牌发展论坛”在北京城市副中心举办。副市长、北京城市副中心党工委书记、管委会主任隋振江致辞。国务院发展研究中心副主任张军扩，国家外经贸部原副部长、中国入世首席谈判代表龙永图分别作主旨演讲。市委副秘书长、市委宣传部副部长余俊生致辞。北京城市副中心党工委副书记、管委会副主任、区委副书记、区长赵磊作主旨演讲。

同日　团区委联合中国社会科学院社会学研究所、通州区永顺镇人民政府，举办“新职业青年与城市发展——副中心青年论坛”。邀请来自政府、学术届、媒体、企业等各界人士，就新职业青年的成长与发展、都市社会治理、青年友好型城市建设等问题进行研讨，为进一步引领新职业青年思想提供智力支持。

28日　北京城市副中心优化营商环境暨“两区”建设推介大会举办。北京城市副中心党工委副书记、管委会副主任、区委副书记、区长赵磊致辞。

同日　亚洲金融合作协会2021年“一带一路”金融合作论坛在北京城市副中心举办。中国银行副行长陈怀宇，市地方金融监督管理局局长霍学文出席。北京城市副中心党工委副书记、管委会副主任、区委副书记、区长赵磊致辞。

29日　中央政治局委员、北京市委书记蔡奇，市委副书记、市长陈吉宁围绕“推动碳减排”主题到北京城市副中心调研。察看潮白河森林生态景观带潞城段、京能集团北京城市副中心智慧能源服务保障中心、北京绿色金融与可持续发展研究院，并在永顺镇召开座谈会。

5月30日至6月19日　举办北京城市副中心

骑游系列活动暨运河绿道骑游周活动。

5 月　区法院与司法部、丰台法院联合中标的最高人民法院 2019 年度司法研究重大课题“深化多元化纠纷解决机制改革研究”结项。该课题是区法院第二次申报并结项的最高法院司法研究重大课题。

6 月

1 日　《通州区党政机关办公用房深化管理工作的意见（试行）》以区政府办名义印发至全区各单位参照执行。

8 日　高精尖企业走进北京城市副中心招商推介会举办。北京城市副中心党工委副书记、管委会副主任、区委副书记、区长赵磊出席并致辞。

9 日　副市长、北京城市副中心党工委书记、管委会主任隋振江到行政办公区二期建设工地、北京学校、六合村等地调研北京城市副中心重点工程建设进展情况。

11 日　环球主题公园度假区景观水系工程通过竣工验收。工程主要建设内容为水系景观全长 2.8 千米，占地面积 22.2 万平方米，其中水域面积 12.5 万平方米，景观绿地面积 9.7 万平方米。该工程项目获得北京市政结构长城杯金奖、2019 年首届全国水利行业 BIM 应用大赛优秀奖，申请审核通过 6 个实用新型技术专利。

16 日　通州区 2021 年安全生产月宣传咨询日暨第十六届安全文化节启动仪式在漷县镇北堤寺村举办。

同日　教育部“基于教学改革、融合信息技术的新型教与学模式”通州实验区启动会召开。

18 日　中国共产党历史展览馆正式开馆。由北京市规划和自然资源委员会通州分局制作完成的北京城市副中心高清数字沙盘模型位于历史展览馆第 3 层展区“推进中国特色社会主义进入新时代 全面建成小康社会开启全面建设社会主义现代化国家新征程”部分，与雄安新区沙盘并列展出。

同日　上田八木货币经纪（中国）有限公司在通州区注册成立。该公司由日本上田八木短资株式会社全资设立，为我国第六家货币经纪公司，也是全国首家外商独资货币经纪公司。

26 日　大运河北京段举行通航仪式，40 千米河道全面通航，按照“一短、一长、一夜航”的模式，满足运河城市段、运河两岸经典景观的水上休闲观光和北京段全程体验的需求。副市长卢映川宣布北京段全线旅游通航试运行启动并讲话。市政府副秘书长韩耕出席，市水务局局长潘安君，市交通委主任谢正光，区委副书记、区长赵磊分别致辞。

7 月

16 日　市委常委、副市长殷勇到通州区调研“接诉即办”工作情况。视察了玉桥东里社区幸福艺居 15 号楼，并在玉桥街道办事处主持召开座谈会，听取通州区“接诉即办”基本情况汇报。

17 日　中央政治局委员、市委书记蔡奇，市委副书记、市长陈吉宁围绕“推动大运河文化带保护传承利用”主题到北京城市副中心调研。察看新通航河道综合治理和沿线景观提升情况，北京城市副中心剧院、图书馆、博物馆三大建筑施工进展情况。

同日　全国首家外商独资货币经纪公司、北京城市副中心首家外资持牌金融机构——上田八木货币经纪（中国）有限公司在运河商务区正式开业。市地方金融监督管理局局长霍学文，区委副书记、区长赵磊分别致辞。

19 日　区卫生健康委依托首都医科大学附属北京胸科医院建立的通州区肺癌专病医联体为区内 16 家基层医疗机构正式授牌。

25 日　上午，以北京大学人民医院通州院区为核心单位，以漷县、觅子店、永乐店、于家务、牛堡屯 5 家社区卫生服务中心为成员单位的通州区片区制医联体进行签约仪式和授牌仪式，宣告医联体正式成立。

28 日　北京市通州区教育信息中心更名为北京市通州区教育发展研究所；北京市通州区教师服务中心更名为北京市通州区教师发展中心；北京市通州区离退休教职工活动中心更名为北京市通州区教职工活动中心。

8 月

2 日　经北京市中小学校长职级制评审委员会

评审，市委教育工委、市教委审定，通州区张家湾中学党总支书记、校长丁永明，梨园学校党支部书记、校长田连启，通州区第六中学党总支书记、校长常恩元，芙蓉小学党总支书记、校长李涛4名校长被评定为北京市第二批中小学特级校长。

5日　副市长、北京城市副中心党工委书记、管委会主任隋振江到张家湾设计小镇调研，视察了北京国际设计周永久会址项目和北京未来设计园区，并听取相关情况汇报。

6日　市委常委、副市长殷勇检查运河商务区爱琴海购物广场复工复产、疫情防控工作和调研“两区”展示会客厅设计建设情况。

7日　《法治日报》头版头条以《北京通州法院重塑执行生态焕发生机》为题，报道了通州法院打通执行程序堵点，监督执行关键环节，搭建高效组织架构，重塑执行生态取得良好成效。

12日　副市长、北京城市副中心党工委书记、管委会主任隋振江到北京城市副中心站综合交通枢纽工程建设者之家、行政办公区二期建设者之家检查防疫工作。

13日　中央政治局委员、市委书记蔡奇就农村疫情防控和农业农村现代化到通州区于家务回族乡检查调研。察看富各庄村疫情防控措施落实情况、北京通州国际种业科技园区规划建设情况、神州绿鹏农业科技有限公司，并听取情况汇报。

19日　《通州区国资国企改革重组总体方案》经区委深改委会议审议通过，区属国有企业改革重组工作取得突破性进展。

21日　副市长、北京城市副中心党工委书记、管委会主任隋振江到中仓社区家园中心和张家湾镇调研检查重点项目建设情况，并到台湖镇调研精品酒店和特色民宿规划建设情况。

23日　通州区首个急救车辆洗消中心正式通过工程验收。

26日　北京城市副中心举行自动驾驶启动仪式。通州区委、区政府，市机关事务管理局与百度Apollo联合发布北京城市副中心自动驾驶运营首批路线。百度Apollo自动驾驶出行服务平台“萝卜快跑”正式落地通州，面向公众提供自动驾驶出行运营服务，标志着北京城市副中心探索自动驾驶和智能网联创新应用场景建设工作进入新阶段。

31日　首都师范大学附属中学（通州校区）举办落成仪式暨开学典礼。

8月　区财政局出台《通州区党政机关事业单位公务用车保险、维修、加油政府采购工作管理办法（试行）》，并配套印发《关于区党政机关事业单位公务用车保险、维修、加油政府采购有关事宜的通知》，推出公务用车“三费”管理新政。

9　月

3日　2021年中国国际服务贸易交易会举办“北京日”主题活动，区政府与圣湘生物科技股份有限公司签署战略合作框架协议。区领导赵磊、汤一原、阳波参加。

7日　2021年中国国际服务贸易交易会——北京城市副中心“两区”建设金融领域系列成果发布暨签约活动在首钢园区举办。区领导阳波出席活动并致辞。

13日　北京城市副中心政务服务中心正式开厅运行。

15日　2021北京时装周开幕盛典暨铜牛“逐梦”科技时尚发布会在张家湾设计小镇未来设计园区举行。市委宣传部副部长、北京广播电视台党组书记、台长余俊生，市机关事务管理局党组书记、局长赵根武，市委宣传部副部长、北京市电影局局长王杰群，区委书记、区长赵磊，区委常委、宣传部部长汤一原参加。

同日　区宋庄镇中心小学韩瑶（女）入选2021年全国乡村优秀青年教师培养奖励计划。

17日　2021北京城市副中心文旅产业峰会暨全球主题娱乐行业领袖高峰论坛开幕。北京城市副中心党工委常务副书记、管委会副主任、区委书记、区长赵磊出席并致辞。

20日　北京环球度假区正式开园。中央政治局委员、市委书记蔡奇，中央宣传部副部长、文化和旅游部部长胡和平，市委副书记、市长陈吉宁，市领导崔述强、张家明、莫高义、隋振江、王红、靳伟，区委书记赵磊参加。

22日　2021北京国际设计周开幕活动暨北京2022年冬奥会和冬残奥会宣传海报发布活动在张家湾设计小镇北京未来设计园区举行。文化和旅游部副部长张旭，市委常委、宣传部部长、北京国际设计周组委会执行主席莫高义，北京奥运城市发展促进会副会长、海报评审委员会主席蒋效愚，区领导赵磊、孟景伟、汤一原等参加。

23日　2021年北京城市建筑双年展在张家湾设计小镇北京未来设计园区开幕。副市长、北京城市副中心党工委书记、管委会主任隋振江宣布开幕。中国工程院院士、中国建筑设计研究院有限公司总建筑师、名誉院长崔愷，北京工程勘察设计协会会长、北京市建筑设计研究院有限公司党委书记、董事长徐全胜，北京城市副中心党工委常务副书记、管委会副主任、区委书记赵磊分别致辞。区领导孟景伟、汤一原、郑皓参加。

同日　副市长卢彦到通州区乘船调研北运河沿河两岸景观提升工作情况。

同日　“创业中华·牵手京津冀”第二十届海外侨界高层次人才为国服务活动在北京城市副中心启动。中国侨联副主席李卓彬，市委常委、统战部部长孙梅君，区委书记赵磊分别致辞。

25—27日　区教委与奈曼旗教体局、翁牛特旗教育局及武当山分别举行乡村振兴对口签约仪式。

29日　北京城市副中心2021文旅产业峰会暨重点领域招商活动举办。

10　月

1日　副市长、北京城市副中心党工委书记、管委会主任隋振江到西集镇田里花间民宿和向北民宿、台湖镇唐大庄村、城市绿心森林公园等地，调研北京环球度假区周边配套建设及检查节日期间城市运行情况。

同日　区委副书记、代区长孟景伟到台湖镇调研，强调台湖镇要立足自身资源禀赋，抓住中心城区功能疏解和北京城市副中心建设契机，稳步推进演艺小镇规划建设，打造展示北京城市副中心文化魅力的新名片。

9日　2021北京（国际）运河文化节在通州区大运河森林公园漕运码头开幕。市委常委、宣传部部长莫高义出席开幕式并致辞。国家发展改革委社会发展司司长欧晓理，中国新闻社社长陈陆军，天津市委宣传部副部长杨君毅，北京城市副中心党工委常务副书记、管委会常务副主任、区委书记赵磊分别致辞。区领导孟景伟、汤一原等参加。

11日　区少工委于国家大剧院台湖舞美艺术中心组织召开中国少年先锋队北京市通州区第二次代表大会。大会通过了第一届少工委工作报告并选举产生了通州区第二届少工委，推出了具有副中心特色的会徽、会歌和吉祥物，共有280名正式代表参会。区委书记赵磊、区政协主席赵玉影出席。团市委副书记钟棉棉代表团市委、市少工委向大会召开表示热烈祝贺。

12日　三河市与通州区教育一体化高质量发展暨北京潞河中学三河校区揭牌仪式举行。

14日　共青团北京市通州区第六次代表大会召开。大会回顾过去七年通州区共青团工作，规划未来五年工作，通过《不忘初心担使命 青春绽放副中心 为高质量建设北京城市副中心贡献青春力量》的报告。选举产生团区委第六届委员43名、候补委员17名。召开共青团北京市通州区第六届委员会第一次全体会议，选举产生团区委第六届常委15名，书记1名，专职副书记2名，挂职副书记1名，兼职副书记2名。

16日　中央政治局委员、市委书记蔡奇，市委副书记、市长陈吉宁到北京城市副中心调查研究文旅产业发展。察看西集镇沙古堆村田里花间、向北两家特色民宿经营现状和文旅区北部地块规划设计情况，并在文景街道进行座谈。

16—24日　举办通州区第九届“社区邻里节”，全区160个社区举办了百余场活动。“社区邻里节”不仅有文艺会演、趣味运动会，还包括垃圾分类宣传、为老人免费理发、防火防骗防疫讲座等公益性活动。

19日　2021年北京城市副中心绿色发展论坛开幕。副市长、北京城市副中心党工委书记、管委会主任隋振江作主旨讲话。论坛开幕式上，举行北京城市副中心绿色发展研究院成立揭牌仪式。

23日　2021全球财富管理论坛在北京国际财富中心举办。北京城市副中心“北京法定数字货币试验区”在论坛上正式揭牌。

26日　中国（北京）自由贸易试验区劳动人事争议调解组织挂牌成立。区劳动人事争议仲裁院驻张家湾设计小镇审理庭正式运行，进行了第一次案件审理。

11 月

3日 区人力资源和社会保障局印发《关于涉企服务事项进驻北京城市副中心政务服务中心的实施方案》。

6日 区未成年人心理健康辅导站获“第三届全国社会心理服务十佳案例”最佳示范案例奖。

8日 区政府与中国政法大学签署战略合作协议。区委书记赵磊、代区长孟景伟与中国政法大学校长马怀德座谈。区委常委、副区长郑皓与中国政法大学副校长冯世勇签署《通州区人民政府与中国政法大学战略合作协议》。

9日 第三批全国中小学中华优秀传统文化传承学校公示结束，潞河中学附属学校的民族民间音乐、美术、舞蹈，潞河中学的民族民间音乐，通州区第六中学的民族民间舞蹈，甘棠中学的葫芦烙画，临河里小学的京剧等榜上有名。

11日 北京首通智城科技创新有限责任公司完成企业登记注册，通州区级智慧城市建设运营平台正式组建，后续将推进市场化选聘职业经理人工作，加快启动智慧副中心重大项目建设。

15日 “以案为鉴 以案促改”全区警示教育大会召开。与会人员集体观看了警示教育片《任性的代价》和《一步之遥》，通报了2020年全区警示教育大会以来发现或查处的违纪违法案例。北京城市副中心党工委常务副书记、管委会常务副主任、区委书记赵磊出席会议并讲话。

22日 由市委宣传部和市规划自然资源委、北京广播电视台联合出品的《我是规划师》第二季第二集《共享小岛》播出，节目引发相关人士的热烈反响和强烈共鸣。

30日 区政府折子工程——通州区档案馆项目举行奠基仪式，正式启动项目开工建设。

12 月

1日 区教工幼儿园紫运南里园正式开园。

9日 《通州区海绵城市建设管理办法》以区政府办名义印发，全域进一步推进通州区海绵城市建设工作，全面落实全区海绵城市建设管控。

10日 市商务局党组书记、局长闫立刚与区委书记赵磊、代区长孟景伟进行座谈，围绕国际消费中心城市建设和北京城市副中心高质量发展进行交流。区领导杨磊参加。

同日 区残联编制印发《北京城市副中心（通州区）“十四五”时期残疾人事业发展规划》，确保“十四五”规划高水平、高标准、高质量编制及有效实施。

18日 北京大学人民医院通州院区正式开诊。区领导赵磊、孟景伟、董明慧出席开诊仪式。

20日起 通州妇幼儿童康复中心迁入新址通州区宋庄镇疃里南区38号楼（区残联三层），并挂牌为通州区儿童康复中心，原址将不再使用。是通州区唯一一家残联定点的公办儿童康复机构。

22日 《北京城市副中心产业引导基金设立方案》经七届区委常委会第3次会议审议通过，副中心产业引导基金进入筹备启动阶段。

30日 区人力资源和社会保障局印发《关于印发〈北京城市副中心（通州区）“十四五”时期人力资源和社会保障事业发展规划〉的通知》。

同日 通州区通过北京市健康促进区县的评估。

31日 《通州区宋庄镇国土空间规划及控制性详细规划（街区层面）（2020年—2035年）》草案启动公示。

12月 区财政局推动镇街财政管理体制改革，初步形成保基本、保事权、促均衡、促发展的激励约束模式和经济发展结构性转移支付方式，于2022年1月1日起正式施行。

区情概览

地情概况

【地理位置】 通州区位于北京市东南部，京杭大运河北端。东西宽36.5千米，南北长48千米，面积905.95平方千米。西邻朝阳区、大兴区，北与顺义区接壤，东隔潮白河与河北省三河市、大厂回族自治县、香河县相连，南和天津市武清区、河北省廊坊市安次区交界。

【地　貌】 全区地处永定河、潮白河洪冲积平原，地势平坦，平均海拔高程20米。分布13条河流，总长245.3千米，主要河流有北运河、潮白河、凉水河、凤港减河。

【气　候】 气候属暖温带大陆性半湿润季风气候区。2021年，年平均气温12.8℃、降水775.6毫米。

【建置沿革】 通州区历史悠久，早在新石器时代，境域内即有人类活动。西汉高祖十二年（公元前195年）始建路县，先后改称通路亭、潞县、通州、通县。1948年12月通县解放，分置通县、通州市。1958年3月县市由河北省划归北京市后，合并为北京市通州区，1960年复称通县。1997年4月撤销通县设立通州区。2021年，辖10个镇、1个回族乡、11个街道。

【人　口】 截至2021年底，全区常住人口184.3万人，其中常住外来人口89.9万人。常住人口中，城镇人口136.9万人。全区户籍人口83.4万人，比上年增长1.8%。其中农业人口25.4万人，占总人口的30.5%；非农业人口58万人，占总人口的69.5%。全区常住人口出生率6.48‰，死亡率3.71‰。常住人口密度为每平方千米2034人。

国民经济和社会发展

【概　况】 2021年，地区生产总值1206.3亿元，比上年增长7.8%。其中，一、二、三产业增加值分别为13.2亿元、448.7亿元和744.4亿元，分别比上年增长2.6%、3%和10.9%。三次产业结构为1.1∶37.2∶61.7。一般公共预算收入92.4亿元，比上年增长20.5%；税收总额406.7亿元，比上年增长46%。全社会固定资产投资（不含农户）比上年下降2.6%。实现社会消费品零售总额563.6亿元，比上年增长6.5%。全区居民人均可支配收入49695元，比上年增长8.4%。金融机构人民币各项存款余额6051.1亿元，比年初增加339.8亿元。

【新冠肺炎疫情防控】 通州区坚持把疫情防控作为压倒一切的头等大事来抓，从严从实从细抓好各项防控措施。自2021年1月1日至2021年12月30日24时，通州区未发生死亡病例，实现医院、工地、学校零感染，全区疫情防控形势持续稳定可控，切实维护了人民群众生命安全和身体健康。

【北京城市副中心建设】 2021年8月，国务院出台《关于支持北京城市副中心高质量发展的意见》，政策聚焦态势进一步巩固和扩大，为持续推进副中心发展提供了强大动力。

坚持“一年一个节点、每年都有新变化”，重大节点工程加快推进，城市框架基本成型迈出坚实步伐。行政办公区二期加快建设。城市绿心三大公共建筑主体结构全部封顶，共享配套工程进入全面施工阶段。副中心站综合交通枢纽主体结构加快施工，周边地块即将启动供地。东六环入地改造工程盾构掘进加快推进。路县故城遗址公园一期基本建成。通州堰宋庄蓄滞洪区二期工程完工投用。北运河通州段实现全线旅游通航。

道路交通体系加快完善，地铁1号线与八通线实现贯通，17号线南段预计年底开通，宋梁路北延、京哈高速加宽改造、日新路、云景西路等工程实现竣工，建成8处公共停车场。能源保障更加安全可靠，北京东至通州500千伏线路工程（北京段）全线架通，田府110千伏输变电工程投产送电。新基建加快布局，累计建成5G基站1936座。城市更新持续推进，全年完工老旧小区改造工程13个、开工18个，4个自备井置换项目主体管线改造完成，棚户区改造项目有序推进，其中梁各庄安置房开工建设，东方厂安置房主体结构封顶，八里桥棚改项目取得用地预审与选址意见书以及项目核准的批复。

紧抓“两区”建设契机，形成包括总体方案、实施方案和相关产业促进政策的“1+1+N”创新政策体系，率先上线“开放通州”中英文网站，举办6场线上招商会及“一带一路”金融合作国际论坛、服贸会北京城市副中心主题日活动等系列招商宣传活动，全市“两区”建设展示会客厅投入使用。聚焦京外、境外拓展招商资源成效显著，“两区”建设招商库项目达218个，其中落地64个。金融机构密集入驻，各类金融企业达到300余家，14家银行设立独立法人行或一二级分行；全国首家外商独资货币经纪公司上田八木正式开业；引进新型城镇化基金等18家基金管理人；全国棉花交易市场、北京红木交易中心入驻，全区持牌交易所增至4家；时代愿景、泛在金科落地，全区金融科技企业增至17家。总部企业入驻步伐加快，科创要素加速累积，全国首例“数字货币+自贸区智慧园区”应用场景落地张家湾设计小镇。

运河商务区16个项目完工建筑面积412万平方米，累计注册企业近1.5万家。文化旅游区环球主题公园一期盛大开园，张家湾车辆段综合利用项目、国际人才社区等项目用地完成土地出让，通马路综合交通枢纽和环球影城北综合交通枢纽实现开工。张家湾设计小镇北京城市建筑双年展、北京时装周永久会址落户，北京国际设计周永久会址将于年内完工，累计注册企业207家。台湖演艺小镇国际图书城提升改造项目部分工程竣工，北发大酒店改造、万亩游憩园森林演艺区景观提升等加快实施。宋庄艺术小镇小堡南街改造一期投入使用。国家网络安全产业园网络安全领军人才培育基地等3个项目实现供地，累计引进网络安全相关企业61家。

在全市2020年营商环境评价中位列第三，其中问题导向指标、企业满意度排名第一。全国首个智能型政务服务中心副中心政务服务中心建成使用，“两区”建设一站式服务中心启动运营。政务服务办理更加快捷，1573项政务服务事项实现“一次不用跑”，334项事项实现“最多跑一次”，56项政务服务实现京津跨自贸区通办，629项实现京津冀跨省通办，26项实现与11区跨区通办。政策支持更加有力，对51家重点企业、成长型中小企业、招商中介兑现奖励资金1.85亿元。企业服务更加精准，区领导走访重点企业220家次，服务管家走访企业573家次，累计解决企业诉求197项。助力企业通过资本市场发展壮大，中际联合（北京）科技股份有限公司、中国三峡新能源（集团）股份有限公司上市融资，全区累计上市企业7家、新三板挂牌公司21家。支持工业企业加快向高精尖迈进，50家获得市级“专精特新”中小企业称号，其中4家获评国家级“小巨人”企业，中际联合（北京）科技股份有限公司荣获国家级“单项冠军”称号；甘李药业等6家企业登榜2021北京民营企业百强“1+4”榜单。

聚焦北京绿色金融国际中心建设，绿色产业主体加速汇聚，北创绿色低碳科技基金落户。着力构建绿色金融标准体系，推动北京绿色交易所研究制定绿色企业、绿色项目等认定标准。绿色金融市场加快培育，北京银行、中国银行率先在副中心设立“绿色金融”专营支行，北京银行副中心分行落地全市首笔碳排放配额质押贷款。

大力支持和鼓励清洁能源使用，9位法人、843位自然人分布式光伏发电项目获市级资金补贴，自然人光伏补贴项目总量居全市首位；更新和新增纯电动出租车397辆，投放新能源公交车214辆，新能源、清洁能源公交车占比达到89%。大力推广绿色建筑，北京环球度假区获绿色建筑LEED金级认证，运河商务区建筑全部达到绿色星级标准，获得“市绿色生态示范区”称号，开工装配式住宅223.09万平方米。大力推动绿色出行，累计优化调整公交线路18条，全年完成19千米慢行系统改造。

中国长江三峡集团有限公司新设子公司5家、迁入1家，累计落地二三级总部21家。中建交通建设集团总承包工程有限公司、中石化重型起重运输工程有限责任公司、北京中和零碳能源有限公司等一批央企子公司注册落户。首旅集团总部入驻办公，北投集团总部大厦开工建设，首钢产业投资注册落户。与西城、朝阳、海淀的“四区”结对机制持续深化，结对项目库项目达到67个，其中43个实现落地。

制定关于完善一体化发展工作协调机制方案，多层级、全系统对接机制持续建立健全。交通一体化建设持续加快，京唐城际铁路、平谷线加快建设，姚家园路东延、石小路等跨界道路签订接线协议，厂通路将于年内实现开工。生态综合治理全面实施，北运河、潮白河流域河道水质持续提升。产业协同加快推进，建立联合招商工作协调机制，举办2021年与廊坊北三县项目推介洽谈会、与三河市洽谈会等，累计签约重点项目118个。着力推动公共服务延伸布局，与北三县13所学校组成联盟学校。

持续推进镇村路网及市政设施建设，九德路二期竣工，马大路改扩建、漷马路改扩建等加快推进，于岳路南段开工建设。投入2.69亿元、实施乡村公路养护工程108千米。西集镇大市政供电工程完成管线铺设，永乐开发区集中供热热源工程实现供暖。农村生活污水治理工程第一批40个村全部进场施工，其中35个基本完工。

【农　业】 全区实现农林牧渔业现价总产值31.1亿元，比上年增长1%。其中农业产值16.8亿元，比上年增长28%；林业产值10.2亿元，比上年下降30.4%；牧业产值3.3亿元，比上年增长57.1%；渔业产值0.8亿元，比上年下降17.4%。设施农业收入7.5亿元，比上年下降6.1%。设施农业实际利用面积1583.1公顷，比上年下降4.5%。其中温室占地面积814.9公顷，比上年下降11.4%；大棚占地面积729.1公顷，比上年增长4.7%；中小棚占地面积39.1公顷，比上年下降7.6%。

【工　业】 实现工业增加值230.3亿元，比上年增长6.6%。有规模以上工业企业318家，完成工业总产值612.1亿元，比上年增长4.7%。其中高技术制造业产值148.5亿元，比上年增长12.4%。规模以上工业营业收入847.6亿元，比上年增长14.2%。其中高技术制造业营业收入144.7亿元，比上年增长7.3%。

【对外经贸】 新增外商投资企业125家，比上年增加29家。新增外商投资企业注册资本8.6亿美元，比上年下降5.3%。实际利用外资4.1亿美元，比上年下降28%。

年内，进出口贸易总额177.8亿元，比上年增长19.7%。其中出口创汇总额75.2亿元，比上年增长29.2%；进口付汇102.6亿元，比上年增长13.6%。

【固定资产投资】 全区固定资产投资比上年下降2.6%，其中建安投资比上年下降16.4%。分产业看，第一产业投资比上年下降82.4%、第二产业投资比上年增长374.8%、第三产业投资比上年下降8.9%。基础设施投资比上年下降19.2%，主要集中在道路交通、水务和绿化三大领域。其中道路交通类投资比上年下降4.5%，占基础设施投资比重的76.2%；水务领域投资比上年下降2.3%，占投资比重的9.4%；绿化类投资比上年下降69.9%，占投资比重的8.6%。

【金　融】 全年实现金融业增加值117.9亿元，比上年增长17%。金融机构人民币各项存款余额6051.1亿元，比上年增加339.8亿元。其中个人存款2155.1亿元，比上年增加193.8亿元。金融机构人民币各项贷款余额1976.8亿元，比上年增加321.9亿元。

截至年底，通州区有18家证券经营机构，证券账户户数35.6万户。全年各类证券交易额3989.7亿元，其中股票交易额2582.2亿元、债券交易额1048.5亿元。

【建筑业　房地产开发】 全区具有资质等级的总承包和专业承包建筑业企业186家，完成建筑业总产值2011.7亿元，比上年增长23.6%。其中在市外完成产值1865.2亿元，比上年增长24.8%；在市内完成产值146.5亿元，比上年增长10.7%。完成建筑业增加值219.2亿元，比上年下降0.3%。签订合同额5122.6亿元，比上年下降12.9%。其中新签合同额2883.8亿元，比上年增长17.7%。房屋建筑施工面积 16792 万平方米，比上年增长 3.1%；竣工面积 3022 万平方米，比上年增长 63.2%。

房地产开发投资比上年下降 16.9%，其中住宅投资比上年下降 25.5%；办公楼投资下降 9.2%；商业营业用房投资下降 28.9%。

全区房地产开发房屋施工面积 1513.5 万平方米，比上年下降 5.4%。其中，2021 年新开工面积 105.2 万平方米，同比下降 62%。全年房屋竣工面积 109.2 万平方米，同比下降 41%。

全区政策性房屋施工面积 562.3 万平方米，比上年下降 3.7%。政策性房屋销售面积 14.7 万平方米，同比下降 59.6%。其中，定向安置房销售面积 13 万平方米，同比下降 17.9%；限价房销售面积 1.3 万平方米，增长 143%。

【旅游业】 截至年底，全区有乡村旅游经营户 36 家，与前一年相比减少 1 家。全区旅游总收入 75.6 亿元，比上年增长 79.9%；接待游客 586.4 万人次，比上年增长 49.6%。

【交通 邮电】 截至年底，全区公路里程 2325.3 千米，其中区级以上公路 517.5 千米，区级以下公路里程 1807.8 千米。民用机动车保有量 50.8 万辆，比上年增长 2.4%。有私人汽车 28.8 万辆，同比增长 3.7%，其中，轿车 17.1 万辆，同比增长 0.3%。郊区客运汽车 628 辆，客运线路 64 条，客运线路总里程 1438.5 千米。营运出租汽车 2196 辆。拥有货运汽车 17903 万辆，从事货运户数 1756 户。水域游船 176 艘，其中自航船 18 艘。

全区有邮政局所 35 个，其中农村 24 个；实现邮政业务总量 2.4 亿元，比上年下降 13.6%。订销杂志 82.2 万份，比上年下降 14%；出口包裹快递 925.2 万件，比上年增长 56.9%；进口包裹快递 1350.2 万件，比上年下降 13.1%。邮政储蓄收储余额 85 亿元，比上年增长 7.1%。

全年电信业务收入 6.0 亿元，比上年下降 0.9%，其中固网业务收入 3.7 亿元、移动业务收入 2.3 亿元。普通电话用户 20.2 万户，比上年下降 2.2%。固定互联网宽带接入用户数 28.4 万户，比上年增长 5.5%。

【城乡建设与管理】 2021 年，细颗粒物（$PM_{2.5}$）年均浓度 36 微克 / 立方米，下降 2.7%。二氧化氮年均浓度值 33 微克 / 立方米，比上年下降 2.9%。二氧化硫年均浓度值 3 微克 / 立方米，比上年下降 25%。全年污水处理率 92.17%，比上年提高 0.8 个百分点；生活垃圾无害化处理率 100%。

全区森林面积 30280.6 公顷，森林覆盖率达 33.43%。全年造林面积 610 公顷，城市绿化覆盖面积 8814.9 公顷，城市绿地面积 7569 公顷，城市绿化覆盖率达 50.47%。人均公园绿地面积达 18.11 平方米。

全年自来水销售量 5174.2 万立方米，比上年增长 11.6%。其中生产运营用水 151 万立方米，比上年下降 4.4%；公共服务用水 1706.7 万立方米，比上年增长 25.7%；居民家庭用水 3316.5 万立方米，比上年增长 6.3%。全年通州地区用电量达到 78.5 亿千瓦时，比上年增长 10.3%。其中，生产用电 53.5 亿千瓦时，增长 13.3%；城乡居民生活用电 25 亿千瓦时，增长 4.3%。

【科技 教育 文化 卫生 体育】 全年累计专利授权量 7965 件，其中发明专利 628 件。拥有有效发明专利 3015 件。

截至年底，全区有幼儿园 248 所，比上年增加 21 所；在园幼儿 57823 人；专任教师 4714 人。有小学 81 所；招生 13650 人，在校生 77728 人，毕业生 9288 人；专任教师 4577 人。有初、高中学校 46 所；初、高中招生 11254 人，毕业生 7850 人，在校生 31873 人；初、高中共有专任教师 4270 人。

截至年底，全区有专业电影院 12 个、基层文化中心 19 个，全年文化演出 1250 场。有公共图书馆 1 个，总藏书量 89.3 万册。拥有区级以上文物保护单位 50 处。有线电视接收用户 49.5 万户，比上年增长 2.7%。

截至年底，全区有卫生机构 609 个，其中医院 22 个。卫生机构实有床位 4425 张，其中医院 3705 张、社区卫生服务中心 420 张。有卫生技术人员 10846 人，其中执业医师 3886 人、注册护士 4359 人。

截至年底，全区有多功能球场 20 块。全年举办各类区级竞赛 10 次。参加市级各类竞赛获得奖牌 185 枚，其中金牌 53 枚、银牌 51 枚、铜牌 81 枚。年内，体育活动经费投入达 6193.5 万元。

【人民生活】 2021年，居民人均可支配收入49695元，比上年增长8.4%。全区居民人均消费支出为33413元，比上年增长12.5%。恩格尔系数为25.5%，比上年减少0.1个百分点。

全区人均住房面积37.88平方米，比上年下降3.3%。其中城镇居民人均住房面积34.86平方米，比上年下降1.8%。

【人力资源和社会保障】 城镇登记失业率3.65%，城镇登记失业人员实现就业1.8万人，失业人员就业率67.16%。失业人员参加培训1647人。全区参加职业技能培训7.5万人次，促进城乡就业2.7万人。

城乡居民最低生活保障标准提高至1245元。城市居民最低生活保障1023户1558人，农村居民最低生活保障2216户3621人。农村特困救助供养395人，城市特困救助供养78人。截至年底，有收养性单位26个，在院1613人。全区城乡居民养老保险参保18.8万人；参加基本养老、基本医疗、失业保险人数分别为65.6万人、106.8万人和54万人；参加工伤保险人数50.1万人，领取工伤保险金额1.4亿元。

【精神文明　民主法治建设】 区委宣传部联合区妇联打造的“家庭家教家风”示范街正式开街。此街在玉桥街道梨园中街一巷原有景观的基础上，围绕家风教育、文化熏陶、实践养成等主题进行提质升级，设置最美家亭、文明家庭宣传栏、家风家训墙等30余个点位，展示文明家庭建设成果。评选区级文明家庭81个、文明户300个。印发《通州区2021年精神文明宣传视屏和乡情村史陈列室建设实施意见》，指导各街道乡镇完成13个宣传视屏和7个陈列室的建设。小梨花垃圾分类环保志愿服务队等12个公益组织获评北京市优秀环保公益组织，郭艳斌等7人获评北京市绿色生活好市民。授予何振生、曹艳红、刘行行等10人“2021通州榜样”称号，唐燕等3人获“北京榜样”提名奖，刘行行荣登“中国好人榜”。

聚焦人民群众“急难愁盼”问题，督促解决了潞城镇、永顺镇2000余户安置房不动产权证办理问题。坚持纠“四风”树新风并举，启动违规使用公车、违规发放津补贴等4类突出问题专项整治，督促主责单位完善相关管理制度。

向16个处级单位党组织和275个村（社区）党组织开展巡察反馈，反馈问题3324个，移交问题线索21件，在全市率先实现巡察全覆盖。截至2021年底，六届区委巡察发现问题的整改完成率为99.3%，建立、修订制度1500余项，追缴款项4700余万元，巡察“后半篇文章”成效明显。

（张亚昆）

北京通州年鉴

2022

中国共产党北京市通州区委员会

▲ 10月10日，北京城市副中心走进北京大学开展北京市2022年度定向选调和“优培计划”招聘应届优秀大学毕业生政策宣讲会

| 区委组织部提供 |

▲ 5月10日，北京城市副中心干部“文化旅游与营商环境建设”专题培训班开班式在市委党校举行

| 区委组织部提供 |

▲ 10月11日，通州区国家网络安全宣传周活动启动仪式

| 区委网信办提供 |

▲ 3月31日，举办“张家湾设计小镇研究成果分享沙龙”，北京城市副中心工业设计人才工作站首批13位特聘专家分享研究成果

｜区委组织部提供｜

▲ 4月28日，举办2021“书香副中心”全民阅读活动启动仪式

｜区委宣传部提供｜

▲ 4月19日，通州区新任处级领导干部履职能力提升专题培训班开班

｜区委党校提供｜

▲ 6月6日，区关工委“传承红色基因·庆祝建党百年”主题教育活动在国家大剧院舞美艺术中心举办。图为“五老”志愿者和玉桥小学学生诗朗诵表演

｜区老干部局提供｜

综　述

【贯彻党中央、市委决策部署】　深入学习习近平新时代中国特色社会主义思想，牢固树立“四个意识”、坚定“四个自信”、做到“两个维护”，高标准开展好“两学一做”学习教育、“不忘初心、牢记使命”主题教育、党史学习教育，不断增强区委和全区广大党员干部的政治判断力、政治领悟力、政治执行力。看齐中央要求、对标指示精神，始终站在国家战略的高度落实各项重大决策部署，始终以讲政治的高度审视、谋划、推动北京城市副中心规划建设发展，始终把服务保障市级机关安全运行作为落实首都“四个中心”功能建设、提高“四个服务”水平的重要政治任务，忠诚履行“站岗放哨”使命，北京市级行政中心顺利迁入并实现平稳运行。高标准做好中华人民共和国成立70周年庆典、庆祝中国共产党成立100周年大会等重大活动的服务保障，在服务党和国家工作大局中展现了新担当新作为。

【推动北京城市副中心控规落地】　完成经营性用地供应185.7公顷，推动市区两级563项重点工程建设，涉及投资4850亿元。城市基础设施建设规模和水平持续提升，八通线南延、7号线东延顺利运行，公路总里程达到2494千米。一批标志性重大工程梯次推进，城市绿心森林公园开园迎客，大运河河畔的首都新地标初显锦绣，城市绿心三大公共建筑主体结构实现封顶。北京环球度假区一期实现盛大开园，广渠路东延地下道路建成通车，通州堰、北京城市副中心站综合交通枢纽、东六环入地改造工程全面提速。重要节点建设实现新突破，运河商务区产业空间不断拓展，行政办公区二期启动，特色小镇多点开花，“众星拱月、串珠成链、各美其美”的城市空间和功能布局初现雏形。

【推进区域协同发展】　深入贯彻“四统一”要求，全面落实通州区与北三县协同发展规划，交通一体化加快形成，产业合作更加深入，高频便民、政务服务等事项实现区域通办，教育、医疗、养老等优质资源辐射延伸，大气、水污染联防联治不断深化，毗邻边界景观带建设初显成效。围绕“一核两翼”格局，与雄安新区携手共进，实现从理念对标、规划对标到优势互补、分工合作的快速过渡。聚焦城乡共荣，全区360个村全部通过美丽乡村人居环境整治验收。国家级现代农业产业园区启动创建，现代化都市农业稳步发展，集体土地实现区镇统筹，农业农村发展在规范中提升、在提升中规范。坚持新老同兴，在发展中唤醒城市记忆，在建设中传承历史文脉，首个家园中心正式投用，高质量完成21个老旧小区改造提升和300余条背街小巷整治，特色鲜明、清朗有序、宜居宜游的老城街巷焕然一新。

【推动产业高质量发展】　聚焦“3+1”主导功能，坚持疏解与承接双向发力，大力构建高精尖产业体系。疏解退出企业688家，清理整治工业大院30个，城区内储备1225公顷建设用地，为产业高质量发展留足空间。总部经济提质升级，中国长江三峡集团有限公司二三级企业等一批大型总部企业承接落地。科技创新能力持续增强，金融业增加值对GDP贡献率超过10%，5家企业成功上市。文旅产业集群加快形成，环球主题公园与特色小镇文旅产业联动发展态势初显。“两区”建设扎实推进，在推外资项目数量居全市前列，“服务业产业＋自贸区园区”双轮驱动的创新开放格局加快形成。全国首个以智能自助服务为主的政务服务大厅投入使用，两项商事制度改革举措获国务院表彰，营商环境考评排名首次进入全市第一梯队，企业满意度居全市第一。

【深入践行绿色发展理念】　坚持“一微克一微克地抠”，$PM_{2.5}$累计浓度从80微克/立方米降低至36微克/立方米，改善率达到55%，空气质量创历史最好。坚持滨水贯通、水岸共治，53条（段）黑臭水体治理任务全部完成，水生态环境大幅改善。

坚持大尺度建绿和百姓身边增绿相结合，全区森林总面积达到46.83万亩，森林覆盖率达到34.45%，公园绿地500米服务半径覆盖率达到91.46%，“两带、一环、一心”绿色空间架构初现雏形。率先在全市开展镇级新型集体林场改革。清洁能源公交车、环卫车占比显著提升，建成步行绿道300余千米。成功举办三届北京城市副中心绿色发展论坛。北京城市副中心天更蓝、水更清、绿更多，绿色低碳成为百姓生活新风尚。

【提升城市精细化治理水平】 坚持用“减法”换“加法”，着力深化疏解、强化治理、优化提升，城市颜值与内涵不断提高。强力推进两轮“疏整促”专项行动，拆除违法建设4210万平方米，拆除销账和腾退土地量保持全市前列。持续查处无证无照、治理占道经营、整治“开墙打洞”，实现动态清零，高分通过国家卫生区复审，荣获“首都环境建设示范区”等称号。“城市大脑”建成上线，“数字孪生城市”系统投入使用，信息技术助力城市治理能力持续提升。强化主动治理、未诉先办，回应解决市民诉求64万余件。坚持党建引领抓好两个“关键小事”，垃圾分类在北京市“6+1”组内排名持续稳定前列，物业管理“三率”均超过90%，文明整洁、舒适宜居的北京城市副中心芳容初绽。

【持续增加民生福祉】 坚持用心用情用力补短板，教育、医疗、文化、就业、社保、养老等公共服务体系和社会保障体系更加均衡完善。新增义务教育学位2.6万个，北京学校、人大附中等10所市级名校入驻，教学水平和育人质量稳步提升。友谊医院(一期)、北大人民医院通州院区全面建成，全区诊疗水平和公共卫生服务能力快速提升。大运河国家AAAAA级旅游景区创建工作持续推进，大运河（通州段）实现全线旅游通航，运河风韵、人文风采、时代风尚的美丽画卷徐徐展开。成功举办首届北京城市副中心全程马拉松等品牌活动，副中心文体发展迈出新步伐。就业规模和质量不断提高，新增城乡劳动力就业9.65万人。建设筹集各类政策性住房3.7万套，低保、大病重残家庭住房保障率连续三年稳居全市第一。社会保险覆盖范围持续扩大，养老、儿童、残疾人等社会福利体系更加健全。对口帮扶的4个地区全部提前完成脱贫任务。

【全面深化改革】 在北京城市副中心党工委管委会直接带领下，深度融合、形成合力，承接的市级两批次137项赋权全面落实并顺利运行，北京城市副中心建设发展的要素瓶颈制约和体制机制障碍得到有效破解。不断加强对全面深化改革的统筹领导，聚焦高质量发展和治理能力现代化，完成改革要点任务203项，体制机制和重点领域改革实现多点突破。稳妥有序实施行政区划调整、党政机构与事业单位改革，新组建7个街道办事处，全面完成“政事分开”任务，党政部门设置和职能配置更加优化。深化园区改革，优化整合园区资源要素，产业集聚发展态势加快形成。“放管服”改革更加深入，431项行政执法职权实现下放，1580项事项实现“一次不用跑”。“三块地”改革、区属国企改革、“一会三函”审批制度、政务服务“一网通办”等一系列创新举措取得新成效。

【统筹发展和安全】 严格实施城市体检，在全市率先开展自然灾害风险评估与防控研究。积极创建国家安全发展示范城市，大力实施城市安全隐患治理三年行动计划，城市发展更具韧性。全面开展历史积案化解、矛盾隐患排查化解，深入推进扫黑除恶常态化和政法队伍教育整顿，“雪亮工程”成为全国精准化治安防控标杆，平安考评连年获市级优秀，居民安全感显著提升。组建全面依法治区委员会，一体推进法治政府、法治社会建设。面对突如其来的新冠肺炎疫情，始终树牢首都防疫从紧从严意识，坚持常态化防控和应急处置有机结合，动员组织11万名机关干部、在职党员、医务人员、公安干警、社区工作者以及广大人民群众，齐心协力构筑起疫情防控的坚固防线，大数据排查和“敲门行动”核查340万人次，完成全市进京卡口40%以上人员、车辆查控任务，核酸采样523万人次，接种新冠疫苗350万剂次，完成6000余人次境外入京人员集中隔离服务保障工作，疫情防控形势持续稳定可控。

【加强党对各项工作的领导】 坚定不移把方向、谋大事、抓党建、保平安，共召开书记专题会177次，区委常委会300次。从严从实抓好区委班子自身建设，区委班子成员带头认真落实“对党忠诚、个人干净、敢于担当”的要求，党的政治领导力、思想引领力、群众组织力、社会号召力显著增强。持续推动党的创新理论入脑入心，全区党员干部以习近平新时代中国特色社会主义思想武装头脑、指导实践、推动工作的效果和能力不断增强。成功创建并蝉联“全国文明城区”荣誉称号，新时代文明实践三级体系实现全覆盖，文明底色更加浓郁。强化意识形态和舆论宣传工作，健全完善副中心新闻发布机制，《北京城市副中心报》正式发行，《京津冀之声》《副中心之声》开播上线，《副中心新闻》改版亮相，媒体融合深度推进，阵地管控高效有序。深入贯彻落实新时代党的组织路线，紧紧围绕高质量发展强化组织动员、队伍保障和人才支撑。建立知事识人体系，创新开展“贴近式”考察，注重在服务大局、推动重点任务落实中培养干部。圆满完成乡镇党委换届，快节奏、体系化推进全区干部队伍建设，实现“三升两降一优化”。“党性锤炼”等三项教育培训干部8700余人次。创新开展“党建引领首都高校助力一流副中心建设”聚才工程。顺利完成两轮村（社区）换届，“两委”班子实现年龄、学历“一降一升”。党建引领“双报到、双积分”品牌荣获全国城市基层党建创新最佳案例称号，北京城市副中心党群服务中心建成投用。深入实施“灯塔计划”“运河计划”，引进培养高层次人才577名，全区人才资源总量增长17%。中国北京人力资源服务产业园通州园区开园运行，高标准完成国际人才社区城市规划设计、土地上市等工作。扎实推进人才一体化发展示范区建设，打造“通武廊”“通宝唐”区域人才合作品牌。全力支持区人大、区政府、区政协、区纪委区监委、区法院、区检察院依法依章程履行职能。大统战格局初步形成，各民主党派、工商联、无党派人士作用有效发挥，民族、宗教、侨办、对台等工作取得新进展。老干部工作富有成效，工会、共青团、妇联、残联、红十字会、文联等人民团体桥梁纽带作用更加突出。党管武装工作持续加强，连续三届荣获“全国双拥模范城”称号，军政、军民团结局面更加巩固。

【落实全面从严治党责任】 认真履行全面从严治党主体责任，全面完成中央、市委巡视整改工作。围绕北京城市副中心控规实施、重点工程建设、生态环境治理、营商环境优化、疫情防控等工作强化监督。深化运用监督执纪“四种形态”，紧盯群众反映强烈的突出问题开展专项治理。驰而不息纠“四风”树新风，全区作风建设不断向善向好。建立健全巡察体制机制，实现处级单位党组织及村（社区）巡察全覆盖。深化纪检监察体制改革，在全市第一批成立监察委员会，全面完成派驻机构改革。一体推进不敢腐不能腐不想腐体制机制建设，全区纪检监察组织共处置问题线索6707件，给予党纪政务处分961人。统筹抓好纪律教育、警示教育，强化以案为鉴、以案促改，风清气正的政治生态持续巩固。

（任经纬）

重要会议和活动

【通州区党政代表团赴北京经济技术开发区考察对接】 11月26日，通州区党政代表团赴北京经济技术开发区考察对接，进一步加强两区交流合作，推动台马地区高质量发展。到马驹桥智能制造基地、经开区区史馆察看项目落地、经开区发展历程、空间规划、产业发展和城市建设情况后，双方进行座谈交流。北京城市副中心党工委常务副书记、管委会常务副主任、区委书记赵磊强调：继续坚持高站位，始终从京津冀协同发展、从全市大局出发，牢固树立“一盘棋”“一家人”思想，坚决贯彻落实市委、市政府决策部署，坚持互利共赢，加强协调联动，在设施建设、产业项目落地等方面加快工作进度；发挥双方优势，以更高更宽的战略视野来审视和谋划协同发展，共同推动台马板块高质量规划建设，为两区未来发展注入新动力，给两区人民带来更多实惠。北京经济技术开发区工委书记王少峰强调，北京经开区全力参与北京城市副中心建设，加强工作日常调度，实现两区协同专班常态化运转，实现高精尖产业在台马地区率先做出示范，形成产业先进典型，为首都高质量发展和通州区台马板块发展作出贡献。北京经济技术开发区领导梁胜、孔磊、袁立洪、沈永刚，北京城市副中心党工委、管委会和通州区领导孟景伟、郑皓等参加。

【通州区领导干部大会】 7月24日，通州区领导干部大会召开。市委常委、组织部部长魏小东出席会议并讲话，市委组织部副部长张革主持会议并宣布市委关于赵磊任中共北京市通州区委员会书记、中共北京市委北京城市副中心党工委常务副书记的决定，以及关于赵磊任北京城市副中心管委会常务副主任的建议。魏小东强调：旗帜鲜明讲政治，切实用习近平新时代中国特色社会主义思想武装头脑、指导实践、推动工作；准确把握当前面临的机遇和挑战，统筹推进地区改革发展稳定各项任务；深入落实全面从严治党责任，切实加强党对地区各项工作的全面领导。赵磊表示坚决拥护市委决定，并在表态发言中强调：始终把牢政治方向，自觉提高政治站位，增强“四个意识”、坚定“四个自信”、坚决做到“两个维护”，不折不扣落实好市委、市政府决策部署；始终坚持人民至上，把以人民为中心的发展思想贯穿副中心建设全过程，持续提升城乡治理体系和治理能力现代化水平；不断强化政治担当，全力将副中心建设成为新时代城市建设发展的典范、北京建设的新地标；坚决维护班子团结，最大程度凝聚起众志成城、共谋发展的强大合力；接好“接力棒”，不断提升履职能力，一张蓝图绘到底，一年一个节点推进副中心各项事业发展，确保每年都有新进步、新变化；坚定不移推进全面从严治党，切实把管党治党政治任务扛起来，坚定不移推进党风廉政建设和反腐败工作。

【六届区委常委会第239次（扩大）会议】 2月18日，六届区委常委会第239次（扩大）会议召开。市委组织部副部长张革主持会议并通报关于在通州区委书记正式任命前，区委副书记、区长赵磊主持区委日常工作的决定。区领导赵磊、赵玉影分别表态发言。

【六届区委常委会第242次（扩大）会议】 3月1日，六届区委常委会第242次（扩大）会议召开。会议传达学习北京冬奥组委·北京市深入推进北京冬奥会冬残奥会筹办决战决胜动员部署大会精神，部署贯彻落实工作。

【六届区委常委会第245次（扩大）会议】 3月12日，六届区委常委会第245次（扩大）会议召开。会议传达学习全国“两会”（全国政协十三届四次会议和十三届全国人大四次会议）及全市领导干部会议精神，部署贯彻落实工作。

【六届区委常委会第257次（扩大）会议】 5月29日，六届区委常委会第257次（扩大）会议召开。会议传达学习市领导到北京城市副中心调研讲话精神和赴内蒙古自治区就东西部协作工作对接讲话精神，部署贯彻落实工作。

【六届区委常委会第260次（扩大）会议】 6月18日，六届区委常委会第260次（扩大）会议召开。区委副书记、区长赵磊主持。会议宣布中共北京市委关于韩向军、杨磊任职的通知。

【六届区委常委会第264次（扩大）会议】 7月15日，六届区委常委会第264次（扩大）会议召开。区委副书记、区长赵磊主持。会议宣布市委关于李经纬任职的决定。

【六届区委常委会第269次（扩大）会议】 7月24日，六届区委常委会第269次（扩大）会议召开。会议传达学习贯彻市委十二届十七次全会精神和市委书记蔡奇在部市合作推进北京国际消费中心城市建设现场会上的讲话精神，部署贯彻落实工作。

【六届区委常委会第270次（扩大）会议】 7月24日，六届区委常委会第270次（扩大）会议召开。会议宣布市委关于赵磊任中共北京市通州区委员会书记、中共北京市委北京城市副中心党工委常务副书记的决定，以及市委关于赵磊任北京城市副中心管委会常务副主任的建议。

【区委第282次（扩大）会议】 9月17日，六届区委常委会第282次（扩大）会议召开。区委书记、区长赵磊主持。市委组织部副部长王建中宣布市委关于孟景伟任职的决定。

【区委第284次（扩大）会议】 9月27日，六届区委常委会第284次（扩大）会议召开。区委书记赵磊主持。会议宣布市委关于王永民、董亦军、秦涛、李辰任职的决定。

【七届区委常委会第2次（扩大）会议】 12月21日，七届区委常委会第2次（扩大）会议召开。会议传达学习中国共产党北京市第十二届委员会第十八次全体会议精神，部署贯彻落实工作。

【区委六届十二次全会】 7月30日，中共北京市通州区第六届委员会第十二次全体会议召开。全会深入学习贯彻习近平总书记在庆祝中国共产党成立100周年大会上的重要讲话精神和市委十二届十六次、十七次全会精神，听取并审议赵磊代表区委常委会所作的全会工作报告，讨论了关于2021年上半年全区经济社会发展工作的书面报告，表决通过了《关于召开中国共产党北京市通州区第七次代表大会的决议》《中国共产党北京市通州区第六届委员会第十二次全体会议决议》。

【区委六届十三次全会】 11月19日，中共北京市通州区第六届委员会第十三次全体会议召开。区委书记赵磊主持。会议听取关于中共北京市通州区第七次代表大会筹备工作报告，审议并通过中共北京市通州区第六届委员会工作报告和中共北京市通州区第六届纪律检查委员会工作报告，作了关于新一届区委委员、候补委员和区纪委委员候选人预备人选名单的说明，通过大会主席团成员，主席团常务委员会委员，大会秘书长，副秘书长，代表资格审查委员会委员建议名单等。

【第七次党代表大会】 12月7—9日，中国共产党北京市通州区第七次党代表大会召开。赵磊、孟景伟分别主持闭幕式和开幕式。会议审议并通过了赵磊代表中共北京市通州区第六届委员会所作题为《勇担新使命 启航新征程 为把北京城市副中心建设成为新时代高质量发展的典范而努力奋斗》的工作报告和马可容代表中共北京市通州区第六届纪律检查委员会所作的工作报告；讨论并通过《中共北京市通州区第七次代表大会关于中共北京市通州区第六届委员会工作报告的决议》和《中共北京市通州区第七次代表大会关于中共北京市通州区第六届纪律检查委员会工作报告的决议》；选举产生七届区委委员41名、候补委员8名和区纪委委员29名。在闭幕式上，赵磊代表新当选的区委委员、候补委员和区纪委委员作表态发言。

【区委七届一次全会】 12月9日，中共北京市通州区第七届委员会第一次全体会议召开。赵磊主持。经选举，赵磊、孟景伟、刘东伟、陈江华、汤一原、郑皓、王永民、韩向军、苏国斌、吴孔安11人当选中共北京市通州区第七届委员会常务委员会委员；赵磊当选中共北京市通州区第七届委员会书记；孟景伟、刘东伟当选中共北京市通州区第七届委员会副书记。全会通过中共北京市通州区第七届纪律检查委员会第一次全体会议选举结果，审议通过《中国共产党北京市通州区第七届委员会工作规则》。赵磊代表新一届区委领导班子讲话。

（任经纬）

组织工作

【概　况】 截至2021年底，全区有2798个基层党组织，74185名党员；有处级干部1025人，其中处级领导干部645人。在区委的坚强领导下，全区组织系统围绕北京城市副中心高质量发展大局，勇于担当、靠前站位，集中精力抓好庆祝中国共产党成立100周年重大任务保障，参与推进党史学习教育，坚决抓好市委巡视相关问题整改，以最高标准、最严作风完成三级集中换届，以实施干部队伍建设三年行动计划为主线，打造高素质专业化干部主力军，以党建引领基层治理为重点，夯实基层组织体系，以“两区”[国家服务业扩大开放综合示范区和中国(北京)自由贸易试验区]建设为契机，聚人才、优环境、促发展，取得“攻坚战”和“持久战”的双线胜利，组织工作服务保障副中心高质量发展的水平持续提升。12月29日，区委书记赵磊到部机关调研时肯定指出“政治上最忠诚、担当上最有力、工作上最有为，为区委提供了重要支撑和坚强保障”。

【庆祝中国共产党成立100周年】 2021年，围绕“学党史、悟思想、办实事、开新局”4个方面，深入开展“见证100年、建功新时代”“我是副中心党员”等系列活动，创新设计“重走红色印记，追寻红色回忆，重温红色故事”和“我志愿”专题系列视频，在《中国组织人事报》刊登副中心庆祝建党百年系列专题报道。扎实做好中央、市委、区委三级表彰工作，有1人被评为全国优秀共产党员，16个先进个人、6个先进党组织受到北京市“三优一先”表彰，105名优秀共产党员、105名优秀党务工作者和104个先进基层党组织受到通州区“两优一先”（优秀共产党员、优秀党务工作者、先进基层党组织）表彰。完成“光荣在党50年”纪念章颁发工作。

【党史学习教育】 2021年，广泛组织开展“我为群众办实事”实践活动，推动解决一批群众急难愁盼问题。指导处级单位扎实开展专题民主生活会、组织生活会和民主评议党员，进一步引导广大党员传承和发扬光荣传统、增强宗旨意识、勇于担当作为。

【党建引领疫情防控】 2021年，贯彻落实中央、市委、区委关于疫情防控的相关部署，加强党建引领组织动员，扎实推进社区防控、核酸检测和隔离点管理等工作。组织5000余名党员干部下沉社区防控一线，组织各属地摸排重点人员31万余人次，累计组织核酸检测472万余人次，构建起疫情防控坚固防线。

【北京冬奥会和冬残奥会服务保障】 2021年，周密制定相关工作方案和疫情防控预案，扎实做好火炬手选拔推荐和火炬传递保障，为举办一届简约、安全、精彩的奥运盛会贡献智慧和力量。

【市委巡视整改】 2021年，对照《通州区委落实市委巡视反馈意见具体整改任务台账》，认领相关问题，认真抓好问题整改，所涉及的5项具体整改任务均已完成。同时，根据市委巡视组、市委组织部《关于通州区委选人用人专项检查情况及整改要求的反馈意见》，组织相关单位先后召开两次选人用人专项检查整改组会议，协调督促相关单位狠抓整改任务落实，各项整改任务均在规定时间内完成，并于6月24日向市委组织部报送《通州区委选人用人专项检查整改情况报告》。

【区级换届】 2021年，协调成立区级换届领导机构和工作专班，制定形成系列工作方案和政策口径。全力做好市委换届考察组服务保障，加强与各相关单位部门的沟通协调，从严换届风气监督，推动区级换届实现“三个高”，即代表出席率高、有效票率高、高质量实现组织意图。其中采取自下而上、上下结合、反复酝酿、逐级遴选的方式，选举产生391名区党代表、1430名乡镇党代表。

【乡镇换届】 2021年，聚焦副中心高质量发展要求和3个特色小镇、6个新型小城镇功能定位，精心选配高素质专业化干部。换届后乡镇领导班子实现“两升一降双达标”，即全日制学历干部比例达58.64%，提升14.6个百分点，6个领域专业干部128名，提升66%；平均年龄44.4岁，较换届前降低2岁；“88后”干部及“五方面人员”配备全部达标。

【村和社区“两委”换届】 2021年，高质量完成村和社区“两委”[社区（村）党支部委员会、居（村）民委员会]换届，实现村和社区参选率、一次选举成功率、35岁以下干部覆盖率、社区“一肩挑”比例、上站人数提高率五个100%，取得“一最两优三提高”显著成效，即630个村和社区全部参加换届，总体量最大；村和社区“两委”干部平均年龄分别为47岁和37岁，分别降低5.2岁和3岁，大专以上学历占比分别为43.7%和98.6%，分别提高12.5个百分点和5个百分点；村“一肩挑”比例、居民委员会成员本地化比例以及社区直选和户代表选举比例分别提高。

【干部选拔任用】 2021年，深入实施“贴近式”考察，结合副中心建设重点任务选优配强领导班子和干部队伍，全年调整任免处级干部19批491人次。三年行动计划实施以来，全区处职干部队伍实现“三升两降一优化”：新提拔和进一步使用干部数量、干部交流轮岗数量、干部前学历比例大幅提升，其中正副处职干部前学历比例分别为43.3%和51%，各提升19.2个百分点和17.5个百分点；干部平均年龄、未配备全日制学历干部的班子数量持续降低，其中正副处职干部平均年龄分别为49.7岁和46.3岁，各降低2.5岁和1.5岁；专业化干部结构明显优化，每个街道乡镇班子都至少配备1名熟悉城市规划和1名熟悉商务服务或文化旅游、科技创新的干部。此外，组织召开优秀年轻干部座谈会5次，统筹配备“90后”正科职干部22名，持续推动科级干部队伍结构向优向好。全年指导全区各单位完成977人次科职干部任免工作。

【挂职干部工作】 2021年，接收来自中央单位、首都高校、外省市等37名挂职干部。选派8名优秀处级、科级干部，赴内蒙古、河北、湖北等地挂职。

【公务员、选调生工作】 2021年，考试录用公务员、补充录用公务员发布职位130个，计划招录公务员172人，实际录用147人（考试录用96人，补充录用51人）。办理公务员调任27人，其中处级4人，科级23人。开展定向选调生招录工作，计划招录选调生23人。联合区人力社保局组织开展2021年通州区事业编选调生笔试、面试、体检、公示、政审等工作，有48名选调生与用人单位签订三方协议。举办3期培训班，包括1期选调生能力素质提升专题培训、2期公务员初任培训，培训学员229人次。

【职务与职级并行】 2021年，按照干部管理权限完成晋升二级调研员及相当职级以上59人次，指导各单位晋升三、四级调研员93人次。完成10家单位行政执法类公务员职位设置方案审核、362人的职级套转备案，完成48家单位270人次晋升职级职数审核及备案工作。

【干部管理监督】 2021年，强化干部日常管理监督，结合换届人选资格审查、随机抽查、巡视巡察等工作，严格执行领导干部个人有关事项报告制度，全年受理查核干部个人有关事项报告情况60批次，1436人次，提醒谈话115人次，函询53人，批评教育19人，给予诫勉16人。区委管理干部随机抽查一致率由2017年的66.36%提高到2021年的96.67%，干部的戒惧意识、规矩意识明显增强。

【干部教育培训】 2021年，突出精准化、专业化、系统化，促进干部想干事、能干事、干成事，全年累计开展区委主体培训班次19期，培训干部1704人次（处级干部1238人次，科级干部466人次）。其中分3期举办通州区处级领导干部学习贯彻党的十九届五中全会精神专题研讨班，轮训680人，实现全覆盖；举办通州区处级领导干部“转作风、树正气、优服务”专题培训班，培训98人；与市委组织部合作，以“文化旅游与营商环境建设”“商务服务与金融创新”为主题，在市委党校举办2期北京城市副中心干部专题培训班，培训94人。9月，潞城镇党群服务中心、于家务村仇庄村被市委组织部评为市级基层干部教育培训现场教学点。

【抓党建促乡村振兴】 2021年,根据市级工作要求,研究制定《通州区抓党建促乡村振兴工作实施方案》,明确5方面92项工作举措。按照“依事而定”的原则,牵头成立组织振兴工作专班,结合副中心组织建设工作实际,制定《通州区推进乡村组织振兴工作方案》。

【基层党组织分类提升】 2021年,坚持以提升组织力为重点,按照“增加先进支部、提升中间支部、整顿后进支部”要求,建立示范村、中间村、软弱涣散村台账,分类别具体指导、分阶段整体推进。扎实推进软弱涣散整顿工作,会同区委农工委、区民政局开展督查,确定13个软弱涣散村党组织、2个后进社区,全面落实“五个一”整顿机制(即每个软弱涣散村要有1名党员区领导联系,调研指导每季度不少于1次,主动帮助解决问题;要有1家区内处级单位结对帮扶,发挥职能优势,开展帮扶工作;要有1名区、乡镇选派的村党组织第一书记全脱产驻村帮扶,第一书记选派和管理严格执行市级相关意见;要有1名乡镇党政领导具体包村,每月到村指导工作不少于2次;要至少有1名大学生村干部在村工作,乡镇不得借用),实现“一村一策”,动态跟踪管理,精准固化整顿成果。

【副中心特色党建品牌选树】 11月24日,组织专家对34个特色党建品牌申报项目开展现场统一评审,从创新性、可操作性、实施效果和推广应用性四个维度进行现场打分,最终评定出一类项目8个、二类项目12个、三类项目14个。编印《通州区2021年度基层党建创新项目汇编》,将特色党建品牌在全区进行总结推广,强化示范带动。

【第一书记工作】 2021年,完成第五批第一书记任期考核和年度考核工作,做好工作总结、到期返回等工作。认真做好第六批第一书记选派及驻村帮扶工作,落实到村任职、组织关系转接等工作,并进一步规范第一书记日常管理,落实相关工作保障。

【“两新”组织、中小学校、公立医院、国有企业党建】 持续推进“两新”组织(新经济组织和新社会组织)“两个覆盖”(党的组织覆盖和工作覆盖)质量,截至12月底,全区非公企业和社会组织党组织覆盖率分别达到89.9%、82.9%。重点推进互联网企业、物业企业等重点行业党建,健全社区党组织领导下的居委会、业委会(物管会)、物业企业和辖区治理力量共同参与的“1+3+X”党建引领物业管理工作机制,保持党组织覆盖率100%,实现业委会(物管会)组建率、物业服务覆盖率均达到90%以上。加大典型培育力度,打造具有副中心特色、可推广可借鉴的党建品牌,其中,联东集团党委、国美集团总部党委党建品牌分获全国党建研究会、北京市“两新”组织奖项。开展2轮落实全国国企党建工作会精神“回头看”,完成中小学校党组织领导的校长负责制试点,推动5家区属公立医院全部完成党建入章、党政分设、医院党组织会议、院长办公会议事规则修订等工作。

【新业态、新就业群体党建工作试点】 2021年,研究制定开展新业态、新就业群体党建工作试点实施方案,明确5方面25项重点任务,建立组织部门牵头抓总、15个职能部门具体指导、22个街道乡镇属地管理的工作机制。实施“小支部、大党建——与副中心发展同行”行动,规范组建14个新就业群体党支部,派驻168名党建指导员,实现党的组织和工作全覆盖。引导新就业群体参与基层治理,探索形成“玉见骑士”星计划、“六圈共治”(组织圈、平台圈、服务圈、交流圈、共治圈、安全圈)、“四有四服务”(工委有驿站、支部有帮手、党员有责任、居民有榜样,走访式服务、协商式服务、网格式服务、智能式服务)等典型做法。

【三级党群服务中心】 高标准建成北京城市副中心党群服务中心,指导新成立街道加快党群服务中心建设工作,截至12月底,全区建成街道乡镇、园区党群服务中心20个,村社区及其他各类党群服务站点355个。加强实体化运行,成立副处级事业单位通州区党群服务指导中心,负责北京城市副中心党群服务中心的运营管理,并统筹指导全区各级党群服务中心建设运营工作,打造“区—街道乡镇—村社区”三级党群服务中心工作体系。完善资源、需求、项目“三项清单”制度,整合18个部门58项服务资源和26支志愿服务队,以清单形式下沉党群服务中心,拓展服务效能。

【人才政策创新】 2021 年，研究制定《通州区关于落实〈“两区”“三平台”建设干部人才支撑三年行动计划（2021—2023 年）〉工作方案》，从深化体制改革、加大引进力度、创新用人机制、加强培养锻炼、强化服务保障五个方面出台举措，为“两区”建设提供人才支撑，8 月 27 日正式印发。

【人才交流合作】 3 月 31 日，会同区科委举办“张家湾设计小镇研究成果分享沙龙”，副中心工业设计人才工作站 13 名首批特聘专家分享“揭榜挂帅”10 项课题研究成果。5 月 28 日，协助市人才工作局召开第十二批、第十三批“人才京郊行”总结动员会，对第十二批“人才京郊行”工作进行总结，并做好通州区 6 名挂职干部与接收单位的对接工作。9 月 11 日，会同运河商务区管委会在中国国际展览中心新馆“HICOOL2021 全球创业者峰会”设立“走进北京城市副中心”主题展，全面展示北京城市副中心在教育、医疗、交通、国际人才社区建设等方面的成果，吸引优秀人才和优质项目落地北京城市副中心。

【京津冀人才一体化发展】 5 月 14 日，举办京津冀（通武廊）人力资源服务机构结对共建活动，共 13 对人力资源机构达成合作共识。10 月 20 日，会同区人力社保局，聚焦“数字技术 + 人力资源服务业”，面向京津冀（通宝唐）人力资源服务机构，举办第二届北京城市副中心人力资源发展高峰论坛，促进三地人力资源服务业一体化发展。

【国际人才社区建设】 3 月 31 日，国际人才社区地块正式发布入市挂牌公告。5 月 11 日，由北京京投诚达科技有限公司竞得用地使用权，同步开展方案设计和部分地块工程规划许可证、施工许可证办理等工作。11 月 12 日，相关地块实现开工。

【调查研究】 调研成果《北京城市副中心党建引领基层治理的实践与探索》被市委组织部评为组织工作优秀自主调研课题成果，获得市党建研究会课题成果二等奖、市农工委党建征文活动一等奖；调研成果《体系化推进北京城市副中心高素质专业化干部队伍建设研究》《涵养人才生态推动北京城市副中心高质量发展的探索与实践》，获得市农工委党建征文活动二等奖；在 2021 年北京市党员教育电视片观摩交流活动中，党员教育电视片《我是副中心党员——副中心十二时辰》《重走红色印记、追寻红色回忆、重温红色故事》系列片获得二等奖，《我是副中心党员——战疫有我，有我必胜》获得三等奖。

（郝赛）

宣传工作

【概　况】 2021 年，通州区委宣传部坚持以习近平新时代中国特色社会主义思想为根本遵循，全面贯彻中共十九大和十九届历次全会精神，紧扣建党百年主题主线，围绕副中心高质量发展的重点工作、中心任务，统筹抓好全区党的思想理论建设和党员干部的理论学习，推进习近平新时代中国特色社会主义思想学习宣传贯彻力度。落实党史学习教育牵头责任，指导各单位开展党史学习教育。督促各单位压实压紧意识形态工作责任，确保副中心意识形态平稳可控。指导、协调全区的综合宣传工作，巩固壮大主流舆论，主动讲好副中心高质量发展故事，营造良好舆论氛围。积极培育践行社会主义核心价值观，做好新时代公民道德建设，组织开展爱国主义教育、传统节日、诚信榜样等系列活动，推动形成良好社会风气和道德风尚。规划、部署、推动全区精神文明创建工作，文明城区、文明村镇、文明单位、文明家庭、文明校园等五大创建工作有序开展。协调、推进大运河文化带建设，推动全区文化事业、文化产业繁荣发展。有序推进机构改革，组建文化产业促进中心；文明城市建设指导中心更名为新时代文明实践指导事务中心，创城工作服务中心更名为通州区文明创建指导中心；电影管理中心由自收自支事业单位调整为全额拨款事业单位；保留外宣事务中心。改革后，区委宣传部所属全额拨款事业单位共计5个。

（翟洪娟）

【理论学习宣传】 2021年，区委理论学习中心组围绕党的创新理论、新发展格局、副中心重点工作开展学习研讨36次，全区各级党组织通过理论学习中心组、“三会一课”等形式开展集中学习2万余次。围绕党史专题、“七一”讲话和十九届六中全会精神，全区各级党组织开展宣讲3000余场，全面掀起学习热潮。制作推出“北京城市副中心理论微视频”“红色经典诵读班”等，打造理论宣讲阵地。

（宋颖）

【党史学习教育】 3月10日，全区党史学习教育动员大会召开，成立由区委书记任组长的领导小组，组建11个区委指导组，健全完善工作机制，推动学习教育、宣传宣讲、实践活动、督导指导等工作有力有序推进。在组织党员学好用好指定教材的基础上，充分利用潞河中学校史馆等红色资源开辟“第二课堂”，创新开展“看、听、说、读、写、展”系列活动，累计在各类媒体刊播相关稿件1600余篇、刊发区级简报176期。党史学习教育开展以来，全区四套班子、91家处级单位、2773个基层党组织、共7.4万名党员参与学习。6月19日，“红星照耀大运河——中国共产党北京市通州区历史主题展览”在安·美术馆开幕，展现中国共产党团结带领通州人民推行社会主义基本制度、开辟中国特色社会主义道路、推进社会主义现代化建设的辉煌成就和宝贵经验，共吸引12万人次参观。

（翟洪娟）

【新闻宣传】 2021年，加强与中央、市级媒体深度合作，形成垂直联动、横向协作、共融共享的合作模式，累计在中央、市级主流媒体刊发稿件7480余篇，《新闻联播》头条播出《新征程开局“十四五”——打造蓝绿交织的北京城市副中心》等报道。举办副中心新闻发布会10场，“开局‘十四五’ 开启新征程”“北京城市副中心生机勃发”等主题宣传形成声势。5月27日，举办全国首届“新区汇——城市新区国际传播与品牌发展”论坛，雄安新区、浦东新区、滨海新区、海南自贸区等国家级新区代表参加，龙永图等10余位嘉宾发表主旨演讲，共同探讨城市新区品牌建设与传播经验。6月8日至9日，举办大运河国际交流季暨“大运河城市广播联盟”活动，大运河沿线8个省市30个城市的广播媒体组成融媒体矩阵，面向全国宣传推介副中心形象，活动传播覆盖2500万人次。6月18日，举办“从‘心’出发 共赴美好——2021北京城市副中心网络传播活动”，活动当日话题实时热搜第一，累计总传播量1.3亿次。10月19日，《北京城市副中心报》正式出版发行。12月1日，“通武廊”三地同步开启“行走京津冀”暨高质量发展大型融媒采访活动，展现京津冀协同发展对大运河文化带、生态、交通等方面的促进作用，活动在北京时间、北京日报客户端、津云、冀时、融汇副中心App等平台开展多形态媒体报道。

（李奕）

【“扫黄打非”工作】 3月9日，“扫黄打非”工作会议召开后，全区“扫黄打非”工作保持高压态势，组织开展“两节”“两会”等专项清查行动12次，深入推进“正道”“新风”“护苗”“净网”“秋风”等五大专项行动，全年查缴非法出版物8300余册，清理网络有害信息7.3万余条，取缔关闭网站5300余个，“扫黄打非”工作取得显著成效。

（李志宏）

【百姓宣讲活动】 2021年，举办2021年通州区“永远跟党走”优秀百姓宣讲团评选比赛，发掘优秀事迹和感人故事。在此基础上，组建通州区“永远跟党走”红色宣讲团，代表通州区参加北京市百姓宣讲调研汇讲活动，取得全市第一名的成绩。

（宋颖）

【传统节日文化活动】 2021年，采取线上线下相结合的方式，开展春节、元宵节、清明节、七夕节系列活动，累计参与量达到260余万人次。注重挖掘传统文化节日内涵，开展“粽情话端午 红色运河情”“倡导国庆新民俗 打造爱国活动周”等特色节日活动，让爱国爱党情怀与传统节日氛围融为一体。

（翟洪娟）

【榜样人物宣传】 2021年，在全区范围内广泛开展2021通州榜样主题教育活动，经层层推荐、联审、评审、公示等环节，授予何振生、曹艳红、刘行行等10人“2021通州榜样”荣誉称号，授予通州区公共文明引导大队“2021通州榜样”特别奖，唐燕等3人获得“北京榜样”提名奖，刘行行荣登“中国好人榜”。开展“通州榜样云合唱”“通州榜样公益行”活动，打造“副中心警察榜样”“交通榜样”等子品牌，榜样群体在各行各业中的示范引领作用不断增强。

【诚信主题教育进社区(村)活动】 7月20日，“2021诚信通州·社区行”暨文明单位助力精神文明创建系列活动正式启动。活动由区委宣传部、区委网信办、区经信局主办，通州公安分局、建行北京通州分行、移动通州分公司等全国、首都文明单位共同协办，围绕着电信网络诈骗、互联网信息服务领域失信、国家考试作弊、交通运输领域失信等10项诚信突出问题开展宣传。活动期间，在于家务回族乡、西集镇试点“诚信村”“诚信户”建设，联合西集镇共同举办“争做诚信好果农，打造放心农产品”主题宣传教育活动，推进诚信经营进村镇、进果园。活动共举办22场，覆盖30余个社区4000余位居民。

（孟思）

【未成年人思想道德建设工作】 2021年，建成“全国乡村学校少年宫”9个，组织“新时代好少年”选树等活动，2人获评“北京市新时代好少年”。开展“未成年人思想道德建设创新案例”评选工作，共有55个案例获得区级奖项，其中通州交通支队《志愿等灯、舞动文明》、北苑街道《“宝贝计划”体验式教育聚合力》2项工作获得2021年度“首都未成年人思想道德建设创新案例”。11月9日，第十五届中国心理学家大会在通州举办，北京市通州区未成年人心理健康辅导站获评第三届全国心理服务专业案例征集活动“最佳示范案例”。

（王晓宇）

【志愿服务活动】 2021年，健全完善志愿服务制度，推动志愿服务阵地从社区向乡村拓展，全区志愿服务站点达到710个。围绕中心、服务大局，开展爱国卫生运动、疫情防控、社会治理等文明实践志愿服务活动4.6万余次，参与志愿者达到439万余人次。在文景街道试点成立新时代文明实践志愿服务中心，打造北京环球度假区周边保障志愿服务项目，全年开展文明交通引导、游客问询服务、疫情防控宣传等志愿服务100万余次，工作经验被《北京信息》《首都精神文明建设情况简报》专刊选编。

（尹静）

【区电影管理中心转制工作】 3月26日，区编办下发《关于中共北京市通州区委宣传部所属事业单位改革有关事项的批复》，通州区电影管理中心由自收自支事业单位转制为全额拨款事业单位，编制19人，领导职数1正2副。完成北京市通州区电影院撤销工作。完成电影管理中心、电影院开展所办企业清理注销工作。

【公益电影活动】 2021年，组织开展“奋斗百年路 启航新征程——庆祝建党100周年”展映展播活动，放映公益电影10803场次，吸引观众36万人次；开展放映员培训2次，完成培训400人次；为全区新成立街道采购27套固定放映设备，已安装调试完毕并投入使用。

（金路皓）

【全民阅读活动】 2021年，落实《2021“书香副中心”全民阅读活动方案》，相继开展“红色经典 献礼百年”“实体书店与社区结对子”“南北运河诗会”等阅读活动1300余场，受众人数近80万人。

（李曼）

【大运河文化带建设】 2021年，大运河国家AAAAA级旅游景区创建工作加速推进，运河沿线景观风貌方案征集高标准完成，张家湾古镇保护开发专项规划形成稳定成果，北运河（通州段）实现全线旅游通航。10月9日至17日，举办2021北京（国际）运河文化节、大运河文化创新创意设计大赛等活动，与北京交响乐团等单位共同举办《京城大运河》京剧交响乐演出，用艺术形式讲述运河故事。组织大运河国际交流季等中外媒体采风活动，传播范围覆盖38个国家和地区共1200万人次。

（马学武）

统战工作

【概　况】 2021年是“十四五”开局之年，区委统战部认真贯彻落实全国、全市统战部长会议精神和关于北京城市副中心建设的系列部署要求，围绕区委、区政府中心工作，充分发挥统一战线凝聚人心、凝聚智慧、凝聚力量的优势，为推动北京城市副中心高质量发展贡献力量。

【统战系统党史学习教育暨庆祝中国共产党成立100周年主题教育实践活动】 2021年，召开教育实践工作部署会，明确工作职责，研究制定《通州区委统战系统党史学习教育暨庆祝建党100周年主题教育实践活动方案》，成立通州区统一战线党史学习教育暨主题教育实践活动领导小组。紧扣建党百年主题，在全区统战对象和统战组织开展政治共识专题教育培训，引导各民主党派和广大成员通过不同的形式、渠道、手段和平台，唱响跟党走的主旋律，夯实共同思想政治基础。

【落实区委巡察工作】 2021年，深入领会区委巡察要求，坚决抓好巡察整改工作，专题研究巡察组反馈意见，制定工作方案、整改措施清单，查摆细化问题，抓住统战部自身建设的薄弱环节，推进内部管理制度建设和长效工作机制的建立与创新，“回头看”工作扎实有效。

（王琪琛）

【新的社会阶层和党外知识分子工作】 2021年，区新联会和区知联会在区委统战部支持下，联合举办为期1个月的“不忘初心·团结奋斗”——中国共产党统一战线发展简史专题展，全区有75家单位，累计6000余人通过线下线上的方式参观展览。区知联会举办“红色精神”宣讲活动。宋庄新联会举办“艺心向党”——中国·宋庄书画艺术展和学党史专题讲座。区新联会联东优谷分会、万达商圈分会、隆孚大厦分会、网络知名人士分会也以各种形式相继组织庆祝中国共产党成立100周年活动。组织全区150名新的社会阶层人士参与第二次全国新的社会阶层人士基本情况调查问卷填写。结合人大、政协换届工作要求，向有关部门推荐符合条件的党外知识分子和新的社会阶层代表人士。

（高志鹏）

【重大活动保障】 2021年，作为通州区票务和观众组织牵头单位，克服时间紧、任务重的困难，统筹上百家人员推荐单位，保障全员政治审查、核酸检测及活动当天集结疏散活动的有序进行，完成建党百年庆祝大会集结疏散保障任务。

（王琪琛）

【民族团结工作】 2021年，在通州区民族幼儿园开展民族团结教育实践活动；“六一”儿童节、教师节走访慰问民族学校、“八一”建军节慰问少数民族军休干部。在重阳节走进张家湾镇张湾镇村开展“不忘初心、牢记使命”重阳节送温暖活动。发放民族、宗教宣传海报1296套；通过展板展示、悬挂横幅等形式，宣传民族宗教政策和理论知识，有力促进了民族团结和民族融合。

【扶持发展民族经济】 2021年，组织申报3个民族乡村经济项目，即张湾镇村内环境提升项目、于家务回族乡拱棚及食用菌配套设备建设项目、于家务回族乡环境提升项目（新建水管道）项目，共计扶持资金450万元，促进少数民族经济发展。

【清真食品监督管理】 2021年，认真做好清真食品市场日常监管，对全区清真餐饮副食网点经营情况、清真食品供应及规范管理情况进行不定期的检查、抽查；组织完成北京紫气羊来餐饮管理有限责任公司、北京正清园餐饮管理有限公司等4家规范化清真特色餐厅市级规范化清真特色餐厅推荐、考评工作。

【宗教场所安全稳定工作】 2021年，在全区开展非法宗教活动专项整治工作。开展重大节日走访慰问活动。在重要宗教节日，对全区信教群众进行慰问；向宗教活动场所拨付危房修缮专项补助资金，消除安全隐患；在中央民族干部学院、通州会议中心、通州区委党校举办多场次民族宗教干部及代表人士专题培训班；在宗教活动场所开展“礼赞百年华诞”等党史教育活动。完成伊斯兰教协会、天主教爱国会、基督教爱国会3个宗教团体换届工作。做好全区宗教领域疫情防控和安全工作。

【侨务工作】 2021年，举办“创业中华·牵手京津冀”第二十届海外侨界高层次人才走进通州活动；完成区侨联第三届换届工作，配齐配好侨联领导班子。在宪法宣传日组织开展侨法宣传、普及侨务政策活动，发放侨法宣传册500余册，维护侨界群众权益。完成华侨、归侨、侨眷身份认定，为符合来京上中小学的华侨适龄子女开具批准书，对符合条件的报考高级中等学校归侨子女身份进行确认，春节对困难归侨、侨眷进行慰问。

（崔连瑞）

【开展在通台商庆祝中国共产党成立100周年爱国主义教育活动】 2021年，为庆祝中国共产党成立100周年，区委台办组织开展了以“回望历史不忘统一大业 继承遗志共建两岸辉煌”为主题的台商爱国主义教育活动，组织全区范围内台商代表一行15人于6月8日至11日踏访山东微山湖铁道游击队、台儿庄大战纪念馆等红色爱国主义教育基地，使台胞牢记历史，既往开来，为北京城市副中心建设添砖加瓦，为两岸和平建言献策。

【开展在京台胞中秋联谊系列活动】 9月11日至12日，区委台办承办两岸婚姻青年中秋节联谊活动，在京两岸婚姻青年60余人到北京城市副中心参访；9月16日，组织通州区台湾青年代表参加“走进人民政协 认识协商民主”暨中秋联谊活动。

（张静）

【推进科技小院建设】 2021年，于家务乡富各庄和果村、漷县镇军屯、永乐店镇西槐庄、西集镇耿楼等5家科技小院，在中国农业大学、北京市农林科学研究院、区科协和通州区7个民主党派的帮扶下，帮扶实效显著。8月13日，市委书记蔡奇到富各庄科技小院食用菌试验示范棚调研，对科技小院及带动当地农户发展庭院特色经济工作给予充分肯定。

【开展统一战线教育分级分类培训】 2021年开办推进统战理论方针政策进中青班课堂1次。完成异地教育培训2期，本地教育培训3期，共18天，共培训党外代表人士、党外干部、统战干部280余人次，覆盖统战人士和统战干部约15%。

（张启凤）

政策研究

【概　况】 2021年，区委区政府研究室坚持以习近平新时代中国特色社会主义思想为指导，全面贯彻中共十九大和十九届历次全会精神，深入贯彻习近平总书记对北京重要讲话精神和对北京城市副中心重要指示精神，紧抓“学党史、悟思想、办实事、开新局”党史学习教育目标任务，围绕区委、区政府中心工作，凝心聚力，认真履职，真抓实干，充分发挥参谋助手作用，高标准完成文稿起草、调查研究、深化改革等各项工作任务。

【重要文稿、调研工作总体情况】 2021年，区委区政府研究室起草了通州区委六届十二次全会工作报告、区经济社会发展工作报告以及区委历次向市委、市政府的工作情况汇报等200余篇重要文稿。聚焦市委、市政府主要领导每月“双调研”主题，围绕全年工作开局、北京环球度假区、碳达峰碳中和等重点工作开展调查研究，起草完成“双调研”汇报材料7篇，充分发挥好书记点评会的“指针”作用，通过既查共性问题，又找“个性”问题的方式，及时总结归纳各街道乡镇、各部门单位的优点与不足，实现全区各单位定期“体检”和精准把脉。围绕“我为群众办实事”、文明城区创建、农村人居环境整治、疫情防控等工作，收集整理区纪委区监委、区委组织部、区委宣传部、区委政法委等23家单位的1500余条点评意见，起草完成在委办局党组（党委）书记工作点评会、在街道乡镇党（工）委书记月度工作点评会上的讲话提纲11篇。聚焦“七有”“五性”要求，对全区经济和社会发展中的重点、难点和热点问题组织专题调研，承担并完成区委年度重点调研课题《关于北京城市副中心加快建设国家绿色发展示范区的思考与探索》的研究报告，区政府年度重点调研课题《加快发展绿色金融 助推北京城市副中心高质量发展》的研究报告。全年编发《通州调研》27期，在《北京调研》《北京农村经济》等市级以上刊物刊发文章11篇。

【起草通州区第七次党代会报告】 按照区委要求，区委区政府研究室于11月成立写作组，认真学习贯彻中共十九届六中全会精神和市委全会精神，与区委各部门充分沟通，与各委办局和街道乡镇有效对接，全面准确掌握一手资料，广泛征求意见建议，形成《在中共北京市通州区第七次代表大会上的报告》。报告充分肯定了区第六次党代会以来的五年，北京城市副中心经济社会发展取得的重要成就，深入分析了未来五年北京城市副中心发展面临的机遇和挑战，提出今后五年是北京城市副中心发展的关键时期，主要奋斗目标是圆满完成“十四五”规划各项目标任务，确保做到六个“始终牢记”，全面建设“未来之城”“活力之城”“绿色之城”“人文之城”“共治之城”“共享之城”“共富之城”，奋力实现北京城市副中心高质量发展新胜利。

【起草2021年通州区政府工作报告】 按照区政府要求，区委区政府研究室于11月成立写作组，对全区经济社会等各方面工作进行充分调研，搜集整理大量资料，形成2021年通州区《政府工作报告》。此报告全面回顾了过去五年通州经济社会发生深刻而长远的变化，客观陈述了全区经济发展中面临的困难和问题，全面部署了未来五年的政府工作，并提出了经济社会发展的六项主要任务：高质量推动规划体系全面落地，谱写副中心建设新篇章；高质量构建现代产业体系，打造经济发展新高地；高质量完善公共服务功能，促进民生福祉再上新台阶；高质量开展生态文明建设，全面推动绿色低碳新发展；高质量推进城市管理现代化，树立城市治理新标杆；高质量推进改革创新，乘势而上构建开放新格局。

（乔小河）

【全面深化改革】 2021年，区委改革办充分发挥区委深改委统筹、专项小组协调、改革办服务的职能，高标准谋划、高效率推进、高质量完成各项改革工作。

优化改革组织运行体系，对照市级“接诉即办”专项小组成立方案，迅速启动并成立通州区委“接诉即办”改革专项小组，为全区“接诉即办”改革工作开展提供坚实的组织保障。“打造绿色金融改革示范区”“推动通州区国家服务业扩大开放综合示范区建设”等37项年度改革要点任务全部完成，为副中心高质量发展注入强大动力。

深入开展调查研究。深入区投促服务中心、区“两区”办、区城指中心、新华街道、马驹桥镇等部门开展调研，精准捕捉、挖掘各领域经验做法，全年编发《改革动态》42期，其中“新型学徒制”改革做法在全市复制推广，2篇改革经验材料在市级刊物刊发，为纪念中国共产党成立100周年，形成《通州区2021年微改革文集》，改革工作影响力不断扩大。

高效组织实施改革督察。以抓落实、求实效为导向，与区委督查室组成改革联合督察组，对区城管委、规自分局等改革主责单位开展实地督察，全年开展书面督察、实地督察60余次。全面检验年度改革要点、亮点、政策集成创新工作的落实情况，分别形成《全区改革督察报告》和《政策集成整改落实报告》，以督促改的实效不断显现。

力促改革落地见效。全年召开区委深改委会议7次、区委改革办主任办公会议1次、区委改革工作推进会议1次，研究审议了运河商务区管委会改革、环球度假区周边区域短租住房试点、国资国企改革重组等18项议题，10个试点村撤村建居、“政务服务京津冀‘区域通办’联动机制”等一批制约副中心高质量发展的重难点、裆节儿改革事项取得积极成效。

（刘丹丹）

机构编制

【概　况】 2021年区委编办坚持以习近平新时代中国特色社会主义思想为指导，全面贯彻中共十九大和十九届历次全会精神，在区委的统一领导下，围绕北京城市副中心战略和功能定位，全面加强党的领导，以高度的政治责任感和使命感，探索体制机制创新，统筹配置机构编制资源，努力推动北京城市副中心机构编制工作高质量发展。

【规范设置和优化调整的机构】 3月23日，将北京市通州区全面深化改革研究事务中心并入北京市通州区发展研究中心。调整后北京市通州区发展研究中心为区委直属公益一类事业单位，归口区委区政府研究室管理，机构规格正处级，经费形式全额拨款。主要承担围绕区委、区政府中心工作开展调查研究；参与区委、区政府重要文件和重要文稿起草工作；收集、整理、研究和提供国内外具有参考价值的信息，为领导决策提供服务。整合区对外联络服务中心（正处级）和区发展改革委所属承担区域协同发展、支援合作服务职能的2个科级事业单位，组建区区域协同发展促进中心，为区政府直属事业单位，机构规格正处级，主要承担通州区相关领域区域协同发展、对口支援协作工作。将区信息中心更名为区大数据中心，仍为区经济和信息化局所属事业单位，机构规格副处级。3月26日，组建北京市通州区党群服务中心。为区委组织部所属公益一类事业单位，机构规格副处级，经费形式全额拨款。主要承担区级党群服务场所的日常管理和全区党群服务标准化建设工作。组建区重大项目协调服务中心，为区政府直属事业单位，机构规格正处级，主要承担通州区重大建设项目的协调、督促落实、跟踪服务等工作。7月28日，将北京市通州区党群服务中心更名为北京市通州区党群服务指导中心，主要职责、机构规格、处级领导职数等均不变。

【清理规范部分处级事业单位】 3月23日，撤销区职业教育中心（正处级），有关职责交由区教委所属事业单位承担；撤销区铁路道口安全事务中心（副处级），有关职责分别交由区交通局管理的行政执法机构和所属事业单位承担；将区知识产权服务中心机构规格由副处级调整为正科级；将区成人教育中心更名为区社区教育学院，由区政府直属事业单位调整为区教委所属事业单位，机构规格由正处级调整为副处级，同时加挂北京开放大学通州分校牌子。3月26日，将区燃气事务中心机构规格由区政府直属正处级事业单位调整为区城市管理委所属正科级事业单位；将通州宾馆机构规格由正处级调整为正科级。

（李黎）

区直机关工作

【概　况】 中共北京市通州区委区直属机关工作委员会（简称区直机关工委）所属70家机关党组织、8400余名党员。2021年，指导5家机关党组织完成换届工作、19家机关党组织完成补选工作，新发展党员218名、预备党员转正45名，春节、“七一”期间慰问67名困难党员，发放慰问金6.7万元。区直机关工委以庆祝中国共产党成立100周年为契机，深入开展党史学习教育，扎实推进机关党建各项任务落实，为服务保障副中心高质量发展夯实组织基础和党建基础。

【党建工作】 2021年，研究制定《关于学习贯彻〈中国共产党党和国家机关基层组织工作条例〉工作意见》，通过了区委党的建设工作领导小组专题会审议；研究制定《党组（党委）抓机关党建主体责任考核细则》和《机关党组织落实机关党建责任制考核细则》，通过了六届区委第244次常委会审议。调研报告《如何推进机关党组织规范化建设》荣获全市二等奖，北京市机关党建研究会、北京市直机关工委进行了通报表彰，此调研被编印到《机关党建探索与创新》一书中。

【述职考评】 3月18日，组织召开2020年度机关党组织书记抓基层党建工作述职评议考核会，70家区直机关党委、党总支、党支部书记参加现场述职，区直机关工委领导班子成员进行逐一点评，与会人员填写考核测评表。

【教育培训】 2021年共举办3次培训。4月15日至16日，在区委党校，举办通州区委区直机关2021年度入党积极分子培训班，对249名入党积极分子进行集中培训。4月19日至21日，在通州区会议中心，举办区直机关2021年度党员发展对象培训班，对231名党员发展对象进行集中培训，取得“党员发展对象培训结业证书”。6月16日至18日，在区委党校，举办通州区委区直机关2021年度机关党组书记、党组织书记培训班，44家机关党组书记，70家党组织书记共计78人参加培训。

【庆祝中国共产党成立100周年系列活动】 6月29日，举办“永远跟党走，建功副中心”庆祝中国共产党成立100周年文艺会演暨表彰大会，区委副书记、区直机关工委书记刘东伟出席并致辞，演出分为“回顾百年历程、赞颂辉煌成就、奋进伟大时代”3个篇章，70家机关党组织积极参与，融合诗歌朗诵、合唱、舞蹈等多种艺术形式，《北京日报》、通州区人民政务网站、通州电视台、《北京城市副中心报》等多家市区媒体刊发报道。组织开展“两优一先”评选活动，表彰优秀共产党员100名、优秀党务工作者100名、先进基层党组织30个。为区直机关481名党龄50周年的党员，颁发“光荣在党50年”纪念章。

【选举区直机关党代表】 9—11月，各区直机关党组织作为推荐选举单位，坚持和加强党的全面领导，严格推选把关、严肃工作纪律，通过充分发扬党内民主，采取自下而上、上下结合、反复酝酿、逐级遴选的办法进行，实行差额推荐、差额考察、差额选举，进行不少于5个工作日的公示，在区直机关系统共产党员中的优秀分子中，推荐选举产生区直机关工委党代表119名。

【选举出席通州区第七次党代会代表】 11月14日，在北京阳光国际会议中心，召开中国共产党北京市通州区委区直属机关工作委员会党代表会议，选举产生出席通州区第七次党代会代表51名。

（陆晓园）

保密工作

【概　况】　2021年，在中央、市委、区委的坚强领导下，区委保密委员会主动适应副中心保密事业的新形势新要求，紧扣保密工作各项目标任务，完成庆祝中国共产党成立100周年大会和北京冬奥会、冬残奥会筹备等重大会议活动保密服务保障工作，不断提高依法行政能力、宣传教育能力、科技支撑能力、监督检查能力，为维护副中心高质量发展发挥了重要作用，全年无失泄密事件发生。4月15日，区委保密委员会全体会议审议通过"十四五"时期保密事业发展规划和2021年保密工作意见。

【重大活动保障】　2021年，完成重大活动保障工作。以中国共产党成立100周年庆祝活动通州区服务保障工作领导小组办公室名义印发相关保密管理工作意见，以通州区冬奥会服务保障工作领导小组办公室名义印发相关保密管理工作意见，加强对全区各单位活动定密、涉密载体、涉密人员、信息设备、微信群、服务外包等各方面的保密管理指导力度，为活动顺利开展营造安全稳定环境。

【编制保密"十四五"规划】　2021年，高质量编制保密"十四五"规划，经区委保密委员会审议通过后，以两办名义印发全区。

【保密检查】　2021年，围绕全年重点工作、重大任务分阶段开展多轮次保密检查。对14家牵头单位开展疫情防控专项检查，对18家重点单位开展庆祝中国共产党成立100周年保密专项检查，对52家机关事业单位开展保密自查自评和冬奥会保密专项检查。同期受市国家保密局委托，对5家涉密企业开展"双随机"（是指随机抽取检查对象、随机选派执法检查人员）检查。将各类考试检查贯穿全年，提前制定方案，考前对各考点及保密室进行严密检查，为考试保驾护航。

【保密培训】　6月8—10日，在区委党校举办保密培训班，全区各单位保密办负责人共计105人参加，同步发放限时版保密检查工具110余套。坚持"送学上门"服务，全年开展现场教学6场，切实把保密宣传教育转化为服务基层的重要手段。

【保密宣传】　2021年，开展多种形式保密宣传工作。向全区各单位印发庆祝中国共产党成立100周年保密宣传教育工作方案；组织全区各单位参加庆祝中国共产党成立100周年保密宣传教育作品征集活动，征集纪实类、歌曲类及书画摄影类作品72份，并将优秀作品报送市国家保密局；组织全区各单位参加庆祝中国共产党成立100周年保密知识竞赛活动；组织区委保密委员会成员单位保密干部和区委办各科室工作人员参观"筑牢新时代保密安全防线"主题展览活动；紧扣"4·15"国家安全教育日、"12·4"国家宪法日等重要时间节点，全年向全区领导干部和涉密人员发送保密警示彩信7500余条。

（郝淳）

老干部工作

【概　况】 2021年，在通州区委的坚强领导下，全区老干部工作坚持以习近平新时代中国特色社会主义思想为指导，深入学习贯彻中共十九大和十九届历次全会精神，扎实开展党史学习教育，隆重庆祝中国共产党成立100周年，统筹抓好离退休干部党的建设、发挥作用和服务管理，各项工作取得明显成效。

【离退休干部基本情况】 截至2021年底，全区有离退休干部1033人。其中，离休干部97人，退休干部885人。离休干部平均年龄91岁，年龄最大的99岁，最小的85岁。身体不能自理的离休干部约30%，半自理的约25%，约45%的离休干部身体状态良好。全区退休干部平均年龄70岁，年龄最大的98岁。

【离退休干部思想政治建设】 2021年，扎实开展党史学习教育，巩固完善离退休干部“不忘初心 牢记使命”长效机制，开展了“中华魂”“一老一小话党史”等党史教育主题活动。推进老干部党史宣讲团走基层，让党的好故事走入社区、走进学校。以“永远跟党走”为主题，开展“初心如磐跟党走——百名离休干部向党说句心里话”等宣传活动。充分发挥离退休党支部、老干部大学等主阵地作用，全面系统学习十九届六中全会精神，深刻领悟精神实质，把握实践要求。

【离退休干部服务管理】 2021年，扎实推进“一对一”精准服务，为全区离休干部进行入户体检，组织退休干部体检，为全区离休干部分别建立个性化健康档案。为抗战时期参加革命工作的离休干部提高医疗待遇，为生活困难离退休干部发放补助金，落实好离休干部及遗属的生活待遇，国庆、春节组织入户走访慰问，为全区离退休干部提供免费家居保洁服务，切实用心用情解决老干部的“急难愁盼”。

【引导离退休干部发挥作用】 2021年，以“初心讲堂”为载体，引导全区离退休干部始终胸怀“国之大者”，深刻理解、坚决支持党中央市委区委各项决策部署，点赞副中心发展变化，继续为讲好党的故事、完善基层治理、促进乡村振兴等献智出力。充分发挥全区44支老党员先锋队模范带头作用，承担楼门长、小巷管家等角色，在垃圾分类、物业管理、疫情防控等工作中释放正能量。挖掘全区“五老”（老干部、老战士、老专家、老教师、老模范）资源和首都专家、名人的丰富资源，开设通州区青少年思想道德建设大讲堂，受众人群覆盖多数中小学校、社区、村镇。

（黄冰）

党校工作

【概　况】　2021年，区委党校坚持以习近平新时代中国特色社会主义思想为统领，紧扣庆祝中国共产党成立100周年与党史学习教育活动主线，突出主业主课，开展精准化培训，举办各级各类培训班次22期，培训学员1738人次。其中，通州区处级领导干部学习贯彻党的十九届五中全会精神专题研讨班2期，174人次；通州区新任处级领导干部履职能力提升专题培训班2期，培训107人次；通州区第二十七期处级领导干部进修班1期，培训40人次；“转作风、树正气、优服务”专题研讨班1期，培训98人次；北京城市副中心“两区”[指建设国家服务业扩大开放综合示范区和中国（北京）自由贸易试验区]建设异地专题研修班1期，培训50人次；通州区2021年优秀中青年干部培训班1期，培训35人次；通州区优秀年轻干部专题培训班1期，培训27人次；北京城市副中心各类机关科职干部示范培训班1期，培训64人次；通州区2021年度选调生能力素质提升专题培训班1期，培训86人次；通州区2020年公务员初任培训班2期，培训143人次；通州区2021年度事业单位科级干部培训班2期，培训79人次；通州区2021年度党外干部专题培训班1期，培训28人次。全面完成2018级在职研究生工作，学历教育工作收官。

【课程体系建设】　2021年，围绕时代主题，严格课程专题准入，以中国共产党成立100周年为主题，适应党史学习教育要求，完成《坚定文化自信，建设文化强国》等8个新专题的开发验收。两名运河人才开发的2门优秀课程入选北京市委组织部第一批师资课程库。“重温百年党史，汲取启航力量”获北京市党校系统第五届精品课二等奖。

【教学基地建设】　2021年，深度挖掘通州区历史文化，严格按照北京社会主义学院的标准和要求，完成“三庙一塔”（文庙、紫清宫、佑胜教寺，燃灯佛舍利塔）教学基地的开发打造，正式成为副中心第一个传统文化现场教学基地，北京市第三批共识教育实践教学基地，有力推动对大运河文化传承与通州区历史文化的学习与探究。

【科研资政】　2021年，坚持“教学出题目，科研做文章，成果进课堂”，全年立项市、区两级课题7项，全部通过验收，其中2项市委党校智库项目获得优秀。牵头成立社区党建调研组，完成由市委领导牵头的全市党建工作专题调研。1名教师的专著《新时代城乡社区协商理论与实务》在人民出版社出版，对北京城乡社区协商和治理工作起到实际推动作用。《党建引领基层面临的问题与对策》获北京市党建研究会优秀自选课题成果三等奖。学术论文《中国共产党实现历史使命的演进逻辑》和《北京城市副中心的文脉修补》分别在全国核心期刊和省部级期刊发表。2名教师的资政报告分别获区领导肯定性批示，为副中心建设发展建言献策。全年有6名教师的8篇理论文章在核心期刊和《北京城市副中心报》等刊物上发表。

【宣传宣讲】　2021年，通过党史学习教育区委宣讲团、新时代文明实践志愿服务总队、百讲党课进基层和十九届六中全会精神宣讲团等平台，精准对接全区党员群众学习需求，持续拓展培训广度，开展宣讲239场，弘扬主旋律，持续传播正能量，为副中心建设统一思想、凝聚共识。

（张云桥）

党史和地方志工作

【概　况】　2021年，区委党史工作办公室（区地方志工作办公室）围绕副中心建设大局，以中国共产党成立100周年为契机，在做好疫情防控工作的同时，坚持以存史、资政、育人为根本任务，狠抓著作编研、资料征收集等工作，跟踪记录研究习近平新时代中国特色社会主义思想在北京城市副中心的生动实践，并为全区党史学习教育活动高质量开展提供有力保障。完成《中国共产党北京市通州区历史（1921—2021）》出版工作，完成《北京通州年鉴（2021）》改版、出版工作，完成《北京市通州区地名志》终审工作，做好乡镇志编修指导工作，积极开展党史和地方志宣传教育活动。

【制定通州区党史和地方志五年工作规划】　2021年，根据《北京市党史和地方志工作规划(2021—2025年)》，按照市委、区委“十四五”规划建议有关要求，结合通州区建设发展实际，制定了《通州区党史和地方志工作规划(2021—2025年)》。规划从总体要求、主要任务、保障措施三个方面，明确了“十四五”时期副中心时代的通州区史志事业工作目标，为指导通州区史志事业转型升级、高质量发展提供依据。

【《中共通州区历史》出版】　6月，《中国共产党北京市通州区历史（1921—2021）》由中共党史出版社正式出版。《中国共产党北京市通州区历史（1921—2021）》为北京市区级党史基本著作，也是通州区第一本党史基本著作，全书约31万字，共十一章，主要记述一百年来通州党组织带领人民群众开展革命、建设、改革的历史及加强自身建设中所取得的成就和经验。

【史志宣传活动】　史志宣传月期间，与区委宣传部、区档案馆联合举办“红星照耀大运河——中国共产党北京市通州区历史”主题展览；与区委宣传部、区委组织部联合举办“学习强国”党史知识竞赛；协助区档案馆举办“百年百人——红色基因代代传”主题巡回展；开展线上新媒体集中宣传，不断掀起副中心党史学习高潮。开展党史宣讲“七进”活动，在中仓、北苑、新华、玉桥4个街道开展党史宣讲，参与人数约300人，向通州区机关、学校、社区、区图书馆赠送党史书籍2000余册。向运河书院赠送《中国共产党北京市通州区历史（1921—2012）》，并持续以直播晨读的形式共同学习，党史领读活动持续月余，数千群众通过网络直播聆听学习，形成群众学党史的良好风尚。

【挖掘整理通州区红色文化资源】　2021年，对通州区现存红色遗址遗迹、红色故事和红色人物进行系统、全面地挖掘和整理。整理成果约4万字，包括中共潞河中学支部旧址、宋庄镇宋庄村平津战役前线指挥部旧址、大沙务革命烈士纪念碑9处红色遗址、遗迹及对应相关红色故事，“北京大学平民教育讲演团在通县宣传新思想”“刘少奇到北平巡视党的工作和中共通州区委的建立”等6个党史故事，魏颂尧、周文彬、宏庆隆、花仙洲等8位红色人物及其事迹介绍。

【《北京通州年鉴（2021）》改版】　2021年，为适应北京城市副中心发展趋势，体现副中心时代的新变化、新特点，提升年鉴的使用体验，《北京通州年鉴（2021）》对封面及内页版式进行了改版。新版封面以简洁大方为主基调，底色为米白色，主体画面为手绘水彩图案，画面主题为一幅徐徐展开的画卷，大运河蜿蜒而来，孕育滋养了通州区独特的历史文化、风土人情，两岸地标性建筑展现出北京城市副中心的蓬勃发展和未来可期。并创新配备两枚书签，一枚为改版纪念书签，一枚为“2020全民抗疫”主题纪念书签，向在新冠肺炎疫情防控阻击战中无私无畏的中国人民和他们所展现的中国精神致敬。12月，《北京通州年鉴（2021）》由方志出版社出版。该卷年鉴设特载、专文、大事记、区情概览、中国共产党北京市通州区委员会、通州区人民代表大会、通州区人民政府、中国人民政治协商会议通州区委员会、纪检监察、民主党派、人民团体、法治、军事、功能区、经济管理、农业与农村、工业信息化、建筑业房地产业、商贸、金融、旅游、交通邮电、生态环境、城乡建设、城乡管理、科技、教育、文化、卫生、体育、社会建设、社会生活、街道乡镇、人物荣誉、附录等35个类目，下设195个分目、1773个条目，收录173幅图片、3张表格、1幅地图。卷首专题图片设领导调研与活动、疫情防控、两区建设、产业发展、城市治理、民生建设、生态治理等，卷末附2020年通州区委主要文件目录、2020年通州区人民政府主要文件目录、北京市通州区人民政府关于变更部分行政区划的通知、组织机构及负责人、2020年通州区国民经济主要指标统计表。全书96万字。

【为市级年鉴供稿】 2021年，根据市志办要求，区史志办完成为《北京年鉴（2021）》的供稿工作，撰写区情6000字，并提供8张图片，突出副中心建设特色；客观反映全区政治、经济、文化、社会等各方面发展变化概况。完成为《北京农村年鉴（2021）》的供稿工作，共计近15000字、23张图片，全面反映通州区农业农村发展变化。

【推进地方志编纂工作】 启动三轮志资料征集工作，将三轮志资料征集专项费用列入2022年度财政预算，为2022年开展三轮志资料征集整理工作提供经费支持，已开始着手进行三轮志书编纂启动前的调研、摸底工作，为启动第三轮规划志书编纂工作打好基础。继续推动有条件的村镇开展志书编修工作，年初《潞城镇志》进入终审环节，在对终审专家和市地方志办专家意见进行修改完善后，5月通过终审，8月正式出版。进一步推动《宋庄镇志》的编辑出版，11月22日召开《宋庄镇志》复审会，对复审稿的体例规范、内容取舍、地情特色等方面提出了比较中肯的复审意见和建议，要求对照专家评审意见，认真修改完善，编纂出高质量的镇志。做好《通州区地名志》编辑出版工作，2020年底完成复审稿后，征求多位通州史志专家意见，根据意见继续修改补充，6月完成终审稿，9月1日通过终审，已进入出版阶段。

【拓展宣传阵地】 2021年，区委党史办加强部门协作，利用区级媒体资源，依托互联网、电视、报刊、微信公众号等媒体平台，推送通州区党史故事和图文消息。5月起，在“融汇副中心”App上开辟党史学习教育专栏，登载《中国共产党北京市通州区历史（1921—2021）》节选。永乐店镇微信公众号“和谐永乐”对《中国共产党北京市通州区历史（1921—2021）》全书进行转载，进一步提升通州地方党史学习宣传力度。5月中旬至7月，区委组织部联合区委宣传部、区融媒体中心、区委党史办、区档案馆，制作推出36期“重走红色印记、追寻红色回忆、重温红色故事”系列宣传片，在副中心新闻、“通州组工”微信公众号、大运通州网、“融汇副中心”App等各大新媒体平台陆续播出，教育引导广大副中心党员学党史、悟思想、办实事、开新局。微信公众号累计阅读量超25万次，微博累计阅读量超1500万次。

【启动通州区数字史志馆建设】 2021年，为给大众提供更便捷的利用体验，开发史志成果资源转化新渠道，经过深入研究探索，梳理出搭建载录历史、传承文化、服务群众的数字化史志资料平台的工作思路，以数字化形式存储、利用、传播、推广、交流通州史志文化，制定实施“史志副中心”通州区数字史志馆建设方案。12月，项目一期程序开发正式启动。

（张莉）

北京通州年鉴

2022

通州区人民代表大会

1月15日，区六届人大七次会议上，区人大代表听取人大常委会工作报告

| 区人大提供 |

4月12—16日，区人大代表学习培训班举办

| 区人大提供 |

11月5日，朗清园南社区工作人员为居民讲解人大代表换届选举投票注意事项

| 潞源街道提供 |

综　述

【概　况】　2021年是中国共产党成立100周年，是实施“十四五”规划和2035年远景目标的开局之年，是深入落实副中心控规、全面推进副中心建设高质量发展的关键一年。区人大常委会工作的总体要求：以习近平新时代中国特色社会主义思想为指导，全面贯彻中共十九大及十九届二中、三中、四中、五中、六中全会精神，认真落实市委、区委第五次人大工作会议精神，坚持党的领导、人民当家做主、依法治国有机统一，充分发挥人民代表大会制度优势，依法行使宪法和法律赋予的各项职权，奋发有为、坚毅前行，推动落实区六届人大七次会议各项决议，为高质量建设副中心贡献更大力量，以优异成绩庆祝中国共产党成立100周年。

【主要工作】　全年召开常委会会议10次，主任会议15次，听取和审议区“一府一委两院”专项工作报告26项，开展执法检查4项，依法作出决议、决定33项，任免国家机关工作人员63人次，在通州区区、乡镇两级人大代表换届选举中划分164个区级选区、490个镇级选区，依法选举产生320名区人大代表，855名乡镇人大代表。以更高标准、更高质量、更高水平完成各项工作任务，为北京城市副中心建设提供坚实的民主法制保障。

（杨昊）

重要会议与决议、决定

【区六届人大七次会议】　1月14日至15日，区六届人大七次会议在阳光国际会议中心召开，会议审议了区政府工作报告、区人大常委会工作报告、区法院工作报告、区检察院工作报告，审议了北京城市副中心（通州区）国民经济和社会发展第十四个五年规划和二〇三五年远景目标纲要、北京市通州区2020年国民经济和社会发展计划执行情况与2021年国民经济和社会发展计划的报告、北京市通州区2020年财政预算执行情况和2021年财政预算的报告，北京市通州区人民代表大会议事规则，通过了以上报告和议事规则的决议。

【区六届人大常委会第三十七次会议】　3月3日，区六届人大常委会第三十七次会议表决通过区政府关于2020年通州区政府重要民生实事完成情况和2021年区政府重要民生实事项目编制情况的报告、人大常委会关于《北京市通州区人大常委会关于实施〈北京市各级人民代表大会常务委员会规范性文件备案审查条例〉的工作办法》，以及关于北京市通州区第六届人大民代表大会第七次会议代表建议、批评和意见综合分析报告，审议区政府关于2020年通州区环境状况和环境保护目标完成情况的报告，区人大常委会城建环保办关于通州区2020年度环境状况和环境保护目标完成情况报告的意见和建议。

【第三次主任会议】　4月21日，召开区人大常委会2021年度第三次主任会议，视察北京华世奥业生态科技有限公司、北京盛世润禾园林科技有限公司和北京潞电电气设备有限公司，专题听取区政府关于通州区科学技术协会工作情况的汇报。

【区六届人大常委会第三十八次会议】 6月23日，区六届人大常委会第三十八次会议分别审议关于通州区2021年新增地方政府债务限额及区级预算调整方案的报告，区人大财经委关于北京市通州区2021年新增地方政府债务限额及区级预算调整方案的审查结果报告，表决通过关于批准北京市通州区2021年新增地方政府债务限额及区级预算调整方案的决议，审议区政府关于通州区社区教育工作情况的报告、区人大常委会教科文卫体办关于通州区社区教育工作情况的调研报告，作出关于补选北京市通州区西集镇第四届人民代表大会代表的决定，表决通过关于许可对北京市通州区第六届人大代表杜某刚采取强制措施的决定。

【区六届人大常委会第四十次会议】 8月5日，区六届人大常委会第四十次会议分别审议关于区政府2021年上半年工作情况的报告、关于北京市通州区2021年国民经济和社会发展计划上半年执行情况的报告及意见建议、区监察委关于围绕副中心建设领域开展监察监督情况的报告，作出关于批准北京市通州区2020年区级决算的决议和关于开展第八个五年法治宣传教育的决议，表决通过关于区、乡镇人民代表大会换届选举有关事项的决定、关于任命通州区选举委员会组成人员的决定、关于任命乡镇选举委员会组成人员的决定以及关于授权主任会议接受选举委员会组成人员辞职请求的决定及关于补选北京市通州区部分镇人民代表大会代表的决定。

【区六届人大常委会第四十三次会议】 10月14日，区六届人大常委会第四十三次会议分别审议区政府关于2021年通州区法治政府建设工作情况的报告、关于北京市通州区2020年国有自然资源资产管理情况的专项报告、关于2020年国有资产管理情况的综合报告、关于北京市通州区2020年预算执行和其他财政收支审计查出问题整改情况的报告、关于北京市通州区农村村庄产业发展规划编制情况的报告，审议关于北京市通州区2020年国有自然资源资产管理情况的专项审计工作报告，审议区人大财经委关于通州区2020年国有资产管理情况综合报告和国有自然资源资产管理情况专项报告的意见和建议、关于通州区2020年预算执行和其他财政收支审计查出问题整改情况报告的意见和建议以及区人大常委会农村办关于北京市通州区农村村庄产业发展规划编制情况的调研报告。

【区六届人大常委会第四十四次会议】 11月18日，区六届人大常委会第四十四次会议分别审议关于2021年预算调整方案的报告和审查结果报告，关于2021年北京市通州区人大代表建议、批评和意见办理情况和督办情况的报告，关于“加强城市管理”议案办理情况和督办工作的报告，表决通过关于北京市通州区第七届人民代表大会代表的代表资格审查报告、关于召开区七届人大一次会议的决定。

【区六届人大常委会第四十五次会议】 11月26日，区六届人大常委会第四十五次会议听取关于北京市通州区人大常委会规范性文件备案审查工作情况的报告，关于区七届人大专门委员会的设立及其主任委员、副主任委员、委员人选的表决办法（草案），区七届人大一次会议主席团、秘书长名单（草案）及说明，计划预算审查委员会主任委员、副主任委员、委员名单（草案），议案审查委员会主任委员、副主任委员、委员名单（草案），关于区七届人大一次会议的列席人员范围、法定列席人员名单的报告和北京市通州区人民代表大会常务委员会工作报告（审议稿），表决通过关于调整区七届人大一次会议召开时间的决定、决定列席人员名单。

【区七届人大一次会议】 12月14日至19日，区七届人大一次会议在阳光国际会议中心召开，会议听取和审议了区政府工作报告、区人大常委会工作报告、区法院工作报告、区检察院工作报告，审议了区2021年国民经济和社会发展计划执行情况与2022年国民经济和社会发展计划的报告、区2021年预算执行情况和2022年预算的报告并通过了以上六项报告的决议，选举了区七届人大常委会主任、副主任、委员，区政府区长、副区长，区监察委员会主任，区法院院长，区检察院检察长，通过了区七届人大专门委员会主任委员、副主任委员、委员人选的名单。

（杨昊）

人事任免

【六届人大常委会第三十七次会议任免情况】 3月3日，北京市通州区第六届人民代表大会常务委员会第三十七次会议决定：任命曹越担任北京市通州区人民法院民事审判一庭(家事审判庭)庭长职务、孙之智担任北京市通州区人民法院综合审判庭庭长职务、晋怡担任北京市通州区人民法院民事审判三庭庭长职务，任命马晓霞为北京市通州区人民检察院检察员；免去李迎新北京市通州区人民法院民事审判一庭（家事审判庭）庭长职务、王旭东北京市通州区人民法院审判委员会委员职务、曹越北京市通州区人民法院综合审判庭庭长职务、晋怡北京市通州区人民法院民事审判三庭副庭长职务，免去张旭、杨枭北京市通州区人民检察院检察员职务。

【六届人大常委会第三十八次会议任免情况】 6月23日，北京市通州区第六届人民代表大会常务委员会召开第三十八次会议，决定：任命杨磊为北京市通州区人民政府副区长，任命玄红莲为北京市通州区人民法院审判员；免去蔡俊清北京市通州区人民法院审判委员会委员、审判员职务，梁联林北京市通州区人民法院民事审判三庭副庭长职务，姜凤龙北京市通州区人民法院审判员职务。

【六届人大常委会第三十九次会议任免情况】 7月22日，北京市通州区第六届人民代表大会常务委员会第三十九次会议决定：任命李经纬为北京市通州区人民法院副院长。

【六届人大常委会第四十一次会议任免情况】 8月26日，北京市通州区第六届人民代表大会常务委员会第四十一次会议决定：任命李文龙担任北京市通州人民代表大会常务委员会法制办公室副主任，韩雪冰担任北京市通州人民代表大会常务委员会城建环保办公室副主任，潘大伟担任北京市通州人民代表大会常务委员会研究室副主任，张玉刚担任北京市通州人民代表大会常务委员会办公室副主任；任命杨朔、李程担任北京市通州区人民法院审判员；免去张静北京市通州区人民法院审判委员会委员职务，王连勇北京市通州区人民法院审判委员会委员、审判员职务，张萍、樊守林、刘秉浩、孙天舒、王爱农北京市通州区人民法院审判委员会委员职务，吴连启、赵广兴北京市通州区人民法院审判员职务，刘杰、陈奎梅北京市通州区人民法院人民陪审员职务。

【六届人大常委会第四十二次会议任免情况】 9月24日，北京市通州区第六届人民代表大会常务委员会第四十二次会议决定：任命孟景伟为北京市通州区人民政府副区长。

【六届人大常委会第四十三次会议任免情况】 10月14日，北京市通州区第六届人民代表大会常务委员会第四十三次会议决定：任命董亦军、秦涛为北京市通州区人民政府副区长；任命李辰为北京市通州区人民检察院副检察长、检察委员会委员、检察员；张华为北京市通州区文化和旅游局局长；免去周东振北京市通州区审计局局长职务、纪万成北京市通州区文化和旅游局局长职务。

【七届人大常委会第一次会议任免情况】 12月19日，北京市通州区第七届人民代表大会第一次会议决定：任命赵玉影为北京市通州区第七届人民代表大会常务委员会主任，任命王岩石、程卫民、孙奎亮、鲁新红、刘秀杰为北京市通州区第七届人民代表大会常务委员会副主任；任命孟景伟为北京市通州区人民政府区长，任命郑皓、苏国斌、董明慧、董亦军、倪德才、秦涛、卢庆雷、王翔宇为北京市通州区人民政府副区长。

（杨昊）

监督工作

【概　况】　2021年，紧密结合新时代北京城市副中心肩负的使命，立足人大工作特点和优势，监督工作更加掷地有声，监督成效更加立竿见影。

【推动“十四五”取得“开门红”】　2021年，大力推动构建系统完备的规划体系，紧跟北京城市副中心控规落实、“十四五”规划实施、各专项规划编制、镇域规划编制进程，加强对规划实施情况的监督检查，推动转变方式，提高工作质量和效能。听取和审议区政府工作情况的报告、计划执行情况、预算执行情况的报告，确保人代会批准的全年任务目标的实现，推动北京城市副中心建设保持良好的发展态势，为“十四五”开好局、起好步奠定坚实的基础。

【增强民生建设重点领域监督质效】　2021年，围绕民生建设重点领域，增强监督质效。贯穿区六届人大五年的“加强城市管理”议案进入收官阶段。总结“城市管理”经验，持续推进议案督办。以生态文明建设为中心，履行人大监督职责，推进北京城市副中心绿色发展聚焦年度环境状况，审议区政府年度目标完成情况，审议年度环境状况和环境保护目标完成情况，配合市环保督察和污染防治攻坚战考核，坚持以习近平生态文明思想为指导，牢固树立绿色发展理念。加快“韧性城市”建设，监督推动人防工程建管用。有效防范和化解地上地下风险，推动创建国家安全发展示范城市。重视教育事业，推进社区教育工作进一步开展，加强校园安全建设工作。树立新的卫生理念，扎实推进卫生监督工作，助力公共卫生体系建设。关注改善农村生态环境和助力乡村振兴，针对村庄产业规划、园林绿化重点工程、农村污水治理等重大项目开展持监督，不断提高农民生活质量。

【法治建设监督】　2021年，深入了解通州区法治政府建设进展情况，为强化基层法治队伍建设、建立法律智库、提升执法效能、创新城市治理体系等法治政府建设过程中的重点、热点和难点问题提出有针对性的意见建议，增强普法工作针对性和实效性，坚持依法治理，提升社会治理水平；结合人文特色，推动法治文化繁荣发展，加强实施和监督，保证决议得到贯彻落实。不断总结规范性文件备案审查工作经验，持续探索工作方式方法。听取和审议区监察委关于围绕副中心建设领域开展监察监督情况的报告，推动监察工作高质量发展，锻造忠诚干净担当的监察铁军，为副中心建设保驾护航。

【预算全口径监督】　2021年，听取和审议2020年财政决算、审计工作情况的报告，作出决议。围绕“优化产业布局、加强财源建设”开展研讨，提出要抓住机遇、发挥优势，加快构建现代产业体系，加大扶持优质企业力度，实现经济跨越式发展。对新增地方政府债务限额及区级预算调整进行审查，促进政府合理确定新增债务规模，完善债务管理长效机制，精细化管理再融资额度，充分发挥财政资金在北京城市副中心建设中的作用。不断强化预算审查联网监督，深度挖掘预算信息，为代表审查预算、监督预算执行提供支持。不断改进方式，对提出的预算审查监督意见提请代表审议，提高监督质量。

【安全领域监督】　2021年，加强风险隐患排查，对重点区域、企业开展监督检查、摸清北京环球度假区安全隐患，提高乡镇风险管控水平和事故防范能力，推动“雪亮工程”建设发展，维护科技信息技术在北京城市副中心安全稳定中的重要作用。

（杨昊）

视察与调研

【概　况】 2021年，区人大常委会围绕全区中心工作、常委会工作要点和人大代表、人民群众关心、关注的热点问题，组织常委会组成人员、人大代表开展考察与调研。

【督促政府加快发展步伐】 2021年，抓住机遇致力于打造高质量发展新高地，督促政府加快发展步伐。先后就农村产业发展规划编制、宋庄蓄滞洪二期工程建设、区科技技术行业及中小企业发展、区国民经济和社会发展计划执行情况和区国有资产管理等重点区域、重点工程、重点领域开展视察调研，推动北京城市副中心建设保持良好态势，为“十四五”开好局、起好步奠定坚实的基础。围绕“优化产业布局、加强财源建设”开展研讨，提出要抓住机遇、发挥优势，加快构建现代产业体系，加大扶持优质企业力度，实现经济跨越式发展。

【完善副中心城市治理体系】 2021年，围绕持续保障和改善民生、深入推进教育、医疗卫生深化改革、生态环境和社会环境建设、乡村振兴战略实施、农村基础设施建设等民生实事，对全区安全生产、“科技创安”、国有资产管理、社区教育、卫生监督执法、人防工程建设、“雪亮工程”建设、张家湾公园建设、碧水保卫战等进展情况组织委员代表调研、座谈、实地视察、听取汇报，紧抓副中心建设重点环节和群众普遍关注的热点难点，采取小型化分组、多领域覆盖等形式，组织个性化人代会会前代表视察，深入实际搞调研、摸实情、听民意，全面提升副中心治理能力。

【做好区、乡镇两级人大代表换届选举工作】 2021年，为确保换届选举扎实推进，深入开展调查研究。围绕区域划分、人口分布、代表资源、矛盾排查等，组织各乡镇、街道开展自查。常委会深入重点部门、单位了解情况，分析研究、答疑解惑，为顺利完成换届选举夯实基础。

【外出学习考察调研】 2021年，先后前往福州、厦门、贵阳、重庆、四川等地，走进具有示范性的城市大数据中心、代表联络站、党史教育基地，学习借鉴先进的智慧城市建设、古城保护更新、社会治理和代表履职发挥作用等宝贵经验和先进做法。通过考察调研、系统梳理、深入思考，归纳总结出数字赋能副中心城市治理、具有运河文化特色的老城双修等建议，为增强决策服务实效打下良好的基础。

【协调配合市人大立法调研和执法检查】 2021年，配合市人大“两条例”执法检查组、“北京城市总体规划”等专项调研组开展检查和调研，就《北京市无障碍环境建设条例（草案）》、《北京市住房租赁条例（征求意见稿）》做好市人大立法调研和征求意见工作。

（杨昊）

代表工作

【概　况】 2021年，深入贯彻中共十九大精神，全面落实市委、区委第五次人大工作会议的要求，牢固树立尊重代表、依靠代表、服务代表的工作理念，围绕《中华人民共和国代表法》，完善工作机制，增强工作实效。

【代表集中学习培训】 2021年，健全完善代表履职保障体系，继续举办为期5天的代表集中学习培训班，围绕党史学习教育、“十四五”建设发展，精心安排学习课程，提出13项思考课题，进一步解放思想、更新观念、开阔视野，为北京城市副中心建设建言献策、发挥作用。安排代表参加各专门委员会开展的外出学习考察活动，增强学习的针对性和实效性。组织代表参加中国共产党成立100周年庆祝活动，增强代表履职的责任感、使命感。

【联系三级人大代表】 2021年，密切三级人大代表的联系，提高代表履职质量。加强对乡镇人大工作的指导，推动改进方式、完善制度、丰富形式、提高水平。召开区人大各代表小组工作会议，加强交流研讨，促进相互学习、取长补短、共同提高。专题听取代表家、站建设情况的汇报，继续推进硬件建设，开展命题式代表联系选民活动，组织市、区、乡镇三级人大代表，围绕垃圾分类、食品安全、社区养犬，开展“建党百年庆华诞 人大代表基层行”主题活动，分别组织代表征求意见建议，推动北京城市副中心管理水平不断提高。围绕提高代表家、站活力开展专题调研，查找差距、研究对策，推动调研成果转化。组织市人大通州区代表组代表外出学习考察，做好市人大代表集中学习培训的组织服务，保障市人大代表履职。

【代表建议办理、督办】 2021年，区六届人大七次会议代表提出建议85件，会议期间通过信息网络系统进行预交办，会后及时交办。对代表建议特点进行综合分析研究，提出建议办理、督办的意见。增加人大常委会主任、副主任重点督办代表建议的数量，增强办理实效。各专门委员会加强对建议办理工作的经常性监督，及时深入各办理单位了解情况，沟通协调，加强统筹，有效提升代表建议督办质量，促进办理工作落到实处。

【换届选举】 2021年，坚持依法依规，认真细致做好换届选举工作。区、乡镇人大换届选举是全区政治生活中的一件大事，对于凝聚全区人民群众的智慧和力量，推动北京城市副中心高质量发展，具有十分重要的意义。法制办根据市、区统一部署，遵循人大代表换届选举相关法律规定，按照时间进度要求，对每个阶段工作及早谋划，细致严格扎实做好换届选举的组织和指导工作。

（杨昊）

北京通州年鉴

2022

通州区人民政府

▲ 9月9日，北京城市副中心召开副中心政务服务中心开厅新闻发布会

| 区政务服务中心提供 |

▲ 7月23日，通州区召开“民声我听，民忧我解”接诉即办主题宣讲活动

| 区城指中心提供 |

▲ 8月23日，开展全国节能宣传周活动

| 区机关事务服务中心提供 |

▲ 3 月 18 日，新成立的运河商务区办公区

| 区机关事务服务中心提供 |

▲ 9 月 27—30 日，区人保局赴内蒙古与结对帮扶地区开展劳务协作对接

| 区人保局提供 |

▲ 5 月 16 日，通州区第三十一次全国助残日主题活动在运河广场举行

| 区残联提供 |

▲ 11 月，交通支队民警在东夏园周边开展超标电动车淘汰宣传教育

| 区交通支队提供 |

综 述

【落实功能定位】 精心编制北京城市副中心控规，由党中央、国务院批复发布，形成引领副中心发展的立体坐标系。持续推进副中心重大工程建设，实施重点项目563项，累计投资4850亿元。累计拆除违建4214万平方米，腾退土地5672公顷，均居全市第一。有序承接中心城转移功能。

【“高精尖”产业体系加快构建】 地区生产总值突破千亿元，一般公共预算收入突破百亿元，全社会固定资产投资突破千亿元，社会消费品零售额突破五百亿元。累计引入重点企业654家。总部经济特色凸显，一批世界500强外资项目、大型国企及民企总部实现落户。17个产业园区优化整合为3个，对标国际标准加快建设。建立招商项目“一口进一口出”全流程服务体系和产业高质量发展指标体系。实施副中心“通八条”系列产业支持政策。副中心政务服务中心建成使用。

【联动发展全面加强】 9个特色小镇完成规划编制。累计完成112个美丽乡村创建任务。低收入农户、低收入村全面“脱低”。累计投资477.7亿元实施106个城市更新项目。制定与北三县协同发展规划。与雄安新区协同联动、错位发展。对口支援成果显著，助力受援地区提前一年完成脱贫摘帽。

【城市管理】 “开墙打洞”、占道经营、群租房保持动态清零。建设完工大运河景观带等一批景观照明工程。形成15条“绿波带”道路。建成南水北调通州水厂等一批供水设施。初步实现全区5G网络室外连续覆盖。启动“城市大脑”建设，三维感知“立体城市”网络系统基本建成。新设7个街道办事处。建成17个社区议事厅和44个楼门院治理市级示范点。大力抓好“接诉即办”，实施365个“小微项目惠民生”。

【生态环境】 空气质量创历史最好成绩，$PM_{2.5}$累计浓度从80微克/立方米降至36微克/立方米。新增造林面积11.2万亩，新增公共绿地近3万亩。全区污水处理率达到91.41%。海绵城市试点区基本建成。率先编制碳达峰、碳中和行动纲要，制定绿色建筑高质量发展意见。建成健康绿道300余千米。

【社会事业】 引入10所优质教育资源，完成34项中小学建设工程，新增学位2.6万个。东直门医院通州院区二期等投入使用。举办北京城市副中心全程马拉松等品牌赛事。促进城乡劳动力就业9.65万人，登记失业率控制在3.8%以内。最低生活保障标准提升38%。建成养老机构24家、养老驿站132家。设立16个儿童成长驿站。建设各类政策性住房3.7万套。开展核酸检测547万人次，疫苗接种364万剂次。全区疫情始终平稳可控。

【改革创新】 深入推进行政、事业单位改革，政府部门设置和职能配置进一步优化。在全市率先试行网上“证照联办”。新设外商投资企业354家。举办四届全球财富管理论坛、三届副中心绿色发展论坛等活动。

【政府自身建设】 深入开展各项主题教育活动。高标准完成庆祝中华人民共和国成立70周年大会，庆祝中国共产党成立100周年大会，北京冬奥会、冬残奥会筹备等重大服务保障工作。认真履行全面从严治党主体责任，全面完成中央、市委巡视整改工作。坚持依法行政，“通州区行政复议规范化建设”入选全国法治政府建设示范项目。创新实施人大、政协列席政府常务会等日常监督制度。

（葛琦）

政务工作

【为民办实事】 2021年，完成100项治理类乡镇整治提升项目，包括道路修复、小微绿地改造提升和路灯更换改造等。完成100个村的“补短板”基础设施建设工作，包括道路新建及修复、村庄绿化美化、户厕改造和消防设施建设等。完成50个村的美丽乡村“小微工程”项目，包括环境整治、道路修缮、沟渠治理、坑塘整治等。完成北运河东滨河路带状公园和万盛南街南侧带状休闲公园绿地建设，扩大城市绿色生态空间。完成60个村饮用水水质提升工程，其中于家务乡10个村、西集镇19个村、马驹桥镇31个村。完成西塔胡同、鱼市胡同、司空分署街等49条背街小巷精细化整治任务。其中永顺中街、鱼市胡同当选2021十大“北京最美街巷”，司空分署街获得入围奖。完成蓝调沙龙东区、金隅七零九零小区、运潮馨苑小区等100座生活垃圾分类驿站新建和改造提升工作。完成40千米农村污水收集管线建设，进一步提高农村污水处理设施覆盖率。完成龙旺庄一区、龙旺庄二区、北京京东机动车驾驶培训有限公司、西马庄村4个自备井单位置换工程，全部实现集中供水。竣工政策性住房2312套，开工建设政策性住房6197套。完成西大街87号院、西营前街、潞河名苑等共计10部老楼电梯加装工作。完成北小园、南小园、新城东里等10个老旧小区综合整治项目。完成富河园、中泽家园、至善家园3个老旧小区外电设施改造主体工程。完成首师大附中通州校区改扩建工程并投入使用，杨庄小学初步具备使用条件，共计新增学位4140个。完成草寺村卫生室、新海家园北里小区社区卫生服务站等10个“智慧村医工程”试点单位建设并试运行。完成潞邑街道通瑞嘉苑社区卫生服务站、滨江帝景社区卫生服务站等10家社区卫生服务站的行政审批并试运行。对辖区常住人口中纳入巡访服务对象的6000名有需求的独居、高龄以及其他困境老年人，采取电话问候、上门探访、集体活动等方式，开展有针对性、个性化、精准化养老服务。在北京人力资源产业园通州园区设立出入境外国人“一站式”服务窗口，实现外国人工作许可证、外国人居留许可“两证联办”受理模式。新建和规范提升各类基本便民商业网点110个，基本便民商业服务功能城市社区覆盖率达到100%。完成领展家乐福、玉桥街道易初莲花停车场、史家小学停车场、岳庄停车场等4处有偿错时共享停车，共享车位195个。组织公交客运企业新开或优化调整公交线路19条。完成耿老路、郎老路、九周路、牛桥北路、首都环线高速辅路5条无灯路段路灯补建工作。举办传统节日文化活动、优秀剧目展演等各类公共文化活动517项，1250场，覆盖约302万人次。建设完成多功能球场20块，健身步道5.5千米，更新或新建全民健身器材80套。开发就业岗位48700个，完成24450人次城乡劳动力职业技能培训、创业培训，实现城乡劳动力就业17239人。完成500户残疾人居家环境无障碍改造工作。为有需求的760名巡视探访对象安装“一键呼”呼叫系统。在16个儿童成长驿站开展专业儿童服务，全年开展个案帮扶工作1552人次，小组活动216场，社区活动105场。完成北京易初莲花连锁超市有限公司通州店、北京家乐福商业有限公司通州店等32家大型商超“放心肉菜示范超市”创建提升工作。

（董冠楠）

【《通州区知识产权促进办法（2021年修订）》出台】 4月25日，为贯彻落实《中共中央办公厅国务院办公厅印发〈关于强化知识产权保护的意见〉的通知》《北京市专利保护和促进条例》《北京市人民政府关于加快知识产权首善之区建设的实施意见》等文件精神，深入实施知识产权强国战略，推动知识产权强区建设，充分发挥知识产权在创新驱动发展中的重要作用，加快北京城市副中心建设，提升知识产权，创造运用保护管理与服务的综合水平，结合本区实际，区政府制定了《通州区知识产权促进办法（2021年修订）》。

（东滨）

【政府信息工作】 2021年，向市政府办公厅信息处报送政务信息1213条，被《昨日市情》专、普刊累计采用151条；收到各单位报送信息5900余条，采用2278条，编辑《昨日区情》专、普、特刊500期；获市、区领导批示15条，其中《昨日市情》特刊《首钢基金与中国人寿联合发起设立北京首只绿色基础设施投资基金落户北京城市副中心》获得市委书记蔡奇批示。办理政务信息督查、领导批示65件。

（张晓燕）

【建议、提案办理工作情况】 2021年，市政府办公厅交由通州区政府研究办理全国、市人大代表建议、市政协提案共44件。按照市政府有关规定，44件建议、提案全部在法定期限内办复。

2021年，区政府系统共承办区人大代表建议和区政协委员提案274件，办理区人代会议案1件，办理区政协主席会议建议案4件。办理区人大代表建议79件，会议期间交办78件，会下交办1件。内容涉及城市建设与管理方面26件，占33%；社会事业与民生方面25件，占32%；城乡统筹方面11件，占14%；经济发展方面3件，占4%；生态环境方面2件，占2%；其他方面12件，占15%。区政府按照“分级负责、归口办理、重点督办”的原则，交由60家单位和部门研究办理，全部依法按期办复。办理区政协委员提案195件，均为会议期间交办。内容涉及社会事业与民生方面68件，占35%；城市建设与管理方面57件，占29%；乡村振兴方面33件，占17%；经济发展方面23件，占12%；生态环境方面9件，占5%；其他5件，占2%。分别交由73家单位和部门研究办理，全部按期办复。

（郭娜）

政务服务

【概　况】 2021年，通州区政务服务管理局在区委区政府的正确领导下，在各单位的支持配合下，深入贯彻落实《北京市2021年政务服务领先行动计划》文件精神，积极推进“放管服”改革，推动“两区”建设、“一网通办”、数字政务建设。

【提升服务副中心和“两区”建设能力】 2021年，全国首个以智能自助服务为主的政务中心——北京城市副中心政务服务中心开厅运行，2011个市级事项和1484个区级事项合署办理，3035个政务服务事项可以通过智能自助终端申报办理，218类企业群众常用的营业执照、身份证、户口簿、居住证等电子证照实现自动匹配，减少了各类事项中3041个证照材料的免提交。副中心“两区”建设一站式服务中心投入运行，130项事项实现“一站式”办理。“跨省通办”范围不断拓宽，与京津自贸区56项政务服务事项、与天津宝坻50项政务服务事项、与廊坊及北三县70项政务服务事项和453项高频便民事项实现“跨省通办”。在雄安新区、天津武清区、曹妃甸自贸区布设北京市政务服务便民自助终端10台，实现177项北京便民服务事项“跨省通办”。搭建“跨区通办”平台，会同11个区梳理26项“跨区办理”政务服务事项，制定出台《政务服务事项跨区联动办事指南》，形成一套各区通用的政务服务事项办事标准。

【统筹政务服务体系建设】 2021年，严格落实《关于本市街道（乡镇）政务服务中心规范化、标准化建设的指导意见》，全区各级政务中心设立窗口近1200个，年接待办事群众约150万人次。各级大厅全部实现“前台综合受理、后台分类审批、综合窗口出件”的服务模式，全部实施“早晚弹性办”、“午间不间断”和“周末不休息”的延时服务。

【推动“放管服”改革和优化营商环境政策落地】 2021年，推动8家部门18项证明事项和22家部门193项事项实施告知承诺制。推进区级大厅实施“综合窗口2.0”改革，进驻事项委托受理率和授权审批率分别达到81%和86%，“涉企事项集中进驻率”达98%。统筹协调5家部门完成北京市取消、下放和承接22项行政许可事项的落实和衔接工作。大力清理隐性壁垒，组织全区34家单位领导走访各级政务大厅100余次，推动“业务流程不优化、窗口人员政策掌握不熟练、企业开办地址难注册”等99个问题有效解决。持续开展“办不成事”专项活动，推动部门整改问题36类，形成具体案例55个。成立10人免费帮办代办团队，设立“企业设立、变更”免费帮办窗口，全年服务5万人次。高质量完成2021年国务院大督查迎检工作，其中“跨省通办”作为改革经验接受中央督查组检验。

【科技引领“智慧政务”显成效】 2021年，完成副中心四级联动一体化政务服务平台开发建设，实现市、区政务服务事项联动办理，建设副中心政务服务智慧大脑，实现办事预约服务智能化、现场导引智能化、咨询辅导智能化、材料提交智能化、审批反馈智能化、“三地协同”智能化。推动电子印章应用，全区刻制电子印章876枚，7家区级部门、18个街道乡镇实现电子印章应用。区住建委、交通局、市场监管局、人力社保等10家区级部门实现电子证照应用。33家区级部门完成市级电子档案归档系统用户账号配置。

【开展公共资源交易活动】 2021年，建设完成通州区公共资源交易电子化开评标模块，实现区政府采购项目电子化开评标，推动实现园林、水务数据进场管理。交易中心全年累计进场项目781个，涉及资金约为368亿元，其中政府采购类项目702个，涉及资金约为53亿元；建设工程类项目79个，涉及资金约为315亿元。提供开标服务460场，提供评标服务561场。

【政府信息公开】 2021年，不断丰富政府信息公开申请渠道，拓展区政府门户网站网页依申请新模式，受理区政府依申请公开168件。完成全区政府系统政务新媒体清理整合规范，清理关停新媒体账号105个，整改提升10个。推进全区22家单位开展“政务开放日、基层公开议事、政策公开讲”等政务公开系列活动。推动政策制定部门采用一图读懂、简明问答等形式政策解读文件23件。

（苏英英）

外事与香港事务

【概　况】 2021年，通州区外事工作服从服务中央对外工作和国家总体外交大局，把握新发展阶段、贯彻新发展理念、服务构建新发展格局，围绕北京城市副中心建设发展新形势、新要求，围绕服务保障国际交往中心功能建设，压实责任、主动作为，各项对外工作有序开展。6月25日，召开通州区委外事委全体会议，成立通州区推进国际交往中心功能建设专项工作组，负责贯彻落实市委、区委关于国际交往中心功能建设的决策部署，强化顶层设计，做好总体谋划和统筹协调。12月22日，经区委编办同意，在北京市通州区人民政府办公室（北京市通州区人民政府外事办公室）加挂北京市通州区人民政府港澳事务办公室牌子。

【外事接待】 2021年，接待国家发改委、外交部、文旅部等部门安排的参访团组8批次210余人次，外事接待水平和服务能力不断提升。服务保障全国友协和佛得角驻华使馆植树活动，与来自佛得角、喀麦隆、莫桑比克、圣多美和普林西比、几内亚比绍驻华使馆的官员和中外各界人士约40人在张家湾公园共植中佛友谊之树。主动服务“共赢未来”国际青年交流营参访通州活动，向来自43个国家的70余名中外青年展示北京市“两区”建设成果，推介北京城市副中心的发展概况和规划情况。

【涉外疫情防控】 2021年，健全疫情涉外防控体系，进一步完善入境进京人员隔离管控工作机制，制定实施《通州区集中隔离观察点工作实施方案》，牢牢筑起疫情防控坚固防线。落实国务院联防联控机制统一部署，做好在京外籍人士新冠疫苗接种工作。从严从紧做好外国人来华签证邀请函审核，在切实守住外防输入关口的基础上，畅通必要人员往来渠道，全年为通州区经营企业办理21批次171人次的外籍人士来华申请业务，有序有效保证区内涉外企业复工达产。

【推进国际交往中心功能建设】 2021年，外国人服务大厅建成运行，开启外国人来华许可证和工作类居留许可证件“两证联办”服务，简化办理流程，全年为483名外籍人才提供优质来华许可证办理服务。

【对外交流活动】 2021年，主动维护国际友好城市关系，与日本东京都文京区、韩国九老区等国际友城保持友好通信往来。在教育领域开展国际交往，潞河中学与俄罗斯天然气学校、法国圣康坦亨利马丁中学开展特色文化云端交流活动。北京小学通州分校联合俄罗斯文化中心和育才助学公益基金会，开展中俄科技创新年《拍摄科学》摄影展示暨中外人文交流小志愿者发展活动。

【与香港交流活动】 潞河中学、通州区第二中学、马驹桥镇中心小学等学校与香港景嶺书院、香港神托会培基书院等姊妹学校就健康防疫、在线课程建设、“同上一堂英语课”等主题开展“云”交流，促进京港青年友谊。参加第二十四届京港洽谈会，加强与港资企业对接联系，与凯韵国际有限公司签署战略合作框架协议，项目金额达千万美元。

【守好涉外安全底线】 2021年，严格落实《北京突发事件总体应急预案（2021年修订）》《北京市突发公共卫生事件应急条例》等一系列指示要求，修订《北京市通州区突发事件总体应急预案》，建立健全关于疫情防控的涉外机制，进一步加强外事、公安、政法等部门涉外协调管理联动机制建设。向通州区“走出去”企业和人员推广“境外服务宝”小程序，最大程度维护区境外机构和人员的生命财产安全和合法权益。

（傅世聪）

扶贫协作

【概　况】 2021年，区委、区政府结合工作重心的变化，重新调整由区委书记任组长的支援合作领导小组成员单位，聚焦巩固脱贫成果，推进受援地区有效衔接乡村振兴。制定印发《通州区2021年支援合作工作要点》，明确工作重点、任务分工、资金使用等；召开区政府常务会2次，研究部署支援合作工作，全区各级各部门责任进一步压实。区主要领导带队赴翁牛特旗和奈曼旗考察对接东西部协作工作，两旗党政主要领导也分别带队到通州对接考察，共同召开座谈会4次。

【规范资金使用】 2021年，通州区在上缴全市协作资金的基础上，向内蒙古两旗拨付区级财政援助资金2761.5万元，乡镇财政援助资金1310万元，资金总额略高于上年。安排市、区、镇三级项目53个。据不完全统计，动员社会各界向内蒙古两旗捐款捐物折款924.17万元。在资金使用上，按照“统筹安排、渠道不乱、用途不变”的原则，统筹整合在产业合作、人才支援、教育医疗、劳务协作等方面，发挥协作资金的最大效益。一是聚焦巩固拓展脱贫攻坚成果和推进乡村振兴任务，将更多的资金和项目聚焦特色产业发展壮大、劳务协作稳定就业、公共服务水平提升、干部人才交流培训、农副产品消费帮扶以及乡村振兴示范村建设等，真正把资金用在刀刃上。二是严格把关筛选协作项目，建立两地领导层的联席机制，定期会商研究东西部协作工作，确定更加精准、能够带动脱贫人口致富的项目。三是强化项目资金监管。严格按照《京蒙协作资金和项目管理办法》，加强项目资金管理。四是加强工作统筹。统筹各级各部门资金、项目，两地牵头部门通力合作，定期磋商，共同研究，统筹推进，力争协作项目更加精准、工作机制更加完善、帮扶成效更加显著。

【加强区域协作】 2021 年，继续实施市、区、镇三级项目 53 个（市级 28 个、区级 21 个、镇级 4 个），加强工作统筹，多领域、全方位支持各受援地区产业发展。为内蒙古两旗引进企业 3 家，完成实际投资额 10550 万元，吸纳农村劳动力就业 26 人，其中脱贫人口 5 人；援建帮扶车间 12 个，吸纳农村劳动力就业 494 人，其中脱贫人口 383 人；采购和帮助销售农畜牧产品和特色手工艺产品 5.5 亿元。支持资金项目。一是投入区级财政资金 200 万元，支持翁牛特旗杨家营子现代农业示范园项目，建设高标准日光温室 20 栋，通过收益分配、设立公益岗、兜底保障等方式带动农户增收。二是投入区级资金 377 万元，支持奈曼旗大沁他拉镇昂乃养殖小区续建项目，建设标准泌乳牛舍和灌装生产车间，采取“党支部 + 合作社 + 农户”承包经营模式，带动农户增收等。引导企业投资。紧紧抓住北京城市副中心产业疏解契机，引导 3 家优质企业开展产业合作。一是在翁牛特旗持续推进内蒙古玉桥合金材料制造有限公司和中粮家佳康（赤峰）有限公司建设投资，2 家企业 2021 年新增投资额 10255 万元，带动农村劳动力稳定就业 26 人。二是在奈曼旗新引进奈曼旗锦泓新材料有限公司，2021 年已完成投资额 296 万元。全方位开展消费帮扶。1 月，区发改委、区财政局、区国资委、区商务局、区总工会、区工商联等六部门联合印发《关于做好 2021 年消费帮扶工作的通知》，对全区消费帮扶工作进行动员部署，全区各级预算单位继续通过预留不低于 30% 采购份额的方式，采购帮扶产品。充分挖掘北京市消费扶贫双创中心通州分中心、第二分中心示范带动作用，拓展线下、线上、大宗营销渠道。深入开展消费帮扶“七进”活动，加强社会动员和宣传。

【深化劳务协作】 2021 年，建立需求对接机制，与协作地区对接沟通，了解岗位需求情况；定期共享岗位信息，将北京各招聘会中符合协作地区需求的岗位信息通过当地公共人力资源市场平台就业信息专栏进行宣传，实现岗位信息的共享。共享岗位信息 22 期，共享职业指导微课堂 33 期，推送劳动力供求岗位 2.3 万余个。组织京蒙劳务协作线上线下招聘活动 4 场，36 家企业提供就业岗位近 2000 个，发放宣传资料 3200 余份。全面摸清底数，建立协作地区在京务工人员台账。在区公服中心设立来京务工人员服务窗口，提供招聘信息、培训信息、就业创业扶持政策咨询服务。通过发放稳岗补贴，推动农村闲置劳动力就业。帮助协作地区农村劳动力实现就业 5727 人（脱贫人口 5617 人），其中来京就业 449 人（脱贫人口 442 人），省内就近就业 4554 人（脱贫人口 4451 人），到其他地区就业 724 人（全部为脱贫人口）。依托在各受援地建设的京蒙帮扶劳务协作实训基地，举办劳务协作培训班 5 期，培训农村劳动力 280 人，其中脱贫人口 208 人。

【人才培训】 2021 年，通州区新选派 6 名党政干部赴翁牛特旗和奈曼旗挂职，其中处级干部 2 名，科级干部 4 名。6 名党政干部全部分管或协管东西部协作工作，聚焦巩固脱贫成果任务，在各受援地开展工作。新选派 15 名老师、10 名医生赴翁牛特旗和奈曼旗挂职，加强各地智力支持。一半以上的专技人才下沉到乡镇基层单位，积极送教、送医、送科技下乡，深入开展带教、培训，为受援地输送先进的理念经验，推动学科专业建设，有效提升公共服务水平、科技水平和管理水平。举办乡村振兴干部培训班 5 期，培训干部 254 人次；举办乡村振兴专业技术人才培训班 6 期，培训专业技术人才 136 人次。通过培训，不断提高协作地区干部人才综合素质和能力水平。

【多领域结对帮扶】 2021年，在区领导赴协作地区对接调研的同时，与各地搭建协作平台。通州区11个乡镇结对帮扶内蒙古两旗31个乡镇（苏木），实现协作地区乡镇苏木结对全覆盖；选取72个有经济实力的村居结对帮扶协作地区71个嘎查村；20家社会组织结对帮扶协作地区20个嘎查村；44所学校结对帮扶协作地区48所学校；45所医院结对帮扶协作地区63所医院；31家企业结对帮扶协作地区70个嘎查村开展“万企兴万村”行动。通州区参与结对帮扶的各单位通过援助设备、开展培训、捐助资金等多种形式，助力协作地区巩固拓展脱贫攻坚成果。

（协同科）

信 访

【概　况】 2021年，区信访办围绕服务北京城市副中心建设发展大局，创新“三师一调”（即律师、心理咨询师、社会工作师和人民调解员）机制、多元化解信访问题、统筹推进疫情防控和信访工作，完成重要时期信访安保任务，荣获北京市信访工作先进集体称号。2021年全区信访总量10292批。

【区复查复核案件办理情况】 2021年，全区复查复核办公室收到来信214件次，比上年同期增长7.5%；其中受理154件次，受理率100%；不予受理件10件次，不予受理率4.6%，复查案件办结率100%。复核件50件次，比上年同期增长16.3%，全年复查案件数量平稳上升。

【区级领导信访接待】 2021年，以区、处两级领导干部接访约访下访为重要抓手，深入开展领导干部在岗接访、约访、下访工作，提升矛盾化解质效，确保社会矛盾纠纷得到有效化解。全年区领导接访下访53次，推动31件信访问题化解，全区处级领导开展接访下访1369次，推动1191件信访问题化解。

【持续推进重复信访积案和重点矛盾化解】 全力推进重复信访治理，严格按照市办工作要求，层层压实责任，签订治理化解责任书，推动信访积案化解。主动与市办对标对表，挂图作战、倒排工期，成立两级专班，联席会议召集人专题调度部署，区信访办多次召开推进会、专题会、月度点评会、培训会等加强对各单位的督查指导，形成上下联动、同频共振的工作局面。2021年，国家信访局交办的223件重复信访积案全部上报化解，审核化解率为98.21%，再次信访率为0.9%，在全市16区中排名前列，市信访办交办的17件区级重点矛盾全部化解。

【“三师一调”机制】 2021年,区信访办探索推广“三师一调”机制，充分引入律师、心理咨询师、社会工作师和人民调解员等各方社会力量参与信访工作，发挥多元化解矛盾纠纷作用，按照“三到位一处理”（群众诉求合理的解决问题到位、诉求无理的思想教育到位、生活困难的帮扶救助到位，行为违法的依法处理）要求，化解突出信访矛盾、信访“骨头案”“钉子案”，破解信访难题，妥善解决涉及群众利益的信访问题，切实维护群众合法权益，为北京城市副中心高质量发展营造良好的社会环境。全年“三师一调”参与协调信访矛盾1340件次，有效解决了一批初信初访。

【开展排查预警工作】 开展两次社会矛盾纠纷大排查。2021年第一次大排查共排查出各类社会矛盾纠纷141件；第二次大排查共排查出各类社会矛盾纠纷98件。2021年市联席办共交办通州区17件重点矛盾纠纷，已全部化解，222件区级以下社会矛盾纠纷化解率为90.1%。开展各类专项排查。全区开展北京环球度假区开园、婚姻家庭矛盾纠纷等项专项排查工作。实行全年“365×24”不间断动态排查工作制度。做到底数清、情况明，实时、全面掌握可能影响社会稳定的矛盾纠纷情况。实行重点时期每日“零报告”工作制度。全区启动3次重点时期每日“零报告”工作制度，重点时期，各单位秉承“有情况报情况，无情况报平安”的工作原则，每日上报突出信访情况，确保信息流转的时效性。全年排查出矛盾隐患66件。专项排查、动态排查和各单位“零报告”上报的矛盾都及时交办相关单位，各单位均按照要求做好矛盾化解等工作。

【矛盾化解工作】 发挥信访联席会议高位调度作用，推进疑难信访问题化解。召开信访工作联席会全体会4次，联席会议召集人亲自部署，着重强调重大活动期间的信访服务保障工作，召开5次信访专题会商会，解决八通轻轨沿线噪音扰民等信访问题。深入开展领导干部在岗接访，提升矛盾化解质效。以局、处两级领导干部接访约访下访为重要抓手，确保社会矛盾纠纷得到有效化解。

【完成市、区交办的各项任务】 一是高站位做好市委第三巡视组信访件办理工作。2020年12月10日至2021年1月28日，区信访办抽调5人组成专班，在区委督查室的指导下，共接收办理市委第三巡视组交办信访举报件20批189件，形成并反馈报告182件，推动一大批群众反映和举报问题得到妥善解决。二是高标准完成村“两委”（村民委员会和党支部委员会）换届信访保障工作。成立信访专班，及时矛盾化解，共收到反映换届选举出现的相关信访问题总量4075批次，其中涉及党组织换届选举1033批次，村（居）换届选举3042批次。三是高质量做好市第二轮生态环保督察信访保障工作。督察期间共办理群众信访举报件26批次67件。

【推广网上信访代理】 为落实全国网上信访工作专题会议精神，进一步提高效率、转变作风、服务基层和群众，依据北京市信访办工作部署，区信访办在全区范围指导推广网上信访代理工作，拓展信访工作职能，解决群众不会访、无序访和走弯路的问题，展现服务型政府形象。

（王仁华）

机关事务服务

【概　况】 2021年，区机关事务服务中心认真开展党史学习教育，扎实推进党风廉政建设，统筹疫情防控和业务工作，深化服务保障意识，管理能力全面加强，服务水平全面提升。

【公务活动保障】 2021年，完成庆祝中国共产党成立100周年大会、中央督导区政法队伍教育整顿、国家防总调研、国家卫生区复审、市委考察组入驻通州、北京市第二轮生态环境保护督察等国家级、市级重大活动的会议、资产、车辆等保障任务；完成中共北京市通州区第七次代表大会、区六届人大七次会议、区政协六届五次会议、区七届人大一次会议、区政协七届一次会议、副中心高质量发展动员部署会等全区重要会议的会务生活保障任务。全年完成国家和市、区大型会议活动保障近30场次，日常会议保障约1.2万场次，近13万人次，用餐保障2万余人次，客房入住680房次；保障资产309件，保障办公设备和家具146件、办公用品4447件；累计派出驾驶员100余次，提供保障车辆78台次。

【办公用房管理】 2021年，开展区行政事业单位办公用房房屋及土地普查工作，全面清查掌握底数，为开展区属行政事业单位办公用房权属统一登记工作奠定坚实基础；建设完成并上线试运行通州区行政事业单位办公用房可视化管理平台，依托该平台开展2021年全区行政事业单位办公用房基础数据统计和自查整改工作，全区办公用房管理信息化水平大幅提升；开展区属行政事业单位办公用房实地检查工作，检查区属行政事业单位及其下属单位130余家，处级领导干部429名；制定《通州区党政机关办公用房深化管理工作的意见（试行）》，经区政府常务会议、区委常委会会议审议通过，以区政府办名义印发至全区各单位参照执行；起草完成《通州区区属党政机关办公用房使用协议（试行）》《通州区机关事务服务中心办公用房管理责任书》，并与11个街道办事处签订使用协议、与11家乡镇政府签订责任书，明确管理单位与使用单位责任。

【基建工程项目】 2021年，按时完成区政府折子工程——通州区档案馆项目设计任务书编制、勘察招标、合同签订等各项前期工作，于2021年11月30日正式启动项目开工建设；实施完成运河商务区办公区办公用房修缮工程以及九棵树街道、临河里街道等新成立街道办公用房装修改造工程，区市场监管局乡镇监管所及特检所办公用房修缮工程等维修改造项目20余项，为20家单位改善办公环境。

【机关节能管理】 2021年，印发《关于开展2021年度通州区节约型机关创建工作的通知》，组织召开通州区节约型机关创建工作会议，最终57家机关单位通过市、区两级审核验收，完成国管局、市机管局节约型机关创建检查工作；中心各办公区垃圾分类工作获得北京市城市管理委和北京市人力社保局联合颁发的北京市生活垃圾分类推进工作先进集体称号；组织所辖办公区食堂开展“光盘行动我参与”倡议宣传活动，制作宣传互动展板38块；开展以“节能降碳 绿色发展”为主题的节能宣传周活动，参与人数达1000余人次；完成全区500余家单位基础信息统计和2020年度公共机构能源消费统计填报工作，牵头完成区政府所属35家机关单位运行成本统计编报工作。

【公务用车管理】 2021年，有序推进“北京市公务用车管理平台”的启用工作，做好“通州区公务车调度平台”系统处置和数据拷贝工作，完成原平台的退出关闭和新平台的使用衔接；完成759辆公务用车全定位设备的更换和安装工作，全区公务用车定位信息在市级平台上线率明显提升；全年组织驾驶员培训23期，完成车辆维保402台次，调剂临借车辆73辆，满足区“四大家”等近20家单位的用车需求。

【办公区后勤保障】 2021年，接管文景办公区、环球主题公园开园指挥中心、北京城市副中心党群服务中心、运河商务区办公区4个新成立办公区，实现新启用办公区安全保卫、餐饮服务、物业管理等的正常运转。

（王辰雨）

中国人民政治协商会议通州区委员会

▲ 1月13日，召开政协北京市通州区第六届委员会第五次会议

｜区融媒体中心提供｜

▲ 4月7日，区政协“副中心文化建设”专题调研组到张家湾设计小镇开展调研座谈活动

｜区政协提供｜

▲ 9月6日，区政协围绕“加强北京城市副中心智慧城市建设”开展民主监督活动

｜区政协提供｜

▲ 10月20日，区政协教育界委员工作站围绕“双减”政策落实及“模拟政协”开展协商议事活动

｜区政协提供｜

综　述

【概　况】　2021年，政协北京市通州区第六届委员会及其常务委员会在中共通州区委的坚强领导下，坚持以习近平新时代中国特色社会主义思想为指导，深入学习贯彻中共十九大和十九届二中、三中、四中、五中、六中全会精神，深入学习贯彻习近平总书记关于加强和改进人民政协工作的重要思想，落实中央、市委和区委政协工作会议部署，坚持团结和民主两大主题，充分发挥专门协商机构作用，聚焦北京城市副中心“十四五”规划实施建言献策，紧扣统筹推进常态化疫情防控和经济社会发展履职尽责，在深入落实副中心控规、全面推进高质量发展进程中，贡献政协智慧和力量。

【主要工作】　2021年，组织全体会议2次、常委会会议11次、主席会议14次。截至换届，通州区政协第六届委员会共有委员262人、常务委员会组成人员47人。截至年底，通州区政协第七届委员会共有委员295人、常务委员会组成人员59人。

（张俊国）

重要会议

【常务委员会会议】　1月6日，政协通州区第六届委员会常务委员会（扩大）第三十三次会议召开，学习传达市委全会十二届十六次全会和区委六届十一次全会精神；审议通过关于调整区政协六届五次会议召开时间的决定，通报调整后的会议日程安排；讨论六届区政协常委会工作报告和提案工作报告。1月13日，政协通州区第六届委员会常务委员会（扩大）第三十四次会议召开，听取各组召集人关于讨论政协常委会工作报告、提案工作报告的情况汇报。1月15日，政协通州区第六届委员会常务委员会（扩大）第三十五次会议召开，听取关于讨论政协常委会工作报告的决议（草案）、关于提案工作报告的决议（草案）及政治决议（草案），区政府工作报告，区“十四五”规划和二〇三五年远景目标纲要（草案），区2020年国民经济、社会发展计划执行情况和2021年国民经济、社会发展计划（草案）的报告，区2020年财政预算执行情况和2021年财政预算（草案）的报告，区人民法院工作报告，区人民检察院工作报告的情况汇报。1月15日，政协通州区第六届委员会常务委员会（扩大）第三十六次会议召开，讨论并通过2021年区政协常委会工作要点。3月19日，政协通州区第六届委员会常务委员会（扩大）第三十七次会议召开，学习传达全国“两会”精神，研究通过《关于加强和促进凝聚共识工作的实施意见》和《关于强化政协委员责任担当的实施意见》，研究通过区政协2021年主题实践活动实施意见、专题调研、专题协商、民主监督议题计划等有关工作，区政协常委乔梦虎、王秀东向常委会作述职汇报。9月23日，政协通州区第六届委员会常务委员会（扩大）第三十八次会议召开，通报区政协“关于北京城市副中心文化建设”专题调研情况及副中心文化建设情况，通过“关于北京城市副中心文化建设”调研建议。9月23日，政协通州区第六届委员会常务委员会（扩大）

第三十九次会议召开，通报推进“通州区推进京津冀协同发展工作情况”和开展“推进通州区与廊坊市北三县一体化发展，加快建设京津冀协同发展示范区”专题调研情况。9月23日，政协通州区第六届委员会常务委员会（扩大）第四十次会议召开，审议通过人事任免事项和《通州区政协协商规则》。9月23日，政协通州区第六届委员会常务委员会（扩大）第四十一次会议召开，审议人事任免事项：免去高华提案委员会主任职务，由胡晓东担任；免去安志江经济和科技委员会、农业和农村委员会主任职务，由纪万成担任。11月19日，政协通州区第六届委员会常务委员会（扩大）第四十二次会议召开，听取全区2021年党风廉政建设情况通报，听取2021年度委员履职情况汇报，审议通过区政协七届一次会议有关事项，通过人事任免事项。11月30日，政协通州区第六届委员会常务委员会（扩大）第四十三次会议召开，学习十九届六中全会精神，审议通过区政协七届一次会议有关事项。

【主席会议】 2月5日，政协通州区第六届委员会第三十八次主席会议召开，讨论区政协2021年度主席调研课题计划、专题协商议题计划和民主监督议题计划，讨论2021年区政协常委会议题计划、主席议题计划，讨论区政协2021年主要任务分解。3月19日，政协通州区第六届委员会第三十九次主席会议召开，研究《关于加强和促进凝聚共识工作的实施意见》《关于强化政协委员责任担当的实施意见》《区政协2021年主题实践活动实施意见》。4月23日，政协通州区第六届委员会第四十次主席会议召开，研究区政协六届五次会议提案分析情况报告，研究区政协《委员履职管理评价办法（试行）》《委员履职档案管理办法（试行）》，通报区政协《情怀》一书编撰工作方案。9月17日，政协通州区第六届委员会第四十一次主席会议召开，研究人事任免事项，研究《通州区政协协商规则》《通州区政协关于与城市管理指挥中心建立接诉即办信息共享机制的工作方案》，研究通过《“关于北京城市副中心文化建设”的建议案》《“推进与北三县一体化发展”的建议案》。9月23日，政协通州区第六届委员会第四十二次主席会议召开，审议人事任免事项：免去高华提案委员会主任职务，由胡晓东担任；免去安志江经济和科技委员会、农业和农村委员会主任职务，由纪万成担任。10月12日，政协通州区第六届委员会第四十三次主席会议召开，围绕“实施就业优先政策 提升农村劳动力就业水平”进行协商议政。10月12日，政协通州区第六届委员会第四十四次主席会议召开，围绕“建设北京绿色金融国际中心 打造北京城市副中心绿色发展新格局”进行协商议政。10月12日，政协通州区第六届委员会第四十五次主席会议召开，审议通过《关于北京城市副中心文化建设的建议案》《关于推进通州区与廊坊市北三县一体化发展的建议案》《关于实施就业优先政策提升农村劳动力就业水平的建议案》《关于建设北京绿色金融国际中心打造北京城市副中心绿色发展新格局的建议案》4个主席会建议案。11月10日，政协通州区第六届委员会第四十六次主席会议召开，听取区政协六届委员会总结讲话，听取《关于建立老委员联谊联系机制的意见》情况汇报，听取《关于加强政协提案办理协商工作的若干措施》情况汇报，听取七届一次全会筹备相关情况汇报，通报了近期人事调整情况。11月15日，政协通州区第六届委员会第四十七次主席会议召开，听取“区政协六届委员会工作回顾片”制作相关情况汇报，听取办公室、专委会工作一室、专委会工作四室汇报优秀评选情况，听取《区政协2021年度委员履职分析报告》情况。11月18日，政协通州区第六届委员会第四十八次主席会议召开，审议通过区政协七届一次会议有关人员名单、关于召开区政协七届一次会议的决定（草案）、会议议程（草案）、会议日程（草案），讨论六届区政协常委会关于提案工作情况的报告，讨论六届区政协常委会工作报告。11月25日，政协通州区第六届委员会第四十九次主席会议召开，听取区法院、区检察院工作情况通报，听取区人力社保局工作情况通报，听取区委、区政府2021年提案办理工作情况的通报和区政协提案委员会2021年提案工作的汇报。11月30日，政协通州区第六届委员会第五十次主席会议召开，审议通过调整区政协七届一次会议召开时间、主席团成员建议名单（草案）、主席团召集人建议名单（草案）、主席团常务主席建议名单（草案）、主席团常务主席会议主持人建议名单（草案）、各次全体会议主持人建议名单（草案）、委员分组办法及各组召集人名单（草案）、委员联组讨论分组办法及联组召集人名单（草案）、选举办法（草案）、总监票人、监票人建议名单（草案）、提案审查委员会委员建议名单（草案）、决议起草委员会委员建议名单（草案）。12 月 6 日，政协通州区第六届委员会第五十一次主席会议召开，听取政协通州区第七届委员会第一次会议筹备情况汇报，听取授权主席会议审议决定常委会会议未尽事宜的汇报。

【区政协六届五次会议】 1 月 13 日至 15 日，政协北京市通州区第六届委员会第五次会议召开。会议听取并审议区政协主席赵玉影作的常委会工作报告和区政协常务副主席石宝玉作的关于提案工作情况的报告；表彰 2020 年度优秀提案、信息工作先进单位和个人、文史资料优秀撰稿人；听取并讨论区政府工作报告，讨论其他报告；审议通过会议政治决议、常委会工作报告决议、提案工作报告决议；听取季志会做的关于提案征集情况的报告。区委书记曾赞荣出席开幕会并讲话。

【社情民意恳谈会】 11 月 9 日，通州区政协 2021 年社情民意恳谈会召开，区政协主席赵玉影出席会议并讲话。会议围绕工业遗存提质更新、城市运行保障、“两区”建设、文博事业发展、韧性城市建设、“双减”政策落实、农村劳动力就业、公共卫生服务能力提升等方面发言讨论，提出有针对性的意见建议。区委、区政府领导充分肯定委员建言成果，表示要在今后工作中认真研究、积极采纳，并针对委员关心的问题进行互动交流和具体回应。

【政协通州区第六届委员会总结大会】 11 月 16 日，政协通州区第六届委员会总结大会召开。会议总结区政协第六届委员会第一次会议以来政协的各项工作情况，回顾各界委员为推动北京城市副中心发展尽心履职的丰硕成果，展望人民政协事业发展的美好前景，为续写新的政协辉煌铺好基石。会议观看了“区政协六届委员会工作回顾片”；区政协副主席朱志高宣读区政协第六届委员会“优秀履职委员”名单；区政协副主席禹学河宣读 2021 年度优秀提案单位和个人名单、信息工作优秀单位和个人名单、文史资料优秀撰稿人名单。会议还部署建立区政协老委员联谊联系机制。

【区政协七届一次会议】 12 月 14 日至 17 日，政协北京市通州区第七届委员会第一次会议召开。会议听取并审议区政协主席赵玉影所作的常务委员会工作报告和区政协常务副主席石宝玉所作的提关于提案工作报情况的报告；审议通过会议政治决议、常委会工作报告决议、提案工作报告决议；听取尚祖国作的关于提案征集情况的报告。会议选举产生政协通州区第七届委员会主席 1 名、副主席 6 名、秘书长 1 名和常务委员 51 名。区委书记赵磊出席大会开幕会并讲话。

（张俊国）

专门委员会

【提案委员会】 2021年，收到提案261件，审查立案234件。其中，党派团体提案13件，界别提案13件，委员提案208件。立案提案全部办复完毕，办复率100%。

加强知情引导，组织委员参加市、区级层面知情通报会，通过召开政务情况通报会、视察调研、走访提案承办单位、征集印发提案线索等多种形式，助力委员知情明政。

健全制度机制，研究出台《加强通州区政协提案办理协商工作的意见》，与市政协联合举办提案办理协商活动，将协商贯穿提案全过程。开展提案质量和办理质量“双评议、双提升”工作，建言水平和协商质量不断提高。充分发挥委员工作站和协商议事厅优势，探索提案“微协商”，广泛联系群众，推动基层社会治理问题解决。

严格提案审查，认真开展提案分析，组织驻会主席督办提案4件，精选文化教育、公共配套、基层治理、农村农业、物业管理、垃圾处理等10件提案，与承办单位开展“扩面协商”，推动提案落地见效。评选出年度优秀委员提案35件、优秀党派界别提案16件，发挥优秀典型示范作用。

升级提案管理系统，整合优化“智慧政协”平台，新增提案双向评议、数据可视化分析等功能，以“互联网＋政协”推进委员履职现代化和提案工作智能化，实现副中心提案工作提档升级。

【学习委员会】 2021年，从明确学习重点内容、健全学习制度体系、创新学习形式载体、加强组织领导和服务保障等5个方面全方位抓好委员学习工作。进一步加强思想政治引领。落实区政协习近平新时代中国特色社会主义思想学习座谈会制度，组织座谈研讨活动3次，重点围绕学习中国共产党党史、中共十九届五中全会精神、习近平总书记在庆祝中国共产党成立100周年大会上的重要讲话精神等开展专题辅导和交流座谈，推动学习贯彻习近平新时代中国特色社会主义思想往深里走、往实里走、往心里走。扎实开展党史学习教育。将党史学习教育列入《区政协2021年委员学习计划》，通过“北京城市副中心讲堂”组织委员学习“中国共产党的光辉历程和宝贵经验”，与专委会工作四室联合开展“委员讲堂”暨“学党史，悟思想，团结在中国共产党周围”系列活动之“红色文化”宣讲活动4期，与“书香政协”委员读书工作站和潞源地区委员工作站联合开展“崇学尚读 献礼百年”主题活动2期，引导委员学史明理、学史增信、学史崇德、学史力行。举办专题“微讲堂”，帮助委员知情明政。邀请中央党校、中国人民大学等院校专家教授、政府职能部门负责人开展专题“微讲堂”6期，围绕“京津冀协同发展”“碳达峰 碳中和”“绿色金融”“数字人民币”“两区”建设等开展学习，帮助委员开阔思路和眼界，提高政策把握能力和履职能力。完成提案分析和主管主席提案扩面协商工作。协助主管主席开展好专题调研专题协商工作，为北京城市副中心高质量发展贡献力量。推进委员工作站（室）建设，开展“你说我听 我说你听”协商议事厅活动、“知通州 爱通州 建通州”文化之旅活动。

【农业和农村委员会、经济和科技委员会】 2021年，深入开展专题调研。坚持立足实际，以“建设北京绿色金融国际中心 打造北京城市副中心绿色发展新格局”为议题开展专题调研。在调研学习、专家指导、座谈交流的基础上，借鉴重庆、浙江等地关于发展绿色金融的成功经验，形成调研报告，召开议政性主席会，并以主席建议案形式报送区委、区政府。扎实开展专题协商。坚持问题导向，围绕“振兴乡村产业，促进副中心城乡均衡发展”和“农村垃圾源头化处理”等内容，召开专题协商会。有效开展对口协商。坚持统筹兼顾，注重与提案、社情民意等工作相结合，为委员搭建知情建言平台。围绕“‘十四五’时期北京城市副中心科技创新规划”和“通州区村庄产业发展规划”等内容与区科委和区农业农村局召开对口协商会。切实履行民主监督。协调区政协经济运行民主监督组、财政民主监督组，组织召开通州区2021年上半年国民经济和社会发展计划与财政预算执行情况民主监督协商会暨固定资产投资及产业高质量发展情况通报会。广泛开展办实事活动。依托工商联界、台湖地区、美丽乡村建设3个委员工作站，围绕“乡村产业发展”“演艺小镇产业发展”“实体服务业发展”“农村小微水体治理”共开展4次协商议事活动，助力解决31项问题。全年组织调研视察、专题协商、民主监督等活动60余次，组织市、区政协委员参与300余人次。

【教文卫体委员会】 2021年，征集文史资料稿件120余万字，图片资料400余张，完成市政协《光辉的旗帜》文史资料征集工作，围绕建党百年征集红色故事，编辑出版《光辉的旗帜》，广泛征集通州历史文化资料，编辑出版《乐和台湖》及3期《通州文史》，切实发挥存史、资政、团结、育人作用。围绕红色文化开展4期“学党史，悟思想，团结在光辉的旗帜下”宣讲活动。依托医药卫生界委员工作站开展委员联系乡镇村庄活动，围绕“提升乡镇村庄卫生健康水平”，在潞城镇、西集镇、宋庄镇、漷县镇分别开展“你说我听，我说你听”协商议事活动。围绕“将建设刘绍棠大运河艺术馆纳入三年行动计划”“促进通州区体育事业发展”“加强校外培训机构监管”“促进‘双减’政策落实”等专题，组织开展协商监督活动，提高委员履职能力和水平。持续开展“模拟政协”活动，组织50名优秀政协委员参与到20所项目校的“模拟政协”活动中，委员与师生密切交流，促进“模拟政协”活动与学科实践课程有效融合。

【人口资源环境和建设委员会】 2021年，征集报送委员反映的社情民意信息40余篇；参与《情怀》文史资料征集活动，完成榜样委员、智库成员推荐和相关资料的整理收集；委室推荐重要委员提案5件、优秀委员提案15件、优秀党派提案21件，向驻会主席推荐督办提案1件；围绕广渠路东延周边交通规划建设情况、社区治理、职工权益开展协商议事活动，得到居民百姓的广泛认可；深入开展“关于建设森林城市探索副中心平原造林可持续发展”和“关于加强大气污染治理，提升副中心空气质量”的两项民主监督协商议政活动；结合《北京市生活垃圾管理条例》颁布实施，以及市、区政协联合开展的垃圾分类专项民主监督工作成果，在委员中围绕“五个一”（一小时桶前值守我先行、一个社情民意我反映、一个单位我带动、一个界别我表率、一家做好践行者）行动，广泛开展委员助推垃圾分类活动；加强与市政协对口部门市政协人口资源环境委员会的联系，围绕生态环境建设、智慧城市建设、“两个关键小事”等工作开展联合共建活动，共享市区政协资源，为副中心建设献计出力。

【社会法制和民族宗教委员会】 2021年，通州区政协专委会工作六室围绕区政协常委会、主席会议的工作部署，充分发挥职能作用，在建言资政和凝聚共识上“双向发力”，进一步促进专委会工作质量的提升。坚持主管主席牵头重点调研制度，依托专委会和界别优势，围绕“实施就业优先政策，提升农村劳动力就业水平”开展专题调研，全力推动农村地区实现更加充分更高质量就业；法制民主监督组通过听取情况通报、工作检查、实地视察等方式，重点围绕《北京市物业管理条例》贯彻实施情况开展民主监督活动，推动物业管理工作从行业管理向社会治理转变；依托专委会和界别优势，围绕“打造北京民族乡村振兴示范区”“《北京市接诉即办条例（草案）》立法协商工作”开展协商议政活动；以委员工作站为载体，参加多种形式联系基层群众的活动；成立汪碧刚委员工作站，围绕“推进北京城市副中心智慧社区建设与基层社会治理融合发展”“潞城镇谢楼村民生实事改善”，把通州协商议事厅——“你说我听 我说你听”协商议事会开到村民家门口，推动“基层难事”得到有效解决；密切与民族宗教界代表人士的联系，强化民族团结进步宣传教育，促进民族团结、宗教和睦。

（张俊国）

纪检监察

▲ 2 月 25 日，中共北京市通州区第六届纪律检查委员会第七次全体会议召开

| 区纪委区监委提供 |

▲ 4 月 28 日，区纪委区监委“运河清风”宣讲团获 2021 年通州区“永远跟党走”优秀百姓宣讲团评选比赛二等奖

| 区纪委区监委提供 |

▲ 6 月 18 日，区纪委区监委举办纪念建党百年之“青春向党、奋斗强国”青年论坛

| 区纪委区监委提供 |

▲ 11 月 15 日，城市副中心（通州区）“以案为鉴、以案促改”警示教育大会召开

| 区纪委区监委提供 |

综　述

【政治监督】　监督保障重要任务顺利推进，确保疫情防控、扫黑除恶、乡村振兴等党中央、市委、区委重大决策部署贯彻落实。监督护航重点工作有序开展，确保了“六稳”“六保”任务落实、重大项目建设、优化营商环境等副中心工作稳中有进。严把政治关，完成对1.7万余名候选人资格的廉政审核，查处典型案件3起，保障全区完成换届选举工作。有效处理被全国通报的张家湾镇违规出租小耕垡村土地问题和于家务乡第五季大棚房问题，推动规自领域问题整改。全年共查处违反政治纪律和政治规矩问题2人，查处不作为、乱作为、慢作为等方面问题43人。

【正风反腐】　不断提升“接诉即办”监督治理效能，集中纠治住房保障、学前教育等民生领域的突出问题。聚焦人民群众“急难愁盼”问题，督促解决潞城镇、永顺镇2000余户安置房不动产权证办理问题。坚持纠“四风”树新风并举，启动违规使用公车、违规发放津补贴等4类突出问题专项整治，督促主责单位完善相关管理制度。严肃查处城建、政法、环保、国企等领域一批严重违纪违法案件，切实发挥震慑作用。深化以案为鉴、以案促改，持续推进警示教育，围绕规自、国企、安全生产等领域，先后提出纪律检查建议、监察建议和纪检监察建议51份，16块失管国有土地正在依法收回，实现政治效果、纪法效果和社会效果的有机统一。

【巡察工作】　主动衔接市委巡视巡察上下联动工作安排，开展第十八轮常规巡察、第十九轮涉粮问题专项巡察。向16个处级单位党组织和275个村（社区）党组织开展巡察反馈，共反馈问题3324个，移交问题线索21件，在全市率先实现巡察全覆盖。进一步压实巡察整改责任，探索建立“七方责任”机制，形成整改的闭环，完成对77个被巡察党组织巡察整改专项“回头看”工作，推动问题销账清零。截至2021年底，六届区委巡察发现问题的整改完成率为99.3%，建立、修订制度1500余项，追缴款项4700余万元，巡察“后半篇文章”成效明显。

【常态化监督管理】　加强廉政档案信息化工作，完成对全区560余名处级干部、2000余名科级干部以及6.4万余名党员的信息采集工作。自主研发村务监督App，并有效运作，收到各类反馈数据15万余条。全区纪检监察组织运用监督执纪“四种形态”批评教育帮助和处理1209人次，其中，第一、二、三、四种形态分别占比82.7%、12.2%、1.6%、3.5%。认真履行协助职责和监督责任，对全区各处级单位全面从严治党主体责任落实情况，开展两个轮次的检查考核，深入剖析“树木”和“森林”，不断涵养副中心风清气正的政治生态。

（莫天新）

监督检查

【概　况】 2021年，区纪委区监委立足职责定位，聚焦政治监督的根本任务和着力点，探索推进政治监督具体化、常态化，全年共统筹全区纪检监察组织开展重点监督36项，向市纪委市监委报告情况270余次，通报曝光典型案例5件次。获评北京市扫黑除恶专项斗争先进集体，黄希获评北京市扫黑除恶专项斗争先进个人。

【以监督促服务保障】 全力保障庆祝中国共产党成立100周年大会、北京冬奥会、冬残奥会和全国“两会”等重大会议活动顺利进行，累计开展监督检查600余次、专题调研7次，谈话提醒3人，提出意见建议25条，对七一勋章、“两优一先”推荐人选共395人进行资格审查。持续推进疫情防控、换届选举等一系列重大政治任务专项监督，灵活运用“1+4+N”（“1”，即党风政风监督室；“4”，即4个监督检查室；“N”，即各派驻组）监督模式，聚焦中高风险地区人员进京管控、重点行业领域疫情防控、核酸检测、疫苗接种等关键环节，共开展监督检查1.8万余次，发现并推动整改问题1500余个，制发提醒函3份。聚焦村（居）“两委”换届以及区、乡镇两级领导班子换届监督工作，对244批15824人次候选人进行审查，提出暂缓或否定性意见60人次；查办典型案件3起，立案3件，取消候选人资格3人，给予党内严重警告处分2人，取消预备党员资格1人，严肃换届秩序。

【民生领域治理监督】 在全区范围内开展住房救助租房补贴专项整治，针对党员或监察对象违规领取补贴问题共立案7件，给予党纪政务处理6人，批评教育25人；针对相关人员存在的不正确履职、不作为慢作为等问题，立案2件。将学前教育补助资金作为民生监督重点项目，对全区225家幼儿园和教学点进行专项资金审计，共发现问题线索8件，针对管理人员工资发放不合理问题，32家幼儿园共计退款600余万元。在粮食购销领域、开发区领域腐败问题专项整治中，探索建立“纪委监委专责监督、行业部门具体整治、横向联动推动落实”工作机制，促进监督监管双向互动、协同发力。

【深化“两责贯通”】 层层细化压实责任体系，推动全区制定各级各类责任清单3800余份，其中区级四大家制定清单28份，近4万名在职党员签订廉洁自律承诺书，主体责任网络日臻完善。聚焦“关键少数”，制定并印发《通州区全面从严治党相关制度文件汇编》，促进各级“一把手”和领导班子成员主动学习领会、自觉落实责任。发挥考核“指挥棒”作用，开展2轮次主体责任集中检查，向全区通报主体责任落实情况2次，完成了20位区领导对28家单位的带队督查反馈约谈。对20余家成员单位开展政治生态“全景扫描”，通过现场检查+自我核查等方式，形成2021年全区政治生态评估报告。对2021年村和社区“两委”换届选举中“三位一体”推进情况进行专题督导，出台监察干事工作职责、管理办法、考核评价办法。

（莫天新）

审查调查

【概　况】　2021 年，通州区纪委区监委共处置问题线索 2124 件次，同比上升 82.8%；立案审查调查 210 人次，同比下降 19.8%；处分 195 人次，同比上升 25%。审结各类案件 240 件，其中，审理委内查办党纪政务处分案件 127 件、移送检察机关审查起诉案件 10 件、统一审理街道乡镇查办党纪政务处分案件 79 件、派驻组查办党纪政务处分案件 24 件。

【开展安全生产责任事故追责问责审查调查】　在总结审理于家务“5・13”液化石油气爆炸事故和宋庄镇“9・18”液化石油罐爆炸事故问责案件的基础上，对马驹桥“9・9”液化石油气瓶爆炸事故、台湖镇“7・7”危险化学品爆炸燃烧事故、张家湾镇“5・9”火灾事故问责案件进行“清单式”审核把关。

【严肃换届选举纪律】　针对在党内选举中搞拉票、助选等非组织活动的行为，集中精力，严审快结，审结张家湾镇坨堤村张某某违反组织纪律拉票助选类案件并及时下发审理意见；对 89 名村级“两委”人员候选人，从违纪行为性质和任职期限限制两个方面进行资格审查，确保参选人员符合任职资格条件。

【监督执纪】　共运用“四种形态”批评教育帮助和处理 1209 人次，同比上升 45%，其中，运用第一种形态批评教育帮助 1000 人次、占比 82.7%，运用第二种形态处理 148 人次、占比 12.2%，运用第三种形态处理 19 人次、占比 1.6%，运用第四种形态处理 42 人、占比 3.5%。

【规范党纪政务处分执行工作】　印发《关于进一步加强各职能单位和部门履行党纪政务处分执行责任的通知》，进一步明确各职能单位和部门的处分执行工作职责。加强协调督促，向区委组织部、区人力资源和社会保障局发出《关于反馈相关人员考核情况的函》，以台账方式，将全区 2020 年度受处分、处理人员名单发至区委组织部、区人力资源和社会保障局，提醒其在按照干部人事管理权限，履行相关审批及审核把关职责过程中，严格履行处分决定执行工作责任，确保处分执行事项落实到位。

（莫天新）

作风建设与廉政教育

【全区警示教育大会】　11 月 15 日，北京城市副中心（通州区）以视频会议形式召开“以案为鉴 以案促改”警示教育大会，深入贯彻落实党中央和市委关于全面从严治党的决策部署以及全市领导干部警示教育大会精神，推进警示教育常态化、制度化。与会人员集体观看了警示教育片《任性的代价》和《一步之遥》，通报了 2020 年全区警示教育大会以来发现或查处的违纪违法案例。北京城市副中心党工委常务副书记、管委会常务副主任、区委书记赵磊出席会议并讲话。北京城市副中心党工委副书记、管委会副主任、区委副书记、代区长孟景伟主持会议，北京城市副中心党工委副书记、管委会副主任、工程办主任王承军，区政协主席赵玉影出席会议，市纪委市监委有关人员到会指导。

【专项领域整改】　以落实巡视整改任务为契机，启动违规发放津补贴或福利、违规收送名贵特产和礼品礼金、违规吃喝、违规配备使用公务用车等4类突出问题专项整治，严防“四风”顽疾反弹回潮。持续巩固整改成果，以规自领域问题整改为总牵引，全面整合大棚房“回头看”、农村乱占耕地、合村并居、“两违”问题治理等多个重点专项整治。自专项工作启动以来，共统筹开展监督检查500余次，给予党纪政务处分32人。

【查处违反中央八项规定精神情况】 全年共查处违反中央八项规定精神和群众身边腐败问题106人，处分92人，诫勉14人；查处形式主义、官僚主义问题32人，处分26人，诫勉6人；对32人和1个党组织进行通报曝光。扭住“四风”不放，先后严肃处理超标准使用办公用房、滥发补贴等违反中央八项规定精神类案件25件。

【作风建设】 制定《通州区纪检监察组织2021年度内部督导工作方案》，明确全区纪检监察干部督导工作年度工作重点，强化对监督者的监督。制定《纪检监察干部廉洁自律证明及党风廉政意见回复工作操作规程（试行）》，共回复党风廉政意见106人次，出具廉洁自律证明14人次。

【警示教育】 在“清风通州”微信公众号推出《以案为鉴》专栏，共曝光违纪违法典型问题9起。推动警示教育常态化，制作警示教育片2部，下发光盘270套，专栏更新48期。开展“坚守纪法线 建功副中心”主题纪律教育月活动、“纪律教育走基层”活动，把纪律课堂开在国有企业、基层社区一线，共开展活动10余次，受众近千人，发放廉洁公益海报8000张。加强廉洁文化建设，通过升级改造“运河清风”廉政文化主题公园，拍摄制作《密符扇·大运河上的清廉密码》，第五次组织“走进通州监委”开放日等活动，积极营造风清气正的廉政氛围。

（莫天新）

深化改革

【推进基层监督】 积极构建“三级联动”（区、镇、村）、“三位一体”（村级监察干事、村纪检委员、村务监督委员会主任由一人担任）监督体系，推动形成“一单一台一网”（即一单明权、一台亮权、一网督权）监督工作模式，实现党内监督、群众自治监督、监察监督全覆盖。制定出台《通州区监察干事考核评价工作办法（试行）》，在疫情防控、“接诉即办”、节庆“四风”等各类专项监督中，实现问题发现在一线、监督跟进在一线，将全面从严治党延伸至“最后一公里”。2021年全区监察干事共开展日常监督2.8万次、交叉监督1800次，发现问题548个，发现问题线索14个，52名监察干事走上村党支部书记岗位。

【纪检监察信息化建设】 建设完成“村务监督”App，实现全区471个村全覆盖，共注册16368户，接收各类数据15万余条，保障村民权益可视化、可申诉、可举报，推动监督向基层延伸。完成廉政档案系统升级改造，实现对全区560余名处级干部、2000余名科级干部以及6.4万余名党员廉政情况的“一键查询”。推进办案智能化，对审查调查场所同步录音录像、辅助指挥、综合安防、安全保障等系统进行改造升级，加强科技赋能。

【探索研发区级政治生态研判系统】 将通州区政治生态评价指标体系与通州区全面从严治党主体责任考核指标有机整合，制定通州区全面从严治党政治生态评价指标体系，总结形成《2020年通州区政治生态评价报告》，分别向区委、副中心党工委和市纪委市监委进行专题汇报，得到市领导的充分肯定和重要批示。推进政治生态评价系统信息化建设，依托大数据技术，完成了政治生态评价信息系统方案设计，通过日常评估录入、定期监测评价、动态生成政治生态评估报告，及时、清晰、准确开展政治生态评价。

【健全完善监督体系】 印发《通州区纪委区监委问题线索处置管理办法》，畅通各类监督移交线索的渠道，共接收巡视巡察移交问题线索73件次。强化巩固与反腐败小组成员单位的协作配合，累计向区公安分局发送协查函12份，向区检察院发送3份，向区法院发送2份，向区其他单位发送10份，共比对筛查受行政处罚人员27424人次，发现党员和监察对象134人次，形成严密的监督网络。

（莫天新）

巡察工作

【概　况】 区委将巡察工作纳入全区工作统筹谋划，累计召开9次区委常委会、6次区委书记专题会，及时听取每一轮巡察的综合情况汇报，研究部署下一阶段巡察工作。区委巡察工作领导小组认真落实组织实施责任，共召开领导小组会8次、问题线索会2次，领导小组成员参加巡察反馈会18人次，就巡察工作作出批示、圈阅91人次，确保区委对于巡察工作的部署要求得到坚决有效落实。

【巡视巡察整改】 认真抓好市委巡视反馈意见，成立巡视整改落实工作领导小组，全面认领4个方面共8项问题，逐条梳理20条整改措施，确保整改责任横向到边、纵向到底。对能够立即解决的立行立改，能够短期见效的抓紧推进，需要长期坚持的健全机制。累计开展3个轮次巡察整改专项“回头看”，对77个被巡察党组织整改落实情况进行再监督再检查，对整改不力、效果不明显的进行再交办再督促，以“监督常在”推动问题销账清零，巡察整改总体成效明显。

【巡察工作】 按照市委巡视巡察工作部署，开展第十八轮（区法院）常规巡察、第十九轮涉粮问题专项巡察，向第十六轮至第十九轮被巡察的16个处级单位党组织和2020年被巡察的275个村（社区）党组织进行反馈。截至第十九轮巡察，累计发现问题8648个，向区纪委区监委、区委组织部等移交问题线索316件。

【巡察干部队伍建设】 研究制定《六届区委第八批巡察干部选调方案》，对全年选调人员范围及要求进行明确规范。从区纪委区监委、区审计局、区财政局选调专业干部参与巡察工作，提高队伍专业性。创新采取“错峰选调、压茬传帮带”方式，分两批选调巡察干部，合理调配队伍新老结构，提高巡察工作延续性。累计在中纪委网站、中巡办内网、北京纪检监察网、通州纪检监察网等中央、市级、区级媒体上刊发信息79篇，组织撰写的《北京通州：扛稳政治巡察主体责任 深入推进巡察全覆盖进程》，在中央纪委国家监委和中央巡视办内部工作网上刊登。加强信息化建设，深入学习王鸿津在金纪三期巡视巡察信息系统推广部署会议上的讲话精神，以涉粮问题专项巡察为契机，推进金纪三期巡视巡察信息系统在巡察工作中同步应用，为全面推广系统奠定基础。

（莫天新）

北京通州年鉴

2022

民主党派

▲ 4月9日，“建党百年纪念林”植树活动

｜区委统战部提供｜

▲ 6月28日，区委统战部举办中国共产党统一战线发展简史展览

｜区委统战部提供｜

▲ 8月12日，召开中国国民党革命委员会北京市通州区总支部成立大会

｜区委统战部提供｜

▲ 12月31日，北京市通州区第三次归侨侨眷代表大会召开

｜区委统战部提供｜

中国国民党革命委员会北京市通州区总支部委员会

【概　况】 截至2021年底，民革通州区总支新发展党员7名，外区转入党员2名，共有党员170人，所属8个支部。2021年8月，民革通州区总支部召开成立大会，会议选举产生民革通州区总支部第一届委员会委员、班子成员，主委刘船。在2021年区人大、区政协换届过程中，有15名党员当选区政协委员。

【参政议政】 2021年，民革通州区总支组织全区党员报送提案、社情民意信息80多条。其中《深化诉源治理、打造无诉社区，构建北京城市副中心社会治理新格局》的提案被选为年度政协大会发言，《关于探索北京城市副中心的教育发展战略与规划，建设优质教育服务体系的提案》被评为2021年度优秀党派团体界别提案，《关于绿色建造高质量发展的意见建议》《关于促进绿色金融可持续发展的意见建议》《关于保留北京运河瓷画艺术馆的建议》被评为2021年度优秀信息，《关于规范引导废旧手机回收利用的建议》被民革中央和北京市政协采纳，《关于重视北运河通航后水环境生态效果评价的建议》的社情民意信息得到政府相关部门重视，《关于全国小学生全部佩戴小黄帽的建议》在市政协主办的《诤友》上刊出。

【社会服务】 2021年，民革通州区总支组织党员助力西集镇吕家湾村开展10余次医疗入村服务、5次法律宣传咨询服务、20余次驻村科技帮扶实践活动、10批次科技挂职服务。民革通州公益实践基地（筹）联合通州蓝天救援队，参与河南省新乡市、卫辉市抗洪救援行动，捐赠4艘冲锋舟，搜救转移伤员、老人、儿童等受困人员1112人。组织民革党员医疗专家和法律专家，在通州区三乐老年公寓等地开展义诊和义务法律咨询活动。参与“2021年广汽本田梦想童行儿童道路安全公益行活动”走进贵州省毕节市纳雍县易地搬迁学校——天河实验学校。

【自身建设】 2021年，民革通州区总支多次组织全体党员学习习近平总书记“七一”重要讲话精神和纪念辛亥革命110周年大会重要讲话精神，以各种形式贯彻学习中共十九届六中全会精神，开展中国共产党党史学习教育和“不忘合作初心、继续携手前进”主题教育活动。组织“感恩100年，我是美好生活的见证人——庆祝中国共产党成立100周年”“中国共产党成立100周年网络知识竞赛”等活动50余场。成立城建环保、参政议政、科技经济、社会法制、妇女老龄、祖国统一6个专委会。服务北京城市副中心的核心功能定位与产业布局，精选出有法律金融背景的党员10余名，成立第七支部。从党员属地化特点、职务职级、专业结构、行业特点等方面综合考虑，成立北京城市副中心支部。

【获奖情况】 2021年，民革通州区总支部被民革北京市委评为2021年度反映社情民意信息工作先进单位。第六支部被民革北京市委评为2021年度“民革北京市示范支部”。李钟荣获民革中央提案工作积极贡献奖；张晓艳、李凤杰获评民革北京市委抗击新冠肺炎疫情先进个人；郑磊获评民革北京市委参政议政工作先进个人；刘船、邓帅被民革北京市委评为2021年度反映社情民意信息工作先进个人。

（宋文平）

中国民主同盟通州区工作委员会

【概　况】 截至2021年底，民盟通州区工委转入及新发展盟员13人，共有在册盟员234人，所属7个支部。2021年5月，成立副中心支部。6月，召开民盟通州区第三届工作委员会成立大会，选举产生新一届领导机构及成员，主委董明慧。在2021年区人大、区政协换届过程中，有2名盟员当选为区人大代表，有17名盟员当选为区政协委员。

【参政议政】 2021年，民盟通州区工委成立7+2+2+1（文化、教育、经济、医疗、法制、社会服务、参政议政等7个专委会，统战理论、书画艺术2个研究会，老龄、妇女2个工作委员会，1个内部监督委员会）专门委员会，围绕中共通州区委、区政府的重要决策部署，结合各自专业方向开展参政议政工作，通过专委会平台激发盟员积极性，把专委会打造成撰写提案和社情民意信息主阵地。通过各类渠道报送信息68篇。参与盟市委调研课题7项，其中涵盖主委课题2项，重点课题3项，一般课题2项。2021年12月向政协通州区七届一次全会提交2篇党派提案和24篇委员提案，其中2篇党派提案和4篇委员提案获得区政协表彰。宣传盟务工作，展现盟员风采，出版电子版《通州盟讯》3期。

【社会服务】 2021年，民盟通州区工委配合盟市委、中共通州区委、区政府积极发动广大盟员组织开展多项社会服务活动。持续筹集善款和物资为抗击疫情和洪涝助力。组织统战系统医务工作者走进工地，发挥医疗卫生界盟员专业优势，为工友提供公益问诊咨询服务。与对口帮扶村西集镇车屯村在乡村治理、文化建设、法律援助、科技教育等方面广泛开展合作。春节前夕，民盟书画家开展多场写春联送祝福活动。

【自身建设】 2021年，民盟通州区工委不断加强自身建设，坚持重要决策集体研究，召开3次区工委主委会议、1次区工委全体委员（扩大）会议，领导班子团结和谐、风清气正。开展形式多样、内容丰富的集体学习和交流活动，庆祝中国共产党百年华诞和民盟成立80周年。组织骨干盟员赴福建赤石镇参观革命纪念馆，缅怀先烈革命精神，深入理解党盟合作历史的发展脉络，坚定走中国特色社会主义道路信心和决心。研究制定《区工委理论学习中心组学习办法》等9项制度，规范盟务工作，推动区工委制度化水平进一步提高。

【获奖情况】 民盟通州区工委第四支部被民盟北京市委评为活力支部。嵇立平主笔的《整合资源开展“设计走进美丽乡村”的履职实践研究》荣获民盟中央理论研究课题一等奖、中共北京市委统战部统战理论研究与调查研究成果二等奖。蒋春生撰写的《阳光下的阴影——教育生态系统失衡的反思》，荣获第九届民盟教育论坛优秀论文奖。

（宋文平）

中国民主建国会通州区工作委员会

【概　况】 截至2021年底，民建通州区工委会员人数为200人，其中，新发展会员10名。2021年6月，民建通州区工委班子进行调整，金文岭任主委。在2021年区人大、区政协换届过程中，有2名会员当选区人大代表，18名会员当选区政协委员。

【参政议政】 2021年，民建通州区工委围绕区委、区政府中心工作，完成《通州区“两区”建设调研报告》《优化创新政策和产业生态，培育科技独角兽企业的调研报告》《健康中国背景下北京市居民“三减”情况调查及对策研究报告》《推进再生水利用，助力绿色发展》4篇调研报告，其中2篇报告转化为组织提案，2篇报告被区政协列为社区民意恳谈会和政协通州区七届一次全会发言题目。提交2件组织提案、12件委员提案，其中1件组织提案和3件委员提案被评为优秀提案。向民建市委上报社情民意信息33篇，被采用14篇。田明提交的《加快推进北京物流专项规划落地，促进首都物流高质量发展》《关于进一步加强校园快递驿站规范管理的建议》被市政协采用。王可山提交的《以文化引领推动大运河沿线区域农业产业结构优化的建议》、田明提交的《完善乡村电商物流体系，助力乡村振兴发展》被民建中央采用。田明提交的《关于进一步优化民营企业信用修复的建议》《徽州宴时间对民营企业的启示》被全国工商联采用。

【社会服务】 2021年，民建通州区工委组织涉农企业会员和部分骨干会员深入村庄和农户，邀请专家为“科技小院”提供技术服务。拓展销售渠道帮助农户完成产品销售。为河南特大水灾和丰宁爱心超市捐款捐物，其中资助河北丰宁张百万村“爱心超市”2万元。

【自身建设】 2021年，民建通州区工委以学习讨论、参观座谈等形式，集中开展中国共产党党史学习教育活动，全面加深会员对中国共产党党史和中国共产党领导的爱国统一战线的认识和理解。开展“建党百年纪念林”和“通州民建同心基地”活动。组织部分年轻会员赴沂蒙山区，开展现场教学、参观孟良崮战役旧址、集体向烈士纪念碑敬献花篮等活动，缅怀革命先烈。赴天津学习交流，参观觉悟社旧址，瞻仰王光英故居。组织8名会员参加庆祝中国共产党成立100周年大会现场活动，组织会员集体观看大会直播并召开座谈会讨论。组织会员中的人大代表和政协委员20余人集中学习中共十九届六中全会精神，为代表、委员履职筑牢思想基础。组织30名年轻会员赴焦庄户地道战遗址学习、参观通州区中共党史纪念展。组织老龄委会员赴香山双清别墅参观学习，到通县第一个中国共产党支部学习通州建党史。全年组织学习实践活动6次，参与会员约260人次。

【获奖情况】 2021年，民建通州区工委被民建北京市委评为网站宣传工作先进集体。韦爱鲜、王维、张生东、罗冬根、刘军等被评为优秀通讯员。刘红被评为全国巾帼建功标兵、北京榜样·支援合作先锋、首届副中心魅力女性。许月被评为副中心齐家形象大使。

（宋文平）

中国民主促进会通州区工作委员会

【概　况】　截至2021年底，民进通州区工委有会员174人，设有7个支部和1个青年委员会。2021年6月，民进通州区工委完成换届，马荣才任主委。在2021年区人大、区政协换届过程中，有4名会员当选区人大代表，14名会员当选区政协委员。

【参政议政】　2021年，民进通州区工委组织会员参加民进中央、民进市委、市人大、市政协、区人大、区政协调研工作，撰写多篇调研报告、提案、建议。组织40余名会员调研通州区专平农民专业合作社。举办“风雨同舟百年运河新启航、肝胆相照携手再创100年”调研活动，研讨大运河文化历史、运河建设及产业发展等情况。副主委、政协委员刘秀杰、闫浩在人大附中通州校区，开展模拟政协进校园活动，广泛凝聚共识，增强同学们对政协工作的了解。通州“两会”期间，民进通州人大代表、政协委员主要从文化、教育、养老、城市建设、产业发展、低碳发展、特色小镇等方面积极认真履职，提交界别提案1件、党派提案1件、委员提案13件、人大建议3件。

【社会服务】　2021年，助力农村发展和农民致富，与于家务乡果村签订“科技小院精准帮扶协议”，科学施策，精准帮扶。为河南灾区捐款捐物，用实际行动履行社会责任，累计捐款捐物折价26.28万元。开展“春联万家　推动共同富裕”活动，组织民进中央开明画院、北京民进书画院的书法家和副中心书法爱好者为潞城镇太子府村村民现场书写春联和福字，送上新春祝福，助力基层文化建设。

【自身建设】　2021年，民进通州区工委始终抓紧思想政治学习不放松，采取不同形式，组织会员认真学习习近平总书记在庆祝中国共产党成立100周年大会上的讲话精神、中共十九届六中全会精神，不断提高政治理论素养和政治觉悟。积极参加民进中央、民进市委、区委统战部以及北京社会主义学院与各民主党派市委联合举办的各项培训学习活动，进一步坚定政治信念，提升履职能力。组织30多名会员参观京西山区中共第一党支部纪念馆，聆听革命老区共产党人的故事，追寻英雄的足迹，传承红色精神。联合朝阳区、西城区、平谷区相关单位，结合“学史明理、学史增信、学史崇德、学史力行”，共同举办以“回忆艰苦岁月，体验农业劳动”为主题的中国共产党党史学习教育活动。参加民进中央、民进市委组织的庆祝中国共产党成立100周年座谈会等活动，进一步增强“四个意识”，坚定“四个自信”，坚决做到“两个维护”。制定支部结对互助工作方案，做到互动互学、互帮互促，增强支部组织的活力、创造力、凝聚力。启动编制“十四五”发展规划，并成立以班子成员为主的编制领导小组。

【获奖情况】　民进通州区工委借助科技小院力量，助推于家务回族乡果村集体经济增收的经验获得民进全国社会服务暨脱贫攻坚优秀成果奖。

（宋文平）

中国农工民主党通州区工作委员会

【概　况】　截至2021年底，新入党员15名，转入3名，共有党员115名。2021年6月完成农工党通州区第三届工作委员会换届选举，选举产生新一届领导班子及领导机构，张琴琴任主委。在2021年区政协换届过程中，有15名农工党党员当选通州区政协委员。

【参政议政】　2021年，农工党通州区工委与农工党北京市委员会参政议政处进行对接，参加北京市政协和农工党北京市委组织的“进一步壮大集体经济助推新时代乡村振兴”“深入开展民族团结进步创建、大力推进北京民族乡村振兴高质量发展”参政议政议题调研座谈会。提交的《关于在副中心加快推进互联网医院+社区卫生服务平台建设的建议》在政协通州区七届全会作大会发言；参加区政协年度社情民意恳谈会，就“关于加快通州区集体产业用地项目推进的意见建议”进行发言，助力通州区集体经济的发展。

【社会服务】　2021年，农工党通州区工委继续发挥党派优势，积极投入力量抗击疫情，参加流调、坚守岗位、进社区、下沉基层值守、捐款捐物等活动，为战胜疫情做出贡献。5月，农工党通州工委组织党员医生赴于家务回族乡仇庄村开展“迎中共建党百年华诞 倡孝道文化医疗义诊”活动。7月，农工党通州区工委党员们自觉发起向河南遭受暴雨灾害地区捐款活动，捐款8400余元。组织党员中的医疗专家，精准对接基层社区开展义诊活动6次，受众700余人，让人民群众在家门口就能享受到贴心的诊疗服务和健康知识普及教育，对及时了解自身健康状况，提高健康意识。

【自身建设】　农工党通州区工委将2021年确定为“组织建设年”，在区工委领导班子换届调整的基础上，全方位健全完善基层组织。召开新一届主委会，加强班子自身学习，深化政治理论学习，并做到学以致用。建设学习型支部，开展农工党党史学习教育活动。组织全体党员深入学习“习近平总书记在庆祝中国共产党成立100周年大会上的重要讲话精神”、《中国共产党统一战线工作条例》。贯彻民主集中制原则，坚持重大问题集体讨论决定，坚持集体领导与个人分工相结合的制度。开展“红星照耀大运河——中国共产党北京市通州区历史主题展览”教育活动。

【获奖情况】　2021年，农工党通州区工委被农工党北京市委评为先进集体，农工党通州区工委第三支部被评为先进支部。王建武、卢志刚、刘淇、刘蕊、李胜利、延林、商思刚、储毅8名党员被评为先进个人。

（宋文平）

中国致公党通州区工作委员会

【概　况】 截至2021年底，致公党通州区工委有党员142人。其中，发展新党员9人，转入党员7人，转出1人。2021年6月完成致公党区工委的换届，吴涛任主委。在2021年区人大、区政协换届过程中，17名党员经组织推荐成为区第七届政协委员，4名党员当选区第七届人大代表，其中1人当选区政协副主席，2人当选区政协常委，1人当选区人大常委会常委。

【参政议政】 2021年，参与市人大常委会副主任、致公党北京市委员主委闫傲霜带队对通州区张家湾设计小镇产业创新发展的调研，围绕打造产业特色鲜明、生态环境优美、产值贡献突出、拉动税收就业的目标，从民主党派角度提出可操作性建议。围绕北京城市副中心建设，完成7篇调研课题，向区政协提交党派提案6份、个人提案17份、社情民意信息1份，向区人大提交建议3份。马婧报送的《关于我市老旧小区加装电梯工作存在的问题及建议》被市委统战部选用。廖涛撰写的《发挥跨国公司在双循环节点上独特的市场主体作用，促进国际投资与贸易往来》被《中国发展》期刊刊登。

【社会服务】 2021年，致公党通州区工委以多种形式开展社会服务工作。组织党员慰问隔离酒店的一线医护人员。参加通州区永顺镇残疾人温馨家园举办的“精准帮扶残障人士，共谱美丽的中国梦”全国助残日活动。在通州清真寺开展有捐赠老花镜、义务诊疗、法律咨询等服务内容的重阳节活动。与潮县镇军屯村对接，助推军屯村成功入选2021年北京市美丽休闲乡村名录，成为全市20个入选乡村之一。组织致公党通州区工委党员开展消费帮扶、助力酉阳乡村振兴、为郑州抗洪救灾工作进行捐赠等活动。

【自身建设】 2021年，致公党通州区工委组织召开中共党史学习教育动员部署会。开展浙南红色教育基地、北大红楼、潞河中学党建基地等现场教学活动。推荐部分党员参加庆祝中国共产党成立100周年大会。为庆祝中国共产党成立100周年，致公党通州区工委原副主委尚珂撰写的《在政协组织中锻炼成长》、张洪撰写的《亲历》被市政协和区政协采用，并被编入《光辉的旗帜》一书。传达致公党北京市委常委扩大会学习中共十九届六中全会精神的会议精神。

【获奖情况】 2021年，致公党通州区工委第四支部被致公党北京市委评为先进集体。姜丹撰写的《加快完善“两区”建设体制机制 切实推动北京高效创新发展》、廖涛撰写的《以“两区”建设为引领，打造北京营商环境新高地》、马婧撰写的《关于与“北三县”产业联动发展，积极推进北京城市副中心高质量发展的调研》、郭燕春撰写的《促进大运河文化带建设品质提升——在5G场景下建设大运河（京津冀段）智慧旅游平台》、刘彤撰写的《北京传统村落旅游提质升级调研》5篇研究报告，被评为致公党北京市委优秀调研报告。丁超、马婧、王飞、王威、王培勋、李军、李玲、张洪、陈少叶、周星坡、赵鑫、林发钏、吴涛、吴志斌等人被评为优秀党员。党员李军家庭入选2021年度首都最美家庭。党员张大卫被中国致公党中央评为脱贫攻坚先进个人。

（宋文平）

九三学社通州区工作委员会

【概　况】 截至2021年底，九三学社通州区工委有社员146人，基层支社4个。2021年6月，九三学社通州区工委完成换届，柳晓雷任主委。2021年，在区政协换届过程中，有13名社员当选为区政协委员。

【参政议政】 2021年，围绕北京城市副中心高质量发展，九三学社通州区工委积极建言献策，完成《建设北京绿色金融国际中心，打造北京城市副中心绿色发展新格局》《关于改善通州区人才公寓现状的建议》等2篇专题调研报告，提交党派提案2件、界别提案1件、委员个人提案15件，有2位委员作大会发言、2位委员作联组讨论发言，上报社情民意信息31篇。其中，九三学社通州区工委提交的《关于北京城市副中心申请成为绿色金融改革创新试验区第二批试点的提案》和民建九三界提交的《关于加强危化品监管，提升副中心城市安全水平的提案》获评年度优秀党派界别提案，王合兴提交的《关于改进小区供暖效能的提案》被评为优秀委员提案。

【社会服务】 2021年，九三学社通州区工委发挥界别特长优势，组织各类社会服务活动。5月，组织社员参加区委统战部组织的各民主党派医疗界专家、名师对副中心建设者的义诊活动。7月、10月第四支社组织医疗界专家分别赴陆军航空兵学院、徐辛庄敬老院开展拥军和敬老义诊活动。9月，社员王国忠赴内蒙古自治区奈曼旗人民医院，执行为期13个月的帮扶任务。10月，向四川省大凉山贫困山区义捐冬衣助学，捐献冬衣100余件（套）；联合九三学社朝阳区委开展“九九重阳，共筑美好”重阳节敬老活动。

【自身建设】 2021年，九三学社通州区工委采取不同形式加强思想政治建设，认真传达并组织收看、学习习近平总书记在庆祝中国共产党成立100周年大会上的重要讲话和中国共产党十九届六中全会精神，组织社员撰写多篇百年党庆观后感。组织7名社员参加区委统战部民主党派领导班子培训、9名社员参加社中央青年骨干线上培训。组织社员参加社中央“五史”知识竞赛，第四支社获优秀组织奖。组织社员赴房山区霞云岭乡堂上村红色教育基地、鱼子山抗日战争纪念馆、长峪城村、副中心规划馆、潞城遗址博物馆等地开展主题教育活动。成立参政议政委员会。完成老龄工作委员会换届工作。成立宣传工作领导小组，开通微信公众号“北京通州九三”，发布稿件25篇。编制修定工作制度12项。

【获奖情况】 2021年，九三学社通州区工委获评社市委抗击新冠肺炎疫情先进集体。第四支社被评为市社会服务先进基层组织。巴彦布等28人被评为先进个人。

（宋文平）

北京通州年鉴

2022

人民团体

▲ 12月23日，北京市通州区工商业联合会（商会）第十二次代表大会召开

| 区委统战部提供 |

▲ 2月5日，区总工会开展2021年春节慰问留京职工活动

| 区总工会提供 |

▲ 5月25日，开展由区教育工会主办的“首都职工心向党　同心接力绣党旗”活动

| 区总工会提供 |

▲ 5月27日，团区委联合中国社科院社会学研究所、区永顺镇人民政府，举办“新职业青年与城市发展——副中心青年论坛”

| 团区委提供 |

▲ 9月25日，由区科协、区教委、区科委主办的全国科普日通州区主场活动现场

| 区科协提供 |

▲ 10月29日，市、区妇联领导为全国首条“家庭家教家风”示范街揭牌

| 区妇联提供 |

通州区总工会

【概　况】 通州区总工会所属乡镇、街道总工会、委局、行业、开发区及直属基层工会53个，基层工会2239个，其中单独工会2133个，联合工会106个，会员人数136747人。2021年，区总工会以迎接建党百年为契机深入开展党史学习教育，在强化思想政治引领、加强基层工会组织建设、维护劳动者的合法权益等方面，奏响了全区“咱们工人有力量”的主旋律，谱写了新时代副中心工会工作奋发有为的精彩篇章。

【2020年全区先进个人和集体事迹报告会】 1月4日，召开通州区2020年劳动模范、先进工作者、模范集体事迹报告会。区委书记曾赞荣出席会议并强调，要大力弘扬劳模精神、劳动精神、工匠精神，激发广大干部职工劳动热情、释放创造潜能，汇聚起推动北京城市副中心高质量发展的强大合力。全区有荣获2020年全国劳动模范、先进工作者称号3人，北京市模范集体称号4个，劳动模范、先进工作者称号29人。

【经费审查委员会工作】 区总工会经费审查委员会对区总工会本级、所属二级总工会经费使用情况进行审查、审计。1月7日，召开五届八次委员会议，经费审查委员会全体委员参加会议。会上审议通过《通州区总工会2020年财务工作报告》和《通州区总工会2020年经审工作报告》。2月19日，召开线上五届九次委员会议，审议通过《通州区总工会2021年工会经费预算报告》。11月2日，召开线上五届十次委员会议，审议通过《通州区总工会2021年工会经费预算调整报告》。

【荣誉评选】 2月至4月，区总工会审核推荐区内获得全国五一劳动奖章1人、首都劳动奖章7人，获得首都劳动奖状1家单位、北京市工人先锋号3家单位。

【深化“党建引领　党工共建”工作格局】 5月27日，通州区首家党工共建微阵地——北苑街道万达商圈党工共建基地举行了揭牌仪式。微阵地的建设充分体现了各级党组织与各级工会组织的合作成果，将有效促进商圈非公企业党工共建质量，进一步深化“党建引领　党工共建”工作格局，推进全区楼宇“两新”组织党工共建向前发展。

【街道乡镇总工会换届工作】 7月至10月，全区依法依规选举产生街道乡镇总工会委员会委员209名、经费审查委员会委员75名和女职工委员会委员73名，基层工会领导干部中一线职工、劳模、优秀工作者参选比例、学历层次、专业知识人员比例普遍提升，平均年龄降低，换届后全区所有22个街道乡镇的总工会主席全部由党（工）委副书记兼任并设专职副主席1名，为推动全区街道乡镇工会工作提供了坚实的组织保障和人才储备。

【推进新业态、新就业群体入会工作】 9月24日，在区委党校召开通州区新业态、新就业群体入会工作推进会。建立相关工作机制，下派工会工作者到街道乡镇部署新业态、新就业群体入会工作。摸清全区四类重点人群基数，建立各街道乡镇工作台账，做到有的放矢，分类施策，与街道乡镇广泛开展党工共建，协同共享工作。此外，区总工会出资10万元作为扶持新业态、新就业群体志愿服务项目专项资金，组织区域内就业的快递员和货运司机、网约配送员、网约车司机等新业态、新就业群体1300余人免费体检。

【“职工之家”建设】 2021年，全面深化“职工之家”建设，完成服务职工能力实施方案的下发及发动工作，截至年底，全区完成公共区域职工之家建设2家（其中依托党群服务中心建设公共区域职工之家1家），示范职工之家6家，百人以上新建会企业同步建家、百人以上非公有制企业职工之家9家，职工暖心驿站建设67家（其中依托党群服务中心建设职工暖心驿站8家）。全区共有为户外劳动者提供服务的暖心驿站113家，累计投入资金93.4万元。推荐北京市模范职工之家4家、模范职工小家4家，申报全国最美工会户外劳动者服务站点6家、北京市最美工会户外劳动者服务站点4家。蒙牛乳业（北京）有限责任公司职工之家获得中华全国总工会授予的全国模范职工之家称号。

【维护职工合法权益】 2021年，劳动争议调解中心成功调解案件802件，涉及职工1265人，履行金额3209万元，其中集体案件90件；接“12351”职工服务热线派单426件；为职工代书394份，接待来电来访咨询1404人次。加强集体协商指导员队伍建设，提升通州区集体协商指导员和负责集体协商工作者的协商能力和工作水平，举办2021年集体协商理论培训班。

【“职工留京过大年”系列活动】 2月，区总工会和区融媒体中心联合开展“学太极健身功法过健康安全春节”武当太极拳网络教学活动，由专业武术团队录制健身功法“武当太极拳”九式教学视频10期，通过通州电视台播放，区总工会微信公众号同步更新。在全区职工中开展“我在副中心过大年”主题摄影活动，内容涵盖节日期间参加疫情防控、加班工作、志愿活动、亲子活动以及在副中心游乐等。开展春节慰问留京职工活动，慰问节日期间坚守在防疫抗疫、企业生产一线的3255名职工。通过系列活动，保障外来务工人员过一个欢乐祥和的春节。

【“一针一线绣党旗”活动】 2月28日，北京市总工会主办的“首都职工心向党　同心接力绣党旗”活动在中建一局北京城市副中心二期建设工地启动，首都各行业劳动者、劳模代表、党员代表参加启动仪式。活动在通州区历时两个多月，包含启动仪式、传递仪式和收针仪式共8场活动，全区2000余名职工群众参与接力绣制。经各大媒体广泛报道，新浪微博图片新闻点击量达164万次、短视频点击量达106万次，短视频入围第二届“京彩”网络正能量精品评选活动。此次活动作为党史学习教育先进经验典型在全市推广。

【职工文体活动】 2021年，开展多种多样的职工文体活动。结合党史学习教育活动开展职工文化大讲堂活动，设置庆祝中国共产党成立100周年专题、和谐人生、国学文化、摄影和书画、走进博物馆、办公职场类等六大类别课程，组织开展25场课程，参与职工1200余人。以“辉煌100年·壮美副中心”为主题开展职工书画摄影大赛活动，筛选出118件优秀参展作品，组织各基层单位2000余名职工参观。推进全区职工书屋建设，将职工书屋建设与职工之家、工会服务站建设统筹考虑，推动实体书屋和电子书屋同步发展，从市级以上职工书屋中择优扶持5家职工书屋的电子书屋建设，下拨专项资金，配发电子阅览设备，购置电子书籍。举办第三届副中心职工足球联赛，参赛队伍46支（其中市直机关单位参赛队15支、区属机关事业单位参赛队12支、街道乡镇和企业参赛队19支），参赛职工900余人，角逐出一等奖2支队伍、二等奖4支队伍、三等奖10支队伍。

（刘伶玲）

共青团北京市通州区委员会

【概　况】 2021年底，全区有团员21736人，团组织2171个，其中基层团委62个、基层团工委12个、团总支25个、团支部2072个，团区委直属团组织71家。团区委官方微信公众号“青春副中心”2021年发布文章近3000篇，累计阅读量超过200万人次；推出“通州区城市志愿者宣传短片”“建功副中心　一起向未来”2部微视频作品，“青春副中心”微信公众号新媒体综合影响力在全市各区团组织中位居前列。

【召开共青团北京市通州区第六次代表大会】 10月14日，共青团北京市通州区第六次代表大会在北京阳光国际会议中心召开。来自各行各业的209名代表共商共青团发展大计。区委书记赵磊讲话，团市委副书记李健到会祝贺。区领导赵玉影、陈江华、汤一原、王永民、韩向军参加开幕式。北京市各区团组织负责人、区域化团建单位代表、通州区相关委办局、各街道乡镇、各群众团体主要领导列席开幕式。大会回顾过去七年通州区共青团工作，规划未来五年工作。通过了《不忘初心担使命　青春绽放副中心　为高质量建设北京城市副中心贡献青春力量》的报告。选举产生团区委第六届委员43名、候补委员17名；召开共青团北京市通州区第六届委员会第一次全体会议，选举产生团区委第六届常委15名，书记1名，专职副书记2名，挂职副书记1名，兼职副书记2名。

【开展党史学习教育】 2021年，举办党史学习教育专题宣讲，邀请专家学者、北京青年榜样为团区委机关干部、基层团干部、大学生讲党史知识、讲人生境界、讲青年担当、讲岗位建功，为副中心青年晕染鲜红的政治底色。依据青年获取信息特点，充分利用网络新媒体，开设“百年党史”“追寻红色回忆”“重走红色印记”“青年大学习·一起学党史”等系列专题栏目，坚定青年理想信念推动“学党史、强信念、跟党走”学习教育在全区团组织持续深化。全区2000多个基层团支部，开展“党史学习教育”相关专题学习会、专题主题团日活动1.6万余次，覆盖团员近13.7万人次。

【强化基层组织功能】 2021年，全区新建团组织480家。推动基层组织规范化建设。进一步规范和加强团干部协管工作，明确街道乡镇团（工）委书记正科实职配备。“对标定级”工作评定473个五星级团支部、725个四星级团支部、226个三星级团支部，覆盖15146名团员。在全市范围内率先100%完成对标定级工作。建立学社衔接常态化机制，1834名毕业生团员83%发起转接。加强发展团员和团员管理规范，全年新发展1219名团员，系统录入率84.1%。推进“一专一站两联”（一专：团的专门委员会，一站：县域团代表联络站，两联：团的委员会成员联系团代表、团代表联系团员青年）工作，构建“委员—代表—团员青年”的扁平化的联系沟通路径和“联络站—专项小组—团代表”联络服务工作体系，制定并完善《通州区团代表联络站规则》、《共青团北京市通州区委员会分专委员会工作规则》和《共青团北京市通州区专项工作委员会名单》，并于11月12日召开团区委六届常委会会议审议通过。在万达·社区青年汇完成团代表工作联络站挂牌。

【推进青年创新创业】 2021年，发挥优势，促进青年创业就业。贯彻落实“六稳”“六保”就业工作的有关要求，持续推进“彩虹计划”通州区青年人才培养工程，开展“青春副中心论坛”活动4次，邀请各行业专家学者开展专题讲座，覆盖青年9200多人次。配合区委组织部开展高校优秀学生引进工作。各单位根据实践需求，挑选出适合宣传、便于学习的岗位，接收对接高校推荐的学生，确定导师和实践评鉴等方式，为30余所高等院校优秀学生、人才等提供岗位参与实习；各单位与结对高校联合建立高校学生劳动实践基地，深度参与通州区基层社会治理、美丽乡村、产业发展等方面实践项目。

【精准服务“两新”青年群体】 2021年，团区委高度重视新业态、新就业青年群体工作，联合中国社会科学院社会学研究所、永顺镇人民政府，举办“新职业青年与城市发展——副中心青年论坛”。多次赴通州区西关社区，实地调研万达商圈外卖骑手情况。整合资源，建设小哥加油站，提供暖心服务。针对外卖骑手的实际需求，设立12所“小哥加油站”，均完成挂牌，为在通州的1000余名“两新”从业青年定制冬季加油包，提供定期义务理发、免费手机充电等贴心服务200余次。

【推进对口支援工作】 2021年，团区委针对对口支援地区青少年实际需求，深入开展“青力青扶”工程，动员30余名青联委员通过捐款捐物、软件支持、师资培训等多种方式，利用已有活动教室，完成“8+1”希望小屋建设（8个希望小屋建设在通州区农村地区学校，1个建在内蒙古对口支援地区翁牛特旗解放子营乡中心小学），组织开展“西部温暖计划”，为内蒙古自治区乌兰察布市、青海玉树州、四川凉山彝族自治州等偏远地区的青少年儿童捐助取暖衣物5000件、书本10000件。

【召开通州区第二次少代会】 10月11日，通州区少工委于国家大剧院台湖舞美艺术中心组织召开中国少年先锋队北京市通州区第二次代表大会。大会通过第一届少工委工作报告并选举产生通州区第二届少工委，推出具有副中心特色的会徽、会歌和吉祥物，有280名正式代表参会。通州区委书记赵磊、区政协主席赵玉影出席会议。团市委副书记钟棉棉代表团市委、市少工委向大会召开表示热烈祝贺。

【少先队工作】 2021年，强化少先队组织政治启蒙，落实《中共中央关于全面加强新时代少先队工作的意见》等重要文件精神，开展六一儿童节慰问活动。规范少先队组织建设，召开通州区第二次少代会，选举团区委和区委教育工委相关负责人担任双主任。规范少先队标志礼仪，以分批入队和红领巾争章活动为重点，开展“团队学党史　百课话百年”作品征集与宣传等党史学习活动，增强少先队员光荣感。

【维护青少年合法权益】 2021年，继续加强未成年人司法保护，全年出席合适成年人60余次，组织全区74名合适成年人开展法律常识和实操培训，开展不良青少年服务及未成年受害者关爱工作，全年开展训诫服务、一站式服务等30余人次。全年开展法治服务244次，为近3000名小学生讲授“开学第一课”，发放相关宣传材料2万余份，受众师生达到1.2万余人。在22个街道、乡镇开展青少年普法自护公益巡讲课堂，累计在学校、社区开展公益巡讲16次，受益青少年1500余人。

【推进帮扶工作】 2021年，针对全区333名重点、困境青少年，全年开展“爱心观影”、“爱心课业辅导”、“国学书法教育增能”、“阳光筑心桥”关爱服务等区级帮扶活动4项，开展课业辅导400余人次，开展青少年国学书法教育活动18期，为青少年成长提供心理成长、学习效率、人际交往等方面辅导130余人次。推动共青团送温暖活动常态化，“两节”（元旦和春节）期间，为困境青少年送去大米、面粉等爱心物资。筹备物资累计12万余元，惠及300余名受帮扶青少年。

【城市志愿者服务保障重大活动】 2021年，完成中国共产党成立100周年北京市庆祝活动城市志愿者服务保障工作。在为期15天的庆祝活动期间，共发布项目10个，9个城市志愿服务站志愿者上岗2025人次，累积服务时长6075小时，9个街道重点社区开展活动45次，为中国共产党成立100周年北京市庆祝活动营造喜庆热烈的社会氛围。举办先进典型展示交流活动，推选出18名最美志愿者、4个最佳志愿服务站、4个最佳志愿服务社区和7个最佳志愿服务组织。为北京2022年冬奥会和冬残奥会储备优秀志愿服务力量。

【发展志愿服务事业】 2021年，全区实名认证志愿者351943人，通过“志愿北京”注册团体5627个。开展“在副中心过大年　温暖关爱不打烊”志愿服务活动，累计参与志愿者1806人次，服务28251人次；开展“志愿服务奉献爱　文明实践‘益’起来”学雷锋新时代文明实践志愿服务活动，开展活动10741场，吸引234万余人次参与；开展“助力疫苗接种　副中心志愿者在行动”志愿服务活动，累计服务259630人次；强化志愿者队伍专业能力建设，围绕“党史教育学习”“安全知识”等内容，开展培训9场；组织开展2021年通州区志愿服务项目大赛答辩会，推选13个项目参加2021年首都志愿服务项目大赛复赛，获得3个金牌项目、1个银牌项目、1个铜牌项目、4个提名项目的优秀成绩；启动“礼让斑马线”志愿服务活动，参与志愿者1558人次，服务337815人次；启动北京2022年冬奥会和冬残奥会通州区城市志愿者工作，确定城市志愿服务站和重点社区具体位置，做好志愿者物资、装备准备工作。

（王艳蕊）

通州区妇女联合会

【概　况】　2021年，区妇联围绕全区工作大局和妇女群众需求，主动靠前站位，做好联字文章，以贯彻落实深化妇联组织建设改革实施“破难”行动和2021年工作要点为主线，着力为妇女儿童办好事、解难事，妇联组织政治性、先进性、群众性不断增强，妇女群众获得感、幸福感、安全感不断提升。

【思想政治引领】　2021年，区妇联举办“副中心家故事万家行”征集活动，精选100篇家庭故事集结成册，举办《副中心家故事万家行》新书发布活动向建党百年献礼。在全区党员领导干部家庭中开展“以家风促党风”倡议活动，发布“带着家人学党史”倡议书，召开“学党史、颂党恩、赞廉洁”家庭班会活动。建立“红色经典诵读班”、抓好特色党日活动，通过参观学习、聆听讲座等方式，赓续共产党人精神血脉。全体机关干部和执委赴清华大学开展“感悟榜样力量，永葆奋斗精神”主题教育活动。组织“爱在新时代·相约在河畔”红色主题公益相亲活动和“超越命运循环与幸福相遇“单身青年婚恋直播讲座。举办“礼赞建党百年·副中心巾帼书法作品（线上）展”。全区600余个家长学校开展“童心向党”党旗制作主题活动，1.3万面党旗在孩子们手中高高飘扬。对全区218位60年（含）以上党龄的女党员开展慰问，并挖掘典型事迹进行持续报道。发挥新媒体作用，广泛展开宣传。全年官网、企业号、服务号发布7000余条信息，向市级媒体推荐70余条，拍摄最美家庭宣传片《百年传承》获评全国百个巾帼故事。制作“她健康　家幸福”系列微视频动画三部曲，观看人数超过10万人次。

【组织建设】　2021年，完成11个街道、11个乡镇、470个村委会和155个社区妇联换届选举工作，全区各级妇联执委总数达到9571名。在乡镇、街道打造5个基层“妇女之家”精品示范阵地，做好150个线上“妇女微家”的维护与日常活动组织工作；以商圈经济和社会组织、行业协会、“两新”组织为依托，建设万达商圈、新光大中心商务公寓妇联工作站；实施女性创业者“妇女微家”、通运街道紫荆雅园社区女性主导楼门三级治理等十余个基层社会治理创新项目。

【疫情防控】　2021年，全区22个街道乡镇3934名基层妇联干部在一线参与防控工作，逐家逐户做好宣传排查工作；5783名巾帼志愿者率先示范、自觉行动，与各级妇联干部一起投入宣传引导、排查防控等工作中。发起、成立80余人的“通州区妇联热心大姐工作队”和500余人的各街道乡镇“老姐妹宣讲团”，联合潞邑街道、玉桥街道、潞城镇、潞河医院举办3场“关爱老人　健康行动”专题讲座和义诊活动。助力潞邑街道妇联、玉桥街道妇联、潞城镇妇联60岁及以上老年人新冠疫苗接种工作，提供经费15万元，慰问约480名基层巾帼志愿者，协调社会各方资源，贡献巾帼之力。

【规划编制】　2021年，区妇儿工委办公室就规划编制工作4次召开专家、人大代表、政协委员和相关部门座谈会，吸收基层妇联组织600余条建议和需求，持续跟进通州区总体规划、公共服务、教育等专项规划编制，形成规划征求意见稿。先后三轮向全区64个规划涉及单位（含33个妇儿工委成员单位）征求意见，收到78条具有建设性的书面意见和建议，经市妇儿工委办公室把关后，形成审议稿。

【妇女创业就业】 2021年，开展京津冀线上女性招聘会2场，提供137个就业岗位，招聘女性600余名。继续深入开展巧娘技能培训，以区巧娘协会为单位，开展以编织、变废为宝、绿色种植、民间传统手工艺技艺培训为主要内容的巧娘技艺培训300余场，提升妇女创业就业综合素质。开展“电商巧娘 巾帼助力”直播带货活动，吸粉量2万余名，销售额500余万元。赴西藏拉萨市（城关区），内蒙古自治区赤峰市（翁牛特旗）、通辽市（奈曼旗）依次开展2021年度支援合作工作，带领专家团送去手工编织技艺培训、妇女维权法律培训，800余位当地女大学生和妇女群众接受培训，“爱心妈妈”代表与当地困难儿童结对帮扶，捐献爱心资助金11.5万元。2021年申报9个市级“农村妇女创新创业”项目，4个区级“农村妇女创新创业”项目，扶持资金295万元。

【妇儿基地建设】 建设全国首条“家庭家教家风”示范街，示范街设置30余个展示点位，彰显出“党建引领、运河家风和最美街巷”三大主题特色，受到“学习强国”、人民网、中国妇女网、北京电视台、通州电视台等共7家媒体的报道，区主要领导给予高度肯定。在通运街道建成北京市首个“家庭成长中心”，为广大家庭提供集教育、服务、宣传、展示为一体的线上线下成长家园。规范和建设儿童之家、家长学校，截至年底，共建成儿童之家595个，家长学校614所，全区家长学校社区（村）（除拆迁村居，家长学校覆盖率100%），每校每年平均上课次数达到3次以上，开展的近2000次活动中，与家庭教育主题相关的活动占比88.3%，累计服务近4万户家庭。

【妇儿权益保障】 2021年，“巾帼维权 送法到家”法律宣传活动制作云课程以案释法《中华人民共和国民法典》24期，开展线下讲座36场，线下普法讲座受众6000人次，为有需求的家庭和妇女提供350次法律咨询服务和7次调解服务。开展妇女求助信访接待工作，全年接待妇女求助来电来访70件，其中婚姻家庭纠纷50件，接待满意率100%。开展婚姻家庭纠纷排查、调处化解集中行动，联合区委政法委、区司法局共同发文，将区法院、区公安分局、区信访办及各街道乡镇纳入共同行动小组成员，联合开展为时一个月的集中排查婚姻家庭纠纷行动并建立长效机制。实施“法律为基石、情理为梁柱”护航家庭1+1项目，组建“1+1”公益婚姻家庭调解志愿服务队，成立“1+1”公益家庭调解委员会。组织律师开展法律宣传、讲座30场，共计受益3500人次。开展2021年度中央专项彩票公益金低收入妇女“两癌”救助申报工作和“两癌知识村居行”活动，受众超过1000名“两癌”贫困妇女，社会满意度达到90%以上。响应“春蕾计划”，为贫困地区妇女儿童募集善款50万元。

【多元化社会服务】 2021年，创新性开展基层社会治理工作，面向全区征集基层社会治理创新“十大项目”，引导基层整合政府、市场、社会三种资源，累计投入资金200万元，开展活动455场，受益超3万人次，各类宣传报道点击量30余万次。制定《通州区妇联志愿家庭工作方案》和“通州区妇联致全区志愿家庭的一封信”，举办“巾帼添新绿，共建副中心”植树活动和垃圾分类宣传活动，开展“志愿家庭点亮冬奥社区”启动仪式分会场活动，在区妇联微信公众号“北京通州女性”上开辟《冬奥科普》专栏。结合“爱分类主妇联盟”新时代文明实践，开展“‘妇芬分’源头分类我家行社会治理创新活动”，开展各类宣传、培训、桶前值守等活动2200余场，2.22万余人次志愿者参与到垃圾分类活动中来；组织全区致力于公益事业的妇联干部、妇女党员、巾帼志愿者200余人参与线上垃圾分类培训课程并获得垃圾分类指导结业证书；共动员志愿者6259人、党员干部2828人参与周末守桶活动。此项创新工作品牌得到市、区相关部门的肯定和推广。

（门帅琪）

通州区科学技术协会

【概　况】　2021年，区科协围绕“四服务”（为科学技术工作者服务、为创新驱动发展服务、为提高全民科学素质服务、为党和政府科学决策服务）的职责定位，整合资源，多措并举，夯实科协基础，提升服务能力，各项工作取得新进展。

【开展“科普之春”系列活动】　2021年，组织开展2021年通州区科普之春——首都科技专家走进副中心助力乡村振兴活动，为乡村经济发展搭建对接科技专家和企业家的优质信息平台。

【举办2021年全国科普日通州区主场活动】　9月，举办全国科普日通州区主场活动，活动突出引领社会公众和青少年广泛参与科学实验活动，体验科技创新成果，增强科学探究兴趣，传承科学家精神和匠心文化，形成全民动员、崇尚科学、勇于创新，百年再出发、建设国际一流北京城市副中心的社会风尚。活动分为五个板块：一是“学好百年党史，弘扬科学精神，讲好中国科学家故事”展览区；二是“神奇的非牛顿流体力学”沉浸式科学思维训练试验区；三是全民科学素质网络竞答冲关区；四是“中华传统文化——榫卯结构互动拆解”体验区；五是老科学家走进副中心科普报告巡讲。

【举办2021年通州区机器人竞赛】　4月，举办2021年第六届北京青少年机器人和创意编程与智能设计大赛通州区赛活动，创意编程赛推荐晋级市赛项目10项，机器人赛中有28支团队晋级市赛。

【实施全民素质提升行动计划】　2021年，启动新一轮全民科学素质提升三年行动。围绕重点人群科学素质建设，制定具体实施计划，开展科普专题培训和讲座共计43场，推动科普受众全覆盖。

【科普推进垃圾源头治理】　2021年，开展“垃圾分类，科技先行”酵素科普讲座活动。在通运街道、潞邑街道、梨园镇、靛庄小学等地开展42场活动，受益人数1400人，发放科普宣传册、制作材料1400份，广泛宣传垃圾源头减量的应用效果和示范作用，引导人们树立绿色环保理念，取得良好的社会效益。

【助力国家森林城市创建工作】　2021年，依托科普基地开展创森科普活动5场，组织机关工作人员植树2次，超额完成绩效目标。“绿色小木匠”“长腿的种子”等特色科普活动取得良好的科普效果。印制创森展板12块、创森宣传围挡35延米，在科协机关营造浓厚的创森氛围。超额完成区下达的工作任务。

【实施科技助力乡村振兴计划】　2021年，与帮扶村于家务回族乡富各庄签订科技服务乡村经济振兴协议，完成前期项目调研和黑木耳及榆黄菇技术培训。支持150户种植户购买菌棒，并协助畅通销售渠道，精准帮扶村民致富增收；根据小院实际需求，邀请市级专家及科研院所到科技小院考察交流，为科技小院建设出谋献策。打造军屯村科技小院药食同源科普阵地，为富各庄村科技小院提供农业技术服务，提升科技小院科技氛围。

【开展学术交流】　2021年，组织开展“重大工程安全管理创新与事故防范经验交流会”“5G技术与智慧医疗”“基层健康公益行高峰论坛”等多场学术活动，充分发挥科协系统人才智力和组织网络优势，搭建副中心科技创新服务平台，促进前沿科技成果在副中心实现场景应用。

【实施金桥种子工程】　2021年，发挥企业创新主体作用，鼓励科研人员和青年工程师开展课题研究。经前期调研、项目征集和专家评审，对15个金桥种子资金项目开展专项资金支持。

（白雨）

通州区工商业联合会

【概　况】　2021年，通州区工商联充分发挥自身优势，紧扣“两个健康”（非公有制经济健康发展和非公有制经济人士健康成长，是非公有制经济领域统战工作的重要指导思想）工作主题，落实好对民营经济统战工作的最新要求，扎实有效推进各项工作。区工商联获得2020—2021年度全国“五好”县级工商联、全国第一批节约型机关称号。

【区工商联与通州建行签订战略合作协议】　为深入贯彻党中央国务院关于促进民营企业发展的战略部署，进一步为民营企业发展提供金融支持，扎实做好“六稳”、全面落实“六保”，4月16日，通州区工商联与建行北京通州分行继续深化合作，签订战略合作协议，为区工商联（商会）所属商协会会员企业，以及广大的民营企业提供多样的、有针对性的专项金融服务，大力推进“企业综合服务系统”，简称“八大平台”（融资服务平台、小微成长平台、创新支持平台、投融顾问平台、善融撮合平台、教育培训平台、数据治理平台、党群社服平台）在通州区落地，共同推动通州区民营经济高质量发展。

【大厂县工商联到通州区参观调研】　为深入贯彻习近平总书记重要讲话精神，落实好市委、市政府及区委、区政府关于推进京津冀协同发展工作的各项决策部署，4月22日，河北省廊坊市大厂回族自治县工商联一行近50人到北京市通州区参观调研，调研一行参观宋庄艺术区党群服务中心、宋庄艺术区新的社会阶层人士联谊会、北京城市副中心规划展厅，为通州区工商联与大厂县工商联建立友好关系，促进京津冀地区民营企业友好交流作出积极贡献。

【参加京津冀五地区交流活动】　6月8日，为进一步落实京津冀协同发展战略，京津冀五地区工商联“协同、创新、合作、发展”交流活动在天津市静海区举办。北京市通州区工商联、河北省保定市工商联、沧州市工商联、廊坊市工商联、天津市静海区工商联领导及民营企业代表50余人参加活动。座谈会上，五地区工商联分别就各地的情况进行介绍。会后，与会一行参观天津市友发德众钢管有限公司、中日（天津）健康产业发展合作示范区规划展馆以及中国医学科学院血液病医院（团泊院区）项目。

【组织民营企业赴顺义区开展党史学习教育】　6月11日，区工商联领导班子带领民营企业代表及机关干部40余人，前往顺义区焦庄户地道战遗址纪念馆、柳庄户村红色文化教育基地参观学习。此次参观学习活动，让民营企业代表及机关工作人员看到了美丽乡村建设，重温党史，共同铭记中国共产党领导人民从事革命和改革的光辉历史。

【与三河市工商联开展青年企业家交流研讨】　6月23日，通州区工商联与三河市工商联开展“融合发展，协同创新”青年企业家交流研讨活动，三河市青年企业家商会到通州区青年创业者协会进行走访交流。两地青年企业家就商会建设、在京津冀协同发展的大潮中如何发挥青年企业家作用以及今后的交流与合作进行探讨与交流。

【赴唐山培训学习】　7月13—14日，区工商联领导班子、所属商协会党建负责人、民营企业代表及机关干部50人赴唐山开展“学党史 强信念　传承红色文化 弘扬建党精神”培训学习。活动一行参观李大钊纪念馆、唐山地震遗址纪念馆公园、唐山地震博物馆及南湖城市规划馆。

【工商联界别协商议事活动】　7月16日，区政协工商联界委员工作站围绕“在疫情冲击下，通州实体服务业的困境与突破”开展协商议事活动。会上，区教委、区商务局、区体育局主要领导详细介绍了疫情后针对服务行业采取的服务措施及制定的优惠政策。教育、餐饮、体育健身三个行业共6位民营企业负责人，结合自身实际，围绕实体服务业的困境与突破进行发言，重点提出了教育机构经营难题、幼儿园保育证办理、加强冰雪运动帮扶、餐饮行业规模化发展等问题；相关政府部门主要领导针对发言内容进行现场答疑，许多问题当场得到解决。

【召开第十二次代表大会完成换届工作】 12月23日，北京市通州区工商业联合会（商会）召开第十二次代表大会，回顾区工商联第十一届执行委员会工作，选举产生区工商联（商会）第十二届执委会及领导班子，明确今后五年的工作任务。大会开幕式由区委常委、统战部部长吴孔安主持，市工商联党组成员、副主席林为民，区委书记赵磊，区委副书记、区长孟景伟，区人大常委会主任赵玉影，区政协主席张德启出席大会。

（陈宇昕）

北京通州年鉴
2022

法治

▲ 4月7日，开展开门纳谏抓教育　倾听民意促整顿集中开放日活动

| 区委政法委提供 |

▲ 4月14日，为期百天的"金盾4号"专项行动正式启动

| 区融媒体中心提供 |

▲ 10月20日，在京杭大运河书院举办“美好生活 民法典相伴”主题宣传活动暨新媒体普法矩阵发布活动

| 区司法局提供 |

▲ 11月18日，区法院开展执行案款集中发放日活动

| 区法院提供 |

▲ 12月12日，区检察院与环球度假区辖区派出所联合执法

| 区检察院提供 |

综　述

【概　况】 2021年，通州区政法系统坚持以习近平新时代中国特色社会主义思想为指导，深入贯彻习近平总书记关于政法工作、平安中国建设重要指示，全面贯彻习近平法治思想，以庆祝中国共产党成立100周年大会安保、服务保障环球主题公园开园运营等工作为主线，以防范化解影响全区安全稳定的各类重大风险为着力点，全力以赴落实各项安保措施，完成多项重大活动安保任务，有力维护通州区政治安全、社会安全和公共安全。

【政治安全稳定局面进一步巩固】 印发《通州区重点领域风险监测预警和工作协调机制工作规则》，将12个重点领域纳入监测预警体系，持续做好重大决策社会稳定风险评估，切实做到"应评尽评"。建立完善"线索核查"等14项常态化工作机制，扫黑除恶常态化机制体系基本成型。全力护航村（社区）、乡镇、区三级换届选举，严打各类违法犯罪活动，持续净化基层政治生态。全力维护政治安全和社会稳定，严密防范各类打击渗透颠覆破坏活动，强化重点时段情报会商和问题处置机制，组织社会矛盾大排查、专项排查以及重点时期零报告排查，推进重复信访积案化解。充分发挥疫情防控大数据分析组作用，有力开展落地核查涉疫人员、预警通报异常动向等工作。完成全国"两会"、2021北京城市副中心马拉松、庆祝中国共产党成立100周年大会大会等重大安保任务，全区110刑事警情、治安秩序类警情持续低位运行，群众安全感不断提升。

【基层社会治理形式进一步创新】 健全矛盾纠纷多元预防化解机制，畅通规范各类诉求表达、利益协调、权益保障渠道，有效解决跨区域、跨行业矛盾纠纷联动解决难题。打造"诉源治理＋多元解纷"社会治理链，构建专业调委会与专业审判团队的紧密型调裁模式，实现调解成功快速确认，调解未果快速裁判。推进搭建三级多元化解实体平台，大力推广通运街道紫荆全环节化解中心成功经验，推动各街乡镇建立全环节多元化解中心，强化赋能保障，提升非诉解纷的核心竞争力。研究发布"副中心平安指数"，用数字形式客观反映全区平安建设整体情况。有序开展基层平安创建工作，推动平安创建向各行业、各领域延伸。加强智慧平安建设，深度挖掘"雪亮工程""大数据合成研判中心"优势，全面服务智慧城市管理。深入推进智慧平安小区建设，减少社区可防性案件。

【法治服务保障质效进一步提升】 统筹政法各单位力量，全力开展"拔钉子"专项行动，加大司法调解力度，重点项目如期有序推进。出台《通州区强化政法保障助力民营经济健康发展的若干措施》，推动形成服务和保障民营经济健康发展的整体合力，服务保障副中心高质量发展的创新举措走在全市前列。建成全市首家"智慧服务厅"，推出"智慧办、一桌办、自助办"受理模式，实现群众办事"一网一门一次"目标。组建专业化审判团队，集中审理涉"两区"（国家服务业扩大开放综合示范区和自由贸易试验区）建设金融案件，有效规范金融新业态创新发展。创新"1+N"（"1"指以案件办理质效为中心，"N"指围绕刑事案件，联系一切可以联系的力量，以"五个联合"为半径，辐射"N"元产权"保护圈"，统筹推进多元化保护体系，形成知识产权大保护格局）知识产权保护模式，探索"云端告权""一站式告知"，引入侵权案件"专业辅助人"，精准破解知识产权办案瓶颈；举办"知识产权刑事司法保护暨十大典型案例"新闻发布会，营造尊重、保护知识产权浓厚氛围。潞洲公证处设立"办证难"投诉接待室，主动帮助群众答疑问、解难题，受到群众好评。

【政法队伍力量得到进一步凝聚】 统筹全区政法队伍教育整顿，深入贯彻《中国共产党政法工作条例》

及市委实施办法，建立政治督察、纪律作风督查巡查、重大事项请示报告制度操作细则、街道乡镇政法委员职责规定等制度，党对政法工作的绝对领导得到进一步加强。推动政治教育、警示教育、英模教育与党史学习教育有机结合，在全市率先举办政法英模事迹报告会，表彰“副中心平安之星”，鼓舞和激励广大干警忠诚履职、担当作为。开展顽瘴痼疾整治专项行动，有效补齐监管漏洞。面向区级领导及全区百余家党政机关开展专项宣讲，组织全体公职人员签订《防止干预司法“三个规定”承诺书》，营造良好法治生态。组织政法各单位广泛开展“我为群众办实事”实践活动，累计办实事442件，得到群众赞誉和认可。

（李莹）

政法委与综治

【深入开展政法队伍教育整顿】 3—7月，统筹开展全区政法队伍教育整顿，3000余名政法干警参与。核查办理问题线索821件，建立固化制度机制101项，整治顽瘴痼疾56项，建立固化制度机制101项，表彰“副中心平安之星”14人，为民办实事442件，进一步提升全面从严管党治警的制度化水平。

【政法系统英模事迹报告会】 4月1日，“学英模　筑忠诚　强担当”政法系统英模事迹报告会在通州会议中心召开，来自区公安分局、法院、检察院、司法局的6位副中心政法战线上的楷模，用自己或同事立党为公、执政为民的感人事迹，向全区政法干警发出坚守初心使命、赓续砥砺前行的号召，发挥典型示范引领作用。

【“开放日”活动】 4月7日，组织开展“开门纳谏抓教育　倾听民意促整顿——政法队伍教育整顿开放日”活动，市、区政协委员、人大代表，政法各单位中层干部代表、街道乡镇政法委员代表走进区委政法委，与政法委领导班子成员座谈交流，对做好政法队伍教育整顿工作提出意见和建议。

【开展“四大专项”行动】 4月15日起，为服务保障环球主题公园开园及运营，牵头部署治安乱象整治、安全隐患整治、出租房屋和流动人口整治、信访矛盾攻坚“四大专项”行动，精准聚焦风险隐患。

【开展“4·15”全民国家安全教育日宣传系列活动】 4月15日，“坚持总体国家安全观　统筹发展和安全　庆祝中国共产党成立100周年国家安全工作历程展”在区委展出。同时，举办主题征文、公益广告、有奖问答等系列活动，发放宣传品3万余份，营造全民参与、全民守护国家安全的浓厚氛围。

【优化营商环境】 5月，出台《通州区强化政法保障助力民营经济健康发展的若干措施》，涵盖营造公平的市场环境、规范高效办理涉民营企业案件等4类18项举措，充分发挥政法单位职能优势，助力民营企业健康发展。

【开展“5·26”我爱路主题宣传活动】 5月26日，组织涉路各街道乡镇开展“5·26”我爱路主题宣传活动，以辖区铁路沿线两侧2.5千米范围内的企业、学校、村庄、社区、家庭为重点，开展形式多样的宣传教育活动，大力营造爱路护路良好氛围，确保铁路运输安全和沿线治安环境。

【政法系统“副中心平安之星”先进事迹宣讲会】 7月13日，“高举旗帜铸忠诚　践行使命保平安”政法系统“副中心平安之星”先进事迹宣讲会在区文化馆举行。来自政法单位的6位宣讲人讲述政法系统先进典型的感人故事，政法各单位举办精彩的文艺会演，宣讲会对14位“副中心平安之星”进行表彰。

【反邪教宣讲团进基层】 8—9月，开展反邪教宣讲团进基层活动，共计举办38场次，推进了反邪教教育宣传“六进”(进机关、进乡村、进社区、进学校、进企业、进宗教场所)活动。通过宣讲使广大群众进一步了解邪教危害，提高防范邪教、抵御邪教的意识和能力。

【多元矛盾纠纷预防化解机制】 5月，出台《关于健全多元矛盾纠纷预防化解机制，助推市域社会治理现代化的实施意见》，推进解决跨区域、跨行业矛盾纠纷难题，推动信访积案化解，做到矛盾纠纷防范在先、发现在早、处置在小。

【副中心平安指数】 9月，首期“副中心平安指数”正式发布。指数涵盖社会治安、矛盾纠纷、安全隐患、交通秩序和群众安全感等指标，通过信息化方式按月发布，用数字形式客观反映各地区平安建设整体情况。

【第二届“十佳”基层社会治理品牌评选活动】 11月，开展第二届“十佳”基层社会治理品牌评选活动，共24个单位参加，经过线上投票和专家评审，区发改委“小微项目惠民生”等10个优秀项目获评，活动总结和推广了北京城市副中心优秀社会治理经验，营造了创新基层社会治理工作的浓厚氛围。

【常态化开展扫黑除恶】 2021年，建立完善“线索核查”“案件盯办”“深挖彻查”“打财断血”等14项常态化工作机制，长效制度体系基本成型。严打各类违法犯罪行为，全力护航村（社区）、乡镇、区三级换届选举，持续净化基层政治生态。

【平安铁路“消隐促建”专项行动】 2021年，深入推进平安铁路“消隐促建”专项行动，指导有关街道乡镇结合《通州区铁路沿线“疏整促”项目任务清单》，排查整治消除铁路沿线周边各类安全隐患37处。

【智慧平安小区建设】 2021年，完成751个智慧平安小区前端建设任务，建成区入室盗窃案发率下降60%以上。

【开展2021年度基层平安创建活动】 2021年，开展“平安社区（村）”“平安医院”“平安校园”“平安商市场”4个行业的平安创建活动，共有287家单位在创建活动中达标。

（李莹）

法治政府建设

【概　况】 2021年，通州区深入学习贯彻习近平法治思想，以争创“全国法治政府建设示范区”为目标，推动全区法治政府建设取得新成效。落实事中事后监管等相关政策措施社会反映良好，被国务院通报表扬。市委依法治市办正式向中央依法治国办推荐通州区为“全国法治政府建设示范区”。

【依法全面履行政府职能】 2021年，高水平承接第二批市级赋权，副中心管委会累计承接市级赋权108项，营商环境考评排名首次进入全市第一梯队，企业满意度居全市第一。政务服务实现“市区贯通”，北京城市副中心政务服务中心正式运行，推动跨省通办、跨区通办服务，实现与京津自贸区、廊坊市及北三县、天津宝坻区共629个政务服务事项“跨省通办”，推动11个区实现26项政务服务事项跨区协同办理。深化行政审批制度改革，编制完成告知承诺清单，推动8个部门18项证明事项和22个部门193项涉企事项实施告知承诺制。加快推进社会信用体系建设，认真做好失信约束措施清理规范，严格按照中办国办制定的联合奖惩备忘录依法依规开展联合奖惩。

【提升行政决策法治化水平】 2021年，推进合法性审查实质化。为区政府重大行政决策和文件出具合法性审查意见279件，提出建议112条；审核以区委、区政府名义签订的合同、协议55件，提出意见15条；区政府向市政府报备规范性文件9件，区属各单位报备规范性文件28件；以区政府、政府办名义制发的规范性文件全部向区人大常委会备案；清理涉行政处罚规范性文件222件，涉计划生育内容的规范性文件234件。健全依法行政制度机制，印发《关于进一步明确区政府重大决策和规范性文件合法性审查报送材料的通知》，将公平竞争审查的有关情况列为重大决策送审材料之一，引导决策承办单位依托政府网站公开征求意见，试点重大协议提前介入机制，完成河东资源循环利用项目法治审核把关，为区委、区政府重大协议审核把关奠定基础。扎实推进重大决策后评估，分两批举办行政规范性文件和重大行政决策评审会，选取3件重大决策项目和1件行政规范性文件作为评估对象，邀请高校学者和律师对通州区农村饮水安全、河东资源循环利用中心PPP（政府和社会资本合作）项目、背街小巷环境整治提升、创业带动就业补贴、奖励政策等进行后评估。

【推进严格规范公正文明执法】 2021年，深化落实事中事后监管，创新引入“沙盒监管”模式，将115项轻微违法行为纳入容错纠错清单升级版，全年市场监管领域不予行政处罚案件155件。贯彻落实新修订行政处罚法，印发《通州区贯彻实施新修订〈中华人民共和国行政处罚法〉若干措施》，在法律理解适用、规范执法程序等方面作出进一步明确。完善行政执法协调机制，制定《通州区行政执法内部协调规则》，有效规范各单位间行政执法争议处理程序。服务保障环球主题公园法治化运营，印发《关于授权区城管执法局调度各街乡综合执法人员参与文景街道办事处综合行政执法的决定》，着力解决环球主题公园周边综合行政执法力量不足问题。高标准推进行政执法“三项制度”（行政执法公示制度、行政执法全过程记录制度、重大执法决定法制审核制度），通过线上抽查手段监督行政执法公示制度执行情况，形成定期通报机制，全年累计抽查2000余次，通报问题300余项。开展全区行政处罚案卷集中评查和质量抽验工作。严格把好违法建设强制拆除审核关，审核街道违法建设强拆案件10件。开展执法主体清理和司法部新版行政执法证件集中换发工作，核验全区行政执法人员2300余人，清理注销600余人。组织全区执法资格考试4次，考试通过率超90%。完成司法部行政执法人员标准化培训体系试点工作。

【统筹推进法治政府建设工作】 2021年，深学笃用习近平法治思想，将学习贯彻习近平法治思想纳入法治政府建设年度工作要点和依法行政考核，列为区政府常务会会前学法内容和区委党校主体班次重点课程。科学谋划法治政府建设规划，将法治政府建设纳入全区“十四五”规划，印发《北京城市副中心（通州区）法治政府建设规划（2021—2025）》。开展法治政府示范创建攻坚行动，组织召开创建全国法治政府建设示范区推进会，印发《通州区创建全国法治政府建设示范区攻坚行动方案》。规范法治政府年度报告制度，首次集中发布区政府和区政府各部门法治政府建设年度情况报告。推进区级法治政府建设示范项目建设，评出第一批“市场远程监测调度指挥中心”等6个示范创建项目，确定第二批拟命名“推行党政一体法律顾问制度”等13个示范项目名单。创新开展法治政府建设调研式督察，出台调研式督察工作制度，创新探索“1+2+N”督察调研工作法（“1”是指由区委依法治区办主任牵头，会同有关部门人员组成调研督察组，对依法治区工作的重大决策、重要工作部署情况进行综合督察调研；“2”是指由区委依法治区委各成员单位负责人、区委依法治区办副主任分别牵头，对本领域的法治建设责任推进情况进行专题督察调研；“N”是指根据区委依法治区办领导同志批示，对中央、市委、区委的重要决策部署事项进行即时督察调研，并第一时间将调研督察情况向区委依法治区办领导同志报告），推动法治调研和督察深度融合、同步部署推进。

（于瑶）

公　安

【概　况】 2021年，通州分局围绕北京城市副中心高质量发展这一使命任务，全力投入防风险、保安全、控疫情、促发展、惠民生各项工作，全区社会治安大局持续平稳。完成全国“两会”、中共十九届六中全会等重大安保任务，维护行政办公区绝对安全，保障环球度假区精彩亮相、安全运营，北京城市副中心马拉松赛、大运河灯光秀等378场次活动安全有序。严厉打击违法犯罪行为，八类重点刑事案件破案率创近十年新高，命案100%侦破，涉众型非法集资案件追赃挽损4000余万元。综合整治净化社会治安环境，跨部门、跨警种开展并肩治乱、融合执法，关停取缔黑开场所130家，三停查封单位452家，整治违法群租房499处，查处电动三、四轮车，超标电动自行车违法行为2.1万起，整改各类隐患2200处。以优质服务保障全区发展大局，主动对接行政办公区二期、城市绿心“三大建筑”等重大工程，主动融入创城复检、创卫复审、创森工作，全程跟进疏解整治促提升任务，推动烟花爆竹全域禁放新规落地，提升副中心城市品质；深化“放管服”改革，44项政务服务事项进驻区政务服务大厅，推行“一窗办、一网办、一次办”等123项便民举措，办理户政、出入境业务21.1万件，处置报警求助16.1万件，深入开展“我为群众办实事”“枫桥式派出所创建”等活动，走访群众5万余人次，解决小案件、小纠纷、小事情1.2万件，收到锦旗615面、感谢信122封，潞源派出所获评全国“枫桥式公安派出所”。加强智慧警务建设，智慧社区提档加速，加快智慧安防小区建设，联网智慧门禁、电子巡查智能感知设备，推动数字化社区治理转型升级。加强执法规范化建设，强化智慧办案App等智能化应用，研究出台警种融合等工作指引39件，强力支撑一线实战。锻造过硬公安铁军，扎实开展党史学习教育活动，一体推进习近平总书记“七一”重要讲话、党的十九届六中全会精神学习，筑牢思想根基；举办年度典型案事例评选、副中心警察榜样评选等主题活动50余次，青年团团建工作在市局考核中排名第一；严抓能力培训，全警实战大练兵大比武荣获全局第四名；42个先进集体和259名个人荣获表彰奖励，3人荣获“全国公安二级英雄模范”称号。

【中国共产党成立100周年庆祝活动安保】 2021年，通州分局聚焦庆祝活动保卫、社会大局稳定、全区防控重点，坚持最强政治担当、最高工作标准、最实管控措施、最大清查力度，科学统筹、超前谋划、整体联动、一体推进，保持社会大局平安稳定，完成庆祝中国共产党成立100周年活动安保工作。

【推动实战大练兵】 2021年，通州分局推动实战大练兵，牢固树立“不在工作岗位上，就在练兵场上”的理念，打造8个实训基地、300名专兼职教官队伍、91门精品课程；做精警种轮训，强化维稳战训，夯实全警普训，累计开展培训213期，5.3万余人次受训。参加市局37项比武，通州分局荣获团体和个人奖项29个，1人荣获全国教育训练工作成绩突出个人称号，通州分局大练兵年度考核成绩位居全市局第四名。

【开展“我为群众办实事”实践活动】 2021年，通州分局开展“我为群众办实事”实践活动，将教育整顿、党史学习与“保安全护稳定、勤为民办实事”融合推进，恪守“人民至上、服务至上、效率至上”的工作理念，坚持真抓实干、真严实打、真心实意、真材实料、真情实感，先后推出便民工作机制10个，落实具体措施123项，为民办实事1万余件，获得各类锦旗、感谢信300余件。

【庆祝首个“中国人民警察节”】 1月10日，通州分局庆祝首个“中国人民警察节”，举行“向中国人民警察警旗宣誓”活动、“忠诚·我是副中心警察”主题云宣讲活动、书画作品展览及“我和我的祖国”主题征文活动等系列庆祝活动，分局各办公区滚动播放宣传海报，营造浓厚氛围，“副中心警察”“通州警方在线”等微信公众号连续推送9期“你好，警察节”系列文章，局属各单位通过组织开展民警座谈会、警营生日会等多种形式庆祝警察节。

【春节安保】 2月1日至17日，通州分局启动“平安春节”专项行动，狠抓禁放、保秩序、打整控、战疫情各项工作措施落实，确保全区禁放安全有序，景区商圈秩序井然有序，社会治安持续向好，完成春节安保工作。

【全国“两会”安保】 2月24日至3月11日，通州分局坚持“万无一失、一失万无”标准和细致、精致、极致作风，精心组织、全警动员，扎实推进各项安保措施落实，全力以赴防风险、保安全、除隐患，完成全国“两会”安保工作。

【清明节安保】 3月20日至4月7日，通州分局加强与区民政局、园林绿化局、公园管理处等单位的沟通协调，开展实地踏勘、现场巡视、安全检查和秩序维护工作。完成清明节安保工作。其间，投入警力1500人次，墓地接待祭扫群众21.1万余人次、公园接待游客17.2万余人次。

【“金盾4号”专项行动】 4月14日，通州区在城市绿心森林公园启动为期百日的“金盾4号”专项行动，强化全面做好专项安保、全力维护大局稳定、全面压制电诈高发，严打类案犯罪、严整治安顽疾、严密整体防控、严清风险隐患措施，为中国共产党成立100周年庆祝活动和环球主题公园盛大开园创造良好环境。区委政法委、区公安分局、消防支队、交通支队、城管执法局、应急管理局、市场监管局以及各街道乡镇相关领导、干部、群众代表400余人参加活动。

【“5·15”打击和防范经济犯罪宣传日活动】 5月15日，通州分局以“与民同心，为您守护”为主题，开展“5·15”打击和防范经济犯罪宣传日活动。活动通过互联网等形式开展宣传工作，集中转载“5·15”宣传日专题节目、普法教育等内容，同时在社区、企业、学校张贴宣传海报，宣传和引导辖区群众共同参与打击和防范经济犯罪，维护经济秩序、捍卫经济安全。其间，设置宣传站点26处，张贴发放各类宣传材料1.6万余份，受教育人数达2万余人次。

【北京城市副中心马拉松赛安保】 5月23日，2021北京城市副中心马拉松赛开赛，来自京津冀地区的1万名长跑爱好者相约北京城市副中心。通州分局精心制定安保工作方案，设立现场指挥部、起点管控组、终点管控组、路线安保组，全力以赴维护治安秩序、赛道秩序，确保比赛安全有序，完成北京城市副中心马拉松赛安保工作。

【举办“永远跟党走　奋进新征程”党史知识比武】 5月31日至6月17日，通州分局举办“永远跟党走　奋进新征程”党史知识比武，123名民警代表参加初赛、复赛、决赛。比武采取集中闭卷测试、现场答题的方式进行，试题内容涵盖党建基础和公安业务知识等，提高民警学习党史的积极性，实现以赛促学、以赛促用的目的，为庆祝中国共产党成立100周年大会和北京冬奥会安保工作提供忠诚履职、砥砺奋进的思想保障。

【开展2021“副中心警察榜样”评选活动】 5月至9月，通州分局开展2021“副中心警察榜样”评选活动，37名民警参加评选，精彩展示在各个岗位平凡坚守、勇于担当、英勇无畏的副中心警察故事，为全力维护副中心大局稳定提供强大精神动力。经过资格审核、初赛评审、网络投票、复赛评审等环节进行层层选拔，21名民警获评2021“副中心警察榜样”。

【高考安保】 6月7日至10日，2021年普通高等学校招生全国统一考试举行，通州分局细化各警种职责任务，严密试卷看护运送、道路交通疏导、考点秩序维护、应急处突处置、安全隐患排查、治安环境清整、涉考作弊专项打击、绿色通道开通服务等各环节，完成高考安保工作。

【通州区首个禁毒教育基地揭牌启用】 6月10日，通州区首个禁毒教育基地揭牌启用，基地建有展览馆、会议室、禁毒互动体验区、警体训练馆等功能区，全方位展示中国禁毒历程、历届党和国家领导人重要的禁毒指示、禁毒法规、通州区禁毒成果、毒品危害等禁毒知识，成为禁毒预防宣传教育新阵地。区禁毒委、公安分局领导共同为禁毒教育基地揭牌，市禁毒办、市公安局禁毒总队、通州区相关部门、街道等领导100余人参加揭牌仪式。

【平安校园建设】 9月1日至20日，通州分局将《加快推动全国中小学幼儿园安全防范建设三年行动计划》与平安校园建设相结合，通过建立校园安全风险隐患排查机制，开展校园法制宣传教育，落实校园高峰勤务，加强联合督导检查，推进平安校园建设工作考核验收，全面强化全区中小学、幼儿园安全防范工作，保障校园安全。

【开展通州区医警联动处置大比武】 9月8日，通州分局开展通州区医警联动处置大比武，首都医科大学附属北京友谊医院（通州院区）、首都医科大学附属北京潞河医院、通州区妇幼保健院、首都医科大学附属北京胸科医院、北京中医药大学东直门医院（通州院区）5家医院参加活动，活动现场设置安检、中控室、警务室、问诊室、诊疗室等区域，模拟辱骂、殴打、持械伤害医护人员等突发涉医场景，考核医护人员对突发情况的应急处置和医警协同作战能力，推进副中心“平安医院”建设。

【启动京津冀地区首次申领居民身份证“跨省通办”试点工作】 11月1日，京津冀地区首次申领居民身份证“跨省通办”试点工作正式启动，北京市试点窗口设置在通州分局潞源派出所。长期在京工作、学习、居住的天津市武清区、河北省三河市燕郊开发区户籍人员，可在北京试点窗口申请办理首次申领居民身份证异地受理业务。在津冀工作、学习、居住的北京市通州区户籍人员，可在津冀试点窗口申请办理首次申领居民身份证异地受理业务。截至12月31日，潞源派出所接受群众的电话咨询800余次，为60名符合条件的群众办理申领居民身份证“跨省通办”业务。

【冬奥纪念钞、纪念币兑换期间金融单位秩序维护】 11—12月，中国银行、工商银行、建设银行等网点开展冬奥会普通纪念币、纪念钞兑换工作，通州分局主动对接辖区16家兑换单位，强化属地监管责任，加强现场指导检查，加大巡逻巡视力度，确保兑换现场平安有序，完成冬奥纪念钞、纪念币兑换期间金融单位秩序维护工作。

（高凤霞）

【人口总数】 2021年，通州区有户籍人口410609户834909人（男412344人；女422565人），其中非农业人口580468人，农业户口254441人。全年登记出生7033人（男3699人；女3334人），死亡5947人（男3426人；女2521人），迁入20585人（省内迁入10885人；省外迁入9700人），迁出6701人（迁往省内6297人；迁往省外404人）。

（王丽华）

【流动人口和出租房屋管理】 截至2021年，通州区登记流动人口1057964人，已办居住证347330人，携带16岁以下儿童26486人。登记出租房屋165965户418137间，建立出租房屋管理站346个（来京人员和出租房屋服务站），配备专职协管员350人。

（杨地）

【户口申报审批】 2021年，通州分局办理各类审批户口7053份9700人。

（王丽华）

【证件管理】 2021年，通州分局办理二代居民身份证127794个，办理临时居民身份证5026个。

（王丽华）

检　察

【概　况】 2021年，区检察院聚焦发展和安全，全面履行各项检察职能。坚决惩治危害公共安全和影响人民群众安全感的犯罪，严厉打击电信诈骗、侵害公民个人信息、“两卡”［2020年10月10日，国务院打击治理电信网络新型犯罪工作部际联席会议“断卡”行动部署会议召开，会议决定在全国范围内开展“断卡”行动，严厉打击整治非法开办贩卖电话卡、银行卡（简称“两卡”）违法犯罪］网络犯罪等新类型犯罪，严惩侵犯企业合法权益、扰乱市场秩序犯罪，办理各类刑事案件3136件3924人，批准和决定逮捕727件918人，提起公诉1700件1999人，提前介入引导侦查896件，自行补充侦查519件。全面落实“接诉即办”，稳妥处理信、访、网、电各类群众诉求1956件；结合办案，认真研判市域社会治理难点，向有关单位提出社会治理检察建议182份。服务副中心经济社会发展，深入推进实施服务保障民营企业健康发展机制“通检七条”（2018年12月5日，区检察院为落实《北京市检察机关服务保障北京“四个中心”建设和城市总体规划方案》和《通州区率先行动改革优化营商环境实施方案》，发布服务、保护民营企业的七条意见，简称“通检七条”）及与区工商联签订的合作协议，与34家企业建立联络机制；对涉案企业进行专项和综合合规检查，推动出台通州区《关于强化政法保障助力民营经济健康发展的若干措施》，促进营商环境的优化。

努力提升法律监督质效，维护司法公正。受理各类刑事立案、撤案监督案件58件，立案侦查司法工作人员职务犯罪1件1人，办理行刑衔接案件21件，办理羁押必要性审查153件，办理暂予监外执行审查24件。办理民事诉讼监督案件660件、行政检察案件147件；加大公益诉讼检察力度，办理公益诉讼案件190件，与武清、廊坊检察机关共同制定《京杭大运河（通州廊坊武清段）综合治理暨公益保护专项监督活动方案》，构建通武廊生态检察共同体。

加快推进检察队伍能力建设，将教育整顿、党史学习教育与业务强基、业务竞赛、服务保障大局深度融合，科学配置检力资源，定期调研、动态调整干部队伍，制定短期、中期、长期培养目标规划，优化“四大检察”“十大业务”检力配置。在北京市检察机关2021年检察业务竞赛活动中，6名检察官、4名检察官助理获得前十名的好成绩。

【推进党史学习教育走深走实】 2021年，建立“党组引领、支部跟进、党员联动”三级学习模式，开展党组理论中心组学习、组织专题读书班、听取党史专题辅导报告等20余次，以“支部党建”为依托，开展研讨交流60余次，撰写个人心得体会500余篇，将党史学习教育成果融入检察履职。打造“追光党课”“检察官 talk show”等党建特色品牌，搭建检察服务大厅“党员示范岗”模范窗口，开展“唱响”“记忆”“传承”“初心”等主题党日活动，基层党组织建设更加坚强有力。

【检察队伍教育整顿】 2021年，深入开展大学习大讨论活动，全面深入查纠整改，举办“思想大解放、检察大发展”开门评议活动，邀请区教育整顿办公室、人大代表、政协委员、青年创业者协会代表等13人走进检察机关，共谋检察高质量发展。围绕服务党和国家工作大局、服务保障基本民生需求、满足群众对公平正义更高要求、提高社会治理现代化水平，制定“检察为民办实事”工作方案，建立台账，明确18项重点任务，推动“我为群众办实事”活动落到实处。

【深化认罪认罚从宽司法制度改革】 2021年，不断深化认罪认罚从宽制度改革，认罪认罚适用率、确定刑量刑建议提出率和采纳率均居全市前列，取得良好成效。加强程序规范化建设，形成全市推广的“通州模式”。推行“三步检视工作法”，以数据通报检视每周运行情况，以个案筛查检视每月存在问题，以部门考核检视每季度落实成效，环环相扣，实现工作的科学管理。规范认罪认罚落实，全面推进制度“可用尽用”，坚持证据标准不降低，强化证据审查，全面释法说理，提高认罪认罚适用率，加强与法院在新罪量刑上的沟通会商，统一证据标准、量刑尺度，提升精准量刑水平。

【落实少捕慎诉慎押刑事司法政策】 2021年，以轻微刑事案件为重点、以落实认罪认罚制度为路径、以优化工作模式为保障，依法推进非羁押强制措施适用，探索落实“少捕慎诉慎押”的有效举措。不捕率、酌定不起诉比例和诉前羁押率实现“两升一降”效果。开展刑事和解工作，扩大轻微刑事案件非羁押强制措施范围；强化检警配合，扩大轻微刑事案件取保直诉案件范围；注重简案快办，减少审前羁押期限；引导嫌疑人认罪认罚，同步开展羁押必要性审查，坚决避免“一押到底”；充分运用检察听证方式，以公开促公正，坚持“应听证尽听证”，对拟不捕不诉案件听取多方意见、主动接受监督，促进矛盾化解。

【护航副中心金融安全】 2021年，依法起诉非法吸收公众存款、集资诈骗等金融领域犯罪35件63人，审慎办理一批涉众型、跨区域重大经济犯罪案件，追回人民财产9230万元。开展防范金融风险专业课堂，制定《非法集资案件审计工作指引》，有效维护副中心经济社会稳定。

【深入开展知识产权保护】 2021年，建立“1+N”知识产权保护模式（一是保持对涉知识产权犯罪严惩态势，从严从重打击群众反映强烈、社会舆论关注、侵权假冒多发等重点领域犯罪；二是升级诉讼权利保障，主动及时向权利人告知诉讼权利义务，创新“云端告权”“一站式告知”等机制，有效促进权利人实质性参与诉讼维权；三是提升司法保护专业水平，充分利用“外脑”专家库、专业辅助人资源，精准破解知识产权办案专业“瓶颈”；四是健全知识产权行刑衔接，加大行政执法与刑事司法衔接力度；五是增强知识产权治理效能，完善电商、物流企业等第三方监管机制。六是优化知识产权服务供给，建立知识产权风险防范服务机制；提升企业知识产权风险识别应对能力，为权利人提供维权“绿色通道”），探索“云端告权”“一站式告知”机制，引入侵权案件“专业辅助人”，精准破解知识产权办案瓶颈。召开知识产权刑事司法保护新闻发布会，通报副中心知识产权刑事司法保护情况及十大典型案例，被光明网、《检察日报》等十余家媒体关注，助力营造尊重、保护知识产权氛围。

【开展公益诉讼专项监督】 2021年，先后开展了“大运河文化保护”“英烈纪念设施保护”“跟进中央环保督查”“安全生产”“国防光缆保护”“革命文物等红色资源”等专项监督，针对烈士纪念设施维护修缮问题，向区文旅局、区退役军人事务局及属地政府分别制发检察建议，督促共同履行保护辖区英烈设施职责；针对通州区249炮校旧址维护问题，向区文旅局制发诉前检察建议，助力保护红色革命文物；针对5起中央环保督查案件，联合属地政府、区水务局等开展立案调查，共同维护环境安全；针对危化品安全生产领域的刑事案件线索，加大排查力度，联动区市场监管局、属地政府，加强危化品综合治理，促进安全生产；办理的大运河金口新河故道遗址保护案获评全国检察机关大运河公益诉讼保护典型案例，办理的段某某等6人生产销售有毒有害食品刑事附带民事公益诉讼案获评最高检“公益诉讼守护美好生活”典型案例。

【加大未成年人保护法治宣传力度】 2021年，深入职业学校、中小学幼儿园、乡镇政府、社区街道开办法治课，覆盖学生、教师、群众等多层主体3000余人，视频点击量2万余次，广播收听30万人次。会同区民政局等单位在北京市育才学校通州分校举办“检爱同行、共护未来”检察开放日活动，并作为通州区“未成年人保护工作宣传月”的启动仪式，一百多名师生和来自区委组织部、区法院、各委办局、各街道、乡镇人民政府相关部门负责人，以及一线民警、医生、社工、爱心企业代表、媒体代表参加活动，由检察官进行法治课讲授。

【公诉“黑校车”超载】 7月15日，区检察院公诉通州区首例“黑校车”超载案，7月26日，被告人刘某被区法院以危险驾驶罪判处拘役三个月，并处罚金人民币两千元。刘某在未取得校车许可资格的情况下，提供校车服务，在运营中严重超载且长期超负荷运转，车辆各项安全性能较低，存在很大安全隐患。为更好地守护学生安全，区检察院向区交通支队发出检察建议，区交通支队迅速开展了校园周边道路安全专项整治活动，出动警力上百次，严查违法行为，坚决落实“检查一辆、纠正一辆、教育一辆”，并开展校园安全宣传教育。

【举行北京环球度假区检察室揭牌仪式暨“聚焦高质量　服务副中心”新闻发布会】 12月3日，区检察院举行北京环球度假区检察室揭牌仪式暨“聚焦高质量　服务副中心”新闻发布会，发布《北京市通州区人民检察院关于服务保障北京环球度假区建设运营和高质量发展的实施意见》，就相关问题进行通报并回答记者提问。北京市检察院党组成员、副检察长张朝霞，通州区委常委、政法委书记张德启，通州区政府副区长、通州公安分局党委书记、局长董亦军，通州法院党组书记、代院长李经纬，通州检察院党组书记、代检察长李辰参加会议，北京市政协委员、北京广播电视台主持人徐春妮主持揭牌仪式。

（张晓雁）

法 院

【概 况】 2021年，通州法院在区委坚强领导下，在区人大及其常委会和区政协有力监督下，在区政府及社会各界大力支持下，在市高级法院的有力指导下，坚持以习近平新时代中国特色社会主义思想为指导，深入贯彻落实习近平法治思想，围绕“司法为民公正司法”和“服务保障副中心建设”两条主线，全年收案70919件，其中刑事类1787件、行政类1293件、执行类17088件、民商事50751件；结案65968件，其中刑事类1756件、行政类1200件、执行类15719件、民商事47293件，全年结收比达到103.49%，居全市一类法院第一。在全市法院目标责任制考核中居全市法院第二，一类法院第一。该院始终坚持党对法院工作的绝对领导，深入学习贯彻中共十九届六中全会、庆祝中国共产党成立100周年大会以及市委、区委全会精神，将学习习近平新时代中国特色社会主义思想及习近平总书记重要讲话精神作为党组会第一议题，全年党组理论中心组开展集体学习27次，并邀请央视特约评论员现场辅导，指导各党支部广泛开展学习研讨，带动全院干警牢固树立“四个意识”，坚定“四个自信”，坚持和捍卫“两个确立”，做到“两个维护”，推动学习贯彻习近平新时代中国特色社会主义思想走深走实。该院高度重视人才建设工作，制定《优秀年轻干部培养办法（试行）》，开展首届审判业务专家评选，10位法官获此殊荣，16位法官受聘高校研究生导师，5位法官受邀为全市法官授课，9篇论文在全国学术论文讨论会中获奖，6篇调研成果获市级以上奖项，16篇案例入选中国法院年度案例，人才培养机制获“北京法院人才工作精品”一等奖。邵玉喜获评“北京市法院为民榜样”，豆鹏获评“人民法院司法警察先进个人”，李中华、王宝荣家庭分获全国最美家庭、首都最美家庭，另有34个集体、67名个人获得区级以上荣誉，形成创先争优浓厚氛围。

【党史学习教育】 2021年，上好微型党课、青年团课，开设周末课堂、晨学课堂，推出“红色精神谱系”专题展，营造互动学、深入学浓厚氛围。扎实开展“我为群众办实事”实践活动，坚持开门纳谏，根据代表委员、律师、群众等各界代表反馈的意见，深入推进“我为群众办实事”实践活动，高质量完成“7+12”项院级实事项目。综合运用“党员先锋岗”“绿色服务窗口”“周末诉讼服务包”等方式便捷群众诉讼。增加送法到家、上门立案、巡回审判工作半径和频次，深入宋庄镇富豪村、永顺镇杨庄小区等多个村镇、社区提供司法服务，涉及案件当事人千余人次，暖心举措获最高人民法院及多家媒体宣传报道。

【政法队伍教育整顿】 2021年，建立工作专班，分设21个专项机构，6个督导小组，抓实效、动真格。学习教育环节，打造“5+1”长效学习机制，创新开展“青年跟班找差距”活动，激励干警向英模看齐。查纠整改环节，事项自查、谈心谈话全覆盖，核查违规违纪干警20人。高标准完成两项自选动作，长期未结案清理率超90%，归档历史遗留卷宗近14万件。总结提升环节，出台28项制度机制，主动接受各级检查指导17次，获中央及市级督导组充分肯定，通过评估验收和“回头看”检验。

【打造特色党建创新项目】 2021年，落实新时代党的建设总要求，制定出台“政治体检”工作制度，提升基层组织力。加强党建创新，以“一支部一堡垒、一小组一灯塔、一党员一旗帜”为主要内容，深入挖潜特色亮点工作，打造具有创新性、实效性、推广性的特色党建创新项目。1个支部、4名党员分别被评为北京法院党建工作先进集体、先进个人，宋庄法庭党支部“红色微E站”获评北京法院党建创新示范项目，“一核·四建”工作法获区党建创新项目二等奖，民事审判三庭党支部“链·合”工作法获《前线》杂志刊文推介。

【服务保障副中心发展】 2021 年，出台《服务保障北京城市副中心建设实施办法》，畅通诉源治理渠道，建立巡回审判、夜间法庭机制，及时回应诉源治理需求。设立“环球度假区一站式多元解纷中心”，选派专业审判团队和经验丰富的调解员入驻，助力实现“矛盾纠纷不出园”，相关经验获《北京政法信息》刊载。全市首批挂牌成立“少年法庭”，有力推进新时代少年审判工作。建立商事争议解决专家库，发布民营企业商事纠纷审判白皮书，助力“两区”建设，服务“六稳”“六保”。精准对接，安排数百名党员干警奔赴防疫前线，获得“北京市青年突击队”称号。立足本职，运用智慧手段推行网上立案、线上开庭，方便人民群众。

【安全稳定】 2021 年，刑事办案工作量位居全市法院第一。审结全市首例高空抛物罪案，从快从严审理“7·7”危化品爆炸案、“9·18”宋庄爆炸案，提升人民群众安全感。依法审结于某受贿案等政法干警犯罪案件 3 件 4 人，助力政法队伍建设。持续巩固扫黑除恶工作成效，3 名法官和 1 个集体分获北京市扫黑除恶专项斗争先进个人、先进集体。

【优化宜居宜商环境】 2021 年，赴京津冀交界村落为村民上门立案、集中执行，抢农时助农耕，联合基层司法所上门诉前化解残障人士家庭纠纷，暖心举措获多家媒体宣传报道。妥善审结文旅行业高额补偿引进公司高管引发的劳动争议案，依法审结“疫情期间支持民企延期还贷案”“限制民企投资人疫情期间撤资案”等一大批典型案例，发布民营企业商事纠纷审判白皮书，为民营企业纾困解难。审结的“孙某诉韩某等损害公司利益责任纠纷案”“基金公司诉信托公司等营业信托纠纷案”被三中院评为商事典型案例。建立商事争议解决专家库，在运河商务区设立一站式解纷中心，优化副中心营商环境，助推“两区”建设。

【行政审判】 2021 年，行政类案件结收比 91.73%，位居全市法院第三。40 天快速审结涉北京城市副中心保障房项目的拆迁许可证案件，促成阻碍安贞医院主体工程建设长达 10 年的当事人签约，保障重点项目开工。妥善审理王某等 44 人诉市区两级行政机关的多起涉众案件，实现“审理一件、化解一批、预防一类”。加强府院沟通，与市区两级行政机关联席座谈 16 次，开展诉源治理系列活动 6 次，为市住建委 600 余名一线执法人员授课，助力法治政府建设。

【巩固基本解决执行难成效】 2021 年，坚持标准不降、力度不减，在市高院终本案件专项巡查中，抽检案件合格率 100%，执行规范化水平显著提升。开展“阳光执行月”、案款清理专项活动，全年发放案款 15321 笔、金额 19.02 亿元，率先在全市法院实现应发案款全部清零。《法治日报》头版头条报道该院重塑执行生态工作成效。

【改革创新】 2021 年，依托基层共建点、一站式解纷中心机制提升诉源治理实效，民事审判三庭“诉源治理+多元解纷”治理链工作法获得通州区“十佳”基层社会治理品牌，宋庄法庭依托诉源治理共建点化解邻里纠纷案例被央视报道，通运街道全环节多元化解中心获全区推广。持续推进无纸化庭审与电子卷宗随案同步生成应用试点、集约送达和集中排庭试点，改革成效逐步显现。借力北京政法办案智能管理系统，实现刑事案件全流程互联互通、信息共享，促进以审判为中心的刑事诉讼制度改革提质增效。

（张浩）

司法行政

【概　况】 2021年，通州区司法局下设11个科室，分别是办公室、法治调研科、规范性文件审查科、行政复议应诉指导科、行政执法协调监督科、社区矫正管理科、普法与依法治理科、人民参与和促进法治科、公共法律服务管理科、公证律师工作科、组织人事科；下设4个事业单位，分别是通州区法律援助中心、北京市潞洲公证处、通州区政府行政复议接待室和通州区阳光中途之家。

【开展“八五”普法规划编制工作】 2021年，举办“八五”普法启动仪式暨新媒体矩阵发布会，开启普法与依法治理新篇章。开展区政府常务会“会前学法”1次，各单位领导干部会前学法240次；录制的“法治思维与依法行政”课程，上线北京干部教育网。开展《中华人民共和国民法典》普法活动，累计开展各类主体宣传30余场次，发放宣传材料10万余份。持续拓展法治阵地建设，因地制宜在成长空间书店、北国风书店、京杭大运河书院开展“法韵书香”阵地建设，累计接收各界赠书400余册。加大新媒体普法力度，微信推文566篇，发布普法视频68条。

【加强社会矛盾纠纷多元预防调处化解机制建设】 2021年，制定《通州区关于健全社会矛盾纠纷多元预防化解机制，推进市域社会治理现代化的工作意见》，社会矛盾纠纷多元预防调处化解综合机制建设进一步深化，党委、政府统筹，委办局、街道乡镇落实，基层组织和社会组织联动，社会力量参与的多元矛盾纠纷预防化解格局进一步拓展，信访、调解、仲裁、公证、裁决、复议、诉讼等多元纠纷化解方式实现了协调联动、有机衔接。2021年，全区各级人民调解组织开展矛盾纠纷排查6735人次，调解矛盾纠纷25935件次。

【持续推进公共法律服务体系建设】 2021年，大力推进公共法律服务体系实体、网络、热线平台建设，为群众提供主动、精准、普惠的优质法律服务，指导九棵树、杨庄街道公共法律服务站建成使用，完成“12348”公共法律服务热线平台系统升级切换工作。加强北京环球主题公园项目法治保障工作，研究制定《通州区司法局关于加强北京环球主题公园项目法治保障的工作方案》，成立通州区司法局保障环球主题公园项目工作领导小组，明确任务分工，建立顺畅的综合执法协调工作机制和跨部门联合执法机制，加强外部沟通协调，开展法律援助、法律宣传等公共法律服务活动，着力筑牢法治防线，推进法律服务保障。全年累计受理法律援助案件1517件，办理公证事项11726件，解答法律咨询2万余人次。

【加强律师行业服务全区中心工作】 2021年，制定《通州区司法局2021年服务“两区”建设工作计划》，主动服务“两区”建设。简化行政审批流程，推行告知承诺制，实现全部律师类审批服务事项均无需其他部门出具证明。组织民营企业“法治体检”活动，组建法律服务团队28个，服务民营企业49家，开展法治讲座17场次。村居法律顾问工作深入推进，开展普法宣传20余场次，服务群众1000余人次。加强行业监管，巡查检查律师事务所124家次，约谈律师195人次；办理行政投诉案件17件。律师行业队伍进一步壮大，办理行政审批初审业务220件，新设立律师事务所12家、合伙律师事务所2家、同城分所2家，新申请执业律师44名，新转入律师75名。

【提升社区矫正规范化水平】 2021年，不断规范执法行为，全面提升材料清登、文书流转、调查评估、执行地变更等台账制定和内部规范化水平；制定《执行地变更工作办法（试行）》《暂予监外罪犯病情复查工作办法（试行）》，进一步规范工作流程，避免隐患发生。强化执法监督，会同区检察院开展暂予监外执行专项检查，暂予监外执行罪犯逐一登记造册，加强刑事执行。推进信息互联互通，通过BJCM系统，累计发送数据项342项，完成“两委”资格换届审查工作，累计审查8998人次。

（于瑶）

全面依法治区

【概　况】 通州区委全面依法治区委员会深入学习贯彻习近平法治思想，全面贯彻党中央决策部署和市委、区委工作要求，充分发挥牵头抓总、统筹协调、督促落实作用，围绕法治政府示范创建、复议体制改革等重点工作，主动履职、开拓创新，统筹做好执法司法、守法普法等各项工作，为副中心高质量发展提供坚强法治保障。

【强化法治思想引领】 2021年，深入学习宣传贯彻习近平法治思想，将习近平法治思想纳入各级党委（党组）理论学习中心组学习计划和区政府常务会会前学法内容，先后邀请马怀德、吴苗林、徐宗立、曹鎏等专家作法治专题辅导。列入区委党校主体班次重点课程，开展培训班次22期，培训领导干部1738人次。在干教网通州分中心平台上线“法治思维与依法行政”课程，被列为全区各级干部必学课程，培训干部4800余人。创新推出“追寻法治之光，奉法者‘说’”活动，收集副中心法治人对法治的最深感悟100余篇，并在“法治通州”公众号上发布，为庆祝中国共产党成立100周年献礼。举办“学习贯彻习近平法治思想优秀研究成果”交流会，评选出一、二、三等奖、优秀奖若干名并汇编成册，为相关部门决策提供有价值的参考。举办学习贯彻习近平法治思想专题培训班，编撰印发《全面依法治国文件汇编三、四》，切实提升全区领导干部依法履职能力。

【高站位统筹谋划】 2021年，将法治政府建设纳入全区“十四五”规划。严格落实中央“一规划两纲要”要求，通盘考虑、系统谋划，成立“十四五”时期法治政府建设专项规划编制工作领导小组，先后5次召开专家座谈会、征求意见座谈会，合力形成高质量的法治政府建设专项规划审议稿，分别提请区委常委会、区政府常务会议审议通过。12月，通州区委、区政府联合印发《北京城市副中心（通州区）法治政府建设规划（2021—2025年）》。组织召开区委全面依法治区委员会第三次会议、区委全面依法治区委员会专题会、区委全面依法治区委员会办公室第三次会议和区推进依法行政工作领导小组（扩大）会议，起草会议文件，推动会议精神贯彻落实。及时组织呈批、传阅各类文件76件，制发专题报告3次、旬报12期。将党政主要负责人年终述法工作纳入述职述廉，通过述法总结工作、接受监督、发现问题、督促整改，推动述法与年终述职考核深度融合，同步部署推进。推动通州区人民政府与中国政法大学签署战略合作协议，双方将在共建全国领导干部法治教育合作基地、合作举办法治骨干人才培训、区域法治政府建设、法治课题研究、人才交流等多个方面开展深度合作。

【打造法治政府建设示范标杆】 2021年，高位推动法治政府建设攻坚行动。组织召开创建全国法治政府建设示范区推进会，区委书记赵磊强调尽锐出战、攻坚争先，坚决打赢争创活动“收官战”。印发《通州区创建全国法治政府建设示范区攻坚行动方案》，围绕100项指标要求全力落实27条具体任务，通过拉长优势、补齐短板，实现法治政府建设整体工作提升，10月18日，市委全面依法治市委员会办公室从创新性、引领性、典型性三个维度对通州区进行高度评价，并向中央依法治国办推荐通州区为“全国法治政府建设示范区”。全面规范法治政府年度报告制度，首次集中发布区政府和区政府各部门法治政府建设年度情况报告，新华社、《法制日报》、

《新京报》等多家新闻媒体给予宣传报道。推进区级第一批法治政府建设示范项目建设，培育“市场远程监测调度指挥中心”等6个区级示范创建项目，副中心法治政府建设水平得到全面提升。组织开展2021年区级法治政府建设示范创建活动，截至年底，收到各成员单位、各街道乡镇报送的示范创建项目42个。聚焦通州区法治政府建设存在的问题，开展副中心法治政府建设评估，为全面推进法治政府建设提供新思路、新策略。

【完善制度体系建设】 2021年，完善重大行政决策机制，研究制定《通州区政府决策议题合法性审查若干规定》，进一步规范区政府会议决策议题合法性审查程序。试点重大协议提前介入机制，完成区水务局河东资源循环利用项目法治审核把关流程。推进重大决策后评估工作，分两批举办行政规范性文件和重大行政决策评审会，评估农村饮水安全、河东资源循环利用中心PPP项目、背街小巷环境整治提升等。充分发挥行政复议化解争议“主渠道作用”，推进相对集中的行政复议体制改革，印发《行政复议体制改革落实方案》。进一步畅通复议服务群众“最后一公里”，在新建5个街道建立行政复议分中心。整合人民调解、行政调解、行政复议、法律援助等力量，成立通州区行政争议调处中心，28%的案件通过调解结案。

【加强执法协调监督】 2021年，召开执法协调小组会议，推进行政执法机构职能、制度规范、监督制约和运行保障体系建设。完善行政执法协调机制，制定《通州区行政执法内部协调规则》，有效解决环球主题公园周边综合行政执法力量不足、永顺镇变更行政区域后与相关街道行政执法交接争议、共享单车规范管理、运河航道通航安全等各类问题30余件。开展全区行政处罚案卷评查和质量抽验工作，抽选各执法单位行政处罚案卷70余卷，组织各执法单位业务骨干40余人开展集中评查讨论。印发《通州区贯彻实施新修订〈中华人民共和国行政处罚法〉若干措施》，汇编制发学习手册1000余册、光盘50余份。落实司法部行政执法人员培训标准化体系建设试点工作，制定试点实施方案，开展街道乡镇行政执法专题培训2期，努力打造高素质基层执法队伍。

【合力做好法治保障】 2021年，全力做好环球主题公园运营保障工作，加强法治保障，组织开展信访矛盾攻坚、安全防患整治等“四大专项”行动。推动多元化解机制落实，印发《通州区关于健全社会矛盾纠纷多元预防化解机制，推进市域社会治理现代化的工作意见》，构建通州区社会矛盾多元调解指导中心，实现对社会矛盾分级分类管理和分流调度。全力优化法治营商环境，出台《通州区强化政法保障，助力民营经济健康发展的若干措施》。开展第二期“十佳”基层社会治理品牌评选活动，加快推进市域社会治理现代化步伐。区法院围绕“司法服务保障副中心高质量发展”中心主线，修订完善服务保障北京城市副中心建设实施办法，设立北京环球度假区一站式多元解纷中心，全方位回应副中心建设的司法需求。区检察院创新“1+N”知识产权保护模式，探索“云端告权”“一站式告知”机制，引入侵权案件“专业辅助人”，精准破解知识产权办案瓶颈。区公安分局建成全市首家“智慧服务厅”，推出“智慧办、一桌办、自助办”相结合的受理模式，实现群众办事“一网一门一次”目标，高效办理户政、出入境业务13.9万件。

【推进全民普法】 2021年，高质量完成通州区“八五”普法规划编制工作。探索构建出普法与依法治理视角下的“六大治理体系”，“云普法”“法律明白人培养工程”等走出了具有副中心特色的基层社会治理新路。打造“大运河书院”“广通社区法治读书角”等法治文化阵地，“法韵书香”品牌效应逐步显现，工作经验被北京政法微信客户端转发。打造通州区新媒体普法矩阵，制定《通州区新媒体普法矩阵合作十条》，吸纳全区优质普法类微信、微博、抖音、App等90余个，累计用户超过数百万人，通州区新媒体月度普法指标，多次在全市排名第一。持续加大基层民主法治创建力度，累计创建完成并申报41个市级民主法治示范村（社区），达到全区村（社区）总数的20%。

（于瑶）

北京通州年鉴

2022

军　事

▲ 9月30日，通州区举行烈士纪念日公祭活动

| 区融媒体中心提供 |

▲ 10月20—26日，通武廊人防跨区联合支援通信演练

| 区人防办提供 |

▲ 7月22日，北苑街道武装部开展征兵宣传活动

| 区人武部提供 |

▲ 5月28日，区人武部组织全区专武干部参观民兵武器装备陈列馆并开展党日活动

| 区人武部提供 |

人民武装

【概　况】 2021年，通州区人民武装部在卫戍区党委正确领导下，坚决贯彻上级决策部署，围绕中国共产党成立百年主线，坚持以中央军委主席习近平视察北京卫戍区时提出的重要讲话精神作为工作的根本遵循，以卫戍区党委扩大会议精神为筹划开展工作的基本依据，按照“党建引领、聚焦实战、既保障好军又服务好民”的工作思路，坚持高起点筹划、高标准推进，着力在抓思想铸军魂、抓备战提能力、抓作风正风气、抓融合促发展、抓班子强队伍上下功夫使实劲。

【加强后备力量建设】 精准编兵整组。认真组织国防潜力调查，借助辖区地方现有资源，遴选蒙牛、李宁等20余家优质大型企业列入民兵整组重点。加强探索创新型民兵支援保障力量生成，前往中航智科技有限公司实地调研，加强军企联动；加强人才建设，既将高新技术汇入军营，又将国防特色融入企业。修订完善方案。着眼急时应急、战时应战要求，及时修订完善《维护社会治安方案》《军警民联防方案》《抢险救灾方案》《兵员动员方案》等12种方案预案，切实做到有章可循，依案行动，为遂行多样化任务提供有力支撑和保障。狠抓训练演练。先后组织3批民兵专业分队和教练员集训，组织专武干部和民兵应急分队参加轻武器实弹射击演练。选拔并组织4个专业分队参加首都民兵集训和“忠诚卫士—2021”比武竞赛活动，取得优异成绩。

【征兵工作】 牢固树立“征兵就是备战，征好兵就是保打赢”理念，2021年，针对首次两征两退的现实变化，提前预判形势，采取线上与线下相结合的方式，广泛开展征兵宣传活动，通过广播、微信群、校园网等多种手段，普及征集标准、优待政策和报名程序，协调区电视台和《通州时讯》等主流媒体播放征兵宣传片、刊登征兵政策。主动走进北京工商大学嘉华学院等大学校园开展国防教育和征兵宣传活动，极大激发大学生参军入伍的积极性。全程严格落实廉洁征兵制度，组织人民武装部全员签订廉洁征兵责任书，严格选拔廉洁征兵监督员，扎实开展上站体检、政治考核、集体定兵、役前教育、新兵运送等各项工作，使各环节“公开化、公正化、廉洁化”，确保征兵工作走稳走深、取得实效。2021年，通州区青年应征报名人数同比增长5.1%，征兵工作被北京市评为征兵工作先进单位。

（于磊）

【发挥桥梁纽带作用】 开展全民国防教育。向区人大常委会提出“加强全民国防教育的建议”，指导台湖镇武装部开展“铭记历史，强我国防——9·18军地联合国防教育宣传进社区”国防教育日活动。协调教委，统计驻区中小学校名录，选拔推荐5所国防教育示范学校参加全国国防教育示范校的考核评选。加强驻区疫情防控。指导驻通州部队配合地方政府严格按照新一轮防疫措施，落实“四方责任”。协调区卫健委、医保局与属地解放军总医院京东医疗区对接，建立起军地卫勤联系机制。定期组织学习《中华人民共和国民法典》，用法律知识武装头脑，在区人民武装部设立军人军属法律援助工作站。加强与区退役军人事务局联系，每周三安排专业律师提供法律援助。协调解决实际困难。大力发扬拥军优属的光荣传统，满腔热情为驻通州部队办实事、解难题。协调区委、区政府成立专班，全力推进预备役高炮师遗留问题的解决，为预备役高炮师改革清除了障碍。主动做好停止军队有偿服务后续工作，推动军队不经营、军地联合工作的有效运行。另外，完成军转干部和符合政府安排工作条件的退役士兵接收安置任务，为随军家属协调安置工作，落实军人子女入学优待政策，为军人子女办理入学入托、调动转学、参加中高考优待等手续，有效解决官兵“三后”（后院、后代、后路）问题。

（范雨鑫）

人民防空

【概　况】 2021年，通州区人民防空办公室在区委、区政府的正确领导下，在市人防办的指导下，在相关部门的支持与配合下，认真贯彻落实国家“长期准备、重点建设、平战结合”的人防建设方针，围绕工作目标任务和重点工作，全面提升人民防空建设能力、应急救援能力和服务城市能力，有效推动各项工作实现新进展、跃上新台阶、争创新优势。为北京城市副中心建设，为人防事业健康发展提供坚强有力的服务保障。

【公共安全宣传教育】 2021年，北京城市副中心人防体验馆工程如期完成。通过主流媒体做好各类活动宣传工作，全年在《北京城市副中心报》刊发人防宣传专版2期、在通州电视台做人防专题报道2次、在《北京人防》杂志用稿4篇，组织开展多种主题的宣传活动，包括“国际民防日”、“5·12”防灾减灾日、“国防教育日”、“人民防空创立日 ”宣传教育活动和宣传周活动，均取得良好的效果。

【指挥通信建设】 2021年，按照年内计划定期对815D应急车、15个街道乡镇指挥调度设备、应急视频设备及地下指挥设备进行日常加电运行测试，完成警报器的日常维护工作，及时排除发现的问题，确保通信设备正常运行。持续做好京津冀无线电台及通信卫星点对点协同训练任务和跨区京津冀联合通信保障演练。强化通信业务日常训练，突出人防专业队专项训练，确保遇有任务“拉得出、连得上、通得好”。

【应急值守备勤】 2021年，坚持做好日常应急通信系统测试，远程应急无线通信保障能力不断增强。在元旦、春节等特殊时间节点，全面启动应急机制，严格执行24小时领导带班和值班工作制度。定期对815D应急车、15个街道乡镇（已装指挥调度系统）指挥调度系统、地下指挥设备进行日常加电运行测试，确保应急指挥车能够在20分钟内出动。全民国防教育日防空警报试鸣任务完成，警报鸣响率100%。4月13日，人防办出动一台815D指挥车，配合区反恐工作领导小组办公室完成在北京环球度假区开展的通州区防范恐怖综合实兵演练任务。

【人防工程使用】 2021年，利用人防空间新增提供保障车位，推动充电桩安装。全区绝大部分的人防车库已经安装充电桩，为居民停车充电提供便利。为缓解副中心群众停车压力做出贡献。

【市民热线“接诉即办”工作】 2021年，区人防办高度重视群众诉求，主要领导亲自督办、亲自调度，坚持问题导向，受理群众诉求件67件，均得到有效解决。特别是解决了困扰通州区朝北8080社区居民很久的社区停车难问题，收到朝北8080社区业主送来的锦旗。

【人防工程维护维修】 2021年，对人防工程进行维护维修，确保工程达到应有防护效能，完成工程量普查招标、施工及验收工作。为加快深化科技创安成果，进一步提升人防工程信息化管理水平，对人防工程新装技防设备，现已完成工程招标、施工及验收工作，为北京城市副中心建设创造良好的安全环境提供了保障。

【人防工程安全管理】 2021年，坚持各项安全管理工作，日常安全检查采取实地检查和网上巡查相结合，通过分组、包片的形式，不间断地对辖区内的人防工程进行实地检查、网上监控巡查，全年出动检查人员2486人次，查出各类安全隐患1355项，均得到有效整改。

【行政审批】 2021年，行政审批工作在保证各审批环节及内容依法依规的基础上，坚持关口前移，以服务促监管，将审批内容、办事程序、承诺时限、审批依据等事项公开，推行延时服务制度，采取“早晚弹性办、周末预约办”的延时办理服务模式，实现一网通办。推进“联审联批”审批模式，加快审批办理速度，尽早促成项目落地，2021年，完成6个项目的建设审批手续。

【人防工程建设】 2021年，区人防办受理审批人防工程建设标准审查27项，申报人防工程设计方案22项，规划设置人防工程，包括医疗救护工程、专业队工程、人员掩蔽工程、配套工程、易地建设工程项目5项。受理审批人防工程竣工验收备案65件，受理审批人防工程平时使用199件。

（杨丽君）

功能区建设

▲ 6 月 10 日，国家网络安全产业园区 · 通州园举办政策发布会

| 国家网安园区（通州园）提供 |

▲ 7 月 12 日，第二十七届世界建筑师大会中国展览在张家湾设计小镇亮相

| 中关村科技园区通州园管委会提供 |

▲ 7 月 25—26 日，2021 年第七届北京鲜食玉米节在北京通州国际种业科技园区举办

| 中关村科技园区通州园管委会提供 |

▲ 9月6日，中关村科技园区通州园管委会与四家企业签订合作协议

| 中关村科技园区通州园管委会提供 |

9月17日，2021北京城市副中心文旅产业峰会暨全球主题娱乐行业领袖高峰论坛在北京国际财富中心举办

| 北京通州文旅区管委会提供 |

▲ 10月18日，通州国际种业园区参展第二十九届中国北京种业大会

| 中关村科技园区通州园管委会提供 |

▲ 张家湾设计小镇铜牛未来设计园

| 区融媒体中心提供 |

▲ 在建中的远洋乐堤港项目

| 运河商务区管委会提供 |

“两区”通州片区

【概　况】 通州区2018年被确立为服务业扩大开放综合试点示范区，2019年被确立为服务业扩大开放综合试点先导区。2020年9月，中国（北京）自由贸易试验区获批，中国（北京）自由贸易试验区国际商务服务片区通州组团包括北京城市副中心运河商务区和张家湾设计小镇周边可利用的产业空间共10.87平方千米。通州区“两区”建设聚焦财富管理、绿色金融、金融科技、城市规划与文创设计、科技创新、文化旅游、专业服务、京津冀协同等领域，以运河商务区、文化旅游区、张家湾设计小镇等重点示范区和功能区为高水平开放核心承载区，通过“产业开放＋园区开放”模式，不断深化改革开放。

【体制机制建设】 组建通州区“两区”工作领导小组。2月26日，中国（北京）自由贸易试验区国际商务服务片区通州组团（通州区国家服务业扩大开放综合示范区）工作领导小组正式获批设立，区“两区”工作领导小组为区委议事协调机构，办公室设在运河商务区管委会，承担区“两区”工作领导小组日常工作。印发《中国（北京）自由贸易试验区国际商务服务片区通州组团（通州区国家服务业扩大开放综合示范区）工作领导小组和办公室组成方案》《中国（北京）自由贸易试验区国际商务服务片区通州组团（通州区国家服务业扩大开放综合示范区）工作领导小组和办公室工作细则》，完善“两区”组织架构和管理运行机制。成立北京城市副中心“两区”顾问委员会，作为战略咨询机构和战略资源交互平台。

【政策制度创新】 2021年，编制、印发《中国（北京）自由贸易试验区国际商务服务片区通州组团三年行动计划（2021—2023年）》《通州区国家服务业扩大开放综合示范区和中国（北京）自由贸易试验区国际商务服务片区2021年工作要点》，发布《关于促进中国（北京）自由贸易试验区国际商务服务片区通州组团产业发展的若干措施》《关于服务“两区”建设优化营商环境促进副中心发展的实施意见》等产业政策，推进三年行动计划106项任务实施率达到86.8%。推进京津冀协同发展，形成京津冀自贸试验区“同事同标”政务服务目录，实现京津自贸试验区56项政务服务事项“跨域通办”，与天津宝坻、武清50项政务服务事项、与廊坊市及北三县70项政务服务事项和453项高频便民事项实现“跨省通办”。总结“两区”政策制度创新先进经验，“‘4+’全流程‘双创’服务体系”和“政务服务京津冀‘区域通办’联动机制”入选2021年北京市“两区”建设第一批改革创新实践案例，在全市复制推广。

【项目落地】 截至年底，“两区”项目库入库项目230个，其中，内资项目169个、外资项目61个；已落地项目80个，在推进项目150个。总部方面，中国长江三峡集团有限公司下属21家公司、探路者控股集团股份有限公司等落地。金融方面，上田八木货币经纪（中国）有限公司、华夏理财有限责任公司、农银金融科技有限责任公司、北京国际财富管理研究院有限公司等全国全市首创性项目及普华永道咨询（北京）有限公司等重点项目落地，与中国国际金融股份有限公司签订战略合作协议，清华大学通州金融发展与人才培养基地项目正式启动，北京全国棉花交易市场集团有限公司、北京红木交易中心有限公司入驻。绿色金融方面，中美绿色基金管理有限公司、北京北创绿色低碳科技创业投资基金中心（有限合伙）、北京绿色金融与可持续发展研究院、国投信开水环境投资有限公司落地。外资方面，环球主题公园运行良好，北京建院约翰马丁国际建筑设计有限公司、安塔卫信息技术咨询（北京）有限公司、楷亚锐衡建筑设计咨询（北京）有限公司等成功入驻。

【招商推介】 2021年，聚焦京外、境外拓展招商引资战场，4月28日，在上海陆家嘴金融城举办“京沪双城，联动发展”北京城市副中心招商推介会。年内，开展国企、品牌餐饮企业、中国欧盟商会、英中贸协企业代表团、德国金融机构等走进副中心系列活动。借助线上形式拓展招商推介渠道，举办日本奈良县、爱知县等6场线上招商会，参与北京—惠灵顿、“2021港澳和海外侨领国情研修班”等线上推介活动。

【营商环境优化】 “两区”国际化一站式服务中心建成运行，实现外国人来华工作许可、居留许可“两证联办”。推行“全程电子化登记”，落实告知承诺登记制度，推进“证照分离”改革，在全市率先试行网上“证照联办”，发出全市首张“一照含证”“一照含多证”营业执照。积极打造简政放权试点示范区，2021年承接下放到自贸试验区的市级权限101项，其中29项为优化产业发展环境类事项。开展2021年度外籍创新创业人才申请在华永久居留积分评估推荐函申报工作。

【平台建设】 上线“开放通州”中英文网站，打造“千年之城，开放新篇”北京城市副中心“两区”建设展，配合市“两区”办建设市“两区”展示会客厅。9月18日，市委书记蔡奇，市委副书记、市长陈吉宁一行察看“两区”建设主题展，了解各区探索实践和工作进展等情况。深化宣传推广，开设《做实做深“两区”建设 推动北京高质量发展》电视新闻专栏、《努力打造改革开放的“北京样板”》等媒体专栏。年内，北京城市副中心“两区”建设实效获得各级各类媒体报道1000余期，总阅读量超3000余万次。

【品牌活动】 8月27日，举办2021年北京城市副中心“两区”建设成果专题发布会，发布“两区”建设一周年工作情况及成效。9月6日，举办2021年中国国际服务贸易交易会“千年之城，开放新篇”走进北京城市副中心主题活动，会上成立北京城市副中心“两区”顾问委员会，长江CEO联盟主席傅成玉、中国工程院院士贺克斌、中国文物学会会长单霁翔等委员代表进行主旨演讲，中国机电产品进出口商会、三峡科技、碧桂园、首旅集团等20余个项目签约，顾问委员敬一丹主持对话访谈，初晓波、邓亚萍、青山周平、潘光伟、李玮、赵勇、梁伟坚做客访谈。9月10—11日，举办HICOQL2021全球创业者峰会“走进北京城市副中心”主题展，以“人才九有、久有人才，大运十得、实得大运”为推介要点，全面展示北京城市副中心建设成果及产业发展、营商环境和“两区”建设实效，吸引海外归国人才和创新创业人才来北京城市副中心发展。

（何晶）

运河商务区

【概　况】 按照《中共北京市委机构编制委员会办公室关于通州区规范开发区管理机构促进开发区创新发展实施方案的批复》等有关文件精神，整合北京市通州区新城中心区建设管理委员会（北京市通州区运河商务区管理委员会，正处级）、北京市通州新城金融服务园区管理委员会（正处级），组建北京市通州区运河商务区管理委员会，为区政府派出机构，机构规格正处级，主要负责运河商务区规划、建设、管理等组织协调工作，推进通州区国家服务业扩大开放综合示范区和中国（北京）自由贸易试验区国际商务服务片区通州组团建设等工作。设立中共北京市通州区委运河商务区工作委员会，为区委派出机构，与管委会合署办公，主要负责本机关及所属单位党的基层组织建设、思想建设和党员队伍建设及“两新”组织党建工作。按照区直机关工委关于党支部换届的相关要求，选举成立中共北京市通州区运河商务区管理委员会总支部委员会，下设2个党支部。总支部委员会共有中共党员52人，中共预备党员3人，本科及以上学历占95%以上，80、90后占比约70%。

【财源建设和社会投资】 截至2021年底，累计注册企业15863家，注册资本金3971亿元。其中含总部企业48家、金融企业266家（其中财富管理类金融企业116家、传统类金融企业36家、科技类金融企业16家、绿色类金融企业8家、类金融企业90家）、高新企业58家、上市企业1家。全年实现税收48.9728亿元，形成区级财力11.2455亿元。全年完成全社会投资57亿元，其中建安投资27亿元，累计完工建筑面积413.55万平方米。

【产业项目引入成效初显】 2021年，共有179家重点企业落地，总注册资本达588亿元，包括中国三峡新能源（集团）股份有限公司、北京首钢产业投资私募基金管理有限公司、中节能首联（北京）新能源有限公司、中石化重型起重运输工程有限责任公司和中建交通建设集团总承包工程有限公司等国有企业下属机构注册成立，业之峰装饰集团有限公司、四季沐歌科技集团有限公司等民营企业总部迁入，上田八木货币经纪（中国）有限公司、法国安塔卫企业管理咨询有限公司等外资企业落地发展。全年新引入企业实现税收2.8亿元，产业结构不断优化，金融服务产业链形成，总部经济呈快速增长态势。以“四区结对”为契机，形成79个企业组成的项目库，保持与相关企业的接洽，并定期进行跟踪维护；在项目承接方面，朝阳区、西城区共推荐企业11家，其中上海银行副中心支行、广发银行副中心分行及全国棉花交易市场已落户运河商务区。

【基础设施建设】 2021年共完成9条道路施工建设，4条道路在建，完成道路总长度1093米。其中，东关一街、东关二街、东关三街、粮食街、青龙街、江米店街共6条道路、900余米，已完成道路施工、质量验收、人行步道铺装、照明设施安装、交通标志标识安装，具备开通使用条件；惠济路南段、观音庵北街、黄船埠街、上营街东段已完成道路施工。千荷泻露桥慢行系统提升项目于10月29日开通运行。东关大道燃气管线工程建设顺利完工，实现验收通气，确保富华水乡项目正常使用；冷热电三联供建设有序推进，共完成复地Ⅸ-02地块、新光大Ⅳ-02地块、Ⅳ-05地块能源子站建设，确保建设项目按期供能。持续提升运河商务区“水弹性”标准，保利、绿地复地联合体（复地）项目等7个开发项目完成涉及海绵城市工程。协调解决中国长江三峡集团有限公司项目开口及开设施工通道、办公通道和施工现场封闭管理，通州区新华书店关于新华东街260号污水管道改造等市政设施运营管理工作。

【环境建设】 运河商务区园林绿化提升工程已申请区园林绿化局专项资金1856万元。园林景观提升（一期）项目启动道路树木种植工程；商务北区标识系统及城市家具品质提升项目完成深化设计并启动设施制作；北环环隧交通标志改造提升项目完成设计方案；组织区文旅局、区城管委等部门召开研讨会，推进上营片区建筑外立面灯光照明工作，聘请专业公司完成照明效果提升方案设计。

【服务保障园区项目建设】 配合核心起步区京杭广场等14个项目办理规划建设手续，已取得施工许可证；配合运河壹号、侨商总部基地、绿地复地联合体（复地）项目等项目连廊通道及中间地带建设单位办理地上连廊及地下通道相关手续，完成保利等4个已完工连通道项目的规划手续归档工作。

【瓮城遗址公园项目稳步推进】 瓮城遗址公园项目位于北京城市副中心04组团02街区Ⅷ-09地块、东关大道和新华东街交叉口西北角，用地性质为绿地，是集文物保护、绿化、交通、文化展示、休闲服务、停车等功能于一体的区域广场和活力空间，总投资预计3.2亿元。副中心管委会发改局授权北投通城公司作为该项目建设主体。4月，经市、区两级政府指示，项目由区财政采用债务资金支持建设；11月，市委领导批复翁城遗址公园设计方案。

【推动珠江项目周边道路及市政配套规划】 经多轮研究论证，运河商务区管委会组织0402街区道路主体北投通城公司，先行推动珠江河畔项目周边的月亮河东路南段、朝晖西街和朝晖南路3条道路规划手续办理，其余道路加快稳定路网规划。截至2021年底，朝晖西街正在推进前期工作，朝晖南路及月亮河东路南段正在办理立项。

【推进北运河西滨河路西移及滨水岸线建设】 滨水岸线建设项目位于北运河西滨河路与北运河之间，为实施大运河沿岸景观风貌工程，打造国际一流的滨水空间，拟将现状滨河路整体西移，实现北运河西滨河路规划。道路建设资金已落实，建设主体为北投通城公司，现场已做好施工前准备工作。

【优化营商环境】 打造“运河商务区智慧招商平台微信小程序”，全面展示运河商务区规划建设、商务楼宇和建设用地、招商政策等内容，为每栋商务楼宇设置显示50余项指标信息，吸引客商关注，便利企业了解情况，提升副中心招商服务的智能化水平。完善“一企一员”企业全流程跟踪服务机制，累计对接262家企业，针对企业诉求提供办公选址、政策咨询等服务，通过回访收到正面服务评价30余条。按照“企业吹哨，政府必到”的工作原则，以当日事当日办为工作方法，解决企业落户等80余个问题，并为企业免费提供集群注册地址，实现企业快速落地。聘请运河商务区产业服务有限公司为企业提供综合服务，包括政企银对接服务、人才服务、品牌宣传服务、人员健康服务等，为园区入驻企业提供精准服务。招商小程序中的企业管理系统和税收分析系统投入使用，“领导驾驶舱”系统初步构架搭建完成，通过将“智能招商”小程序与“智慧财税”系统有机整合，打通数据接口，实现内部系统交换联动，解决在企业管理和服务中的堵点和痛点。推动一站式服务落地，积极对接副中心政务服务中心和“两区”服务大厅，建立联系机制，为园区入驻企业提供一对一服务，开辟绿色通道，加快园区企业入驻手续办理时效，持续打造一流营商环境。

【企业服务】 研究制定《运河商务区财源建设工作方案》《运河商务区关于完善企业“服务包”制度精准服务企业高质量发展行动方案》《运河商务区关于落实北京市企业“服务包”工作管理办法的细则》等工作机制方案。与区市场监管局永顺所、新华所、中仓所建立企业服务专班，每季度通过信息共享、问题沟通等为入驻企业提供全方位服务。协调区税务局明确税务二所作为运河商务区主管所，协助园区进行税收统计分析、重点税源挖潜等工作。深化“服务包”机制，将园区70家重点企业按照领导分工进行企业走访，既帮助解决企业困难、诉求，也及时传递和解读最新政策，帮助和引导企业更好更快发展。通过走访调研和座谈等方式，全年累计走访“服务包”重点企业92家次，解决21家企业相关诉求29件。

【优化提升准入体系】 在原准入体系6套实施细则基础上新增业态类型6套实施细则，及时更新部分细则评分标准，共形成12套实施细则。具体提升有：对原有准入评估细则进行修订，针对税收分值的权重进行下调，对评估企业创新和成长性的指标进行上浮；借鉴上海陆家嘴和虹桥的产业差异化发展模式，在沿袭“高、精、尖、带动”准入原则的基础上，制定适用于新城金融服务园区优质企业的准入细则，适当放宽准入门槛，将税收红线减半；助力北京打造国际消费中心城市，新增适用于商业楼自持企业和租购小面积商业楼宇企业的实施细则；为高质量、高成长性、高影响力的“三高”企业增加绿色通道细则，采取直接备案方式，大大加快央企下属总部等符合运河商务区功能定位的企业引入进度。2021年共为17家企业进行企业背景调查，11家企业开展准入评估（其中10家评分合格），累计为20家企业进行准入指导讲解。

【疫情防控工作】 对在施工地和生活区实施全封闭式管理，借助大数据等技术手段进行人员管控；按照“应接尽接”原则，深入企业摸清底数，加大宣传力度，积极开展送“苗”进园区工作，优化接种流程，有序推进新冠疫苗接种工作，组织建设项目相关人员接种新冠疫苗共计2162针次；多次邀请区卫健委到施工一线指导疫情防控、消杀，并进行疫情防控工作培训；落实对重点人员、环境的定期核酸检测，努力做到早发现、早报告、早隔离、早治疗。

【“接诉即办”工作】 全年累计接到区中心派单201件，其中，实际承办148件，转派53件，均已按时限办结，全年平均成绩90.22分。宣传贯彻《北京市“接诉即办”工作条例》，制定《运河商务区管委会“接诉即办”工作实施方案》。协调解决珠江南北区工地农民工讨薪10次，成功为1000余名农民工追讨工资2000余万元。

【培育提升园区消费水平】 6月18日，爱琴海购物公园开业运营。新光大大融城（一期地上）年内全部开业运营，富力星光里、保利部分商业也均开业，年内商业开业面积累计20万平方米。通过组织成立试点地块业主委员会、筹建运河商务区商会、制定散售商业实施方案、引进2家商业主力品牌店、制定运河商务区管理负面清单等系列工作，推进园区散售商业提升。持续加大商业招商力度，引入餐饮企业肆月河豚和一家口腔医院落户园区，深入对接开心麻花剧场、京东、便宜坊、永旺梦乐城等项目。

【全面启动智慧园区建设】 围绕“细管、智管、众管”，进一步提升城市精细化管理水平，正式启动运河商务区智慧园区的建设工作，先后与中国电信、中国移动、普华永道等专业机构进行调研对接。智慧消防平台建成并投入使用。

【园区环境治理】 启动机动车、非机动车停车秩序专项整治工作，在新华片区优先实现共享单车“定点停放、入栏结算”的试运行，在各相关市政道路完成非机动车停车区域施划、指示牌安装及部分道路违法停车抓拍系统安装工作。组建专业队伍对新华片区开展非机动车秩序治理、地下反恐防恐巡逻活动，并对商务园区域进行日常安防巡逻。加强统筹物业管理，通过走访座谈形式充分了解项目物业管理情况，对日常突出问题及时协调解决。以新光大中心为试点，协调城管委、新华街道等部门开展商铺外摆工作，提升园区颜值和活力。

【运河商务区 LOGO 正式发布】 3 月，运河商务区 LOGO 正式发布。该 LOGO 由中国当代著名艺术家韩美林设计，通过英文字母“C”（运河 Canal 的首字母）和古象形文字“水”叠加融合，体现文化的传承与创新、东西文化交融的设计理念。9 月，运河商务区 IP 形象“五河娃”正式诞生。“五河娃”采用萌版设计，形象可爱，性格热情好客，能力出众，头上五个浪花触角分别代表千年大运河的五条河流。

【宣传工作】 坚持正面宣传为主，把握正确舆论导向，全年“运河范儿”共推送微信公众号文章 800 篇，其中原创文章 157 篇，总阅读人数 20.6 万人，总阅读次数 31.65 万次，分享人数达到 1.16 万人，分享次数达到 1.67 万次，总用户数 2980 户。

（郑文超）

中关村科技园区通州园

【概　况】 2021 年，中关村科技园区通州园通过落实北京城市副中心“3+1”（3 是指行政办公、商务服务、文化旅游，1 是指科技创新）功能定位，园区加快存量改造、城市更新、产业升级，由传统工业区向现代科技型产业园区转型，经济规模逐步扩大，发展质量显著提升。全年 7 个园区［国家网络安全产业园区（原北京通州经济开发区东区）、张家湾设计小镇（原北京通州经济开发区西区）、漷县医药健康产业集聚区（原北京通州经济开发区南区）、北京通州经济开发区北区、北京永乐开发区、聚富苑产业园区、北京市通州区国际种业科技园区］完成工业总产值 260 亿元，同比增长 1.8%；总收入 460 亿元，同比增长 22.9%；利润总额 44 亿元，同比增长 3.3%；税收合计 29.4 亿元，同比增长 11.2%。

【规划建设】 北京城市副中心党群服务中心项目建成投入运营，项目验收已完成。协助开发区南区、网安园、永乐开发区相关项目完成土地上市工作。福元医药股份有限公司摘牌开发区南区的产业用地 TZ05-0101-6100、6104 地块土地。配合西北工业大学和北京通州发展集团有限公司通过招拍挂的方式取得网安园 TZ07-0102-0052、0060、0069 三个地块，已经实现挂牌；协助永乐开发区完成 TZ10-0300-6009 ~ 6012 等地块的考古、涉水、环评等手续，审核同意北京电投泰利数据科技发展有限公司对该地块的竞买资格。

【基础设施建设】 配合张家湾设计小镇专班开展设计小镇景观提升工作，主要包括：梧桐路环岛及梧桐路绿化提升工程、合欢北路道路提升工程、凤桐路景观提升工程和铜牛地块绿地景观提升工程。与北京中关村国际环保产业促进中心有限公司签订编制《中关村国家自主创新示范区通州园绿色发展五年行动方案（2021—2025 年）》委托合同，已形成初步工作方案。

【招商引资】 2021 年，引进企业 161 家，吸引总投资额超过 100 亿元。张家湾设计小镇引入 101 家、国家网络安全产业园通州园引进 30 家、漷县医药健康产业集聚区引进30家。区域协同取得突破，推进“四区结对”（通州区与西城区、朝阳区、海淀区签署结对协议，引导优质溢出要素资源向副中心集聚）区域协同发展，吸引城区优质企业和项目在园区落地。全年共有22家企业通过“四区结对”工作落地通州园。搭建稳固合作平台，对接中关村科学城管委会，与中关村工业设计产业协会等十多家企业建立联系，引进青岛华高控股集团下属3家企业落户设计小镇，注册资金额1.5亿元，协助北京市通州区国际种业科技园区与中关村生态乡村创新服务联盟签订合作协议。对接中关村联盟协会，与中关村软件联盟签订合作协议，已有联盟协会4家企业完成注册。搭建中城国建城市规划设计研究院平台，拓展服务硬科技产业基地，吸引注册企业32家，注册资本3.1亿元，吸引北京通玉硬创科技有限公司落户设计小镇。严格立项准入评价，全年接收项目立项33个，通过初审30个，过审企业总投资额约20亿元。组织区级部门及平台公司召开入驻设计小镇项目联席会10次，对112个项目进行联审，注册资本约30亿元，为50余家企业完成工商注册手续。

【京津冀协同发展】 与北三县紧密联系，协助大厂回族自治县、三河市在副中心开展招商推介会；组织第十届北京现代种业博览会，与大厂回族自治县、三河市农业科技园区签署合作协议，推进京津冀农业科技产业协同发展。

【企业服务】 制定《园区2021年度联系服务企业工作方案》及重点服务企业名单，统筹各服务管家联系走访30家重点企业40余次，收到企业诉求27项，已办结8项。协助13家企业对接银行及投资机构；建立上市、拟上市企业台账，召开上市企业董秘培训会，为企业协调上市补贴300万元；组织银企对接会，促成4家企业办理专精特新企业投贷联动融资、跨境融资等创新业务，协助1家基金公司开设银行托管账户。协助北投台湖产业园和北京城市副中心设计小镇创新中心申报2021年“中关村特色产业园”。通过公众号、座谈及培训宣讲等多种形式组织开展政策对接活动4次、知识产权培训2次，依托各类型载体、创新平台开展相关政策培训活动30余场。召开“张家湾设计小镇安全生产宣传培训会”，48家入区企业、施工单位参会。

【优化园区营商环境】 2021年，通州园新认定中关村高新技术企业123家，累计认定738家。深入推进一般制造业疏解工作，北京市绿友食品有限公司完成整体退出，获140万元疏解奖励资金。106家企业入选2020年瞪羚企业，24个项目入选2021年北京市新技术新产品，4家企业被认定为北京市企业科技研究开发机构，6家企业入选北京民营企业百强榜单，1个产品入选北京首台（套）重大技术装备目录，2家工作站挂牌知识产权公共服务工作站，68家企业入选北京市“专精特新”中小企业，1家产业园入选国家现代农业产业园创建名单，8家企业入选市级企业技术中心新创建名单，1家企业入选2021全球独角兽榜单，1家企业入选通州区孵化示范基地，5家机构获通州区众创空间称号，1个项目获市政府固定资产投资补助资金支持，9个项目获1200万元科技资源支撑型特色载体专项支持资金，4家企业获中关村2019—2020年药品医疗器械领域国外注册认证项目资金支持，3个项目获通州区科技成果转化项目资金支持，64个项目获通州区高精尖产业发展资金支持；60家企业被纳入中关村科技型小微企业研发费用资金拟支持名单，支持资金约258万元。组建设计小镇安全生产联合检查工作组，对设计小镇区域的安全生产、建筑施工等进行常态化检查管理。制定发布《园区经济运行监测联席工作机制方案》，初步构建同分园平台公司及其所属乡镇间的数据获取机制，基本实现了园区统计分析按期推进。

【园区人才建设】 全年共引进紧缺性人才32人，引进非京籍毕业生254人。新增3家园区类博士后科研工作站分站（华美孚泰油气增产技术服务有限责任公司、国投信开水环境投资有限公司、北京北元电器有限公司），通州园累计博士后科研工作站分站19家。获得市、区人才政策支持资金382.4万元，其中，通州园获2021年北京市博士后日常经费资助8万元，甘李药业股份有限公司等16家企业的32名高级人才获通州区高层次人才政府特殊津贴和购房补助44.4万元，蒙牛高科乳制品（北京）有限责任公司等11家企业的11名高级人才获通州区“灯塔”计划人才奖励扶持资金330万元。

【漷县医药健康产业集聚区】 2021年，与漷县镇政府共同成立工作推进小组，制定《漷县医药健康产业集聚区工作联席会议制度》，协调解决各类问题，开展政策解读、招商座谈等活动。聘请第三方公司开展园区产业规划编制工作。系统研究并梳理北京市政府、市科委、中关村管委会有关医药健康产业的扶持政策，完成《关于鼓励医药健康产业发展的若干措施》专项招商政策初稿。重点依托一方健康谷等龙头企业，通过以商招商、中介机构招商等方式，吸引企业投资落地，新引进北京人卫中药饮片有限公司、北京禾方康复医院有限公司、北京神经树干细胞医学研究有限公司、北京铠耀基因科技有限公司等30家企业。全面摸底调查现有存量厂房及退出的企业用地，建立园区企业空间资源台账，重点对腾退后作为仓储物流的企业进行清理。

（郭庆云）

张家湾设计小镇

【概　况】　2021年，编制完成《张家湾设计小镇十四五时期发展规划》，并经区委、区政府专题审议后，呈报副中心党工委研究，成为副中心首个提交党工委决策的局部区域“十四五”规划。设计小镇70公顷启动区规划综合实施方案完成公示，5.4平方千米规划综合实施方案由副中心党工委专题会议审议通过。积极探索存量资源盘活利用的新模式、新路径，梳理形成《张家湾设计小镇存量空间盘活利用情况》。北京时装周、北京国际设计周和北京城市建筑双年展三大永久会址落户设计小镇，形成了小镇三大品牌活动。2021年实现税收63254万元，其中存量企业纳税56086万元，增量企业纳税7168万元。

【地块建设】　铜牛地块项目一期12961.51平方米改造已完成验收并投入使用，项目二期约47000平方米开始进行方案设计和前期手续办理工作。创新中心地块项目主体现基本建设完毕，后续办理竣工验收手续。北泡地块项目一期——北京国际设计周永久会址总建筑面积17715平方米已完工，项目二期——家园中心及停车楼规划总建筑面积21540平方米，已启动设计及前期手续办理。设计小镇智汇园地块项目原规划建筑面积约300000平方米，分四期开发建设，一期、二期160000平方米已完工并验收，北咨公司、北京能源协会签约入驻，希尔顿惠庭酒店完成签约；三、四期项目启动前期手续办理。珠江地块项目由市级部门研提手续办理路径，建设龙头企业新总部，完成北京市建筑工程研究院新总部项目选址。

【企业入驻】　2021年，设计小镇全年新注册企业达到101家（累计注册企业231家），注册资金100亿元（累计注册资金约123.8亿元）。“城市大脑”创新领跑企业——北京声智科技公司等一批创新设计与城市科技相融合的高质量企业，先后注册落地。累计对接外资企业20余家，外资企业完成注册9家，正在注册1家。

【智慧小镇建设】　创新应用场景建设，打造副中心智慧小镇。加快推进副中心首个“全5G覆盖特色小镇”建设工作，完成5G基站12座，正式开通10座，创新中心、智汇园及未来设计园区均已达到5G网络覆盖。完成“数字货币＋自贸区智慧园区”“AI管理平台”“智能流调与健康码平台”等应用场景建设，并应用于2021中国国际服务贸易交易会、设计小镇重点项目建设。12月，副中心首个区块链应用创新实验室在张家湾设计小镇创新中心正式落成。该实验室依托城市科技前沿技术及“两区”建设政策优势，重点展示了设计小镇城市科技企业在区块链应用领域的创新成果。实验室设有区块链应用导引区、数字支付体验区、可信应用体验区、规模化实施展示区和区块链未来应用研发工作区5大板块，集大众科普、技术研发、成果应用展示等多种功能于一体，将自有生态所汇聚的技术能力、前沿产品研发和应用案例，借助电子沙盘、互动大屏、设备体验、模具、文化墙、宣传展板等手段，使来访人员全方位了解区块链可信性的基本原理，并亲身体验区块链分布式、防篡改、可追溯的安全特性，沉浸式体验区块链作为新型数字化基础设施提供的可信、快速、便捷服务。

【配套项目建设】 整合安寓公寓、副中心人才公寓等小镇及周边区域4600套房源，启动配套品牌商务酒店建设。对梧桐路、凤桐路绿化景观、铜牛G1口袋公园、合欢北路道路启动建设，完善道路景观基础设施。协调通勤班车、共享单车入驻设计小镇，解决交通“最后一公里”。

【“京津冀之声”在张家湾设计小镇开播】 2月26日，由北京广播电视台携手天津海河传媒中心、河北广播电视台共同打造的《京津冀之声》在张家湾设计小镇北京未来设计园区正式开播上线，京津冀三地广电媒体大型新闻采访行动《春天的脚步——开启新篇章》同时启动。启动仪式上发布了组建“京津冀之声——协同发展智库”、北京广播电视台与北京大学首都发展研究院战略合作、京津冀广电媒体合作办台协议三项助力协同发展行动计划。《京津冀之声》的开播上线既是推进京津冀协同发展战略在新闻宣传领域落地见效的重大创举，也是三地主流媒体服务京津冀协同发展战略的重要措施。

【2021国际建筑科学院全球网络峰会】 7月7日，由国际建筑科学院主办的2021国际建筑科学院全球网络峰会线上主会场在张家湾设计小镇北京未来设计园举办。峰会以“健康、幸福、永续——关注人民生活的建筑再思考”为主题，参与城市包括韩国首尔、日本东京、马来西亚吉隆坡、土耳其伊斯坦布尔、英国伦敦、法国巴黎、意大利罗马、丹麦哥本哈根、荷兰鹿特丹、芬兰赫尔辛基、瑞典斯德哥尔摩、希腊雅典等。北京城市副中心作为线上主会场主持峰会，就“绿色建筑如何在当今全球气候变化应对中做出贡献”“‘健康建筑’的未来趋势是什么”等问题开展探讨交流。

【世界建筑师大会中巴合作论坛】 7月12日，第二十七届世界建筑师大会中巴合作论坛暨中国建筑展览在张家湾设计小镇开幕。论坛由国际建筑师协会、巴西里约世界建筑师大会组委会、北京市人民政府、中国建筑学会联合举办，是巴西里约热内卢主办的第二十七届世界建筑师大会重要内容之一。论坛包括中国建筑展览及学术沙龙两个板块，线下展览位于张家湾设计小镇北京未来设计园区，主题为“理性　人文——开放多元的中国建筑”，线上展览在北京市申办第二十九届世界建筑师大会官网举办，学术沙龙围绕“我们与国际建筑师协会”“回归均衡”主题展开。

【北京时装周永久会址落户张家湾设计小镇】 9月15日，2021北京时装周在张家湾设计小镇北京未来设计园区盛大开幕。开幕式上，北京时装周宣布将永久会址落户张家湾设计小镇，北京时尚产业研究院正式入驻北京城市副中心，未来时尚设计创新联盟正式启动。发布会以“逐梦”为主题，突出呈现服装科技创新成果，营造多维度科技互动时尚体验。采用线下发布+线上直播，开幕秀与主题展相结合的形式，在创意设计和科技新材料运用中巧妙融入冰雪元素，场景化、剧场化地表现北京城的一天，再现城市守护者们呵护美好生活的平凡和伟大。

【2021北京国际设计周盛大开幕】 9月22日，2021北京国际设计周开幕活动暨北京2022年冬奥会和冬残奥会宣传海报发布活动在张家湾设计小镇北京未来设计园区举行，开幕式上正式发布了北京2022年冬奥会和冬残奥会海报，揭晓了经典设计奖桂冠得主——《北斗卫星导航系统》。该届设计周以“品牌力量”为主题，聚焦中国共产党成立100周年、北京国际消费中心城市建设及“碳中和”等七项重点内容。通过线上和线下活动的联动，将设计与艺术融入生活场景，着力培育具有自主知识产权、独具特色的产品品牌、企业品牌和国家品牌。通过勾画中国品牌的发展路径，梳理中国品牌的创新模式，探讨中国品牌的创新方向，培育消费新增长点，形成发展新动能，更好服务于国家经济建设高质量发展。当天下午举办了以“品牌力量　创新时代”为主题的北京设计论坛，旨在激发中国品牌影响力与创新力，推动设计在品牌塑造中的切实作用。该届北京国际设计周期间参与线上线下活动的观众达7660万人次，其中线下观众312万人次。

【2021年北京城市建筑双年展】 9月23日，“2021年北京城市建筑双年展”在张家湾设计小镇北京未

来设计园区盛大开幕，活动时间为9月23日至10月7日。作为北京国际设计周产业合作单元重要板块，此次双年展以“未来·家园”为主题，为新时代、新议题的广泛探讨提供平台与契机。双年展以主题展、专题展及部分外围展为主，同期举办主旨论坛、若干专题论坛及学术沙龙等活动。展览以《北京城市总体规划（2016年—2035年）》为指导，从城市、建筑、科技、低碳、智慧多个向度，通过展示国内外杰出建筑设计案例、城市规划案例、城市建筑科技、建筑艺术装置等，全方位、多角度向世界展示对未来城市的交通、居住、工作、文化生活的探索，为推动城市设计与建筑、科技等产业融合发展搭建平台。

（徐鹏　郭庆云）

国家网络安全产业园区（通州园）

【概　况】　2021年，编制完成起步区“1+N”总体规划方案，包括街区控规及各专项规划方案汇总，产业发展策划，总体城市设计，生态景观及海绵城市专项规划，市政专项规划，土地评估，园区品牌文化专项规划和北汽、首钢地块规划综合实施方案。同时，开展园区整体战略发展规划、商业和公服配套专题研究。

【招商引资】　紧紧围绕“国家网络安全高端产业集聚示范基地”定位，主动对接优质资源，积极开展外区、京外招商，致力于引进一批网络安全企业，产业集聚和培育效应初显成效。2021年，累计引进网络安全相关企业30家，其中新注册14家，外区迁入11家，通州区迁入3家，外地新注册2家。园区累计引进网络安全相关企业68家，已有卫达信息、蔷薇灵动、华夏宏源、网藤科技等7家企业获得北京市“专精特新”中小企业称号，其中技德系统、中通天鸿、卓越信通等3家企业还申报了北京市专精特新“小巨人”企业称号。

【地块建设】　通过收储方式回收起步区内北汽（155亩）闲置国有土地，已完成土地评估，评估报告已报送市土储中心审核；加快推进启动区0044地块一级开发，完成征地补偿协议签订和征地前拆评测工作；积极对接存量企业中服集团、北京建工集团和中冶集团，洽谈闲置空间盘活相关事宜。网安园启动区3个地块入市交易，总面积72亩，建筑面积6.6万平方米。西北工业大学建设北京研究院项目，包括网络空间安全创新平台、高端人才工作站、网络空间安全人才培训基地以及科技成果转移转化中心；北京通州发展集团有限公司摘牌两个地块，将分别建设网络安全领军人才培育基地和启动区办公及服务配套项目，为网安园首批入驻企业提供配套设施，满足企业入驻需求。项目主体已分别取得不动产权证书和项目备案证明。

【企业服务】　研究出台《关于加快推进国家网络安全产业园区（通州园）产业发展若干措施（试行）》，园区12家企业获得奖励补贴资金。与北京交通大学国家保密学院、中国中小企业协会高新技术产业分会、中关村大数据产业联盟、大数据协同安全技术国家工程实验室等签订战略合作协议，共同推进优质网安企业在网安园落户。

【园区活动】　成功举办园区政策发布会、2021网络安全行业生态大会暨金帽子年度盛典、网络安全领军人才培训、云上安全产业沙龙、网络安全领军人才攻防大赛和网络安全尖锋人才法律法规知识竞赛等活动。6月10日，成功举办园区政策发布会，对园区政策进行深度解读，数十家网络安全上下游企业参加。

（屠洪月）

漷县镇医药健康产业集聚区

【概　况】 漷县镇医药健康集聚区定位为生物医药和大健康产业园，主要由漷县镇中心区组团和觅子店组团两部分组成，共计13平方千米，其中中心区组团总体规划面积10平方千米（1.71平方千米纳入中关村国家自主创新示范区政策范围）；觅子店组团总体规划面积3平方千米，已建成建筑面积102万平方米。集聚区内配套有北京大学人民医院、北京卫生职业学院、副中心养老院等基础公共服务设施，发展前景广阔。医药健康产业集聚区计划优先发展漷县镇中心区，西区为新兴的医药健康企业，东区为老工业区，经过近几年的疏整促推进，已释放待盘活的产业用地1050亩。2021年，漷县镇医药健康产业集聚区实现税收3.54亿元，实现工业总产值63.7亿元，同比增长7.6%。

【制度建设】 2021年，梳理汇编北京市、通州区、中关村通州园区管委会推进高精尖产业（医疗健康产业）发展出台及服务企业发展的最新政策、制度文件，完成《漷县镇关于加快推进医药健康产业聚集区建设常用制度汇编》。通过实地考察、现场调研后，参考《北京城市副中心关于鼓励医药健康产业发展的八条措施》等政策条例，根据漷县镇定位和特点制定《漷县镇人民政府关于鼓励新注册企业的奖励措施（试行）》，进一步完善制度建设，优化企业服务。

【医药健康重点项目】 智汇中心科技园项目占地面积104亩，总建筑面积8.3万平方米，总投资5.1亿元，已通过规自分局专家评审会，正在办理建设工程规划许可证。福元医药高精尖药品产业化建设项目土地1月8日摘牌，已取得土地不动产权证、概念设计完成总图效果图初审，正在办理多规合一实施方案。益生祥明科技产业园项目占地面积约153亩，地上建筑面积约12.23万平方米，该项目已得到区产业发展促进委员会批复，取得多规合一会商意见，正在办理建设工程规划许可证。

【完善配套设施】 2021年，完善路网建设，集聚区内市政配套路网工程基本完成，漷城西一路、漷城西三路已取得规划方案，正在编制设计方案和项目综合，其余道路工程除路灯电源外均已完工。提升污水处理能力，漷县镇中心区污水处理厂提升改造工程综合实施方案已通过专家评审会。推进集体租赁住房项目，拟选址北大人民医院西侧建设集体租赁住房，地块约107亩，总建筑规模可达11.97万平方米，可提供近2000套租赁住房。

【推进产业项目】 2021年，通过与区级相关部门对接、与重点企业对接、与招商中介对接等方式，对产业集聚区空间资源和产业政策情况进行详细推介，积极引入符合产业定位的项目。北京人卫中药饮片有限公司已和北京市东方叶杨纺织有限公司完成签约，北京东方医用气体有限公司项目已明确合作意向，北京科兴中维生物技术有限公司、智慧健康产业园区及配套云计算数据中心、北京海德润医药集团有限公司等项目正在深入对接。

（郭雨桐）

北京通州国际种业科技园区

【概　况】 北京通州国际种业科技园区（以下简称“园区”）于2011年7月13日在北京城市副中心南部的于家务回族乡挂牌成立，10年来，园区在基础设施完善、服务体系构建、高端科技创新及优质产业资源聚集，以及带动区域高质量发展等方面取得了阶段性进展，稳定保留了3万亩育种展示用地，聚集60多家院所高校和企业，先后被科技部、农业农村部认定为国家农业科技园区、国家农业信息化示范基地、京津冀农业科技协同创新基地及国家现代农业产业园，是唯一纳入中关村国家自主创新示范区的农业科技园区。园区着力构建“一带引领、三区联动、多点支撑”的空间格局，主要以张采路为主轴，自北向南规划创新驱动发展带，重点布局科技服务功能区、集中示范展示区、科研创新孵化区。8月13日，市委领导就农村疫情防控和农业农村现代化到于家务回族乡检查调研，提出农业现代化关键在科技进步，要抓好“种业”这个第一产业中的“高精尖”。国际种业科技园加强与中关村、高校院所等合作，积极开展重要品种选育和种源“卡脖子”技术攻关，打造种业创新高地。重点培育种业研发中试、展示交易、农业科技服务等高附加值环节，引进一批具有影响力的种业企业和科研机构。10月，园区8.2万平方米综合服务大楼投入使用，高通量分子育种技术服务平台、种业双创服务平台、农业大数据平台搬迁入驻。

【园区平台建设】 进一步优化提升分子育种技术整体解决方案服务平台，平台于7月获批CASL资质第三方种子质量检验机构，是北京市第一家获得该资质，国内设备最先进、装备最齐全的高通量分子检测平台，为全国29个省市300余家单位提供服务。与中国农业大学等高校院所合作开展分子育种技术攻关，年内建成国内首个玉米全基因组选择预测模型，开展小麦快速分子育种体系构建与预测模型建立。推进园区核心展示基地建设工作，加固日光温室71个，更换棚膜35000平方米，整修排水沟1609米。

【产业发展】 推动蔬菜全产业链发展，全年园区蔬菜产能达6万吨，成为北京城市副中心“菜篮子”保障工作的重要支撑。带动村级、村民增收增效，实施果村“一村一品”产业提升项目，形成“土地租金收益+设施租金收益+项目资金折股+收益分红”的富民形式，帮助村民节本增效、对接市场、抵御风险、拓展增收空间等。推动北京城市副中心生鲜农产品直供中心项目建设，已完成项目选址、规划综合实施方案编制、市政交通专项规划方案编制等相关前期准备工作，并成立项目推进工作专班。

【创建国家现代农业产业园】 4月，农业农村部、财政部公布了2021年创建名单通知，北京市通州区现代农业产业园列入创建名单，确定产业园主导产业为农作物种业和叶类蔬菜产业，核心区位于种业园区，产业园创建期为3年（即2021—2023年），中央财政支持7000万元，市区整合配套3亿元左右，撬动社会投资15亿元以上。

【积极对接种业企业和科研机构】 区农业农村局、于家务回族乡政府会同市农业农村局种业管理处、区科委、中关村通州园管委会、区投促中心等单位，多次与先正达集团中国相关领导及专家团队沟通交流，先正达集团中国将在通州国际种业园区注册“种芯（北京）科技有限公司”，在园区建设国家生物育种产业化示范基地，推进于家务科技农业小城镇建设。此外，园区与中国科学院遗传所、中国科学院计算所、中国农业大学、拜耳中国、中信农业就入驻园区进行多次洽谈，与国家开发银行、中国农业发展银行、现代种业发展基金、北京农业投资有限公司就为园区提供金融支持进行洽谈。

【第十届北京现代种业博览会召开】 5月26日，由国家现代农业科技城领导小组办公室，北京市科学技术委员会、中关村科技园区管理委员会，北京市农业农村局，通州区人民政府、中关村科学城管委会主办的第十届北京现代种业博览会在于家务回族乡国际种业科技园区召开。此届博览会以“发展农业领域高精尖，建设种业创新示范区”为主题，以提升北京现代种业发展活力和影响力为目标，350余家近5000个名、特、优、新的果蔬花卉品种集中亮相，全方位展示农作物种业新品种、新技术。博览会自5月份开幕一直延续至11月底，除精心安排1500余个北方春季蔬菜新品种集中展示外，还将举办第三届京津冀鲜食番茄擂台赛暨首届京津冀鲜食黄瓜擂台赛、2021中国（北京）鲜食玉米大会以及第二届中国玉米产业链大会等多个系列活动。活动期间，可通过田间展示观摩+科普宣传+现场品鉴+市民互动等方式，为行业专家和广大市民提供别样的农业科技体验。在此次开幕式上，还举行了三项签约仪式，分别为北京通州国际种业科技有限公司与中关村生态乡村创新服务联盟签订战略合作协议，于家务回族乡政府与大厂回族自治县、三河国家农业科技园区签订京津冀协同战略合作协议，山东省寿光市农业局与通州区农业局签订合作协议。此外，国际种业园区农作物种子检验测试中心也在开幕式上揭牌。

【第三届京津冀鲜食番茄、首届鲜食黄瓜擂台赛举办】 5月28—29日，第三届京津冀鲜食番茄擂台赛、首届鲜食黄瓜擂台赛在通州国际种业科技园区举办，此次活动是第十届北京现代种业博览会系列活动之一。鲜食番茄擂台赛共90个来自京津冀的园区参赛，其中北京市74个园区、天津市7个园区、河北省9个园区。参赛样品168个，其中大果型样品33个、中果型样品96个，樱桃番茄样品39个。鲜食黄瓜擂台赛共有来自京津冀地区的50个园区参赛，其中北京市39个园区、天津市5个园区、河北省6个园区。参赛样品共计90个，其中华北型黄瓜样品34个、华南型黄瓜样品20个、水果型黄瓜样品36个。此次活动将番茄按照大果型、中果型、樱桃番茄三种类型分组，黄瓜按照华北型、华南型、水果型三种类型分组，由蔬菜领域的专家、营养学专家、农产品销售专家、市民组成评分组，分别评选出擂主奖、一等奖、二等奖、三等奖、最受市民欢迎奖和优秀奖。

【第七届北京鲜食玉米节举办】 7月25—26日，2021年第七届北京鲜食玉米节在北京通州国际种业科技园区举办。第七届北京鲜食玉米节以“品评优质鲜食玉米，乐享绿色健康生活”为主题，分为开幕式、品评优质鲜食玉米、专家及市民采访、最受欢迎鲜食玉米名单公布及鲜食玉米品种田间观摩等环节，并采用“线上+线下”相结合的方法进行创新办会。北京鲜食玉米节参展品种来自全国不同地方，参展品种69个，其中甜玉米品种27个、糯玉米品种18个、甜糯玉米品种24个，并在现场根据活动时间节点适采期，挑选46个品种进行现场品评。经过专家和市民的品鉴，最终选出最受欢迎的鲜食玉米品种，京白甜456、和粟一号、白美人、雪皓甜21、萃甜627为甜玉米组最受欢迎的鲜食玉米品种；万黑糯109、沪红糯1号、万糯2000、中鲜糯818、同糯2号为糯玉米组最受欢迎的鲜食玉米品种；黑甜糯33、润彩甜糯118、鲜甜糯88、白甜糯990、彩甜糯6号为甜糯玉米组最受欢迎的鲜食玉米品种。

（刘建奇 郭庆云）

北京通州文化旅游区

【概　况】 北京通州文化旅游区成立于2011年，定位于集合主题游乐、影视、音乐、演出、体验等各种娱乐功能，建设成中国元素与现代时尚文化相融合的高端文化旅游目的地，成为提升首都文化旅游品质的功能区和集聚文化功能、完善消费功能的重要空间载体。2021年，以确保园区重点项目北京环球度假区盛大开园为目标，加快园区基础设施建设，提升园区承载能力；以承接北京环球度假区外溢效应为依托，加快高端产业资源引入，全力打造新型文体旅游融合发展示范区和国家文旅商融合发展示范区“双示范区”。

【北京环球度假区开园保障】 1月28日，北京环球度假区项目一期工程全部建设内容已按期完工；1月31日，北京环球度假区4平方千米管理权限及相关管理责任全部移交运营团队，标志着一期由建设期全面转入运营筹备期。年内，北京环球度假区项目涉及的53项配套基础设施工程全部完工。市政配套方面，北京环球度假区开园所需的供水、电力、燃气和通信等市政管线全面贯通，20条综合管廊共计完工约22.5千米，保障能源供应需求；北京环球度假区消防站等派驻机构办公场所均投入使用。交通方面，一期33条道路全部面向社会开通，施园公交首末站、环球项目应急停车场等公共交通重点工程均投入使用。环境提升方面，北京环球度假区周边项目围挡搭设、揭网见绿等工作全部完成。为北京环球度假区9月1日至9月19日试运行、9月20日盛大开园提供了重要保障。

【项目建设服务】 协调推进文化旅游区通马路综合交通枢纽、北京环球度假区北综合交通枢纽、国际人才社区、张家湾车辆段综合利用供地项目实现上市，其中除张家湾车辆段综合利用供地项目外，其余3个项目均已实现开工建设。

【园区规划】 完成城市设计规划、地下空间规划、规划综合实施方案等7个专题的规划深化研究工作；会同相关部门协调督促完成规划设计方案审核；协调相关单位对编制成果不断进行细化完善，并及时将道路抹角、拔地钉桩等基础设施建设成果反馈规划编制团队，在规划中予以落实调整；园区规划综合实施方案成果已报区规自分局，启动审批程序。

【2021北京城市副中心文旅产业峰会】 9月17日，为践行“十四五”时期文化建设的主要目标，提升副中心文化产业整体规模，引导更多头部文化企业入驻副中心，文化旅游区管委会与区委宣传部共同举办了主题为“创新·合作·共赢”的2021北京城市副中心文旅产业峰会暨全球主题娱乐行业领袖高峰论坛。峰会现场，北京城市副中心党工委常务副书记、通州区委书记、区长赵磊致辞，北京首都旅游集团有限责任公司副总经理、北京首寰文化旅游投资有限公司总经理于学忠，通州区委常委、宣传部部长汤一原，通州区副区长杨磊，北京市文化和旅游局二级巡视员林增伟，通州区区长助理、区政府特聘专家林巍，通州文化旅游区管理委员会党组书记、主任赵军，TEA全球主题娱乐协会亚太区主席赵阳，北京环球度假区有限公司主题公园和度假区管理分公司总裁兼总经理苗乐文等政府领导、企业代表和行业专家参会。文化旅游区先后与TEA全球主题娱乐协会、北京首寰文化旅游投资有限公司、中国文旅集团有限公司等16家国内外知名组织与头部企业签署合作协议。

【招商引资】 5月28日，北京通州文化旅游区在北京城市副中心优化营商环境暨“两区”建设推介大会现场与北京京投诚达科技发展有限公司、北京公联鼎晟交通枢纽建设发展有限公司、北京公联鼎成交通枢纽建设发展有限公司3家企业签订战略合作框架协议。9月5日，在中国国际服务贸易交易会与企业签订战略合作框架协议，总签约金额近40亿元；借助2021北京城市副中心文旅峰会等推介平台，与中国文旅集团有限公司等16家组织与头部企业签约并达成初步合作意向；有序引入25家优质企业在园区注册；协助首旅集团迁入土桥plus办公新址；发挥区外资招商专班优势，针对教育和医疗地块开展国际招商；协助园区重点企业办理高管人才引进落户，全年办理高端人才工作居住证累计服务111人次；围绕副中心“3+1”（“3”是指行政办公、商务服务、文化旅游，“1”是指科技创新）主导功能，与通州区新城中心区建设管理委员会、中关村科技园区通州园管理委员会签订联合招商协议。

【疫情防控与安全生产】 2021年，会同通州区复产复工防控组协助度假区公司11批外籍员工返京工作，总申请人数187人；文旅区警务站共核录筛查60000余人次；贯彻落实通州区安全生产专项整治，全年开展隐患排查2040家次，发现并消除各类安全隐患2894项，约谈7次15家企业，开展消防夜查4次。做好防汛工作，启动蓝色预警12次、黄色预警7次，举行防汛演练1次。

【一级开发】 多次会同相关单位召开会议保障10片区安置房项目建设，项目已竣工验收。配合区土储分中心推进文旅区北高压线迁改。配合属地乡镇完成德邑新时空小区物业房、水井房、胜利通工贸、梨园供电所营业厅及附属部分的拆除工作。C1地块已完成征地。

【“接诉即办”】 开展入户走访，召开30余次群众座谈会，邀请周边小区群众参观通州文化旅游区规划展厅，感受家园发展变化，了解各类群众诉求。共受理出行、疫情、路灯、工程建设等四类群众诉求160余件，“未诉先办”各类诉求50余件，先后收到群众锦旗和工单表扬3次。

（李慧君）

宋庄文化创意产业集聚区

【概　况】 北京宋庄文化创意产业集聚区是北京市政府于2006年首批认定的全市十个文化创意产业集聚区之一，规划面积14.6平方千米，其中通州新城范围内10.3平方千米。2021年3月，根据区编办批复，下属事业单位，即北京通州宋庄文化创意产业集聚区服务中心并入北京通州文化旅游区服务中心，同时启动事业单位清理工作。

【重点项目进展情况】 中国艺术品交易中心项目一标段和二标段分别于3月1日和3月15日复工复产。二季度因资金问题，总包单位暂停施工，项目方积极与金融机构沟通、融资，由于受企业改革等因素影响，融资问题未能解决。截至年末，项目基坑支护工程、土方开挖工程均完成98%，抗浮锚杆工程完成91%，CFG桩工程全部完成。北京安贞医院通州院区项目于4月取得市住建委批复的《施工登记意见函》，实现主体工程开工。截至年末，全部建筑结构已实现封顶，顺利完成年度施工计划。副中心六合村10000套保障房项目进展顺利，A#地块土护降施工基本完成，正在进行地下结构施工；B#地块（北侧影响区域除外）主体结构已封顶，正在进行外立面，二次结构、机电等专业分包施工；D#地块正在进行基础垫层及防水层施工，局部基础筏板施工；E#地块土护降施工完成80%，九年一贯制学校地块地下结构施工完成95%，地上钢结构完成20%。家园中心地块、F地块计划12月底前达到开工条件。

【土地一级开发工作】 积极协助宋庄集聚区公司开展剩余拆迁户的裁决工作，实现重点项目内剩余拆迁户清零，确保重点项目建设顺利开展；积极推动土地一级开发收尾工作，集聚区ABC地块土地一级开发项目成本审核已先后通过土储分中心、区规自委的审计会议，并通过区政府成本审核会。六合村安置房项目成本决算，原则上已通过区审计局审核，上报区政府审核。

【园区服务和管理】 按照园区产业结构调整政策，严格企业引入标准，年内引进15家优质企业，及时做好注册企业手续办理及台账记录。强化企业日常管理服务工作，配合区市场监管局、区税务局等单位，做好园区企业信息公示、企业年审、税款征收审批等协调服务工作。严把园区文化安全关，通过走访艺术展馆、微信公众号发布信息等方式，有效管理集聚区意识形态导向，正确引领，为集聚区平稳健康发展提供坚强的思想保证。

【产业促进工作】 深入调研，强化政策解读。发挥好协调机制，积极配合市文化和旅游局，就新文艺群体发展现状及政策需求召开座谈会，为艺术从业者提供人才引进、职称培训、项目支持等政策解读。配合“两区”专班积极开展艺术品交易中心、海外艺术品保税库、特色保税区等政策研究，为下一步文旅产业发展争取政策支持。做好文旅产业宣传推介工作，组织园区重点企业参加北京城市副中心优化营商环境暨“两区”建设推介大会、中国（北京）国际服务贸易交易会、“中国·宋庄”文化艺术节等线上线下活动，以品牌效应带动园区产业升级与发展。

【疫情防控及安全生产管理工作】 通过加强与重点项目施工单位的对接，及时转发宣传各项政策要求，严格落实巡查制度，确保各项疫情防控措施落实到位。根据不同天气情况，做好在施工程的防汛、防尘、防风、防火相关安全生产管理工作，确保年内无安全事故发生。

（黄林娜）

北京通州年鉴

2022

经济管理

▲ 8 月 27 日，通州区 2022 年部门预算编制工作大会召开

| 区财政局提供 |

▲ 12 月 28 日，区税务局参加北京城市副中心“我为群众办实事”新闻发布会

| 区税务局提供 |

5月27日，区市场监管局文化旅游区分局揭牌，重点服务环球度假区

| 区市场监管局提供 |

6月3日，北京城市副中心发出全市首张“一照含证”营业执照

| 区市场监管局提供 |

12月28日，区市场监管局开展冬奥特许商品知识产权专项检查行动

| 区市场监管局提供 |

综合调控

【概　况】 2021年是“十四五”开局之年，面对错综复杂的宏观形势，在区委、区政府的坚强领导下，以等不起的紧迫感、慢不得的危机感、坐不住的责任感，聚焦新使命新任务，锚定目标坚持对标，统筹常态化疫情防控和经济社会发展，抢抓新机遇、汇聚新动能，副中心持续保持生机勃发的良好态势。

（王现龙）

【2021年国民经济和社会发展】 2021年，初步核算地区生产总值实现1206.3亿元，按可比价格计算，同比增长7.8%。税收总额249.6亿元，地方财政一般公共预算收入92.4亿元；全社会固定资产投资同比增长–2.6%，其中建安投资同比增长–16.4%；实现社会消费品零售总额563.6亿元；全区居民人均可支配收入达到49695元，同比增长8.4%。

【完成年度计划编制工作】 2021年，完成《关于北京市通州区2021年国民经济和社会发展计划执行情况与2022年国民经济和社会发展计划草案的报告》的编制工作，并经区七届人大一次会议审议通过。

【编制区委财经委2021年工作要点】 对全区2021年度经济领域工作的重点、难点、焦点问题进行全面梳理谋划，从深入贯彻中央、市委财经工作部署，统筹推进稳增长工作，大力推进现代产业体系构建，加快推进重点功能区和特色小镇建设，统筹推进区域开放和协同发展5个方面入手，提出25项重点工作。

（刘婷婷）

【统筹推进区属重点项目建设】 1月1日，北京城市副中心党工委第14次全体会议对2021年投资计划安排情况进行总体部署，区发改委迅速落实。一是做实项目储备。在前期多轮征集梳理的基础上，再次匹配工程形象进度、衔接规划条件，进一步夯实项目储备，力求投资计划科学精准。二是紧盯新开项目。各审批部门提前介入，对计划新开项目逐项倒排工期，集中调度前期手续办理。将涉及征地拆迁的市级项目全部纳入“拔钉行动”，对接主责单位，确保项目顺利进场。三是聚焦重大项目。梳理总投资大于10亿元新开及当年预计完成固投10亿元以上重大项目清单，研究制定服务管家机制，确保发挥关键支撑作用。

【统筹抓实重点工程建设】 2021年，副中心计划安排固定资产投资和建安投资总量、增速均居全市第一。区发改委将统筹抓实重点工程建设，着力为打造服务构建新发展格局重要支点、京津冀协同发展桥头堡、国家绿色发展示范区提供支撑。一是压实投资责任。将投资任务按项目分解至各主责单位，并协同各单位严格倒排工期，挂图作战，全过程协调解决各类问题，确保按计划完成各项任务。二是做好工程统筹。进一步发挥党工委管委会体制机制优势，充分利用赋权提高项目落地和建设效率，畅通招标、材料运输、工地组织等环节，确保工程建设无缝衔接，高效推进。三是加快土地供应。推进梨园西小马等地块入市，探索建立多元化供地机制，加快供地节奏，提前为重大项目落地储备土地资源。

【多措并举力争确保“开门红”】 2021年，对已开工项目，重点关注项目进度，及时跟踪调度。对区属重点项目开展“一对一”服务，明确“服务专员”全周期贴近服务，确保发挥支撑带动作用。对未开工项目，各审批部门提前介入，优化联审联批机制，倒排工期，环环相扣推进手续办理。细化梳理卡脖子问题，对重大共性问题及时提副中心党工委专题研究解决。对储备项目，按照“开一备三”的要求，提前谋划3～5年内实施的重大投资项目，形成储备项目清单并开展前期工作，力争推动部分项目提前至年内开工。

【北京城市副中心“十三五”时期基础设施建设实现新突破】 “十三五”时期，北京城市副中心基础设施投资累计投入1622亿元，同比增长215%，城市基础设施水平实现新突破。一是内外交通更加便捷。新建道路181条、259千米，城区路网密度由“十二五”末的3.54千米/平方千米提升至3.92千米/平方千米，7号线东延、八通线南延、市郊铁路副中心线正式运营，广渠路二期、壁富路等对外交通干道建成通车。二是市政基础设施保障能力显著增强。建成13座变电站，供电保障能力提升30%以上，南水北调通州水厂投入使用，城市供水安全系数由“十二五”末的1.04提升至1.5以上，城市污水处理率达到99%，清洁能源使用比例基本达到100%，生活垃圾无害化处理率达到100%。三是生态环境品质持续提升。53条段黑臭水体治理全部完成，国家断面考核水质全部达标。累计实施绿化建设25.1万亩，森林覆盖率达到33%，较“十二五”末提高5.7个百分点，公园绿地500米服务半径覆盖率达到91.2%，群众出门见绿、起步闻香的绿色生活体验不断增强。

【通州区纳入市级一季度计划新开6个项目实现100%开工】 一季度市级160个计划新开项目中，涉及区属项目6个、总投资186.8亿元，现已全部开工建设，实现新开工项目“开门红”。区领导持续高位调度，区发改委“一对一”贴近服务，区规自分局、区住建委等部门全力压缩审批时限，部门间手续办理无缝衔接，市重点工程北京国际设计周永久会址项目3个工作日内先后取得主体变更核准批复、“多规合一”协同意见、地下部分施工许可证，再次体现“副中心速度”。

【加快重点项目建设】 2021年，区发改委转变方式、主动服务，创新开展“一对一”贴近服务，通州区纳入市级一季度计划新开的6个项目全部开工，成效初显。一是亮身份，明确服务专员。按项目所属领域明确“一对一”服务专员，主动公开服务专员手机号码，让每一个项目都有专人服务。二是勇担当，主动下沉一线。改进服务方式，通过电话、微信等方式随时沟通反馈、定期上门走访、隔周委内会商，全力协调解决项目推进中存在问题。三是形合力，部门联动推进。聚焦问题库，按手续办理、征地拆迁、资金筹措等分类，分级报送有关部门并提请区领导开展调度，力促横向、纵向形成合力。

【市发改委向通州区下达2021年市政府固定资产投资计划（第1批）资金12.9亿元】 市发展改革委向通州区下达2021年市政府固定资产投资计划（第1批），共计安排通州区61个项目，涉及资金128822.97万元，其中，33个交通基础设施类项目64043万元；23个生态环境类项目50770.97万元；4个公共服务类项目13009万元；1个产业项目补助1000万元。

【一季度固定资产投资实现“开门红”】 1—3月，全区完成固定资产投资总额全市排名第二，同比增长23.7%；完成建安投资总额全市排名第一，同比增长8%。实现一季度固定资产投资工作“开门红”。

【1—4月固定资产投资和建安投资绝对值全市双第一】 1—4月，全区完成固定资产投资和建安投资绝对值全市双第一，其中固定资产投资完成全年进度的23.3%，同比增长11.3%；建安投资完成全年进度的20.3%，同比增长9.8%。

【北京城市副中心0302街区用地项目核准获批】 2021年，批复北京城市副中心0302街区FZX-0302-6004、6002地块F1住宅混合公建、A334托幼用地项目核准。该项目位于通州区梨园镇，规划建设用地44474平方米，建筑控制规模为95931平方米（不含地下面积），建设内容为住宅混合公建及配套。总投资估算为353074万元。

【“双主责、双管家、双台账”推进区属重点项目建设】 2021年，为持续高质量推进北京城市副中心建设，区发改委创新实施“双主责、双管家、双台账”工作机制，不断夯实区属重点项目推进主体责任。一是“双主责”保障项目实施。按“部门+属地”与“重大项目服务中心+专业部门”模式实行双主责，同时考核双主责单位。二是“双管家”服务项目落地。由主责与配合单位分管领导共同担任项目服务管家，共同主动服务项目手续办理、资金匹配、征地拆迁、施工保障等。三是“双台账”高效调度推进。建立新开工项目与申请债券资金项目双台账，共同调度，协同推进。

（沈智敏）

【产业发展】 2021年，为进一步发挥政府对产业发展的助推作用，持续优化产业结构，区发展改革委牵头编制《北京城市副中心深化产业组织推动产业高质量发展实施方案》，强化"3+1"功能定位（指的是北京城市副中心的功能定位，即聚焦行政办公、商务服务、文化旅游、科技创新主导功能），聚焦六大主导产业和十大产业功能区，从全面推进产业质量提升、全力加强新兴产业培育、持续优化产业发展空间、不断夯实产业要素支撑、改革推动体制机制创新五个方面布局具体工作，切实推动副中心产业高质量发展。

【发挥区级产业提升工作专班工作机制】 6月，北京城市副中心产业提升通州区专班办公室（副中心发改局）印发《北京城市副中心产业提升通州区专班工作方案》和《2020年北京城市副中心产业提升区级工作专班任务清单》，通州区根据相关工作要求同步制定《北京城市副中心产业提升通州区专班工作方案》，专班办公室设在区发改委。结合《北京城市副中心（通州区）"十四五"时期产业发展规划》，统筹抓好政策、空间和服务的对接，推动解决北京城市副中心产业发展中涉及的重大问题。梳理出"做好市属企业搬迁至副中心的服务保障工作、推进落实承接中心城区功能疏解促进北京城市副中心产业发展系列专项政策"等7大项重点任务清单，实行重点任务定期报告制，抓重点、补短板、强弱项，加大力度、压茬推进各项重点任务落实。梳理出通州区产业发展重点项目65项，形成通州区重点产业项目库1.0版，做到底数清、情况明、动态准。

【统筹推进与亦庄协同工作】 截至年底，两区建立主要领导定期会商机制、常务副区长专题调度机制、牵头部门间的日常沟通机制，着力推动重大项目、重点问题、遗留问题的联解联动。配合开发区出台《市关于亦庄新城三区协同发展市级议事协调会议机制工作方案》，建立市级议事协调机制。在"十四五"产业规划的编制中，将产业联动加强协同发展作为"十四五"期间推动区域产业协同的一项重要任务进行研究。主动对接和融入亦庄"全球影响力的创新型产业集群和科技服务中心、首都东南部区域创新发展协同区、战略性新兴产业基地及制造业转型升级示范区"的功能定位，推动区域之间差异化、特色化、协同化发展。配合亦庄开发区加快构建全国领先的信创产业生态，已有明湖信创园展示中心建设，66家头部企业落地，集成电路"双1+1"工程［是指DRAM存储器"1+1"工程和12英寸先进代工生产线"1+1"工程，主要是采用"大线（量产线）+小线（研发线）模式，以大线带小线，建设北方先进工艺研究院和存储器国家研究院］，存储器项目启动厂房改造，12英寸代工线开工，2个研究院设立完成，专利池实现签约，华海清科等近30个装备材料和零部件项目签约落地。通过"两中心两平台一论坛"（即国家通用软硬件攻关适配中心、国家信息技术应用创新展示中心、技术验证测试平台、技术服务保障平台、通明湖中国信创论坛）推进产业链上中下游、大中小企业融通创新，建立以企业为主体、市场为导向、产学研用深度融合的产业技术创新体系，推动产业联合创新、协同发展。对标亦庄城市规建管品质，提升环亦庄区域的基础设施短板和公共服务设施配套水平，加快乡镇居住、配套服务设施的建设，为周边就业人员提供完善的配套服务和产业服务。崔家窑南街道路工程、台湖镇富民路电力管线工程等30余项续建工程及科创五街道路改造工程、站前街次渠路道路工程等近20项新建工程一季度实现总投资40.8亿元，其中建安投资8.8亿元。行政职权交接方面，针对250项行政职权以及市场主体登记区域划转工作区级部门全力配合，实现全部事项的全面、顺利交接。重点企业"服务包"方面，协助苏宁等31家亦庄新城通州部分重点企业变更服务管家，重点企业服务事项全部交接完毕。

（王文娟）

【编制京津冀协同发展2021年计划要点】 2021年，为进一步统筹推进全区京津冀协同发展各项工作，制定年度工作计划要点，涵盖顶层设计、交通、生态、公共服务、产业和区域安全6大领域，提出23项重点任务，同时分解形成区级任务清单46条，配合市级部门落实任务清单23条，充分发挥北京城市副中心作为京津冀协同发展"桥头堡"的重要作用。

【举办与廊坊北三县项目推介洽谈会】 2021年，举办第三届北京·河北廊坊北三县项目推介洽谈会暨北京城市副中心（通州区）与廊坊北三县一体化高质量发展论坛，现场签约39个重点合作项目，意向投资额约247亿元，同时举行了与廊坊北三县的政务服务“区域通办”启动仪式，以服务通勤人员和项目疏解承接为重点，实现453项高频便民事项和70项政务服务事项的跨区域通办。

【召开通州区京津冀领导小组会议】 6月4日，召开了通州区委区政府推进京津冀协同发展领导小组2021年会议，专题学习了中央和北京市京津冀领导小组对京津冀协同发展的重要指示精神，听取通州区关于推进京津冀协同发展近期工作开展情况及跨界道路有关工作开展情况等的汇报，并对有关工作进行研究部署。

【通州区代表团赴三河市考察对接】 2021年，区委书记赵磊带队到三河市开展调研对接，实地查看了兴远高科产业园、燕郊高新区等三河市园区建设及规划运营情况，并举办交流座谈会，就北京城市副中心（通州区）与北三县的一体化高质量发展工作进行深入对接。出席北京潞河中学三河校区揭牌仪式和燕郊西出口通车仪式，推动通州区与北三县教育、交通一体化高质量发展。

【编制2021年支援合作工作要点】 2021年，是巩固拓展脱贫攻坚成果、实现同乡村振兴有效衔接起步之年。结合北京市支援合作工作要点任务以及各成员单位与支援合作地区的对接沟通，对标国家东西部协作考核办法，编制通州区2021年支援合作工作要点。涵盖5个方面、19项内容，细化分解为36项任务，其中，规定动作24项，特色工作12项。既完成规定动作，帮助支援合作地区巩固拓展脱贫攻坚成果、全面推进乡村振兴，又聚焦支援合作地区的资源禀赋和副中心的特点优势，让各受援地共同分享副中心建设发展的红利，共同携手开启支援合作工作新篇章。

【通州区党政代表团赴拉萨市城关区对接对口支援工作】 为深入贯彻落实习近平总书记视察西藏重要讲话精神和关于西藏工作、对口支援工作的一系列重要指示精神，贯彻落实中央民族工作会议精神和市委、市政府相关决策部署，9月6—7日，通州区委书记、区长赵磊率通州区党政代表团赴西藏自治区拉萨市城关区学习考察，祝贺西藏和平解放70周年，对接对口支援合作工作。代表团深入城关区学校、援藏项目现场，走进当地群众家庭，看望慰问奋战在援藏一线的教师、干部等。双方召开对口支援工作座谈会。

【通州区代表团赴内蒙古考察对接东西部协作工作】 为贯彻落实中央和市委关于东西部协作工作的新要求新部署，9月24—26日，通州区代表团赴内蒙古自治区，考察对接与赤峰市翁牛特旗、通辽市奈曼旗东西部协作工作，巩固拓展脱贫攻坚成果，推动合作共赢。代表团深入京蒙协作项目现场，走访慰问当地脱贫监测户，看望挂职干部、医生和教师等。区委副书记、代区长孟景伟与两地领导分别座谈。

（邓磊）

【强化节能工作】 2021年，为落实节能目标责任制度，深化推动节能工作，严格落实能耗“三级双控”目标责任制，在统筹考虑各街道乡镇及各行业领域近三年能源消费情况基础上，结合重大项目建设时序，按照总量平衡、客观公正、责任明确的原则，将通州区能源消费总量目标进行分解，牵头制定《通州区2021年节能目标分解方案》。为推动副中心高质量发展，进一步保障通州区能源安全平稳高效运行，制定《通州区进一步加强节能实施方案》，强化能耗强度约束性指标管理，定时调度节能重点工作。

【能源类项目审批】 2021年，完成能源类审批项目4个，审批金额84455.94万元；核准类项目8个，核准金额12237.64万元。完成新能源类项目企业光伏备案37个，备案装机容量20.92兆瓦；完成热泵项目核准4个，涉及资金3.54亿元。项目审批过程，严格依法依规依程序进行，并全面贯彻落实《北京市优化营商环境条例》，简化项目申报流程，激发市场主体活力。

【节能监察】 2021年，通州区节能监察针对20家重点用能单位（综合能源消费量为2000～5000吨标准煤）的能源利用状况报送及落实情况、使用国家明令淘汰用能设备、单位产品能耗限额标准落实、无偿向本单位职工提供能源或对能源消费实行包费制等内容开展监察；针对6个节能审查项目开展能评批复意见落实情况的监察。此次监察利用市发展改革委“互联网+”监管平台和市行政执法信息服务平台进行线上监察，同时结合现场检查。通过检查，未发现违法违规行为。

【能源审计】 2021年，对北京华电北燃能源有限公司、北京瑞昌隆混凝土有限责任公司、通州区中医医院三家单位进行能源审计，审计报告经评审全部符合工作要求。

【新能源项目落地实施】 2021年，针对分布式光伏项目，开展“专人专线专项”服务模式，优化备案流程，提高批复效率。通州区自然人分布式光伏发电项目获得补贴户数连续两批（2021年第一批和第二批）均居全市首位；运河商务区和张家湾设计小镇入选北京市屋顶分布式光伏开发试点名单。完成热泵项目核准4个，包括北京城市副中心政务服务大厅地源热泵供热供冷系统工程、六合村分布式地源热泵能源站项目等，涉及资金3.54亿元。

【节能宣传周系列活动】 2021年，开展以“节能我行动　绿色新生活”为主题的北京城市副中心节能宣传周活动。内容包括节能宣传周线上知识竞答、“北京城市副中心节能小喇叭”抖音号、开卷有益——节能小贴士、2021年节能宣传周线上专题、“节能增效线上打卡”话题贴等特色活动。宣传周期间的各项活动亮点突出、成效明显，形成强大的社会影响力和吸引力，社会各界参与主动性不断提高，广泛动员社会群众参与到节约能源、绿色低碳的生活方式建设中。

（杨光）

【编制“疏整促”专项行动2021年工作方案】 2021年，为贯彻落实《北京市人民政府关于“十四五”时期深化推进“疏解整治促提升”专项行动的实施意见》，发挥副中心作为北京重要“一翼”的战略作用，制定“疏整促”专项行动2021年工作方案，共计8个专项行动、25个分项任务，坚持从顶层设计到具体实施的全面统筹，有序承接中心城区功能疏解，推动副中心城市活力提升和高质量发展取得成效。

【编制治理类乡镇整治提升2021年工作计划】 2021年，为贯彻落实北京市《2021年治理类街乡镇整治提升工作计划》，围绕永顺镇、梨园镇、宋庄镇、张家湾镇、台湖镇、马驹桥镇6个治理类乡镇整治提升工作，制定治理类乡镇整治提升2021年工作计划，共10个方面、269项任务，涉及6个镇154个社区（村），各项任务明确具体任务量和点位，该计划紧扣“七有”要求、“五性”需求，坚持系统治理与标本兼治相结合，坚持主动治理与“接诉即办”相结合，着力从根本上、源头上解决百姓诉求，持续提升基层社会治理水平，不断增强人民群众获得感、幸福感、安全感。

【“疏整促”专项任务收官】 2021年，“疏整促”专项任务收官，多项任务指标领跑全市。16个量化任务中，疏解退出一般制造业、提升传统商业服务、治理违法建设、拆违腾退土地利用、规范施工围挡、棚改签约等6项超额完成全年任务。拆除违法建设、便民网点、疏解退出一般制造业、规范施工围挡、林荫路、地下空间整治6项完成量居全市第一。重点区域整治提升、重点廊道建设、城乡接合部村庄环境整治等9个项目化任务按计划推进。

【治理类乡镇整治提升工作】 2021年，从项目完成情况看，提前完成100项治理类乡镇整治提升项目，修补道路65413平方米，改造提升小微绿地46016平方米，更换改造路灯813个；从治理成效看，梨园镇退出治理类乡镇市级督导，6个镇接诉量较上年占比大幅减少，马驹桥镇、张家湾镇市级综合排名提升超60名，治理类乡镇整体提升工作取得2021年度排名全市第二的成绩，推动“接诉即办”工作取得突破性进展。

【“小微项目惠民生”工程】 2021年，按照区政府要求，结合“接诉即办”“未诉先办”的工作安排，统筹安排小微项目221个，资金4234.76万元，并且根据群众诉求，在以往支持屋顶防水、自行车棚改造等项目基础上新增支持一批路灯修复、人车分流改造、公共区域下水管道修缮、积水点治理等项目，听从群众意愿确定实施项目，切实将小微项目打造成为民解忧的民心工程。

（张涛）

【通州区通台路道路工程取得项目建议书（代可行性研究报告）的批复】 通州区通台路（京台路—普合一桥）道路工程位于通州区台湖镇，南起京台路，向北定线终点止于普合一桥，道路定线全长约3165

米，规划红线宽 40 米，机动车道设计为双向 4 车道。项目总投资 18007 万元。建设内容主要包括道路工程、交通工程、照明工程、雨水工程、污水工程、给水工程、再生水工程等。该项目的实施是完善区域基础路网、地下市政管网、改善区域交通环境、美化城市居住环境，并进一步推进通州区环境整治和城市化进程，实现区域交通发展规划的需要。

【北京城市副中心代征绿地建设工程取得实施方案的批复】 北京城市副中心代征绿地建设工程位于北京城市副中心 155 平方千米范围之内，共有 5 个地块（召里小区绿地 –1/ 减河北岸、后北营家园绿地 –1/ 减河南岸、后北营家园绿地 –2、召里小区绿地 –2、京铁潞园绿地）。项目总面积约 245.21 亩，总投资 4421 万元。建设内容主要包括绿化工程、庭院、给排水等基础设施及配套公共服务设施等。该项目的主要功能为提高公园绿地 500 米服务半径覆盖率，与此同时满足周边居民休闲、健身、游憩的需要。

【通州区文化旅游区公共绿地建设工程（二期）取得实施方案的批复】 通州区文化旅游区公共绿地（北京环球度假区外围）建设工程位于北京市通州区文化旅游区内，北至万盛南街，南至京哈高速，西至九棵树西路，东至东六环。项目总面积 66 亩，总投资 829 万元。建设内容包括绿化工程、庭院、给排水等基础设施及配套公共服务设施等。项目实施是完善文旅区绿色网络，推动经济与社会文化发展的现实需要，同时改善生态环境，提升北京城市副中心形象。

【通州区 2021 年漷县镇平原重点区域造林绿化工程取得实施方案的批复】 通州区 2021 年漷县镇平原重点区域造林绿化工程位于漷县镇，建设面积为 325.97 亩，建设内容为景观生态林，总投资 1398.45 万元。建设内容为景观生态林，包括绿化工程、庭院、给排水工程及配套公共服务设施等。项目实施是通州区 2021 年新一轮百万亩造林的重要组成部分，与周边往期造林共同构建成大尺度、大规模的绿化效果，改善漷县镇内的区域生态环境。

【通州区 2021 年张家湾镇平原重点区域造林绿化工程取得实施方案的批复】 通州区 2021 年张家湾镇平原重点区域造林绿化工程位于张家湾镇，建设面积 439 亩，总投资 1899.36 万元。建设内容为景观生态林，包括绿化工程、给排水工程及配套公共服务设施等。项目实施是通州区 2021 年新一轮百万亩造林的重要组成部分，与周边往期造林共同构建成大尺度、大规模的绿化效果，改善张家湾镇内的区域生态环境。

【通州区 2021 年西集镇平原重点区域造林绿化工程取得实施方案的批复】 通州区 2021 年西集镇平原重点区域造林绿化工程位于西集镇，建设面积 508.45 亩，总投资 2192.17 万元。建设内容为景观生态林，建设内容主要包括绿化工程、给排水工程及配套公共服务设施等。项目实施是通州区 2021 年新一轮百万亩造林的重要组成部分，与周边往期造林共同构建成大尺度、大规模的绿化效果，改善西集镇内的区域生态环境。

【通州区美丽乡村建设生活污水治理管线工程宋庄镇取得实施方案的批复】 通州区美丽乡村建设生活污水治理管线工程（第二批北区）宋庄镇共涉及 6 个村庄（高各庄村、郝各庄村、南马庄村、内军庄村、白庙村、平家疃村），总投资 10411.29 万元。建设内容主要包括新建污水管线、污水检查井、提升泵站等。项目的建设能够完善农村污水处理系统，提高污水处理率；能够有效改善周边水环境，完善农村基础设施和公共服务设施，加强农村环境综合治理，改善居民生产生活条件，提高人民生活质量和促进经济可持续发展，真正实现美丽乡村建设。

【通州区美丽乡村建设生活污水治理管线工程漷县镇取得实施方案的批复】 通州区美丽乡村建设生活污水治理管线工程（第二批南区）漷县镇共涉及 11 个村庄（东黄垡村、毛庄村、小香仪村、前元化村、后元化村、张庄村、纪各庄村、徐官屯村、王楼村、吴营村、马头村），总投资 8170.48 万元。建设内容主要包括新建污水管线、污水检查井、提升泵站等。

【通州区城南水网建设工程取得项目建议书（代可行性研究报告）批复】 通州区城南水网建设工程（漷牛片区）建设地点为张家湾镇和漷县镇，总投资 37218 万元（不含征地拆迁费）。建设内容主要包括对片区内21条现状渠道（总长度约113.2千米）进行治理，包括渠道治理工程、建（构）筑物工程、排涝泵站工程、桥梁工程、生态修复工程、信息化管理控制系统工程等。项目的建设是通州水环境治理的重要一环，是通州区水生态环境建设的重要组成部分，能有效解决片区排涝问题，净化改善沟渠水体水质，恢复沟渠生态功能。

（张艳丽）

财　政

【概　况】 2021年，区财政充分发挥组收专班作用，从严落实组收责任，强化非税收入管理，用好区领导调度收支制度和协税护税机制，做到应收尽收、应征尽征、均衡入库。持续压紧压实各级收支责任，“三本预算”（一般公共预算，政府性基金预算，国有资本经营预算）收支平衡、规范运行、安全有效。一般公共预算收支平衡。一般公共预算总收入454.78亿元，其中，一般公共预算收入92.41亿元，剔除台马因素，同比增长20.5%，增幅全市第一，完成区六届人大常委会第四十四次会议批准调整预算的100.4%；上级补助收入193.45亿元；上年市级结转6.51亿元；上年区级结余结转30.87亿元；政府债券收入93.13亿元；调入资金36.41亿元（政府性基金预算调入14.32亿元，国有资本经营预算调入0.04亿元，其他资金调入22.05亿元）；预算稳定调节基金调入2亿元。一般公共预算总支出454.78亿元，其中，一般公共预算支出330.29亿元，同比增长7.6%，完成区六届人大常委会第四十四次会议批准调整预算的103.8%；上解市级支出70.91亿元；市级结转9.56亿元；区级结余结转38.54亿元；补充预算稳定调节基金5.48亿元。

政府性基金预算收支平衡。政府性基金预算总收入330.02亿元，其中，政府性基金预算收入117.01亿元，完成区六届人大常委会第四十四次会议批准调整预算的76.5%；调入资金58.44亿元；上年市级结转0.61亿元；上年区级结余结转39.95亿元；上级补助收入27.07亿元；政府债券收入86.94亿元。政府性基金预算总支出330.02亿元，其中，政府性基金预算支出154.24亿元，完成区六届人大常委会第四十四次会议批准调整预算的100.5%；上解支出131.74亿元；政府性基金预算调出14.32亿元；市级结转1.4亿元；区级结余结转28.32亿元。

国有资本经营预算收支平衡。国有资本经营预算总收入3.24亿元，其中，国有资本经营预算收入0.12亿元，完成区六届人大常委会第四十四次会议批准调整预算的106.4%；市级转移支付0.03亿元，上年结转3.09亿元。国有资本经营预算总支出3.24亿元，其中，国有资本经营预算支出1.43亿元，完成区六届人大常委会第四十四次会议批准调整预算的126.4%；国有资本经营预算调出0.04亿元；结转下年1.77亿元。

【预算执行情况】 2021年，区政府各部门围绕全区中心工作和重大任务，推动重点建设和发展任务落地，在疫情防控、污染防治、城市治理、民生建设、公共服务等方面取得新成效。

全力保障疫情防控需求，激发经济复苏活力。疫情防控投入3.24亿元，主要用于支持疫情防控物资采购、集中隔离观察点运行、核酸检测、疫苗接种等，支持疫情防控常态化。产业结构调整投入2.18亿元，主要用于落实“通八条”政策，支持中小企业发展，累计上市企业7家、新三板挂牌公司21家，4家获评国家级“小巨人”企业。加大副中心金融产业扶持力度，推进绿色金融示范区建设。

改善提升生态环境，促进区域绿色发展。大气污染治理投入2.57亿元，主要用于支持疏解一般制造业、工业大院“回头看”，对老旧厂房摸底核验，保障“煤改电”低谷电价电费补贴，加强进京入口重型柴油车大气污染防治信息化管理等。水环境治理投入16.99亿元，主要用于推进水系治理和生态修复、城市排水设施维护养护、河道管护等，推进海绵城市建设，支持农田水利及周边水环境的常态化维护，加强水资源基础管理，加快建设节水型社会。园林绿化建设投入36.71亿元，主要用于支持新一轮百万亩造林绿化建设、副中心景观绿化提升工程、1.7亿平方米绿地养护、平原造林养护、绿化隔离地区和“五河十路”［五河”，即永定河、潮白河、大沙河、温榆河、北运河，“十路”指京石路、京开路、京津塘路、京沈路、顺平路、京承路、京张路、六环路（五环路）等8条主要公路及京九、大秦2条主要铁路］绿色通道生态林用地补助及管护等，保障大运河森林公园、东郊森林公园、西海子公园的维护运行，打造生态宜居、亲水涵养的副中心优质生活环境。

加强城乡维护治理，提升副中心宜居水平。疏整促专项投入16.71亿元，主要用于支持拆除违法建设，加快老旧小区改造，整治占道经营，提升商业便民网点服务水平，整治改造背街小巷，落实小微惠民生工程，以及整治城乡接合部环境等，疏解整治促提升年度任务完成。美丽乡村及农业生态保护安排资金10.52亿元，主要用于支持美丽乡村建设，促进经济薄弱地区及少数民族乡村建设；推进都市农业产业发展，创建现代农业产业园；推进绿色农业建设，加强农产品质量安全监管和农业安全监测；落实新农村建设奖励、政策性农业保险、菜田补贴等。城乡环境建设及治理投入45.61亿元，主要用于完成70.5万平方米城市道路基础设施提升，571万平方米道路维护养护，实现17条通信线路及7条电力线路架空入地，宋庄、台湖等5个乡镇24条“有路无灯”道路实现照明设施配套，两年累计完成23条道路32千米慢行系统改造，推进垃圾分类，提升城市景观，保障路侧停车电子收费系统运行等。公共安全投入18.03亿元，主要用于“雪亮工程”建设及维护，保障科技创安、辅警巡逻、行政办公区治安维护，支持乡村道路卡点设施改造升级，加强法治宣传、法律服务、法治建设和法治保障等。

强化社会保障能力，稳固民生事业基石。社会保障和就业投入36.59亿元，主要用于落实城乡居民养老保险、医疗保险补助及城乡无保障老年居民生活补贴等社会保障及救助政策，保障征地超转人员生活费和医药费，落实义务兵退役安置及优抚对象待遇，建设养老驿站，开展居家助残及残疾人救助工作，落实公益岗位补贴、职业技能补贴、高校毕业生“三支一扶”（大学生在毕业后到农村基层从事支农、支教、支医和扶贫工作）待遇政策，增强就业稳定性。卫生健康事业投入资金30.40亿元，主要用于新增13个医院及村级医疗点的标准化建设，提升通州区医疗设施设备水平，保障“两癌”（乳腺癌和宫颈癌）筛查、疾病防控、精神病防治，支持北京大学人民医院通州院区、中医医院二期工程推进，构建惠及民众的公共医疗卫生服务体系等。保障性安居工程建设及管理投入18.43亿元，主要用于保障房建设、棚户区改造等。

优化公共服务体系，增强人民群众福祉。教育投入48.91亿元，主要用于保障新增5733个学位及新增252名教师的基本经费，落实平安校园建设，足额保障教育生均经费，保障乡村教师岗位补助发放，落实“双减”（有效减轻义务教育阶段学生过重作业负担和校外培训负担）政策，支持开展中小学课外实践活动，促进基础教育事业发展等一系列提升项目。文化旅游与体育事业投入3.07亿元，主要用于全国文化中心建设、大运河文化带建设、大运河森林公园创建国家AAAAA旅游景区、“三庙一塔”（文庙、紫清宫、佑胜教寺及燃灯佛舍利塔）景观提升，保障综合文化中心开放运行和智能文化空间免费开放，组织庆祝中国共产党成立100周年系列文化活动、运河文化节等文化特色活动，支持全民健身推广、“三大球”（足球、篮球和排球）运动队建设等体育事业发展。科技事业投入0.98亿元，主要用于支持科技创新、科技成果转化和科学技术普及工作，在大数据、区块链、人工智能等创新技术的带动下，围绕公共服务、城市生态、民生改善等重点领域建立的新应用场景初见成效，切实提升北京城市副中心科技创新水平和成果转化能力。

【财政体制改革】 区与街道乡镇财政管理体制改革历经数年终于落地，于2022年1月1日起正式施行，初步形成保基本、保事权、促均衡、促发展的激励约束模式和经济发展结构性转移支付方式，合理调节均衡街道乡镇因资源禀赋、地理位置、功能定位等因素形成的财力差距，充分调动街道乡镇加强财源建设、发展经济的积极性。如期建成预算管理一体化系统，首次运用该系统编制2022年部门预算，初步搭建起全区各行业经济发展项目库。推行行政事业单位资产规范化管理模式，清理规范企业26户。

【财源建设】 建立“一办六组”（通州区财源办，税源分析组、走访服务组、政策支持组、招商引资组、空间规划组、属地协调组）领导机制，出台“通八条”（《关于加快推进北京城市副中心高精尖产业发展若干措施》代称）实施细则和《促进金融业发展若干措施和高精尖产业发展资金管理办法》，设立专项奖励资金，实行走访服务、企业外迁预警、财源储备、财源培育、监测分析“五位一体”工作体系，兑现“通八条”奖励资金2.85亿元。2021年，引进中国长江三峡集团有限公司等入驻副中心企业253家，全区新注册企业近1.9万户，挽留外迁意向企业9户，迁入企业9237户，有税企业同比增长11.7%，增加13.4万户，走访服务267户，推送清单企业当年贡献地方级税收5.45亿元，28个财源储备项目落地增收3.54亿元，新增地方级收入亿元以上企业2户，50家企业获市级“专精特新”中小企业称号，国家级“小巨人”企业实现零的突破。

【绩效管理】 制定实施《全成本预算绩效管理三年行动计划》，构建起人大、审计、财政三方联动的绩效监督体系，对编制绩效目标不合格的一律不纳入财政预算。2021年，先后出台城市建设、园林绿化等支出标准20个，优化调整原有支出标准24个，建立保安保洁、行政运行等4大类共性指标体系，以及民生保障、交通设施等14个专项指标标准体系；项目资金调减率在10%以上，节约2022年度财政资金1.57亿元；事前绩效评估107个新增政策和项目，压减不合理资金安排17.32亿元；全年评审项目307项、72.73亿元，审定金额62.65亿元，审减金额10.08亿元，审减率13.86%。

【债务管控】 2021年，制定《政府专项债券全生命周期管理暂行办法》，定期修改完善储备项目，科学确定债券发行时点，融资成本有效降低。申请新增债券48.63亿元，助推新一轮百万亩造林、文化旅游区基础设施等项目实施；争取再融资债券131.44亿元用于偿还到期政府债券本金；超额完成年度隐性债务化解任务，化解进度全市排名第二。

【财政管理】 2021年，牵头逐项制定26项房屋出租问题整改方案，问题整改进展顺利。严把账户审批关、监控关和清理关，清理银行账户1314个，撤销账户188个。政府采购规模同比增长58.49%，在市营商环境评价工作中通州区政府采购领域企业满意度得分排名第一，扶贫产品采购预留规模、实际采购总额及完成订单金额3项指标连续两年全市排名第一。与区纪检监察、审计等部门协调配合，对直达资金、专项资金、财务管理进行重点检查，强化预算单位内控建设和财务管理。成立“两区”建设专班，7项绩效任务如期完成。

（温柏翼）

税　务

【概　况】 国家税务总局北京市通州区税务局（简称区税务局）位于通州区玉桥中路136号。2021年，区税务局认真贯彻中共十九大和十九届历次全会精神，坚持首善标准，牢固树立“副中心意识”，完成各项工作任务，实现“十四五”税收工作良好开局。

【组收任务和减税降费】 2021年，应对疫情反复带来的压力和挑战，统筹抓好收入形势分析和趋势研判，完成预算目标。剔除台马因素和社保费后，全年三级税费收入均实现两位数增长，区级收入增速排名全市第三。累计完成税收收入249.6亿元，同比增长10%。一般公共预算收入132.3亿元，同比增长15%；区级公共预算收入75.7亿元，同比增长27%。

把落实减税降费政策作为重大政治任务抓紧、抓实、抓到位。先后12次召开政策落实机制例会，研究具体措施，统筹谋划、协同推进，确保税费优惠直达快享，全年累计新增减税降费17.9亿元。助力煤电企业等困难企业办理延期缴款，核准延期缴款金额10.14亿元。统筹推进制造业中小微企业延缓缴纳税费专项工作，缓缴税费0.87亿元，助力企业渡过难关。

【税费管理】 2021年，存量房业务全部进驻不动产交易中心，“十税合一”合并申报平稳推进（当纳税人申报城镇土地使用税、房产税、车船税、印花税、耕地占用税、资源税、土地增值税、契税、环境保护税、烟叶税中的一个或多个税种时，可以使用一张财产和行为税纳税申报表）。全年入库土地增值税税款19.5亿元，同比增长154%。办理全市首笔跨境电商企业所得税核定征收鉴定业务及预缴申报。完成个税汇算工作，完成个税汇算申报25.86万元，涉及扣缴单位2.86万户，汇算申报进度排名全市第三。持续升级涉外税收服务，“国际税收业务套餐”集成“在线导办”，涉外业务全部实现非接触办理，全年入库境外非居民企业及个人税收5.32亿元，同比增长75.58%。顺利接收水土保持补偿费和防空地下室易地建设费等非税收入划转税务部门征收工作，企业社保费缴费率连续7个月持续保持在99%以上。

【依法治税】 2021年，始终坚持依法治税，全面提升税收法治水平，深化依法治税实践，被评为北京市“七五”普法先进单位。有序推进“三项制度”工作，全年审核重大执法决定3件，化解涉税争议69起，先后对4个税务所税收执法情况开展层级督察和专项督察。不断完善内控机制建设，制定防控措施34项。开展疑点数据核查，完成市局下发核查任务6批，自行扫描疑点1347条。

【风险防控】 2021年，高效完成街道乡镇核实调整，统筹加强集群注册和“一址多照”管理。精准实施房地产行业全环节管理，实现全税种、全流程、全项目一体化精准监管，推动房地产行业税收增收32%。强力打击增值税发票虚开，以每半天为周期开展风险应对，探索增值税发票风险快速反应新举措，发票风控质效位居全市前列，完成初次领票类任务394批，涉及1.15万户次，发票风控质效位居全市前列，其中6月、7月、9月、10月排名全市第一。全年开展各类风控任务185批次，查补税款共计0.66亿元。

【服务“两区”建设】 2021年，对全区重点经济税源全面梳理、分类标签，建立税源综合实力600强企业清册，纳入全区“服务包”企业名单。促成企业新设立机构5个，推动高新技术项目落地建设4个。抓实重大项目贡献，建立2021年全区重点投资项目台账，强化异地经营企业管理，跨区建筑业企业全年预缴增值税5.1亿元。

建立全区跨部门分析协作机制，与区发改委、区财政局签订《联合分析合作机制备忘录》，持续推进财税数据共享。深化跨省市分析协作，建立“通武廊”和“通州与廊坊北三县”联合税收分析机制。2021年，三地交换税收经济数据上百万条，先后召开联席会议4次，形成联合分析4篇，分析报告得到中央政治局委员、北京市委书记蔡奇批示。

结合“两区”建设重点，组建专班派驻属地园区，对张家湾设计小镇、运河商务区、北京环球度假区项目提供个性服务。入驻园区服务企业30余次，为“两区”企业提供精细化“伴税”服务。“一把手”带队深入环球主题公园，开展“一线调研解民忧”特别活动，精准为企业排忧解难，全年为其办理留抵退税6.93亿元。聚焦新增税源成长情况及发展困难，通过重点企业调研，向区领导进行专题汇报，推动通州区新设市场主体管理规程落地。

【优化税收营商环境】 2021年，落实优化营商环境4.0版工作要求，全面完成17项涉税任务。持续开展“便民办税春风行动”，制定30项116条服务措施并全部落实。以智慧税务为核心，搭建一体化在线办税平台，实现“问导办”一体集成，纳税人通过一次咨询问题办结率近90%，非电子税务局业务“一次不用跑”办理比例保持在99%以上。办税服务厅全面推行“一窗通办”，任意窗口均可办理40余项常见业务，非高峰期业务办理实现“零等待”。推出13项“一分钟”快速办税事项，专门开辟“快捷专窗”，实现“即来即办、即办即走”，平均每笔业务为纳税人节省5～10分钟，非接触办税比例位居全市前列。聚焦小微企业办税需求，协同区工商联开展“春雨润苗”行动，推出3个大类32项服务措施。依托“诚信纳税享快贷”服务，为守信企业发放“银税互动”贷款金额1.03亿元。

（侯萨）

审　计

【概　况】 2021年，北京市通州区审计局实有52人。设有办公室、人事教育科、综合科、内审指导科、投资审计科、财政审计科、经济责任审计科、民生保障审计科8个科室；下设专项审计工作中心1个事业单位。

【审计计划编制】 2021年，以围绕副中心高质量发展为重点，结合上级审计机关的联动要求，认真贯彻落实审计全覆盖，以发挥政策落实跟踪审计、预算执行审计、经济责任审计“三个平台”作用为原则，安排审计项目33个，其中重大政策落实板块7个、预算执行板块9个、经济责任审计板块17个。组织开展61个一级预算单位2020年预算执行和决算草案审计，区住建委、区农业农村局、区文化旅游局等5个重点部门开展一级预算单位现场审计，同时对区农业农村局、区文化旅游局所属的11家基层预算单位开展全覆盖审计。审计过程中及时了解掌握进度，及时沟通解决问题，及时汇总成果，及时组织督促整改。2021年审计项目计划全部完成。

【投资审计】 2021年，将解决以前年度“久审不决”项目作为推动投资审计工作的切入点，对于宋庄文化产业集聚区土地一级开发、孙各庄安置房和杨庄土地一级开发等历史遗留问题比较多、开展时间比较长的项目，召开专题工作调度会，听取审计公司汇报和建设单位意见，倒排工期，分类施策，彻底清理陈年旧账，推动项目进展。组织召开3次由各协审机构主要负责人参加的投资审计工作会（包括视频会议）。要求各协审机构要提高政治站位，充分认识投资审计面临的新形势新任务，自觉接受监督，着力筑牢投资审计的“防腐墙”，进一步强化对参与审计局政府投资审计中介机构的监管。完成核心区3号地土地一级开发和“两站一街”新增定向安置房等17个政府投资项目的阶段性报告复核工作，推动公共投资建设项目规范管理，促进节约财政资金，强化投资审计质量提升。围绕区委、区政府重点工作部署，聚焦任务目标要求，组织开展对区档案馆、区工人文化宫和金福艺农番茄联合国园区前期投入情况的专项审计工作等。加大对科室在审的110项重点工程建设项目的管理力度，通过梳理项目进度、资金管理使用、投资绩效等情况，揭示项目建设管理和资金使用中的问题，综合分析问题产生的原因，并提出切实可行的审计建议，服务区委、区政府的决策。参加区政府、区住建委及区园林局等有关部门组织的关于政府投资建设项目的专题会、联席会和领导小组会和专题会等100余次，回复有关部门发来的关于重点工程建设决策和审批等管理办法、实施意见等征求意见函30余次，规范政府投资项目运行和资金使用，推动深化投资审计监督独立性。参与完成全局项目计划内区文旅局及所属基层单位预算执行，区红十字会、区科协及梨园镇政府3个部门5位领导的离任和任中经责审计以及行政办公区警务中心工程、有路无灯综合整治建设项目资金投入和使用情况等共计7个计划内审计项目，按时保质保量完成各项工作任务。

【财政审计】 2021年，完成审计项目10个，其中预算执行审计项目2个，乡镇和国有企业领导干部经济责任审计项目3个，乡镇自然资源审计项目1个，重大政策措施落实情况跟踪审计4个。查出审计问题35个，涉及问题金额183223.66万元，提出审计建议39条，规范被审计单位的管理，促进财政资金的安全高效使用。回复区属部门单位意见30件，撰写区委书记点评材料16份，客观真实反馈各单位的成绩与不足，为职能部门科学管理出谋划策，提升通州区部门单位的履职能力和管理水平。

【经济责任审计】 2021年，拟定《北京市通州区处级领导干部离任经济事项交接工作制度》。制度于2021年5月19日经区委审计委员会审议通过，以区委办、区政府办名义印发。为解决通州区领导干部离任交接责任不清、交接不明，导致新官不理旧账等问题提供制度约束，填补制度空白。开展北京市通州区成人教育中心2020年度预算执行和决算草案情况审计，对部门预算编制及执行情况、财政性存量资金情况、部门财务管理工作情况和部门决算草案情况等内容进行审计。统筹负责“两委”（村党支部委员会和村民委员会）换届选举资格联审的对接和申报工作，并对照审计报告，负责西集镇、马驹桥镇、永乐店镇、玉桥街道、潞源街道和文景街道的候选人审查工作，对照候选人名单。为保障村（社区）“两委”换届选举工作，防止有前科劣迹人员进入村（社区）“两委”干部队伍，发挥经济责任审计的监督作用。

【内部审计】 2021年，将开展内审项目质量检查工作与2021年度部门预算审计项目、经济责任审计项目、专项资金审计项目相结合，并将内部审计工作开展情况作为单独审查事项写入经济责任审计工作方案中。重点检查《审计署关于内部审计工作的规定》《北京市内部审计规定》落实情况和审计结果整改情况。通过质量检查进一步规范内审单位的内审项目质量，并且做到一次入户、一审多项、一审多果。为提高内部审计工作质量，推动内审工作制度化、规范化、法制化起到积极地促进作用。组织召开通州区内审工作交流培训会，组织新成立街道培训。认真落实市局关于开展内审统计工作的部署要求，面向全区80余家行政事业单位以及国有企业发送统计调查工作通知，明确报送时限、方式及相关工作要求，在填报过程中及时与内部审计部门沟通协调，耐心答疑解惑，完成填报工作。

【民生保障审计】 2021年，组织开展北京城市副中心无障碍环境建设专项审计调查，通过审计调查发现无障碍环境建设未按规定时限完成、资金筹集不到位、资金支出滞后等问题，针对发现的问题，审计组给出合理的建议，督促有关责任单位抓紧整改，保障北京城市副中心无障碍环境建设任务的完成。在开展的农业农村局预算执行审计中，重点关注涉及民生项目进展、资金支付等情况，针对在可降解地膜、塑料大棚建设等项目在完工验收的情况下提前拨付项目资金的问题，提出收回项目资金或督促施工单位加快施工进度保障涉农资金安全的建议；对于未完结的民生项目，督促责任部门加快施工和资金支出进度，推动支出以前年度涉农资金11156.97万元，保障涉农资金发挥作用。在残联经责和专项审计中，关注残疾人群体的政策落实情况，了解关系残疾人切身利益的“温馨家园”运行情况，对于其运行参差不齐、托管方变更频繁等问题，给出合理建议，加强对全区“温馨家园”的管理，切实从长远发展上为残疾人提供服务。在对卫健委的经责审计中，推动卫健委制定出台通州区建立现代医院管理制度实施方案或具体工作计划，促进通州区医疗治理体系的完善和管理能力现代化水平的提升。在开展预算执行和决算草案审计、经责审计项目时，被审单位普遍存在资产管理、项目管理、合同管理、政府采购等方面问题，审计组揭示管理风险点，督促被审单位根据实际情况完善单位内控制度，规范资产管理，对现有风险点进行有效管控，保障资产、资金的完整、安全。

（田佳宁）

统　计

【概　况】　通州区统计局和国家统计局通州区调查队（以下简称通州局队）推出“2021年打基础，2022年促提升，2023年抓深化”三年行动计划，从畅通机制，提升服务，开发产品，落实成果四维度入手，全面彰显通州统计服务副中心高质量发展的主动性和积极性。2021年通州局队撰写分析文章377篇、编发各类信息1141条，被市局及区政府网站等采用信息792篇。累计发布专刊（统计报告、统计专刊）84篇，有28篇调研分析得到领导批示，为领导和相关部门及时掌握副中心建设推进情况及科学决策提供参考依据。在2021年度全市优秀统计分析报告评比中，《从重“量”迈向提“质”副中心经济稳中显新》获（各区组）形势类一等奖，《关于通州区服务业疏解及转型发展的研究》获（各区组）专题类三等奖。

【统计资料】　2021年，通州局队在常规资料《初步统计手册》《通州区统计年鉴》《经济发展月报》基础上，编印《“十三五”时期通州区经济社会发展课题汇编》《2021重点课题汇编》《“十三五”时期通州区经济发展统计资料》特色产品，以文、图、表的形式，全面反映各个行业发展成果、发展态势以及发展前景。编印《“十三五”时期副中心与廊坊北三县经济社会发展主要数据资料》特色产品，填补京津冀协同发展综合数据资料的空白，充分体现了统计反映发展、统计服务决策的参谋助手作用。

【街道乡镇统计工作纳入绩效考核】　2021年，按照市区新体制下街道乡镇统计工作职责的要求，局队研究制定《通州区街道乡镇统计工作考核评价办法》，将街道乡镇统计工作考核纳入区政府对街道、乡镇政府的年终绩效考评范围，按季度开展考核并及时反馈，通过每月所长例会及时解决基层统计工作存在的问题和困难，督促建立健全防惩统计造假责任问责制，不断夯实源头数据质量。

【建立区域统计协调联动机制】　2021年，在区政府统一领导和大力支持下，通州局队联合36个职能部门建立协调联动机制，各业务科室与行业部门结对开展定期座谈交流，全年累计召开各类部门联席会议100余次。通过在数据共享、政策落地、进度互通、服务推进等方面的深入交流与合作，构建推动副中心社会经济发展优势互补、齐抓共管的统计新格局。

【“北京通州统计”官方微信公众号】　通州局队进一步优化官方微信公众号“北京通州统计”，在手机端增加数据查询、检索报表指南等功能，方便读者获取统计数据。2021年全年推送164期推文和287篇图文消息，单篇最高阅读量1247人次，总阅读量5.8万人次。在国家统计局2021年发布的10次排行榜中“北京通州统计”6次入榜，7月名次最高，位于市榜第20名。

【国际消费中心城市监测评估】 2021年，按照《北京城市副中心推进国际消费中心城市建设实施方案》的要求，为提高监测评估工作的科学性、规范性和有效性，通州作为试点开展国际消费中心城市监测，通州局队作为试点监测评估工作牵头单位，征求40多个部门意见，有序推进工作方案的制定及指标体系的建立，监测工作及时反映北京国际消费中心城市建设情况和成效，为高质高效推动北京国际消费中心城市建设提供信息支撑。

【“七人普”各项工作】 2021年，按照国家及北京市工作要求，开展第七次全国人口普查数据安全检查，整理、销毁、存放普查过程中产生的各类基础数据，归档普查文件。在市局反馈主要数据的基础上，编写《北京市通州区第七次全国人口普查公报》，于6月向社会公布。在市局数据平台划分126张短表和219张长表数据，为“七人普”数据年鉴编印夯实基础。根据“七人普”主要数据情况，确定10项课题研究，与大专院校及科研院所，共同开展普查数据资料深度开发。

【统计执法工作】 统计执法始终将执法、服务、宣传相结合，坚持严格执法、文明执法、理性执法。2021年通州局队完成执法检查任务560家，其中常规执法90家、专项执法102家，催报4家，其他检查364家。对违法行为轻微的31家单位作出简易处罚处理，并对检查中发现统计违法行为较为严重的21家单位进行立案处理。

【开展诚信单位认定工作】 为切实推进依法统计、诚信统计，树立诚信统计的示范典型，引导统计调查对象自觉遵守统计法律法规。通州局队开展2021年诚信统计单位认定，坚持公平、公正、公开的原则，由单位自愿申报，局队科室、所联合开展督导检查，并征求区各委办局意见。最终筛选统计台账完备、统计报表积极、数据质量过关的4家诚信单位，分别为甘李药业股份有限公司、北京同仁堂通科药业有限责任公司、北京木真了时装有限公司和北京万达广场企业管理有限公司。

【开展专项调查工作】 2021年度通州局队完成北京市统计局专项调查处部署的4项9次调查调研：北京市中小微企业生产经营情况调查（季度）、北京市城乡居民垃圾分类意识及现状调查（三次）、北京市重要民生实事项目线索调查、北京市优化营商环境条例执行效果调研；完成3项6次通州地区自主调查项目：2021年通州区群众安全感调查（季度）、居民小区物业管理及评价调查、公众生态环境满意度调查。

（董可静）

市场监督管理

【概　况】 2021年，通州区市场监督管理局围绕“一个开局、两件大事、三项任务”（推动“十四五”开好局；做好庆祝中国共产党成立100周年服务保障和北京冬奥会、冬残奥会筹办；抓好常态化疫情防控、中央巡视和中央环保督察反馈问题整改及区、乡镇、村（社区）三级换届），坚守政治引领主线、质量发展高线、公平竞争标线、四大安全底线、廉洁自律红线，因势而谋、攻坚克难，统筹抓好常态化疫情防控和市场监管各项工作，全力服务保障北京城市副中心高质量发展，实现了“十四五”良好开局。截至12月31日，通州区实有市场主体172140户，同比下降5.54%，主体总量全市排名第4。注册资本总额1463亿元，同比下降31.96%。其中，企业21411户，同比增长11.01%（其中，内资企业21204户，同比增长10.86%；外资企业207户，同比增加28.57%；个体工商户209户，同比下降35.29%）。

【出台营商环境服务举措】 2021年，出台《关于服务“两区”建设优化营商环境促进副中心发展的实施意见》。《意见》涵盖服务“两区”重点产业落地，持续提升副中心企业登记便利化水平；服务“两区”知识产权创造与保护，大力提升副中心知识产权综合实力；服务“两区”市场监管方式改革，打造“科技+包容审慎”的事中事后监管新格局；服务环球主题公园项目建设，做好文旅区重点项目落地、园区开园和运营保障工作；服务京津冀一体化协同发展，推进知识产权和标准化工作取得新突破；服务副中心消费环境再提升，营造安全放心的消费环境6个方面。

【包容审慎监管举措再升级】 2021年，修订《关于服务北京城市副中心高质量发展实施包容审慎监管的意见》，并再次升级“市场主体轻微违法容错纠错清单”。新制定的3.0版不予处罚清单共删除1项、新增36项轻微违法行为的具体情形，将115项轻微违法行为纳入容错纠错清单升级版，2021年作出不予行政处罚案件155件。

【建成市场远程监测指挥调度系统】 2021年，系统涉及食品、药品、医疗药械和特种设备“三大安全”领域。启动远程监测调度指挥系统调试，该系统与安装在餐馆后厨、食品冷库、药品库房或电梯间的摄像头相连接，对被检测点位7×24小时全天候采集现场视频图像，通过智能识别、大数据分析等技术进行风险研判、分析和预警，方便监管部门和执法人员准确掌握现场情况，尽快消除安全隐患、制止违法行为发生。

【试行网上“证照联办”】 2021年，将食品经营许可、小餐饮许可、小食杂店备案等4个食品审批高频事项纳入首批改革范围，实现企业申请营业执照和办理行政许可材料一次提交、并联审批。通过流程再造和业务融合实现无纸化智能联办。

【率先试行“一照含证”】 2021年，在运河商务区、张家湾设计小镇试行。实现“一企一照、一照准营”，即营业执照核准和部分食品相关许可审批完成后，通过二维码的形式，将食品相关许可信息关联整合到纸质营业执照，扫描营业执照上的二维码即可查询企业主体及获批的许可信息。

【深化商事制度改革】 5月，通州区被国务院办公厅列入2020年落实有关重大政策措施真抓实干成效显著地方名单，在通报表扬的同时给予通州区督查激励。通州区被认定为“深化商事制度改革成效显著、落实事中事后监管等相关政策措施社会反映好的地方”，并优先选择为企业登记注册便利化改革、企业年报制度改革、社会共治、企业信用风险监管、大数据监管、信用修复等商事制度改革、事中事后监管工作试点地区；优先授予外商投资企业登记注册权限；在国家广告产业园区认定中优先给予支持。

【扩展“政银直通车”服务范围】 2021年，建立企业登记第三方服务平台，开展企业登记档案远程查询及咨询指导等服务，为北京环球度假区等副中心重大项目、重点企业开通“绿色通道”、直通办理等许可业务，受益企业共计320家。

【推动京津冀协同发展】 2021年，充分发挥京津冀协同桥头堡作用，与廊坊北三县签订一体化发展协议，在登记注册、市场监管、食品安全、知识产权保护方面形成协同机制。11月，与天津市武清区、廊坊市签订知识产权一体化协作发展框架协议。

【构建京津冀知识产权一体化保护机制】 2021年，建立三地知识产权保护联系机制，搭建三地知识产权维权援助共建共享服务平台，建立知识产权维权援助专家库，为区域内人才维权提供专业化服务。

【推进通武廊医疗卫生协调联动基本公共服务标准化试点】 2021年，以潞河医院代谢性疾病管理模式为基础，调研廊坊市、天津市武清区人民医院代谢性疾病管理中心建设标准化需求，按照《通武廊医疗卫生协调联动基本公共服务标准化试点工作实施方案》的安排，完成试点管理、监督检查、考核评价等制度的编制、发布。

【推进质量强区基础工作】 7月，完成北京市通州区质量强区领导小组成员调整工作，牵头召开通州区质量强区工作第一次联席会议。会议通报2020年度质量考核问题整改情况，安排部署各成员单位2021年度工作任务，同时确定将质量工作落实情况纳入区绩效考核。

【试点质量基础设施“一站式”服务窗口】 2021年，通过有机融合计量、标准、认证认可、检验检测、质量管理等要素资源，面向企业、产业、区域特别是中小企业提供全链条、全方位、全过程质量基础设施综合服务。首批选取3个线下受理窗口作为试验单位挂牌开展工作，开展质量基础设施“一站式”服务工作。初步纳入计量、标准、质量管理、认证认可和检验检测5项服务内容，梳理1套工作流程，基本构建出整体工作框架。

【深化食品相关审批制度改革】 2021年，将仅销售预包装食品的登记事项纳入“多证合一”改革；探索实行许可“先行承诺备案制”，为1.3万余户企业办理营业执照。

【落实通州区财源建设工作任务】 2021年，强化对市区重点企业外迁预警挽留，报送《通州区企业外迁、注销事项流转单》400余户次，挽留重点企业20家。

【扶持中小微企业发展】 2021年，持续完善“中小微企业服务平台”，免征2618家次中小微企业特种设备检验费、污水处理费共1451万余元，督促转供电主体退还2814家商户多收电价款948.67万元，切实将惠企政策举措落实到位。

【启动“放心肉菜示范超市”创建】 5月8日，组织召开2021年通州区创建“放心肉菜示范超市”工作启动会，正式开展创建活动。5月20日，组织召开2021年通州区创建“放心肉菜示范超市”参创企业培训暨首轮检核总结会，宣贯标准，分析差距，夯实基础。为参创超市印制宣传海报、条幅、展板等共计2400余套，发放进销台账本3000余本、资料盒900多个，营造参创氛围，加强宣传力度。截至年底，项目处于最终验收评审阶段。

【完成食品抽检工作】 2021年，完成区级抽检4136批次，合格率98.57%；完成食品风险监测562件，合格率99.82%；完成食品快检4500批次，合格率100%。检查特殊食品生产企业182家次、经营企业2822家次。

【实现医疗器械、药品及重点零售业检查全覆盖】 2021年，完成药品检验230批次，其中监督抽验20件，监测抽验210件，抽验不合格1件已立案处罚，抽检合格率为99.6%。完成国家级化妆品监督抽检42批次，合格率100%；完成市级化妆品质量抽检123批次，合格率为92.68%，完成区级化妆品抽检50批次，合格率为88%。协助完成国家药品抽样2批次，完成医疗器械抽检22件，合格率100%。开展医疗器械生产企业监督检查24家次，药品零售企业监督检查865家次，医疗器械经营企业监督检查1651家次。完成药店分类分级311家。

【强化产品质量专项检查】 2021年，加大对儿童和学生用品、电动自行车等重点产品专项整治力度，共抽检各类产品690组，其中抽检一般商品451组，合格337组，合格率74.72%；成品油类产品239组，合格率100%。采取部门联动、错峰夜查、随机突击检查、专家辅助指导等方式检查电动自行车销售主体2858家次，完成电动自行车抽检鉴定25辆、蓄电池抽检6件。

【加强特种设备抽查】 2021年，对全区在用总量为17869台（套）的特种设备进行全面抽查，全年开展特种设备日常检查175家次，检查各类特种设备1285台（套），对发现的安全隐患经复查全部整改。

【推进安全生产专项整治】 2021年，有效遏制液化石油气燃爆事故发生。继续开展超期设备专项整治，月度超期未检指标低于0.5%。检验各类特种设备14406台（件），检验压力管道6400米，校验安全阀2350只。

【推进“双随机、一公开”抽查监管模式】 2021年，制定双随机抽查工作计划，组织完成21批次、4944户定向抽查任务，并通过“北京市企业信用信息网”向社会公示抽查结果。发挥联席会议机制作用，推进跨部门联合“双随机、一公开”抽查工作，完成112批次、3104户跨部门联合抽查任务。

【开展民生领域“铁拳”专项行动】 2021年，严厉打击销售假冒白酒、私自开展液化天然气充装以及非法生产、销售、改装电动自行车和蓄电池等违法违规行为。其间，检查商户5973家次，立案77件，罚没款569.9794万元。

【三大领域专项整治】 2021年，开展校外培训、房地产中介和美容美发三大领域专项整治。检查企业5614家次，立案310件，罚没款536.6283万元。通过此举，不断规范校外培训市场，助力减负政策平稳落地，相关投诉举报量明显下降。

【做好北京冬奥会、冬残奥会服务保障工作】 2021

年，强化疫情防控，落实“人物同检”，对定点食品供应企业采取7×24小时的全程监管，其间，监督企业保障供应食品79569.17千克，抽检食品样品379批次，社会面食品安全形势稳定。抽调25名骨干力量，及时组建专业化大型活动食品安全保障专项队伍，并先后选派25名执法干部组成会供企业服务团队，参与北京冬奥、冬残奥会服务保障工作，查处首起北京冬奥会标志侵权案。

【严厉打击各类违法行为】 2021年，强化行刑衔接，严厉打击违法犯罪行为。截至年底，办理案件12658件，罚没款1637.66万元，其中，移送公安机关案件9件，刑拘14人。

【强化执法协作】 2021年，出台案件会商、审查等管理办法，落实疑难涉网案件会商制度，确保职责梳理清晰、工作衔接有序，推进依法行政精细化，加强部门间执法协作，切实推进案件线索有效查办。

【强化事中事后监管】 2021年，不断完善事中事后监管联席会制度，先后出台一系列实施方案和具体举措，扎实推进副中心事中事后监管工作，归集从业人员处罚信息304条。2021年申报的《通州区加强事中事后监管规范化建设》，被确定为全区第二批法治政府建设示范项目。

【建立信用分类分级监管制度】 2021年，搭建企业信用分级分类数据平台，建立分级分类指标体系，制定守信激励、失信惩戒的差异化监管措施，并与各项抽查、专项整治相结合，提高工作靶向性，有效实现差异化市场监管。

【配合做好生态环境保护督察相关工作】 2021年，立足市场监管职责，充分发挥协调作用，研究出台《北京市通州区人民政府关于承办北京市第一生态环境保护督察组督办单工作方案》和区局《关于2021年市级环保督察涉及相关问题调查处置的指导意见》，起草《自用加油和施工工地加油的规范性管理指导意见（征求意见稿）》，不断规范环保督察督办件办理流程，有序推动全区环保督察相关工作落实。

【组建文化旅游区分局】 通州区市场监督管理局文化旅游区分局下设5个科室，配备27名在编干部、42名辅助人员，在特种设备、食品安全、知识产权、消费者权益保护等9大领域提供上门服务。出台《北京环球主题公园市场监管服务保障工作方案》《北京市通州区市场监督管理局北京环球主题公园服务保障工作方案》，持续完善沟通对接机制，全面提升专业化服务保障能力。

【开通北京环球度假区“12315”平台消费纠纷快速和解“绿色通道”（ODR）】 2021年，着力破解消费诉求。不断加强研判预警，围绕社会热点问题，对园区进行约谈督查24次。

【强化北京环球度假区特种设备监管】 2021年，完成特种设备登记注册304台，其中，电梯128台、大型游乐设施14台、锅炉9台、压力容器70台、起重机械13台、场内机动车辆23台、压力管道47条。依托“环球主题公园特种设备管理系统”，对园区内7大类特种设备进行监管。持续加大监督执法力度，开展全面检查百余次，出动执法人员200余人次。

【加强北京环球度假区食品药品监管】 2021年，发放食品经营许可证82张。采取日常检查、专项检查、抽样检查等方式，对园区内中央厨房、网红餐厅、职工食堂等开展多轮全覆盖检查。针对被举报食品与园区达成先行下架同批次、待调查无问题后重新上架的共识。

【提升北京环球度假区市场秩序综合监管能力】 2021年，坚守产品质量底线，组织检查224次，出动执法人员493人次。针对价格、广告、产品质量等集中投诉问题进行全面检查，并开展行政指导。

【完善常态化疫情防控机制】 2021年，作为区市场防疫工作组综合组办公室，牵头全区市场防疫工作，持续对重点业态、场所、人群开展防疫执法检查，督促落实市场主体责任。多措并举筑牢冷链环节安全防线，363家冷链食品生产经营单位纳入北京冷链食品追溯平台管理。

【加强疫情防控宣传教育】 2021年，结合疫情防控大检查，张贴疫情防控相关宣传材料7.6万余份，累计出动执法人员118194人次，检查主体163750户次，发现问题4616处，均已督促完成整改。

【推进重点行业从业人员核酸及疫苗接种】 2021年，完成商品交易市场、“五类以外”[除商务楼宇（包括办公楼、写字楼）、商场（含超市）、餐馆（含内部食堂）、工业企业和建设工程参建单位之外市场主体］、冷链环节、物资监管和重点行业领域从业人员核酸检测、疫苗接种等任务，累计核酸检测各类食品及包装、冷冻冷藏库等生产经营环境21.3万次，全区食品生产从业人员全部做到持核酸检测合格证上岗，疫苗接种率达96.63%。

【扎实推动基层所标准化规范化建设】 2021年，坚持高起点规划、高规格推动、高标准建设、高水平管理、高质量发展，因所制宜引导基层靶向发力，围绕市场监管所综合治理、业务工作、标识规范、基础建设等重点内容开展试点探索，扎实推动新华、北苑、宋庄3个国家局试点所建设工作。

【为民服务见实效】 2021年，研究制定6方面11项重点民生项目实事清单，持续推动“我为群众办实事”工作及“27+5”重点民生事项取得新进展新成效。

（贾静）

消费者权益保护

【概　况】 2021年，通州区市场监管局围绕优化提升消费环境和“接诉即办”工作目标持续发力，推进北京国际消费中心城市建设的工作任务，扎实做好“接诉即办”工作落实，牵头组建区“退费纠纷”工单处置专班，发挥预付式消费领域资金监管职能，开展“放心消费”宣传活动。全年承办工单21925件，办结21787件，办结率99.38%，“接诉即办”成绩持续稳中向好。

【提升“接诉即办”整体工作水平】 2021年，制定《北京市通州区市场监督管理局关于2021年市民热线“接诉即办”工作的实施意见》，抓好“接诉即办”工作落实，牵头开展“接诉即办”调度指挥工作。全年“接诉即办”工作整体趋势向好，被评为北京市2020—2021年度“接诉即办”先进集体。

【推进“未诉先办”】 2021年，依托“接诉即办”平台，实时监测数据变化，随时收集难点问题、及时调度、加强会商研判。对诉求集中的高频、共性问题主动开展专项治理，实现诉求办理和监管执法两手抓。注重标本兼治，建立动态更新机制，并根据市民集中诉求着手梳理要解决的问题清单，制定工作方案，发挥好投诉举报在防范化解风险中的作用。

【牵头组建“退费纠纷”工单处置专班】 2021年，牵头起草《北京市通州区人民政府办公室印发关于开展“退费纠纷”问题专项治理工作实施方案的通知》，进一步厘清部门职责，形成工作合力，促进退费类投诉及时妥善解决。结合工作实际共下设7个工作组，常驻专班工作人员共计25人（含专职律师1人）。截至2021年12月31日，退费纠纷专班承办工单3083件，退费金额500余万元，成绩稳步提升，从市、区两级考核情况来看，专班成绩明显提升，工单解决率由不足20%提升至47.16%，满意率由不足60%提升至75.93%，总体成绩由不足75分提升至91.78分，单月最好成绩达到95.45分，对全区整体考核成绩的提高起到积极作用。

【试点搭建通州区“预付式消费服务平台”】 2021年，推进预付式消费服务平台建设。该平台集预付式资金监管、制式合同规范、区块链证据保存等功能于一身，为经营者和消费者提供电子签约、资金存管、消费维权等预付式消费全流程服务，实现全流程预付式消费监管闭环。与银行、科技公司签署框架协议，并将北京东郎通州电影创意产业园打造成为副中心首个预付式消费平台示范园区，园区涉及预付式消费商户全部入驻平台，截至2021年12月31日，注册商户588家，完成银行开户131家、资金监管开户54家，发卡30户、交易16户。

【举办北京城市副中心消费论坛】 2021年，组织召开以“营造良好消费环境，助力区域经济发展”为主题的第二届北京城市副中心消费论坛，论坛现场发布《2021年通州区实体店消费体验调查报告》《2021年通州区消费者满意度调查报告》，助力提升辖区消费环境品质及经济发展。

【发挥消费者协会作用】 2021年，畅通消费维权解决渠道，推进消费纠纷投诉调解工作，咨询消费者1000余人次，处理消费者投诉303件，为消费者挽回经济损失88万余元，消费者来电、来信表示感谢及送来锦旗合计30余件。及时曝光侵害消费者违法典型案例，发布消费警示提示信息，保障消费者知情权和选择权。

【开展消费教育指导】 2021年，举办相关专题培训讲座或者消费精品课堂4次，参加消费教育人员600余人次。参加“放心消费社区行”活动6次，现场接受咨询150余次，发放宣传材料800余份。在全区32个村（社区）居委会及2个周边大型消费商圈深入开展宣传活动，收集问卷1400余份，发放《话说新消法》画册等各类消费宣传材料2000余份。

【及时发布投诉数据分析、典型案例和消费警示】 2021年，继续做好投诉数据分析，加大消费投诉公示力度，发挥社会监督效能，提高企业的责任感。全年重点发布投诉分析2次、典型案例10例，通报被诉企业20余家，发布消费提示20余条。

【强化风险预警与消费提示工作】 2021年，利用对外政务微博及微信服务平台，每周发布“接诉即办”（对自然人、法人或者其他组织提出的涉及本行政区域的咨询、求助、投诉、举报、建议等诉求给予快速响应，高效办理，及时反馈和主动治理的为民服务机制）市民诉求情况，尤其是对诉求量较多的市场主体予以公布，公示投诉举报电话，做好“12345”北京市市民服务热线分流工作，并组织对诉求量集中的市场主体开展行政约谈。

（贾静）

国有资本监督管理

【概　况】 2021年，区国资委党委带领全系统广大干部职工，在切实履行疫情防控工作任务的同时，稳步推进资产监管、国企改革、党的建设、保安全、保稳定等各项工作。截至年底，国资委一级监管企业12户，全部独立法人单位68户。监管企业资产总额465亿元，负债总额301亿元，净资产总额164亿元，平均资产负债率64%。监管企业实现营业收入22.45亿元。

【优化产业布局】 2021年，区国资委围绕行政办公、高端商务、文化旅游、科技创新“3+1”（是指北京城市副中心行政办公、高端商务、文化旅游和科技创新主导产业功能）主导功能定位，在城市建设领域，北京市通州区国有资本运营有限公司（以下简称国资公司）着力推进文化旅游区拆迁、八里桥棚户区改造等北京城市副中心重点项目，拓展融资渠道，有效促进投融资平台建设。北京通州投资发展有限公司作为市区两级投资的战略功能平台，在施及跟进的土地一级开发项目17个，区级工程建设项目6个。在产业运营方面，张家湾设计小镇、副中心枢纽站等重点建设项目顺利推进。在城市运营领域，大运河（北京）水务建设投资管理有限公司积极参与水环境治理工作，实现碧水污水处理厂、南水北调通州水厂、张家湾再生水厂、13座乡镇再生水厂平稳运营，六片区水环境治理项目也在稳步推进。北京通盛达交通运输经营管理公司不断优化区域交通环境，完成出租车更新以及检测站转型改造工作。在民生服务领域，北京市通州商业资产运营公司（以下简称商资公司）推进国家级人力资源产业园——通佰园入驻工作，打造一刻钟生活服务圈，构建基础商业网络，承接区政府“菜篮子”进社区工程。在产业发展方面，筹备区产业引导基金，基金目标规模50亿元，其中由北京通政国有资产经营公司代表区政府出资20亿元。北京通州发展集团有限公司围绕副中心科技成果转化和产业化发展，全力推进副中心设计小镇创新中心项目，累计注册企业152家；推进国家网络安全产业园（通州园）项目，累计注册企业59家。国资公司引入中国中旅（集团）公司、首旅集团公司等战略合作方，加快合作组建产业运营公司，为大运河游船、国家AAAAA旅游景区等运营业务提升做好准备。

【深化国企改革】 加快推进国企改革重组。按照北京城市副中心规划定位和发展要求，结合区属国企功能定位及管理机制等实际情况，区国资委拟定《通州区国资国企改革重组总体方案》，并提交区委深改委会议审议通过。改革的总体思路：围绕北京城市副中心行政办公、高端商务、文化旅游、科技创新“3+1”主导功能，调整区属国有企业资源配置，逐步构建城市建设、城市服务、民生保障、科技创新、文化旅游、金融服务等产业板块。推进全区国企公司制改革，为了贯彻国务院国企改革三年行动方案要求，区国资委制定《通州区国有企业公司制改革工作方案》，多措并举、统筹推进全区国有企业公司制改革工作。截至年底，全区75家全民所有制企业改革任务全部完成。大力推进市区公交合作，为贯彻落实市委书记蔡奇调研北京城市副中心的指示精神，推动将北京城市副中心地面公交纳入市公交系统进行统一运营管理，国资委牵头成立公交运营专项对接工作小组，完成人员安置方案和补偿标准的制定，以及场站的测绘和价值评估工作，公交改革有序推进。扎实做好区属国有资产划转接收工作，接收区水务局所辖14座乡镇水厂，进行统一经营管理；接收区园林局、区农业局所办企业，区城管委、区住建委所属经营类事业单位转制后企业，逐步提升经营性国有资产集中监管比例。

【监管机制建设】 全面加强国有资产产权管理。有效规范国有企业经营性房屋、土地出租管理工作，开展“通州区国资委监管企业土地及房屋资产优化利用研究课题”，完成全系统房屋土地信息系统项目，为后续改革工作摸清底数。进一步加强国资监管制度建设。不断健全国资系统“三重一大”（指重大决策、重要干部任免、重大项目安排和大额度资金使用）决策制度，对国资监管和国企改革发展重大事项，严格履行决策及审批程序；组建成立通州区国资委政策法规指导中心，负责所属企事业单位的法务咨询等相关业务，进一步健全内部机构建制。建立全系统违规经营责任追究工作体系，在完善国资委层面违规经营责任追究制度基础上，要求各一级监管企业制定各自企业的违规经营责任追究制度，建立相关工作机制，向国资委完成备案并持续贯彻落实。

【履行国企社会职责】 全力打赢疫情防控阻击战，认真贯彻落实区委、区政府疫情防控工作的决策部署，严格落实“内防反弹、外防输入”的疫情防控总体要求，统筹推进全系统疫情防控宣传、指导、实施、检查、督办等工作任务。国资委系统6个物业企业、1个公交运输企业、65个商业超市、1个批发市场等民生保障行业企业保供应、保稳定、保民生，在疫情防控中发挥国企主力军作用。强化“吹哨报到”“接诉即办”工作，依托国有企业的自身优势和经营特点，深化“吹哨报到”工作，建立“任务单”工作模式，全年接哨48单，全部落实。提高认识站位，强化“接诉即办”工作，2021年受理“12345”工单2069件，涉及区级有效回访1210件，响应率99.64%，解决率82.53%，满意率86.95%。全面参与创城、创森、精准扶贫工作，在全系统内广泛开展创森宣传活动30余次，线上完成知识答卷1600余人次，更新完成253辆公交车及300余辆出租车车体宣传工作。开展“万企帮万村”精准扶贫行动，区属国企累计向受援地捐款295万元；利用企业实体销售渠道开展消费扶贫，2021年完成消费扶贫额5881万元，商资公司所属糖业烟酒公司荣获“全国脱贫攻坚先进单位”称号，在全国扶贫平台“832平台”扶贫产品销售额位居北京市前五名。

【保安全保稳定】 2021年，从国资委党委到各级企业领导班子，都高度重视保安全、保稳定工作。全系统在安全生产、综合治理、应急管理、信访等方面的工作都取得新成绩。各部门、各企业不断完善安全生产责任制，深入开展安全大检查，建立隐患排查整改长效机制，注重各项公共安全和应急管理工作，进一步强化信访工作，在企业改革、城市拆迁、疏解整治、利益分配等矛盾集中的关键环节，做到全面洞察、预防为主、信息反馈及时、应急处置到位。

（冯禹）

国有资本运营

【概　况】 2021年，通州区国有资本运营有限公司（简称国资公司）承担北京城市副中心建设战略功能平台和融资保障平台作用的重要职能，围绕北京城市副中心建设，全力推进各类工程项目建设，重点工程项目进展显著。

【重点工程项目】 2021年，国资公司负责的重点工程项目情况。一是拆迁安置工作，完成砖厂、嘉华、通瑞嘉苑、化六安置房项目网签11户，更名6户，实现核心区滞留户清零；向征收中心申请通瑞嘉苑6套房源，解决部分滞留户签约选房问题；完成上营、西海子、核心区等14个项目的审计和2020年度公司各项审计工作；收回土储中心核心区成本返还1200余万元。二是八里桥棚改工作，签约18户，支付22户搬迁补偿款1.08亿元，取得实施方案的批复、“多规合一”初审意见，开展道路定线、拨地钉桩以及22号线（永顺站）相关工作，取得立项批复。三是二号地、三号地项目，完成临时游客中心建设三个选址方案，取得拟上市0902地块“多规合一”审查意见，与区土储中心签订一级开发委托补充协议，拨付生态公园地上物补偿费4025.69万元。四是通州区综合办公区，开展现场踏勘、开发范围内道路涉及地上物测绘，取得项目规划用地指标，编制项目实施方案，完成新版实施方案测算。五是0201街区FZX-0201-0001地块（原上营棚户区IX-01地块），完成项目验收工作，完成该地块开闭器迁改的招标、合同签订和全部迁改施工。六是文化旅游区土地一级开发项目，完成通马路公交枢纽、环球影城北公交枢纽和人才社区项目供地前手续的办理工作，实现文旅区项目资金回笼52.15亿元。七是通州宾馆，按程序开展和终结股权转让工作，取得项目《临建规划许可证》《建设工程规划许可证》，推进政府租用办公改造，截至年底，建筑方案已完成，待区政府审议通过后，报副中心党工委审批。八是大运河国家AAAAA级旅游景区创建工作，正在开展景区整体测绘工作，完成立面测绘工作量的70%；结合大运河国家AAAAA级旅游景区创建前期工作及景区现状梳理工作内容，明确2022年底前完成景区升级改造工作。与区文旅局、区园林绿化局、中建设计研究院、国梦九州协同配合多轮次对运河公园、森林公园、三庙一塔及绿心公园开展踏勘调研工作，形成《大运河AAAAA级景区提升项目调研方案》，为下一步提升改造落地方案提供支撑。九是铝材厂地块，加强与属地办事处及周边社区的沟通与联系，园区整体装修完成近90%，年内园区新注册通州及迁址通州企业41家。十是0504-014地块项目（原彩虹之门项目），取得区规自分局《闲置土地认定书》，确定原彩虹之门地块置换为北京城市副中心0202街区东部FZX-0202-0198、0199、0201～0203地块（小圣庙附近），力争实现“供地即开工”。十一是三号地安置房，签约1017户，办理房本1014户，完成国土证、规划验收、消防备案、不动产权证等手续。

【融资保障】 2021年，国资公司围绕做好融资工作，主动担当作为，进一步提高思想认识，围绕北京城市副中心建设，以更加有力的措施，更加精准的服务，承担区委、区政府有关工作。截至2021年12月底，融资余额为90.51亿元，担保余额为23亿元。受理中小企业项目227个，金额17.76亿元；审批项目225个，金额17.48亿元；放款项目140个，金额10.69亿元；在保项目139个，金额10.64亿元；正办理项目53个，金额4.41亿元。

【“12345”接诉即办】 2021年，国资公司承办区中心派发的市民诉求2385件，同比增长85%，市级平均成绩为响应率99.62%，解决率84.42%，满意率89.59%，综合成绩89.52分，分数同比上升

15.96%。通过“接诉即办”工作的开展，切实解决了小区垃圾分类推进难、疫情防控不到位、房产证办理困难及老旧小区治理难等关系到百姓切身利益的问题，让群众的身边事办得更快、办得更好，不断增强人民群众的获得感、幸福感、安全感。

（姚雪峰）

私营个体经济管理

【概　况】 2021年，通州区私营个体经济协会做好新老机构人员职责衔接和工作协调，完成新党支部组建工作，确保各项工作不出现空档。现有在编人员18名（含17名事业编人员，1名工人），其中在协会工作人员5名（4名事业编，1名工人），其余13名事业编人员分别在7个市场监管所工作。

【开展“光彩服务日活动”】 10月18日，在杨庄街道怡乐园社区开展“我为群众办实事”之电动自行车安全使用宣传活动。通过现场向居民发放电动自行车安全使用手册，为居民讲解电动自行车停放充电注意事项及电动自行车防范火灾措施，并提醒居民应将电动自行车停放在安全地点，禁止停放在楼梯间、疏散通道、安全出口等位置。同时向电动自行车销售企业讲解违规销售、改装电动自行车的严重危害，提示其严格按照规定销售符合国家标准的产品。发放宣传手册200余份。

【推进新业态、新就业群体党建工作试点】 2021年，发挥区私个协组织引领作用，为新就业群体提供爱心帮扶政策，制定符合其劳动特点的有特色的、见实效的爱心帮扶政策，加大对快递员、外卖送餐员关心关爱，助推企业高质量发展。组织拥有325名快递人员的北京中万盛通物流、韵达、中通、申通等7家快递加盟公司进行座谈，协调相关部门予以帮助。

【搭建融资服务平台】 2021年，继续发挥融资平台资源优势，深入企业进行调查走访，了解企业的具体情况和融资需求，向不同的金融部门进行推荐，让会员企业与银行直接对接，以此扶持会员企业发展。通过银企对接会使金融部门从会员企业需求和实际出发，推出更多适合私营企业的融资产品，帮助企业高质量发展。

【推进“小个专”党建工作】 2021年，聚焦“小个专”（小微企业、个体工商户、专业市场）关心的政策问题开展宣传，了解“小个专”经营中的困难，听取意见建议，帮助解决实际问题，引导“小个专”党组织和党员强化先进性意识，自觉做到文明诚信、爱岗敬业、开拓进取、履行责任，在优化营商环境和企业创新发展中发挥战斗堡垒和先锋模范作用。

【推进非公经济组织党建工作】 2021年，动员各分会负责人和主管非公党建工作的负责人，认真落实非公党建工作，突出党支部规范化建设工作，定期与分会进行沟通联络，了解掌握工作开展情况，解决分会在实际工作中遇到的问题，逐步形成上下联动、齐抓共管的合力。

【开展义务帮助会员年报工作】 2021年，发挥协会服务职能，召开理事会、小组长会议，通过电话、会议部署等方式通知辖区个体工商户、企业进行年报，并将年报程序形成文字，向会员公示，协助会员填写年报所需材料。

（贾静）

投资促进

【概　况】 2021年，通州区重点“高精尖”产业招商项目共427个，计划投资总额超过1861亿元。重点“高精尖”产业招商项目按产业板块划分：行政办公类2个；商务服务类102个，计划投资总额超过243.6亿元；文化旅游类49个，计划总投资额超过309.2亿元；科技创新类115个，计划投资总额超过804.59亿元；医疗健康类23个，计划投资总额共约14.6亿元；教育类6个，计划投资总额超过3亿元；金融科技类8个，计划投资总额超过188.5亿元；金融业类51个，计划投资总额超过151.71亿元；财富管理类21个，计划投资总额82.6亿元；设计产业类24个，计划投资总额超过16亿元；其他类26个，计划投资总额超过48亿元。

【“两区”项目库和空间资源库建设】 2021年，“两区”项目库共收录项目227个，预计投入资金约1385亿元（其中注册或增资类项目205亿元，投资类项目1180亿元）。其中60个外资项目预计总投入约566亿元（其中外资投入约21亿美元）。超额、提前完成全年“两区”招商引资预期指标。空间资源库方面，各重点园区共填报空间资源199项，是全市填报空间资源项目最多的区。“两区”空间资源清单已在市投资促进中心官网上发布。

【重点项目引进情况】 总部方面，中国长江三峡集团有限公司下属22家公司、北京北方投资集团有限公司、北京首都旅游集团有限公司等项目落地。其中，三峡集团是全球最大的水电开发运营企业和中国最大的清洁能源集团，作为副中心首个央企二三级总部集群项目，全年下属公司实现税收6.73亿元；北投集团总部大厦开工建设，其金融板块全部落户副中心。金融方面，上田八木、华夏理财、农银金科、国际财富管理研究院等重点项目落地，与中国国际金融股份有限公司签订战略合作协议，清华大学通州金融发展与人才培养基地项目正式启动。外资方面，北京环球度假区实现开园运营，阳光出行等项目成功入驻。

【“通八条”政策制定及兑现情况】 2021年，研究制定“通八条”政策实施细则。政策体系已形成《通州区重点企业发展专项扶持资金实施办法》《通州区重点企业落户奖励实施办法》《通州区重点企业高管及专业人士服务实施办法》《北京城市副中心鼓励成长型中小企业发展奖励办法》《北京城市副中心招商引资中介奖励办法》等细则文件和相关操作规程。通过前奖励、后补贴和企业服务绿色通道等政策，促进项目落地发展。与财政等相关部门，合力推进政策奖励兑现的制度化、流程化工作机制，为重点企业、成长型中小企业、招商中介等51家企业兑现《关于加快推进北京城市副中心高精尖产业发展若干措施》奖励1.85亿元。通过推行“免申即享”式的惠企政策，采取政府部门信息共享等方式，对符合条件的企业提供免予申报、直接享受政策的便利。

【健全优化产促会协调机制】 2021年，召开4次产业发展促进会议，研议各类产业项目10项，协调相关工作事项2项。依托通州区“高精尖”项目双周协调会机制，召开多次“高精尖”项目推进专题会，协调解决重点“高精尖”项目和重点在谈项目的落地问题，研议中国长江三峡集团有限公司、中国信息通信研究院、中国医药集团有限公司等项目土地上市和企业服务问题。加强全区招商统筹和项目统计工作，每周定期形成项目专报。

【完善招商引资体制机制】 2021年，研究制定《北京城市副中心创新招商体制机制工作方案》，提出打造专业化招商团队管理体系、建立招商全流程信息化管理系统、探索建立利用市场手段撬动投资的招商模式、尝试建立多层级全方位招商宣传推介体系等措施。配合区经信局，建立数字化招商项目信息管理系统，实施招商项目全流程数字化管理，促进各部门服务无缝衔接，从而解决传统招商工作中“项目跟踪服务不及时”“统计耗时耗力”“资源分布零散”等问题。招商项目数字化管理系统已登陆政务云平台，外资专班已开展试用。

【编制产业高质量发展指标体系】 指标体系设定三级指标，一级指标4个，即产业项目、产业资源、产业政策及产业环境；二级指标36个，是在一级指标之下，围绕结构优化、动力转换、产业升级和效率提升4个方面内容设立；由数十家委办局和街道乡镇，按照本单位职能及重点工作共同修订113个三级指标，形成完整的指标体系，并通过区政府常务会议审议。部分指标被区“十四五”规划采用，助推全区产业高质量发展。该指标体系研究成果，被市委全面深化改革委员会办公室的《北京改革情况交流》刊物刊发，向全市推广。

【利用网络开展线上招商推介】 2021年，区投促中心召开30余场次线上招商推介会，包括3期线上中文招商推介会、1期英文推介会和2期日文推介会，向社会各界宣传副中心的营商环境和发展机遇。依托市投资促进服务中心主办的北京“两区”建设线上推介会系列活动，先后面向新加坡、德国、美国、英国企业开展推介，宣传北京城市副中心投资环境，强化“副中心”投资品牌，提升美誉度，吸引优质资源聚集。

【召开“走进副中心活动”】 2021年，不断加强与世界各国商协会和各省市驻京商会组织的联络，联合市投促中心、区委统战部、商协会机构，举办中国欧盟商会、长江商学院CEO联盟、中国侨联海外侨胞故乡行、香港特区政府驻京办、北京互联网金融行业协会、北京外商投资企业协会走进副中心活动，组织医药行业企业走进滦县开展招商推介等交流活动。

【召开“京沪双城，联动发展”推介会】 4月28日，以“京沪双城，联动发展”为主题的北京城市副中心招商推介会在上海陆家嘴金融城举办。活动由区政府主办，吸引了近百家上海企业、机构代表参会，向上海企业界系统介绍北京城市副中心的最新规划、区位优势和招商政策，以进一步推动京津冀、长三角区域产业联动发展、探索更广合作空间。

【召开“两区”建设推介大会】 5月28日上午，北京城市副中心优化营商环境暨“两区”建设推介大会在北京国际财富中心举办。此次活动由北京城市副中心党工委、管委会，通州区委、区政府主办，通州区投资促进服务中心承办。大会采用线上+线下相结合模式，现场参会人数超过160人，线上参会人数约200人。推介会现场，通州区委、区政府及相关委办局领导为符合“通八条”政策奖励重点企业、成长型中小企业、招商中介三大类，共计51家政策兑现奖励企业进行现场颁奖。此次推介会共36家“高精尖”企业机构签约。

【举办“千年之城，开放新篇”推介活动】 9月6日，通州区在2021年中国国际服务贸易交易会上举办以“千年之城，开放新篇”为主题的走进北京城市副中心活动。此次主题活动涵盖招商推介、现场签约、交流访谈等，推动22个重点项目现场签约，其中，和合期货经纪有限公司与区投促中心签约落户通州项目。北京城市副中心“两区”顾问委员会在会上宣布成立。

【副中心亮相上海招商推介会】 11月5日、6日，北京市投资促进服务中心在上海举办2场招商推介活动，分别面向跨国公司和科技创新企业开展推介，邀请60余家长三角地区的世界500强企业、跨国公司负责人以及70余家科技创新企业负责人参加座谈。在推介活动上，通州区以线上和现场参会的方式向跨国公司和科技创新企业介绍产业政策和投资机遇，并与参会企业进行互动交流。

【参加第二十四届“京港洽谈会”】 12月6日，第二十四届北京·香港经济合作研讨洽谈会京港金融合作专题活动在京召开，通州区围绕绿色金融主题向与会嘉宾分享推介。区政府与香港凯韵国际有限公司签署战略合作框架协议，双方在服务副中心重要活动开展、助力北京环球度假区和文旅产业发展等方面达成合作。

（贾一彤）

北 京 通 州 年 鉴

2022

农业 农村

▲ 首都绿化委员会检查验收永乐店镇“首都森林城镇”创建工作

| 永乐店镇提供 |

▲ 4月3日，“弘扬生态文明，共建森林城市”大型义务植树活动在张家湾公园一期开展

| 区园林绿化局提供 |

▲ 张家湾公园

| 区园林绿化局提供 |

▲ 10月12日，通州区首届美丽乡村健康跑活动开幕

| 区农业农村局提供 |

▲ 6 月 21 日，漷县番茄有机肥试验田

| 区农业农村局提供 |

▲ 9 月 23 日，农民艺术节暨农民丰收节开幕式节目之一《扇子舞》

| 区农业农村局提供 |

▲ 10 月，在北京二中通州分校开展《中华人民共和国乡村振兴促进法》进校园活动

| 区农业农村局提供 |

▲ 9 月 23 日，2021 年通州区农民艺术节、农民丰收节，在于家务回族乡仇庄村举办开幕仪式

| 于家务乡提供 |

综　述

【概　况】 2021年，按照通州区“十四五”规划编制安排，组织编制副中心“十四五”乡村振兴规划，规划成果已基本稳定；完成都市型现代农业发展和村庄产业融合发展两个专项课题的研究，农业农村高质量发展有了新指南；成立乡村振兴局，组建产业、生态、组织、人才、文化五大振兴专班，农业农村高质量发展力量得到进一步巩固。

加强耕地保护、巩固生产水平，保住农业“基本盘”。建立区、乡镇、村三级“田长制”工作机制，农田保护利用有了新抓手；完成4.23公顷留白增绿工作，闲置农业设施及撂荒地积极开展复种，稳步推进土地复耕复垦，设施农业监管常态化开展、问题台账动态“清零”，耕地保护利用工作持续见效。全力推进粮食、蔬菜、猪肉等主要农产品产量恢复，主要农产品供应水平稳步提升，“米袋子”“菜篮子”工作基础进一步夯实。

聚焦绿色发展、延伸产业链条，提升农业附加值。种植业农药化肥减量增效与养殖业粪污资源化利用持续推进，生态循环农业不断发展。全国“两会”、北京冬奥会绿色农产品持续稳定供应，食用农产品合格证制度有序铺开，农产品质量安全水平进一步提升。休闲农业“十百千万”畅游行动全面推开，实施美丽休闲乡村项目6个、提升改造休闲农业园区14个、打造提升民俗户28个、发展三星级休闲农业园区4个、评定四星级休闲园区3个，“农林水结合”“农文旅融合”的智慧化、标准化、多元化、多样化的休闲农业新格局初步形成。

【粮食播种基本情况】 2021年，粮食播种面积4.8615万亩，产量2.0262万吨。蔬菜播种面积12.24325万亩，产量31.68万吨。

【设施蔬菜产业集群建设】 结合乡镇农业情况及通州区农业空间布局情况，以潞城镇、于家务回族乡、永乐店镇3个乡镇蔬菜主产区为发展重点，辐射带动其他蔬菜生产乡镇，建设设施蔬菜产业集群。

【完善家庭农场培育计划】 2021年，开展家庭农场示范户、示范乡镇的创建工作，制定下发区级创建实施方案，公示确定15户市级家庭农场示范户，8户区级家庭农场示范户，每户补贴2万元。确定西集镇、漷县镇2个乡镇为家庭农场示范乡镇，每个乡镇补贴100万元。

【培育创业创新平台】 建立创业创新平台，促进产业聚集，推动园区发展壮大，为返乡、下乡人员创业提供项目支持等帮助，监测已创建区级农村创业创新园区（基地）19家，其中3家园区（基地）列入市级农村创业创新园区（基地）目录。整合培训资源，加大农民创业培训力度，开展区级农民创业培训3次，培训210人次。

【推行田长制】 完善农田管护体系，编制印发《通州区关于全面推行“田长制”的实施方案》，健全区、镇、村三级田长制制度，指导全区11个乡镇政府编制本级“田长制”工作方案，完成9个乡镇344个村的田管员队伍建立。

【耕地质量等级监测评价与土壤环境类别分类管理】 创新工作机制，将耕地质量等级监测评价、土壤环境类别分类管理以及产地环境长期定位监测工作“三合一”，包括复耕地块调查检测与原有耕地调查检测，其中，对6.04万亩复耕土地开展土壤污染状况调查和耕地质量状况调查评价。

【农业保险和金融工作】 2021年，通州区小麦参保面积5114.5亩；玉米参保面积7131.47亩；温室大棚参保面积（纯设施面积）6684.27亩；露地蔬菜参保面积707亩；果品、花卉及树体参保43081.87亩；密植果园参保面积9235亩；能繁母猪、育肥猪、仔猪参保数量162804头。政策性农业保险总保额达6.07亿元，参保农户4117户，签单保费3551.55万元。理赔金额1889.88万元，理赔2302户次；待理赔金额 195.86 万元。

【农业金融奖补贷款贴息工作】 2021 年，通州区符合补贴要求的有 7 个镇 10 家农业企业及个人个体户。支持贴息补贴金额 195 万余元，支出担保费补贴金额 24 万余元。

【益农信息管理服务】 根据市级全面推进信息进村入户工程建设要求，建成 337 家益农信息社。其中，标准型益农信息社 63 家、简易型益农信息社 274 家。

【智慧乡村建设】 依托歌华有线云平台，在 10 个村开通村级电视生活圈。先后发布各类信息 2.1 万余条，浏览量超过 19 万次。

【数字农业信息系统建设】 2021 年，通州区数字农业信息系统建设项目，录入完成 104 家农业生产主体基础数据、7100 余条 2020 年耕地地力保护补贴数据，开具农产品合格证 401838 张。实现通州区 40790.89 亩菜田、19803.76 亩基本农田数据的上图入库，涵盖生产设施 23677 栋，设施农业面积 20093.3 亩，接入物联网设备 2372 套。覆盖通州区“三品认证”企业 162 家、授权农资经销商 63 家、社会化服务组织 104 家。

【数字菜田建设】 为 69 家园区提供数字菜田服务，实现农业生产环境、生产过程的智能化监测与远程管理，实时采集生产主体蔬菜生产过程及管理的数据，实现农业生产动态监管，覆盖菜田面积 22723 亩。

【蔬菜产业集群信息化提升】 将互联网、物联网、人工智能等新一代信息技术应用到设施产业集群全程数据采集、对接、系统应用及服务中，通过集成应用一系列环境监测类、自动控制类、水肥一体化、远程视频采集类物联网智能硬件，推进物联网、互联网等技术手段与设施蔬菜产业集群各关键环节深度融合。实现提高设施产业集群实施生产主体设施棚室物联网覆盖率 20% 以上，促进设施产业集群与信息技术的同步发展。进一步提升通州区本地蔬菜的商品率，促进农业提质增效。

【促进农民增收】 紧抓副中心发展优势，促进农民转移就业增收，加大创业带动就业政策扶持，新增创业带动就业岗位近 5000 个，组织各类农民技能培训近 1 万人。聚焦薄弱环节，提升集体经济薄弱村及低收入村造血能力，顺利推进 1 个集体经济薄弱村、8 个扶持壮大集体经济试点村、2 个低收入村产业项目，产业效益日益凸显、带动增收能力逐渐增强。

（王天宇）

种 植 业

【概　况】 2021 年，通州区稳步提高蔬菜、粮食播种面积，全力推进粮、菜等主要农产品产量恢复，做好农业面源污染防控，确保农产品质量安全，主要农产品供应水平稳步提升，“米袋子”“菜篮子”工作基础进一步夯实。

【种植业面源污染防控】 回收、处置种植业投入品废弃物，回收农药包装废弃物 59.45 吨、农膜等塑料废弃物 55.55 吨、过期农药兽药约 6.27 吨。完成 2021 年蔬菜水肥一体化综合示范基地建设项目，实施面积 1042 亩，其中设施蔬菜 669 亩、露地蔬菜 373 亩；完成大量元素水溶肥料补贴，实施面积 2713.22 亩。在 8 个乡镇 24 家园区，建立全生物可降解地膜试点，实施面积 4000 亩。2021 年，全区累计配送补贴有机肥 16746.1 吨，推广应用配方肥 500 吨。区植保中心通过北京市农药减量系统开具绿色防控处方 3904 份，补贴面积 15.9 万亩次。

【蔬菜工厂化生产】 2021 年，通州区方圆平安、绿源永乐等基地，蔬菜工厂化年生产能力突破 6 万吨。

【菜田补贴】 2021 年，完成 2020 年菜田补贴申请、统计、发放工作，补贴9个乡镇，187个村，4524个主体，涉及菜田面积28001.28亩。

【秸秆综合利用】 2021年，提升秸秆综合利用社会化服务作业水平，实现小麦玉米秸秆粉碎还田等农机作业服务3万亩以上。加强菜田废弃物无害化处理及循环利用，为3个乡镇配备46台（套）小型蔬菜处理机械，发放发酵菌剂5960千克。建成9个食用菌废菌棒处理点，提升资源化利用水平，收集、处理、利用食用废菌渣等废弃物25160吨。

【农产品质量安全】 2021年，开展农产品质量安全监督抽检工作，抽检样品1065个，合格率100%；风险监测50441个，合格率99.9%。无公害认证产量33万吨，认证率达100%；绿色、有机认证产量856.6吨，认证率0.3%。在90家农业生产主体中开展食用农产品合格证试行工作，开具食用农产品合格证100万余张，附带合格证农产品3.7万吨。

【化肥减量】 推广应用测土配方施肥技术，面积16.2万亩，技术覆盖率达98%以上，补贴配方肥500吨，为农户提供施肥建议卡500份；开展田间肥效试验3个，制定区域大配方8个，为科学合理施肥提供依据；建立6个测土配方施肥示范基地，面积600亩，通过示范，小麦亩节肥1.7千克，蔬菜亩节肥2.8千克。推广有机肥替代部分化肥，面积1.5万亩，每亩增施1吨有机肥，化肥用量减少5.69千克。示范与推广水肥一体化技术，新建蔬菜水肥一体化综合示范基地9个，面积1042亩，大量元素水溶肥料补贴实施面积2713.22亩。

【种植业新品种新技术试验示范】 2021年，继续实施现代农业产业体系北京市创新团队项目，引进新品种76个，筛选新品种23个，推广新品种43个，发放种苗20万株，新品种示范推广面积800亩，建立果类蔬菜、叶类蔬菜、鲜食玉米集成技术示范点3个，综合技术集成示范面积300亩，开展栽培技术服务50余次，组织观摩活动6次，为农民解决实际问题20项，推广新技术10项。加速农业转型升级，示范与推广蔬菜优质安全种植技术，引进28个优质品种，示范面积112亩，实现亩效益增加1000元以上；开展果菜椰糠基质栽培、叶菜水培研究，建立高效节水技术示范区5个，示范区节水率34.3%，节肥率20.63%；示范与推广粮经作物绿色优质栽培技术，引进特色甜糯鲜食玉米品种10个；引进鲜食玉米优质新品种农科糯336，示范面积100亩，增加收入59.04万元；示范鲜食玉米塑料大棚多层覆盖早熟高效栽培技术，示范面积50亩；引进甘薯新品种5个，推广建立叶用甘薯“福薯18”生产示范基地，示范面积40亩，增加效益148.64万元；示范块用甘薯新品种西瓜红，示范面积60亩，亩效益5570元。

【依法治种】 加强农作物种子执法检查，开展执法活动41次，出动执法人员102人次，检查经营单位122家次。开展保护种业知识产权专项整治行动，出动执法人员29人次，检查经营单位40家次，未发现种业知识产权侵权行为。开展农作物种子打假专项行动，出动执法人员31人次，检查经营单位30家次，未发现销售假种子的违法行为。完成48个样品、96份转基因快速检测，均未发现转基因成分。开展农作物种子质量监督抽查工作，抽取11家经营单位125个样品，检测结果均合格。开展普法宣传3次，发放宣传材料1500余份，为5家种苗生产企业进行生产经营许可培训1次。

【化学农药减量】 2021年，采取多种措施减少化学农药使用。持续提升病虫草鼠害监测预警水平，发布病虫情报24期，预测准确率达90%以上。针对草地贪夜蛾等迁飞性害虫做好监测预警和应急防控，设立性诱监测点204个、布控性诱捕器600余套；在9个涉农乡镇，设立灯诱监测点13个。推广绿色防控产品，系统内补贴对象1073个 、经销商10家、供应商9家、植物医生13名。开具处方3904个，市级转移支付补贴资金7608779.34元，使用面积159000.18亩次，其中天敌补贴率59.64%，授粉昆虫补贴率4.6%，生物农药补贴率23.17%，理化诱控补贴率4.78%，化学农药补贴率7.81%。加强植物诊所建设，开具合格处方单2473份，合格率98.6%，技术咨询直接覆盖面积6585.54亩次。防控麦田杂草，发放10%氟唑磺隆可分散油悬浮剂2000袋、达尔玛套装600盒，防控面积2600亩。推进专业化统防统治与绿色防控相融合，示范面积2500亩次。

【强化农药执法检查与使用动态监测】 监督管理农药经营使用，出动执法人员789人次，执法检查

354个次。建立农药使用档案，以农产品生产企业、专业合作社、生产基地、种植大户、高尔夫球场等为重点对象，推行落实农药使用档案记录，记载农药使用种类、用量、时间、地点等信息。加强农药溯源管理，严格落实农药经营部门购销台账记录和高毒农药实名制购买制度，实现农药销售与使用可追溯。强化农药质量抽检，抽检农药样品50个。配合北京市植物保护站抽检20个，配合北京市农业综合执法大队抽检15个，检测结果全部合格。在全区设立12个农药使用动态监测点，动态监测农药使用情况。

【植物检疫普查、行政执法和行政许可】 普查监测红火蚁、番茄溃疡病、瓜类细菌性果斑病、美国白蛾幼虫、豚草等13种检疫性有害生物，普查面积34289.2亩。对种子经营门店进行双随机监督检查，农业植物检疫执法行政处罚32起。对7家单位进行产地检疫，涉及农作物4种，品种10个，签发地检疫合格证6份，种植面积156.2亩，总产量9982千克，115.36万株；全年签发植物检疫证5份，产地检疫合格证1份，调运植物检疫证书1份。

（王天宇）

林　业

【概　况】 北京市通州区园林绿化局（简称区园林绿化局），挂北京市通州区园林绿化委员会办公室（简称区绿化办）牌子。负责通州区园林绿化相关工作，设5个内设机构、1个行政执法单位以及11个局属事业单位。

【规划编制】 发布《北京城市副中心（通州区）“十四五”时期园林绿化发展规划》《通州区森林经营方案（2021—2030年）》；启动编制《通州区绿道系统规划》《北运河（通州段）沿线生态景观提升方案研究》；深化完善《潮白河国家森林公园概念规划》前期工作；制定完成《通州区园艺驿站管理办法》《通州区园艺驿站考核办法》等。

【新一轮百万亩造林】 在北京城市副中心9个乡镇重点区域落实造林工作，完成新一轮百万亩造林年度任务9148.14亩。完成潮白河森林生态景观带建设2473亩；完成“留白增绿”585亩、“战略留白”2236亩。全区森林覆盖率34.45%。

【林业资源管理】 完成2020年湿地资源动态监测工作、林草湿数据与国土三调数据的对接融合。做好全区140棵古树日常巡查、养护和修复等工作。实施总面积约1.9万亩生态林林分结构调整（占全市总任务量的19%），逐步实现平原生态林“苗林”变“森林”。

【林长制工作】 签发总林长1、2号令，推进《通州区关于推行林长制的工作方案》落地。开展区级总林长巡林2次，督导乡镇级林长巡林22次。完成林长制公示牌的制作和设立5处。结合“三长联动”，推进“一图三落”网格划分第一轮修正。与相关部门对接，建立完整的林长制工作监督考核体系。

【集体林场】 在全市率先开展新型集体林场试点工作的基础上，第一个完成全部9个乡镇的集体林场组建任务，23.6万亩生态林交集体林场规范养护，通州区成为全市首个将全部生态林纳入集体林场经营管理的区域。每年实现绿岗就业5000余个，其中本地劳动力占比近九成。

【义务植树】 组织财政部、中央机构编制委员会办公室及北京市人大、政协等各级机关和企事业单位，开展义务植树活动200余场，完成（折合）植树100.1万株，现场参与人数达到20余万人，全民义务植树尽责率达90%以上。

【林业行政执法】 落实中央环保督查废林废绿专项整改，开展打击毁林专项行动，严厉打击各类非法占用毁坏森林资源行为；强化代征绿地收缴和非法占用代征绿地联合执法工作；严格做好树木、林木伐移审批和占用征收林地及占用绿地审核审批，全年执法检查及行政处罚7420件，进一步筑牢林业生态安全屏障。

【精细化管理】 实现公共绿地的专业化、常态化和精细化养护，通州区多次在全市养护评比中位列第一。开展十期“园林绿化养护千人培训”，已培养千余名绿化养护专业人才。加强园林绿化工程质量监督和信用体系管理工作，重点对工地扬尘、工程建设等方面进行巡检，确保工程建设高标准开展。

【森林防火】 组织开展“烟花爆竹禁放宣传”、“5·12”全国防灾减灾日、“安全生产月”等社会面宣传活动，进一步营造良好的安全氛围，已连续35年无重大森林火灾。在防火期内及重大节日期间开展巡查检查，检查各基层单位及重点绿化施工单位120家次，共出动护林员119600余人次、护林员队伍430余支，出动巡逻车次1050余车次、巡逻890余次、巡逻总里程49800余千米。针对杨柳飞絮出动洒水车、雾炮车相关作业430余次。

【林木有害生物防治】 对重点区域3500余个网格点持续开展美国白蛾、白蜡窄吉丁等主要林业有害生物日常监测，测报准确率达91%以上。组织全区开展统防统治10次，累计用时48天，共166架次小型直升机进行喷洒作业，累计预防控制面积约24.9万亩次。完成地面防治作业任务近17万亩次，全年无公害防治率达95%以上，成灾率控制在1‰以下。

【野生动物保护】 依法依规开展野生动物保护专项执法行动，严把野生动物疫源疫病监测，加强野生动物救助保护工作，出动执法人员372人次，163车次，检查件数1896件，办结野生动物行政处罚案件4起，救护动物172只。推进建设27个生物多样性保育小区，栽植丁香、连翘、珍珠梅、天目琼花等食源性蜜源性植物。在城市绿心森林公园保育核内搭建适合小动物和昆虫栖息的本杰士堆和昆虫旅社，生物多样性正在逐渐恢复。

【绿色产业】 持续做好养蜂、果树、花卉、食用林产品安全、无公害认证等工作，超额完成无公害认证面积较上年增长6%的指标任务。编制《土壤污染防治工作方案》，将受污染耕地和污染地块安全利用率提高到90%以上，将化肥利用率提高到40%以上，将农药利用率提高到45%以上。

（李影）

养殖业

【概　况】 2021年，通州区有备案养殖场9家，其中，奶牛场6家，肉鸭场2家，生猪场1家。截至9月底，全区家畜存栏3.5头（只），为上年同期255%；累计出栏家畜1.43万头（只），为上年同期247%。全区家禽存栏12.17万只，为上年同期84.5%；累计出栏家禽62.46万只，为上年同期89%。累计鸡蛋产量649.8吨，为上年同期的200%；累计牛奶产量3.45万吨，为上年同期的76.2%。有527户从事水产养殖，其中，食用鱼养殖273户，观赏鱼养殖210户，休闲垂钓44户。养鱼水面7876亩，其中，成鱼养殖水面1566亩，鱼种养殖水面1880亩，观赏鱼养殖水面3760亩，垂钓面积670亩。截至9月底，全区有鱼种1770吨，成鱼产量1446吨，观赏鱼10798万尾。

【畜禽水产主要污染物减排项目】 按照市农业农村局、生态环境局对水产养殖场用水不得直接排放至河流、沟渠的要求，结合通州区水产养殖现状，利用区财政预算资金316万元，对水产养殖场开展节水、资源化利用等方面的提升改造。

【动物防疫物资储备及动物强制免疫】 2021年，根据《通州区动物防疫工作方案》，储备防疫物资消毒药品11.8吨、消毒器械30台、防护用品3.4万件、免疫器具 10.7 万件。免疫注射犬只 63984 条。

【疫病监测工作】 2021 年，疫控中心实验室对全区猪、牛、羊、鸡、犬、猫等 7 类养殖品种、5 种重大动物疫病（高致病性禽流感、新城疫、牲畜口蹄疫、猪瘟、小反刍兽疫）进行 8 项免疫抗体监测，检测样品 8013 份；监测高致病性禽流感 H5+H7 样品 2151 份；监测新城疫样品 717 份；监测小反刍兽疫样品 715 份；监测口蹄疫样品 782 份；监测狂犬病抗体血清样品 3233 份。实验室检测奶牛布病样品 1.5 万份。

【产品质量安全监管】 在重大节日和重要会议期间，加强养殖业农产品质量安全监管工作。向畜禽、水产养殖企业和饲料生产企业发放农产品质量安全生产告知书，要求各企业签订产品质量安全承诺书。委托检测机构对水产品质量安全进行抽样检测。配合市畜牧业环境监测站做好常规监测工作。

【种业工作】 为保证养殖业可持续健康发展，促进乡村农业振兴，进一步挖掘发现通州区特有地方品种，组织各乡镇农业主管部门开展种质资源普查工作，完成畜禽遗传资源和水产养殖种质资源普查信息资源录入工作，录入畜禽养殖场 9 家、水产养殖场户 352 户。

（王天宇）

农机服务

【概　况】 2021 年，办理拖拉机和收割机注册登记 109 台、注销登记 29 台，补领换领行驶证 4 台。检验合格拖拉机和联合收割机 262 台，补领（换领）检验合格标志 2 台，变更登记 1 台，登记事项更正 1 台。办理初次申领拖拉机驾驶证 397 人，补领（换领）驾驶证 9 人，恢复驾驶资格 2 人。

【农机减排】 完成 2021 年农机尾气污染物控制装置加装项目，采购加装农机减排装置 123 台，对 10% 减排装置进行检测，对 180 台加装农机减排装置的机械安装物联网监控设备。

【“平安农机”创建】 为进一步提高广大农牧民群众安全生产意识，预防和减少农机事故的发生，强化农机安全生产管理，印发《通州区 2021 年度“平安农机”创建农机专业合作社标准化建设工作实施方案的通知》。成立通州区创建“平安农机”工作领导小组，小组成员按农事季节、农机作业频繁期，下乡入村，深入田间地头，开展农机安全生产宣传、督促、检查，指导创建“平安农机”安全生产标准化建设工作。

【变形拖拉机清理工作】 根据《北京市农业农村局北京市公安局公安交通管理局关于进一步加强本市拖拉机安全管理暨开展变形拖拉机清理工作的通知》的文件精神，通州区变形拖拉机清理工作全部完成。

【农机具隐患排查治理】 对全区投入作业的农机具进行安全技术状态检查，检查重点包括农业机械是否参加年检，大型机械是否已配备两个以上有效灭火器、安全防护装置、警示标志，对小麦收割机粉碎装置进行试运转，对存在安全隐患的农业机械，未经检验合格的不准投入作业。2021 年，开展安全检查 18 次，出动检查人员 78 人次，检查农业机械 116 台，检查高杆粉碎机、玉米播种机、旋耕机等农具 166 台（件），发现违法行为 5 起，对 1 起一般案件作出罚款处罚，对 4 起简易案件作出警告处罚。

【普法宣传】 结合农机作业特点，加大农机安全相关法律、法规宣传力度，普及法律知识，提高农民群众的法律意识和安全生产意识。在张家湾镇、马驹桥镇、漷县镇开展农业、农机知识现场普法宣传活动 3 次，发放“农业法律知识小手册”、“农业知识常用手册”、“北京市农业机械安全检验宣传手册”、“三秋农机安全生产小贴士”及“企事业单位复工复产疫情防控措施指南”等各类宣传资料 800 余份，解答现场咨询 190 余人次。

（王天宇）

美丽乡村建设

【概　况】　2021年，通州区新农村建设服务中心完成调整组建，在机关建设上建章立制、强化队伍，在业务工作上扎实推进、锐意进取。农村人居环境稳步提升，“煤改电”长效管护机制不断完善，农村宅基地管理工作有序开展，采取多项措施促进农民就业增收等各项新农村建设工作扎实推进。

【农村人居环境整治】　2021年，按照市级“六清一改”要求，持续对全区359个农村的公厕管护、垃圾治理、污水治理、乱堆乱放、乱贴乱画乱挂、私搭乱建进行检查考核，检查考核24轮次，检查9600余村次，督促整改环境问题58190处，并将检查情况以日、周、月报等形式进行汇总通报，促进整改。对台湖镇、宋庄镇、张家湾镇、永顺镇的48个城乡接合部人居环境薄弱的村庄，开展“疏整促”专项行动，每月进行专项检查考核、统计、通报，全年督办、检查城乡接合部村庄1100余村次，整改问题点位3300余处。建立农村人居环境挂账督办问题台账，要求各乡镇做到“一点位一方案”实施整改，整改完成历史遗留、屡查不改的108处环境顽疾。

【“煤改电”长效管护工作】　坚持“建管并重、长效运行”原则，进一步完善全区平房住户取暖“煤改电”长效管护机制，出台《通州区“煤改清洁能源”长效管护工作方案（试行）》和《通州区2021年度平房住户冬季取暖“煤改电”应急保障预案》。对设备运行情况、企业售后情况、用户使用情况、用电安全等工作进行巡查。安装完成4.3万户的“煤改电”设备电子智能检测平台，实现对“煤改电”住户冬季取暖期间设备的智能化监督管理。

【农村宅基地管理】　制定《通州区农村宅基地及房屋建设管理的若干规定（试行）》促进农村宅基地规范管理。制定《通州区农村宅基地及房屋建设管理联席会议制度》，在全区9个乡镇建立联审联办工作机制，统一制发红头文件，开展审批工作。对乡镇科室负责人、具体工作人员及村党支部书记、村主任等400余人，开展11期关于农村宅基地及房屋建设管理工作的培训。建成区级宅基地及房屋建设基础数据、管理信息平台系统。根据乡镇填报数据，全区有宅基地117694宗，宅基地总面积81385.06亩，户均面积约0.69亩。占有一处宅基地的农户数102853户，约占87.3%；占有两处及以上宅基地的农户数4729户，约占0.04%；非本集体成员占有的宅基地1889宗，约占0.02%，面积1092.13亩；闲置宅基地宗数200宗，占0.002%，面积92.95亩，其中空闲废弃宅基地56宗，面积21.5亩。2021年，审批宅基地宗数（包括原址翻建和新占用宅基）191宗，面积57.3亩；征收宅基地宗数24宗，面积9.92亩；出租宅基地宗数2917宗，面积1269.6亩；转让宅基地宗数26宗，面积12.7亩。

【评选通州区第二批“美丽庭院”】　组织各乡镇开展“美丽庭院”评选工作，按评选要求入户核查，并上报核查照片，经区、镇两级多轮校核，有1036户符合评选要求，获得授牌。

【促进农民就业增收】　利用农村人居环境长效管护项目，由负责管护项目的各乡镇、村、人居环境管护公司率先聘用当地农民为工作人员，促进农民就业增收，安排农村劳动力近6000人。联合区人力社保局对人居环境管护员进行培训，培训农村劳动力7452人。针对就业困难人员，提供“一对一”精准就业帮扶，全区公益性就业岗位新安置就业困难人员1217人。

（王雪）

农村经济管理

【概　况】 2021年，以维护农民合法权益和促进农民增收为目标，不断加强农村“三资”监管，完善农村集体产权制度、农村土地制度，加强农民专业合作社规范管理、农村社会事务管理。

【农村集体“三资”监管信息系统】 定期对通州农经监管平台进行安全等级测评，修补系统漏洞，确保信息安全。2021年，监管大额资金使用18139笔，金额175.49亿元，否决不合理资金使用700笔，金额13.28亿元；监管资产处置222笔，否决不合理资产处置11笔；监管资产购置1070笔，否决不合理资产购置72笔；监管经济合同签订2339份，否决不合理经济合同102份；监管土地流转申请100次，涉及耕地面积7535.58亩。

【农村集体资产清查】 按照上级统一部署，完成2020年度农村集体资产清查工作。截至2020年底，通州区集体资产总额549.89亿元，比2019年增加44.37亿元，增幅8.78%。其中，镇、村集体经济组织资产总额为488.43亿元，同比增长9.85%；镇、村集体经济组织下属全资企业资产总额75.42亿元，同比增长0.82%。镇、村集体土地总面积103.95万亩，其中，镇级集体土地总面积0.1万亩，村级集体土地总面积103.85万亩。

【经济合同清理整改】 根据区委《关于对市委巡视组反馈意见整改落实工作开展督查的通知》的精神，为257份欠款经济合同建立台账，按照先易后难的顺序，遵照相关法律法规全部整改完成。

【农村产权交易】 2021年，完成交易事项51宗，成交总价4.93亿元。其中，市级平台交易项目29宗，包括经营性资产类23宗、农用地类4宗（共346.11亩）、其他类2宗（拍卖汽车），成交总价4.78亿元；乡镇级自主招标项目22宗，成交总价0.15亿元。

【农村土地承包经营权确权登记颁证工作】 继续有序推动农村土地确权登记颁证工作。截至2021年底，有338个村发放土地承包经营权证书8万余本，颁证率98.02%。逐步推进纸质档案收集整理和档案数字化工作，整理完成322个村的村级档案，并按要求全部进馆。

【土地承包与流转管理】 依据《农村土地承包经营权流转管理办法》等土地流转相关法律法规和政策，结合通州区“村地区管”相关文件，对基层组织土地流转工作进行指导和规范，督促乡镇、村认真履行主体职责，加强对土地承包和流转工作的监督与管理。

【农村土地承包经营纠纷调解仲裁人员业务知识学习】 组织调解仲裁人员系统学习《中华人民共和国农村土地承包法》《中华人民共和国农村土地承包经营纠纷调解仲裁法》《中华人民共和国民法典》，以及农业农村部网络视频课程“仲裁裁决文书制作规范与常见问题评析”“土地承包仲裁案例分享”。

【引导农民合作社健康发展】 指导、协助6家农民专业合作社完成“农民合作社建设和生产托管项目”建设，涉及建设资金241.38万元，其中转移支付扶持资金200万元。组织开展示范社监测、评价，完成8家国家级示范社监测，其中7家合格，1家因资金困难及生产经营方面问题，未达到合格标准；完成10家市级示范社评价工作。提高合作社从业人员素质，对管理人员、财会人员开展两次培训，印发《中华人民共和国农民专业合作社法》、《北京市农民专业合作社会计核算办法》和“成员账户页和交易明细页”等学习材料。

【农村集体经济组织换届】 截至2021年底，460个村完成换届，完成率为97.3%。全区共有473个村经济合作社，469个建立换届工作小组，465个村完成选举办法的制定，466个村完成代表确定，463个村完成候选人确定，461个村获得乡镇批复。458个农村社区股份合作社召开代表会进行决议，完成率为 97.4%。

【依法加强审计监督和民主监督】 配合区委组织部完成村（社区）“两委”换届人员的资格审查，其中，完成村党支部书记及支委审核 2469 人，完成村主任及村民委员会审核 3500 人；完成乡镇村级村务监督委员的资格审查 1875 人；完成村集体经济组织换届候选人员资格审核 129 人。指导各乡镇开展经济责任审计、企业经济责任审计、离任审计、村级公益事业专项审计、财务收支审计、阳光工程审计、事业单位清算审计、基层党组织党建活动经费及城乡基层组织服务群众经费审计等工作。撰写下发《关于加强农村集体经济审计监督工作的意见》。开展 2020 年村级公益事业补助资金专项审计工作。

【农村经济收益分配报表统计工作】 落实农经统计调查制度，通过统计数据分析，及时反映农村集体经济运行和农户收入情况。2021 年，全区农村集体经济总收入为 25.31 亿元，集体资产总额为 714.42 亿元，所有者权益合计为 210.32 亿元。全区农户所得总额为 124.2 亿元，汇总分配人口 37.5 万人，人均所得为 33121 元，同比增长 6.2%。完成 2020 年度《农村经济收益分配统计资料》的编制与印发。

【推进扶持壮大集体经济试点工作】 2021 年，通过定方案、给资金、扶产业，帮扶集体经济薄弱村——小南地村建成光伏发电产业项目，为村集体年增收约 9.3 万元。小南地村集体经营性收入已超过 10 万元，完成“消薄”任务。

【完善“村地区管”工作机制】 2021 年 5 月 7 日，制定《农用地流转区级联席会议审议流程（试行）》，完善“村地区管”区级联审工作机制，规范农用地流转程序，保障农民利益。加强对 20 亩以上农用地流转的监督，对流转合同严格进行“六必审”，实现对农用地流转的全过程管控。

【农民专业合作社规范化建设】 按照市级要求，指导 3 家国家级示范社、3 家市级示范社开展保鲜冷藏车配送体系建设、农产品初加工车间设施改造、农产品仓储冷链设施改造。采用“镇级自评 + 区级考评”的形式，对全区正常经营的 85 家农民专业合作社进行综合考评，奖励 10 家优秀合作社，激励合作社规范化运行。与区融媒体文化中心合作，以报纸刊登、拍摄宣传片等形式宣传优秀合作社案例，树立一批制度健全、运行规范的农民合作社典型。通过资金扶持、项目培育、示范宣传等形式，做好合作社规范化建设，引领带动农民合作社高质量发展。

【农村经管制度建设】 制定《通州区农村集体资产管理办法》，并对乡镇经管部门、联营公司等有关人员进行培训，逐条讲解。规范现行管理制度，修改完善并重新以区农业农村局名义制发《关于加强农村集体经济审计监督工作的意见》、《关于进一步加强农村集体经济合同规范管理的意见》和《通州区村级集体资金管理办法》等文件。

（李昕彤）

北京通州年鉴

2022

工业 信息化

▲ 4月28日，区经信局参加北京市与北三县（三河）重点产业对接会

| 区经信局提供 |

▲ 10月12日，潞城镇召开2021年首届“筑梦潞城 引领发展”企业家座谈会

| 潞城镇提供 |

▲ 12月30日，春立正达医疗器械股份有限公司上交所上市

| 漷县镇提供 |

工 业

【概 况】 2021年，全区规模以上318家工业企业(含台湖、马驹桥园区企业)完成总产值612.1亿元，同比增长4.7%；剔除台湖、马驹桥园区企业，全区余下218家规模以上工业企业完成产值442.5亿元，同比增长4.0%。完成北京市经济和信息化局下达的增长2%的指导性指标。

【经济运行特点】 一是区域工业呈现稳中向好态势。全区规模以上工业企业（不含台湖、马驹桥园区企业）产值实现同比增长4.0%，说明区域工业已回归到合理的发展区间。二是全新的高精尖产业体系亟待建立。经过近几年的疏解整治促提升工作，通州区域内绝大多数低端制造业企业关停退出，疏解整治成效显著，但提升工作还任重道远。从经济总量构成情况看，全区工业经济结构不尽合理，六大产业总量排名首位的一直是都市产业；从企业规模上分析，大中型企业为主体的年产值亿元以上企业的生产态势一直比较好，近几年区域工业持续负增长的下拉因素主要是小微企业为主体的规模亿元以下的企业；从完成产值增速上比较，以高精尖企业为主体的生物与医药产业近年来一直增速较快，总量占比达到15.0%，超越汽车与交通设备产业排在第三位。

（金绍光）

【疫情防控】 一是制定《关于建立全区工业、软件和信息服务业中小微企业“冬春季”常态化疫情防控工作机制的实施意见》，深入企业进行实地检查，全力做好企业常态化疫情防控工作，同时将企业提出的困难与问题及时向有关部门进行反馈。二是加强对全区规模以上工业和软件信息服务业企业疫苗接种的督导。2021年，全区通信类企业相关人员加强针疫苗接种率为93.1%，软件信息服务业企业人员加强针接种率为94.8%，规模工业企业人员加强针接种率为86.5%。三是按照通州区市场防疫组的工作部署，加强对进口冷链食品企业管理，对通州区涉及直接、间接进口的6家企业进行逐一检查、指导，持续做好进口冷链食品企业疫情防控检查指导工作；同时，根据北京市经济和信息化局工作部署，完善全区涉及冰鲜冷冻食品加工的61家企业台账。四是按照北京市经济和信息化局《关于印发疫情期间北京市工业企业生产物资物流运输临时保障工作方案》和《2021年秋冬季北京市工业企业重要生产物资物流应急运输保障工作方案》的通知精神，做好工业企业生产物资物流运输临时保障工作，为18家企业办理应急物资进出京调拨（转运）证明92张，有效缓解了部分企业的生产物资运输难问题。

（刘建波）

【固定资产投资及项目管理】 完成工业固定资产投资89.8亿元(包含台马地区)，完成建安投资4.1亿元；完成软件和信息服务业企业固定资产投资9.6亿元，完成建安投资3.9亿元。完成固定资产投资项目备案52个，总投资58.07亿元，其中新建项目38个、技改项目12个、改扩建2个。

【高精尖产业发展】 一是加大产业政策引导支持力度，制定《通州区高精尖产业发展资金管理办法（试行）实施细则（2021版）》，经审核全区66个项目符合资金支持要求，支持资金2360万元。二是打造智能制造、医药健康等高精尖产业体系，建立涉及生物医药、新一代信息技术等5个产业方向智能制造技术改造项目库，对60家规模以上企业开展2021年智能制造能力成熟度自评工作；深挖医药健康产业市场潜力，推进生物医药产业园建设，重点发展生物医药、中医药研发制造和医疗器械研发制造，建立涉及60余家医药企业的台账并持续动态更新，编制《通州区医药健康产业发展报告》，协助制定滦县医疗健康产业园发展规划。三是加强重点项目对接工作，与市经信局、副中心党工委产业专班、区投促中心联动，定期收集市、区两级部门的招商信息并建立招商项目库，对能够促进通州区产业结构调整升级、加快建设高水平制造和研发转化基地的工业骨干项目与新材料、新能源、医药健康等领域的高新技术产业化项目及发挥副中心特色、解决发展瓶颈制约的项目进行统一收集入库并持续跟踪，对接企业38家，与20家智能制造重点企业进行深度对接。四是加快“专精特新”“小巨人”中小企业培育工作，2021年，新增49家市级“专精特新”中小企业，新增8家市级“小巨人”企业，新增4家国家级“小巨人”企业，新增1家国家级“单项冠军”企业；其中国家级“小巨人”和“单项冠军”企业在2021年实现了零的突破。五是推进产业链“链长制”，以通州区“3+1”主导功能为重点方向，在网络安全、创新设计、智慧城市、医疗健康、文化旅游、绿色金融、高端商务等领域打造具有副中心特色和核心竞争力的产业链条，形成与之相适应的产业链服务和保障体系，为副中心优势产业培育、重大项目落地、精准招商引资提供有力支撑。

【疏解整治促提升】 一是有序推进一般制造业疏解工作，2021年全区计划疏解一般制造业企业6家，占全市总计划任务的43%，任务量位居全市第一；完成8家企业的疏解验收工作，工作完成量位居全市第一。二是开展绿色化改造提升工作，发布《通州区绿色化改造提升项目补助资金管理办法（试行）》，支持6家企业的6个绿色化技改提升项目资金986.57万元。三是开展制造业改造升级，北京福元医药股份有限公司和北京中科盛康科技有限公司2家企业分别申报“新型药品生产技术升级改造项目”“内窥镜用注射针医疗器械产业化项目”，2个项目均通过市级验收。

（刘书标）

【社会信用体系建设】 一是完善信用制度，制定下发《2021年北京市通州区社会信用体系建设重点工作任务》。二是认真开展双公示信用信息归集报送工作，归集发布双公示信息25553条，其中行政许可13523条、行政处罚12030条。三是完善信用分级分类制度，建立分级分类指标体系，对全区企业按照信用等级由高到低划分为A、B、C、D四个等级，其中A级企业32063户，占企业总量的28.4%；B级企业63408户，占企业总量的56.17%；C级企业15425户，占企业总量的13.66%；D级企业1996户，占企业总量的1.77%。实施守信激励、失信惩戒的差异化监管措施。对信用等级高的企业，实行守信激励、宽松监管，降低抽查频次或比例；对信用等级低的企业，适当提高抽查频次或比例，依法依规实行严管。四是2021年依法依规发布失信被执行人230个，联合激励案例4345个，联合惩戒案例1900个；开展“屡禁不止、屡罚不改”专项治理、政务诚信失信被执行人专项治理和中央文明委关于开展十项群众反应强烈的诚信缺失突出问题的专项治理。五是推出68个“信易+”惠民便企项目，推出“征信数据共享链首笔跨链交易落地北京城市副中心”创新应用场景；开通国家“信易贷”平台，为中小微企业利用信用小额贷款提供支撑，通州区银行办理小微企业贷款4753笔，累计金额187.97亿元。六是发布信用修复机制，开展信用修复培训，开展企业信用核查，及时进行信用修复和异议处理；2021年信用修复238家，处理异议申诉3个。七是开展全国食品安全宣传周、全国“质量月”等诚信主题宣传教育活动；在《北京城市副中心报》、北京城市副中心电视台连续刊播7期共计275家失信被执行人信息，大力表彰红名单和白名单企业；开展信用进社区、进园区、进企业、进商圈、进校园的诚信建设万里行活动，印发《通州区市民信用手册》及《经营者准入前诚信教育工作指南》等各种诚信体系宣传材料，促进社会信用知识的宣传与普及。

（魏永刚）

【工业领域空气重污染应急】 一是启动空气重污染黄色预警5次，空气污染过程应对7次，空气重污染期间及时启动《北京市通州区空气重污染应急工业分预案（2020年修订）》。二是空气重污染应急期间及空气污染过程应对期间，出动人员60人次、车辆29车次，对全区47家企业停限产措施落实情况进行抽查和督查；全区各乡镇、街道办事处出动人员1571人次、车辆703车次，检查企业1468家次。三是认真检查所辖企业执行“一厂一策”停限产承诺情况，所有企业均全部落实停产限产措施。

（刘书标）

【减轻企业负担】 一是制定《通州区防范和化解拖欠中小企业账款工作实施方案》并下发至相关单位。二是开展清理拖欠民营企业中小企业账款工作，进一步推进剩余账款清偿，在2021年初未清偿欠款2238.27万元基础上，截至年底偿还1463.89万元。三是制定《2021年减轻企业负担实施方案》，明确各相关单位的职责，加强对减负工作的统筹指导。四是按照市减负办工作部署，全年分3次组织36家企业进行减负问卷调查，了解当前企业负担及营商环境情况，以推动更有针对性的减轻企业负担、优化营商环境政策措施出台。

【促进中小微企业发展】 一是进一步优化营商环境，提高对中小企业的服务水平，研究制定《通州区中小微企业智慧服务平台建设方案》，现已完成平台建设的招投标工作。二是做好政策梳理、抓好政策落实、完善“服务包”机制，利用线上、线下等多种方式对重点政策开展宣传和触达工作，让企业及时了解相关政策信息，享受资金补贴、奖励等各项政策，助力中小微企业发展。三是利用现有中小企业服务平台及微信公众号，加强政策宣传，发布各类政策信息37条次。

（刘建波）

【对外合作交流】 一是开展对口支援交流活动，会同区内相关部门及意向企业赴内蒙古自治区翁牛特旗、通辽市奈曼旗、十堰市武当山经济特区、拉萨市城关区开展产业合作交流工作，实地考察企业生产经营情况并开展座谈交流，充分了解当地的经济发展、人文历史、产业分布等基本情况，明确下一步对口支援工作重点与方向。二是制定《关于开展通州区与廊坊市（大厂、三河、香河三县市）工业、软件、信息服务业产业发展工作实施方案》，协助推进北三县产业协同发展，建立与北三县产业协同发展沟通机制，推动产业链向“北三县”延伸布局，举办“协同创新·一体发展”2021北京城市副中心北三县产业一体化发展推介交流会，并组织企业到北三县进行考察，推动产业链向北三县延伸布局。

（刘书标）

信息化

【概 况】 2021年，区经济和信息化局认真贯彻落实中央、市委、市政府建设北京城市副中心决策部署和整体工作要求，稳步推进副中心智慧城市建设，在完善信息化基础设施、推进政务系统入云、数据汇聚和应用场景建设等方面取得实质性成效。

【智慧城市规划】 2021年，编制完成《北京城市副中心（通州区）“十四五”时期智慧城市建设规划》，制定数字底座和“数字+生活”“数字+治理”“数字+融合”“数字+双碳”“数字+产业”“数字+安全”等建设任务，并聚焦北京城市副中心科技创新与产业带动示范，形成1个数字底座、4个特色区域、X个市区联动、1套标准体系的“1+4+X+1”的29项标杆示范项目清单，以信息化全面助力副中心宜居之城、智能之城、创新之城和韧性之城建设。

【智慧城市建设】 重点区域实现5G网络室外连续覆盖，2021年新增完成5G基站建设421个，全区累计建设完成5G基站2183个，5G建设规模不断扩大。政务信息系统入云工作持续推进，截至2021年底，完成50家单位的83个政务系统入云工作，初步实现政务数据的集中存取汇聚，为下一步数据的共享利用奠定基础。开展信息化项目评审工作，截至2021年底，评审通过112个信息化项目。涵盖交通、园林、水务、教育、生态环保等领域的智慧化应用。推动公共数据开放共享，2021年完成14家单位127项公共数据的开放共享和5家单位32项数据的上链。

（卢迪）

【政务外网运行】 按照《通州区政务专网管理办法》，对区级政务外网进行运行维护及安全保障。

2021年新增政务外网接入单位48个，接入金财网单位12个，接入医保网单位5个，累计接入单位节点807个、金财网节点326个、医保网节点9个。全年解决接入单位网络故障及问题咨询2259次。

【政务网络信息安全】 2021年，定期对区政务外网流量数据进行监控分析，发现并处置20家单位56台主机存在的病毒、木马问题；开展应急演练3次；联合区委网信办、通州公安分局对全区49家单位进行政务网络和信息系统安全现场检查，对137个信息系统进行安全扫描，提出整改建议182条；开展电子政务网络安全培训，组织全区46家单位线上学习《中华人民共和国网络安全法》《网络安全等级保护2.0国家标准》。

【政府网站集约化平台运行】 2021年，区政府网站、政务办公系统和区政务外网整体运行平稳。区政府网站发布文章2万余条，网站浏览量1371万余次。完成区政府领导、北京环球度假区、环保督察等15个专题专栏的制作。完成区政府网站由政务数据中心机房迁至区政务云工作。完成区委网信办组织的网络攻防实战演练。

【区级办公系统运行】 区政务办公系统平稳运行，区政务办公平台2021年度新增单位32家、个人账号1375个，累计单位数195家、个人账号4121个。单位间公文收发86883份，解决OA问题231次。完成政务App整合工作，整合杨庄街道、潞城镇政府2个OA办公App到区移动政务办公平台，整合用户278个。

【软件正版化】 2021年，编制印发《2021年通州区软件正版化工作推进方案》《通州区使用正版软件管理办法》，召开通州区软件正版化工作培训会；开展全区软件正版化材料收集和实地指导工作，收集77家单位软件正版化工作材料、实地指导检查单位43家。通州区政府部门（操作系统、办公软件和杀毒软件）软件正版化覆盖率为100%。

（王超）

网络安全

【概　况】 2021年，区委网信办深入学习贯彻中央和市委网络安全和信息化工作会议、中央和市委宣传思想工作会议精神，充分发挥区委网信委议事协调机构作用，坚持固本夯基、守正创新，坚决维护网络意识形态安全，参与网络空间治理，创新开展网上正面宣传，加强网络安全保障，发挥信息化对副中心经济社会发展的引领作用，为疫情防控和经济社会发展双胜利贡献网信力量。

【首都网络安全日宣传】 4月29日，组织开展第八届“4·29”首都网络安全日系列宣传活动。统筹全区近80家单位充分利用微信、微博、抖音、快手等平台，大力推转网络安全相关宣传报道内容，持续扩大宣传声势，不断强化群众网络安全意识，净化网络环境，相关报道总传播声量超15万次。

【网络安全保障】 5月，联合区经信局、区公安分局等单位对全区49家单位开展电子政务网络安全检查，摸清全区150多个系统资产底数，发现的网络安全问题、高危漏洞均已通知相关单位整改，有效降低了安全风险。2021年，在针对全区15家重点网站常态化监测的基础上，进一步强化对电子政务等领域重要信息系统的流量监测。

【首次开展网络安全实战攻防应急演练活动】 6月16日，首次组织开展全区网络安全实战攻防应急演练，通过“实战”检验“应急”，全面掌握参演单位应急预案制订、应急机制落实、应急措施保障等情况，检验区经信局、区财政局等6家单位10个网络和信息系统对突发事件的应急处置能力和网络安全防护能力，有效加固北京城市副中心网络安全屏障。

【举办“从‘心’出发　共赴美好”——2021年网络传播活动开幕式】 6月18日，区委宣传部、区委网信办在张家湾设计小镇举行线下开幕式，启动“从‘心’出发　共赴美好”网络主题传播活动。

新华网客户端、中国青年网等十余家中央级主流媒体广泛发布相关报道。开幕式当日微博话题 # 从心出发共赴美好 # 实时热搜第一。

【组织开展庆祝中国共产党成立 100 周年网上系列传播活动】 6 月，以建党百年为契机，组织全区参与微博话题 # 从心出发共赴美好 # 讨论，并与市委网信办 # 百年初心映党旗 # 话题积极互动，阅读量年内突破 3 亿次。

7 月，制作推出“奋斗百年路　启航新征程——我心向党”系列短视频。在“学习强国”、北京日报客户端、抖音、快手等平台发布，总传播量超 1200 万次。

7—8 月，统筹全区对“重走红色印记、追寻红色回忆、重温红色故事”系列宣传片等多个新媒体作品加强网上推送，新媒体平台传播量突破 3000 万次。

10 月，组织全区参与中央网信办举办的中国正能量 2021“五个一百”网络精品征集评选展播活动，征集 69 部新媒体作品；组织参与北京市委网信办第二届“京彩”网络正能量精品评选活动，征集 77 部新媒体作品，通州区共 8 部作品入围网络投票评选，其中获奖作品 1 部，充分展示了副中心积极向上、蓬勃发展的城市风采。

【召开网络安全和信息化委员会第三次全体（扩大）会议】 7 月 7 日，中共北京市通州区委网络安全和信息化委员会召开第三次全体（扩大）会议。区委副书记、区委网信委副主任赵磊主持会议，会上传达学习中共北京市委网络安全和信息化委员会第三次会议精神，听取全区 2020 年网信工作开展情况，审议通过 2021 年工作要点和其他相关文件。

【开展“‘心’节奏·新未来”网上主题系列传播活动】 7 月，区委网信办推出“‘心’节奏·新未来”网上主题系列传播活动。开设 # 从心出发共赴美好 # 快手话题，播放量约 600 万次。组织“泛舟运河觅古韵·邂逅瑶镜映通州”夜游大运河直播，以中秋民俗文化传统为话题，共话漕运特色民俗历史，直播共吸引 20 万人次观看。制作“四心”（心旷神怡、独具匠心、心驰神往、安心乐业）系列短视频，围绕重大工程和重点项目，展示副中心的快速发展，传播量超 200 万次。创作北京环球度假区溢出效应“体验版 VLOG”，传播量约 60 万次。制作创意城市发展总结长图。发布《2021 请回答》总结视频，展现副中心用奋斗点亮生活的美好姿态。

【开展“我的‘心’式生活”网上主题传播活动】 9月，邀请多领域网络大 V 走进北京城市副中心，生产发布专属北京城市副中心的“心”式生活 VLOG 短片，传播量超 500 万次，相关内容助力微博话题 # 从心出发共赴美好 # 阅读量增长近 1 亿次。

【推动落实通州区网络文明建设工作】 9 月，联合区委宣传部制定印发《2021 年通州区网络文明建设工作任务分解》，细化了积极开展网上正面宣传、弘扬践行社会主义核心价值观、强化网上道德示范引领等共 11 项指标任务，为进一步推进全区网络文明建设和群众网络文明行为的养成夯实基础。

【国家网络安全宣传周活动】 10 月 11 日，在通州区图书馆举办 2021 年通州区国家网络安全宣传周启动仪式。区委常委、宣传部部长汤一原，市委网信办二级巡视员钟志勇出席会议并讲话。10 月 11—17 日六大主题日活动日期间，组织区教委、区公安分局等 15 家单位，通过网络安全知识线上答题、线下培训、主题巡展、进社区和进企业等方式，深入基层一线、百姓身边，普及网络安全知识技能，营造良好网络环境。安全周期间，各种线上转载报道全网阅读量（含微博）达 350 万次。

【网络信息内容管理】 年内，区委网信办在全区范围内持续关注网络生态专项治理工作，累计清理封堵涉通州违法和不良信息 888 条，永久封停和处理违法违规账号 3 个。

【开展“银发网络知识小课堂”进社区（村）活动】 10 月，开展“银发网络知识小课堂”进社区（村）活动。联动区民政局，协调各街道、乡镇推动系列课堂进社区、进村庄、进家庭。全区 160 个社区和 470 个行政村以线上普及或线下讲座等方式组织开展有关活动，滚动播放网络安全标语 1200 余条，推送网络安全小知识、小提示、宣传信息 3100 余条，活动惠及全区老年人 37 万余人次。

【持续打造网宣品牌】 2021 年，开设 # 从心出发共赴美好 # 微博话题，配合 # 你好，副中心 # 共同塑造和推广北京城市副中心品牌形象。双微博话题阅读量突破 11 亿次。

（李瑞）

北京通州年鉴

2022

建筑业
房地产业

▲ 3月28日，通州区首个共有产权房项目通和家园实现交房

| 区融媒体中心提供 |

▲ 9月23日，永顺镇引入社会资本深化物业管理改革

| 永顺镇提供 |

▲ 11月29日，党史学习教育中央第22指导组到通州区北小园小区调研老旧小区改造工作

| 区住建委提供 |

▲ 全区首个老旧小区综合整治项目临时党支部成立

| 区住建委提供 |

综　述

【概　况】 2021年，区住建委以保障副中心重点工程、重大项目顺利推进为重点，贯彻减量发展理念开展城市更新，扎实推动住建领域民生保障工作，持续落实行业监管主体责任，全力确保“十四五”开好局、起好步。

（李昱莹）

【全面启动城市更新工作】 2021年，建立北京城市副中心城市更新项目储备库（第二批）共180余项，包括老旧小区综合整治67项、棚户区更新改造12项、南大街平房（院落）更新改造1项等重点项目。

（李扬）

【严格落实房地产调控政策】 2021年，新房销售启动提前预警和约谈的创新工作机制，通过对预售和交付“一头一尾”两个重点环节的提前预判和把控，进一步规范新建商品住房销售市场秩序，保障人民群众合法权益。

（罗慧敏）

【保障房建设筹集工作】 2021年，以新建、收购、改建等方式建设筹集政策性住房6197套，其中租赁型住房2560套，产权型住房3637套，任务完成率达105%；竣工政策性住房2312套，任务完成率达101%。

（潘岩）

建筑业

【概　况】 2021年，区住建委坚持审慎原则，强化服务意识，进一步提升行政效能，保障副中心建筑企业行业有序发展。截至12月底，通州区资质有效期内建筑企业共计1296家。通州区建筑企业首次申请资质获批71家，增项资质获批21家，升级资质获批5家，迁出企业7家，资质证书变更217家（其中迁入企业41家）。

【资质审批告知承诺制】 根据《关于实行建筑工程、市政公用工程施工总承包资质审批告知承诺制的通知》文件精神，文件要求自2019年12月10日起开始实施建筑工程、市政公用工程施工总承包资质审批告知承诺制。因为系统等客观因素，正式受理承诺制审批是从2020年7月1日开始。2021年，通州区建筑企业承诺制审批首次申请资质获批21家、增项资质获批9家。

【“证照分离”改革衔接有关工作】 根据住房和城乡建设部办公厅颁布的《关于做好建筑业“证照分离”改革衔接有关工作的通知》文件精神，为贯彻落实《国务院关于深化“证照分离”改革进一步激发市场主体发展活力的通知》要求，深化建筑业“放管服”改革，做好改革后续衔接工作，自2021年7月1日起，各级住房和城乡建设主管部门停止受理本文附件所列建设工程企业资质的首次、延续、增项和重新核定的申请，重新核定事项含《住房城乡建设部关于建设工程企业发生重组、合并、分立等情况资质核定有关问题的通知》规定的核定事项。2021年7月1日前已受理的，按照原资质标准进行审批。

【建筑业企业施工劳务资质改为备案制】 自2021年7月1日起，建筑业企业施工劳务资质由审批制改为备案制，由企业注册地设区市住房和城乡建设主管部门负责办理备案手续。企业提交企业名称、统一社会信用代码、办公地址、法定代表人姓名及联系方式、企业净资产、技术负责人、技术工人等信息材料后，备案部门应当场办理备案手续，并核发建筑业企业施工劳务资质证书。企业完成备案手续并取得资质证书后，即可承接施工劳务作业。截至2021年12月31日，通州区建筑业企业施工劳务资质首次申请备案获批328家、增项备案获批63家。

（宋友香）

房地产业

【概　况】 2021年，全国房地产调控呈现整体收紧态势，从调控大方向来看，仍然坚定不移的以“房住不炒”为总基调，以实现“三稳”（稳地价、稳房价、稳预期）为目标，不断完善房地产调控长效机制。北京市房地产市场精准调控纵深推进，调整土地供应结构及出让规则，同时强化市场监管，严查经营贷、首付贷，严厉打击渲染、炒作房屋成交信息及恶意炒作学区房行为。通州区坚持稳地价、稳房价、稳预期，持续关注房地产市场变动。通州区房地产市场表现概述如下，从土地市场看，商品住宅和租赁住宅用地供应任务均已完成。从商品房市场看，2021年通州区新建商品住房成交面积73.48万平方米，比2020年增长46.2%（北京市同比增长34.1%）。新建商品住房（不含共有产权住房）销售价格5.1万元/平方米，二手住房销售价格4.2万元/平方米，价格保持稳定。从住房保障看，保障性住房筹集任务已完成；公租房保障率达69.5%，相比2020年底提高了14.9%，完成全年任务；棚改任务完成签约改造303户，完成全年任务。

【有序推进房地产长效机制】 以“十四五”规划编制和落实为契机，按照市级部门统一要求，区住建委牵头率先制定发布《通州区建立和完善房地产市场平稳健康发展长效机制的工作方案》并报市建委备案。组织成立通州区房地产市场调控专班，健全土地、信贷、财税、投资等房地产市场发展的相关数据和信息共享机制。有序推进房地产长效机制工作方案实施，开展房地产市场指标监测工作。在每日、每周、每月监测商品房成交量、成交价格的基础上，通过座谈访谈、案例调研、数据收集等方法，探索通州区房地产发展趋势，分析整理数据指标，总结通州区各项指标每季度完成情况，对标“十四五”规划的落实情况及存在差距，并对每季度市场波动较大或市场秩序突出问题给予风险预警提示和及时响应，保障通州区房地产市场平稳健康发展。

【防范化解处置房地产开发企业经营风险】 2021年，为贯彻落实市委、市政府决策部署，进一步夯实城市主体责任，防范化解处置房地产开发企业经营风险，按照《北京市防范化解处置房地产开发企业经营风险的工作方案》的要求，制定《通州区防范化解处置房地产开发企业经营风险工作方案》，此方案已上报主管区长审阅、市住建委备案。成立并完善通州区房地产市场调控专班。对辖区内取得预售证的在建商品住房项目进行逐个风险排查，掌握全区预售项目可回收资金及监管资金是否可覆盖债务及后续工程款、企业上级集团债务等情况，并建立工作台账和问题清单。根据项目风险等级，实行清单管理。建立分级管控、动态预警、化解处置机制。

【新建商品房市场成交情况】 截至2021年12月底，通州区新建商品住宅共成交6611套，同比增长35.8%，均价4.56万元/平方米，基本与上年持平；商务型公寓共成交179套，同比下降63.3%，均价4.4万元/平方米，同比下降5.0%；写字楼共成交248套，因上年成大广场整项目出售、新光大中心整栋出售，成交套数同比下降79.5%，均价4.3万元/平方米，同比上涨10.7%；商业用房成交312套，同比下降29.7%，均价3.1万元/平方米，同比上涨21.3%。

【2021年新建商品住房供应情况】 通州区新建商品住房供应持续增长，纯商品住房为供应主力。通州区2021年供应新建商品住房5175套，同比下降34.5%，因2020年供应共有产权住房3520套，而2021年无共有产权住房供应。2021年供应纯商品住房占比87%，仅万科城市之光东望项目为限竞房。

【2021年新建商品住房价格情况】 通州区新建商品住房成交价格平稳，调控成效显著。排除共有产权住房后，2021年四个季度新建商品住房成交均价分别为5万元/平方米、5.2万元/平方米、4.9万元/平方米、5万元/平方米，价格保持平稳。第四季度由于通州区k2十里春风项目成交量较大，成交均价低，在一定程度上拉低了房价。从全市看，第四季度通州区与门头沟区成交均价持平，高于大兴区和昌平区。

（罗慧敏）

北京通州年鉴

2022

商贸 服务业

▲ 6月18日，北投爱琴海购物广场开业仪式

| 区融媒体中心提供 |

▲ 6月18日，北投爱琴海购物广场开业内景

| 区融媒体中心提供 |

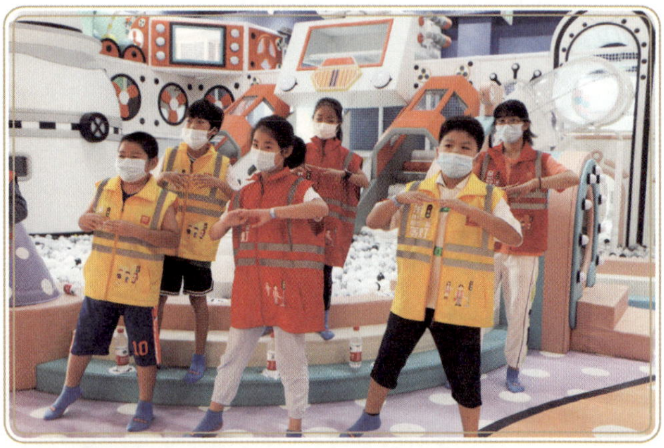

▲ 8月29日，Park.C 亲子主题乐园（万达店）举办“安全畅玩”主题“等灯”回馈活动

| 北苑街道提供 |

9月18日，在米开“town”文化创意园举办2021年“月圆京城 情系中华”传统节日文化活动 | 北苑街道提供 |

月亮河休闲小镇 | 区商务局提供 |

6月16日，城市绿心森林公园活力汇体验馆投入使用 | 区融媒体中心提供 |

综　述

【概　况】　2021年，通州区商务局在区委、区政府的正确领导下，全面贯彻落实党中央及市委、市政府与区委、区政府各项部署要求，进一步增强消费动力，改善民生品质，稳定外经外贸，强化服务保障，坚持融入新发展格局，坚持自主创新的核心地位，坚持聚焦主导功能，为推进北京城市副中心商务领域高质量发展埋头苦干、奋力拼搏。2021年，通州区实现社会消费品零售总额563.6亿元，同比增长6.5%。

【国际消费中心城市体系建设】　2021年，坚持国际导向、首都站位和副中心特色相结合，制定《北京城市副中心推进国际消费中心城市建设实施方案》及清单材料，成立由区长担任组长的工作专班领导机构，形成区级专班工作制度，全力打造国际消费中心城市新增长极。主动顺应消费发展变化趋势，制定《2021年通州区促进商品消费增长工作措施》（17项）。

【营造促消费氛围】　制定通州区2021年消费季策划方案，政企联动，形成2021年北京城市副中心消费季"1+5+8+N"（结合北京消费季的"1+5+8+N"消费季活动框架，在举办一场消费季启动仪式的基础上，聚焦"新场景""新趋势""新能级""新势力""新体验"五大板块，围绕购物消费、时尚消费、数字消费、信息消费、美食消费、文化消费、旅游消费、体育消费八大主题，打造具有通州区域特色的消费活动，给消费者提供更多的选择，全力加快推进北京城市副中心经济社会各项建设进程）活动框架；策划开展北京城市副中心消费季欢乐通州欢乐购启动仪式、汽车嗨购节、东郎音乐啤酒嘉年华、"京彩奋斗者　数字嘉年华"数字人民币试点、苏宁百货线上活动等一系列促消费活动，其中"购车嘉年华"2000万汽车消费券两月拉动社会消费品零售总额约12亿元，有效激发副中心消费活力。

【特色商圈和传统商业升级改造】　2021年，引进一批首店、旗舰店、体验店等，形成一批高品质活力街区和夜间经济示范街区。全力推动环球影城商圈建设，成立"北京环球主题公园商业、餐饮配套服务保障工作专班"，加大北京环球度假区消费外溢承接工作研究力度，构筑一体化发展格局。

【挖掘夜间经济潜力】　2021年，通州区入选"2021年度中国夜游名城案例"，自2021年9月环球主题公园度假区开业以来，主题文化消费与周边旅游资源有机联动发展，结合京杭大运河"一长、一短、一夜游"三条水上游览路线，"三庙一塔"景区夜景氛围，打造副中心名片式夜游产品；同时带动北京城市副中心商圈，如北苑商圈、九棵树商圈等提质升级，让市民和游客全方位感受北京城市副中心的"夜之美"。此外，2021年月亮河休闲小镇入选市级第二批深夜食堂特色餐饮街区，北京环球度假区、城市绿心森林公园、东郎（通州）电影产业园三地入选2021年度北京网红打卡地榜单。通州区万达广场地下一层东8yeah巷盛大开街，此街区将IP潮流元素与B1超市、美食街区和通州万达广场融合，打造出一场潮酷视觉盛宴。随着副中心国际消费中心城市建设的推进，夜间经济版图加强布局，点亮了夜色中的多元消费业态。

【常态化疫情防控】　2021年，全力做好生活必需品保供稳价，建立三级保供监测机制和"点对点"监测补货机制等5项工作机制，完成政府应急物资储备任务。紧抓商务行业疫情防控各项措施，开展经常性督导检查，滚动修订餐饮、批发市场等14个行业防控指引，压实商务企业疫情防控主体责任，牵头做好重点行业疫苗接种工作。

【民生保障工程】　2021年，加强顶层设计，完成《北京城市副中心（通州区）"十四五"时期服务业扩大开放和商务服务业发展规划》、《北京城市副中心运河商务区商业业态提升方案》和《北京城市副中心（通州区）物流设施选址规划及实施工作方案》。召开多次会议，推动于家务职工中心项目选址和综合实施方案编制工作。加强资金支持，发布《通州区生活性服务业品质提升专项资金项目的通知》，2021年建设提升各类便民商业网点110个，全市排名第一，累计拨付补贴资金751.44万元。坚持“为民服务”导向，“接诉即办”全年工单1287件，退费累计159万元，解决群众急难愁盼问题。

【落实粮食安全区长责任制】 2021年，全面落实粮食安全区长责任制，制定《通州区2021年度落实粮食安全区长责任制考核工作实施方案》，“抓重点、补短板、强弱项”，切实提高粮食优质生产、安全储备、应急保供和流通现代化能力建设。做好粮食企业安全监管，对辖区内纳入国家粮油统计信息系统的涉粮企业执法检查覆盖率达到100%。粮食应急网点数量达标且布局日趋合理，协同属地设置应急供应网点，与应急配送中心签订协议，日配送能力达到2400吨。

【开展粮食专项巡察工作】 2021年，开展“亮剑行动”“粮食购销领域反腐败问题”专项整治，制定专项实施方案，成立2个专项整治的工作小组，向辖区粮食企业部署专项工作，开展“拉网式”“全覆盖”检查，对涉及的意见建议，区商务局照单全收，落实落细整改责任。

【营商环境建设】 2021年，深化“放管服”，区商务局40项政务服务事项在副中心大厅全部落地，高质量开展两轮“局处长走流程”提升服务质量活动，完成第八次国务院营商环境大督查迎检工作。制定“两区”建设工作方案，着力构建“4+7+N”（以“三聚焦一探索”，即“聚焦行政办公、聚焦文化和旅游、聚焦高端商务、探索金融创新”4个方面为先导，以运河商务区、文化旅游区、中关村通州园、国家网络安全产业园、张家湾设计小镇、宋庄艺术创意小镇、台湖演艺小镇7个重点示范区和功能区为高水平开放核心承载区，依托科技创新及人才保障体系，在服务北京“四个中心”建设、推动服务业更高水平开放、营造国际一流营商环境、服务京津冀协同发展等多个领域全境推进服务业开放，打造国际一流营商环境，加速形成副中心开放创新的新格局，释放外向型经济发展新活力）全方位开放发展新格局，统筹建立“两区”建设“一库三清单”（“两区”建设重点项目库，政策清单、目标企业清单、空间资源清单）。

【落实总部扶持政策】 2021年，为甘李药业股份有限公司、中国烟草总公司北京市公司等8家企业申请发放总部企业奖励资金共计688万元。

【保障商务领域安全稳定】 2021年，组织开展商业企业安全生产及疫情防控线上线下宣传培训，指导经营单位开展应急疏散演练。针对不同时期重点工作以及重要时间节点，对安全生产、市场供应、疫情防控措施落实情况等工作进行督导检查。开展集中夜查行动，加强电动自行车充电管理。全面部署《通州区商务行业安全生产大排查大整治百日专项行动方案》，全力推动创城、创森、创卫、创慢等工作顺利开展。

【抓好宣传引导】 2021年，区商务局依规有效发布重要政府信息73条。主动发布商务工作信息150余条，微信公众号“商务通州”累计发布网宣文195篇。围绕国际消费中心城市建设，全媒体累计报道137376篇次，其中，中央级、市级媒体报道1592篇。严格落实意识形态责任制，确保民有所呼，我有所应。

（李京京）

商业服务业

【概　况】 2021年，推动企业总部管理、商务会展行业发展。按照市商务局要求，牵头建立通州区商务服务业促进体系，包括商务服务业广告、组织管理、人力资源管理等重点监管行业的9家单位（区商务局、统计局、市场监管局、人力社保局、财政局、税务局、司法局、公安分局、文旅局），同时与9家单位建立对接机制和联系渠道。广告业、组织管理服务业和人力资源服务业等重点行业支撑作用显著，互联网广告业成为推动商务服务业发展的主力军。全年全区有规模以上商务服务业企业91家，实现营业收入360.2亿元。

（王敬芸）

【企业选介】 月亮河休闲小镇（下文简称“小镇”）地处北京城市副中心核心商务区，小镇北侧为运潮减河、南侧为建国路延长线通胡大街、西侧为京杭大运河源头。小镇前身是北京知名的月亮河温泉假日酒店，于1996年10月开工建设，1998年10月正式投入使用并开始对外营业。月亮河温泉假日酒店拥有300余间标准客房，配有游泳馆、健身房、6家主题餐厅、温泉馆、美术馆、会议中心、高尔夫球场、马术场等配套服务设施。

2016年，园区发展方向调整，开始致力于多元化发展，紧跟北京城市副中心发展的步伐，开始着手多业态的布局，招商引入大量高品质餐饮、亲子活动、休闲娱乐等商业，坚决秉承宁缺毋滥的原则，对小镇入驻的品牌进行仔细甄别考量，打造环境优美、业态丰富、高品质的月亮河休闲小镇商业圈。

自2016年以来，为了更加优化小镇的整体商业氛围，小镇斥资对灯光布置、景观绿化、交通动线、停车服务、雕塑进行多次品质提升。小镇内艺术氛围浓厚，陶都罕、高孝午、隋建国、张占占等多位知名艺术家的作品展陈园区内。

2021年9月，小镇申请了“北京市深夜食堂”项目的评选，正式被评为北京市20家深夜食堂项目之一。小镇业态丰富，截至2021年底，小镇内入驻的餐饮类商户有20余家，包含贵茉铁板烧、贞鲜楼（蒸汽海鲜）、鸿洋楼（滩羊系列）、园味湘食（湘菜）、缺火锅（重庆火锅）、友子饭庄（清真系列）、合兴楼（京味菜）、抹嘴儿餐厅、羊守一（铜锅涮肉）、麦当劳、港式打边炉等。儿童场地项目5家，包含占地8000余平方米的轮滑训练场、占地7000余平方米的足球场、占地2000余平方米的棒球场、占地3000余平方米的自行车泵道公园、占地1万余平方米的马术俱乐部，还有电影院、游泳馆、黛米亲子游泳馆、3家高品质双语幼儿园等多种业态。另外，随处可见的艺术雕塑遍布于小镇的每个角落，园区内处处花团锦簇，郁郁葱葱，小镇在纷繁城市中营造了一片静谧花园。为方便大家度过亲子游乐的欢快闲暇时光，小镇开设了亲子互动区域，有鸽子广场、小熊广场、兔子广场、儿童乐园等场所。

（李京京）

对外及对港澳台经济贸易

【外商投资企业情况】 2021 年，通州区新设立外商投资企业 125 家，增资企业 27 家。注册资金合计 85500.25 万美元，合同利用外资 67853.36 万美元。

【实际利用外资】 2021 年，通州区实际利用外资 21 笔，共计 40685.65 万美元。

【境外投资备案】 截至 2021 年底，通州区有境外投资备案企业 163 家。2021 年，通州区 13 家主体企业进行境外投资，3 家主体办理变更。其中新设主体企业为中国香港 6 家，乌兹别克斯坦 2 家、德国、阿拉伯联合酋长国、越南、新加坡、韩国各 1 家；变更主体国别为俄罗斯联邦、乌兹别克斯坦、韩国各 1 家。

【服务外包合同备案登记】 2021 年，通州区新审核合同数 110 笔，累计合同金额 10996.17 万美元，累计审核执行合同 174 笔，累计执行金额 7890.65 万美元。

【对外贸易经营者备案登记】 2021 年，通州区对外贸易经营者备案登记及变更的企业 627 家，其中新备案对外贸易企业 391 家，变更企业 236 家。

【出口信用保险】 2021 年，中国信保为通州区 162 家外贸出口企业提供出口信用保险服务，其中自付费投保企业 11 家，享受政府免费保单企业 151 家，小微企业占比超过 93%，赔付通州区 3 家出口企业合计 8.87 万美元。

【外商投资企业年度信息报告】 2021 年，通州区 685 家外商投资企业在国家企业信用信息公示系统完成 2020 年度企业信息报告（年度报告）。

【组织参加“两展三活动”】 2021 年，通州区携“两展三活动”（两展：文旅服务专题展、金融服务专题展；三活动：以“千年之城 开放新篇”为主题的走进北京城市副中心活动、以“设计定义未来”为主题的国际青年建筑设计师论坛、北京城市副中心绿色金融成果发布暨签约活动）精彩亮相服贸会，区主要领导参加服贸会峰会及“北京主题日”活动，并开展巡馆活动。通州区完成线上参展注册企业 341 家，线上搭建展台企业 256 家，全市排名第二，上报并通过审核成果类项目 37 个，其中，投资类项目 6 个、成交类项目 31 个，合同总金额 9.2805 亿美元，一年可执行 2.1484 亿美元。另外，还上报协定协议类项目 5 个；发布类成果 4 个，其中，权威发布类 3 个、联盟平台类 1 个，完成了北京团下达的线上展台搭建及成果任务指标。

（李京京）

金融

▲ 10月23日，在2021全球财富管理论坛上，北京城市副中心“北京法定数字货币试验区”正式揭牌

| 区融媒体中心提供 |

▲ 9月3日，中国国际服务贸易交易会上北京城市副中心运河金融城展区

| 区融媒体中心提供 |

▲ 8月2日，北京地区首家以“绿色”命名的支行——北京银行通州绿色支行挂牌

| 区融媒体中心提供 |

▲ 中国工商银行北京环球大道支行

| 区金融办提供 |

▲ 9月7日，中国国际服务贸易交易会上北京城市副中心“两区”建设金融成果发布暨签约活动举办

| 区金融办提供 |

▲ 11月2日，区金融办对驻区金融机构集中开展疫情防控实地检查

| 区金融办提供 |

综　述

【概　况】 2021年，全区金融工作聚焦“两区”建设、绿色发展、财富管理、金融科技等主题，全年吸引48家金融机构入驻副中心，促进产业集聚，金融业实现增加值117.9亿元，同比增长17%，金融业完成税收22.1亿元，比上年同期增长42.2%，金融业税收增幅领跑其他主体行业。截至12月底，全区银行、证券、保险等金融机构及地方金融组织、金融科技企业等相关金融企业316家，已基本形成中央持牌金融机构与地方金融组织互为补充、良性互动的多层次金融组织体系，金融产业已成为副中心支柱型产业。

【金融发展】 “两区”建设取得积极进展，研究制定《北京城市副中心2021年金融工作要点》《金融及高端产业协调工作组2021年工作计划》并报区政府审议，推进《北京城市副中心促进金融业发展若干措施》发布并落地实施。绿色金融发展呈现新布局。谋划并推动实施2021年度绿色金融领域“10+10”重点任务，在全市率先提出绿色金融国际中心定位，研究制定《北京绿色金融国际中心建设实施方案》。

加快企业上市步伐，全年实现4家企业成功登陆资本市场。截至12月底，通州区共有上市企业8家，新三板挂牌公司20家，上市储备库重点企业14家。金融科技生态日趋完善，引入时代愿景（北京）结算技术有限公司、泛在金科（北京）技术有限公司2家金融科技企业入驻副中心，全区金融科技企业增至16家，涉及供应链金融、绿色金融、跨境结算、金融云、金融信息咨询服务等多个领域。

【风险防范】 打好防范化解金融风险攻坚战，摸清全区区私募基金行业风险底数，摸排经营风险，配合证监部门做好私募基金专项检查及风险排查工作。积极落实防范与打击非法集资属地责任，开展《防范和处置非法集资条例》宣传月活动，加快推动《防范和处置非法集资条例》落地；利用科技手段加强对涉非、高风险企业进行日常监测预警，同时协调相关执法部门及时进行依法处置，有效化解金融风险。

【疫情防控】 持续督导检查疫情防控工作落实，切实做好驻区金融机构的人员摸排、现场组织、动员宣传、数据统计等疫情防控工作。全年全区金融机构共摸排人数5266人，第一、二针接种率超90%，4066人完成加强针接种。

（周亚琼）

金融服务

【“两区”建设金融领域工作】 以中国国际服务贸易交易会为契机，“北京城市副中心运河金融城”全新亮相中国国际服务贸易交易会金融专题展，成功举办北京城市副中心“两区”建设金融成果发布会暨签约活动，发布5项落地成果，与4家银行机构完成战略合作协议签约。全面展现“两区”建设一年来，各类金融要素聚焦运河金融城，推动形成北京城市副中心金融业生机勃发的良好态势。持续提升“两区”建设影响力，推动2021金融支持绿色科技年会、外资银行2021金融科技论坛、2021全球财富管理论坛等行业峰会和考察交流活动在北京城市副中心成功举办。

【绿色金融发展呈现新布局】 在全市率先提出绿色金融国际中心定位，研究制定《北京绿色金融国际中心建设实施方案》。推动北京银行、中国银行设立绿色专营支行，与兴业银行、北京银行签署绿色金融战略合作协议，支持和促进北京长江资沅私募基金管理有限公司、北京中开丝路私募基金管理有限公司等私募基金公司落地副中心。2021年，通州区银行机构累计新增绿色信贷106笔，贷款余额135.8亿元。

【金融科技生态日趋完善】 推动北京银行在北京城市副中心设立金融创新实验室，依托副中心风险监测预警与监管创新联合实验室创新平台，有效对接金融科技企业与金融机构合作创新。加快北京法定数字货币试验区建设，推进数字人民币应用场景试点，开通3000余家数字人民币支付商户。融和云链公司研发的副中心首个金融创新成果“基于区块链的国家电投统一供应链金融业务系统”入选北京市金融科技“监管沙盒”试点。

【金融服务实体经济质效持续提升】 全区30家银行机构共有152处营业网点，实现所有街道乡镇全覆盖，全年累计发放中小微企业贷款8485笔，贷款余额234.1亿元，有效支持驻区中小微企业发展。全年共引入私募基金管理人23家，总注册资本16.2亿元，推动其在服务实体经济与产业直接投资方面发挥积极作用。

【2021年全球财富管理论坛举行】 10月23日，2021全球财富管理论坛在北京城市副中心的北京国际财富中心举办。金融机构、知名行业组织的70余位嘉宾、200多家机构参加会议，论坛采取“线上云听众+线下演讲嘉宾”相结合的方式，十余家媒体在线同步直播，传播总流量超过7200万人次，极大提升副中心金融业国内外知名度。在2021全球财富管理论坛上，北京城市副中心“北京法定数字货币试验区”正式揭牌。

【服务企业上市】 全年实现华安鑫创控股（北京）股份有限公司、中际联合（北京）科技股份有限公司、中国三峡新能源（集团）股份有限公司、北京市春立正达医疗器械股份有限公司4家企业成功登陆资本市场。中际联合（北京）科技股份有限公司成功登陆上海证券交易所主板。中国三峡新能源（集团）股份有限公司在上交所主板成功上市，成为副中心第8家上市企业，第6家主板上市企业。北京市春立正达医疗器械股份有限公司在上交所科创板成功上市，成为副中心首家“A+H”股上市企业。

【疫情防控工作】 督促指导银行、保险、证券、地方金融组织等机构做好常态化疫情防控和疫苗接种，截至2021年底，联合区城管执法局共开展现场检查7533次。全区金融机构第一针接种率达93.98%，第二针接种率达93.03%，4066人完成加强针接种，确保金融服务“不断档”。

（周亚琼）

银　行

【概　况】 2021年，全区30家银行机构中有接近半数成为独立法人行或一二级分行，银行业区域总部特征逐步显现。截至2021年底，全区银行机构人民币存款余额6051.1亿元，同比增长5.9%；各项贷款余额1976.8亿元，同比增长19.5%，贷存比超过42%，银行机构服务效能持续提升；商业银行服务业累计完成税收22.1亿元，同比增长42.2%，占全区税收比重达到8.9%。

（周亚琼）

【中国工商银行股份有限公司北京通州分行】 2021年，中国工商银行股份有限公司北京通州分行人民币全部存款日均余额553.47亿元，较年初增长48.69亿元。人民币全部贷款日均余额（不含票据）133.38亿元，较年初增长38.09亿元。储蓄存款时点、日均规模均已突破400亿元，且时点、日均规模和增量持续保持区域内最快水平，保持了强劲的发展态势，并在系统内连续7个季度荣获“北京分行储蓄存款优秀推动行”称号。

截至年底，工商银行北京通州分行下辖10个部室、3个团队、2个附属机构，在职员工有487人。辖内营业网点有19家，其中旗舰店4家、综合店12家、便利店3家，主要分布于新华大街、长安街沿线、运河商务区、文化旅游区等核心区域，为121万余名个人客户、7907家公司客户和403家机构客户提供广泛全面优质的金融服务。深度落实副中心发展战略，全力支持副中心建设融资需求。累计审批副中心重点项目突破100亿元。积极响应绿色金融国家战略，绿色贷款余额突破34亿元，并获评北京商报2021年北京金融论坛十大品牌“年度绿色信贷奖”。

（毕永振）

【中国农业银行股份有限公司北京城市副中心分行】 中国农业银行股份有限公司北京城市副中心分行位于通州区八里桥南街1号院9号楼，下设16个营业网点。2021年，各项存款余额586.4亿元，较年初增加51.6亿元；各项贷款余额101.3亿元，较年初减少31.3亿元。全年累计发放扶贫贷款5亿元；通过工会采购、企业助采等方式开展脱贫攻坚消费扶贫活动，购买助农产品173.45万元；为北京分行定点扶贫县“武强县”筹措帮扶资金150万元。北京城市副中心分行巩固脱贫攻坚成果考核在全市分行排名第一。

2021年，设立北京自贸试验区北京城市副中心运河商务区支行和北京自贸试验区张家湾设计小镇支行，加大对自贸试验区内企业的服务水平，助力自贸区建设。重点关注特殊群体及提供适老化服务，辖内16家网点均开展了进社区、上门活动等便民服务，2021年全年累计为老年人及特殊群体上门服务134次，开展金融知识宣讲136次。

（冉敏）

【中国银行股份有限公司北京通州分行】 中国银行股份有限公司北京通州分行位于通州区车站路44号，内设10个部门，下辖11个营业网点，其中分行营业部1家，二级支行10家；共有员工288人，平均年龄35.17岁。分别是通州分行营业部、通州九棵树支行、通州新华西街支行、通州果园支行、通州马驹桥支行、通州光机电支行、青年路支行、朝阳北路支行、广渠东路支行、通州土桥支行、运河商务区绿色支行。截至2021年末，通州分行人民币存款（含结构性存款）时点余额277.08亿元，较年初增加57.19亿元；外币存款时点余额2.24亿美元，较年初增加0.13亿美元。通州分行人民币贷款余额

176.69亿元，较年初增加64.83亿元；实现拨备前利润3.56亿元。

2021年，通州分行紧跟副中心建设与京津冀一体化协同发展进展，紧密围绕“重点领域、重点行业、重点项目”，为绿城集团、北投集团、北京国际度假区有限公司等大公司客户累计发放贷款36.98亿元。在位于北京城市副中心的中国（北京）自由贸易试验区国际商务服务片区建成银行业首家美国能源与环境先锋设计绿色认证体系（LEED）和碳中和绿色“双认证”网点。

（谭琛）

【中国建设银行股份有限公司北京通州分行】 中国建设银行股份有限公司北京通州分行位于北京市通州区玉带河西街25号，下设12个部室（含营业部），16个营业网点。营业网点为潞河支行、运河支行、光谷支行、财满街支行、瑞都国际支行、群芳中三街支行、玉桥东路支行、玉带河东街支行、云景里支行、鱼市口支行、汇鸿家园支行、物资学院路支行、杨庄路支行、新华西街支行、新华东街支行、张家湾支行。2021年，实现本外币账面利润10.31亿元。中间业务收入3.28亿元。本外币全口径存款时点余额609.6亿元；一般性存款余额598.13亿元。本外币各项贷款时点余额366亿元；五级分类不良贷款余额0.6亿元，不良率0.25%。

全力做好“城市更新+住房租赁”，跟进报送项目21个。支持乡村振兴，对接通州区于家务回族乡国际种业科技园区，23个区级以上农民合作社示范社，未来将建立对入园企业的金融服务交流平台，为园区提供全面金融服务，解决园区入驻企业金融需求。大力发展绿色金融，实现绿色信贷资金投放14.10亿元。推广金融科技，助力副中心智慧城市建设。副中心5G+政务服务中心在50余台政务智能自助终端开辟“政银融合”专区；首家5G+智能银行落户通州区。

（景凯跃）

【交通银行股份有限公司北京通州分行】 截至2021年底，交通银行股份有限公司北京通州分行资产总额285.19亿元，较上年同期增加29.36亿元，增幅11.5%。人民币各项存款时点余额302.06亿元，较上年同期增加35.89亿元，同比增幅13.5%。外币各项存款时点余额1498万美元，较上年同期下降490.32万美元，同比降幅24.7%。各项贷款时点余额106.62亿元，较上年同期增加9.3亿元，同比增幅9.6%。实现利润2.26亿元，比上年增加0.5亿元，同比增幅28.2%。机构网点总量3家，其中二级分行营业室1家，二级支行2家。共有员工94人，平均年龄35岁。

2021年，服务实体经济，发放贷款57亿元，涉及绿色、涉农、制造业、战略新兴、民营企业。支持实体经济和中小微企业复工复产，全年累计发放贷款7.4亿元，服务170余家小微企业。

（果星）

【招商银行股份有限公司北京通州分行】 截至2021年底，招商银行股份有限公司北京通州分行人民币头寸口径年日均74.6亿元，增幅25%；一般性贷款时点余额49.0亿元，增幅141%；全行对公有效客户1928户，增幅25%。零售非零客户数18.4万户，增幅28%；归属口径月日均AUM129亿元，增幅45%；截至2021年12月30日，全行非息收入同比增长50%，利润同比增长50%。

2021年，实现与通州区核心区属企业的综合化融资服务，落地招行通州分行首笔融资租赁放款。与区财政代理资格系统对接完毕，协议正式生效，为推动招行通州分行机构业务的继续开拓发展奠定坚实基础。11月24日，区内食品制造企业跨境股权激励计划圆满落地，该项目是全市场首单港股可转债员工持股计划，创招商银行集团境内外飞轮效应经典案例。

（田慧君）

【上海浦东发展银行股份有限公司北京通州支行】 上海浦东发展银行股份有限公司北京通州支行于2010年12月16日正式开业，位于通州区云景东路432号隆孚大厦。成立以来浦发通州支行一直秉承“笃守诚信，创造卓越”的企业理念，始终坚持将服务政府、服务地方经济、做百姓身边的银行为己任和目标，努力为地方经济发展提供金融服务与支撑，竭诚与通州区政府、企业和居民一起为通州区经济的跨越式发展和北京城市副中心建设做出更大的贡献。

截至2021年底，机构网点总计5家，综合支行1家、零售专业支行3家、小微支行1家。共有员工66人，其中正式员工58人、派遣制员工1人、外包人员7人，平均年龄32岁。2021年末，浦发通州支行本外币各项存款余额129.7亿元，本外币各项贷款余额16.4亿元。

（许征）

【浙商银行股份有限公司北京城市副中心分行】 浙商银行股份有限公司北京城市副中心分行位于通州区北皇木厂北京5号院3号楼，面积2300余平方米，是北京分行下辖唯一的二级分行。2020年11月9日开业时名称为浙商银行股份有限公司北京通州分行，2021年5月6日经北京城市副中心管理委员会批准，正式更名为浙商银行股份有限公司北京城市副中心分行。至2021年底，全行共有员工41人，其中正式员工28人、外包员工13人。

截至2021年底，各项存款余额86.51亿元，其中公司存款余额85.35亿元，零售余额1.16亿元，小企业贷款余额17.36亿元，不良贷款余额450万元，不良贷款率0.14%。累计实现营业增加值1.46亿元，国际结算量1.76亿美元，国际业务中间业务收入9.14万元，资产托管业务收入1.22万元。为通州区缴税5300余万元。

（秦玉征）

【北京银行股份有限公司北京城市副中心分行】 北京银行股份有限公司北京城市副中心分行设立于2017年11月9日，是银行业设在北京城市副中心的首家一级分行。截至2021年底，全区共有10家综合性网点和1家社区支行，覆盖行政办公区、运河商务区、光机电产业园区、宋庄艺术特色小镇、台湖、马驹桥等主要区域。2021年，在通州地区缴税3.08亿元，较2020年增长24.42%。

2021年，北京银行总分联动研发上线“账户平移系统”，支持客户在不进行开销户、不改变原有账号的情况下将现有业务整体平移至北京城市副中心分行相关网点，保障政府东迁过程中业务处理的连续性和安全性。筹建行政办公区内首家银行网点运河东大街支行，并布放自助机具，全面覆盖“四大四小”办公区域。积极服务“两区”建设，在区内设立首批自贸支行。与市公积金管理中心通州管理部联手打造了全市首家公积金e通厅示范网点。落地全国首单“银登中心碳中和、绿色信贷CLO”同业投资，落地“双碳”背景下北京市首笔碳排放配额质押贷款业务。截至2021年底，累计向通州区重点项目提供授信超527亿元。

（马鑫宇）

【北京农村商业银行股份有限公司通州分行】 截至2021年底，北京农村商业银行股份有限公司通州分行共有营业网点35个，在职员工579人；资产总额达到808.18亿元，各项存款余额801.41亿元，占通州区存款市场份额18.79%；各项贷款余额181.78亿元，占通州区贷款市场份额10.14%。

2021年，大力支持副中心基础设施建设，为运河核心区冷热电三联产项目、乡镇再生水厂建设运营项目、北控集团通州口岸项目、信通碧水污水处理项目等重点项目审批贷款额度64.6亿元，累计投放27.13亿元。克服疫情影响，做好疫情期间小微企业的融资需求对接工作，建立营销管理台账，确保每个名单、每个客户都有对接、跟踪，全年累计实现普惠小微贷款投放148户51842.88万元，其中新增普惠小微信用贷款27户9042.1万元。乡村社区便利店数量由年初177家增加到200家，覆盖200个行政村及社区，受益群众30万余人。全年乡村社区便利店交易共计75万笔，比2020年同期增长11万笔，增幅18%；交易金额4.2亿元，比2020年同期增长4500万元，增幅12%。截至2021年底，累计为60岁以上的北京户籍老人及外地常住北京老人发放养老助残卡33.6万张，2021年新增发卡2.2万张。

（岳俊磊）

【中国邮政储蓄银行股份有限公司北京通州区支行】 2021年，中国邮政储蓄银行股份有限公司北京通州区支行实现收入2.62亿元，其中利息收入2.34亿元、中间业务其他收入0.28亿元，实现利润4730万元，人民币各项存款余额133.44亿元、各项贷款余额

49.72 亿元。上缴税收 1500 万元。

2021 年，积极推进绿色银行建设工作，新增绿色信贷 1.03 亿元，绿色信贷结余 1.68 亿元，“两高一剩”（“两高”指高污染、高消耗行业，“一剩”指产能过剩行业）领域信贷增速和占比均为 0。7 月 26 日通州区预付费监管平台正式上线，作为首家试点银行对接区市场监管局下设的 22 个市场所，完成开立资金监管账户 130 户。对接中邮普洛斯基金，完成其咨询公司在通州区落户工作。

（中国邮政储蓄银行股份有限公司北京通州区支行）

北京通州年鉴

2022

旅　游

▲ 5月29日，西集镇第十六届樱桃采摘季暨首届西仪之集运河汉服文化活动开幕式现场

| 区融媒体中心提供 |

▲ 8月2日，大运河游船

| 区融媒体中心提供 |

▲ 11月18日，位于北京环球度假区周边的北京旅游咨询（文旅区）服务站正式揭牌

| 区文旅局提供 |

▲ 2 月 21 日，2021 通州 + 北三县文化旅游活动举办

| 区文旅局提供 |

▲ 12 月 21 日，在张家湾设计小镇举办“协同京津冀　共享通武廊”2021 通武廊文化旅游交流季开幕式

| 区文旅局提供 |

▲ 北京环球度假区霸天虎过山车

| 区融媒体中心提供 |

▲ 北京环球度假区花车巡游

| 区融媒体中心提供 |

综　述

【概　况】 2021年，通州区文化和旅游工作以习近平新时代中国特色社会主义思想为指引，围绕庆祝中国共产党成立100周年这一中心工作，全面落实《北京城市副中心控制性详细规划（街区层面）（2016年—2035年）》和《北京城市副中心（通州区）国民经济和社会发展第十四个五年规划和二〇三五年远景目标纲要》中文化旅游方面重点任务，完成《北京城市副中心（通州区）“十四五”时期文化和旅游发展规划》编制，推进大运河文化带建设，配齐文化旅游基础设施，有效推介文化旅游品牌，提升文化旅游行业监管能力，推进通州区文化旅游更快更好地融合发展。

【旅游产业发展保障机制日趋完善】 2021年，完成《通州区“十四五”时期文化旅游业发展规划》的编制、发布工作，启动《通州区文化旅游发展总体规划》的编制工作，并对全区文化旅游资源、文化设施开展摸底调查。培育乡村精品民宿，开展文化旅游区周边精品民宿与精品酒店专题研究，发布实施《关于促进通州区乡村民宿发展的实施意见》，11家乡村民宿通过8个部门合法化联审，满足游客多层次住宿需求。

（陈晨）

旅游景点

【概　况】 截至2021年底，通州区共有A级旅游景区4家，其中国家AAAA级旅游景区2家，包括大运河森林公园、韩美林艺术馆；国家AAA级旅游景区2家，包括运河公园、中国民兵武器装备陈列馆。乡村旅游经营单位36家，与前一年相比减少1家。2021年旅游收入75.6亿元，同比增长79.9%。2021年接待人数586.4万人次，同比增长49.6%。

【大运河国家AAAAA级旅游景区创建工作】 2021年，加快推进文化旅游项目策划。与副中心规自局就大运河景观风貌项目方案与国家AAAAA旅游景区创建规划进行对接，对游客中心、“万舟骈集”等项目方案进行调整，联合区国资公司与知名景区运营管理单位对景区文化旅游项目进行深入论证和策划。全面推进创建区域整体提升改造工作。完成“三庙一塔”景区文物修缮、美化类设施提升改造、公服类设施提升、照明亮化工程、智慧景区建设等项目。“三庙一塔”景区南广场及大运河森林公园二级游客中心主体结构建设完成。启动景区系列宣传推广活动，创建纪实专题片并在央视《神州揽胜》栏目播出，开展“大运河最美打卡地”图景展、美丽通州行、融媒体直播、“大运讲述人”作品征集推广等活动。

（陈晨）

表 1

通州区主要景点及景区一览表

名　称	地　址
大运河森林公园（AAAA）	通州区张家湾镇通怀路
韩美林艺术馆（AAAA）	通州区九棵树东路 68 号
运河公园（AAA）	通州区通胡大街 70 号
中国民兵武器装备陈列馆（AAA）	通州区焦王庄陈列馆路 25 号

旅游活动

【乡村文化旅游节】 4 月 27 日，由通州区文化和旅游局、武清区文化和旅游局、廊坊市文化广电和旅游局主办的“畅游‘通武廊’相约‘李大人’”2021 第二届“通武廊”乡村文化旅游节，在天津市武清区举行。活动中，三地签订《“通武廊”乡村旅游营销合作备忘录》，深入推进“通武廊”乡村旅游协同发展，建立合作机制推动乡村文化旅游示范区建设，打造“通武廊”特色乡村旅游名片。

【宣传活动】 5 月 16 日，由北京市通州区文化和旅游局、北京市通州区互联网信息办公室、天津市武清区文化和旅游局、河北省廊坊市文化广电和旅游局共同举办的“游在大运河　乐在通武廊”北京城市副中心“5・19”中国旅游日宣传活动，在通州区大运河森林公园柳荫广场举办。“通武廊”三地围绕“5・19”中国旅游日“绿色发展，美好生活”的主题，宣传推介北京城市副中心及天津市武清区、河北省廊坊市文旅资源，宣传北京（通州）大运河文化旅游景区创建国家 AAAAA 级旅游景区，同时，在通州区图书馆八楼分会场，通州区文化和旅游局与大厂回族自治县文化广电和旅游局举办了“服务副中心　相约后花园”的大厂文旅推介会。

【第三届北京城市副中心“春花儿”主题摄影大赛落幕】 2021 第三届北京城市副中心“春花儿”主题摄影大赛于 3 月 20 日起至 5 月 5 日举办。活动由通州区文旅局、通州区网信办主办，通州八大游编辑部承办。展示期间，“北京通州发布”、“带你看通州”和“通州八大游”等官微先后发布大赛信息，刊登比赛作品，其间，共刊登微博稿件 250 余期、原创摄影作品 950 余幅。根据官方微博的阅读量，28 组优秀作品分别获奖，在“5・19”中国旅游日宣传活动中，为获奖人员颁发荣誉证书及奖品。

【通州区参加 2021 西安丝绸之路国际旅游博览会】 7 月 16 日至 18 日，2021 西安丝绸之路国际旅游博览会在西安丝绸之路国际会展中心举行。在北京市文化和旅游局的统一部署和安排下，通州区文化和旅游局参加了 2021 西安丝绸之路国际旅游博览会，以现场咨询和现场发放宣传材料等形式，推介通州文化旅游资源。

【“通州文旅”亮相第三届大运河文化旅游博览会】 9 月 22 日，由中共江苏省委宣传部、江苏省文化和旅游厅、江苏省人民政府外事办公室、江苏省体育局、江苏省文学艺术界联合会、苏州市人民政府共同主办的第三届大运河文化旅游博览会暨第三届中国苏州江南文化艺术・国际旅游节在苏州金鸡湖畔正式开幕。在北京市文化和旅游局的统一部署和安排下，通州区文化和旅游局参加了此届运博会，展示通州区近年来旅游产业发展和大运河文化带建设成果，提升了通州区文化旅游知名度。

【参加2021中国—东盟博览会旅游展】 10月15日至17日，2021中国—东盟博览会旅游展在桂林国际会展中心举行。此届旅游展以“深化‘一带一路’建设 推动旅游高质量发展”为主题，设置“一带一路”主题馆、旅游产业装备及旅游消费馆、国际旅游商品馆、旅游形象馆和国内旅游精品馆共7个展馆。在北京市文化和旅游局的统一部署和安排下，通州区文化和旅游局参加了此次博览会旅游展，并参加各项推介、洽谈活动，以咨询和发放宣传材料等形式，推介通州文化旅游资源。

【通州区文旅局携20家文旅企业亮相2021北京旅商会】 10月15日，2021第九届北京国际旅游商品及旅游装备博览会在中国国际展览中心开幕。通州区文化和旅游局整合北京城市副中心文化旅游资源，以“畅游大运河 打卡副中心”为主题，邀请20余家文旅企业参展。展区不仅有“静态”的非物质文化遗产、文创实物展示，更有“动态”的舞台表演，通过太极、琴箫、功夫舞、戏曲、战鼓、说唱等多种形式，向游客讲述大运河和通州本土文化的精髓。展会发放的《畅游大运河 打卡副中心 北京城市副中心一日游手册》在展示通州悠久历史和深厚文化底蕴的同时，为游客推荐了多条精品旅游线路，吸引更多游客到大运河畔，共享大运河文化带的建设成果。北京环球度假区带来的“环球影城环拍”场景科技感十足，成为了众多游客的体验项目，使北京城市副中心展区更添魅力，成为展会上人气最旺的打卡点。

【参加2021（第六届）海南世界休闲旅游博览会】 12月9日，2021（第六届）海南世界休闲旅游博览会在海南国际会展中心开展。博览会设置了全域休闲旅游展区、博物馆及文创展区、乡村旅游振兴展区、林业旅游展区、体育旅游展区、特色旅游商品展区、旅游行业协会展区八大特色展区。

【2021通武廊文化旅游交流季在通州拉开帷幕】 12月21日，2021通武廊文化旅游交流季开幕式在通州区张家湾设计小镇举办。北京城市副中心管委会副主任、通州区人民政府副区长杨磊出席开幕式并致辞。开幕式现场，北京市文化和旅游局、通州区文化和旅游局相关领导共同为北京第二外国语学院首都文化和旅游研究支持的“通武廊”文旅研究实验室举行揭牌仪式。“通武廊”三地文旅部门分别与张家湾设计小镇、宋庄艺术小镇、台湖演艺小镇共同签署《通州区特色小镇赋能“通武廊”文旅创新合作发展框架协议》。北京第二外国语学院首都文化和旅游研究院、北京联合大学中国旅游经济与政策研究中心相关领导先后发表主旨演讲。通过五周年大事记宣传片，三地嘉宾共同回顾了“通武廊”三地合力绘就文旅产业蓝图画卷的奋斗历程。三地依托“通武廊”文旅合作联盟平台，向西青区、沧州市、衡水市、邢台市、邯郸市等运河沿线城市发出倡议，共同成立“京津冀运河文化旅游城市合作组织”，在京津冀运河文旅供给方面开展有益探索。现场发布多条“通武廊”精品旅游线路，让与会嘉宾沉浸式体验了“通武廊”优质文化旅游资源的独特魅力。武清区和廊坊市相关领导在线上出席开幕式；中关村科技园区通州园管委会、张家湾设计小镇工作专班、台湖镇政府等相关单位的有关领导现场出席开幕式。此外，旅游专业学者、主流媒体记者、重点企业代表、知名旅行社代表等共100余人分别在主会场及分会场参加开幕式。

【2021通州+北三县文化旅游活动】 12月21日，2021年“通武廊”文化旅游交流季系列活动在通州区张家湾设计小镇开幕，2021通州+北三县文化旅游活动、特色小镇开放日活动同时举办。活动聚焦北京城市副中心建设及“通州+北三县”协同发展，围绕北京城市副中心高质量发展，以百姓满意、市场认可、体验极佳为目标，由大厂、香河、三河分别就各自区域文旅资源展开推介，推出2021通州+北三县休闲旅游线路、最美打卡地、手绘旅游线路图等文旅菜单。活动现场启动“遇见通北云风采”“畅游通北云影展”等丰富多彩的互动主题活动。在特色小镇开放日活动中，张家湾设计小镇在线下进行推介路演，并与多家旅游运营商开展深层次交流。交流会上，与会专家和企业代表就文旅融合发展模式、文旅产业发展难点等问题进行深入交流，进一步强化资源整合和共建共享，全面贯彻新发展理念，共话发展前景，共谋发展思路，促进副中心文旅产业高质量发展。

（陈晨）

行业管理

【疫情防控】 2021年，在新冠肺炎疫情防控工作中，区文化和旅游局党政主要领导带头深入一线，带领全体党员干部职工落实责任，勇挑重担，严格落实集中隔离观察点设立和保障牵头部门职责，牵头设立隔离观察点20多个。选派9批64名文化旅游工作者，下沉到对应的8个社区点位，参与社区疫情防控。8个党支部69名党员利用晚上、周末的时间回社区报到，持续参与执勤200余天，完成各项保障任务，区文化和旅游局被评为北京市抗击新冠肺炎疫情先进集体。

持续加强文旅行业疫情防控工作。及时调整传达防控要求，指导文化旅游经营场所严格落实“四方责任”，将疫情防控措施落实到位。开展拉网式督查检查，采取“四不两直”方式，每日对文化旅游经营场所防疫措施落实情况进行督导检查，发现防控不到位问题立即纠正。加强重点区域的监督检查力度，抽调专门人员，会同相关部门对环球度假区内部和街面社会企业开展联合疫情防控检查。加强人员排查管理，提升防控敏感性，及时对有疫情风险地区旅居史人员以及与涉疫人员、地区、场所有交集人员进行排查管控。严格全员定期核酸检测和疫苗接种管理，督促行业从业人员落实核酸检测要求以及应接尽接、全员全程接种疫苗的规定，加固免疫屏障。

多措并举加强乡村旅游经营单位防疫工作。结合疫情防控工作要求，及时下发《新冠肺炎流行期间北京市乡村旅游经营单位（户）防控指引》，要求相关单位严格履行、坚决落实。与乡村旅游经营单位签署“2021年度安全管理责任书”，夯实疫情防控主体责任，严格落实相关常态化防控指引和要求。加强日常监督检查和宣传引导，不定期对乡村旅游经营单位进行检查考核，要求各相关单位积极宣传疫情防控常识，及时劝阻不健康行为。

开展文化艺术类校外培训机构疫情防控工作摸排。12月19日，宋庄镇华卿画室出现新冠肺炎确诊病例。区文旅局快速响应，连夜组织人员力量对全区文化艺术类校外培训机构开展摸排，共摸排文化艺术类校外培训机构203家。同时，加大对全区文化艺术类校外培训机构的监管力度，督促落实疫情防控政策、疫苗接种和定期核酸检测措施。持续做好涉中高风险地区途经史人员情况摸排更新工作，加强与文化艺术类校外培训机构所在街道乡镇的沟通联系，履行好行业和属地双重监管职责，降低疫情防控风险。

强化集中隔离观察点人文化保障。确保隔离人员接收、登记、收住、解除各环节无缝衔接。对无力支付隔离费用的人员，先行办理入住，不施压、不刁难，核实情况后再做处理。定时上门现场查看人员健康状况，对于孕妇、患有基础性疾病申请居家隔离的人员，详细核实病情，讲明政策，不符合居家隔离条件的，及时协调医院专科，安排专业救护车辆转诊就医。主动添加隔离人员微信，细心解读政策，消除恐惧心理，解决生活需求问题。针对通过市民热线反馈的诉求，由隔离点保障人员即接即办，1个小时内处理完毕。对问题集中分析，各隔离点位共享经验、统一改进，做到未诉先办。

【开展文化和旅游行业安全生产集中检查】 为确保文化和旅游行业安全稳定，6月18日，区文旅局领导班子成员分别带队，组成6个检查小组，对基层单位、宾馆饭店以及文化娱乐场所开展集中检查工作。重点检查安全生产工作落实情况、疫情防控工作落实情况、创建全国文明城区常态化和创建国家卫生区工作落实情况。

【开展清明节前期安全服务保障工作】 检查10家文化旅游经营场所的疫情防控、安全生产、消防、反恐防暴和服务接待工作，发现疫情防控问题6项、安全问题3项，要求企业负责人现场进行整改，未发现较大安全隐患。联合公安、交通等部门对景区周边进行检查，检查旅游大巴1台，未发现旅游违法违规行为。

【十九届六中全会期间安保工作】 下发《关于做好十九届六中全会期间文化和旅游行业安全服务保障工作的通知》，督促文旅企业落实主体责任，提高安全保卫自主管理、隐患排查、事故防范能力。持续开展执法检查，确保文旅行业疫情防控工作落实到位、安全管理工作落实到位。出动执法车辆10车次、执法人员34人次，检查文旅经营单位190家次（其中现场检查65家次、非现场检查125家次），无安保突出情况。对两处涉嫌非法宗教活动场所会同相关单位进行调查取证并依法取缔。全面开展环球主题公园保障工作，未发现扰乱旅游市场秩序的行为。组织文旅系统开展“消防安全月”宣传活动及消防应急演练，发放安全宣传材料200余份。

【组织旅游业住宿单位服务质量培训】 为全面提升通州区旅游行业整体服务质量，提高从业人员服务意识和服务水平，推动旅游业高质量发展，6月4日，区文旅局、区旅游行业协会组织全区宾馆酒店负责人开展旅游业住宿单位服务质量培训。培训中，北京联合大学、区文旅局、北投希尔顿酒店及通州旅游行业协会的工作人员分别从酒店服务质量提升及酒店服务创新的新思路、宾馆酒店较为集中的投诉案例、希尔顿酒店的国际化管理服务经验等方面对宾馆酒店从业人员进行解析指导。参加培训的人员还现场观摩了月亮河璞玥酒店及通州北投希尔顿酒店，与酒店人员进行交流，学习更多的服务经验。

【出台通州区促进乡村民宿发展实施意见】 7月，出台《通州区促进乡村民宿发展实施意见》，设定民宿准入标准，明确乡村民宿设立条件、审核流程，采取联合审核方式，由文旅、规自、卫健、市场监管等8个部门依据相关法规、标准及要求开展联合现场审核。鼓励发展精品民宿，组织相关成员单位定期开展联合监管检查，并组织民宿经营从业者通过培训交流、分级评定等形式，认定一批精品民宿，推动精品民宿承接北京环球度假区外溢游客资源，带动乡村民宿产业发展。

【开展文明旅游宣传活动】 6月8日，区文旅局在中仓街道同心花园开展文明旅游宣传活动。通过发放《文明旅游出行指南》及宣传品、普及文明旅游知识、解答文明旅游咨询等方式，引导市民增强文明旅游意识，提升旅游文明素质，做文明的旅游者。

【旅游公共服务设施逐步完善】 2021年，争取市级专项资金360万元，改造固定厕所1座、购置环保厕所14座、增添标识牌1856平方米、购置垃圾桶563个、设置休闲座椅305个、改造休闲长廊（休息亭）595平方米。完成17家文化和旅游场所的无障碍坡道、无障碍盲文导览图、无障碍标识、无障碍低位设施、无障碍卫生间、无障碍升降设施改造升级。推动等级旅游景区、宾馆饭店垃圾分类全覆盖，有效提升全区文化旅游公共服务设施精细化、便利化水平。

【旅游设施标准化建设】 2021年，进一步推进旅游设施标准化建设，开展等级景区和星级酒店复核工作，组织开展旅游业住宿单位服务质量培训，完成2021年度旅游公共服务设施提升改造项目，促进企业软硬件同步升级。完成北京环球度假区旅游交通标识系统项目建设，对北京市中心城区、周边区域至北京环球度假区的交通引导标识进行完善。策划大型国际文化、旅游节庆活动，将大运河文化带打造为国际交往高地，形成国际文化与传统文化相互补充、相得益彰、融合发展的良性互动格局。

（陈晨）

北京通州年鉴

2022

交通 邮电

▲ 5月27日，第三届通州区职业技能大赛暨“通武廊”职业技能大赛通州区选拔赛举办

｜区交通局提供｜

▲ 5月31日，武窑桥改建工程完工

｜通州公路分局提供｜

▲ 6月4日，马驹桥国防交通物资储备仓库组织开展战备钢桥架设应急演练

｜通州公路分局提供｜

▲ 6月4日，区邮政分公司在北京小学开展“赏邮票学党史”活动

｜区邮政分公司提供｜

道路建设与养护

【概　况】 2021年，在市交通委、通州区委、区政府的领导下，通州公路分局以中国共产党成立100周年、北京冬奥会冬残奥会、第二届联合国全球可持续交通大会、大运河通航、北京环球度假区开园等重大保障任务为重点，坚持建设和服务保障两大目标任务，践行习近平总书记视察北京特别是视察通州重要讲话精神，坚定信心、攻坚克难，全年推进10项新改建工程，实施大修工程1项、中修工程6项、绿化工程1项、桥梁安全专项2项、普通公路交通工程专项1项，完成投资3.8亿元，完成公路建设、养护和管理等各项工作任务。

【推进区域交通一体化】 2021年，通州公路分局配合市交通委推进副中心与廊坊北三县对接的姚家园路东延、厂通路、石小路、通宝路四条道路前期工作，四条道路均与河北省签订道路接线协议。根据国家和北京市关于一体化的最新要求，厂通路于2021年底开工。12月22日，京冀两地同时召开厂通路现场推进会，实现通州与大厂同步开工建设，标志着京津冀区域交通一体化有了新进展。

【全力推进重点项目工程】 2021年，借助市交通委、区政府领导靠前指挥的高位协调优势，通州公路分局集中发力，高标准落实重点工程项目，完善副中心与拓展区之间、副中心与北京东部地区之间的路网。2021年度新改建道路工程全面推进，包括宋梁路北延、九德路二期、孔兴路、通清路（原觅西路）、漷马路、漷台路、九德路改建、武窑桥改建、日新路道路工程、厂通路。总里程达到47千米，总投资超过15亿元。其中，宋梁路北延、九德路二期、日新路、武窑桥改建工程均完工并开放通行。

【日常养护管理】 2021年，公路分局以“创城、创卫、创安”“创森”等活动为契机，精细化进行日常养护管理，不断践行副中心高质量发展目标。制定“三创”（创城、创卫、创安）工作方案，把创建活动与道路日常养护常态化工作有机融合。实施张凤路、柏德路、漷永路、黄马路、潞西路、张采路6条道路部分路段合计23.7千米路面修复中修工程。定期排查治理隐患，与交通支队建立隐患排查治理联席机制，实现隐患信息共享共治，有效提升道路安全运行水平。

【推进桥梁安全改造专项工程】 2021年，开展桥梁检测，制定桥梁养护对策。通州公路分局县级以上公路有桥梁192座（含匝道桥2座），其中一类桥49座；二类桥139座（含匝道桥2座）；三类桥3座；四类桥1座，为史村立交桥，正在进行应急抢险工程施工；无五类桥。实施定期检测桥梁77座（非公路产权3座）；特殊检测桥梁1座，436.2延米。完成漷马路苍凤沟桥交道口隐患治理1处，完成桥梁栏杆破损修复桥梁37座。对北苑高架进京匝道桥独柱墩、出京匝道桥独柱墩、西集3桥、京沈立交、张家湾3桥左桥、张家湾3桥右桥、郎府一桥、西集2桥8座桥实施安全改造专项工程，进一步消除桥梁安全隐患。

【推进窄路加宽工作】 2021年，通州区乡村公路窄路加宽计划25千米（绩效任务17千米），计划投资4795万元，截至年底超额完成绩效任务。在此基础上，以通建制村的乡村公路为主进行排查，因地制宜开展加宽方案研究，探索窄路加宽的资金倾斜政策，切实把乡村公路建设向进村入户倾斜，提升乡村公路的覆盖范围、通达深度和服务水平。

【乡村公路管理】 2021年，通州公路分局完成对全区农村道路摸底调查，对路网外的近300千米道路进行评价，筛选符合标准的道路纳入路网管理，并完成专家评审。根据调查结果组织编制完成2021年的路网调整方案，计划新增乡村公路里程66.157千米，剔除不符合标准的乡村公路6.798千米。全年中小修工程投资2571万元，其中同步实施标线、步道、隐患点治理312万元，随中小修加宽道路4.93千米。加强养护前期现场调查，按照“美丽乡村路”的标准查漏补缺，路面养护与标志、标线、路基、人居环境治理等工作同步实施，综合施策，提升中小修工程的资金使用效益。

【高标准落实“路长制”】 2021年，全面推行“路长制”，把现有工作流程与“路长制”工作要求有机结合，利用现有的养护公示牌、桥梁公示牌，张贴二维码电子公示牌，加入信息公示和巡视打卡功能，有效监督主体责任的落实。“路长制”工作方案经区常务会研究同意，由区政府办印发。

【行政许可工作】 1月，通州公路分局行政许可工作专班正式成立。在分局党委的领导下，全体成员统一思想、强化认识，认真履职、积极沟通，实现行政许可工作平稳衔接，并受到中铁四局集团有限公司、北京城市副中心投资建设集团有限公司等许可办理人的肯定。2021年通州公路分局办结大件运输许可4400余件，办结涉路许可共计51件，收取补偿费用约361万元。

【完成重大活动保障任务】 2021年，制定并印发《通州公路分局2021年重大活动安全应急保障工作方案》等15个安全保障工作方案。以规划建设应急保障站点为基础，重点提升副中心155平方千米范围道路养护管理精细化水平，完善副中心应急保障体系。完成元旦、春节、清明、五一、端午、建党百年、北京环球度假区开园等重要节日和重大活动运维保障工作。对北京环球度假区周边道路进行梳理，确定重点保障道路10条55千米。编制北京环球度假区专项保障方案，借鉴行政办公区应急服务保障经验，增设张家湾24小时应急保障站点，形成张家湾、牛堡屯双保障的站点布设格局，配备60人的保障队伍及专业应急保障物资设备，全面提升环球周边道路应急服务保障能力和响应效率。结合近远期道路建设规划，本着节约资金、做好保障的原则，对张采路、九周路安排路面整治，对周边道路安排标线覆划，整体提升设施服务水平。

【加强应急体系建设】 2021年，通州公路分局结合副中心特点，把握重点，立足于应对极端天气和突发事件，修订应急保障预案，细化各专养段的专项预案，将重点部位责任落实到每个人，实现“一桥一预案、一点一预案”。坚决落实市防汛抗旱指挥部决策部署，响应通州区防汛应急办的指示，全面落实防汛预案、物资、队伍、隐患排查治理、培训演练等各项防汛工作。常备240人以上的应急抢险队伍，强化一级调度、扁平指挥、部门联动，汛期启动预案34次，实现北京城市副中心平稳度汛。

【路网运维更高效】 2021年，公路路网交通信息采集与发布设施投资资金为324万元（更新交调设备12套、视频设备23套、情报板设备6套、网关设备2套），治超专项投资资金527万元（含新建孔兴路治超非现场执法设备1处；按照要求完成已建成6处非现场执法设备检定及期间性能核查；武兴路、任港路2处非现场执法设备运维）。加强运维工作规范化建设，对设备运行状态及数据质量进行日常监测，提高交通情况调查设备数据采集精度。提高公路运行状态监测能力，确保道路安全畅通，特别是加大对重点道路设备的运行维护。根据不同时期、不同路段制定各类路网运行保障方案和应急预案，切实做好路网运行保障工作。安排专人对进出行政办公区、进出副中心155平方千米、重载路线、高速口周边、重要景点（北京环球度假区）及进出京道路的交通量变化情况进行分析研究，形成《交通量运行简报》，对每月道路的交通量状况进行总结。

【监督检查】 2021年，压实安全责任，强化监督检查。通州公路分局扎实推进分局安全专项整治三年行动，对安全生产常态化管理，采取“日报”“周查”“月评”制度，加强日常安全监督巡视。组织开展日常安全生产监督检查279次、专项安全生产监督检查、节前安全生产监督检查约800人次。落实通州公路分局2021年安全隐患整治专项行动实施方案精神，全面开展道路建设、养护工程、道路基础设施安全、消防安全生产、液化石油气专项整治、特种设备、特种作业等各类安全专项整治，强化实体工程质量管控，工程质量得到显著提升。做好疫情防控工作，加强机关人员疫情防控，同时定期对管养道班、服务站、施工现场进行“四不两直”疫情防控检查，实现公路建设项目零感染的目标。

（柳戈）

交通运输

【概　况】 2021年，通州区交通局以党建为引领，以人民为中心，坚持首善标准和绿色发展、数字化、信息化理念，高质量开展交通运输行业综合执法服务和交通综合治理，持续抓规范、强监督、重监管、惠民生。近三年，通州区交通局行政处罚量连创新高，2021年获得交通运输部法治政府建设先进集体、首届“平安交通奋斗者·北京榜样”优秀集体称号。

截至年底，辖区有地面公交运营企业1家，从业人员912人，涉及运营线路68条，运营线路1791万千米，运营车辆628辆；公交场站34个；巡游出租汽车企业12家（含区域巡游纯电动小客车企业1家），巡游出租汽车2696辆（含纯电动车辆1504辆；个体出租汽车工商户车辆17辆），巡游出租汽车驾驶员2143人（含个体出租汽车工商户17户）；网约平台企业1家；旅游客运企业1家，运营车辆10辆，从业人员9人；汽车租赁备案经营企业25家，备案车辆4567辆（含纯电动小客车3864辆）；道路货运经营企业17566户，车辆17903辆，合计载重量216290吨；化学危险品运输企业27家，运输车辆898辆，从业人员1407人；水路运输企业1家，营运游船116艘，从业人员52人；有备案机动车维修经营企业391户，其中一类企业38户、二类企业74户、三类企业267户，二类摩托车维修12户，从业人员1770余人；办理运输类政务服务事项30495件，其中互联网线上申请19332件；办理小客车指标业务21194件。

【副中心交通“云服务”正式上线】 1月1日，区交通局围绕服务群体需求，减少疫情期间人员流动，升级“副中心交通”公众号，拓宽5项网络业务办理渠道，包括办理小客车指标系统账号和密码修改、变更业务；从业资格证件电子证照下载领取；交通运输行业政务服务咨询；查询66条郊区客运线路站点、发车时刻表、运营时间和线路调整公告，以及线上投诉和结果反馈，进一步拓宽网络业务办理渠道，提升副中心交通业务服务水平。

【万盛南街道路工程完工】 5月10日，万盛南街道路及沿线工程全部完工。4月28日，区交通局协调轨道公司完成道路面层油的铺设，4月30日完成验收。主辅路实现全线通车，万盛南街人行步道砖铺设、雨水管、雨水方沟、中央绿化带、机非隔离带绿化种植工作全部完成，移动、联通、歌华、电信、天童管线、电力管线入廊工作全部完成，为北京环球度假区开园提供了强有力的交通保障。

【交通综合治理行动】 4月30日，区交通局推进环球主题公园交通保障工作，出租车保障、公交运营、交通接驳等9项任务初步完成；潞城地铁站周边综合治理持续优化；调整优化813、810、T102等公交线路3条；完成武窑桥改建桥梁下部构造及梁体吊装；完成焦王庄街、潞苑一街等道路的慢行系统建设；在48所学校周边设置交通标志；2021年通州区交通综合治理行动计划36项任务持续推进。

【深挖副中心交通工匠】 5月27日，区交通局携手通州区总工会、通州区人力社保局共同举办2021年通州区职工职业技能竞赛暨通州区汽车维修行业技能大赛，通州区内300余家机动车维修企业的在职汽车维修工、个体从业人员等70余人参加。通过以赛代训的形式，考验从业人员的技术水平，加快造就一批技能精湛、素质优良、结构合理的技能人才队伍，为北京城市副中心高质量建设发展提供人才支撑。

【北运河（通州段）全线旅游通航】 6月，北运河（通州段）全线旅游通航。区交通局完成《北运河（通州段）航路规划方案》《北运河（通州段）航标布置方案》等4项研究，基本完成7类共252个航标工程建设。梳理大运河通航后新增水路运输行政检查、处罚及其他职权，组建海事（水运）管理机构。制定水上安全事故应急救助方案，落实水上交通安全监管责任，建立健全水上联合执法协作机制。

【“通”字头可以实时查询功能上线】 7月29日至12月31日，完成60条“通”字头线路查询功能，可通过百度地图App实时查询车辆到站情况。7月29日，区交通局为满足群众出行需求，增设“通”字头公交车实时到站查询功能，提升副中心交通服务水平。

【环球度假区开园前交通保障工作】 1月1日至9月20日，区交通局牵头推进出租车保障、交通接驳方案、33条道路及非现场执法监控设备等12项交通保障工作。配合市交通委、市公安交管局、度假区公司等部门，完成地铁花庄站千人清运演练、交通事故处置演练、出租汽车运力保障等10项交通专项测试演练。针对专项测试演练开展分析研判，牵头梳理5大类12项整改督办任务，并制定印发《交通压力专项测试督办清单》，确保整改落到实处，为北京环球度假区盛大开园做好充分准备。

【副中心交通精细化治理】 2021年，区交通局对重点治理区域开展外场调研及评价，查找存在的问题并制定《2021年通州区交通综合治理行动计划》。牵头完成21千米慢行系统和5条次支路建设等46项市区两级交通综合治理任务，全区交通运行处于“轻微拥堵”级别。

【综检站基础设施建设】 2021年，区交通局加快综检站手续补办，完成徐尹路站征地稳评备案及水土保持工程验收备案，协调市财政局完成白庙北站结算评审并拨付工程尾款。罗庄站办理完成“多规合一”协同意见，取得用地预审及选址意见批复，红线外配套工程方案通过区政府会议审议，启动招标工作，完成9处综检站无障碍环境建设。

【交通基础设施建设监测及调度】 2021年，区交通局统筹调度区级交通基础设施投资，完成固定资产投资13.4亿元、建安投资10.6亿元，分别完成全年任务目标的102%和225%。实施城市道路建设项目98项（含市级项目），涉及里程85.5千米，完成投资17.4亿元。

【公交线路优化调整超额完成】 2021年，区交通局基于北京城市副中心公交线网优化方案和其他研究成果，制定并实施公交线路调整措施，累计优化调整23条公交线路，优化公交站位25处，开通定制公交线路6条，实现郊区客运线路到站实时查询，155平方千米公交站点500米覆盖率93%，地铁站周边200米公交接驳率100%。

【持续推进“放管服”改革】 2021年，区交通局大力推进“互联网+政务服务”，采用“线上咨询+线上指导+全程网办”新模式，最大限度减少繁琐环节，方便群众办事，提高群众满意度，努力打造“办事效率最高、服务质量最优”的政务环境。截至年底，接待来人、来电咨询6万余人次。办理运输类政务服务事项30495件，同比增加50.1%，其中办理网办事项19332件，占比63.4%。

【行政执法】 2021年，区交通局开展执法检查14.3万起，行政处罚5332起次，同比增长10.41%，其中一般案件5058起，占比94.86%；处罚金额2368.173万元，同比增长17%；入户检查1766户次。人均检查量、处罚量在各区交通局持续排名第一，交通运输行业保持安全稳定有序。

【联合治理新机制】 2021年，区交通局与市执法总队、区公安分局打击办、交通支队、属地政府开展联合执法，采取“基层源头打、稽查流动打、公安配合打、社会举报打”的方式有效治理“黑车”顽疾，牵头组织开展联合执法118次，同比增长195%，共查扣各类非法营运车辆1447辆，同比增长74.34%，作出行政处罚1403起，同期增长97.88%，罚没款1372.9515万元，同比增长68.34%，向区交通支队潞河大队移交案件34起，副中心整体交通营运环境和营运质量得到有效提升。

【“黑车”治理】 2021年，区交通局牵头组织联合执法175次，参加街乡吹哨和并肩治乱行动210次，参与通州区服务保障环球主题公园综合执法中心联合执法行动133次，约谈飞嘀网约车平台公司2次，对网约车平台公司做出行政处罚1起，查扣各类非法营运车辆2076辆。做出行政处罚2064起，罚没款2067.908057万元，与上年同期相比，处罚案件数增长40.1%，罚没款增长21.3%。重点对地铁站六号线、北京环球度假区周边等重点点位区域，加大联合执法力度，更好地维护客运市场秩序。

【公路超限超载治理】 2021年，区交通局加强综检站内部管理，治超工作保持高压态势，9个综检站共检测货运车451万辆次，查获超限车辆5894辆次，卸载货运车辆4025辆次，检测量、查获超限超载量、卸载量较2020年分别减少4.6%、16%、21%；各站平均24小时值守率100%、卸载率99.77%、超限率0.12%，超限率同比降低14.29%，开展流动治超92次，投入使用非现治超设备6台，右堤路新建非现场治超设备工作完成。

【京津冀联合治超】 2021年，区交通局与河北廊坊、天津武清三地治超办联合开展专项执法行动10次，出动执法人员775人次、执法车辆243辆次，查处超限超载违法车辆46台次，联合治超次数比上年增加100%。

【疫情防控工作】 2021年，区交通局全面落实“四方责任”，按照交通运输系统“零感染”、进京综检站“零输入”的要求，加大监管服务力度，筑牢交通运输行业疫情防控安全线，开展客运、水运企业疫情防控和从业人员疫苗接种。截至年底，综检站日均查控货车1万余辆，累计摸排行业重点人群7820人，第三针疫苗接种率达95%。同时组织30名干部分2批次深入村镇参加疫情防控工作，协助西集镇5个村和1个社区履行疫情防控职责。

【副中心“十四五”交通发展建设实施】 2021年，区交通局围绕“规划为引领，落实公交优先、绿色优先”的交通发展理念，制定“十四五”时期交通发展思路以及包含绿色出行比例、城区路网密度等7项指标的指标体系。截至年底，副中心范围内新建道路约45千米，路网密度达到4.3千米/平方千米，较2020年增长7%以上。

【区域路网加快互联互通】 2021年，区交通局配合市交通委等加快推进姚家园路东延、石小路、厂通路、通宝路4条跨界道路规划建设前期工作，与河北方面签订厂通路、姚家园路东延、石小路、通宝路4条跨界道路接线协议。12月22日，厂通路工程实现实质性开工，厂通路沿线拆迁工作同步推进。同时，武窑桥改建工程搬迁工作基本完成，累计拨付搬迁资金700余万元，新桥于6月26日随北运河通航同步投用试通车。

【优化跨区域交通运输管理】 2021年，区交通局牵头组织京津冀三地召开联席会议，签订联合治超协议，制定联动方案，重点路段开展通武廊联合治超执法专项行动10次，查扣违法超限超载车辆26辆次。优化调整822路、813路等4条跨省公交线路，方便北三县居民出行，京冀公交通行效率得到明显提升。

【地块规划综合及交通设施项目方案审查】 2021年，区交通局配合规划部门完成东六环西侧路、国际人才社区等50余个地块及项目的方案审查，完成308处交通类违法建设图斑的审核、认定工作，做好交通影响评价7个子事项的市级赋权承接准备工作，制定承接工作方案及通州区建设项目交通影响评价审查办事指南。

【市民热线服务事项办理】 2021年，区交通局规范工作流程，严格执行“日碰头”“周调度”工作机制，加强涉诉部门现场“吹哨”力度，实现集体会商、群策群力、措施落地落实“三举措”，5月起月综合得分连续进入全区委办局前10。截至年底，处理“12345”市民热线1540单，较2020年增长27.27%，解决率91.86%。主动和参与“吹哨”121次，较好地解决了驾校等问题。

【副中心交通运行监测与评价体系建立】 2021年，区交通局开展副中心交通运行月度、季度、半年和全年监测评价。大数据监测显示，全年辖区道路交通保持“轻微拥堵”。其中，工作日平均道路交通指数4.08，较2020年增长11.9%，较2019年同期增长9.5%。地面公交出行时间指数平均为2.82分钟/千米，与上年基本持平，较2019年同期3.19分钟/千米下降了11.6%，反映地面公交平均运行速度整体好于2019年。2021年，受新冠肺炎疫情影响，为降低民众在办公场所的聚集度及感染风险，居家办公、视频会议逐渐成为疫情下民众办公的新模式，工作日出行需求有所降低，伴随着复工复产逐步推进，居民出行逐渐恢复正常。整体上，全年辖区交通运行总体平稳、有序、畅通。

（陈颖）

邮　政

【概　况】　中国邮政集团有限公司北京市通州区分公司（以下简称邮政通州区分公司）位于通州区运河西大街174号。2021年邮政通州区分公司在册职工960人，机构设置为九部一室，分别为党委党建部、市场营销部、运营管理部、渠道平台部、寄递部、服务质量部、财务部、金融业务部、集邮与文化传媒部及综合办公室。下辖9个邮政支局，24个邮政所，1个主题邮局，代理邮政金融业务网点24个，营投部14个。设置区内邮路18条，投递道段131条，其中，汽车投递道段24条，电动三轮车投递道段106条，机要投递道段1条，投递里程5173千米。信筒信箱472处，村邮站479个，承担全区906平方千米160余万人口的邮政通信服务工作。

主要经营国内、国际函件；包裹；特快专递；报刊；集邮；邮政储蓄、汇兑、综合理财、代销保险、中邮保险、代收付业务（代收代缴、代发工资）等业务。

【网点建设】　2021年，邮政通州区分公司整合资源，加大网点建设。完成装修改造网点11个、微整治网点11个，参与北京城市副中心无障碍环境集中整治工作，完成无障碍设施建设柜台改造5个；新接收统建配套局所2处，新开办邮政网点2个，建立1所青少年主题邮局。通过不断改善营业场所环境，加大网点建设改造力度，提升局所服务形象，为客户创造良好用邮环境。

【绿色邮政】　邮政通州区分公司全面启动“绿色行动”，开展绿色包装、绿色运输和绿色金融三大工程，持续完善绿色发展体系。在绿色包装方面，降低包装耗材，网点试点使用可降解材料胶带，不断加强塑料污染治理，推广绿色低碳包装材料，绿色包装的资源集约化水平得到显著提升。在绿色运输方面，大力推进运输节能，积极变革、优化运输方式，推进区内邮路多式联运模式，改善运能结构，推广新能源车辆的应用。在绿色金融方面，在全区范围内完成智能柜员机（ITM）电子签名、自动取款机（ATM）和存取款一体机（CRS）电子流水功能推广，智能自助设备布放量达到全覆盖，减少纸质耗材使用。

【安全防范建设】　2021年，邮政通州区分公司着力完善机制，强化监督责任，提升安防能力，落实疫情期间及重大活动期间的安全保障，确保生产经营平稳运行。落实收寄安全工作，强化过程管控，严格执行收寄验视制度，进一步强化员工的安全意识和责任意识。严格防范驾驶员交通违法行为，定期深入最小单元，组织召开交通安全例会8次。开展专项交通安全知识培训2次，累计参与培训600人次。实现26年交通安全无事故，连续26年被评为“北京市交通安全先进单位”。

【自提网络建设】　邮政通州区分公司不断深入推进邮政自提网络建设工作，加大邮政自提网络布局，在人口密集、业务量集中地区发展邮政自提点，构建“邮政自提点＋社会自提点＋智能包裹柜”自提网络，优化投递作业模式，提高快递包裹自提率。2021年，建立京邮驿站精品驿站17个、普通驿站85个，自提代投率达到53%。

【惠农项目】　2021年，邮政通州区分公司响应助农、惠农、扶农国家号召，助推地方经济发展，解决疫情期间农产品滞销问题。“西集大樱桃惠农项目”与西集镇沙古堆村通宇仁合樱桃合作社合作，线上订单2353个，帮助农户销售樱桃10259斤，线上线下共计销售26.5万元。“平谷大桃农产品项目”安排人员现场作业，线上线下共销售平谷大桃13098箱，销售62.46万元。

【疫情防控常态化】　严格执行从业人员“戴口罩”“勤洗手”“测体温”“不聚集”“一米线”等基本健康防护措施，实行“查验大数据行程码”“持健康码上岗”“持证上岗”等管理措施，坚决做到“人证合一”。进口邮件逐件进行外包装各面全覆盖消毒，邮件快件总包及装运容器一并消毒，规范使用消毒剂，做好消毒工作记录。分区分级精准落实对邮件处理场所、营业（揽投）场所、内部办公场所、运输车辆、装备用具等进行通风消毒防控措施，对一些关键环节、重要区域实行精准消杀，实现消杀工作的制度化、规范化、常态化。完成全员多频次核酸检测，实现零感染。

（薛晓新）

通 信

【概　况】 中国联合网络通信有限公司北京市通州区分公司（以下简称通州联通）隶属于中国联合网络通信有限公司北京市分公司（以下简称北京联通），位于北京市通州区云景东路18号，现有全口径员工483人，员工年龄分布均衡、合理，平均年龄36岁。通州联通内设7个部门，下辖5个行业网格、6个营服中心、8个营业厅、3个网络网格，是通州地区的主导通信运营商。

2021年，通州联通传承赓续红色血脉，投身北京城市副中心建设，努力践行央企责任担当，统筹推进常态化疫情防控、企业生产经营和创新改革发展，实现高质量发展新突破，获得北京市国资委系统先进基层党组织、北京市示范职工之家、5G“绽放杯”京津冀区域一等奖等荣誉。

【践行央企责任担当】 落实联通新战略，充分认识中国联通“数字信息基础设施运营服务国家队、网络强国数字中国智慧社会建设主力军、数字技术融合创新排头兵”的重要意义，锚定目标，按照北京城市副中心标准，全方位、多层次、立体式做好集团新战略落地。落实网络强国战略，加快推进5G、千兆建设，持续强健网络基础，保障市行政办公区及附属区域网络平稳运行；完成庆祝中国共产党成立100周年、北京环球度假区开园等重保任务91次，在市委书记蔡奇与国际奥委会主席巴赫的云视频技术保障中表现出色，得到市外办领导的高度赞扬；助力区域疫情防控，对内发布11次疫情防控要求，制定《疫情防控应急处置预案》，采购6.9万元消毒液等防疫物资，引导全员接种疫苗，前两针接种率91.37%，加强针接种率81.28%；对外在全区18个疫苗接种点设置55台“沃智护”健康查验一体机，保障疫苗接种有序开展；建设核酸检测、疫苗接种预约平台，跨区帮扶大厂防疫工作。助力区域乡村振兴，成立党员先锋队、团员突击队参与数字乡村建设与示范点帮扶，打造2个数字乡村示范点；组织员工采购延庆佛峪口村苹果369箱；开展特色助力活动，组织员工购买永乐店水果萝卜321箱。强化安全管理，落实安全整治三年行动计划，全面排查安全隐患，针对问题逐项整改，建立常态化监督检查通报整改机制，通过宣传、培训、演练、竞赛等提升全员安全意识及应急能力。

【落实“为群众办实事”】 环境提升赢民心，将梨园营业厅外停车场整修一新，建设“联通广场”便于附近居民休息娱乐，提升企业品牌形象，同时启用内部停车场解决停车难问题。立足岗位办实事，推出精准服务、助老适老、助残便民、网络检测、反诈宣传等一系列便民举措，为通州百姓提供更加优质、便捷、全面的服务，精准服务用户12768户，设立适老窗口8个，开展助老银发小课堂240场、社区营销反诈宣传322场，上门网络检测7112户。志愿服务获表扬，组织开展“两委”换届选举摄像461场、文明交通引导、社区防疫执勤、环境卫生整治等志愿服务，获得社会各界的好评。扶危助困不缺席，组织为员工重病女儿捐款49690元；1042人次购买扶贫商品

112694.36元；27人次为河北贫困山区万全县高庙堡中心小学捐款5400元，捐衣物、学习用具100余件。

【持续提升网络质量】 2021年，以“三千兆”为引领加快推进5G、千兆基础建设，副中心室外区域5G连续覆盖，5G网络能力显著提升，重点保障市行政办公区、北京环球度假区、城市绿心森林公园等重点区域网络覆盖能力。持续推进10G PON建设，有效支撑千兆用户发展，基本实现千兆用户全部由10G PON承载的目标，用户感知持续提升。开展宽带百日攻坚行动，实现“网络质量、服务质量”双提升，完成接入光衰质差终端修复和FTTH终端升级更换等工作，宽带基础网络质量长足提升。

（乔蕾）

生态环境

▲ 6月5日，通州区2021年“副中心生态文明月”暨“6·5”环境日系列宣传活动正式启动

| 区生态环境局提供 |

▲ 10月26日，通武廊水环境突发事件应急处置综合演练

| 区生态环境局提供 |

▲ 10月26日，萧太后河通州段完成提升修复工程

| 区融媒体中心提供 |

永乐店镇老槐庄村“垃圾坑变身大钱坑”食用菌主题公园

| 永乐店镇提供 |

5 月 23 日，通州区两河水网减运河综合治理工程

| 区水务局提供 |

8 月 3 日，区水生态治理与海绵城市事务中心开展小微水体调查监测工作

| 区水务局提供 |

综　述

【概　况】　2021年，区生态环境局在区委、区政府的坚强领导下，全面贯彻中共十九大及十九届一中、二中、三中、四中、五中、六中全会精神，深入贯彻习近平生态文明思想，围绕副中心战略布局，认真落实党中央、国务院和市区两级关于加强生态文明建设和生态环境保护的决策部署，深入实施以空气质量改善、水环境提升、土壤环境安全为目标的污染防治攻坚战行动计划，做到时间、区域、对象、问题、措施五个精准，形成各类污染物排放全面下降、生态环境质量持续改善、绿色发展方式深入人心的良好局面，人民群众生态环境获得感、幸福感、安全感显著提升，厚植了副中心高质量发展的生态本底。

【空气质量持续改善】　全区细颗粒物年均浓度降至36微克/立方米，同比改善2.7%，再创有监测记录以来最优成绩；可吸入颗粒物、二氧化碳、二氧化氮三项主要污染物浓度全部下降，改善率分别为2.9%、25%、2.9%。“好天”创历史新高，累计优良天数为270天，占比74.4%，同比增加9天，重污染天数降至10天。降尘量为4.2吨/平方千米·月，同比改善22.2%，完成市级考核任务。

【水环境质量大幅提升】　全区8个国市控地表水出境考核断面中，北运河、运潮减河等7个断面达到IV类水质，玉带河断面达到V类水质。

【土壤环境质量安全稳定】　土壤污染风险基本得到有效管控，受污染耕地安全利用率、污染地块安全利用率稳定保持在100%。

【声环境质量不断优化】　昼间区域环境噪声、道路交通噪声分别为54.0分贝（dB）、68.5分贝（dB），同比下降0.4分贝（dB）、0.1分贝（dB）。

【减排降碳成效显著】　氮氧化物、挥发性有机物排放量分别减少373吨、106吨，较上年下降4.7%、2.5%，化学需氧量、氨氮排放量分别减少922吨、111吨，圆满完成全年任务，生态环境质量状况持续向好。

（丁媛）

森林城市建设

【概　况】　2021年，通过大面积植绿、大尺度造林，全区森林面积达46.83万亩，森林覆盖率34.45%，人均公园绿地面积19.31平方米/人，居住区公园绿地500米服务半径覆盖率91.46%，绿化覆盖率提升至51.02%。

【创建国家森林城市】　2021年，通过高位推动、主动沟通、强化宣传动员等一系列措施，全区创森五大体系36项指标全部达标，在首绿办组织的预打分中，通州区获得97分，符合摘牌要求。

【公园管理】　2021年，通过结对帮扶，精准提升公园管理服务短板。对全区51处建成且对外开放的公园进行分级分类，进一步规范管理。完成公园绿地无障碍设施建设；与公安机关、城管等部门进行联合执法，切实为文明游园保驾护航。持续落实疫情防控常态化各项措施，加强园内客流管控、秩序维护及值班值守。

【张家湾公园】 张家湾公园位于北京市通州区张家湾镇，北京城市副中心张家湾组团的东南角，是环城绿色休闲游憩环的重要组成部分，公园建成后将与周边绿地连成一片，形成集中连片、互联互通的绿色休闲游憩环，对构建北京城市副中心“两带、一环、一心”的绿色空间结构具有重大意义。

张家湾公园已批复建设面积6665亩，分三期实施，公园一期东至京塘线，西至里二泗村、上店村、姚辛庄村，南至京哈高速，北至京塘线与上店路交叉口，于2020年10月1日面向群众开放。

该区域汇聚张家湾丰富的历史、民俗文化，打造“北眺双台、中留泗水、南觅溪林”的景观层次，分别展示“候鸟森林、人文森林、湿地森林”的景观特色。其中，核心景观区“中留泗水”，结合张家湾镇特别是里二泗村的悠久历史文化，自南向北依次展开“御临泗观、曹石印记、泗水古巷”的景观画卷。

（李影）

通州区公园名录

表2

序号	公园名称	面积（公顷）	公园类别	地址
1	城市绿心公园	683.00	综合公园	北京市通州区京塘路与通怀路交叉口西北角
2	大运河森林公园	713.33	综合公园	北京市通州区宋梁桥南400米
3	宋庄文化公园	58.72	综合公园	北京市通州区潞苑北大街与潞邑东路交叉口西北角
4	永顺公园	21.68	综合公园	北京市通州区永顺镇西马庄村
5	运潮减河公园	45.11	综合公园	北京市通州区堡龙路北、耿庄桥以东（近武夷花园）
6	运河公园	368.00	综合公园	北京市通州区芙蓉西路9号
7	商务富锦公园	24.08	综合公园	北京市通州区温榆河左堤路(朝北8080附近）
8	六环西辅路带状公园	42.34	社区公园	北京市通州区六环西辅路东侧
9	龙旺庄公园	3.70	社区公园	北京市通州区潞苑东路与通燕高速辅路交叉口西北角
10	漫春园	1.49	社区公园	北京市通州区果园环岛漫春园(葛布店南里西100米)
11	亲子园	7.94	社区公园	北京市通州区武夷花园水仙园北侧
12	阿尔法社区公园	0.94	社区公园	北京市通州区梨园镇梨园万盛北街小稿村
13	海子墙公园	2.40	社区公园	北京市通州区马驹桥镇兴华中街与漷马路交叉口东南角
14	惠兰美居公园	3.72	社区公园	北京市通州区朝阳北路与潞苑中路交叉口东北角
15	梨园南街带状公园	9.23	社区公园	北京市通州区梨园南街（自滨河路至九周东路）
16	台湖镇体育休闲公园	7.52	社区公园	北京市通州区台湖镇朱家垡村西北侧
17	新地家园城市森林公园	4.09	社区公园	北京市通州区新地国际家园北侧
18	漪春园	0.57	社区公园	北京市通州区运河西大街141号西侧
19	玉春园	2.31	社区公园	北京市通州区运河西大街与玉桥中路交汇口西南侧
20	漷县圣火公园	2.09	社区公园	北京市通州区漷县镇人民政府南侧
21	梨园主题公园	7.51	专类公园	北京市通州区八通轻轨临河里站南侧
22	西海子公园	23.44	专类公园	北京市通州区西海子西路10号
23	张家湾公园	306.02	专类公园	北京市通州区里二泗南路北50米

续表 2

序号	公园名称	面积（公顷）	公园类别	地址
24	刘庄公园	27.09	专类公园	北京市通州区潞苑北大街和潞苑东路交汇处北
25	潞城药艺公园	149.40	专类公园	北京市通州区潞城中路 3 号北侧
26	潞城党建公园	14.33	专类公园	北京市通州区潞城中路与榆兴路交叉口东南角
27	八通线带状公园	21.81	游园	北京市通州区八通线沿线（八里桥长桥园至土桥地铁站）
28	芙蓉路健身广场	0.59	游园	北京市通州区芙蓉路和胡通大街交叉路口西北角
29	芙蓉路休闲广场	0.36	游园	北京市通州区芙蓉路和胡通大街交叉路口东北角
30	国防广场口袋公园	0.29	游园	北京市通州区黄桥胡同与吉祥路交叉口东北角
31	乐居园	0.86	游园	北京市通州区新城乐居南区东侧（群芳南街至高楼巷段）
32	潞苑北大街带状公园	21.32	游园	北京市通州区潞苑北大街南侧（陈列馆路至潞苑东路段）
33	绿韵园	3.72	游园	北京市通州区华远铭悦园东侧
34	秋枫园	0.47	游园	北京市通州区京榆旧线与潞苑中路交叉口东北角
35	三角地公园	0.73	游园	北京市通州区九棵树东路 92 号东侧
36	通广嘉园口袋公园	1.92	游园	北京市通州区通广嘉园小区西北门对面
37	通燕高速带状公园	15.55	游园	北京市通州区 K2 清水湾小区南侧，通燕高速北侧
38	万春园	0.79	游园	北京市通州区玉桥中路与运河西大街交叉口西北角
39	西营前街口袋公园	0.26	游园	北京市通州区玉带河东街与玉桥西路交汇处附近西南
40	杨坨城市森林	3.84	游园	北京市通州区玉带河大街与紫运中路交叉口东南角
41	杨庄公园	3.52	游园	北京市通州区通朝北小街与五里店西路交叉路口往北约 130 米
42	政府大街广场公园	0.77	游园	北京市通州区云景东路与云景南大街交叉口西南角
43	八里桥城市森林	8.51	游园	北京市通州区永顺镇永顺村京通高速西马庄收费站出口南侧
44	萧太后河公园	2.61	游园	北京市通州区张采路与张台路交叉口西北角
45	永乐文化广场公园	6.41	游园	北京市通州区永乐店镇镇政府对面
46	同心公园	0.18	游园	北京市通州区车站路 43 号
47	东郊森林公园	1252.91	生态公园	北京市通州区宋庄镇草尹路小中河桥西 800 米
48	台湖公园	150.00	生态公园	北京市通州区台湖镇九周路与张台路交叉口西南角
49	永乐生态公园	37.62	生态公园	北京市通州区永乐店镇永乐南二街 4 号南侧
50	上营柳树林公园	6.57	生态公园	北京市通州区滨河中路与梨园南街交叉路口西北角
51	宋庄镇奥运森林公园	12.95	生态公园	北京市通州区宋庄镇创业园路与葛渠路交叉口东南角

水系治理保护和海绵城市建设

【水系治理工程建设】 港沟河治理工程。河道整治 13.34 千米，新建排涝泵站 1 座，改建罗庄橡胶坝为拦河闸，新建桥梁，改造及新建雨水口，建设生态修复，景观绿化及自动化控制等。初步设计概算批复为 25141 万元。2021 年度完成河道治理 2 千米，正在开展河口段及排涝泵站施工。通州区两河水网减运沟综合治理工程。治理总长度 4.63 千米，包括河道整治、建构筑物、水生态修复、景观提升及信息化管理控制系统建设等，初步设计概算批复投资 16948 万元。2021 年度完成河道断面开挖 1310 米，完成通信管线改移管道埋设 930 米及检查井 7 座。通州区城北水网建设工程（一期）—翟减沟综合治理工程。治理总长 11.86 千米，新增水面 16.97 公顷、绿化 44.59 公顷、绿道 3.53 千米，初步设计概算批复投资为 27654 万元。2021 年度完成 1.6 千米混凝土护坡拆除，完成排水管线顶管作业，河道部分已进场施工，完成总工程量的 40%。北运河（通州段）综合治理工程。疏挖整治主河槽 29 千米，加高培厚堤防 22 千米，新建村民避险平台 4 处、滨水绿道 50 千米、堤顶绿道 22 千米，实施生态绿化、建设亲水垂钓平台等，项目总投资 350852 万元。2021 年度内完成主河槽扩挖 37.85 万立方米，险工护砌完成 2.44 万立方米，筑山土方回填 70.4 万立方米，堤防和避险平台填筑 9.25 万立方米，道路工程 83.31 千米。萧太后河景观提升工程。河道治理 3.2 千米，包含土建、绿化、河道修复、景观提升、慢性园路等，初步设计概算批复投资为 6753 万元。10 月完成工程建设，对公众开放。

（王守实）

【水系保护】 依托区级 26 条重点河道，持续深化河长制工作，实现三级河长全覆盖。全面制定河长制工作机制，完善管护部门联动机制，将河长制纳入全区绩效考核体系。全年各级河长开展巡河检查 122895.39 千米，发现并整改水环境问题 5812 处。5 月 26 日，潮白河实验性生态补水水头抵达通州界限，5 月 29 日，潮白河补水上游水头在白庙橡胶坝下与下游有水河道汇合，潮白河北京段 22 年来首次实现全线水流贯通。

（张立彬 蔡殿卿）

【乡镇跨界断面补偿与改善】 2021 年，对 35 个乡镇跨界断面每周开展监测，并根据月均值计算各乡镇应缴纳的生态补偿金额。全年核算补偿金 1607.7 万元，较 2020 年（2574.7 万元）下降 37.6%，其中总缴纳 1022 万元，较 2020 年下降 40.1%；总获得 585.7 万元，较 2020 年下降 32.5%。2021 年区内断面年均值达标率 69.6 %，比 2020 年提高 4.3 %。与 2020 年相比，化学需氧量基本持平，氨氮改善率为 16.5%，总磷改善率为 25.9%。

【水源地保护管理】 2021 年，加强饮用水水源地保护，保障用水安全。全面实施区、镇、村三级水源保护区 / 水源地调查评估，完成 2020 年度通州区区级、乡镇级及新增千吨万人水源地基础环境状况评估报告，完善水源地风险源整治台账，推进水源地“一源一档”管理。着眼于饮用水水源保护区规范化治理，以《通州区区级、乡镇级、千吨万人乡镇级以下水源地风险源整治台账》为基础，对标对表，提高水源保护区风险源整治率和整治标准，消除风险隐患，2021 年，建立一级保护区风险源台账 140 处，各街道、乡镇开展整治的点位 140 处，占比 100%。

（丁媛）

【海绵城市建设】 印发《北京城市副中心海绵城市建设实施方案（2019—2022 年）》《通州区海绵城市建设管理办法》，全面落实全区海绵城市建设管控。严格落实“两审一验”+“施工巡检”制度，区海绵办全年出具方案审查意见、施工图审查意见、巡检意见和验收意见 152 份，在为建设单位提供及时有效专业技术帮扶的同时，切实保障项目建设成效。区海绵办全年组织推进完成侨商总部基地项目、绿地项目、曹园中路等39项海绵城市建设工程，通州区海绵城市建设达标面积共计14.88平方千米，达标比例为24.09%。海绵城市建设试点监测体系与管控平台项目完成主体验收。平台的建设统筹海绵城市建设数据，实现规划监测与评估功能，加快推进海绵城市建设资源整合，发挥信息管理平台的决策服务作用。

（陈博）

生态环境治理体系和治理能力建设

【深化“放管服”改革】 2021年，推行并联办理，简化申请材料，精简环评内容，豁免环评登记表40项，降低环评等级51项，取消Ⅲ类射线装置使用单位的从业人员第三方付费安全防护培训，推动23个政务事项流程再优化，将报告书（表）的审批时间由法定60日和30日压缩至29日和14日。所有项目均在网上审批，重点项目邀请专家线上评审把关。率先在全市生态环境系统启用电子印章，实现批复线上盖章，企业互联网打印，减少现场取件环节。全年召开线上评审5次，接受延时预约9次，出具电子批复37份，提供在线咨询600余次，完成环评登记389件，办理环评审批40件，受理辐射申请65件。

【排污许可证核发】 按照《排污许可管理办法(试行)》《排污许可管理条例》，2021年核发排污许可证171家，其中首次申请10家，补充申报1家，变更申请131家，整改后申请4家，延续申请14家，重新申请11家；完成排污登记企业391家。针对底单完整性、分类分级准确性、发证登记合规性等进行核查，完成排污许可证证后复核275家，登记合规性检查271家。

【固定源执法监管】 2021年，围绕年度重点工作任务，科学制定年度执法检查方案制定覆盖蓝天、碧水、净土、噪声、固废及其他常规执法等74项执法工作任务表，全面依托移动执法系统规范执法监管流程。加强对辖区企业的帮扶指导，全年累计出动执法人员31007人次，检查单位6577家13383次，立案处罚1069起2364.73万元。移送移交公安机关环境违法案件2起，查封扣押案件181起。立案处罚数及处罚金额全市第二，五类重大案件办理全市第一。

【排污监管】 开展排污许可证后监管核查核算工作，对重点管理、简化管理的持证排污单位和登记管理排污单位实行全覆盖检查，出动执法人员3681人次，检查排污单位1622家，立案处罚72家次，拟处罚90.2万元。

【大气治理】 按照“科学研判、靶向治污、精准帮扶”的原则，以打好污染防治攻坚战为目标，对14个街道乡镇开展“点穴式”专项执法工作36次，累计出动执法人员7430人次，检查2949家次，发现问题146个，立案处罚47起，罚款金额85万元，联合执法20余次。

【噪声监管】 通过专项检查、联合执法、后半夜执法加大对未经批准夜间施工违规违法行为的巡查检查力度。出动执法人员1614人次，检查建筑施工工地697家次，聘请三方检测机构开展噪声监测18家次，监测点位55个，发现噪声问题11家次，均已完成整改。

【日常监管】 深化“双随机、一公开”，推进环境执法公平、规范、有效开展。制定《北京市通州区生态环境局“双随机、一公开”工作实施方案》，明确目标、细化流程、全程留痕，把“一公开”作为“双随机”成效的“放大镜”。实现责任可追溯，确保公平、公正、公开，确保廉洁执法。累计开展日常监管“双随机”12次，抽查1037家次，发现问题24个，拟立案处罚2起。开展专项“双随机”抽查13次，抽查236家次，未发现问题。开展部门联合“双随机”抽查6次，抽查139家次，发现问题1个，已落实整改。

【污染源自动监控设施监管】 研究制定《通州区重点时期自动监控专项执法检查工作方案》，建立健全数据巡查、问题派发、问题核实处置、进度管控和处置反馈审核、日报报送机制。涉及大气重点排污单位22家，均正常联网。开展网上在线巡查1320家次。

【重点挥发性有机物（VOCs）排放单位治理】 开展挥发性有机物排放专项执法，督促指导问题企业加快原辅材料替代、强化无组织排放管理、提高“三率”（挥发性有机物治理设施废气收集率、同步运行率和去除率）水平。7家强制性清洁生产审核单位将按照规定实施动作有效推进，9家“一厂一策”精细化治理单位通过市局验收。

【危废管控】 利用固废综合管理系统织密“产生—转运—处置”流向监管信息网，形成“来源可查、去向可追”的链条体系。针对58家重点产废单位精准培训，增强产废单位主体责任和危险废物环境监管意识，完善危废规范化环境管理机制，切实加强企业自身的风险防范能力。出动执法人员1613人次，检查涉危险废物企业710家次，立案处罚涉危险废物类生态环境违法行为63起罚款489.55万元。

强化土壤重点单位监管。通过日常监管、专项检查、联合执法等方式，切实加强监督执法，严厉打击土壤环境违法行为。出动执法人员900人次，检查疑似污染地块、土壤重点监管单位等涉土类执法检查399家次。

【涉水专项治理】 加强部门联合执法，以饮用水、入河排污口、黑臭水体、小微水体等为重点，开展流域专项执法，累计出动执法人员800人次，检查357家次，立案处罚31家次，处罚金312万元。重点对辖区内城镇污水处理厂、工业污水集中处理设施、农村污水处理设施进行检查。

【移动源执法监管】 2021年，从在用车、老旧车、非道路移动机械、油气油品等方面入手，坚持“换、限、查、管”并举，提升监管效能，严厉打击排放超标行为。全年针对移动源监管累计出动执法组7348组、执法人员31385人次，检查各类车辆359416辆，重型柴油车路检处罚量、非道路移动机械处罚量、氮氧化物处罚量均为全市排名第一。

【执法检查】 严格落实“生态环境部门检测、交管部门处罚”。在区内9个检查站和主要道路采取24小时执法或机动24小时执法检查方式，对进京、过境柴油车进行排放执法检查。全年人工检查柴油车339936辆，筛查超标23166辆。

【超标柴油车闭环管理】 实现区内所有办证检查站的24小时环保核查工作。对于列入北京市排放超标重型柴油车数据库的外埠车辆，进京环保审核窗口在其复检合格前不予出具进京证环保合格结果，全年进行环保核查并发放环保凭证34.28万份，其中柴油车30.1万份，劝返不符合标准325辆。

【非现场执法】 完成固定遥感设备升级，全年上传遥感有效数据566.77万条，完成全年任务的314.87%。利用遥感监测信息筛查并推送市局平台柴油车超标数据累计6994条，推送数量全市第一。

【在用车排放监管】 按照全市双高车辆台账，梳理通州区内单位和车辆信息，精准打击高排放车辆，督促淘汰更新。成立马驹桥执法专班，根据车辆行驶和入场情况，开展错峰和夜间执法检查。开展条例宣贯，帮助企业完善自保体系，强化企业及相关负责人的主体责任。督促指导柴油车及天然气汽车超过10辆的重点企业，完善车辆维护、燃料和车用尿素添加使用台账，使用检测设备开展氮氧化物快速检测工作，提高氮氧化合物快速抽测比例。开展出租汽车、租赁汽车、驾校教练汽车以及从事运输经营的轻型汽油车辆专项执法检查。累计入户检查1362家次，检查柴油车19028辆，环保处罚1128辆；筛查超标进行环保处罚燃气车4辆；检查汽油车443辆，筛查超标进行环保处罚42辆。已联网重型汽车14042辆，数量排名全市第一。

【低排区监管】 做好政策宣贯和落实，对重点行业、重点区域加大监管力度，未经过编码登记的非道路移动机械禁止使用。开展水务、园林行业专项执法。做好非道路移动机械的管理登记和标识发放工作，完善网络平台登记模式，将摸排调查和编码登记工作与通州区现有管理措施相结合。对排放超标或未登记的机械依法进行处罚。检查非道路移动机械 5591 台，立案处罚 343 台，处罚量全市第一。生态通州审核二维码 21943 件，编码登记审核 5266 件，发牌 5107 件。

【油气油品监督管理】 做好“京 6B”油品标准宣贯，通过发放宣传材料等形式扩大社会影响，确保新标准于 2021 年 12 月 1 日起实施。开展储油库油气排放浓度专线执法，对储油库油气处理装置排放浓度进行检测，检测结果合格。完成全区车用汽油油品清净性检测工作，检测 50 家次，样品 109 个，检测结果全部合格，实现社会性加油站车用汽油油品清净性检测全覆盖。完成加油站油气处理装置的检测任务，非甲烷总烃排放浓度抽样检测 51 家，边界无组织排放检测 10 家，检测结果全部合格。充分利用在线监控系统，实时监控油气回收装置运行状态，增加检测频次，累计开展比对检测 180 家次，实现加油站油气排放远程精细化监管。2021 年，检查加油站 757 家次，抽测 300 家次，立案处罚 7 家，超额完成全年检查和抽测任务。

【检验检测机构监管】 加强网络数据监控及分析，对比分析过程数据、视频图像和检测报告。完善整合机动车排放检验档案，按照相关环保标准规定的期限对排放检验的数据信息进行保存。全年巡查检测场 1116 场次，累计抽查车辆 13025 辆，开展“双随机”联合执法 3 次。

【移动源协同执法】 在北三县范围内形成超标车辆信息通报机制，通报区内超标车辆信息 12 批 4579 辆次，开展联合执法 7 次。

【京津冀联防联控】 2021 年，坚持落实超标车辆信息通报机制，通州区将核查的超标车辆信息通报给车辆属地生态环境部门共 12 批 4579 辆次。在潮白河下段沿途选定 5 个监控断面，每月进行 3 次监测，并将数据及时进行共享，跟踪分析潮白河水质变化情况，潮白河吴村国家考核断面水质达到 V 类以上标准。4 月 23 日，通州区生态环境局与廊坊市生态环境局签订《通州区与廊坊市污染防治联防联控实施意见》，进一步加强通州区与北三县污染联防联控联治，推动区域生态环境质量改善。6 月 25 日，应廊坊市邀请，开展通州区和廊坊市跨区域突发水环境事件联合应急演练，提升跨区域涉水环境应急联防联控能力。10 月 12 日，通州区生态环境局与廊坊市大厂县生态环境分局正式开展干部实岗锻炼交流。10 月 26 日，通武廊三地开展水环境突发事件应急处置综合演练，演练由通州区应急管理局、通州区生态环境局主办，天津市武清区、河北省廊坊市生态环境部门协办，区宣传、公安、交通、消防、水务、卫健、园林等部门以及属地政府共同参与。通过演练，进一步检验并完善通武廊三地协同应急的信息通报、决策会商、指挥调度和联合处置机制，提升联合应对环境突发事件能力。11 月 29 日，通州区生态环境局与天津市宝坻区、河北省唐山市生态环境部门签订《通宝唐生态环境保护协同机制框架协议》。

【行刑衔接】 压实行刑衔接工作职责，与公安部门建立移送机制，提高办案成效，2021 年移送涉刑涉拘留事件 2 起。

【信访调处】 2021 年，接办环境投诉举报 935 件，通过有效沟通合理退单 177 件，实际受理投诉举报 758 件，办结率 100%。其中“12345”市民热线 396 件，“12369”举报热线 210 件，局内来电 124 件，区转办网信 21 件，来信 3 件，来访 2 件，其他 2 件，均按要求办结。参与“吹哨报到”133 次，其中主动吹哨 31 次，办结率 100%。

【环境监测】 2021 年，对通州区 8 个地表水考核断面实行按月监测，年均值达标，对通州区 53 条段黑臭水体进行一年两次监测，黑臭水体无反弹。

空气质量监测。大气降水全年监测 47 次，pH 年均值为 6.86，无酸雨发生。

饮用水源地环境质量监测。对 1 个区级饮用水源地、19 个乡镇水源地饮用水按季度进行监测。

声环境质量监测。123 个区域环境噪声平均值 54.0 分贝（dB），比 2020 年下降 0.4 分贝 (dB)，网格达标率为 91.9%。27 条路段的道路交通噪声平均值 68.5 分贝 (dB)，与 2020 年持平，达标路段占比为 76.8% 。

土壤环境质量监测。对 1 家固体废物集中处理设施、4家污水集中处理设施、5个乡镇地下水水源地周边土壤进行年度监测，监测结果均符合相关标准要求。

农村环境质量监测。对漷县镇吴营村、台湖镇前营村开展土壤环境年度监测工作；对2个农业面源污染控制断面进行季度水质监测；对43个“千吨万人”农村集中式饮用水水源按季度进行监测；对28个农村生活污水处理设施出水水质进行年度监测。

【污染物减排】 2021年，通州区主要大气污染物氮氧化物（NOx）、挥发性有机物（VOCs）分别消减373吨、106吨，完成任务指标的313.3%、100%。主要水体污染物化学需氧量（COD）、氨氮（NH3-N）分别消减922吨、111吨，超额完成任务指标的46.3%、30.6%。

【生态环境损害赔偿】 2021年，完成生态环境损害赔偿案件4起，赔偿金额325万元，继2020年全区案件破零后，2021年度实现规划、农业等多领域案件破零。召开协调会、通报会，与区检察院深入对接，推动区规自分局启动并完成宋庄镇砂石盗采与非法填筑垃圾案磋商及生态修复。针对某公司疑似危险废物遗撒情况进行磋商，督促企业自行修复，将疑似污染土壤清理送交危废处置单位进行处理，签订生态环境损害赔偿协议。

【科技治污】 2021年，在新成立的5个街道乡镇、东郊湿地公园南园和北园、北京环球度假区以及城市绿心公园增设9个$PM_{2.5}$自动监测站，全部投入运行。空气自动监测站覆盖通州区全部街道乡镇，把大气污染防治管控精细到“最后一公里”，为精准治污、精细管理提供重要支撑，助力打好污染防治攻坚战。

为贯彻落实“十四五”期间生态文明建设，响应习近平总书记在十九届中央政治局第29次学习时强调的“以低碳为重点”的战略方向，北京市通州区生态环境局与国网北京市电力公司签署合作协议，在全市率先打造“电力+生态环境”合作新模式。合作协议重点在数据融合、主题场景、污染防治等领域协同合作。区生态环境局依据电力大数据初步搭建“电力看生态”场景，对企业用电情况进行实时监测，分析企业生产活跃状态、企业用电水平、企业生产类型判定及企业的整体状况，更好地监测企业生产排污情况。

通州区建成全市区级首家“超级站”。相较于现有空气质量考核站，超级站增加了在线源解析、挥发性有机物、碳组分等监测设备，可以量化污染来源（精确分析各个行业对通州区的污染占比、气象对本地的污染影响、区域传输对本地的污染影响），更准确地掌握重点区域内颗粒物来源，重点源类精细分配结构及分布情况，实现精细化管理，将污染成因“说得清”“看得明”。“超级站”的建设分为固定式和移动式两部分。固定式超级站可全面监测通州区空气质量，实现多参数同时同地的监测，用于研究大气复合污染成因，分析污染物特征变化趋势，摸清污染天气时颗粒物污染占比情况。移动式超级站可应用于各街道乡镇，助力改善属地空气质量的同时，可与固定式超级站相互作用、相互配合，更加精准地掌握通州区空气质量状况，有效预防并减轻各类污染物对环境的影响。

建设完成物联网大数据决策指挥平台，全面整合、共享和利用现有环境信息资源，以统一规划、统一平台、统一标准的方式构建通州区“智慧环保”体系，打破多部门多系统的数据孤岛，做到监测与执法的“测管联动”。

【全民治污】 2021年，以社区居民、在校学生等为对象，开展环境教育基地参观、生态文明主题演讲、摄影赛事等活动。组织现场活动90余场，涉及群众30余万人，发放各类宣传材料10万余件。契合当下传播趋势及疫情防控要求，通过融汇副中心App搭建“副中心生态文明月”线上参与主题，组织低碳知识答题、评选等活动，参与人数逾118万人。市级、区级媒体开展相关报道40余条，新媒体报道535篇，制作原创视频37期，阅读量达到27万余人次。

【生物多样性日活动】 5月22日，区生态环境局在大运河森林公园组织开展“生物多样性日”活动。来自通州区内的10所小学30多名学生参加“美丽运河畔·多样生物圈”小学生主题观鸟比赛。主题赛事进一步展现北京城市副中心生态文明建设成就以及通州区特有的自然风貌和生物种群，加深了广大人民群众对生物多样性保护、生态文明建设重要性的认识，增强公众做好生物多样性保护的责任感和使命感，有效提升践行绿色生产生活方式的紧迫感和归属感。

【六五环境日活动】 开展“副中心生态文明月”启动暨六五环境日大运河森林公园主场宣传、“携手万家”进乡镇公众绿色实践、“四绿”（绿色家庭、绿色学校、绿色社区、绿色商场）创建等主题活动，广泛宣传习近平生态文明思想，传播简约适度、绿色低碳的生活方式。活动覆盖通州区20余个点位，发放“小山小水”形象主题宣传品等4万余件。同时，将“我为群众办实事”融入其中，充分发挥生态环境保护志愿者作用，通过讲解绿色低碳生活等环保科普知识，引导市民分享日常生活中的绿色生活好做法。开辟“爱护社区环境，我也来发言”板块，居民可以通过网上留言为绿色生活、保护生态献计献策。搭建线上线下环境日主题平台，充分营造人人关注生态环境保护，参与绿色低碳生活的良好氛围。

生态环境保护督察

【生态环境监督】 2021年，坚持“聚焦中心，狠抓整改”的工作思路，全面压实整改成效，以强化督查反馈问题为主要抓手，严格落实问题整改销号、绩效考核挂钩机制，全年办结生态环境部蓝天保卫战重点区域监督帮扶反馈通报问题4件。结合工作实际，开展扬尘污染管控、重点区域管控、后半夜专项污染防治等各类重点专项督查71次，针对重点区域大气精细化管理加严标准、持续监督。将各属地累计粗颗粒物浓度、降尘量及道路尘负荷等有关监测数据与日常检查发现的突出问题充分结合，对相关属地开展下沉督查及约谈帮扶工作13次，对生态环境保护领域督查问题线索进行约谈、移送的情形和具体实施办法进行研究讨论。修订完善大气污染防治督查综合考核机制，联合区委综合考评实施大气污染防治专项监督。全年检查大气点位6134处，发现问题3645处，均进行了问题移交或督查督办，要求限期整改，完成12次月排名通报及4次季度常委会通报，进一步压实大气治理主体责任。

【两级督察问题整改】 2021年，持续推进中央、北京市生态环境保护督察整改，以月度和季度为周期定期调度办理进展，全年组织召开生态环境保护督察相关会议22次，有效统筹两级生态环境保护督察整改。第二轮中央生态环境保护督察应于2021年底前完成的19项整改任务全部办结并申请销号，122件牵头办理信访件中办结并申请销号67件；第二轮北京市生态环境保护督察67件信访件中办结58件，全区生态文明建设和生态环境保护工作取得较大进展和成效。同时做好第二轮北京市生态环境保护督察服务保障，督察前期制发《通州区迎接北京市第二轮生态环境保护督察服务保障工作方案》，建立权责分明的督察统筹保障机制；配合调研组开展调研38次、征调材料18次；督察期间配合督察组转办督办单10件、问询谈话63次、下沉走访20次、调阅资料10批次、走访调研5次，推动迎检服务保障工作有序开展。针对全区综合环境问题开展日常督查，全年现场检查城乡环境、挂账村、生活垃圾等重点整改任务点位61处，发送督查通知51处，对发现的苗头性倾向性问题，及时提醒、抓紧纠正。

（丁媛）

污染防治攻坚战

【概　况】　2021年，空气质量全面完成指标任务。细颗粒物（$PM_{2.5}$）浓度创历史新低，为36微克/立方米，全市排名第十七位；同比改善率为2.7%，全市排名第十四位。可吸入颗粒物、二氧化硫、二氧化氮年均浓度均同比下降，分别为66微克/立方米、3微克/立方米、33微克/立方米。“蓝天”成色持续提升，“好天”创历史新高，累计优良天数为270天，占比74.4%，同比增加9天。重污染天数为10天（扣除沙尘影响），同比减少1天。降尘量为4.2吨/平方千米·月（扣除沙尘影响），全市排名第十位，同比下降22.2%。

【完善大气污染防治机制】　高位垂范，加强组织领导。区委、区政府主要领导高度重视大气污染综合治理，坚持以身作则、以上率下，“四不两直”深入一线调研，定期召开区委常委会、街道乡镇、委办局党委（党组）书记月度工作点评会、区政府常务会等，聚焦重点任务、持续部署调度。健全体系，严格责任落实。区生态环境局按照全市统一部署，制定《通州区空气质量保障专项方案》和《通州区大气污染防治和气象总体工作方案》，同步建立“1+N”方案保障体系，紧抓重大活动期间空气质量保障。

【大气污染治理能力日益提高】　强化科技，构建“智慧环保”监管体系。建成全市首座大气污染在线源解析超级站，依托7×24小时指挥调度中心全时监控，推动非现场执法，切实提高处置实效。2021年全时指挥中心非现场锁定问题并派单2676件，均已整改或立案处罚。后半夜执法监管力度全市领先。2021年开展后半夜执法850余次，检查各类施工工地3439家，发现问题523处，查处违规渣土车369辆，立案处罚527起，处罚金163.45万元。精准研判，紧抓重污染天气应急应对。2021年启动3次空气重污染黄色预警和18次内部污染应对工作，全区上下高度重视、严阵以待，以人努力补天不利，有效降低污染物区域传输和本地污染源影响。

【水污染防治】　2021年，通州区8个国市控地表水考核断面中，7个断面达到Ⅳ类，玉带河入凉水河断面水质均值达到Ⅴ类，均达到2021年度考核目标要求。

【推进创建节水型社会】　印发《通州区地下水超采综合治理行动方案》和《通州区水资源保护与安全利用保障相关方案研究实施方案》；全区供水企业节水型单位创建任务中，112家单位的复验工作和103家单位、3个村庄的创建工作基本完成，正准备进行市级验收。全年总计完成海绵城市建设面积14.88平方千米，海绵城市建设达标比例为24.1%。

【深化水环境治理】　新建污水管线40千米，雨污合流管线改造5千米，再生水利用100万立方米，河东污泥处理厂累计处理污泥1.56万吨。9家备案规模化养殖场粪污处理设施配套率100%，粪污利用率大于90%；农村生活污水PPP（公共基础设施领域政府和社会资本合作的一种项目运作模式）（第三批）工程累计敷设截污管线11.7千米，完成比例89.4%。农村环境综合整治工作中，通州区涉及40个村治污任务，2021年底基本完成任务。农村污水处理设施覆盖率已达到60%；53条段黑臭水体完成整治，并结合“河长制”形成长效管护机制；集中式饮用水水源地规范化整治完成率达到80%；村庄环境干净整洁。

【全面推进入河排口整治】　督促属地研究并制定入河排污口整治方案，结合河长制、小微水体整治、农村治污、美丽乡村建设等采取封堵、截污、建站、小型湿地、生态治理等措施，完成入河排污口整治，减少入河污染负荷。截至12月底，完成市级考核入河排口整治任务。在全区入河排口整治工作中，2021年需完成整治的460个排污口中，完成整治 382 个，整治完成率为 83.0%，制定整治措施正在进展中的有 78 个。

加强流域共治。开展通州与廊坊潮白河流域跨区域突发水环境研究性实战联合应急演练；巩固京津冀、通武廊环保水务多方联动、数据共享，跟踪潮白河水质变化，确保潮白河国考断面水质达标。

强化工业污染防治。推进重点管理、简化管理的持证排污单位和登记管理排污单位全覆盖检查，2021 年出动执法人员 3681 人次，检查排污单位 1622 家，立案处罚 72 家次，处罚金 90.2 万元。全区持证排污单位（重点管理 + 简化管理）386 家，提交 2020 年度执行报告 319 家，提交率 82.6%；开展 2020 年度排污许可证执行报告内容规范性抽查审核 386 家，完成率 100%，提前完成《北京市 2021 年度环评与排污许可监管工作方案》文件规定年度抽查比例 20% 的要求。

分阶段开展全流域综合防治管控系统建设，水环境问题精准识别。建设乡镇出境断面自动监测站 13 座，市级以上工业园区重点企业在线监测自动站 31 座，重要污水管网节点自动监测站 17 座，千吨以上污水处理厂自动监控设施 49 套。国市控地表水考核断面区级监控自动站 6 座，重点入河排口自动站 30 座，将形成全流域水污染防治四级监控网络，实时数据精准识别污染来源及污染趋势，助力监管执法。

【土壤环境保护】 2021 年，污染地块安全利用率、受污染耕地安全利用率均保持 100%。全区 5 个污染地块中 4 个纳入北京市建设用地风险管控和修复名录，实施长期风险管控；1 个污染地块正在开展土壤污染状况详细调查。全区耕地土壤环境质量类别均为优先保护类地块，无受污染耕地。

强化建设用地监管。完成 23 个住宅、公共管理和公共服务类重点建设用地土壤污染调查项目评审，报告一次性评审通过率为 63.6%。完成 32 个疑似污染地块土壤污染状况初步调查，明确 31 个地块需开展详细调查；持续做好 4 个污染地块风险管控。完成全区 23 家关停企业原址用地筛查工作，将 2 家企业纳入新增疑似污染地块台账。

严格工业企业污染预防。严格企业排查。完成 4 家土壤重点企业土壤自行监测和 7 家高中风险企业土壤隐患排查工作。完成 2021 年度 7 家涉镉等重金属企业排查整治工作，明确全区无涉镉污染企业。强化危险废物环境管理。开展废铅蓄电池收集转运试点工作，4 家废铅蓄电池收集转运试点累计收集废旧铅蓄电池 21396.2 吨，转运 21559.9 吨。构建小微医疗卫生机构医疗废物收集转运体系，全区 22 家社区卫生服务中心承接的 401 家小医疗机构，产生医疗废物约 168 吨，100% 完成处置。开展危废专项检查，检查危废单位 710 家次，立案处罚 63 起，罚款金额 489.55 万元。

强化农用地污染管控。农用地测土配方施肥技术推广面积 16.5 万亩，有机肥配送 2.1 万吨，开展绿色统防统治 49 万亩，实施绿色防控产品补贴政策 12.8 万亩。开展农业投入品废弃物回收处置工作，全区设立 20 个回收点，回收农药包装废弃物 59.45 吨，农膜回收量 55.55 吨，过期农药回收 6.27 吨。

【生态保护】 2021 年，中共北京市通州区委生态文明建设委员会办公室印发《通州区生态保护 2021 年行动计划》，统筹推进生态保护工作开展。扩大绿色生态空间，完成新一轮百万亩造林 610 公顷，完成留白增绿任务 585 亩；创建首都森林乡镇 1 个、首都森林村庄 3 个、首都绿化美化花园式社区 1 个、花园式单位 4 个；筹备创建国家生态文明示范区项目申报。强化生态监管，印发《通州区推行林长制的工作方案》《2021 年通州区小微水体专项整治工作方案》等工作方案，推行落实林长制、河长制；现已完成林长架构的搭建，基本完成全区各街道乡镇的网格划分和人员信息采集工作，划分网格 1189 个，网格平均面积约 1143 亩，完成三级林长人员信息采集 2460 人。区农业农村局在水生生物多样性保护工作中累计出动执法人员 582 人次，巡查河道 169 次，水生野生动物保护联合执法 3 次，出动执法船艇巡航 21 艘次，累计巡查河道 2266 千米，清缴、罚没各类违规网具 204 张、4600 米。加强生物多样性保护，区园林绿化局开展野保巡查工作，出动 206 车次，人员 441 人次，填写野保巡查单 2019 张，疫源疫病巡查单 792 张；市、区级陆生野生动物疫源疫病监测站，全年监测大天鹅、绿头鸭、白鹭、喜鹊等 12 种，共 428918 只；开展救护工作，全年出动150次，救助大天鹅、猫头鹰、陆龟、刺猬等60种264只动物。

【应对气候变化】 2021年，中共北京市通州区委生态文明建设委员会办公室印发《通州区应对气候变化2021年行动计划》，统筹推进应对气候变化工作开展。推动可再生能源规模化利用。完成企业光伏备案37个，备案装机容量20.92兆瓦；自然人光伏备案33批，涉及户数2141户。完成热泵项目核准4个，涉及资金3.54亿元。强化排放单位管理，确保履约成效。加强重点碳排放单位管理，建立联系机制，督促45家重点碳排放单位和18家一般碳排放单位按时间进度完成碳排放报告和监测计划报送、第三方核查报告报送及配额清算年度履约工作。高质量打造“零碳公园”。城市绿心森林公园营建大尺度绿色空间，绿化面积约739公顷，绿地率达85%以上，不断提升碳汇能力，植物年碳汇量约6215吨。建成地源热泵及光伏系统，可再生能源利用比例超过40%，每年可减少二氧化碳排放11556吨。促进建筑低碳化。在全区实施35个老旧小区绿色改造升级项目，建筑面积105.03万平方米。通州区建设超低能耗、近零碳（能耗）示范项目2个：通州新城0204街区国风尚城项目，该项目11#楼—14#楼为超低能耗建筑（属于按照绿建三星标准设计），建筑面积为3.14万平方米；副中心智慧能源服务保障中心近零碳（能耗）示范项目，该项目总建筑面积为5208.3平方米，获得超低能耗建筑认证、绿建三星建筑认证。

（丁媛）

生态环境安全监管

【疫情防控】 2021年，统筹推进疫情防控和执法联动常态化，按照“全覆盖、严执法、重实效”的工作目标，抓实疫情垃圾产生、转运、处置3个节点开展涉疫垃圾全链条管控，落实常态化疫情防控生态环境责任。通过“一周一检查”“一周一帮扶”的工作模式，加大各定点医院、隔离点、涉疫隔离点下游污水处理厂及医废处置单位执法检查频次，确保涉疫垃圾安全规范转运并处置。

【生态环境应急保障】 组织通武廊三地应急演练及应邀配合大厂县生态环境局开展水流域应急演练，两项应急演练取得圆满成功，进一步体现了环境应急人员在突发环境事件应急接警、指挥调度、应急调查、应急监测等方面工作水平。

【区域应急联防联控】 深化与河北省廊坊市三河、大厂、香河突发水污染环境事件联防联控机制，制定京津冀（通武廊地区）生态环境联合联动执法工作方案。出动340人次，检查170个点位，发现13个生态环境类问题，已整改完毕。

【源头环境风险管控】 督促企业开展突发环境事件风险评估，编制（修订）突发环境事件应急预案，完成210家企业应急预案备案。加强对存在较大环境风险源单位开展检查，督促企业强化风险管控和隐患排查治理，落实环境安全防控主体责任。

（丁媛）

北京通州年鉴

2022

城乡规划与建设

▲ 北京城市副中心高清数字沙盘在中国共产党历史展览馆展出，与雄安新区沙盘并列

| 区规自委提供 |

▲ 5月28日，2021年重点工程日新路完工

| 通州公路分局提供 |

▲ 7月9日，北京环球度假区景观水系工程

| 区水务局提供 |

▲ 12月22日，温榆河当选北京市优美河湖

| 区水务局提供 |

综　述

【概　况】 2021年，充分发挥北京城市副中心党工委管委会牵头抓总、统筹调度优势，不折不扣落实"一年一个节点，每年都有新变化"的要求，全社会固定资产投资超千亿元，居全市前列。

【完成情况】 2021年，智慧城市建设加快推进，"十四五"时期智慧城市规划编制完成，重点区域5G网络实现室外连续覆盖。城市绿心三大公共建筑主体结构封顶，北京环球度假区盛大开园，广渠路东延线建成通车，地铁1号线与八通线贯通运行，北京城市副中心站综合交通枢纽、东六环入地改造工程全速推进，通州堰宋庄蓄滞洪区二期工程完工投用。运河商务区累计建成412万平方米，行政办公区二期启动建设。首个社区级家园中心正式投用，13个老旧小区改造全面完工，38条背街小巷整治高质量完成。坚持滨水贯通、水岸共治，北运河通州段全线旅游通航，萧太后河景观提升及生态修复工程一期完工，7个出境考核断面水质稳定保持Ⅳ类。

规划和自然资源管理

【概　况】 2021年，北京市规划和自然资源委员会通州分局内设办公室、法制科（信访与信息公开科）、规划编制与城市设计科、市政交通科、规划实施科、综合审批科、规划土地核验科、自然资源调查监测科、自然资源所有者权益科（自然资源开发利用科）、自然资源保护科（国土空间生态修复科、矿产资源管理科）、财务科、机关党委（党建工作科、人事科）、纪检办公室13个正科级科室。下辖规划和自然资源执法队、不动产登记中心、规自综合事务中心3个直属单位，均为副处级。其中执法队按区域下设4个规土所（执法分队），队所为行政执法机构，不动产中心为参公事业单位。

【2020年度城市体检】 2021年，按照副中心管委会、市规划自然资源委和通州区政府的部署安排，完成《北京城市副中心控制性详细规划（街区层面）（2016年—2035年）》实施评估，形成《北京城市副中心控制性详细规划实施评估报告（2016年—2020年）》。评估紧扣党中央、国务院批复要求，聚焦控规实施质量与进度，突出目标导向、结果导向、问题导向，梳理总结"疏解整治促提升"、规划自然资源领域问题整改、"城市病"治理、安全生产等方面经验教训，应用第三方、大数据等资源，明确北京城市副中心控规实施第二阶段重点工作。该《评估报告》经市委、市政府、市人大和首规委审议通过，上报党中央。

【副中心责任双师】 2021年，落实市、区工作要求，全流程推进副中心责任规划师和建筑师相关工作，加强党建引领，成立副中心首个责任双师临时党支部，回应民生诉求，探索社区治理共建共享新模式，加速推进"新芽项目"（新芽项目主要针对副中心城市更新、老旧小区改造、环境整治、公共空间改造提升等类型项目，其特点为"小而新"，意为刚刚破土而出的萌芽，需要不断培育孵化，茁壮成长落地的项目）落地实施。项目清单132个，正在推进20余个，共享小岛、生命之环等3个公共空间更新改造完工，以小细胞修复重造撬动城市肌理大更新，北京电视台《我是规划师》栏目播出，引发强烈反响。

【北京城市副中心各层级规划编制工作】 2021年，深化落实副中心控规指示精神，纵向传导、横向衔接，规划全域全覆盖。一是梳理2021年度40余个规划综合实施方案，形成图表并建立推进底账，形成“一图、一表、一册”。截至年底，完成23个规划、项目综合实施方案图则公示，11个规综取得审查备案文件。完成2021年供地计划内所有项目规划综合实施方案成果编制。二是全面推动副中心控规落实，统筹好乡镇国土空间规划编制工作，其中《通州区宋庄镇国土空间规划及控制性详细规划（街区层面）（2020年—2035年）》通过副中心党工委专题会审议，征求市级、区级意见并完成公示工作，《通州区台湖镇国土空间规划及控制性详细规划（街区层面）（2020年—2035年）》提请党工委审议，其余7个乡镇国土空间规划均形成阶段性成果。三是高效完成344个美丽乡村规划的编制工作，其中343个村庄规划获得区政府批复，市级传统村落张庄村规划通过市规划自然资源委专家评审工作。四是结合副中心建设，推进重点项目综合实施方案的编制及研究工作。五是2021年2月，编制全市首个非建设空间规划（《北京城市副中心（通州区）非建设空间管控规划和行动计划》），全力实现一张底图统领，一个数据库管控，一套创新政策保障；作为全市“三长联动”（在城乡非建设空间实施管理过程中，将田长制、河长制、林长制工作形成联动，在巡察监管的过程中相互配合，强化空间管控，统筹协调田、林、水域空间的管理中存在的问题和矛盾）唯一试点，实现“一图三落”（将田长制、河长制、林长制巡查图斑和空间范围落到三调底图上做好对接和共享，通过划定巡查图斑和“三长”具体工作范围，形成一张统筹协同的工作底图，有效提升生态系统综合质量和稳定性）。引导非建设空间田成方、林成网、水相连，塑造副中心生态安全格局。

【重点地区专项研究】 2021年，会同副中心规自局完成“一带、一轴”规划方案研究，夯实文旅区、张家湾设计小镇等重点功能区的功能、指标框架，各项成果均通过市领导审议，为副中心承接优质产业、土地入市奠定空间基础。

【重点项目选址】 2021年，市规划自然资源委通州分局推进北京城市副中心投资建设集团有限公司（北投集团）、北京首都旅游集团有限责任公司（首旅集团）、华夏银行股份有限公司（华夏银行）、北京保障房中心有限公司（市保障房中心）、北京市建筑设计研究院有限公司（北京建院）、北京市工程咨询有限公司（北咨）6家市属国企总部的选址，以上项目全部取得规划条件备案。截至年底，区烈士骨灰堂选址方案通过区政府专题会，区疾控中心选址方案正在按照区领导要求修改完善。

【副中心规划建设管理】 落实市级工作部署，6月23日召开2021年度区委城市工作委员会全体会议，研究讨论副中心城市更新、疏解整治促提升等重要工作，区领导对副中心未来工作做出部署。

【重点领域及相关课题研究工作】 一是强化科学引领，通州区国土空间建设规划（2021年—2025年）完成市级、区级征求意见工作；北京城市副中心（通州区）“十四五”时期新型城镇化示范区建设规划通过区委常委会审议，为十四五时期提供有力支撑和保障。二是聚焦打造副中心品质，围绕文化醇厚的重点地区，进一步深化完善南大街及周边地区、张家湾古镇等区域的规划综合实施方案研究工作。三是承接文化旅游区功能外溢，开展系列研究工作。四是开展北京城市副中心周边精品民宿、精品酒店选址研究以及重点项目改造提升方案研究工作。五是开展文旅区北部产业带开发实施方案研究，在北部规划产城融合（产业和城市融合）街坊，以龙头项目带动街坊实施建设，拓展北京环球度假区辐射纵深。六是开展冰雪项目选址研究，对接初步意向企业，通过引入优质消费新业态，让副中心冬季旅游“不降温”。

【北京城市副中心高清数字沙盘助力党史展览】 2021年，为献礼中国共产党成立100周年，落实中共中央宣传部工作部署，用时300小时完成北京城市副中心高清数字沙盘模型制作工作。高清数字沙盘采用全国首创的裸眼3D立体升降技术，将副中心整体模型与重点功能区部分分层展示，演示内容高度贴合人体感受，画面栩栩如生，使人身临其境，生动展示了中共十八大以来京津冀协同发展的战略布局与重大成果，深刻体现了以习近平同志为核心的党中央对首都与副中心规划建设的高度重视与亲切关怀以及“一核两翼”重大决策的高瞻远瞩与建设成效。

【城乡建设用地减量】 通州区2021年通过年度结转方式减量任务0.5平方千米，减量腾退任务为326.42公顷，截至年底，通州区减量地块通过区级验收，完成2021年城乡建设用地减量工作。

【市政交通】 2021年，开展三项专题研究，均已结题。一是开展《轨道交通八通线果园站至九棵树站（两站一区间）桥下空间更新改造试点方案研究》，以提升公共交通接驳性、保障慢行通达性、桥下空间开放性和绿化景观协调性为目标，实现桥下空间更新再利用，推动基础设施“消极空间”向高品质城市公共空间转变，推动城市存量空间资源提质增效。二是开展北京城市副中心排水系统规划实施评估工作，构建指标体系和评估方法，评估排水管网完善程度、结构性能、排水管网能力、问题分析与规划对策等，以提升北京城市副中心防洪排涝能力。三是编制北京城市副中心（通州区）近期建设项目（外部）配套市政交通规划实施行动计划（第一批），提前协调上市地块、房建类等建设项目与配套基础设施建设时序，保障项目的交通出行、市政接入、工程实施需求，提出项目库，做好近期计划与相关规划的衔接。做到同步编制实施计划，统筹谋划副中心近期建设项目，指导工程实施，保障项目周边市政交通有序形成，推动副中心高质量发展。截至年底，该项研究已报副中心发改局建议纳入年度实施计划。

【轨道交通站点一体化】 2021年，持续深化轨道交通一体化工作，开展轨道空间资源要素支撑情况研究，编制《轨道交通第三期建设规划项目库通州区内项目空间资源要素规划研究情况》报告，稳定轨道交通M101线、M6号线南延规划方案，开展车站周边空间资源要素规划研究，有效集聚功能用地约82万平方米，引领轨道交通与城市协调发展。

【综合审批】 一是全力保障全区项目建设。截至年底，窗口受理行政许可及其他事项505件（平均2.14件/工作日），其中，城乡规划业务480项 、国土资源业务25项。校对、制作、核发规划审批决定451件（平均1.91件/工作日），其中，城乡规划业务434项、国土资源业务17项。二是开创重点区域、重大项目办理“新速度”。房建类项目工程证办理时长由法定的7个工作日缩减至3.6个工作日。市政类项目选址预审办理时长由法定的7个工作日缩减至3个工作日。简低项目办理时限由法定的7个工作日压减至2个工作日。其中，0.5个工作日同时核发东前营村便民服务中心等3个项目临建许可；0.5个工作日办理绿心三大建筑及共享配套设施项目选址预审；2小时办理北京国际设计周永久会址地下工程规划许可；2小时核发2021年通州区第一批集中供地项目简易低风险建设工程规划许可，《北京日报》等媒体8月3日对此进行了专题报道。

【简易低风险工程建设项目】 2021年，“三步走”实现社会投资简易低风险工程全流程目标。牵头高效联动区级发改、住建、政务服务等职能部门，以“贴身服务”切实为企业发展提供高质高效服务，协助建设单位按照建设完工、联合验收、不动产登记“三步走”流程助力项目有序推进。办理简易低风险项目34件，案例类型丰富，包含厂房、仓库、商业、配套等多种建筑类型。有甘李药业A2厂房，C-5-1#、C-5-2#厂房，北搪兰派7#仓库，首寰度假酒店分界室等6个项目实现全流程。北京环球度假区后勤锅炉房、梨园镇曹园村委会办公用房、京粮潞河新建大门及门房工程3个项目完成规划验收。

【规划核验】 2021年，办理建设工程规划核验102件，规划核验面积3725542.39平方米；办理市政线性工程（含管线工程及管线附属（设施及建筑）工程）规划核验备案24件，备案管线长度64623.52米，备案建筑面积2981.87平方米；出具道路工程项目技术核验意见函24件。

【自然资源资产管理】 2021年，牵头会同区农业农村局、园林绿化局、水务局、生态环境局，编制完成《北京市通州区2020年度国有自然资产管理情况专项报告》，同时，配合区财政局完成《北京市通州区2020年度国有自然资产管理情况综合报告》，两个报告均经区人大常委会审议通过。通州区自然资源管理工作不断优化完善国土空间规划、全域全要素用途管制、资源保护及合理利用、生态保护修复等各方面的制度设计和政策供给，初步形成区域国有自然资源管理制度体系，为维护自然资源资产全民所有者权益奠定了良好基础，为推进生态治理体系和治理能力现代化提供了有力支撑。

【违法建设查处】 一是切实做好卫片执法检查工作。2021年，先后完成2020年自然资源部季度卫片（2754宗，总量位居全市第一）和2021年上半年卫片（444宗）疑似违法线索分类认定工作，积极推进后续整改，有效地严控新生。二是持续推进日常工作。全年执法总量3650件，A岗人均执法量117.7件。做出实质性行政处罚6件，规划限期拆除2件。全年参与吹哨报到50余次；协助出具涉嫌违法建设规划审批情况认定函630余份；协助审查村（社区）“两委”换届候选人资格80余批次，1.2万余人次。

【规划自然资源执法工作】 一是有序推动全区农村乱占耕地建房问题新生管控工作。2021年，发现疑似问题线索75宗，其中60宗问题线索不符合新增情形，15宗问题线索属于新增问题。完成整改2宗，剩余13宗问题正分类施策，“疏堵结合”，开展整改工作。二是全面巩固“大棚房”问题清理整治成果。会同区相关单位组织属地全面排查，发现问题立即整改。督促完成“大棚房”清理整治范围内的卫片图斑整改，全面排查上图入库设施农业用地项目，进一步巩固整治成果，严防反弹回潮。三是开展无违建创建工作。以工作专班名义印发《通州区存量违建手续待核查图斑深化分类审核工作方案》。会同审批部门合力推动创建工作。通州区举证拟保留图斑62964块，建筑面积2639.04万平方米。各街道、乡镇通过平台举证5类图斑43587块，建筑面积1988.51万平方米；审核通过图斑16101块，建筑面积915.00万平方米。四是稳步有序推进公共公益专项整治。上报公共公益类项目1179宗，完成分类认定。完善手续类项目789宗，占纳入专项整治任务的比例70.8%，选出试点项目，按照“六步法”（申请、初审、审定、公示、用地手续办理、登记发证）规定探索审批路径。五是稳步推进巡视问题整改工作。推动市委第三巡视组反馈问题整改工作。六是完成第二轮中央生态环境保护督察反馈问题整改工作。2021年，牵头完成第二轮中央生态环境保护督察反馈问题第三十九项任务整改。会同相关兄弟部门完成生态保护红线调整方案报批、生态保护红线监督管理、生态保护红线日常监管、建筑垃圾临时处置点规范管理4项整改工作。该项任务已完成市级检查，完成销号。七是持续深化“疏整促”专项工作。根据《通州区“疏解整治促提升”专项行动2021年工作方案》要求，规自分局牵头负责通州区30宗临时建筑的清理整治工作。截至年底，30宗临时建筑全部完成清理整治，并通过市级审核及平台销账。

【自然资源督察问题整改】 2021年，按照2020年《国家自然资源督察意见书》相关要求，对《督察意见书》指出通州区的5类55个问题、245个地块上图挂账，梳理基础信息，明确牵头单位、责任单位和整改时限，制定《通州区2020年国家自然资源督察意见书整改工作方案》；按照《国家自然资源督察北京局关于督促2019年耕地保护督察整改工作的函》要求，持续推进2019年耕地保护督察未整改到位问题以及历年督察未整改到位问题。采取多种形式紧盯整改进展，对已整改的项目及时填报督察系统，全力推进自然资源督察整改。

【不动产登记业务办理】 2021年，完成不动产登记业务67462件。完成各类登记发证44089笔，发证面积12651559.61平方米，登记金额1782.57万元。其中，办理不动产涉房登记业务67298件，商品房办理9967件，发证面积1165864.57平方米，登记金额287.33万元；办理不动产涉地登记业务164件，完成涉地登记发证144件，发证面积4124167.44平方米，登记金额约315万元，其中办理土地登记2件，面积92501平方米；办理土地及房屋初始、变更、转移、换证登记24件，涉及土地面积1853120平方米，涉及房屋面积2670平方米；土地注销登记51件，面积2555930平方米；办理抵押权登记87件，涉及土地面积2129284平方米，涉及房屋面积1256064平方米。

【历史遗留项目】 2021年，通过创立“1本项目总台账、每周1次调度会、每月1期专报”的“1+1+1”工作机制，设置专门“历史遗留项目办证窗口”及“定制客服”安排业务熟练工作人员“一对一”对接开发主体服务，以及多次推动属地街道、房改单位等入户摸查居民信息，“向前二步”深入居民中间“望闻问切”分类制定解决方案与建议，多措并举提升个人小证发证率；在解决北人集团职工住宅楼项目时首创按经济适用住房管理集资建房项目超标面积地价款缴纳程序，勇做“开路先锋”为1508户居民打通办证路径；同时，在全市率先创立针对违规失信开发主体的专项惩戒实施办法，通过发函、会商等途径梳理违法违规行为督促区内各职能部门强化监管、从严惩戒，有力规范了房地产市场秩序，树立良好行业风气。全年累计为22个项目16209套房屋打通办证路径，提前超额完成通州区1.1万套任务量且个人房产证发证率高达78.8%，全市排名第一。5月13日、6月23日、10月29日、11月10日等多次被《北京日报》《北京城市副中心报》等媒体宣传报道。

【土地征收】 一是完成文化旅游区C1地块、潞城镇棚户区改造B-13地块土地开发等4个项目征地批复，总征地面积约为109公顷。二是完成清华大学通州金融发展与人才培养基地等14个项目征地补偿安置方案公告公示工作，总征地面积约448.8公顷。三是完成通州半壁店医养结合试点及幼儿园等7个项目的征地公告，总征地面积约为160公顷。

【土地储备】 2021年，通州区在施储备开发项目数量39个，总用地面积约3235.04公顷，在施面积2339.4公顷。其中，联储项目2个，在施面积884.58公顷；分中心主体项目26个，在施面积1015.17公顷；企业主体项目11个，在施面积439.65公顷。

【年度供地任务】 2021年，按照市级下达的建设用地供应指标，通州区供应指标总计135公顷，其中，产业用地48公顷、住宅用地87公顷。产业用地指标完成44.4公顷，完成比例92.5%，住宅用地完成77公顷，完成比例88.5%。

【优化营商环境】 2021年，持续完善不见面审批模式，助力副中心项目落地落实。深入贯彻优化营商环境1.0、2.0、3.0、4.0版系列改革政策，聚焦改革措施落地见效，带领团队，困知勉行，协调联动多部门，逐步完善建设项目网上申报、网上受理、网上办理、邮寄证照的“不见面”审批服务模式。通过电话沟通、视频会议、网上审查等多种方式，多措并举，分类施策，完成行政办公区二期启动区FZX-0901-0165、0167、0169、0172地块、城市绿心三大建筑选预等项目“零见面”审批。做到2小时内网上完成规划许可的办理，并通过后期持续跟进服务，促进项目稳定有序落地实施。

【重点项目方案审查】 2021年，办理完成北京市疾病预防控制中心迁建项目，清华大学通州金融发展与人才培养基地项目，通州区档案馆项目，通州区张湾镇村、立禅庵村、唐小庄、施园、宽街及南许场村棚户区改造一片区项目（安置房地块）等设计方案审查意见函15件。

【“多规合一”协同平台】 2021年，核发“多规合一”审核意见89个，其中初审意见47个、会商意见28个、供地审核意见14个，为供地和房建类项目办理手续提供服务保障。

【划拨供应建设用地】 2021年，通州区划拨供应建设用地13宗，总用地面积约19.09公顷，总建筑面积约11.24万平方米。

【“12345”市民热线办理】 2021年，办理接收“12345”工单2377件，实际承办1601件，比上年全年的1118件，增长43.2%。其中规划设计类923件，占比57.65%；房屋权属类482件，占比30.11%；行政执法类130件，占比8.12%；其他类66件，占比4.12%。2021年区规自分局在通州区各委办局、市规划自然资源委各分局的“接诉即办”年度排名中取得2019年以来最好成绩。

【行政复议与行政诉讼】 2021年，办理行政复议、行政诉讼一审、二审、再审案件共85件，案件办理量同比增长87%，其中行政复议案件29件、行政诉讼案件56件。按争议事项看，不动产登记类、投诉举报类、行政处罚类、信息公开类分别占案件总量75%。分局主要领导出庭应诉1次、分管领导出庭应诉8次。

【信访工作】 2021年，受理信访诉求442件，其中来信292件次、来访49批次100余人次、网信

86 件次、建议咨询 11 件、复查 4 件。主要集中在行政处罚、一级开发、土地征收、行政许可、规划核验领域。

【信息公开】 2021 年，接待及来电依申请信息公开咨询 950 余人次，分局受理依申请信息公开共计 315 件，市、区、委转办 132 件，共计 447 件。其中征地手续类占 29%，规划审批类占 32%，行政处罚类占 8%，规划编制类占 6%，不动产登记类占 4%，土地出让合同类占 2%，土地储备类占 4%，规划实施类占 1%，规划研究类占 2%，规划核验类占 4%，土地调查监测类占 3%，其他占 5%。2021 年分局建立信息不公开法制审查制度，完成信息不公开法制审查 113 件。

【土地入市交易】 2021 年，通过土地市场共供应经营性用地 8 宗，总用地面积 57.23 公顷，建设用地 57.23 公顷，建筑规模 107.35 万平方米，成交总额 189.05 亿元。工业用地 4 宗，总用地面积 9.43 公顷，建设用地 9.43 公顷，建筑规模 14.92 万平方米，成交总额 2.42 亿元。

【融资及还款】 2021 年，筹措到位资金 80.19 亿元，其中收到市级资金 11.38 亿元，收回回笼资金 68.81 亿元。归还政府债券 46.8 亿元，其中文化旅游区 34.5 亿元 、于家务次中心二期 2 亿元、两站一街 9 亿元、西小马 B2.2 项目 1.3 亿元。

【测绘地理信息服务】 2021 年，加强通州区城市基础测绘和测绘成果管理及应用工作，及时为北京城市副中心建设总体规划和重点测绘项目提供 1∶500 大比例地形图，发挥测绘服务先行作用。高质量服务好北京城市副中心规划建设任务，服务副中心城市建设，围绕行政办公、商务服务、文化旅游三大主导功能，在北京城市副中心行政办公区、城市绿心、文化旅游区、环渤海经济区域完成各个工程项目。参与通州区重点区域基础设施建设，完成北京城市副中心站综合交通枢纽、北京城市副中心行政办公区道路网、北京城市副中心职工周转房、北京城市副中心八里桥片区棚户区改造的普通测量、监督测量等重点项。

【信息化建设】 一是会同多单位就副中心规建管平台二期建设工作进行对接，将平台纳入 2022 年副中心智慧城市建设计划。对接分局主要业务部门，就数据类型等属性进行梳理汇总，最终形成《北京市规划和自然资源委员会通州分局数据资源目录（2021 版）》。二是完成通州区全域三维地形数据制作；通州区土地分区、土地利用等数据成果入库工作。三是推进中心城 155 平方千米外，751 平方千米二维控规数据的应用机制对接。四是完成行政办公区二期等十余个三维模型的制作并入库。五是完成副中心规建管区级平台建设项目最终验收。六是选取副中心区域项目开展“规建管一体化”试点工作。七是完成涉密机要室网络建设，同时开通市规划自然资源委与区机要局的涉密策略。

【地籍管理】 2021 年，严格标准进行土地权属审查，为重点项目落地保驾护航。按照权属审查工作标准和要求从严把握，为征地、供地等工作节点提供土地权属依据。截至年底，完成土地权属审查 55 件，涉及宗地 133 宗，面积 465 公顷（其中国有约 328 公顷、集体约 137 公顷）。出具图幅核实函 18 件，面积约 42 公顷。办理一级开发、规划编制、市政设施、土地执法等现状核实 365 件。

【地名工作】 2021 年，完成重点项目市政道路命名 43 条、建筑物名称核准件 7 件。

【城建档案管理】 2021 年，完成工程竣工档案预验收 82 项、521 栋，开具预验收合格意见 118 件（其中建安工程 83 件、市政工程 35 件）；接收工程竣工档案 25 项、351 栋，编制案卷 2152 册；各类档案对外借阅利用 553 人次、2566 卷，出具证明 294 件；完成档案数字化整理 5398 卷。

（申小丽）

重点工程

【地铁17号线工程】 该工程通州段长8.7千米，通州段共设置4座车站、1座停车场（北神树站、次渠北站、次渠站、亦庄站前区南站，次渠南停车场），占地299.44亩，沿线涉及台湖镇光机电管委会、高端总部基地管委会。12月31日实现通车。

【京哈高速加宽工程项目】 该工程起点东五环五方桥，终点东六环施园桥，全长12千米，路线维持现状京哈高速的平纵条件，进行双侧加宽。工程主要位于朝阳区和通州区内。截至2021年4月，通州段建设完成，具备通车条件。

【地铁6号线二期工程】 该工程通州段长12.4千米，通州段共设车站7座、车辆段1座，占地458.57亩，沿线涉及永顺镇、潞城镇。截至2021年底，该工程搬迁工作全部完成，车辆段正在建设中，施工进展顺利。

【京唐城际铁路工程】 该工程通州段长9.22千米，占地807.22亩，沿线涉及宋庄镇、西集、潞城镇。截至2021年底，施工进展顺利。

【东六环改造工程】 该工程南起京哈高速，向北至终点潞苑北大街，道路全长约16千米，主体工程于2019年11月30日开工建设，截至2021年底，沿线集体土地拆迁工作基本完成，施工单位全线进场施工。

【通马路工程】 该工程北起京哈高速公路，南至京津高速公路，全长约6千米，占地898.34亩，其中梨园镇占地58.38亩、建筑物占地面积1.34亩，台湖镇占地839.96亩、建筑物占地面积136.7亩。截至2021年底，该工程集体土地共涉及产权人10户，已签约7户，部分场地具备进场施工条件。

【副中心交通枢纽工程】 该工程东至东六环外路县故城遗址区，北起京哈南侧路，南至杨坨中路、杨坨一街区域，西至大运河，总用地规模约61公顷。工程建成后可使车站、城际铁路、轨道交通与城市功能有机融合，打造站城一体、产城融合的北京新门户。截至2021年底，该工程完拆迁工作，施工进展顺利。

【东夏园交通枢纽工程】 该工程位于通州区潞城镇，建设内容包括枢纽主体、两条道路及一处连接廊道，占地74亩。截至2021年底，施工单位全面进场施工，施工进展顺利。

【轨道交通22号线（平谷线）工程】 该工程为京津冀首条区域快线，全线长81千米，通州区段长15.6千米，共设6座车站，沿线主要涉及永顺镇、潞城镇、通运街道、潞源街道、新华街道。截至2021年底，该工程集体土地完成拆迁及围挡工作。

（王学勤 李雪敏）

【日新路】 该项目南起湖亦路，北至京哈高速，全长0.74千米，设计为城市次干路，设计速度为40千米/小时。道路红线宽30～50米，工程总投资3000万元。该项目于2021年8月通车。

【漷小路一期（京津冀一体化项目）】 起讫点为漷兴三街—恒业二街，为城镇段，途经漷县镇、永乐店镇，长5.9千米，城市主干路，路基宽40米，路面宽28米，是南部地区进出中心城区通道。该项目于2021年11月通车。

【万盛南街道路工程】 万盛南街项目东起张采路，西至九棵树西路与通马路连接，全长5.7千米，设计为城市主干路，设计速度为50千米/小时。道路红线宽60米，工程总投资2.65亿元。该项目于2021年4月通车。

【潞苑三街道路工程】 潞苑三街道路是连接潞苑东路和六环西侧路两条南北干路的横向联络线，全长1.8千米。永顺镇2013年启动道路沿线地上物搬迁工作，但因该条路东西两端均存在拆迁未签约的滞留户，导致项目一直无法正常通车。区重大项目中心组建后，将调度该条道路的拆迁问题列为重要工作之一。在区政法委的坚强有力指导下，经区重大项目中心多次调度，永顺镇政府和潞邑街道落实相关工作安排，2021 年 11 月 23 日，道路红线内的 5 家滞留商户，将房屋腾空交由永顺镇政府予以拆除，至此潞苑三街西段与潞苑东路连接处的瓶颈问题获得解决。

（刘爱武）

房屋管理

【房屋实测绘成果审核情况】 2021 年，区住建委完成房屋实测绘成果审核 104 件，其中初审项目 62 件、实预测对应项目 33 件、变更项目 9 件，楼栋个数为 488 栋，总面积 284 万平方米。

【群租房整治工作情况】 2021 年，严格贯彻落实市、区两级“疏整促”专项行动部署，统筹协调各街道乡镇及公安、市场监管等部门开展违法群租房专项整治，按照“发现一处、整治一处”原则，整治上账违法群租房 499 户，实现全区群租房“动态清零”。出台《关于进一步加强通州区违法群租房专项整治的工作方案》，巩固“十三五”时期工作机制，为通州区“十四五”群租房整治工作提供了有力支撑。

【房地产经纪和住房租赁企业备案情况】 截至 2021 年末，区内注册并备案的房地产经纪机构（含分支机构）319 家，其中经纪机构 177 家、分支机构 142 家，登记住房租赁企业 296 家。变更（重新）经纪机构备案、撤销备案共办理 15 件。

【房地产市场综合执法情况】 2021 年，区住建委有序推进商品房销售、存量房交易、房屋租赁中介领域执法工作。全年涉及房地产的执法，其中经纪机构 423 家次、住房租赁企业 257 家次、开发企业 104 家次，执法次数共计 784 家次。全年立案处罚数，其中经纪机构 38 起，罚款金额 110.55 万元；住房租赁企业 3 起，罚款金额 2 万元；开发企业 8 起，罚款金额 25.41 万元。共立案处罚 49 起，罚款金额共计 137.96 万元。

【房地产中介类信访和“接诉即办”情况】 2021 年，受理房地产经纪、住房租赁类投诉 2668 件，其中“12345”工单 2521 件、信访案件 22 件、网络信访 2 件、其他共计 123 件（市级平台 81 件、人民网 42 件）。按照“合理诉求应解决尽解决、不合理诉求尽全力化解”的工作原则，全力化解矛盾纠纷，找准问题症结，同步推进房地产市场健康发展。

【牵头短租住房规范经营管理工作】 2021 年，牵头成立通州区规范短租住房经营管理工作专班，制定《通州区规范短租住房经营管理实施方案》，开展违规短租住房房源治理及下架工作，指导通州区短租住房规范经营管理工作。为有效承接北京环球度假区外溢效应，制定《北京环球度假区周边区域短租住房试点工作方案（试行）》，联合专班成员，推进短租住房经营试点工作顺利开展。

（郑晴）

【政策性住房建设筹集情况】 2021 年，通过新建、收购、改建等方式建设筹集政策性住房 6197 套。其中租赁型住房 2560 套、产权型住房 3637 套，任务完成率达 105%，具体项目为张家湾镇南火堡集体土地租赁住房项目 1460 套，于 2021 年 8 月报开；台湖镇集体土地租赁住房项目 1100 套，于 2021 年 12 月报开；北京市通州区永顺镇运通人和良园二期 FZX-0604-6002、FZX-0604-6006 地块 R2 二类居住用地、A334 托幼用地建设项目 715 套，于 2021 年 6 月报开；通州区嘉创二路 4 号地定向安置房项目 1662 套，于 2021 年 2 月报开；通州经济开发区西区南扩区三、五、六期棚户区改造项目 1260 套，于 2021 年 10 月报开。

【政策性住房竣工情况】 2021 年竣工政策性住房 2312 套，完成任务率大于 100%，具体项目为台湖镇通和家园共产房项目 1012 套，于 2021 年 1 月报竣；

永乐花园经适房项目1300套，于2021年1月报竣。

（潘岩）

【清理整治普通地下室情况】 2021年，区住建委利用人防、技防手段相结合的方式，完成普通地下室散租住人和经营性宿舍的动态清零工作。按照“疏整促”的工作要求，完成12处普通地下室隔断清理任务；完成北苑、台湖2处普通地下室再利用工作；处理普通地下室“12345”市民热线30件、电话投诉16次，处理业主上访1次，完成通州区普通地下室安全日常检查138次。区住建委完成违规散租住人和自用性宿舍安全使用专项排查86处，均未发现有违规散租住人行为。通过加强对违规散租住人专项排查检查力度，有效遏制散租住人反弹现象发生。联合属地巡查1166次，发现安全隐患465项，已督促整改，经后期复查，均已整改完成。

【城镇房屋安全检查工作情况】 2021年，制定并落实《2021年度通州区城镇房屋安全检查工作实施方案》，报送86处危险房屋，其中71处为直管公房，于主汛期前全部完成解危工作；15处单位自管房屋分别为北京胸科医院、北运河管理处、金通公司、北京日化二厂等，其中日化二厂完成人员清退任务，并纳入棚户区改造任务；金通公司冷冻厂宿舍有50户，常住人数80余人，纳入年度棚改计划，并对该房屋进行动态监测。房屋安全类检查74次、专项检查36次、现场整改50处、限期整改15处。

【城镇房屋系统防汛工作情况】 2021年，区住建委出动雨中查房800人次，并开展漏雨房屋苫盖及雨水疏通、塌顶房屋拆建工作，检查平房22529间，建筑面积336210.4平方米，楼房1101幢，建筑面积4324995.1平方米。雨后，立即组织房管所所有工作人员，对直管公房漏雨情况进行全面检查。对漏雨情况严重的房屋，做到维修不过夜，确保居民的住房安全。

（朱赤军）

【区城镇直管公房解危及大中修工作】 区住建委房管所根据2020年房屋安全检查和房屋安全鉴定结果，制定2021年全区城镇直管公房解危及大中修房屋修缮计划，于2021年4月开工，2021年11月竣工，解危加固房屋76间，大中修房屋113间，楼、平房屋面防水8000平方米。

【区城镇直管公房防汛工作】 5月，区住建委房管所组建直管公房防汛领导小组，制定《2021年通州区直管公房防汛预案》和《2021年通州区直管公房汛期突发灾害应急救援预案》，完成责任制落实、预案落实、队伍落实、物资落实、避险措施落实的防汛备汛工作。2021年5月16日至9月30日，房管所连续第37年实现全区39.8万平方米直管公房“生命至上、安全第一”安全度汛奋斗目标。

【区城镇直管公房房屋安全普查工作】 10月至12月，区住建委房管所组织实施2021—2022年度通州区城镇直管公房房屋安全普查工作，完成平房4775.5间、楼房103栋，总计39.8万平方米的房屋安全检查。

【区直管公房疏解整治促提升清理整治专项工作】 2021年，区住建委房管所按照清理整治工作计划开展定期检查，出动1723人次，累计循环检查1988户；开展转租转借专项工作联合夜查和综合检查18次，对发现的6户转租转借情况全部整改完毕，实现“动态清零”工作目标。

（张勇）

水务建设

【概　况】　2021年，区水务局围绕“十四五”时期水务发展目标，以落实北京城市副中心控规为主线，以保障北京城市副中心水安全为重点，不断增强水环境建设系统性、整体性、协同性，推进水务事业各项工作，取得良好成效。全年完成固定资产投资81673万元、建安投资62875万元。全区累计处理生活污水13798.8万吨，全区污水处理率达到92.17%。完成春季潮白河试验性生态补水保障工作，实现潮白河北京段22年来首次全线水流贯通。推进北运河通航各项工作，实现北运河（通州段）全线游船通航。推进节水型社会建设，万元地区生产总值耗水量同比下降5.76%。完成39项海绵城市建设工程，海绵城市建设达标面积比例达到24.1%。依托区级26条重点河道，全面制定河长制工作机制，实现三级河长全覆盖。认真履行水务防汛专指工作职责，应对汛期强降雨天气，确保水利工程设施安全运行，安全度汛。

（肖希鹏）

【水务规划】　2021年，编制完成《北京城市副中心（通州区）“十四五”时期水务发展与水系建设规划》、《北京城市副中心智慧水务顶层设计》内部稿、《水生态空间规划》初稿，编制完成《通州区智慧水务1.0实施方案（2021年—2023年）》初稿。

（张占研）

【水资源管理】　2021年，全区总用水19520.98万立方米（其中用再生水908.17万立方米、用地下水18612.81万立方米）。农业用地下水3357.03万立方米；工业用水1149.52万立方米（其中用地下水826.78万立方米、用再生水322.74万立方米）；建筑用水197.07万立方米（其中用地下水172.43万立方米、用再生水24.64万立方米）；家庭居民生活用水10289.05万立方米（其中用地下水10252.77万立方米、用再生水36.28万立方米）；公共服务用地下水3598.64万立方米；环境和生态用水929.67万立方米（其中用地下水405.16万立方米、用再生水524.51万立方米）。全区地下水人工观测井由原来的16眼井减少到12眼井，年末地下水实测值为6.3米，与2020年同期的7.85米相比，水位上升1.55米。

（高淑红）

【供水管理】　2021年，全区市自来水集团通州分公司供水总量6435.02万立方米，乡镇地区供水总量7481.3万立方米。完成龙旺庄小区一期、龙旺庄小区二期、西马庄小区、京东驾校等4个单位自备井置换工程。完成12个老旧小区管网改造工程，管线长度是8.3千米，受益居民3万余人。

（高乐）

【节水管理】　2021年，生产、生活实际水用水量为1.91亿立方米，万元地区生产总值耗水量同比下降5.76%。全年发出预警通知单835户次，发放超定额用水加价通知单357户次，累计收取超额用水加价费146963.38元。 全年换装节水型花洒8800套，创建节水型村庄3个，创建节水型单位103家，复验节水型单位112家，督促安装远程水表90套，完成节水型区复验及党政机关创建和规模水户远程水表工作。

（王宇欣　翟光耀）

【水利工程管理】　制定2021年度水利工程运行管理标准化建设工作方案及相关文件。完成25座规模以上水闸安全鉴定工作，完成通州区41座水务权属桥梁安全管理检测工作，对管辖范围内451座水闸和4座橡胶坝进行维护。质量监督工程项目共计36项，监督检查71次，交底21次，体系检查36次，强制性条文检查10次。分部工程核备110项；单位工程核备18项。检查过程中形成检查记录127份，提出实体整改意见4条，约谈相关单位6家。安全监督工程项目33项，安全监督检查77次，下达隐患整改通知书48家，进行施工安全交底17次。

（蔡殿卿 缪学文 刘北）

【水环境治理与水生态建设】 2021年，再生水利用量（泵送水量）908.17万吨，包括丰子沟、绿心森林公园及北京环球度假区项目252.82万吨、电力及水气热暖供应322.74万吨、生活用水200.39万吨、绿化灌溉117.82万吨和道路浇洒14.40万吨。全区已建、在建污水处理厂站（再生水厂）170座，全年处理生活污水13798.8万吨，全区污水处理率达到92.17%，累计处理污泥36027.75万吨。完成新建污水管线40.31千米，新建再生水管线5.01千米，改造雨污合流管线5.22千米。通州区北运河杨洼闸、凤港减河小屯桥、运潮减河入潮白河口、潮白河下段吴村、港沟河罗庄5个国考断面，柏凤沟应寺桥、凉水河中下段许各庄、玉带河入凉水河口3个市考断面全部合格。

（刘志楠 张香 王彩霞 赵媛）

【水旱灾害与防御】 2021年降水639.2毫米，其中汛期降雨共计52天，累计降水量542.6毫米。出现两次区域性暴雨天气过程，7月5日，全区平均降水量74.9毫米；7月11—12日，全区平均降水量92.3毫米。

（高珊珊）

【河长制工作】 区级河长共巡河39次241.54千米，乡镇（街道）级河长巡河2524次5806.85千米，村级河长巡河48020次116847千米。全年完成治理小微水体共计151处，配合市级部门完成全市300条小微水体整治工作任务。全年整改水环境问题5812处，有效改善全区水环境状况。

（张立彬）

【水库移民后期扶持】 2021年度总计农业移民人口2501人，涉及全区11个乡镇258个村，发放移民扶持资金150.18万元。2021年度核定符合农转非培训补贴人口977人，新增40人，减少90人，分布在全区11个乡镇160个村及4个街道办事处的32个居委会，发放移民扶持资金54.656万元。2021年度专项资金安排项目2个，总投资330万元，安排水库移民后扶资金工程3个，总投资2767.83万元。

（武立雄）

【政务服务】 2021年，持续深化“放管服”改革，全年水务局政务服务共受理事项1043件，办结988件。

（纪斌）

【水政执法】 2021年，在全区开展排水、河湖保护管理、水资源与节水、水土保持、水利工程质量与安全生产等专项执法，全年开展行政执法检查745次，查处违法案件27件，罚款56万元。

（纪斌）

北京通州年鉴

2022

城乡管理

▲ 3 月 11 日，通州区供电公司完成北京环球度假区停车楼 481 个充电桩调试工作

| 区供电公司提供 |

▲ 4 月 30 日，路城镇顺利通过北京市第三批生活垃圾示范片区创建验收

| 潞城镇提供 |

▲ 6 月 2 日，壁富路换闸

| 北京市自来水集团有限责任公司通州分公司提供 |

▲ 6月10日，区科级干部培训班调研学习“接诉即办”工作

| 区城指中心提供 |

▲ 6月20日，运河沿岸景观开启亮化节日模式

| 区城管委提供 |

▲ 9月，区交通支队在北京环球度假区测试无人机远程疏导喊话功能

| 区交通支队提供 |

▲ 9月2日，区交通支队在运河小学开学首日开展“交通安全第一课”活动

| 区交通支队提供 |

▲ 11月9日，在北京环球度假区组织开展“火焰蓝”领航巡游活动

| 区消防救援支队提供 |

▲ 北京冬奥会景观布置

| 区园林绿化局提供 |

▲ 玉带路背街小巷一景

| 北苑街道提供 |

综　述

【概　况】　2021年，区城市管理委聚焦城乡面貌改善、公共服务优化、城市运行护航，为加快建设国际一流的和谐宜居之都示范区提供优良保障，奋力展现副中心城市管理排头兵风采。

【垃圾分类】　2021年，齐心协力抓好垃圾分类这件“关键小事”，副中心环境卫生管理水平实现新提升。全区3628座分类投放站、386座分类驿站，社区村撤桶并站及投放站密闭化改造达到全覆盖；非居民厨余垃圾计量收费线上注册单位2663家；全区超10万人参与桶前值守；创建86个市级示范小区（村）及63个区级示范小区（村），获得北京市生活垃圾分类推进工作先进集体称号；搭建区级生活垃圾精细化管理平台，实现272辆环卫车辆设施、48118个垃圾来源、21座密闭式清洁站、3个全区生活垃圾末端处理体系的一网动态监管。

【环境整治】　以北京环球度假区开园为契机，副中心城乡环境面貌展现新风采。统筹开展北京环球度假区周边“门前三包”（环境卫生干净、地面平整完好、外立面整洁、城市部件规范、绿地环境美观、秩序环境良好）、共享单车服务保障、户外广告牌匾标识规范治理、环境整治、环卫保障五大专项行动，扎实推进北京环球度假区开园服务保障；完成潞河中学、文旅区环境提升工程，改造面积31万平方米；完成49条背街小巷精细化整治提升，永顺中街、鱼市胡同获2021年“北京最美街巷”称号，占全市获奖总比例的五分之一，体现了副中心水平；高频次开展环境拉练检查，市区两级脏乱点台账近万处全部整改完成；大力开展“蜘蛛网”治理，完成60条通信架空线、9条电力架空线入地，道路总长50千米。

【交通治理】　着眼民生需求和秩序规范，副中心交通治理科学化水平更加凸显。完成副中心155平方千米范围内城市道路达标修复；完成云景西路、玉桥东二路、翠屏路、水仙东路、翠华西路等5条道路建设；完成155平方千米内95所中小学幼儿园周边交通综合治理；多元化建设8处公共停车场，完成家乐福罗斯福、易初莲花等4处停车场有偿错时共享，增加停车资源有效供给1155个；打造梨园地区北京环球度假区周边、永顺地区2个慢行系统建设示范区，完成道路里程21.5千米。

【供应保障】　以实际行动努力当重点工作的承重墙，能源供应保障和市政设施运行管理进一步夯实。北京环球度假区901个充电桩建设投产，打造了国内现状规模最大的智慧有序充电集群；北京东500千伏、副中心220千伏、市政府东110千伏等工程建成投运；完善103个村“煤改气”长效管护机制；引进建设国内能源行业首座近零能耗建筑，并集多能互补、智慧能源管理平台于一体的能源调度中心，尽全力让百姓安心过冬。

【“接诉即办”】　用新理念和新技术加快破题“最后一公里”，副中心城市治理结构进一步优化。形成“1+3+N”（“1+3”，即区委、区政府主要领导亲自调度抓“力度”，区委副书记、组织部部长和主管副区长3位区领导共同抓“进度”；“N”，即区委、人大、政府、政协所有联系街道乡镇、主管行业的区级领导抓“准度”。区委书记、区长定期调度，副书记、组织部部长定期约谈，主管副区长定期推进，区级领导包案办件，统筹推动“接诉即办”重点、难点问题解决）的“接诉即办”工作格局，充分发挥网格化主动治理优势，探索建立“热线＋网格”模式，典型案例获得全市推广；全面推动通州区地下管线数字化三维管理平台投入使用，建成国内一流的AR可视可感应系统，实现全区地下管网智能一张图；实现城市大脑从二维到三维的转变，整合实现13个子模块的可视化建设，融合信号、违法、供热等60余种类型数据，构建全系统、全数据、地上地下的三维可视化和一张图展示。

（张谷川）

接诉即办

【概　况】 2021年，通州区在北京市委、市政府的正确领导下，坚持党建引领，践行“以人民为中心”的发展思想，着力打造“接诉即办”副中心样板。全年接收市中心派发工单318134件，响应率98.35%，解决率85.93%，满意率90.12%，综合成绩90.49分，在全市十六区综合排名中位于第九位，万人诉求比全年平均值147.75，在全市排名第四。诉求类型主要集中在物业服务不规范、小区配套、拆迁腾退、村民自治、施工管理等方面。

【责任体系】 全区形成了“1+3+N”的“接诉即办”工作格局，区委、人大、政府、政协各级领导齐抓共管。区委书记赵磊召开“接诉即办”专题会6次、半年工作总结会1次，区委副书记、区长孟景伟召开“接诉即办”研讨会2次，区委副书记刘东伟召开月度例会4次，组织部部长陈江华召开约谈会11次，副区长倪德才召开周调度会19次。各区级领导针对预付式消费退费、疫情防控、“双减”、供暖等相关问题牵头成立工作专班，全区上下合力，推动重点、难点诉求加速办理。各承办单位明确由党政一把手负总责，主要领导每周针对重点、难点诉求进行统筹调度。社区、村书记一线办理，把解决群众诉求放在首要位置。

【运行机制】 通州区城市管理指挥中心（以下简称区城指中心）持续压实各承办单位诉求办理责任，针对疫情、突发等重点诉求采取“一单双派”方式，针对区级回访“双否”工单，要求承办单位进行“二次办理”，2021年向各承办单位报送“双否”工单28695件，发生转变1360件。全区各承办单位坚持首接负责制，针对重点、难点问题，充分利用“吹哨报到”制度，多部门联合攻克解决，全区“吹哨”1215次，重点推动了乡镇权属职责、永顺镇金海街32号院失管、玉桥街道万国城小区逾期交房引发集中诉求等问题解决。区城指中心全年形成日报365期、周报52期、月报12期，针对突发集中诉求，第一时间形成快报18期，针对重难点诉求，形成专报21期，全面反映全区“接诉即办”工作情况。

【奖惩机制】 根据《通州区“接诉即办”工作奖惩激励措施和责任追究办法（试行）》，2021年奖励优秀街道9个、满分社区村567个、无诉求社区村135个，下发奖励资金5207.7万元。区委组织部和区委考评办将“接诉即办”考核结果应用于干部管理和绩效管理工作，作为人事调整和单位考核的重要参考，全年有6个街道乡镇负责“接诉即办”的科级干部被提拔到副处级岗位。区纪委监委定期掌握全区涉及违纪违规以及纳入市级考核“双否”工单，全年区城指中心报送涉及违纪违规问题工单52期，纳入市级考核“双否”工单12期。

【监督保障】 2021年，由区委组织部牵头，从全区各承办单位抽调17名“接诉即办”业务骨干组建专项督导小组，对6个治理类乡镇、全市排名后100名的街道乡镇以及重点委办局共13家单位开展为期3个月的专项督导。着重发现被督导单位在开展“接诉即办”工作过程中的问题并督促问题整改，经过此次专项督导工作，梨园镇退出治理类乡镇。“两办”督查室协调跟进区领导指出、标注、圈批的问题推动解决，分别到西集镇和区退费纠纷处置专班交流座谈，推动问题解决。区城指中心针对突发事件和重要时间点进行现场核实、督导，提出工作建议。

【条例宣传贯彻】 9月，市人大审议通过并颁布实施《北京市接诉即办工作条例》，通州区第一时间推进《北京市接诉即办工作条例》宣传贯彻落实。区委、区政府组织召开全区《条例》动员部署会和区委理论学习中心组学习会，全区各承办单位分别通过领导班子会、专题培训会等形式组织学习。将《条例》宣贯和“接诉即办”工作纳入区委组织部、区委党校、区农业农村局、区民政局、区城指中心“五位一体”培训体系。同时，定期开展专项培训，邀请市政务服务局领导、大兴区城市管理指挥中心主任到通州区授课，持续强化全区各级“接诉即办”工作人员的责任意识和工作能力。

【每月一题】 2021年，区委增设“接诉即办”改革专项小组，由组织部部长陈江华任组长，办公室设在区城指中心，组织落实市级部门部署的“接诉即办”改革重点任务。组建区级“接诉即办”工作专班，推动重点难点问题解决。在“接诉即办”改革专项小组的推动下，区城指中心结合市级“每月一题”清单，以及通州区重难点问题清单，将供水、用水，噪声、环境污染，交通信号灯，交通拥堵和市场秩序5个问题，确定为2021年通州区要解决推进的区级专项，制定《通州区“27+5”重点民生项目清单》，并明确牵头部门。在实施阶段，区级领导高位调度，全区各单位分类分级推进，成效显著，如化解了16209套房屋的不动产登记历史遗留问题，且通州区个人产权证发证率位居全市第一；新增5所普惠幼儿园，可扩增1290个普惠学位；查处电动三四轮违法15699起等。

【优秀经验】 2021年，全区各单位在开展“接诉即办”工作过程中形成各具特色的经验做法，如：新华街道创新主动抢单工作法；临河里街道设立“小修快补资金池”；张家湾镇持续开展“鉴事、见人、建情”主题实践活动；宋庄镇成立便民服务队等。区城指中心组织来自31家单位的70名优秀办件人开展5次“接诉即办”经验交流会，在全区范围开展“民声我听 民忧我解”接诉即办主题宣讲活动，同时进机关、入社区开展6次巡讲，将可复制、可推广、可借鉴的优秀经验向全区宣传推广，实现从区委副书记到基层一线办件人的全覆盖，有效提升全区“接诉即办”工作水平。

（刘旸）

智慧城市

【概　况】 根据《北京城市副中心控制性详细规划（街区层面）（2016年—2035年）》提出的“建设世界智慧城市典范”要求，通州区城市管理委于2018年启动通州区信号灯升级改造项目，随项目同步建设智能交通信号控制系统，同时将管委内部信息化系统进行整合，对接市、区各类系统，以“数据汇聚＋算法”驱动城市大脑的成长。2020年9月，在二维平台的基础上启动北京城市副中心三维地图服务系统和通州区城市管理指挥平台建设项目。截至2021年底，通州区城市管理指挥平台整合实现13个子模块的可视化建设，融合信号、违法、供热等60余种类型数据，接入信号机、监控设备和停车诱导屏等多类设备资源，构建全系统、全数据、地上地下的三维可视化和一张图展示。全年接待市政协、市经信局、天津市和拉萨市等单位调研40余次。

【建设理念】 2021年，围绕打造信息化资源汇聚中心和向数字孪生城市进化两个理念。通过不断与各部门系统的对接，基本完成数字基础底座的搭建。随着副中心的发展建设，平台将逐步推动地理信息系统（GIS）与建筑信息系统（BIM）的有机融合，搭建城市数据模型系统（CIM），为城市大脑进行仿真推演、发展预测、决策分析等提供数据支撑平台。基于现有航拍成果，实现可在线传输、共享交换的副中心倾斜摄影基础地图，同时建立数据共享机制，在保证数据安全的基础上持续开展数据的分享和反馈，以信息互通互用、成本最小化为目的打破数据孤岛，通过政务信息资源的跨部门、跨层级共享实现低成本条件下的数字利用价值最大化。

【建设亮点】 2021年，通过对地上交通的智慧建设和算法优化，持续打造“智慧安全、和谐顺畅”

的交通环境，通过对地下管线的全境普查和数字化管控实时掌握城市生命线，在地上交通和地下管线基础上，平台实现地上地下一张图展示既定目标，为赋能城市智慧化、科学化治理奠定坚实基础。

通过对通州区906平方千米范围内所有路口进行信控及检测设备升级改造，建设完成北京市首个全区统一信号控制系统，实现“点、线、面”三个维度信号控制策略的优化应用，通过建设信号控制自适应系统和交通特勤控制系统，实现单点自适应控制和反溢控制功能以及对特勤车辆的应急放行管控。

作为北京市首个实现地下管线全覆盖的区，通州区全面实现基于国产地理信息平台的地下管线三维化，同时首次将AR增强现实技术应用于地下管线行业，创新性地将真实环境与地下管线三维数据相结合，实现地下管线应用的“透视眼”，为道路施工、应急抢险等工作提供更加快捷、精准的服务。

（张義）

网格化建设

【概　况】 2021年，根据通州区新行政区划，对网格划分进行更新调整，合理划定1844个网格，通过统一网格划分，将各类管理要素和人、地、事、物、组织等各类管理对象逐步纳入“一张网”，实现“一网统筹”。通州区网格平台系统全年接收上报有效案件514800件，结案509062件，结案率98.89%。上报问题主要集中在市容环境、宣传广告及公共设施三大类问题上，其中上报市容环境类案件219958件，宣传广告类案件33454件，公共设施类案件24452件。

【闭环流程】 2021年，打通区、街道乡镇、社区（村）、网格四级管理流程，统筹街巷长、小巷管家、网格员、协管员、在职党员、志愿者等人员力量，做到“小事不出社区村、大事不出街乡镇”，逐步形成街道乡镇网格“微循环”，全区1500余名网格员均利用统一配发的“社管通”手机进行网格案件上报，在系统平台内实现信息采集、案卷建立、任务派遣、任务处理、核查结案、考核评价的闭环流转，做到快速受理、处置、反馈网格案件，确保案件在基层快速高效解决。

【培训指导】 2021年，对各属地进行多轮培训指导，并着重关注新街道网格员对“社管通”手机使用方法的了解程度及案件上报标准的学习情况，督促属地尽快配齐工作队伍、规范工作标准、加强队伍管理，确保网格工作流程完整畅通。同时，定期对各属地网格化工作展开调研，并对问题突出、存在短板、人员力量薄弱的单位进行专项座谈、“点对点”帮扶等，不断强化网格工作人员业务能力素养，推动属地提高网格化工作水平，进一步加强主动治理、未诉先办。

【多元治理】 2021年，通过打造网格扁平化管理模式，整合相关职能部门、辖区资源和力量，提升为群众解决难题、化解矛盾的能力，打通各种联系市民群众的渠道，在日常工作中广泛搜集居民诉求、征集社情民意，将解决居民身边的操心事、烦心事、揪心事作为工作的出发点。如在部分街道社区中成立“急诉办”志愿服务队，充分调动居民参与小区治理积极性，并随时通过微信群，把推进解决的各类信息第一时间反馈给社区和居民，将问题消化于萌芽状态。

【业务融合】 2021年，建立市民热线高频台账，围绕民生重点问题、城市管理突出问题等，作为网格巡查依据，推动主动治理。全年开展9次“热线＋网格”专项巡查工作，主动巡查此类问题，并将巡查过程中提出的相关整改建议，编制成专项巡查报告，报送给各属地，委办局引导其深度研判问题源头，倡议各相关单位共同参与热点、难点问题的治理，以实际行动配合好“接诉即办”工作。同时，结合《通州区“27+5”重点民生项目清单》，从中提取出路灯照明类、垃圾清运不及时类、街头游商占道经营类、共享单车乱停放类、道路及桥下通道排水不畅或结冰类、农村道路破损未硬化类六类问题，加大网格巡查力度，全年上报解决六类问题139694件，有效配合“接诉即办”集中攻坚，助力市民热线工作提质降量。

（张鑫滢）

市政管理

【概　况】 2021年，区城市管理委完成副中心155平方千米范围内城市道路达标修复；完成云景西路、玉桥东二路、翠屏路、水仙东路、翠华西路等5条道路建设；完成155平方千米内95所中小学幼儿园周边交通综合治理；打造梨园地区北京环球度假区周边、永顺地区2个慢行系统建设示范区，完成道路里程21.5千米；大力开展“蜘蛛网”治理，完成60条通信架空线、9条道路电力架空线入地，道路总长50千米；以实际行动努力当重点工作的承重墙，能源供应保障和市政设施运行管理进一步夯实。

【城市道路达标修复】 经过对近三年无建设计划的城市道路技术状况和服务水平进行评定，根据道路病害实际情况，采用道路翻建、局部处理、表面层处理等不同措施，同时完善无障碍系统、排水系统、慢行系统，完成对副中心155平方千米范围内50条城市道路的达标修复，修复后的城市道路具备更完善的使用功能。

【中小学校幼儿园周边交通安全设施完善】 2021年，北京城市副中心95所中小学及幼儿园启动“一校一策”周边交通安全设施完善项目，增改标志牌237个、新建监控标杆16处、铣刨加铺5119平方米、禁止停车线18937米、黄色网格线6967平方米及其他学校警示标志若干。进一步完善155平方千米范围内学校周边交通安全设施，并为少数缺少监控设施的学校补设“雪亮工程”点位。

【优化绿色出行环境】 2021年，打造梨园地区北京环球度假区周边、永顺地区2个慢行系统建设示范区，累计完成道路里程21.5千米，其中梨园地区北京环球度假区周边完成慢行系统建设13.3千米，永顺地区完成慢行系统建设8.2千米。修复人行步道21.4万平方米，修复沥青路面46万平方米，施划机非隔离线2.1万平方米，营造了安全连续、舒适便捷的慢行出行环境。

【道路建设】 2021年，完成云景西路、玉桥东二路、翠屏路、水仙东路、翠华西路等5条道路建设。道路总长2.52千米，新建雨水管线3.67千米、污水管线2.55千米、给水管线1.02千米、再生水管线1.86千米，新建沥青路面53944平方米，新建人行道18301平方米，新建绿化9478平方米。

【有路无灯建设】 2021年，完成梨园镇、宋庄镇、永顺镇、潞城镇和台湖镇5个乡镇24条道路有路无灯建设，总长约19.6千米，安装696基路灯、16台路灯箱变，进一步保障居民夜间出行安全，还百姓“路通灯明”的出行氛围。

【日常设施巡查工作】 2021年，日常设施巡查发现路面塌陷11处、破损846处、违规占道掘路190处、交通信号灯故障点位352处、交通指示牌损坏216块、交通护栏缺失损坏1534片、阻车桩缺失损坏1081个、井盖丢失损坏812个、水篦子丢失损坏364个、果皮箱缺失损坏24个、违规放置广告牌匾及条幅604处、环境卫生问题727处、其他设施损坏2723处，均已通知相关产权单位进行更换、维修、整治，为城区环境优美整洁，百姓出行安全，提供有力保障。

【市政路及公厕无障碍升级】 2021年，完成对北京城市副中心范围内市政路及公共厕所进行“查缺补漏、应改尽改”式无障碍建设升级。对92条市政路943处点位进行无障碍环境建设，包括盲道砖更换补齐、避开障碍物等。无障碍公共厕所升级覆盖副中心181座环卫公厕，更换室内无障碍扶手，安装181块斜镜、358个紧急呼叫器、76套无障碍洗手盆，改造24处出入口坡道，并通过重新设置隔板，加宽无障碍厕位，预留轮椅自由回转移动空间。

【通信架空线入地】 2021年，完成主次干路、支路及背街小巷等60条通信架空线入地任务，道路总长39.27千米，布放线缆467.59千米，撤除线缆391.96千米，拔除线杆666根。截至年底，通州区完成240条道路的通信架空线入地任务，道路总长度约150.64千米，共计布放线缆9047条，长度2224千米，撤除线缆1406.37千米，拔除线杆1510根。

【电力架空线入地】 2021年，完成9条道路电力架空线入地，完成工作井管井施工219座，安装箱式变压器17台和开闭器28台，新建管线10.9千米，新敷设电缆20.6千米，拔除电杆123基，撤线约7.5千米。完成217条道路和小堡组团的通信架空线入地任务，道路总长度约120千米，布放线缆9024条，长度2220千米，撤除线缆1403千米，拔除线杆1507根。

【推进北京环球度假区开园服务保障】 2021年，完成北京环球度假区停车场备案13035个，梳理北京环球度假区周边停车场7处，停车位1933个；在北京环球度假区及万盛南街施划电子围栏72个，可停放6500辆共享单车；规范户外广告牌匾标识111块；完成公园内14台密闭式压缩箱、5台可回收物收集箱安装，京环（北京）环保有限公司开展园内垃圾清运，确保日产日清。

【健全能源供应保障体系】 2021年，北京环球度假区901个充电桩建设投产，打造了国内现状规模最大的智慧有序充电集群；北京东500千伏、副中心220千伏、市政府东110千伏等工程建成投运；行政办公区6平方千米范围内供热管网与华电能源中心、华源热力公司三河热电厂供热管网以及河东5号调峰热源厂管网实现联网。

【电力安全保障】 2021年，开展10千伏架空线路巡视3152路次，发现并治理隐患6546处，实现馈线故障率同比降低13.55%；持续做好度冬、度夏期间差异化运维保障工作，对10千伏架空线路特巡测温877路次，结合线路负荷情况开展夜巡测温104路次，完成7620余处线夹接头测温工作，治理缺陷9处；全面开展线路通道外力隐患防控专项活动，累计治理隐患树木34196棵，完成各区域10千伏线路电杆反光贴加装1700张，新增防撞护墩90个，针对张家湾、马驹桥、潞城等重点拆迁区域开展反外力特巡255次。

【电力设施建设】 2021年，组织完成湖张线京哈高速北侧路、北运河高压线2项应急迁改工程；建设主配网两级运检管控体系，应用指挥平台和移动作业手段，实现作业现场24小时不间断监控；创“一体双核”配电自动化系统，投运自动化终端1.2万台，安装完成融合终端3458套、高精度故障指示300台，配电线路自动化覆盖率和功能投入率实现双100%。

（张谷川）

交通管理

【概　况】　2021年，通州交通支队认真贯彻区委、区政府工作部署，在严密疫情防控的特殊背景下，坚持党建引领，强化责任落实，持续推进交通管理各项工作深入开展。

【北京环球度假区交通保障工作】　成立北京环球度假区交通保障工作专班，实体运行，组织职能部门研究制定应急处突、维护疏导、秩序整治、事故处理等4个分方案，形成了“一总四分”（一个总方案：通州支队北京环球度假区交通保障总体工作方案；四个分方案：通州支队北京环球度假区周边道路交通秩序整治工作方案、通州支队北京环球度假区突发案事件交通应急处突工作方案、通州支队北京环球度假区主题公园社会面交通疏导维护工作方案；通州支队北京环球度假区周边道路交通事故处理工作方案）的方案体系，精确指导实践工作。部署环球专业队警力会同属地文景派出所日常开展融合执法行动，重点针对摩托车违法、闯禁行、电动三四轮车违法以及违法停车等进行不间断整治，最大限度保障交通安全畅通。利用两级视频监控系统不间断巡视巡查，实时掌握北京环球度假区内部及周边道路路网情况，动态发布指令，调整警力安排，形成定点警力、巡逻警力、处突警力的有机融合，在点、线、面上织密全覆盖、无死角的交通警力网络布局。

【秩序整治工作】　依托“减量控大”、示范路口创建、“三清三个一批”（清除路面秩序隐患、清除交通设施隐患、消除安全监管隐患，坚决严罚一批违法行为、坚决教育一批违法人员、坚决清整一批问题企业）等工作机制，紧盯人流密集社区、重点商圈等地区，采取跨区域、跨职能联合打击手段，充分发挥警种融合、捆绑执法优势，打破警区和管界的束缚，积极联合城管、综治、治安等部门，针对货车、渣土车、外埠车、摩托车等重点车种以及闯红灯、闯禁行、违章停车、涉牌涉证等重点违法行为，采取“罚、扣、拘、拖”等执法手段，持续加大重点违法打击力度，进一步织密覆盖网络，着力提升整治的对称性和目标性，形成强力的执法震慑。2021年以来，支队共处罚非现场违法行为980864笔，处罚现场违法行为301884笔。其中，处罚违法停车207862笔、处罚酒后驾车1329笔、处罚货车违法120456笔、处罚摩托车违法11553笔、处罚电动三四轮违法16377笔，拖车1582辆。

【交通安全工作】　将交通安全管理作为全年的首要工作持续紧抓，不断深化和拓展安全监管工作综合整治模式，组织职能部门对违法量、执法量、违法态势及事故情况进行细致分析，精确指导执勤大队开展专项整治行动。会同属地相关部门开展道路安全隐患排查和事故“黑点”综合治理，改进提升道路通行条件，最大限度消除安全风险。依托“七进”（进社区、进企业、进学校、进农村、进单位、进驾校、进网络）机制和“一盔一带”（严查摩托车、电动车未规范佩戴头盔；严查机动车未系安全带）安全守护活动，通过开展主题宣传教育活动、发放宣传材料等形式，突出常态化宣传引导，不断增强群众安全意识，保障出行安全。2021年以来，共排查道路安全隐患18处、事故多发道路3条，建设减速道埂156处，施划标线1500延米，安装交通标志66处；组织开展劝导活动2111场次，发放宣传材料6万余份，受教育群体6.86万余人。

（王浩）

城管执法

【概　况】　2021年，通州区城管执法系统完成行政处罚案件14367起，同比上升36.93%，罚款3638.87万元，同比上升58.26%。

【完成常态化疫情防控任务】　2021年，以商务楼宇、商场超市、餐饮单位为重点，对全区2771家上账“三类场所”[商务楼宇（含办公楼和写字楼）、商场（含超市）和餐馆（含内部食堂）]疫情防控工作进行监督检查，高效落实“四方责任”（属地、部门、单位和个人的责任，为四方责任）。全年，录入执法检查单42726个，整改问题5846个，148家防控措施落实不到位企业被予以公示处理。为有效阻断疫情传播，扎实构建人群免疫屏障，全面开展“三类场所”从业人员新冠疫苗接种和定期核酸检测工作，全区“三类场所”从业人员第1剂疫苗接种率为96.13%，第2剂疫苗接种率为95.69%，加强免疫接种率为94.5%。

【街面环境秩序治理】　2021年，深入开展“占道经营、大气污染、垃圾分类、燃气安全”等综合治理工作，有效提升街面环境秩序水平。全年，占道经营类诉求3287件，同比下降14.58%；张家湾、马驹桥2个市级挂牌乡镇均实现诉求同比下降，完成摘牌任务。处罚垃圾分类问题5577起，罚款217.3万元。处罚扬尘类问题4472起，罚款2923.7万元，处罚量在全市城管系统排名第一。处罚各类安全隐患问题94起，罚款113.5万元，暂扣气瓶497个。

【违法建设专项治理】　2021年，充分发挥牵头拉总作用，研究制定《通州区创建“基本无违法建设区”两年行动方案（2021—2022年）》，统一指挥全区创建工作，对创建实施坚强领导。会同规自分局制定《通州区存量违建手续待核查图斑深化分类审核工作方案》，5次邀请市专指办、市规划设计院、市测绘院负责人就验收评价体系、分类举证标准、创建工作政策对全区21家街道乡镇，38家区级机关进行培训指导，审核图斑3068宗、115.28万平方米。配合审查村（社区）“两委”换届候选人、村（居）监会成员、经济合作社候选人、发展党员联审对象、共有产权房申请人185批次、25116人。全年拆除违法建设364.29万平方米，腾退占地435.08公顷，拆除销账量排名全市第一。

（于鹏）

园林绿化

【重大活动服务保障】　2021年，高标准完成中国共产党成立100周年景观环境服务保障任务，以“以花为媒，献党百年”为主题，栽植花卉12600平方米，摆放容器200组，摆放“砥砺前行”和“光辉前行”立体花坛2座，营造了欢乐祥和的喜庆氛围。

【绿化工程建设】　2021年，完成北京环球度假区绿化，实施北京城市副中心行政办公区信访中心东侧绿地景观建设工程；推进运河西大街沿线漫春园等5个老旧公园的全龄友好化改造；梨园文化休闲公园竣工验收；云景公园、运河生态公园可施工区域内工作全部完成；万盛南街南侧公共绿地完成全部建设任务；富合家园社区公园、运河园致景园达到开放条件；小微绿地建设工程10400平方米竣工，开展近9万平方米的健康绿道接收工作；完成全区村头微型公园建设任务17处，并正式投入使用；完成万亩森林斑块建设8处，环城游憩环正在逐渐实现闭环。

【城市绿化美化】 2021年，持续开展群众性绿化美化创建，全年创建1个森林城镇、3个森林村庄、1个花园式社区、4个花园式单位、4个园艺驿站；围绕“四季有花、全年有景”，再添广渠路东延、万盛南街、北运河东滨河路等3条城市风景林荫路；打造新华大街、通胡大街、六环西辅路、万盛南街等道路精品绿化景观。

（李影）

市容环境

【概　况】 2021年，完成潞河中学、文旅区环境提升工程，改造面积31万平方米；开展49条背街小巷精细化整治提升，永顺中街、鱼市胡同获2021年“北京最美街巷”称号；高频次开展环境拉练检查，市区两级脏乱点台账近万处全部整改完成；持续推进违规广告牌匾设施治理，完成332块，累计拆除单立柱式广告设施35根，治理经验在全市推广；齐心协力抓好垃圾分类这件“关键小事”，副中心固废处置与环境卫生管理水平实现新提升，获得北京市生活垃圾分类推进工作先进集体称号。

【违规广告牌匾设施治理】 2021年，优化提升城乡建设环境，提高户外广告牌匾标识品质，构建空间协调、视觉清朗、规范有序的北京城市副中心公共空间。全区治理完成332块，拆除单立柱式广告设施5根，累计拆除35根，走在全市的前列，受到首都城市环境建设委员会办公室表扬。

【背街小巷精细化整治提升】 2021年，完成西塔胡同、鱼市胡同、司空分署街等在内的49条背街小巷背街小巷精细化整治任务，通州区永顺中街、鱼市胡同当选2021十大“北京最美街巷”，司空分署街获得入围奖。截至年底，副中心老城区范围内81条规划稳定的背街小巷全部完成“精治类”精细化整治提升，形成“一街一特色、一街一景观”。

【背街小巷添“冬奥味儿”】 2021年，借北京冬奥会之际，在多条背街小巷设立“冬奥展示栏”和“冬奥展示角”，由书画爱好者书写绘制的冬奥书画、音乐人谱写的冬奥词谱、巧手居民自制的冬奥吉祥物手工娃娃和冬奥刺绣画作品送至各辖区，居民自发参与布置，为身边的背街小巷点缀冬奥元素。

【完成潞河中学周边区域环境综合提升】 东起潞河中学，西至复兴里西路，北邻玉带河西街，南接京秦铁路，主要涉及复兴里小区、复兴北里小区、潞河中学北街6号楼和10号楼，共计17栋楼1127户居民，总建筑面积约为8.5万平方米。共计粉饰和改造建筑立面105699平方米，修整道路及步道28886平方米，绿化景观种植补植6479平方米，更新改造围墙围栏346延米，整治梳理架空线路39841米，完善照明设施412套，更新改造自行车棚768平方米，廊架3座，更新改造给排水管线6038米。

【完成文化旅游区周边环境综合提升】 东起玉带河，西至张采路，北邻太玉园北路，南接萧太后河。环境提升面积23.34万平方米。更新改造围栏围墙1018延米，道路停车位等地面铺装81087平方米，实现雨污分流改造地下管线18597米，新建玉带河雨水口2座，更新完善照明设施387套，绿化景观种植补植106878平方米，粉饰和改造建筑外立面6874平方米，规范广告牌匾244平方米，更新改造自行车棚1554平方米。整体环境品质将得到大幅提升，提升文化旅游区周边居民宜居环境的同时，也为建设绿色北京和建设生态宜居城市作出贡献。

【垃圾分类工作】 2021年，全区有3628座分类投放站、386座分类驿站，社区村撤桶并站及投放站密闭化改造达到全覆盖；非居民厨余垃圾计量收费线上注册单位2663家；全区党员、巾帼力量等超10万人参与桶前值守；全区731个小区、359个村庄垃圾分类实现全覆盖，创建86个市级示范小区（村）及63个区级示范小区（村），全区家庭厨余垃圾分出率自2020年5月1日前的1.25%稳定提升到18%以上。2021年在市级“6+1”考核体系中，取得全市第2名，并获得北京市生活垃圾分类推进工作先进集体称号。

【加强生活垃圾末端处理】 2021年，搭建区级生活垃圾精细化管理平台，实现272辆环卫车辆设施、48118个垃圾来源、21座密闭式清洁站、3个全区生活垃圾末端处理体系的一网动态监管；按照“点—站—中心”设施体系，推进可回收物体系建设，全区可回收物交投点1639座，11个街道乡镇建成可回收物中转站，并兼顾大件垃圾拆解破碎功能，城区及城乡接合部区域低值可回收物体系基本实现全覆盖；消纳其他垃圾（原生）约48万吨，焚烧发电量达26740万千瓦时。消纳处理厨余垃圾13万吨，产生沼气630万立方米，通过沼气发电185万千瓦时。

【违法建设治理工作】 2021年，全区拆除违法建设364.29万平方米、腾退占地435.08公顷，拆除销账量、腾退占地量分别达到市级任务量的112.09%、108.77%，拆除销账量排名全市第一；2016年至2021年，全区拆除违法建设4979.19万平方米，腾退占地6488.64公顷。

【开展两个百日整治环境保障活动】 2021年，开展两个百日整治环境保障活动。整治期间开展联合执法检查1799次，出动执法人员15943人次，检查点位22796个，开展集中整治1693次，治理乱点463个。

【市区两级环境脏乱点整治】 2021年，每日对全区范围的环境问题进行巡查，建立区级台账9561处、完成市级台账现场复核1340处，已全部整改；开展全区环境建设考评12次，印发《通州区城乡环境建设工作动态》12期；出刊《北京城市副中心报》专版曝光环境问题43期，挂账督办各类环境问题256处，整改率100%。

【开展非法小广告专项行动】 2021年，自11月起在全区范围内以“擦亮北京城，迎接冬奥会”为主题，开展为期5个月非法小广告集中整治专项行动。全区22个街道乡镇及环卫作业单位共出动人员3185人次、1040车次，排查非法散发、张贴小广告11417起，整治小广告13596处，清洗小广告26656张。城管执法局共移送停机非法小广告5个，立案17起，罚款4300元，有效净化视觉环境。

【“门前三包”工作】 2021年，审核签订“门前三包”责任书11179户，签订率达到100%。纠正“门前三包”违规责任单位及责任人1930人次。督促清理卫生死角136起，面积约14989平方米。清理规范乱贴、乱挂窗贴504起，商户门前乱堆乱放问题814起，店外经营142起，网络微信平台发“门前三包”存在问题1496起，各单位将问题及时进行清理落实与回复，确保“门前三包”环境卫生的干净整洁。

【提升常态化市容环境管理水平】 2021年，实现155平方千米环卫作业一体化，开展精细化清扫保洁作业，城市道路机械化作业率达到92%，电动新能源环卫作业车辆比例达到64%；通过检查、约谈整改的方式对通州区注册的159家建筑垃圾运输企业及1676辆车进行日常监管，组织、参加渣土车联合执法、施工现场扬尘治理检查109次，规范渣土车运营秩序。

【推进建筑垃圾规范管理】 2021年，对通州区注册的159家建筑垃圾运输企业及1676车辆进行事后监管，对在通州区注册登记的建筑垃圾运输企业在车辆管理系统进行违规扣分处理341家次，约谈及整改建筑垃圾运输企业69家次，渣土运输企业车辆定期评估118家，处理车辆管理系统施工工地违法违规57起，消纳场所疑似违法违规69起，施工工地疑似违法违规70起、运输车辆疑似违法违规89起，对在通州区注册的渣土消纳（资源化）场所检查203次，组织召开工作例会12次。

【重大节日景观布置】 2021年，在11条主要道路中央护栏及东关大桥和玉带河大桥上布设立体花箱，总长度约为22千米，设置花箱5900余个，为城市打造了一道靓丽的风景线。重要节日期间，在20余条主要道路灯杆上和行道树上悬挂灯笼。在新华大街、玉带河大街、云景东路等十座过街天桥上设置20条硬质横幅。完成吉祥物、冬奥标识、双奥迎春、冰雪同庆景观小品5处，喜迎奥运、高速发展立体花坛以及奥运赛道园林小品。同时设置北京冬奥会灯杆道旗共计245组，运通隧道出入口设置冬奥元素彩绘2处，落地式宣传栏设置宣传画面9500幅，安装灯笼和中国结等传统灯饰共计3.3万余个，开启运河沿岸等重点区域景观亮化节日模式。

（张谷川）

公用事业

供　水

【概　况】 2021年，北京市自来水集团有限责任公司通州分公司完成供水总量6410万立方米，销售水量5158万立方米。水费回收率102.46%，漏损率9.6%；供水单耗0.569千瓦时/立方米。水质综合合格率、管网压力合格率、修漏及时率均100%。节约能源0.5吨标准煤；全年未出现安全生产责任事故和死亡责任事故。

【服务保障】 2021年，做好中国共产党成立100周年庆祝大会、中国国际服务贸易交易会、十九届六中全会等各项重大会议活动供水保障任务。组织部署北京冬奥会、冬残奥会供水服务保障，围绕涉奥场所制定保障方案和应急预案，多次开展应急演练。

【供水高峰平稳度过】 2021年，优化配置水源，实施精细化管理。做好测压点相关数据采集和分析工作。提早制定迎高峰供水保障工作方案，建立了高峰调度领导小组会商制，确保实现安全稳压供水目标。6月20日，公司日供水量20.79万立方米，再次刷新公司历年日供水量新高。

【水质管控】 2021年，严格按照自来水集团三级水质检测制度，检测第一水厂、第二水厂及甘棠水厂出厂水水质，定期抽查甘棠水厂工艺运行情况。完成副中心行政办公区重要节假日期间的供水水质检测。

【管网运行】 2021年，完成干线修漏87处，修漏换管160米，故障换表1430块，干线维修800次，上门服务零活小修469次，解决非通州分公司管辖的用户报修12次。解决水压问题505次，冲管放水72次。修漏及时率达到100%。完成了消火栓巡检维护工作、市政消火栓井盖的涂装工作，小区消火栓增建补设75座。

【安全管理】 2021年，贯彻市自来水集团及年度安全会议精神，结合公司生产实际，开展安全隐患排查整治和安全检查，强化职工安全教育培训，促进公司安全文化建设，保持公司安全生产秩序持续稳定，全年未发生安全生产、人员伤亡、重大火灾、重大交通、食物及煤气中毒事故。被北京市突发事件应急委员会、北京市安全生产委员会评为2021年北京市“应急宣传进万家”暨“安全生产月”活动优秀组织单位。

【民生实事】 2021年，完成4个自备井置换，置换水量约1500立方米/日。完成12个老旧小区供水管线改造，共改造管网8.3千米，受益人口3万余人。

【“接诉即办”】 2021年，对优化营商环境政策文件运行全面整理，梳理汇编政策节点、重点部分，为顺利进行优化营商环境报装工作创造了条件。推进优化营商环境4.0建设，开展容缺受理、告知承诺等多项便民措施，召开“接诉即办”专题会，学习宣贯《北京市接诉即办工作条例》和集团有关要求，加强接单、办理、评价的全过程管理。妥善处置“12345”及市自来水集团派单10187件，着力解决群众烦心事。

【金牌服务创建】 2021年，持续组织职工学习，修订公司《营销管理部考核奖惩管理办法》。坚持星级柜员考评制度，严格奖励分配制度，推进金牌维修所创建。

（张小莉）

供　电

【概　况】 2021年，国网北京通州供电公司（简称通州供电公司）设有11个职能部门、9个业务支撑机构及10个乡镇供电所，全口径职工1242人。管辖范围内有变电站49座，其中500千伏变电站1座（容量4800兆伏安）、220千伏变电站9座（容量4680兆伏安）、110千伏变电站33座（容量3652兆伏安）、35千伏变电站6座（容量180兆伏安）。10千伏配电室579座(开闭站109座、配电室470座)，容量802.12兆伏安。220千伏架空线路188千米、110千伏架空线路231.925千米、35千伏架空线路107.096千米、10千伏架空线路2596.3千米、10千伏电缆线路2363.5千米。为通州地区75.96万客户提供供电服务，地区电网最大用电负荷188.1万千瓦。2021年，公司获得中央企业先进基层党组织、国家电网公司红旗党委、国家电网公司管理提升标杆企业，北京公司建党百年供电保障突出贡献单位等称号。

【电网规划与建设】 2021年，梳理“十四五”期间主网建设项目和时序，55项规划成果纳入城市市政配套专项规划。220千伏创意园站等3项工程取得立项核准，220千伏柴务站开工建设，220千伏梨园站取得规划选址意见书。行政办公区大营站、永乐店主变增容等6项工程取得可研评审，副中心电力运行保障中心取得多规合一会商意见。500千伏北京东—通州投产送电，引入京外绿电300万千瓦。行政办公区首座220千伏变电站投运，完成配套110千伏网架优化工程。完成110千伏田府站投运，推动形成北京环球度假区“一东一西”（田府变电站、大高力变电站）双电源支撑。做好周边环境整治，完成万盛南街等区域9条110千伏线路、17条10千伏线路迁改及入廊，保障北京环球度假区开园。完成北运河6回高压线路、12条10千伏线路迁改，保障北运河如期通航。现状电网多维升级，“老城双修”加快推进，完成11条、13千米电力架空线入地，6项老旧小区改造竣工。紧跟城市更新进程，实施配电迁改工程34项，新增电缆48.81千米。

【安全生产】 2021年，面向全口径施工人员开展“安全+技能”岗前培训，累计完成培训54期1966人次。扎实推进安全生产专项整治三年行动，滚动修编“两个清单”（安全生产责任清单、安全生产工作清单），完成问题隐患治理101项。全面梳理拉路序位负荷，保障极端情况下电力可靠供应。建成首座电力执法培训基地，组织城管执法培训14期，开展联合执法和反外力宣传34次。完成全国“两会”等重大活动保电任务104项，保电天数199天，创历史新高。全年开展不停电作业1126次，累计减少停电时户数7.1万余时户，区域供电可靠性持续提升。两次参与国家网络安全演习，以严格网络安全管理举措助力防守实现“零失分”。落实疫情防控要求，公司人员疫苗接种比例达到93.34%。应对天津、宋庄等地疫情突发形势，稳守防疫“双零”目标。

【营销与优质服务】 2021年，精准落实电价改革，完成地区5915户高压客户和2.53万户低压客户市场化购电政策告知及合同签订。落实“三零+”(零上门、零审批、零投资和其他优化营商环境举措)服务举措，累计完成接电容量70.26万千伏安。推进营销数字化，“网上国网”新增注册客户9万余户，线上办电率提升至99.85%。面对河南暴雨灾情，公司派出抢修人员62人、抢修车辆17辆（包括500千伏发电车2辆），完成3个小区3370户居民抢修恢复送电。针对重载区域超前开展设备改造，投运全部26项度冬工程，完成83台负载率超90%的变压器分换装，确保百姓温暖度冬。完成首都医科大学附属北京友谊医院（通州院区）等外电源设备隐患排查治理、客户用电安全评估等工作。扎实推进12项保障北京冬奥会供电保障专项行动，完成国家速滑馆两轮测试赛保障任务。

【高弹性数字电网建设】 2021年，在亚洲最大智慧有序充电站试点V2G（车网互动充电桩）技术、移动储能等负荷调控手段，打造绿色出行新地标。

建成数字孪生变电站、交直流柔性台区、智能楼宇等应用场景，推动北京城市副中心高弹性数字电网纳入国家电网公司示范。完成北京公司首家“十四五”数字化落地实施方案编制，推动公司数字化转型先行示范区建设。与通州区生态环境局签订合作协议，向区委、区政府常态报送电力看经济月度分析报告。创新 RPA（机器人流程自动化）机器人应用，开展数字化赋能班组建设。推动绿色产业布局，推广综合能源服务。主动拓展碳交易市场，市电力公司首例客户侧碳交易在副中心落地。组建实体化“双碳”发展研究中心，完成 422 处充电桩布点，推动构建“一河五线四重点”（一河：大运河；五线：东六环、通燕高速、京哈高速、京津高速、首都环线高速；四重点：居民小区、企事业单位、高速公路服务区、城市公共停车充电站）充电网络。主动对接区水务局、园林绿化等单位，探索实施全市首个港口岸电建设，打造运河景区绿色出行新风尚。

（宋三女）

供　热

【概　况】　2021 年，全区居民供热总面积为 4998.9 万平方米，供热企业 101 家，供热锅炉房 166 座。燃气锅炉房采暖面积 2809.1 万平方米；燃电锅炉房采暖面积 11.1 万平方米；地源热泵供热约 37.7 万平方米；自采暖面积约 273 万平方米；三河管网供热面积 1868 万平方米。行政办公区 6 平方千米范围内供热管网与华电能源中心、华源热力公司三河热电厂供热管网以及河东 5 号调峰热源厂管网实现联网。树立行业新地标，引进建设国内能源行业首座集近零能耗建筑，并集多能互补、智慧能源管理平台于一体的能源调度中心，尽全力让百姓安心过冬。

【供热安全监管】　2021 年，组织全区 101 家供热企业签订《安全生产责任书》《合法用气承诺书》，督促各单位落实安全生产主体责任。分批次、分时段对通州区各供热锅炉房开展安全隐患排查，累计出动 860 余人次，完成 166 座供暖锅炉房、369 座换热站安全隐患排查及回头看工作。查出隐患问题 662 项，下发隐患整改通知单 166 份。对存在的安全隐患建立台账，实施挂账督办，确保隐患整改到位，确保供暖季安全、稳定运行。

【供热服务保障】　2021 年，组建 4 支应急抢修队伍，成立 5 个供热检查组，全年组织协调应急抢修 39 次，出动 580 余人次对全区投诉率较多的 30 家企业、40 个重点小区供热管网和供热设施及锅炉房供回水温度进行抽查，同时针对居民反映室温不达标问题，对 60 户居民家庭进行走访，开展访民问暖 30 余次，对 29 家供暖企业进行约谈，做到“未诉先办”。

【副中心智慧能源服务保障中心】　该项目位于潞苑北大街河东五号调峰热源厂，地上三层、地下两层，总面积 5200 平方米。集纳了地源热泵、空气源热泵、光伏发电、储能罐、全智能感应“室外窗帘”等 10 余项高科技节能新技术。该建筑相比于传统建筑，综合能耗降低超过 70%，使用的能源中有大约 60% 是可再生的。该项目获得绿色建筑三星级设计标识和国家近零能耗认证，同时也是国内能源行业首个“近零能耗”项目，更是一处集客服、应急抢修、调度于一体的供能指挥服务中心。

【“冬病夏治”工作】　2021 年，针对上个采暖期间出现的问题，要求供热企业自查自纠，做出整改计划和方案并形成文字材料报供热事务中心，中心根据各企业采暖季工单情况及供暖季中供热管网存在问题，进行汇总、分析建立台账，制定整改计划，倒排工期，督促供热企业限期整改，改造过程中安排组长监督整改落实情况，根据整改进度逐一销账，全力做好“冬病夏治”工作，确保 2021—2022 采暖季运行平稳。特别是针对上一采暖季工单量超 50 件的小区和连续两年投诉工单量在 50 件以上的小区及市级部门重点督办的“冬病夏治”改造小区，加大监督管理力度，确保按时保质完成改造任务。

【做好疫情期间入户测温】　2021 年，北京新城热力有限公司的供热服务面积达 700 万平方米。疫情期间，新城热力负责的每个小区每月进行两次入户测温，一般对 20% 的居民户进行入户。入户前，检修人员提前半天向居民打电话征求意见，取得居民同意后，再敲定入户测温的时间。除了佩戴口罩、鞋套等必要的防护外，检修人员敲开门后，第一时间先出示自己的健康码，然后让居民进行健康宝扫码。互相出示健康宝，既让居民放心，彼此尊重，也是为了下一户居民的健康安全考虑。

（张谷川）

燃 气

【概 况】 2021年，通州区燃气供应企业19家。建立全区燃气非居民用户基础信息台账，督促落实非居民用户换签合同、入户巡检，指导用户整改隐患，全年出动检查人员1136人次，出动车辆412台次。完善103个村“煤改气”长效管护机制。落实属地职责，建立村级燃气管护员队伍，强化对燃气供应企业、取暖设备企业后期服务监管。总体运行情况良好。

【燃气安全检查】 2021年，对通州区燃气安全检查累计376次。其中对辖区内28处燃气供应站点检查259次，对非居民用户用气安全随机抽查84次，对在施工地燃气管线安全检查33次。全年出动检查人员1136人次，出动车辆412台次。对“煤改气”售后设备企业供暖季前入户维保工作开展回访抽查，抽查全面覆盖103个煤改气村庄，共计2600余户。

【燃气安全宣传培训】 2021年，为提高处置突发事件能力，组织燃气企业开展应急演练5次；围绕防灾减灾、宣传燃气知识、液化石油气安全宣传、消除事故隐患等主题，开展安全宣传活动7次。累计发放燃气“安全使用手册”4万余册，发放《中华人民共和国安全法》1800余册，发放“致居民的一封信”5.7万余册，制作并发放辖区内燃气供应情况地图50套。

【建立全区非居民用户基础信息台账】 2021年，与街道办事处建立联动机制，信息共享，每月进行动态更新，每季度对非居民用户进行一次全面排查，通过全面排查，对现有的基础台账进行核实、补充、完善，切实摸清并完善全区瓶装液化石油气非居民用户底数和台账，全面整治燃气安全隐患等问题。

【开展燃气管线占压治理工作】 2021年，一是研究制定《通州区燃气管线占压隐患整治工作方案》，要求深刻吸取湖北十堰事故教训，举一反三，全面排查并消除燃气管线占压隐患，坚决遏制事故发生；二是研究部署燃气管线占压整治工作，要求燃气公司配合好属地，对违法占压建筑物依法进行查处。建立燃气管线占压隐患排查机制，燃气公司要加强巡护、检查和监测，发现新的占压隐患，要及时向属地报告，做到早发现、早报告、早安排、早处置，坚决防止出现新的隐患。

【落实农村“煤改气”长效管护工作】 2021年，建立区级应急保障工作机制，出台《通州区平房住户冬季取暖“煤改清洁能源”长效管护工作方案（试行）》，进一步优化提升通州区平房住户冬季采暖设施及设备运营维护水平，保障民生工程落到实处。要求各设备企业供暖前全面完成入户巡检工作，及时消除设备故障隐患。同时对15家设备企业售后服务网点情况进行检查，确保设备企业售后服务网点满足售后服务要求。严格督促相关部门和设备企业落实长效管护方案职责与售后服务工作方案，做到“2小时上门，4小时解决问题”，全面保障农村地区冬季正常供暖。

（张谷川）

气　象

【概　况】 2021年，区气象局认真贯彻落实中央、中国气象局、市气象局和区委相关部署要求，开展“我为群众办实事”实践活动，做好庆祝中国共产党成立100周年和北京环球度假区开园等重大活动、重要天气过程和超长汛期各项气象服务保障工作。结合副中心发展需要和中央决策部署，《北京城市副中心（通州区）“十四五”时期气象事业发展规划》正式印发。在副中心工地60米高空塔吊搭建SKY微型气象站，助力副中心工程建设精细化开展。在潞源街道安装智慧气象灯杆，将气象服务融入副中心未来发展，促进智慧城市建设。将气象数据融入区城市管委“城市大脑”，提升北京城市副中心气象服务科技水平，满足不同行业、部门及社会发展需求。开展创新工作，联合市气象服务中心申报区科委《北京环球影城度假区场景式精细化气象服务系统》项目。

连续三年，区气象局在区全面从严治党主体责任考核中获评优秀等次，在气象部门全市考核中被评为优秀等次，并被区安委会评为通州区安全生产先进单位。

（张明远）

【气候评价】 2021年度的气候特点：气温接近常年，降水量偏多，日照时数接近常年。年平均气温为12.8℃，与常年13.2℃接近。其中4月、6月、9月、11月平均气温与常年接近，1月、5月、7月、8月平均气温比常年偏低，10月平均气温比常年明显偏低，2月、3月、12月平均气温比常年偏高。年极端最高气温为36.0℃，出现在6月19日；年极端最低气温为-22.4℃，出现在1月7日。年降水量为775.6毫米，比常年536.6毫米偏多四成。年内降水分布不均，1月、4—6月降水量比常年偏少，2月、10月、11月比常年偏多，3月、7月、9月、12月降水量比常年明显偏多，8月与常年同期接近。年度最长连续无降水日数42天。日最大降水量83.9毫米，出现在7月5日。年日照时数为2429.7小时，与常年2427.1小时接近。其中4月、6月日照时数接近常年，11月较常年偏少不足一成，3月、7月、9月比常年偏少，5月、10月较常年偏多不足一成，1月、2月、8月比常年偏多，12月比常年明显偏多。

（赵岩）

【气象宣传】 在“3·23”世界气象日，利用“互联网+”展示气象新技术、新成果，提升世界气象日公众认知度与影响力。通过今日头条“通州气象”官方账号推送气象科普文章4篇，通过抖音推送科普视频3期，利用通州电视台《天气预报》栏目、短信等方式宣传“世界气象日”主题。同时，气象科普宣传走进中小学校园。与区水务局联合在运河中学向学生发放各类气象科普图书、气象灾害防御措施及气象法律法规宣传材料。“3·23”主题宣传走进中山街小学，组织中山街小学学生观看主题日宣传视频。《北京城市副中心报》及其客户端融汇副中心对世界气象日科普宣传活动进行报道。在“5·12”全国防灾减灾日，利用今日头条“通州气象”官方账号推送暴雨、雷电防灾减灾科普知识，在通州电视台《天气预报》栏目宣传防灾减灾日主题。在气象为农服务中融入科普宣传，继续对区特色农产品张家湾葡萄进行气候品质评估，为提高农业质量效益和竞争力，实现传统农业向现代农业转型保驾护航。

（高晓容）

【气象服务】 2021年，通州区气象局履行各项观测职责，完成观测仪器检定及探测环境评估。所有探测设备运行稳定，探测数据准确可靠，超出考核标准要求。围绕北京城市副中心建设服务需求，开展预报服务精细化专项提升工作。完成中国共产党成立100周年庆祝活动、“行走大运河”市直机关健步走、北京城市副中心马拉松等多项重大活动的气象服务保障工作。联合市气象台、市探测中心为北京环球度假区开园提供现场气象服务保障，建议开园仪式由室外转为室内进行，避开降雨影响，取得良好服务效果，服务的主动性和准确性获得主办方高度肯定。2021年发布预警信号213期、天气快报109期、重要天气报告49期、重大活动服务专报72期、天气预报356期、专项气象服务397期。同时，通过手机短信、微信、区OA等方式，向社会公众提供未来两天天气预报、预警信号发布情况、未来七天天气趋势及月气候预测，手机短信累计发布700余万次。

（王雅琪）

【气象行政】 持续优化政务服务，压减气象行政许可事项办理时限、动态更新办事指南，在“首都之窗”网站对社会公布。2021年办结防雷装置设计审核和竣工验收许可11件，许可结果在北京市气象局等网站公示。履行行业安全监管职责，坚持依法行政，利用联合监管、智能监管、互联网监管、现场监管等方式，累计开展执法检查137次，重点保障汛期防雷安全、中国共产党成立100周年庆祝活动期间禁飞安全，做出一般程序行政处罚1件。强化部门联动，与于家务回族乡、西集镇、马驹桥镇、永乐店镇开展联合执法检查。落实“谁执法谁普法”，利用微信、电视、显示屏等媒体资源，以“3·23”世界气象日、“5·12”全国防灾减灾日、安全生产月活动为契机，线上线下齐发力，开展法律宣传进机关、进企业、进网络等活动，做好气象普法宣传工作。

（宋明）

应急管理

▲ 3月26日，马驹桥镇举行（消防、园林、环卫）联勤联动救援车装备器材配发仪式

| 马驹桥镇提供 |

▲ 6月16日，在北京北燃通州供热有限公司开展文景街道2021年度灭火救援疏散逃生演练暨“安全生产月”启动仪式

| 文景街道提供 |

▲ 7月6日，台湖镇组织开展安全应急进学校活动

| 区应急局提供 |

▲ 7月25日，通州区供电公司支援河南郑东名筑小区配电设施抢险现场

| 区供电公司提供 |

▲ 8月18日，路城镇应急消防科普教育基地

｜路城镇提供｜

▲ 10月21日，区应急局联合区政务服务局在北京城市副中心政务服务中心举办全国自然灾害风险普查宣传活动

｜区应急局提供｜

▲ 通州区森林消防综合应急救援队台湖基地

｜区应急局提供｜

▲ 在援豫抗洪抢险中，营救和转移遇险群众1005人

｜区消防救援支队提供｜

综　述

【概　况】 2021年，通州区安全生产、应急管理和防灾减灾工作始终以全面落实市政府安全生产目标责任书为主线，为全区重大活动提供坚实安全应急保障，扎实推进安全生产专项整治三年行动，持续深化隐患排查治理和城市风险评估，不断强化城市公共安全韧性，不断巩固副中心应急管理社会共治格局。

【安全应急保障】 紧盯中国共产党成立100周年庆祝活动、全国“两会”、法定节假日、运河商务区、北京环球度假区等重大活动、重要时期、重点工程的安全防范，区应急办、区安办、区森防办加强风险研判、密集调度，制发关于加强应急值守、突发事件处置、安全服务保障等一系列通知方案；区安办组织相关单位围绕北京冬奥会涉奥场所（友谊医院通州院区）周边200米范围内30余家生产经营单位进行常态化安全检查，建立动态管理台账；区防汛办5次对北京环球度假区、运通隧道汛前准备工作展开实地调研指导。

【推进安全生产专项整治三年行动】 一是印发《通州区2021年安全生产专项整治三年行动工作方案》，将三年行动工作纳入通州区目标任务书和区委、区政府安全生产督察，区政府主管领导4次组织召开推进会议。二是依托全市隐患排查治理信息系统，建立“问题隐患清单”1707项，整改率100%。制定通州区2021年“目标任务清单”217项，年度完成率100%。三是精心做好市安委会办公室2021年城市安全隐患治理抽查核查准备工作，最终通州区20个街道乡镇及文化旅游区共计77项挂账隐患点位和51家企业挂账隐患抽查合格率97.37%，达到目标任务书要求。

【深化隐患排查治理和城市风险评估】 一是保持高压态势，贯穿全年开展3轮次安全生产隐患排查治理专项行动。二是聚焦重点领域开展专项整治，5月开展全区出租厂库房进行全面摸排整治；5—7月开展消防安全隐患集中排查专项行动；9月组织安全隐患大排查大整治百日专项行动。三是突出抓好小微企业风险防控，印发《北京市通州区安全生产委员会办公室关于开展2021年小微企业风险评估工作的通知》，全面推动10个重点行业领域全覆盖工作。

【强化城市公共安全韧性】 一是全面推进第一次全国自然灾害综合风险普查，完成22个街道乡镇和630个社区、村的名称、代码、区划边界及行政驻地的更新确认工作，复检合格率、准确性100%，得到市普查办的充分肯定。二是扎实做好防灾减灾救灾工作。区森防办5次召开全区森林防灭火工作部署会，组织开展为期2个月的森林防灭火重点领域春季专项执法行动，进行多轮次隐患排查检查和森林防灭火应急演练。推进上汛工作“六落实”（即汛前要确保防汛责任制落实、防汛预案落实、防汛物资落实、防汛队伍落实、防汛避险措施落实、防汛隐患排查整改落实），防汛重点部位落实“一部位、一预案”；建立以学校、宾馆和体育场等为依托的防汛应急避险场所；18个堤内村制定避险转移方案；全区储备防汛物资453余万件、各类设备9419台，组建49支、共计1.6万余人的抢险救援队伍。三是着力强化应急值守，制发《区委督查室、区政府督查室、区应急办联合检查应急值守工作通报制度》，固化法定节假日、重点时期、典型突发事件复盘机制；强化区应急指挥中心资源建设，完成空气重污染、防汛、图像监控、气象、重点工程、“雪亮工程”、人防办高点监控等系统接入，实现对全区视频监控图像的实时调用。

【巩固副中心应急管理社会共治格局】 完成区人大、区政协关于应急管理工作的8件建议提案，办理满意率100%。“12345”市民热线、“12350”安全生产投诉举报电话工单办理，办结率、满意率位居全区前列。坚持主流舆论引导，常态化开展安全知识普及，通州区应急局获得全国应急管理新闻宣传暨学报用报先进单位。推进共建共治共享，开展应急安全宣传“五进”活动1043次；全区43名个人和14个集体参加“应急先锋·北京榜样”先进典型推选；1家企业参加“青年安全生产示范岗”评选；万存应急教育基地、幽兰山谷安全科普馆进入公共安全教育基地分类分级评估评审；6家企业参与安全文化建设示范企业评选活动。稳步推进安责险，年内新增投保企业累计3562家，全区保险期内企业5074家。

（王一平）

应急救援

【中国共产党成立100周年庆祝活动安全应急保障】 2021年，成立空中梯队迫降应急处置保障指挥部，针对辖区内的6处迫降点按照“一点一策一图一案”原则制定“一对一”的应急救援处置方案，并对6个迫降点位应急救援处置工作逐一进行督导验收，3次组织公安、消防、交管、卫健、水务等相关部门推演水上快速搜救打捞、开辟运送伤员救治绿色通道等专项科目，开展虚拟状态下处置飞行迫降全要素应急救援综合演练1次，完成空中梯队过境应急保障任务，市级督导组给予高度肯定。

（王一平　王露）

【北京环球度假区开园服务保障】 一是建立安全联席会议制度和联勤联动机制，将北京环球度假区安全生产执法检查纳入年度专项监管重点，通过日检查、周统计、季度召开安全大会的管理流程，对施工现场进行全覆盖式的规范化日常巡查，总计出动检查企业324家次，发现并消除各类安全隐患问题156项。二是将开园指挥部纳入区应急指挥平台系统，1700余路图像点位接入区应急指挥中心平台，14个专项应急预案与区级总体预案形成对接，完成应急单兵系统联调联试，市、区领导可随时通过应急视频会议系统开展指挥调度。

（王一平　步凡　王露）

【突发事件情况】 2021年通州区未发生重大、特别重大突发事件，社会秩序良好，城乡运行平稳。

【应急值守工作规范化建设】 2021年，落实《北京市通州区应急值守管理规范》要求，不断完善应急值守工作机制，通州区政府被市应急委评为2021年度全市应急值守优秀单位。

【预警信息发布】 2021年，区预警信息发布中心发布预警信息199期，解除预警信息167期，发送相关手机短信预警信息约120万条。

（王露）

【通州区森林消防综合应急救援队正式上岗执勤】 经过近一年时间的精心筹备，通州区森林消防综合应急救援队完成队伍组建和岗前培训工作，于2月8日举行上岗执勤仪式。仪式上，区应急管理局党委书记、局长刘永忠为区森林消防综合应急救援队授旗。

（李燕京　杜玉柱　段然）

【应急志愿者队伍建设】 2021年，区应急办联合区民政局、区红十字会、区精神文明办、团区委等4部门制定《关于通州区建立平战结合的应急志愿服务体系的指导意见》，并与第三方应急志愿者队伍开展交流，拟建立一支人员相对固定、处置能力较强、装备齐全、素质过硬的志愿应急处置队伍。

【通武廊水环境突发事件应急处置综合演练】 10月26日，通州区突发事件应急委员会办公室、区应急管理局、区生态环境局联合组织2021年通武廊水环境突发事件应急处置综合演练。天津市武清区生态环境局、河北省廊坊市生态环境局、通州区委宣传部、北京市公安局通州分局、区交通支队、消防支队、卫健委、水务局、融媒体中心、新华街道办事处、潞邑街道办事处共同参加演练。演练中，各参演队伍配合有力、训练有素，演练过程中应急响应反应迅速，应急指挥扎实得当，应急处置科学有效，取得预期效果。通过此次演练，通武廊三地联合应急处理机制得到进一步加强，提升了突发环境事件的快速响应、协同处置的能力，为北京城市副中心的环境安全和应急管控提供强有力的保障。此次演练被北京市应急委评为2021年度应急演练竞赛一等奖。

（王露）

【森林火灾扑救综合演练】 12月10日，通州区突发事件应急委员会办公室、通州区森林防火应急指挥部办公室、区应急管理局、区园林绿化局等部门联合组织2021年通州区森林火灾扑救综合演练。此次演练以模拟发生森林火灾为背景，要求区森林消防综合应急救援队伍在最短的时间内赶赴火灾现场，展开灭火行动。

（李延周 王露）

防灾减灾救灾

【汛期情况】 6—10月，通州区出现降雨70天，平均降水578.3毫米，比上年同期（415.5毫米）偏多3成，与常年同期（465.8毫米）相比偏多2成；汛期降雨52天，汛期累计降雨542.6毫米，比上年同期（280.7毫米）偏多9成，比常年同期（389.5毫米）偏多近4成。

【防灾减灾日宣传】 5月12日，通州区应急管理局会同区地震局、区商务局、区消防支队和潞邑街道共同举办主题为“防范化解灾害风险，筑牢安全发展基础”的大型户外宣传活动，同时各相关部门会同各街道办事处、乡镇政府在辖区内的各类安全示范社区、机关干部下沉社区等区域设置区域宣传站点，向广大群众普及防灾减灾知识。当日全区发放各类宣传材料1.6万余份，同时引导现场参与群众填写“家庭减灾资源（能力）”调查问卷200份。通过线上线下各类宣传活动，进一步增强广大市民群众的防灾减灾意识，提升避灾自救能力，营造社会各界积极参与防灾减灾工作的良好氛围。

【落实防汛责任制】 2021年，印发《2021年北京市通州区人民政府防汛抗旱指挥部领导成员名单及工作职责》《2021年通州区防汛组织机构图》和《通州区2021年防汛抗旱工作要点》等文件，明确各防汛专指、分指及相关单位的防汛任务职责。明确全区各河道险工险段、22座下凹式立交桥、危旧房屋、施工工地的深基坑、高堆土等防汛重点部位的责任人，确保防汛责任落实到位。

【完善应急预案和避险措施】 2021年，修编通州区防汛应急预案、中小河道防御洪水预案、超标准洪水防御预案，全区各职能部门、街道乡镇依据自身职责修订完善本部门防汛应急预案。各类下凹式立交桥、北京环球度假区、运通隧道、北运河左堤不连续段等防汛重点部位严格落实“一部位、一预案”。建立以学校、宾馆和体育场等为依托的汛期群众应急避险场所，全区18个堤内村分别制定避险转移方案，做到按户结对，具体到人。

【汛前隐患排查治理】 4—5月，区防指分别对重点街道乡镇的防汛工作进行督导，落实各项防汛措施，排查重点部位防汛隐患，制定整改治理清单并跟踪监督。先后组织召开运通隧道、北京环球度假区、潞城镇大营村等重点部位防汛专题会议，落实防汛预案措施，排除低洼地带积滞水问题，督促相关单位开展水毁工程修复和涉河工程清障工作，及时制定相应的应急度汛措施，确保汛期河道通畅。

【防汛宣传和培训】 2021年，区防汛办先后编发

8期《防汛简报》，实时汇总分析全区各单位防汛工作开展情况。各单位、各部门向全社会发布防汛安全提示信息1102次，组织各类防汛专项培训170场，参与人数5150人次。

【防汛应急演练】 4—5月，全区开展防汛应急演练120次，参与人数6994人。

【降雨应对】 2021年，区主要领导、分管领导共参加市级防汛会商、调度、复盘会36次，指挥部署降雨应对和其他防汛工作18次。区防汛指挥部总指挥、区长赵磊多次深入一线检查防汛工作，对东六环西侧路、北运河北关分洪枢纽、潞城镇大营村、中国人民大学通州校区建设工地等防汛重点部位进行检查现场并做出明确指示。

【汛期督查检查】 汛期，区防汛办先后赴重点街道乡镇、河道堤防、重点工程等防汛重点部位开展现场检查15次，全区各防汛专指、分指和区防指各成员单位主要领导及主管领导下基层开展防汛检查278次。7—8月开展各类危旧房屋、危墙、公路路基、学校幼儿园、教育培训机构、敬老院、深基坑、高堆土、出租公寓、单位宿舍、地铁、地下空间、河道等部位防汛风险隐患排查治理行动，出动检查人数10906人次，发现整改风险隐患点1840处。

【通州区防汛综合演练】 7月8日，区防汛办组织开展2021年全区防汛综合演练，涉及下凹式立交桥积水排除、北京环球度假区内地铁北广场积水排除及游客紧急疏散、堤防管涌抢险、苏庄堤内村人员避险转移等6个科目，检验通州区应对强降雨等极端天气条件下防汛指挥调度水平和实施抢险救援的能力。

【险情处置】 汛期通州区发生因降雨导致的险情57次，其中，道路积水51次、树木倒伏4次、河道溢满1次、车辆被困1次。累计出动救援力量1274人。

【自然灾害综合风险普查】 一是制发《北京市通州区第一次全国自然灾害综合风险普查工作落实方案》和《北京市通州区推进自然灾害防治重点工程任务分工方案》等各类指导性文件70余份，组织筹备各类会议10余次，定期发布上传各类工作信息30余条。二是构建“1+8+15+22”（即由1名常务副区长任组长，8个牵头行业部门和15个参与部门以及22个街道乡镇主管领导为组员的区普查工作体系）普查工作体系，调动各级普查人员1700余人，组织普查技术培训16次。三是制定“2+3”（即在普查区划更新过程中做到行政区划边界与普查区划边界，行政管理职责与普查任务分工2个维度的有机融合；工作流程遵循先内业清查、再现场确认、最后外业复核3个工作步骤）普查工作模式，全区普查区划数据复检合格率达到100%，国务院普查办和市普查办先后对通州区普查工作给予肯定并将通州区普查工作经验和成果在全国推广。五是探索普查成果的转化和应用，年底启动自然灾害综合风险普查成果数据可视化展示与分析平台建设工作，为建立全区更为科学的自然灾害防治体系，提高地区自然灾害防治能力提供有力的技术保障。

【城市安全风险综合监测预警平台】 11—12月，通州区被国务院安委办选定开展国家城市安全风险综合监测预警试点工作。通州区应急管理局组织区相关单位和专业公司多次召开会议研究讨论，编制《通州区开展国家城市安全风险综合监测预警试点工作方案》，经区政府2021年第127次常务会审议通过正式印发，将分三个阶段建设城市安全风险综合监测预警平台，切实提高城市防控重大风险与突发事件的能力，从本质上提升北京城市副中心安全治理现代化水平。

【房屋设施加固工程】 10—12月，通州区应急管理局组织开展全区房屋设施加固工程工作。一是制发《通州区房屋设施加固工程工作方案》；二是组织召开全区房屋设施加固工程抗震设防工作推进会，下发《关于进一步推进通州区房屋设施加固工程抗震设防信息采集工作的通知》；三是邀请专家对各单位和部门的数据采集人员进行业务培训。

【救灾物资储备管理】 2021年，通州区救灾物资储备库现有各类救灾物资15种，满足2500名受灾人员救助能力。

（辛晋峰）

【林区输配电设施火灾隐患专项排查治理行动】 10月29日，通州区森林防火指挥部印发《通州区开展林区输配电设施火灾隐患专项排查治理的行动方案》，在全区范围开展为期一年的林区输配电设施火灾隐患专项排查治理，建立隐患台账319项，完成整改数量188项。

【护航北京冬奥专项行动】 11月18日，通州区森林防火指挥部印发《通州区森林防火“护航北京冬奥”专项行动方案》，由区应急管理局、区园林绿化局、区文化旅游局组成3个督导检查组，对全区22个街道乡镇的森林火险隐患自查治理情况进行全面督导检查。

（李延周）

防震减灾

【概　况】 2021年，区地震局扎实推进监测预报、震害防御工作体系建设，完成全年各项工作任务。区地震局被北京市防震抗震工作领导小组评为2021年度北京市区级地震部门综合考核先进单位。

【地震测报体系建设】 2021年，开展台站设备设施维护维修和升级改造，对漷县镇马头粮库地震观测台屋顶防潮层进行维修，对宋庄镇徐辛庄、潞城镇大东设备进行升级改造，实现全部数据实时采集和远程传输、查询。落实会商制度，截至12月底，制作会商报告72期，在防灾科技学院技术指导下编写地震趋势分析报告5期，形成年中、年度区域会商报告2份。

【落实地震安全保障服务】 2021年，在中国共产党成立100周年等关键时间节点加强地震安全保障服务，做好每日加密会商，每日2次巡查各技术系统运行情况，发现故障及宏微观异常情况立即排除并报北京市地震局监测处。通州区共发生1级以上地震4次，最大2.0级，未启动应急程序。落实异常1次，漷县镇觅子店卫生院主建筑物墙体开裂，经“查”（断裂信息、地震目录）、“勘”（现场踏勘开裂程度及周边地表情况）、“询”（走访周边、询问是否有可观察到的宏观异常）、“析”（综合分析），最终排除地震原因造成异常现象。

【推进自然灾害综合风险普查工作】 2021年，按照北京市第一次全国自然灾害综合风险普查领导小组办公室以及北京市地震局相关要求，成立通州区地震局普查专班。参与编制《北京市通州区第一次全国自然灾害综合风险普查专项资金使用工作方案》以及《北京市通州区第一次全国自然灾害综合风险普查实施细则》。8月6日，区地震局召开开展地震灾害风险普查工作浅层地震勘探专题工作会，各有关单位、街道乡镇主管领导与会。9月16日，参加北京市地震局组织召开的全市地震系统地震灾害风险普查工作推进会。12月30日，将数据汇交至北京市地震局，区级地震灾害风险普查全部完成。

【宣教活动】 5月8—14日，区地震局以“防范化解灾害风险，筑牢安全发展基础”为主题，开展“防灾减灾日”宣传周活动。5月12日，参与区应急局在潞邑街道潞苑嘉园组织的集中宣传站活动，以发放宣传材料和展示知识展板等形式进行防震减灾知识宣传，发放《地震避险要诀》500余份。推动宣传进社区、进学校，为社区提供4000余份《地震避险要诀》宣传折页，聘请优秀教师开展10期防震减灾精品课，13个社区参与宣传活动。全国防灾减灾日当天，利用短信息向全区人民开展防震减灾宣传，发送40余万条提示短信。

（刘璐）

安全生产监管

【安全生产监督检查计划】 2021年，计划检查472家生产经营单位，其中重点检查单位317家，一般检查单位155家。实际检查执法计划内生产经营单位501家次，实际执行率106.14%，其中，采用双随机检查率98.3%。

（王岩松）

【监督检查工作情况】 2021年，依法监督检查生产经营单位8981家次；下达各类行政执法文书10273份，排查各类安全生产隐患2036处；依法作出行政处罚决定93件，其中经济处罚53件，简易处罚40件。

（步凡 王岩松）

【工业企业安全生产监管和疫情复产复工】 一是制发《关于进一步做好工业企业疫情防控监督检查工作的通知》等文件，部署指导相关工作。二是组织执法人员深入街道乡镇、工业园区开展安全生产和疫情防控复工复产专项检查，从严从紧做到“外防输入、内防反弹”，压实防控责任。三是开展疫情防控物资生产企业、复工复产企业安全服务保障以及疫情防控医学隔离场所等多轮次专项检查，出动21852人次，服务指导企业38532家次。

【城乡接合部专项整治】 一是对通州区7个区级挂账村进行实地考察调研，掌握城乡接合部重点地区7个挂账村内6家工业企业生产经营单位具体情况，建立《2021年重点整治地区生产经营单位基础台账》。二是针对城乡接合部地区小微企业安全生产基础薄弱等特点，要求执法人员按照主要负责人是否具备相应安全管理能力、能否有效履行安全生产第一责任人职责等方面进行严格对照检查，确保安全监管无死角、无盲区。出动执法检查人员2396人次、车辆1203车次，检查生产经营单位1065家次，排查各类上账安全隐患68项，整改68项，整改率达到100%，重点地区总体安全形势稳定，未发生较大安全生产事故及群体性事件。

（步凡）

【行业监管】 一是强力推进涉爆粉尘、有限空间作业、工业企业涉危使用专项整治，持续强化对属地监管工作的督导，实现工业企业基础台账动态更新，隐患治理“回头看”检查率达到100%。二是高标准推动工业园区专项整治行动，建立问题隐患清单和制度措施清单，形成动态更新、跟踪指导和整改销账的闭环管理，确保工作稳步有序推进。

【城市安全风险评估】 2021年，将风险评估工作纳入年度安全生产综合考核，印发《北京市通州区安全生产委员会办公室关于做好2021年城市安全风险评估工作的通知》。全区开展城市安全风险评估后，22个街道乡镇、1个园区和10个行业管理部门先后加入该项目，新增企业2279家，实现《北京市城市安全风险评估工作方案》要求的10个重点行业（领域）安全风险评估全覆盖。

（张昭旸）

【危险化学品安全监管人员培训】 7月20，区应急局举办全区危险化学品安全监管人员专业知识培训班，各街道乡镇主管领导、安全科负责人、检查队队长、负责危化品检查的协管员100余人参加培训。

【医药、化工制造企业危险化学品和化工安全仪表系统安全整治】 2021年，全区49家化工、医药制造企业和3家涉及化工仪表整治的企业全部按期完成专项整治工作。

【电子制造相关企业危险化学品安全专项排查】 8月9日至30日，区应急局联合区经信局在全区范围内全面开展电子制造相关企业危险化学品安全专项排查。此次排查走访电子制造相关企业23家，排查出使用危险化学品单位4家。

【非法违法“小化工”专项整治】 2021年，印发《通州区非法违法“小化工”专项整治方案》，开展拉网式排查，全区出动检查车辆1372台次、检查人员20109人次，检查企业17162家。

（车亚楠）

【城市安全隐患治理三年行动】 一是印发通州区2021年安全生产专项整治三年行动工作方案，将三年行动工作纳入通州区目标任务书和区委、区政府安全生产督察，区政府主管领导4次组织召开推进会议。二是依托全市隐患排查治理信息系统，建立“问题隐患清单”1707项，整改率100%。制定通州区2021年“目标任务清单”217项，年度完成率100%。三是精心做好市安委会办公室2021年城市安全隐患治理抽查核查准备工作，最终通州区20个街道乡镇及文化旅游区77项挂账隐患点位和51家企业挂账隐患抽查合格率97.37%，达到目标任务书要求。

【安全生产督察】 2021年，以区委、区政府名义组织成立5个督察组，督察全区10个重点行业部门和5个新成立街道。督察期间，查阅各单位档案资料8800余份，检查各行业领域企业和敬老院、儿童福利院、博物馆、学校等企事业单位45家，发现问题隐患209项。先后向区政府常务会、区委常委会汇报2021年督察反馈意见，提高全区各相关单位对督察反馈问题的重视程度，确保督察工作真正发挥安全生产工作“助推器”作用。

【液化石油气治理】 2021年，持续强化《通州区液化石油气安全管理十四项措施》的落实，动态更新非居民用户台账和隐患台账，全区累计摸排上账非居民用户2767家，收缴钢瓶418个，发现燃气安全隐患4503项，并全部整改到位。创新开展非法储存危险化学品、液化石油气等易燃易爆物品地块摸排工作，摸排、更新出租地块（含农业用地、废旧厂房、工业大院等）5977块。建立危险化学品和液化石油气非法违法行为专项举报奖励机制，相关工作做法在12月2日全市贯彻全国城镇燃气安全排查整治动员部署会议上获市长陈吉宁肯定。2021年，全区液化石油气领域保持平稳态势，未发生液化石油气领域事故。

【大排查大整治百日专项行动】 深入贯彻落实9月20日全市紧急会议和全区消防安全紧急部署会议精神，认真执行《通州区安全隐患大排查大整治百日专项行动方案》相关要求，围绕电动自行车、道路交通、消防、建筑施工、燃气、危险化学品、有限空间、地下管线、实验室、北京环球度假区安全保障等10大重点领域，深入开展安全隐患大排查、大整治，切实消除各类隐患，有效防范各类事故。全区监督检查单位42982家次，整改问题隐患17165处，停产停业86家，关闭取缔2家。

（张恒岩）

综合管理

【安全生产隐患排查系统】 2021年，新增推广应用隐患排查治理信息系统企业数量769家，完成2021年度工作任务，系统平均使用率85%。

【危险化学品企业图像信息监控系统】 2021年，新增联网危险化学品重点企业数3家次，并纳入“雪亮工程”规划，监控画面全部实现高清显示，降低了城市重大危险源引起事故的风险，进一步提升危险化学事故综合应急救援能力。

【应急指挥视频会议系统三级会控改造】 2021年，完成对通州区应急视频会议会控设备的升级改造，结合目前最新的轻压缩、零延时技术，将指挥中心的大屏幕旧有架构、有明显性能瓶颈的拼接显示设备，升级改造为分布式架构无阻塞的图像管理系统。消除了大屏图像显示滞后、丢帧现象，实现了各个显示单元在显示模式转换时完全实时、完全同步显示，实现了视频会议中完全的“唇音同步”，大幅提升了各类综合图像信息的效果。同时，将区应急会议上联注册到北京市应急会议系统，实现市—区—街 / 镇的三级系统级联，能够接受市应急全市统一调度。

【单兵视频系统建设】 2021 年，为各街道乡镇配发应急单兵系统账号，组织开展应急单兵视频系统使用培训，开展应急单兵视频系统联调联试 20 次，在处置突发事件中，市、区两级领导可进行远程研判、指挥、调度。

【安普数据动态更新及台账管理】 2021 年，现有安普数据台账 20413 家，全区企业完整性 99.79%，及时审核率 91.05%，为执法检查、事故处理、隐患排查等提供有力的数据动态支撑。

（徐曼）

【安全生产标准化】 2021 年，完成 400 家企业安全生产标准化创建工作，其中三级达标企业完成 97 家、岗位达标企业 303 家。

【应急预案备案】 2021 年，有 380 家生产经营单位进行备案，其中 220 家生产经营单位进行首次备案。

（张昭旸）

【文件清理】 2021 年，对 2004 年至 2020 年区应急局、原区安全监管局、区安委会、区安委会办公室制发的文件进行清理，最终确定保留通应急发、通安监发文件 87 个，通安委发、通安委办发文件 101 个。按照局文件审查工作制度审查文件 97 份，其中以政府办名义发文 1 份，发文前经司法局合法性审核通过。

【案卷审查】 2021 年，严格行政执法案卷审查，每月抽取执法科室行政处罚案卷的 20% 进行抽查，区应急管理局在 2021 年北京市应急管理行政执法评议考核中被评定为优秀。

（王岩松）

【行政许可】 2021 年，严格按照规定的程序和时限办理行政许可事项，办理行政许可 93 件，其中危险化学品经营许可 91 件、烟花爆竹零售许可 2 件。

【安全评价机构执业行为专项整治】 2021 年，对在通州区注册的 2 家评价机构和 33 家涉及安全评价的重点单位进行全覆盖检查，发现问题 36 项，下达执法文书 44 份，执法检查工作成效显著，获北京市应急管理局有关领导和安全生产专家肯定评价。

（吴彦姿）

【安全生产处级领导干部培训】 11 月 5—30 日，对通州区安全生产处级领导干部进行线上专题培训。培训内容主要包括习近平总书记关于安全生产重要论述、新修订《中华人民共和国安全生产法》等法律法规解读，应急管理、安全生产工作重点及救援救灾各环节要点工作等。各街道乡镇、区安委会成员单位安全生产主管领导 73 人参加培训。

【安全生产监管干部及执法人员培训】 11 月 5—30 日，对全区安全生产执法检查人员进行线上专题培训。培训内容包括应急管理、安全生产、防灾减灾救灾方针政策和法律法规、安全检查知识要点等。各街道乡镇（园区）及区安委会成员单位安全生产工作科室负责人与区应急管理局执法检查人员 102 人参加培训。

【全民应急能力素养大培训】 11 月初至 12 月底，以区突发事件应急办名义制发《关于开展 2021 年度全民应急能力素养培育工作的通知》，部署全区应急素养培训工作，协调属地和区红十字会，依托区红十字会的师资和教材，面向全区普通居民，采取全民普及性大讲堂形式开展培训，培训内容包括心肺复苏、创伤救护、避险逃生等常见应急知识和技能，重点选取北苑街道、中仓街道、永顺镇等 7 个街道乡镇展开，总培训人数约 1.1 万人次。

【第十六届安全文化节】 6 月 16 日，通州区 2021 年安全生产月宣传咨询日暨第十六届安全文化节启动仪式在漷县镇北堤寺村举办，通过“献礼百年”“弘扬正能量”“表彰先进”“问答互动”“宣传咨询”“科技护安”六大板块，普及安全知识，培育安全文化。同时通过“通州应急”微信公众平台、融汇副中心 App 和大运通州网等进行图片直播，并在通州电视台、报纸等媒体上进行宣传报道。

【应急安全宣传教育“五进”活动】 2021 年，围绕全区应急管理、安全生产、防灾减灾救灾中心工作，以安全生产月为重点，持续推进应急安全宣教进企业、进农村、进学校、进家庭、进社区的“五进”活动。活动期间，线上推出应急安全知识竞答，线下深入潞源帅府项目工地、北京学校、潞苑嘉园小区、潞城镇大甘棠村、运河商务区、新华街道、永顺镇新建村、潞邑街道等地，通过悬挂横幅、发放安全生产宣传品、现场咨询等方式，把应急管理、安全生产、防灾减灾救灾知识送到基层千家万户。

【安全社区及综合减灾示范社区创建】 2021年，永顺镇和梨园镇被评为北京市安全社区；全区118个社区（行政村）启动“综合减灾示范社区”申报和复评工作，其中55个社区（行政村）被评为北京市综合减灾示范社区，7个社区通过复评；4家单位参加“全国综合减灾示范社区”评审。

【开展先进典型推选宣传活动】 2021年，通州区5名个人先进典型荣登“应急先锋·北京榜样”年榜、月榜和周榜，其中梨园镇消防站刘行行荣登“应急先锋·北京榜样”年榜，并被推选为“北京榜样”7月月榜人物以及年榜候选人。

【应急安全“短视频”征集评选】 通州区2021年安全生产月期间，在全区范围内开展以“副中心安全我有责、我的安全我负责”为主题的应急安全“短视频”征集评选活动。活动征集作品77件。经过初审、网络投票、专家评分、局党委会集体研究决定等环节，评选出安全监管组一等奖1名、二等奖2名、三等奖3名、优秀奖6名；社会公众组一等奖1名、二等奖2名、三等奖3名、优秀奖6名；优秀组织单位奖6名，最具人气奖3名。

【公共安全教育基地分类分级评估推荐】 2021年，幽兰山谷安全科普馆被评为综合类二级安全公共教育基地，万存应急教育基地被评为专项类安全公共教育基地。

（杨非）

【安责险】 2021年，全区投保企业达到5074家，其中建筑施工行业投保企业241家；全区10家燃气供应企业和28家危险化学品运输企业全部投保安责险。

（张恒岩）

【机构改革】 3月18日，整合北京市通州区安全生产执法监察大队的机构和职能，以及法律法规赋予区应急管理局的有关危险化学品、烟花爆竹、矿山、工贸等行业领域安全生产监管，地质灾害、水旱灾害、森林火灾有关应急抢险和灾害救助、防震减灾，以及地震管理等方面的行政处罚、行政强制职能，组建北京市通州区应急管理综合执法队，承担区应急管理局全部行政执法职责，以区应急管理局名义执法，不再保留北京市通州区安全生产执法监察大队。23日，北京市通州区应急事务服务中心和北京市通州区突发事件预警信息发布中心整合，组建北京市通州区应急综合事务中心，承担全区应急相关事务性、服务性、辅助性工作，以及预警信息及其他重要信息的接收、发布、反馈和统计分析工作。同日，北京市通州区安全生产科技信息服务中心更名为北京市通州区安全生产科技事务中心，承担全区安全生产科技、信息相关事务性、服务性工作。

（耿华婧）

消　防

【概　况】 通州区消防救援支队位于北京市城区东南部，机关下设16个职能科室及应急通信与车辆勤务站，下辖漷县、梨园、潞城、马驹桥、商务园、宋庄、台湖、西集、新华街、永乐店、玉桥、张家湾12个消防救援站，潞源特勤站、环球影城特勤站，前营、马驹桥中心镇、源头岛、于家务4个小型消防站。年内，环球影城特勤站、于家务小型消防站正式揭牌启用。

2021年，处置各类警情3923起，营救被困群众227人。特别是在援豫抗洪抢险中，参加抗洪抢险行动70起，营救和转移遇险群众1005人，协助转移物资120余吨，排水2.11万吨。

【构建监管格局】 2021年，区委、区政府主要领导8次研究消防工作、20余次带队拉练检查。联合区安委会，推动8个部门开展多领域联合检查。以区政府名义明确各街道乡镇消防工作专兼职人员配备标准。制定出台《全区火灾事故延伸调查办法》，对3起有影响的火灾事故倒查追责。

【强化重点整治】 2021年，完成对行政办公区和北京环球度假区3000余名员工的“一警六员”［“一警六员”分别为社区公安民警和中央在京单位执勤武警；各街道、乡镇政府、村（居）委会基层工作人员，安全生产巡查员，物业服务企业职员，保安员，消防安全重点单位及餐饮、娱乐等火灾高风险场所职员，微型消防站、义务消防队和社会志愿力量等多种形式消防队员］培训工作。依托三年整治行动，根治156处高风险场所。组织开展“两个通道”（消防车通道和疏散通道）、电动自行车和弱势群体三大整治，100%完成消防车通道划线工作。联合区城管委增建电动自行车充电口2.07万个，创建全区电动自行车火灾隐患有奖举报电话，收集线索4000余条，核发奖励3.9万元。在此基础上，支队持续强化社会面管控，全年累计检查单位1.51万余家，消除隐患1.61万余处，行政处罚1074.66万元，责令“三停”151家，临时查封495家，拘留363人。

【提升工作水平】 2021年，争取368万元，研发北京城市副中心“智慧消防”项目。联合区精神文明办、融媒体中心开展消防宣传，通过网上平台发布信息2400余条，手机短信97万条。组织在北京环球度假区开展“火焰蓝”领航巡游活动。着眼末端防控，全年“一警六员”培训单位1912家、人员3.99万人，超额完成24.84%。

【强化应急联动】 2021年，编制《联勤联动力量调用手册》，与各自防自救力量联通1.47万次、联训1245次、联调675次、联战744次。优化完善调研熟悉流程，制作8类主要场景调研熟悉“一卡通”，开展调研熟悉1500余次。针对重点区域，开展实战演练790余次。

【消防基础设施建设】 2021年，推动出台《通州区“十四五”消防救援事业发展规划》。争创消防站点建设“绿色通道”，争取地方经费1.51亿元，同比增长27.9%。新建消防水池水鹤54座，将消防站建设纳入区级重点建设工程，消防基础保障能力显著提升。

【自防自救力量建设】 2021年，全区自防自救力量达到1221支、人数7049人。推动区政府出台《政府合同制专职消防员招录办法》，明确随缺随补政策，全年新招录合同制消防员120人。

【健全保障体系】 2021年，与应急、民政、地震三部门建立联勤保障机制。拨付60万元，建立与器材维修厂家的抢修巡检机制。紧盯疫情防控不放松，组织开展全员核酸检测2053人次。宋庄地区疫情发生后，第一时间对附近的宋庄消防站进行封控，并实行24小时监控，确保队伍零疑似、零感染。

（王潇）

科　技

▲ 5 月 31 日，2021 年通州区科普工作联席会议召开

| 区科委提供 |

▲ 8 月 26 日，百度 Apollo 自动驾驶出行服务平台“萝卜快跑”正式落地通州

| 区科委提供 |

▲ 12 月，副中心首个区块链应用创新实验室在张家湾设计小镇落成

| 中关村科技园区通州园管委会提供 |

▲ 自贸区智慧园区数字人民币使用体验设施

| 区科委提供 |

综　述

【概　况】　通州区科学技术委员会（简称通州区科委），是负责贯彻落实中央、市委关于科技工作的方针政策、决策部署和区委有关工作要求的区政府工作部门。内设2个科室，下设2个事业单位。2021年，通州区科委围绕全国科技创新中心和北京城市副中心建设目标，实施创新驱动发展战略，健全完善科技创新体系，优化科技创新环境，强化科技资源导入，着力提高科技创新能力和产业竞争力，科技创新对区域经济社会发展的支撑引领作用持续增强。通州区科学研究和技术服务业实现增加值32.1亿元，占通州区生产总值的比重为2.66%；规模以上科学研究和技术服务业企业69家。全区申报国家高新技术企业认定的企业535家，通过认定的有347家，保有量达1026家。全区技术合同登记1323项，技术合同成交额476.4亿元，比2020年增长25.7%，全市排名第4。新增市级创新平台9家，累计达到43家。首都科技条件平台通州工作站成员单位达到203家。

（邬奇洋）

【主要工作】　2021年，深入贯彻国家关于财政科研项目和经费管理的要求，修订并印发《北京市通州区科技计划项目管理办法（试行）》。立项实施文化和科技融合创新发展、金融科技创新发展、现代农业创新发展等6个方向22个科技计划项目。发布应用场景建设项目12项。与百度公司合作的自动驾驶项目落地运营。分批实施通州区科技成果转化项目，支持项目9个。举办张家湾设计小镇研究成果分享沙龙。持续加强科技创新人才队伍建设。进一步提升科普服务能力和水平。加强通宝唐、通武廊协同合作创新。

科技活动

【应用场景建设】　2021年，与市科委、中关村管委会联合发布《北京城市副中心加快新场景建设三年行动方案》和《2021年副中心首批应用场景项目清单》。围绕城市综合治理、新一代信息技术、民生改善等领域，召开发布会3场，发布应用场景项目12项，覆盖张家湾设计小镇、文化旅游区、行政办公区等重点区域，其中“智慧＋社区”“智慧未来设计园”等10个项目已落地。争取市科委定向扶持北京城市副中心应用场景项目4项、区级支持应用场景项目9项。首次面向社会发布物联网技术应用、高质量多国语言交互赋能等5家企业的新场景建设技术能力清单。

（张立言）

【自动驾驶落地运营】　8月26日，北京城市副中心举行自动驾驶启动仪式。通州区委、区政府、市机关事务局与百度Apollo联合发布北京城市副中心自动驾驶首批运营路线。百度Apollo自动驾驶出行服务平台“萝卜快跑”正式落地通州，面向公众提供自动驾驶出行运营服务。

（张立言）

【举办张家湾设计小镇研究成果分享沙龙】　3月31日，通州区政府和市科委、中关村管委会在张家湾设计小镇联合举办“张家湾设计小镇研究成果分享沙龙”。北京城市副中心工业设计人才工作站首批特聘的13名专家围绕“设计小镇设计产业发展、空间布局研究和建议”“设计产业与科技融合发展研究”等10项揭榜课题成果进行分享。市科委、北京工业设计促进中心、通州区委组织部、宣传部、区科委、通州园管委会、张家湾设计小镇专班等负责人员及2020年度北京工业设计促进专项评选的人才、机构代表参加活动。

（魏茂淼）

【科技创新人才队伍建设】　2021年，深入实施“通州区高层次人才发展支持计划”，支持55家企业119人。

（魏茂淼）

【创新创业平台建设】　2021年，新增市级创新平台9家，市级创新平台总数达43家。推进首都科技条件平台通州工作站建设，推行“一站多点”模式，发挥分站作用，开展科技政策宣传培训、“百进千”（百家实验室进千家企业）专场对接培训会等活动，服务企业200余家，吸纳新成员单位12家，工作站成员单位发展到203家。实施创新创业平台建设专项，支持新认定的创新平台2个。立项支持新认定市级众创空间2家。

（康连元）

科技成果

【北京市科学技术奖】　甘李药业股份有限公司的“重组甘精胰岛素关键技术创新及达到国际高质量标准的大规模产业化”项目，获2020年度北京市科学技术奖二等奖。

（张立言）

【科技成果转化】　制定《通州区贯彻落实北京市促进科技成果转化条例 加快推进科技成果转化工作实施方案》，推进企业与高院对接，积极承接高校科技成果。促成北科大与行旅国际、北工大与路安交科、北理工与中际联合共建联合实验室。

（康连元）

【科技合作与交流】　2021年，与燕郊高新区管委会签署《科技创新发展合作协议》《首都科技条件平台通州工作站分站加盟协议》《科技创新发展战略合作协议》《共建联合实验室合作协议》。组织通宝唐企业家走进中关村参观交流，举办通宝唐企业家培训会，建立通宝唐智能网联汽车人才创新创业联盟，编制《通宝唐创新平台共享目录》，签署《通宝唐科技创新合作协议》《通武廊科技创新合作协议》。

（康连元）

【科普服务】　2021年，不断完善各级各类科普宣教阵地，在街道乡镇建设科学公园，在基层社区建设科普驿站，在中小学建设创意实验室。开展2021年通州区科技活动周，围绕科技创新、科学普及，通过展览展示、互动体验、科学表演等多种形式营造科技创新氛围。组织“蕴之星”科技社团科普宣讲体验、人工智能科普讲堂、探秘自然体验讲解、应急安全宣讲体验等多项活动。

（李牧）

【2021年通州区科普工作联席会议召开】　5月13日，召开2021年度通州区科普工作联席会议，总结全区“十三五”时期科普工作，安排部署2021年重点工作任务。

（李牧）

知识产权

【概　况】　2021年，通州区知识产权局围绕区委、区政府及北京市知识产权局知识产权发展要求及战略，发挥知识产权联席会作用，以提升全区知识产权创新、运用、保护、管理和服务能力为首要任务，促进知识产权创造运用能力的提升。

【专利、商标、原产地地理标志数据情况】　截至12月31日，通州区累计国内专利授权7965件，其中发明专利628件、实用新型6100件、外观设计1237件；PCT专利申请50件；发明专利拥有量3015件；通州区商标有效注册量130875件，驰名商标12件；通州区原产地地理标志共1件。

【注重政策引导】　开展政策研究，根据国家有关文件精神，促进区域专利申请质量不断提升，修订出台《通州区知识产权促进办法（2021年修订）》《通州区知识产权促进办法实施细则》《通州区专利技术成果产业化项目管理办法》。

【推进中小企业知识产权集聚发展示范区建设】2021年，推动中小微企业实施《企业知识产权管理规范》国家标准，加大国家标准的推行力度。加强知识产权金融服务，建立银行、保险等机构参与的知识产权融资平台。加大专利质押融资政策宣传力度，举办专利质押融资政策宣讲会、对接会，深入企业提供专利质押贷款融资对接服务。

【强化知识产权保护和创造运用】　2021年，在自贸试验区设置商标登记窗口和知识产权公共服务站，共受理商标申请531件。落实知识产权政策，发放知识产权资助奖励补贴1395万元。

【启动北京环球度假区知识产权保护专项行动】　4月21日，正式启动北京环球度假区知识产权保护专项行动，研究制定《通州区北京环球度假区知识产权保护专项行动方案》，下发至区知识产权联席会议各成员单位贯彻落实，进一步强化跨部门执法协作，形成知识产权保护合力。

【加强北京环球度假区行政保护】　2021年，在北京环球度假区项目建设之初就与项目建设运营方主动对接，加强知识产权宣传普及的同时，定期与北京环球度假区建设运营方会商研讨，提前预判和梳理各项风险点。办结首起“环球影城”商标侵权案。

【提升知识产权管理能力】　2021年，为充分发挥知识产权联席会议职能和作用，完善议事会商、沟通对话和情况通报等机制。根据《北京市通州区知识产权联席会议制度》《北京市通州区知识产权联席会议成员单位工作职责》，知识产权联席会议办公室共制发文件9份，统筹协调推进知识产权各项工作，形成合力。

【强化“两区”建设知识产权工作】　2021年，在自贸试验区设置商标、商标权质押登记受理窗口，开展商标注册、商标权质押登记等业务受理工作。通州商标受理窗口共受理商标申请531件，其中注册申请206件，后续申请325件。

【健全完善通州区知识产权公共服务体系】　2021年，通过调研梳理、沟通协调自贸区通州区组团范围内8家重点园区、孵化器，4月15日，大唐创业园众创空间、开宝科技创客中心、副中心设计小镇创新中心3家工作站正式授牌设立。截至年底，通州区初步建立“1+3”知识产权公共服务体系，即区中心和3家工作站。

【服务“京津冀一体化”协同发展】　6月10日，区知识产权局与廊坊北三县市场监管局签订市场监管体系协作发展框架协议，构建京津冀知识产权一体化保护机制，在立案协作、委托取证、联合执法、案件移送、纠纷调解、信息资源共享和统筹协调等方面加强四地合作。11月4日，与天津市武清、河北廊坊市签订知识产权一体化协作发展框架协议，推动建立行政执法联动等工作机制，为三地创新主体提供更加便捷、高效、低成本的服务通道，形成高效的知识产权保护态势。

【开展知识产权系列宣传活动】 2021年，利用"3·15"国际消费者权益日、北京科技周、北京冬奥会等特定时间，在通州区政务服务大厅电子屏滚动播出知识产权保护篇、专利篇、商标篇、版权篇、地理标志篇宣传教育短视频。通过公共屏幕循环播放"冬奥标志规范使用、正规渠道购买冬奥商品、冬奥吉祥物商用、请冬奥冠军代言"4集冬奥会知识产权保护公益短视频，开展知识产权维权保护线下宣传。

【举办"4·26"宣传周活动】 宣传周活动期间，在通州电视台播出宣传主题字幕和动漫宣传片，在微信公众平台、头条号、融汇副中心App客户端等各发布稿件25篇。《北京城市副中心报》刊发报道2篇。组织区司法局、政务服务局、公安分局、园林绿化局、国资委等部门和22个市场监管所开展主题宣传活动。

【深化中小学知识产权教育工作】 2021年，联合区教委相关科室开展"2021年通州区中小学知识产权教育试点示范学校"评选工作，新认定区知识产权教育试点学校4所、示范校1所。累计认定区知识产权教育试点示范学校32所。

【兑现知识产权资助奖励政策】 2021年，受理、审核、审批、兑现36家企业134项发明专利资助申请、31家知识产权试点示范单位奖励申请、30家贯标认证奖励申请，专利预警分析项目3项、贴息申请1项、示范校奖励申请8所。受理、专家评审、立项支持专利技术成果产业化项目30项。共计兑现资助奖励1395万元。

【专利实施转化取得实效】 2021年，根据《通州区专利实施项目管理办法》，完成2020年度的19项专利实施项目结题验收工作，完成专利实施项目执行情况报告，项目实施转化取得良好成效，19项专利实施项目均完成预定考核指标85%以上，全部通过结题验收。

【加强执法办案力度】 截至12月31日，开展现场执法行动65次，查处商标侵权案件29件，结案29件，罚款74.49万元。会同执法部门制发执法指导意见4篇。检查商标印制企业100余家次，处罚4家违法企业。

【开展优势企业培育工程】 2021年，指导帮助企业建章立制开展知识产权工作。组织完成2021年度北京市知识产权试点示范单位申报工作，新增认定试点企业16家、示范企业3家。新增贯标认证企业7家。荣获第二十二届中国专利奖优秀奖2项，荣获第六届北京市发明专利奖三等奖1项。

【推进专利质押贷款】 2021年，加大专利质押融资政策宣传与服务力度，调查企业知识产权质押融资需求，推送北京市金融机构知识产权质押融资产品和联系方式，为企业提供专利质押贷款融资咨询服务20余家次，专利质押融资项目12项，质押融资金额6015.81万元。

【开展企业知识产权培训】 2021年，组织通州区重点企业参加知识产权线上培训12次，举办线下知识产权专题培训5期，培训内容主要包括专利申请、维权、纠纷应对、高价值专利挖掘与培育等。

【进行知识产权企业咨询服务】 2021年，向通州区重点企业推送知识产权信息动态150余篇，使其更好地了解国家有关政策，了解知识产权管理、保护、运用等方面的先进做法。为企业提供知识产权来人来电咨询服务170余人次，宣传知识产权有关政策，解答企业提出的问题。

（贾静）

北京通州年鉴

2022

教育

3 月 20—27 日，举办第 24 届学生艺术节活动

| 区教委提供 |

4 月 7 日，举办人大附中通州校区 2021 年青春杯校园篮球赛

| 人大附中通州校区提供 |

4 月 18 日，北京物资学院产业学院——期货学院成立

| 北京物资学院提供 |

▲ 4月23日，“光华公益书屋”正式在北京城市副中心投入使用

| 区教委提供 |

▲ 5月28日，中山街小学学生参加北京市第二十四届学生艺术节器乐展演

| 中山街小学提供 |

▲ 5 月 29 日，北理工附中通州校区在 2021 RCC 钱江国际机器人公开赛中获新秀全明星奖

| 北理工附中通州校区提供 |

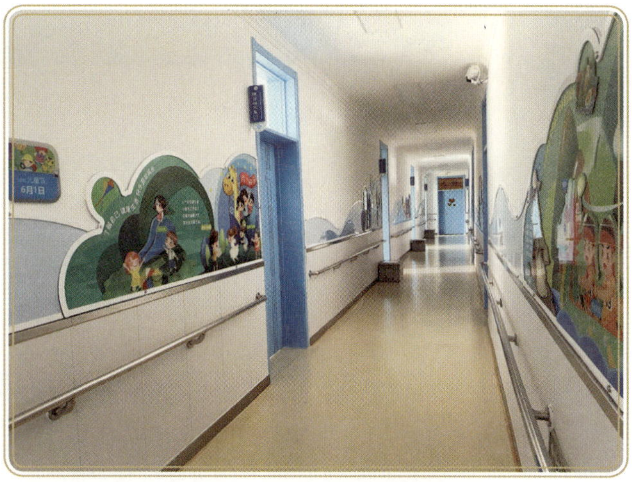

▲ 8 月 1—20 日，区培智学校完成部分校舍改建装修

| 区培智学校提供 |

▲ 9 月，北京潞河中学三河校区正式揭牌

| 区教委提供 |

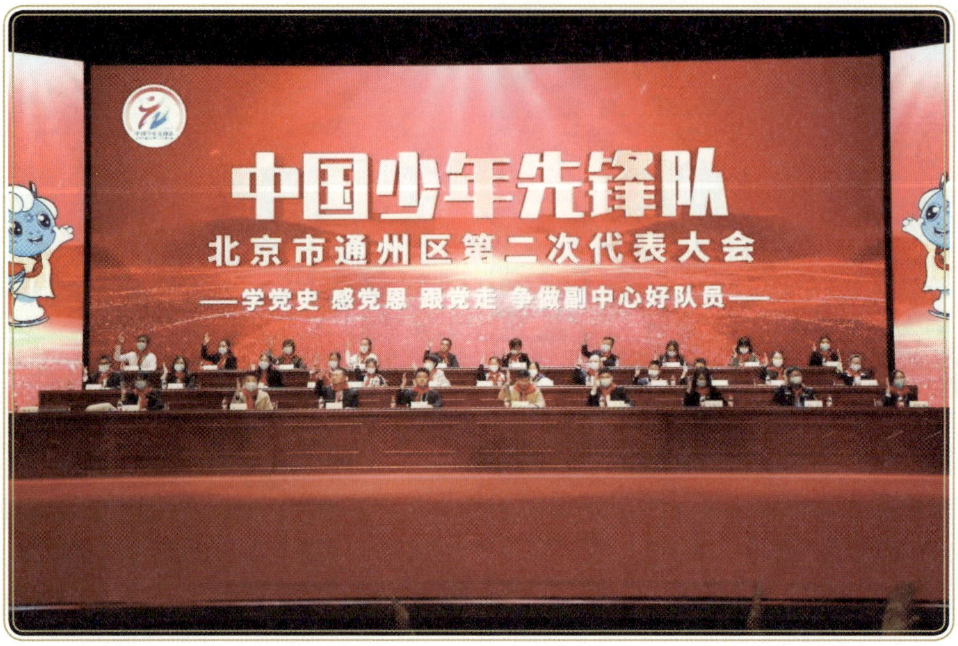

▲ 10月11日，中国少年先锋队北京市通州区第二次代表大会在台湖舞美艺术中心召开

| 区教委提供 |

▲ 10月12日，北京教科院基教研中心与区教研中心在大杜社中学召开“‘双减’背景下农村教学质量提升现场会”

| 区教委提供 |

▲ 11月24日、12月1日，举办通州二中“风采杯”中年教师课堂教学展示活动

| 通州区第二中学提供 |

综　述

【概　况】 2021年是中国共产党成立100周年，也是“十四五”规划的开局之年。区教委持续开拓创新，认真贯彻落实中央及市区关于教育事业发展的方针政策、重要论述，把握“十四五”规划开篇之年的关键节点，结合二〇三五年远景目标，努力构建副中心教育系统新格局，统筹推进疫情防控和教育事业发展，完成教育领域各项工作任务。

【“双减”工作落地见效】 3月以来，根据中央、市委工作部署，通州区启动了以减轻学生作业负担和校外培训负担为重点的“双减”工作，由区委常委、宣传部部长汤一原和副区长董明慧牵头，协同23个委办局和22个街道乡镇组成工作专班，坚持“校外治理、校内保障、疏堵结合、标本兼治”的总体思路，一手抓校外培训机构规范管理，一手抓丰富校内资源供给。专班定期召开调度会，建立完善检查通报和信息报送机制，加强部门联动，形成工作合力，推动“双减”工作落实落地。

【校外机构治理】 2021年，联合区“双减”工作专班成员单位开展“无盲区”联合摸排，建立学科类校外培训机构台账，摸清底数，明确通州区原有有证学科类校外培训机构104址，无证学科类校外培训机构107址。有证机构从104址压减至23址，压减率77.9%。23址已批复机构全部完成换新证工作，进入常态化管理，其中2021年申请“营转非”的7址机构，全部完成审批，取得办学许可证和民非法人证。无证学科类校外培训机构实现动态清零。截至年底，有效化解5起潜在风险；与区法院形成工作对接，移交法院案件140件，累计立案85件，6件移交审判庭。

【校内多措并举提质增效】 2021年，各中小学成立以书记、校长为第一责任人的领导小组，通过全市万人大会、市教工委宣讲、区级校长会、区教委班子包片检查等方式，多维度全覆盖传达“双减”政策，在全区范围内开展“大学习、大讨论”活动，推进“改革、转型、促提升”。重点从课堂提质、课业减负、课后服务等方面推动落实。

【“十四五”教育规划编制推行】 2021年，完成《北京城市副中心（通州区）“十四五”时期教育事业发展规划》编制工作，经区政府专题会审议通过。规划指出，到2025年，北京城市副中心（通州区）高质量教育体系全面构建，教育现代化持续向更高水平迈进，建成首都基础教育优质均衡示范区、教育体制机制创新引领区、教育开放融通先行区和京津冀教育协同发展先导区，形成教育发展新格局。

【学前教育】 认真落实折子工程项目，2021年新增19所民办普惠幼儿园，提供学位5400个。落实市级幼小衔接文件要求，制定《通州区推进幼儿园与小学科学衔接攻坚行动实施方案》，有力保障幼小衔接工作的有序展。持续规范办园行为，下发《通州区教育委员会关于加强各级各类幼儿园规范管理的通知》，围绕重点工作进一步明确要求。与民办幼儿园手拉手，把脉问诊，精准支持，实现公办民办协同发展。

【中小学教育】 联合北京教科院基教研中心，组织召开通州区提升小学教育教学质量系列研讨活动。深入推进“通州区小学单元课程资源建设项目”，开展覆盖小学全学科的单元整体教学设计研究。坚持毕业年级目标管理和“线上线下”全过程服务，促进教育质量提升。2021年高考，全区共设置潞河中学、运河中学西校区、人大附中通州校区3个考点，每个考点设置3个备用考场，另设置北京二中通州校区为备用考点，2211名高考考生顺利完成考试。2021年中考，通州区设置运河中学、潞河中学等16个考点200个考场，设置1个备用考场，全区有5493名学生顺利完成考试。

【德育工作】 2021年，党史教育、爱国教育系列活动获得市级高度肯定，培养了学生家国情怀，坚定了政治自信；建设创新人才培养基地，开展创客教育、翱翔计划、雏鹰建言行动、模拟政协等活动，大力培育和践行社会主义核心价值观，增强德育实效。持续实施“1+3项目”，开展ASR全学科阅读项目“党史知识竞赛”，建设书香校园。在全区中学非毕业年级范围内展开“中学生阳光成长”问卷调研，对班主任和家长等非专业人员进行系列培训，加强家庭教育指导，协助家长建立良好的亲子关系。评选市级“紫禁杯”优秀班主任10名、学生喜爱的班主任4名。继续推进“通州区中学德育工作校园行”活动，促进学校德育工作共生共荣。

【特殊教育、民族教育、国际教育、职成教育】 2021年，持续关注特殊儿童成长，以2个自闭症儿童教育康复训练基地和8个学区融合教育资源中心为依托，开展2021年“融遇N行动”项目。在全区范围内组织通州区第九届“启慧杯”融合教育课堂教学评优活动。举办通州区第八届特教论文大赛；落实《学校民族团结教育指导纲要（试行）》，推进“民族杯”教学评优等活动；在疫情防控常态化背景下，创新国际交流形式，线上线下双向联动，实现交往关系不断、交流热度不降，合作深度不减，姊妹校深度融合共同发展。与北京青年政治学院合作，新增幼儿保育专业“3+2”中高职衔接项目。主办通武廊职业学校技能大赛，参加京郊联盟教师基本功大赛，以赛促教，提高师生专业技能和水平。

【集团化办学】 借鉴城区集团化改革经验，扩大优质教育资源覆盖面，增加农村学校吸引力，促进城乡教育优质均衡发展。2021年，通州区挂牌成立运河中学、史家小学、北京教科院第一实验小学、芙蓉小学、贡院小学等5个教育集团。另外，根据京津冀协同发展工作部署，通州区潞河中学输出优质教育资源，选派管理团队承办北京潞河中学三河校区，截至年底实现招生办学。

【教师队伍建设】 制发《关于在通州区教育系统开展师德专题教育工作方案》，加强师德考核和警示教育工作，完善师德诚信档案，建立学生、家长和社会参与的监督体系；以毕业生招聘为主线，以社会化教育人才、调入区外教师为补充，实现师资增量优质。2021年补充师资659人。获评正高级教师25人，评审高级教师217人，一级教师287人；完成市区级优秀人才年度考核工作，考核市级优秀人才194人，考核区级优秀人才1175人；评选出区骨干教师799人，区骨干班主任296人，骨干教师体量和质量双提升。

【教育基本建设】 2021年，区教委承办市政府折子工程2项、区政府折子工程7项、市实事项目1项、区实事项目1项，内容主要涉及学校新建或改扩建工程、学前教育增学位等方面工作。首师附通州校区、北京学校中学部完工并投入使用；杨庄小学、运河中学附属小学完成主体结构，正在进行收尾工作；新审批19所民办普惠幼儿园，可以提供学位5400个。

【招生入学工作】 完善入学政策，研究制定《2021年通州区非本市户籍适龄儿童少年接受义务教育证明证件材料审核实施细则》和《2021年通州区义务教育阶段入学工作实施细则》；完善北京市户籍适龄儿童单校划片和多校联合派位方式，实现就近统筹安排学位；立体宣传解答招生工作，继续用好“62512345”咨询专线、“北京通州教育咨询”网站平台，为家长提供“线上+线下”一站式教育咨询服务。开展通州区小学入学数据调查，提前了解入学需求和片区入学压力，为政策制定提供数据支撑。

【对口支援、区域协作】 2021年，选派援教教师37人。与河北省三河市教体局签署试点办学合作协议，承办北京潞河中学三河校区。与河北省多校在管理模式、教学活动开展、课程开发等领域持续展开深入合作交流，形成相互学习、共同提高的良好局面。

（白文会 刘琪）

学前教育

【概　况】 2021年，通州区幼儿园248所，入园幼儿19965人，离园幼儿13393人，在园幼儿57823人。其中，教育部门办园45所，在园幼儿16356人。民办幼儿园161所，在园幼儿37846人。其他部门办园（含村办）42所，在园幼儿3621人。全区幼教职工10227人。其中，园长425人，专任教师4714人，保育员（含保健医）2312人，其他2776人。专任教师中，本科学历1641人，专科2808人。教师中，高级教师职称30人。

【新审批民办幼儿园培训活动启动】 3月7日，通州区教委、民办教育服务中心、教师研修中心学前部及通州区妇幼保健院儿保科共同启动“通州区2020年新审批民办幼儿园园长、保教管理者、卫生保健人员第二期培训活动”。培训采取线上线下相结合的方式进行，重点围绕园所管理及保教工作开展培训。培训特邀专家分别围绕“幼儿园师德师风建设”“幼儿园家园共育”“幼儿园阳光体育活动的组织与实施”“幼儿园一日生活过渡环节的组织”“保教干部如何听课评课”“对五大领域的深度解读”等内容开展10个专题的培训。通州区民办幼儿园及村办幼儿园园长、保教干部、教师共300余人参加培训。

【教工幼儿园紫运分园开园】 12月1日，通州区教工幼儿园紫运分园开园。通州区教工幼儿园紫运分园位于通运街道紫运南里小区，园所占地面积5180平方米，设置9个教学班，可提供学位270个。开设2个小班、1个中班、1个大班，共4个教学班，首批接收90余名幼儿入园，现有教职工27人。园所内建有多功能厅、小剧院、陶艺室等室内活动空间，户外建有四季长廊、沙水区、小假山等。幼儿园全面践行“让生命和美无限”的办园理念，通过科学丰富的特色课程设置，实现幼儿的社会性发展。

（张莹）

【联合举办技能大赛】 5月28日，通州区教委联合通州区总工会共同举办通州区幼儿园保育员技能大赛表彰会。竞赛历时3个月，设置全员培训、园级初赛、区级复赛、区级决赛等4项赛程。其中，区级竞赛活动采取理论考试和实际操作相结合的形式。经过层层角逐，最终46名保育员参加区级决赛，其中获金奖5人、银奖5人、铜奖6人。通州区200所幼儿园200余名保育员参加竞赛。活动时间自2020年12月至2021年4月，通州区教委联合通州区教师研修中心学前研修部、通州区民办教育服务中心组织优质园所录制培训课程，为全区45所公办园、40所集体办园、2所其他部门办园及153所民办园近2400名保育员开展培训。

（姚洪梅）

2021年通州区公办幼儿园一览表

表3

序号	通州区公办幼儿园	地址
1	北京市通州区幼儿园	北京市通州区中山大街36号
2	北京市通州区新城东里幼儿园	北京市通州区西营前街25号
3	北京市通州区教工幼儿园	北京市通州区潞通大街196
4	北京市通州区民族幼儿园	北京市通州区芙蓉园312号
5	北京市通州区如意中心幼儿园	北京市通州区如意园甲12号
6	北京市通州区新通幼儿园	北京市通州区梨园西里21号楼
7	北京市通州区大方居幼儿园	北京市通州区半壁店大街25号

续表 3

序号	通州区公办幼儿园	地址
8	北京市通州区七零九零幼儿园	北京市通州区梨园南街净水园小区 14 号楼
9	北京市通州区临河里幼儿园	北京市通州区临河里 62 号
10	北京市通州区花石匠幼儿园	北京市通州区砖厂北里 39 号楼
11	北京市通州区快乐时光幼儿园	北京市通州区半壁店大街北口 1 号
12	北京市通州区华远铭悦幼儿园	北京市通州区砖厂南里 27 号
13	北京市通州区芙蓉幼儿园	北京市通州区水仙西路 1 号
14	北京一幼海晟实验园北京城市副中心园	北京市通州区古月佳园小区 24 号楼
15	北京市北海幼儿园北京城市副中心园	北京市通州区朗清园小区 B3 区 B-1-12 号楼
16	北京市第五幼儿园北京城市副中心园	北京市通州区含英园十一区 6 号楼
17	北京市通州区宋庄镇徐辛庄中心幼儿园	北京市通州区宋庄镇徐辛庄村临 74 号
18	北京市通州区宋庄镇红杉溪谷幼儿园	北京市通州区宋庄镇疃里南区 55 号
19	北京市通州区潞城镇甘棠中心幼儿园	北京市通州区潞城镇侉子店村村南
20	北京市通州区西集镇西集中心幼儿园	北京市通州区西集镇西集村
21	北京市通州区西集镇郎府幼儿园	北京市通州区西集镇郎东村临 366 号
22	北京市通州区漷县镇漷县中心幼儿园	北京市通州区漷县镇漷县村
23	北京市通州区漷县镇觅子店幼儿园	北京市通州区漷县镇觅子店村
24	北京市通州区永乐店镇中心幼儿园	北京市通州区永乐店镇东张各庄村西口
25	北京市通州区于家务回族乡中心幼儿园	于家务西里新月路 1 号
26	北京市通州区马驹桥镇马驹桥中心幼儿园	北京市通州区马驹桥镇中心校内
27	北京市通州区马驹桥镇大杜社中心幼儿园	北京市通州区马驹桥镇大杜社村
28	北京市通州区马驹桥镇金桥幼儿园	北京市通州区中关村科技园区通州园金桥科技产业基地景盛北一街 29 号
29	北京市通州区台湖镇台湖中心幼儿园	北京市通州区台湖镇台湖村临 36 号
30	北京市通州区台湖镇次渠家园幼儿园	北京市通州区台湖镇次渠北里 105 号、南里 117 号
31	北京市通州区台湖镇台湖中心幼儿园胡家垡分园	北京市通州区铺胡路
32	北京市通州区台湖镇定海园幼儿园	北京市通州区台湖镇定海园小区二里 16 号
33	北京市通州区张家湾镇张家湾中心幼儿园	北京市通州区张家湾镇西定福庄丙 51 号
34	北京市通州区张家湾镇牛堡屯中心幼儿园	北京市通州区张家湾镇中街村甲 302 号
35	北京市通州区永顺镇中心幼儿园	北京市通州区八里桥南街 68 号院 9 号楼
36	北京市通州区梨园镇新城嘉园中心幼儿园	北京市通州区梨园镇云景东里 108 号
37	北京市通州区潞苑幼儿园	北京市通州区永顺镇潞苑北里四区 A01 公建楼
38	北京市通州区西集镇西集中心幼儿园肖林分园	北京市通州区西集镇肖家林小学东侧
39	北京市通州区西集镇西集中心幼儿园杜柳棵分园	北京市通州区西集镇杜柳棵小学内
40	北京市通州区西集镇西集中心幼儿园大灰店分园	北京市通州区西集镇大灰店村大灰店小学内
41	北京市通州区漷县镇漷县中心幼儿园大香仪分园	北京市通州区漷县镇大香仪村
42	北京市通州区漷县镇漷县中心幼儿园黄厂铺分园	北京市通州区漷县镇黄厂铺村
43	北京市通州区漷县镇觅子店幼儿园曹庄分园	北京市通州区漷县镇曹庄村
44	北京市通州区漷县镇觅子店幼儿园张庄分园	北京市通州区漷县镇张庄村

续表 3

序号	通州区公办幼儿园	地址
45	北京市通州区漷县镇觅子店幼儿园边槐庄分园	北京市通州区漷县镇边槐庄村
46	北京市通州区宋庄镇平家疃幼儿园	北京市通州区宋庄镇平家疃村
47	北京市通州区潞城镇中心幼儿园	北京市通州区潞城镇召里村
48	北京市通州区潞城镇贾后疃幼儿园	北京市通州区潞城镇贾后疃村委会
49	北京市通州区潞城镇太子府幼儿园	北京市通州区潞城镇太子府村 179 号
50	北京市通州区潞城镇兴各庄幼儿园	北京市通州区潞城镇兴各庄村
51	北京市通州区潞城镇大豆各庄幼儿园	北京市通州区潞城镇大豆各庄村北
52	北京市通州区永乐店镇永一幼儿园	北京市通州区永乐店镇永乐嘉园小区 1 号楼
53	北京市通州区永乐店镇小务幼儿园	北京市通州区永乐店镇小务村商业街
54	北京市通州区永乐店镇熬硝营幼儿园	北京市通州区永乐店镇熬硝营村 1 号
55	北京市通州区永乐店镇老槐庄幼儿园	北京市通州区永乐店镇老槐庄村 384 号
56	北京市通州区永乐店镇半截河幼儿园	北京市通州区永乐店镇半截河村 496 号
57	北京市通州区于家务乡北辛店幼儿园	北京市通州区于家务乡北辛店村 171 号
58	北京市通州区于家务乡东马各庄幼儿园	北京市通州区于家务乡东马各庄 220 号
59	北京市通州区于家务乡王各庄村幼儿园	北京市通州区于家务回族乡王各庄村
60	北京市通州区于家务乡东垡村幼儿园	北京市通州区于家务乡东垡村
61	北京市通州区马驹桥镇六郎庄幼儿园	北京市通州区马驹桥镇六郎庄村
62	北京市通州区马驹桥镇南小营幼儿园	北京市通州区马驹桥镇南小营村
63	北京市通州区马驹桥镇团瓢庄幼儿园	北京市通州区马驹桥团瓢庄村
64	北京市通州区马驹桥镇杨秀店幼儿园	北京市通州区马驹桥镇杨秀店村
65	北京市通州区马驹桥镇姚辛庄幼儿园	北京市通州区马驹桥镇姚辛庄村
66	北京市通州区马驹桥镇史村幼儿园	北京市通州区马驹桥镇史村
67	北京市通州区马驹桥镇大松垡幼儿园	北京市通州区马驹桥镇大松垡村
68	北京市通州区马驹桥镇东田阳幼儿园	北京市通州区马驹桥镇东田阳村
69	北京市通州区马驹桥镇小周易幼儿园	北京市通州区马驹桥镇小周易村
70	北京市通州区马驹桥镇后银子幼儿园	北京市通州区马驹桥镇后银子村
71	北京市通州区马驹桥镇前堰上幼儿园	北京市通州区马驹桥镇前堰上村
72	北京市通州区马驹桥镇西马各庄幼儿园	北京市通州区马驹桥镇西马各庄村
73	北京市通州区马驹桥镇柏福幼儿园	北京市通州区马驹桥镇柏福村
74	北京市通州区马驹桥镇神驹幼儿园	北京市通州区马驹桥镇神驹村
75	北京市通州区马驹桥镇小杜社幼儿园	北京市通州区马驹桥镇小杜社村
76	北京市通州区马驹桥镇前银子幼儿园	北京市通州区马驹桥镇前银子村
77	北京市通州区马驹桥镇大杜社幼儿园	北京市通州区马驹桥镇大杜社村
78	北京市通州区马驹桥镇小松垡幼儿园	北京市通州区马驹桥镇小松垡村
79	北京市通州区台湖镇东下营幼儿园	北京市通州区台湖镇东下营村
80	北京市通州区台湖镇兴武林幼儿园	北京市通州区台湖镇兴武林村
81	北京市通州区台湖镇外郎营幼儿园	北京市通州区台湖镇外郎营村
82	北京市通州区张家湾镇南大化幼儿园	北京市通州区张家湾镇南大化村
83	北京市通州区梨园地区中心幼儿园	北京市通州区梨园镇群芳园小区东侧 500 米
84	北京市通州区梨园地区杨洼幼儿园	北京市通州区梨园镇北杨洼小区 23 号
85	中国人民解放军总参谋部陆航部幼儿园	北京市通州区张家湾镇三间房村 806 号院
86	北京市通州区科印幼儿园	北京市通州区北苑南路 63 号院

基础教育

【概　况】　2021年，通州区小学81所（公办校77所、民办校4所），教学班2044个。招生13650人，毕业9288人，在校生77728人。教职工4881人，其中专任教师4577人。有中学46所（完中9所、高级中学3所、初中16所、九年一贯制学校13所、十二年一贯制学校5所）。教学班905个（初中639个、高中266个），招生11254人（初中7571人、高中3683人），毕业7850人（初中5553人、高中2297人），在校生31873人（初中21982人、高中9891人）。教职工5327人，其中专任教师4270人。特殊教育学校1所，在校生433人。校外教育单位1个，教职工73人，专任教师54人，在校生1940人。教育部门办中小学专任教师学历合格率99%，2243名教师具有高级教师职称。中小学占地总面积378.59万平方米，总建筑面积182.64万平方米，固定资产总值404672.22万元，图书3195877册。全年教育投入693425.48万元，其中，国家拨款620793.22万元，自筹经费72632.26万元。

【举办第24届学生艺术节活动】　3月20—27日，通州区教委举办"阳光下成长 快乐中绽放"为主题的通州区第24届学生艺术节活动。3月20—21日举办合唱专场展演活动，分设小学组、初中组、高中组3个组别，每个组别分为大团合唱、小团合唱，全区有66支合唱团，近2400名学生参与展演活动。3月27日举办"器乐专场展演"活动，分为民乐和管乐，分设初中组和小学组，全区有10支乐团，近650名学生参与展演活动。此届活动邀请到国家一级指挥、世界合唱比赛评委孟大鹏，世界青少年合唱艺术家协会表演合唱委员会主任朱金明博士，中国音乐学院声乐歌剧系合唱团指挥赵健，中国电影乐团前首席小号演奏员、曾任中央音乐学院硕士考试评委宋建敏等知名人士担任评委。首届艺术节于1997年举办。

（王艳霞）

【多家直属单位更名】　3月，根据中共北京市通州区委机构编制委员会《关于中共北京市通州区委教育工作委员会北京市通州区教育委员会事业单位改革有关事项的批复》，社区教育学院等19家直属单位更名、整合重组完成。

（臧振宇）

【调整义务教育阶段招生学校信息】　4月27日，通州区教委调整义务教育阶段招生学校信息情况如下：新增北京市通州区运河中学东校区；北京市通州区永顺镇中心小学更名为北京教育科学研究院通州区第一实验小学杨庄校区；北京市通州区西集镇沙古堆小学更名为北京市通州区芙蓉小学沙古堆校区；北京市通州区永顺镇焦王庄小学更名为北京市通州区芙蓉小学焦王庄校区；北京市通州区马驹桥镇大杜社小学更名为北京市史家小学通州分校大杜社校区；北京市通州区宋庄镇徐辛庄小学更名为北京市通州区贡院小学徐辛庄校区；北京市通州区永顺镇龙旺庄小学更名为北京市通州区龙旺庄小学；北京市通州区骏源学校修改学校名称为北京拔萃骏源学校；北京市通州区甘棠中学修改学校类型为初级中学；北京市通州区通运小学，学校代码为01120343，因学校类型为小学，修改初中招生情况为"否"；北京中加学校，学校代码为01125045，因学校类型为高级中学，修改初中招生情况为"否"。

【国家级实验区启动会】　6月16日，教育部"基于教学改革、融合信息技术的新型教与学模式"通州实验区启动会召开。通州区教委相关领导从指导思想与基本原则、工作目标与实施内容、实施阶段与推进措施、组织保障4个方面解读实验区方案，通州实验区建设以1个数据中枢大脑为核心总控，8项工程行动为基本支撑，8个试点单元为先行布点，完成全域范围的一体覆盖。会上，相关领导为潞河中学、中国人民大学附属中学通州校区、运河中学、北京市第五中学通州校区、北京市第二中学通州校区等18所首批实验学校授牌，教育部实验区专家组、北京市教委“互联网+”基础教育、北京教育科学研究院基础教育教研中心相关领导、专家及通州区各中小学校领导等200余人参会。

【首都师范大学附属中学（通州校区）举办落成仪式暨开学典礼】 8月31日，首都师范大学附属中学（通州校区）举办落成仪式暨开学典礼。学校占地面积5.5万平方米，建筑面积8.6万平方米，设置教学班54个，可提供2300个学位，现有初高中6个年级34个教学班，在校生1400余人。校园设置学生服务中心、学生社团中心、实验中心、艺体中心等10多个主题功能场所。首都师范大学党委书记、校长及通州区委和市教委相关处室负责人出席典礼活动。

（白文会）

【举办“通武廊”三地中小学教师交流活动】 9月25—26日，通州区教委联合“通武廊”三地中小学教师交流活动在河北省廊坊市举行。活动中，通州区42名骨干教师分别参加中小学语文、数学及高中语文、数学、物理等学科问题式的教学主题说课交流，其中14名教师获一等奖；8名乡村教师参与中小学语文、数学等学科“同课异构”教学技能交流活动，5名教师获一等奖；24位新教师参加中小学语文、数学“师带徒”教学设计能力交流活动，6名教师获得一等奖。此次活动是促进区域教育协同发展的新机制、新模式和新举措，将更好服务京津冀协同发展人才需求，深化“通武廊”区域教育合作。

（刘建成）

【举行乡村振兴对口签约仪式】 9月25—27日，北京市通州区教委分别举行与奈曼旗教体局、翁牛特旗教育局及武当山签约乡村振兴对口仪式。北京理工大学附中通州校区等27所中小学校及直属单位与奈曼旗响应中小学签订校对校合作联谊协议；通州区东方小学等17所中小幼及职业学校在学校管理、教育教学、教育科研、队伍建设等方面签订合作交流协议；通州区教委、北京小学通州分校等10所学校与湖北省武当山特区教育局签订教育对口协作工作协议，建立多层面、多形式结对合作运行机制。通州区教委及通州区教师研修中心（分院）、奈曼旗教育局、翁牛特旗教育局、武当山特区教育局的相关领导以及通州区相关学校领导参加签约仪式。

（翟柳英）

【召开少代会】 10月11日，中国少年先锋队北京市通州区第二次代表大会在国家大剧院台湖舞美艺术中心召开。会上，选举产生中国少年先锋队北京市通州区第二届工作委员会委员。大会结束后，通州区第二届少工委举行第一次全体会议，选举产生新一届少工委主任、副主任。为迎接2022年北京冬奥会，通州区第二次少代会与北京广播电视总台联手打造“冰雪知识大闯关”“冬奥运动项目体验”“现场快闪运动操”等多项冬奥体验营特别项目。团市委、通州区委、少先队员代表150余人参会。

（刘开江）

【北京潞河中学三河校区成立】 10月12日，通州区与三河市教育一体化高质量发展暨北京潞河中学三河校区揭牌仪式举行，北京潞河中学三河校区成立，通州区委书记赵磊、廊坊市委书记杨晓和出席并为新校区揭牌。北京潞河中学三河校区，位于三河市燕郊开发区。为深入推动京津冀协同发展战略，促进北京市优质教育资源向北三县延伸布局，6月，通州区教育委员会与三河市教育和体育局签订试点办学合作协议，作为优质教育资源的输出方，通州区依托区域教育资源优势和潞河中学办学优势，多方面给予合作办学深度支持，助力新校区在办学模式、师资队伍、课程建设等方面实现同行共进，努力打造与京津冀教育协同发展相适应的高起点、高质量、高品质的现代化学校，推动通州区与北三县在教育领域合作实现实质性进展。

（白文会）

【开展区域性联动研讨活动】 12月3日，通州区教委举行通州区语文学术学部教学研讨活动暨北京市“减负提质”通州、平谷、密云三区小学语文区域教学研讨活动。活动分为现场课会场和说课、经验分享2个会场进行。现场课有通州区、密云区和平谷区各1名教师进行语文课堂教学分享，展现“双减”政策下高效的语文课堂和高质量的教学设计。

说课、经验分享会场由通州区2位老师进行说课分享，通州区、平谷区和密云区相关领导分别进行经验分享。特邀北京市基教研中心小学语文教研室主任张立军、小学语文教研员李英杰作点评指导。活动采用腾讯会议形式进行。

（林蕊馨）

2021年通州区公办小学一览表

表4

序号	通州区公办小学	地址
1	北京市通州区南关小学	北京市通州区东营后街9号
2	北京市通州区中山街小学	北京市通州区新华西街16号
3	北京市通州区后南仓小学	北京市通州区新仓路53号
4	北京市通州区东方小学	北京市通州区西顺城街甲32号
5	北京市通州区运河小学	北京市通州区运河西大街246号
6	北京市通州区官园小学	北京市通州区新仓路29号
7	北京市通州区贡院小学	北京市通州区西海子西路1号
8	北京市通州区玉桥小学	北京市通州区玉桥北里
9	北京市通州区民族小学	北京市通州区通州镇回民胡同47号
10	北京市通州区永顺小学	北京市通州区永顺西街6号
11	北京教育科学研究院通州区第一实验小学	北京市通州区怡乐中街41号
12	北京市史家小学通州分校	北京市通州区玉桥东小区A1区
13	北京小学通州分校	北京市通州区芙蓉园313号
14	北京市通州区临河里小学	北京市通州区梨园镇东方玫瑰家园B8号楼
15	北京市通州区北苑小学	北京市通州区北苑南路22号
16	北京市通州区芙蓉小学	北京市通州区通胡大街70号
17	北京第二实验小学通州分校	北京市通州区砖厂北里39号楼
18	北京市通州区教师研修中心实验学校	北京市通州区东关顾家坡1号
19	北京市通州区潞河中学附属学校	北京市通州区梨园镇大方居小区北200米
20	北京黄城根小学通州校区	北京市通州区潞源中街1号院1号楼
21	北京市通州区运河中学附属小学	北京市通州区运河西大街107号
22	北京市通州区通运小学	北京市通州区紫运南里一区6号楼
23	北京教育科学研究院通州区第一实验小学杨庄校区	北京市通州区永顺镇杨庄村
24	北京市通州区宋庄镇中心小学	北京市通州区宋庄镇宋庄村
25	通州区北寺庄小学	北京市通州区宋庄镇北寺村
26	通州区师姑庄小学	北京市通州区宋庄镇师姑庄村
27	通州区翟里小学	北京市通州区宋庄镇翟里村
28	北京市通州区葛渠小学	北京市通州区宋庄镇葛渠村
29	北京市通州区富豪小学	北京市通州区富豪村
30	北京市通州区贡院小学徐辛庄校区	北京市通州区宋庄镇徐辛庄村
31	北京市通州区潞城镇中心小学	北京市通州区潞城镇七级村南
32	北京市通州区大东各庄小学	北京市通州区潞城镇大东各庄村
33	北京市通州区大豆各庄小学	北京市通州区大豆各庄村
34	通州区卜落垡小学	北京市通州区潞城镇卜落垡村
35	北京市通州区西集镇中心小学	北京市通州区西集镇政府街25号

续表 4

序号	通州区公办小学	地址
36	通州区肖林小学	北京市通州区西集镇肖林村南
37	通州区大灰店小学	北京市通州区西集镇大灰店村
38	通州区新东仪小学	北京市通州区西集镇黄东仪村南
39	通州区郎府小学	北京市通州区西集镇郎东村
40	北京市通州区杜柳棵小学	北京市通州区西集镇杜柳棵村 288 号
41	北京市通州区芙蓉小学沙古堆校区	北京市通州区西集镇沙古堆村
42	北京市通州区漷县镇中心小学	北京市通州区漷县镇中心小学漷县村
43	通州区靛庄小学	北京市通州区漷县镇吴翟路 4 号
44	通州区草厂小学	北京市通州区漷县镇草厂村 381 号
45	通州区马头小学	北京市通州区漷县镇马堤村 18 号
46	通州区觅子店小学	北京市通州区漷县镇觅子店村 440 号
47	北京市通州区东定安小学	北京市通州区漷县镇东定安村
48	北京市通州区侯黄庄小学	北京市通州区漷县镇侯黄庄村
49	北京市通州区永乐店镇中心小学	北京市通州区永乐店镇永三村
50	通州区德仁务小学	北京市通州区永乐店镇德仁务中街村 74 号
51	通州区小务小学	北京市通州区永乐店镇小务村
52	通州区柴厂屯小学	北京市通州区永乐店镇柴厂屯村
53	北京市通州区于家务乡中心小学	北京市通州区于家务乡于家务村一街 66 号
54	北京市通州区于家务乡渠头小学	北京市通州区于家务乡渠头村 68 号
55	通州区西垡小学	北京市通州区于家务乡西垡村 136 号
56	北京市通州区马驹桥镇中心小学	北京市通州区马驹桥镇兴华大街 9 号
57	通州区小张湾小学	北京市通州区马驹桥镇小张湾村北
58	北京市通州区马驹桥实验小学	北京市通州区马驹桥镇二街村 15 号
59	北京市通州区马驹桥镇金桥小学	北京市通州区马驹桥镇金桥科技产业基地
60	北京市通州区马驹桥镇西马各庄小学	北京市通州区马驹桥镇西马各庄村西
61	北京市史家小学通州分校大杜社校区	北京市通州区马驹桥镇小杜社村
62	北京市通州区台湖镇中心小学	北京市通州区台湖镇次一村
63	北京市通州区次渠家园小学	北京市通州区台湖镇次渠北里 131 号
64	北京市通州区台湖镇银河湾小学	北京市通州区台湖镇海盛四街 12 号院
65	北京市通州区张家湾镇中心小学	北京市通州区张家湾镇开发区新镇
66	通州区张家湾镇张湾村民族小学	北京市通州区张家湾镇张湾村村委会
67	北京市通州区张湾镇民族小学	北京市通州区张家湾镇张湾镇村 537 号
68	北京市通州区枣林庄民族小学	北京市通州区张家湾镇枣林庄村南
69	北京市通州区上店小学	北京市通州区上店村 423 号
70	北京市通州区龙旺庄小学	北京市通州区永顺镇苏坨村
71	通州区西马庄小学	北京市通州区永顺镇西马庄村 15 号
72	通州区乔庄小学	北京市通州区永顺镇乔庄村
73	通州区范庄小学	北京市通州区永顺镇范庄村
74	北京市通州区芙蓉小学焦王庄校区	北京市通州区焦王庄村 466 号
75	北京市通州区潞苑小学	北京市通州区富力惠兰美居 B 区 1 号
76	北京市通州区梨园镇中心小学	北京市通州区梨园镇云景东路
77	通州区大稿新村小学	北京市通州区梨园镇京洲园 388 号

通州区公办中学一览表

表 5

序号	通州区公办中学	地址
1	北京市通州区潞河中学	北京市通州区新华南路 135 号
2	北京市通州区第二中学	北京市通州区玉带河西街 28 号
3	中国人民大学附属中学通州校区	北京市通州区潞城镇胡各庄村南 1 号
4	北京市通州区第四中学	北京市通州区新华西街 45 号
5	北京市通州区第六中学	北京市通州区通州镇西顺城街 32 号
6	北京市通州区运河中学	北京市通州区梨园镇京洲中街 1 号院
7	北京市通州区运河中学东校区	北京市通州区运河西大街 107 号
8	北京市通州区玉桥中学	北京市通州区梨园北街 23 号
9	北京市通州区北关中学	北京市通州区永顺南街 190 号
10	首都师范大学附属中学（通州校区）	北京市通州区中山大街 50 号
11	北京市第二中学通州校区	北京市通州区潞城镇三元村东
12	北京学校	北京市通州区潞阳大街 35 号
13	北京市通州区宋庄中学	北京市通州区宋庄镇政府大街
14	北京理工大学附属中学通州校区	北京市通州区宋庄镇徐辛庄村
15	北京市通州区甘棠中学	北京市通州区潞城镇武兴路临 33 号
16	北京市通州区西集中学	北京市通州区西集镇国防路 25 号
17	北京市通州区郎府中学	北京市通州区西集镇郎东村 366 号
18	北京市通州区漷县中学	北京市通州区漷兴一街 16 号
19	北京市通州区觅子店中学	北京市通州区漷县镇觅子店村 440 号
20	北京市通州区永乐店中学	北京市通州区永乐店镇永三村 1 号
21	北京市通州区小务中学	北京市通州区永乐店镇小务村
22	北京市通州区柴厂屯中学	北京市通州区永乐店镇柴厂屯村 681 号
23	北京市通州区于家务中学	北京市通州区于家务乡于家务村
24	北京市通州区马驹桥学校	北京市通州区马驹桥镇新海西路 88 号
25	北京市通州区大杜社中学	北京市通州区马驹桥镇大杜社村
26	北京拔萃骏源学校	北京市通州区融商一路 6 号院 1 号楼、2 号楼
27	北京市通州区台湖学校	北京市通州区台湖镇台湖村 536 号
28	北京市通州区次渠中学	北京市通州区台湖镇次一村
29	北京市通州区张家湾中学	北京市通州区张家湾镇工业开发区广源路西街 8 号
30	北京市通州区牛堡屯学校	北京市通州区张家湾牛堡屯村 462 号
31	北京市通州区陆辛庄学校	北京市通州区张家湾镇陆辛庄村 573 号
32	北京市第五中学通州校区	北京市通州区永顺镇通州新城 0204 街区
33	北京市通州区梨园学校	北京市通州区梨园镇公庄村
34	北京市育才学校通州分校	北京市通州区梨园镇群芳中二街 3 号

职业教育　成人教育

【概　况】　2021年，通州区职业高中2所，其中，教育部门办1所、民办1所。招生276人，毕业90人，在校生655人。教职工142人，其中专任教师120人。职业高中学校（非学校产权）占地总面积46000平方米，建筑总面积（学校产权）49636平方米，建筑总面积（非学校产权）23768平方米，图书室藏书132206册，固定资产总值12163.32万元。成人教育单位12个，其中社区教育学院1所、区教委辖管乡镇成人学校11所。开设外语、计算机、农业技术、驾驶、文明素质等培训科目。教职工34人（不含外聘教师），其中专任教师23人。区教委辖属乡镇成校占地总面积88548平方米，建筑总面积33964平方米，图书馆藏书51435册，有计算机488台，固定资产总值1631.084012万元。

【开展职业教育课堂展示活动】　3月18日，通州区教委与通州区教师研修中心开展青年教师课堂展示活动，青年教师分别展示“新闻式软文的撰写”“物流仓储与配送”电子商务等课程。全区30余名职业学校教师参加活动。

（刘琼）

【16家书屋投入使用】　4月23日，通州区教委与团中央中国光华科技基金会携手共建的“光华公益书屋”在北京城市副中心正式投入使用。启用仪式上，翠景北里社区、玉兰湾社区、怡乐中街社区、云景东里社区、云景北里社区、翠屏北里社区、新城嘉园社区、金桥时代社区、格瑞雅居社区、龙鼎园社区、苏荷雅居社区、云景里小区、云景里社区、京杭大运河书店、阅青山书屋、小洋侨书屋、“光华公益书屋”等16家公益书屋负责人接受书屋水晶牌和图书，公益书屋负责人、街道和基金会领导分别发言交流。此次为各书屋捐赠配备了图书1.2万册，总价值35万余元。团中央机关党委、通州区教委、中国光华科技基金会、团区委和相关街道领导出席启用仪式。

【举办通武廊职业技能大赛】　5月20日，通州区教委举办2021年“丹佛斯”杯通武廊职业学校技能大赛。学生技能比赛设置学前教育专业赛项、职业生涯设计技能挑战赛、电子商务运营技能、数字影音后期制作技术、汽车机械拆装、汽车营销、职业礼仪7个项目，教师教育教学能力比赛设置思政课教师基本功、班主任基本功2个项目。来自北京市通州区、天津市武清区和河北省廊坊市三地区五所学校的216名学生选手、35名教师选手、110名指导教师、85名裁判员参加。通武廊职业教育联盟自2019年起每年联合组织“丹佛斯”杯通武廊职业学校教育教学能力比赛。

（李继龙）

【承办北京市职业教育宣传月启动仪式】　5月27日，通州区教委承办2021年北京市职业教育宣传月启动仪式。启动仪式围绕“未来工匠心向党、青春奋进新时代”主题。仪式上，教育部职业教育与成人教育司副司长对全国职业教育大会精神进行专题宣讲。教育部职成司、市教委、通州区及全市职业院校、市有关委办局、各区有关部门领导和负责人，职业院校师生代表、行业企业代表300余人在主会场参加活动，全市职业院校师生近1万人通过视频会议方式在分会场参加活动。

（刘琼）

特殊教育

【概　况】 北京市通州区培智学校占地面积1.13万平方米，校舍建筑面积0.72万平方米，运动场地面积0.21万平方米。图书馆（室）藏书8321册。固定资产总值2865.27万元，2021年教育经费投入2536.53万元。学校信息化经费投入58万元，拥有计算机112台，网络多媒体教室22个，校园网出口总带宽1000Mbps，数字资源量3614GB，“信息技术”课程每周2课时。有教职工63人，有高级职称教师10人、中级职称教师28人。专任教师62人，包括特级教师1人、北京市骨干教师1人；本科以上学历61人。开设教学班19个（小学阶段12个、初中阶段7个）。毕业22人，九年义务教育（小学阶段13人，初中阶段9人）；招生14人（全部为小学阶段学生）；在校生181人（小学阶段122人、初中阶段59人），其中，言语残疾1人、肢体残疾4人、智力残疾140人、精神残疾30人、多重残疾6人。

2021年，北京市通州区培智学校以“仁爱”教育为学校文化建设核心，以“让生命绽放色彩”为办学理念，依托“学会生活、快乐成长”办学特色，为学生提供专业教育与康复课程；以“礼孝”教育为重点，深化养成，提高学生的实践能力和综合素养。以教育教学工作为重点，扎实工作。有力推动“双减”政策的实施和特殊教育事业的有序前行。组织教师学习中共中央办公厅、国务院办公厅《北京市关于进一步减轻义务教育阶段学生作业负担和校外培训负担的措施》《通州区关于“双减”政策大学习、大理解、大讨论、大落实方案》等一系列政策文件，组织干部、教师开展系列学习研讨活动。在工作中开展有效研究，科学精准施策，不断提高教育教学质量。

【作业设计】 学校制定《培智学校作业布置、批改、反馈统筹办法以及相关制度》，并提出作业设计要体现“四性”要求，即层次性、生活性、互动性和开放性。学校还开展《落实“双减”政策 提升作业质量——暨“双减”背景下作业设计》的校本培训活动，让作业设计更有针对性、科学性。

【教研活动】 学校教师参加通州区第九届“启慧杯”融合教育课堂教学评优活动的决赛。开展“同课同台促成长，异构异思显智慧——同课异构”主题教研活动，聆听课堂教学评优专家讲座。参加通州区“秋实杯”“春华杯”“亮彩杯”青年教师课堂教学评优活动，不断拓宽教学途径，创新教研活动。发展教育教学研究团队，定期开展研讨和交流，用研究的途径解决学生的实际问题，解决家校共育的有效方法，通过课题引领，加速教师专业成长。

【课后托管】 学校制定《通州区培智学校课后托管服务工作方案》，并利用线上家长会向家长宣传课后托管服务工作，为有需求的学生提供课后托管服务，组织学生开展文娱、体育活动，教师根据学生兴趣进行绘画手工、音乐、绘本阅读、劳动技能游戏活动等教育活动。

【德育活动】 学校开展一系列丰富多彩的德育活动。给学生提供成长锻炼的平台，帮助学生在体验中感悟运动之美，提高学生们的活力，促进良好的家校关系，让学生都能在精彩的活动中体验快乐、健康成长。探索提质减负新路径，培智学校成立班主任工作室。工作室的成立，发挥优秀班主任的辐射作用，促进班主任专业素养的提升，优化班级管理，深化班级德育工作。

（李福玉）

学校选介

【北京市北海幼儿园北京城市副中心园】 北京市北海幼儿园北京城市副中心园为教育部门办园类别，日托制。北京市北海幼儿园北京城市副中心园一园两址，分别为北京市北海幼儿园北京城市副中心园一分园、北京市北海幼儿园北京城市副中心园二分园。2个校区共占地面积15202.4平方米、建筑面积26619平方米。2021年教育经费投入1295.222264万元，固定资产总值2444.617669万元。图书室藏书1.05万册。学校信息化经费投入479429元，校园网出口总带宽1G。拥有计算机89台。幼儿园设有2个儿童资源库、美工教室和科学屋等专用教室4个，普通教室24个。正式在编教职工21人，其中，中级职称2人。专任教师49人，本科学历32人，专科学历17人。保健医6人。开设21个教学班。其中，小班8个 、中班7个、大班6个。幼儿入园812人，在园812人。

2021年，北京市北海幼儿园北京城市副中心园在确保幼儿的生命、健康安全的前提下，做好幼儿疫苗接种服务工作。在研究、反思的基础上深入推进学前教育改革，深化主体性教育，支持人人在快乐发展中做真正的自己。全力支持北京城市副中心建设，发挥北海幼儿园精神的传递作用。稳抓思想道德建设，通过“师德讲堂”“党员学习”“工会活动”等多种活动，提升教师思想政治素养。不断完善制度，提高管理效能，利用工作交流会、行政会议等活动加强干部队伍建设。同时，关注教师专业成长，通过“实践研究”“分岗培训”“培训大会”“课题申报”等活动提升教师专业素养，促进研究成果的推广与运用。扎实做好日常工作，关注幼儿长远发展。通过“一月一节”“升旗仪式”等，发掘、探索支持幼儿自主发展的有效路径。在多种渠道的交流活动中，传播教育理念，全面提升日常工作水平，构建良好的教育生态环境。

（*居硕*）

【北京市通州区幼儿园】 北京市通州区幼儿园为教育部门办园类别，日托制。园所分为中山街中大班部、后南仓富力金禧小区小班部，两址办园，占地面积共8260平方米、校舍建筑面积6942平方米。2021年教育经费投入628.88万元，固定资产总值8399.91万元。图书室藏书0.5万册。拥有3个专业教室、23个普通教室；计算机62台。学校信息化经费投入42.41万元，校园网出口总带宽100Mbps，数字资源量1500GB。教职工128人，其中在编75人，社会化人才16人，劳务派遣19人。在编及社会化人才均为专科以上学历，其中教师69人、保健医6人、行政后勤16人；正高级职称1人，副高级职称7人，中级职称23人。开设23个教学班，其中小班8个、中班8个、大班7个。幼儿入园213人，离园198人，在园702人。

2021年，通州区幼儿园秉承“尊重生命、服务生活、健康成长”的办园宗旨，在党的全面领导下，努力改善园所环境，开展课题研究，发挥辐射带动作用，在北京市幼儿园办园质量督导评估工作中通过A类标准验收。

坚持党建引领，申报区级党建课题“幼儿园党员队伍管理机制的实践研究”并顺利结题。以“学党史，知党情，跟党走”为主题，开展“党史学习教育”活动。组织“重温赶考路，永远跟党走”主题党日、“红星照耀大运河——中国共产党北京市通州区历史主题展览”参观活动，追寻红色记忆，凝聚奋进力量。

加强课题引领，狠抓教科研工作。10个市级课题、3个区级课题立项并开题。作为实验校，参加融合教育及成熟期教师输出式培训市级课题研究，成效显著。引进思维棋训练课程，拓展幼儿游戏材料，提升幼儿思维能力。

发挥辐射作用，推进京津冀地区教育协同发展。接待河北大厂回族自治县幼儿园3名教师到园跟岗实习，带动京冀地区学前教育交流提高。与内蒙古赤峰市翁牛特旗乌丹第一幼儿园建立拉手共建单位，9月，园长张海燕带领市级骨干教师郝秀莹、张乃会，开展京蒙对口支教工作，传递幼儿园优秀教学经验及科研方法。

提升园所环境，消除安全隐患。修缮中大班楼道环境，更换大厅玻璃幕墙，做楼顶防水；更换食堂大灶及食堂线路，消除安全隐患。为幼儿户外活动场地安装遮阳棚，调整大型玩具和戏水池格局，拆除箱变问题围挡，将室外箱变改造为投掷墙和音乐墙，创设更加安全、舒适的幼儿生活的环境。

谋主动创成效，深入推进幼小衔接试点工作。携手中山街小学开展“幼小衔接零起点”和“幼小衔接内容与方式”的教学研讨观摩活动，提高幼儿入学适应能力、学习能力和生活自理能力，助力幼儿在身心方面向小学过渡。

丰富主题活动，做好家园共育，促进幼儿健康成长。开展幼儿体检、视力测查、氟化泡沫等卫生保健工作，并与通州区潞河医院携手开展关爱口腔健康培训，提高师幼、家长对健康的认识，养成科学、文明、健康生活习惯。邀请北京教育学院李静副教授为全体家长做线上培训，引导家长树立正确、科学育儿观，解决家长困惑。

（苏齐）

【北京黄城根小学通州校区】 2019年9月2日，北京黄城根小学通州校区举行落成揭牌仪式。学校位于北京城市副中心职工周转房（北区）项目东北角，潞源中街1号院1号楼。北京黄城根小学通州校区占地面积20982平方米，校舍建筑面积38074平方米，运动场地面积9727平方米。图书馆（室）藏书40000册。固定资产总值4487.912898万元，2021年教育经费投入1238.6万元。学校拥有计算机301台，网络多媒体教室40个，校园网出口总带宽8000Mbps，“信息技术”课程每周1课时。教职工60人，其中，高级职称4人、中级职称6人。专任教师58人，包括北京市学科教学带头人1人、西城区学科带头人1人。本科以上学历59人，硕士研究生36人。开设教学班23个。毕业117人、招生230人、在校生863人。

2021年，北京黄城根小学通州校区将课堂教学质量提升、课后服务管理升级、作业设计与优化、教学评价体系等梳理成一个个专题，建立以教研组和单学科组为“点”、多学科为“面”的点面齐动校本日常教研体系，研讨并解决教学和学生成长中的真问题，有效提升青年教师教学质量、教研水平，推动校本研究工作的扎实开展。

守好课堂主阵地，落实双减做“加法”。基于“双减”提升课堂教学质量的整体要求，通过组织教师观摩、参加每学年集团总校的“皇城杯”赛课，每学期学科骨干的教学引领课，各学科、各年级教师的常规评比课、三姿训练课、风采展示课、组内研究课等，最大程度发挥骨干教师的示范引领作用，引领青年教师在观课、备课、磨课、授课中关注学生实际获得，精炼技能，提升课堂教学实效。

坚持活动育人，重视养成教育。以国庆节、中秋节、国家宪法日等节日主题活动厚植爱国情怀，弘扬向善正能量；开展光盘运动，以“美丽校园我们约定”活动为主线，让好习惯与“双减”同行，培养文明、儒雅小少年；用美育陶冶情操，以艺术涵养灵魂，开展班级三歌赛、“小黄雀”艺术节、“寻梦未来 记忆留夏”毕业典礼等活动。依托法制副校长、卫生副校长进校园系列教育活动，提升学生疫情防控、传染病预防、个人卫生、防暴恐等安全教育活动。

以体育智、以体育心。学校立足校情、学情，在充分调研家长、学生需求的基础上，逐步构建以基础国家课程、七彩课间、课后服务课程为主要模块的“1+2+N”全天候体育课程体系，形成贯穿全年的日日锻炼、月月有赛、挑战吉尼斯、年度大型联赛以及亲子运动会等全员锻炼氛围，最大化地利用学校现有空间，让学校每一个角落都有运动的欢呼声。

2021年，学校教师及课程荣获北京市学生喜爱的班主任，省优级精品课，北京市启航杯一、二、三等奖，春华杯一等奖等荣誉，多次参与区级、市级研讨课。学生在市区级英语演讲比赛及绘画书法、舞蹈、合唱等比赛中多次荣获佳绩。代表通州区完成“绿色校园”的市级评审验收，多次受邀参与北京教育学院、教科院等科研机构组织的“双减”工作交流汇报。

（冯怡）

【北京市通州区通运小学】 北京市通州区通运小学位于通州区紫运南里一区六号楼，始建于2020年。设计规模24个教学班，1080个学位。学校占地面积18815.09平方米，校舍建筑面积20957.16平方米，运动场地面积5288平方米。图书馆藏书约2万册。固定资产总值5400万元，2021年教育经费投入3600万元。学校信息化经费投入300万元，拥有计算机100台，网络多媒体教室26个，校园网出口总带宽1000Mbps，“信息技术”课程每周1课时。教职工46人，其中包括高级职称5人、中级职称15人。专任教师42人，包括北京市骨干教师2人。本科以上学历46人。开设教学班10个。2021年招生169人，在校生392人。

坚持以“立德树人”为宗旨，关注学生德智体美劳全面发展，加强通运小学育人模式的构建。开展“通运种子课程”体系，根据课程内容，进一步完善现有的“通运多彩课堂”，拓宽育人层面，系统落实全方位育人模式。围绕整体计划，稳步推进德育工作，以“通运多彩课堂”系列德育活动为主线，同步推进体育、美育、劳动育人、家校育人主渠道，初步构建具有“通运”品牌特色的系列德育活动。

关注教师的专业成长，稳定提升教学质量。通运小学围绕学校整体计划扎实开展工作，大胆创新，学校以“立足根本、发展个性、激发潜能”为原则，坚持将国家、地方、校本三级课程整体推进，从“基础、拓展、创新”三个维度出发，以“语言与阅读、科学与创新、生命与健康、艺术与审美、修身与立志”五大领域为支撑，把培养学生的综合素养作为目标，初步构建学校课程体系。学校致力于以“青悠文化”为基调，以“通运青悠”系列教研活动为依托，整合推进校本教研、学科建设、教学常规、教育科研及教师素养提升工作，教务处开发制定“通运青悠”校本教研指导手册，并以手册为纲，引领教研组开展系列校本教研活动，初步形成具有“通运”品牌特色的教研体系。

（王征）

【北京市通州区中山街小学】 北京市通州区中山街小学占地面积7048平方米，校舍建筑面积5789平方米，运动场地面积3804平方米。图书馆藏书32221册。固定资产总值2685.92万元，2021年教育经费投入3006.26万元。学校信息化经费投入19.90万元，拥有计算机583台，网络多媒体教室43个，校园网出口总带宽8000Mbps，数字资源量1500GB，“信息技术”课程每周1课时。有教职工101人，其中高级职称13人、中级职称45人。有专任教师96人，其中北京市骨干教师4人、骨干班主任1人，通州区骨干教师16人、骨干班主任3人。本科以上学历98人。开设教学班27个。毕业147人，招生170人，在校生1190人。

2021年，北京市通州区中山街小学以“发展每个孩子，开启美好人生”为办学宗旨，以“建设质量优异、队伍优秀、特色鲜明的副中心最优质小学”为目标，以党组织领导的校长负责制试点为契机，聚焦“双减”，探索提质增效新路径，深化爱美教育办学特色，构建“三全育人”工作格局。

加强党对学校工作的全面领导，参与“北京市中小学校党组织领导的校长负责制试点工作”研究，健全完善制度机制，实现党建工作与业务同部署、同落实、同考评。结合建党百年，开展“永远跟党走”党史学习教育，党员干部带头讲微党课16节。实行“1234”党建机制、“三级”沟通举措、“四化”工作模式，创建“槐园红色先锋”党建示范品牌。以“新时代中小学意识形态工作机制的研究”党建课题为引领，实现“党建红”引领“教育蓝”。学校党支部被评为“先进基层党组织”。

以“互联网+”方式，夯实课堂教学，参与“变教为学”改革、“吴正宪特级教师工作站”、“基于教学改革、融合信息技术的新型教与学模式”等项目研究，组织开展区域性支教帮扶、共同体课堂教学展示、“槐园杯”课堂评优活动及专家讲座、队伍培训73次，让课堂在变革中提质增效。以“作业设计”为抓手，在“控制”与“形式”上着力，除基础性、综合性作业外，增加操作性、实践性、调查性作业设计，倡导分层、个性化特色作业设计，实现作业提质减量。以“课程建设”为重点，设置“五+”

课后服务课程体系，在职教师100人、外聘教师31人，推出菜单式课后服务课程60项、精品研修课程15项，开设舞蹈、啦啦操、跳皮筋、机器人、篮球、足球、跆拳道等社团课程满足学生不同兴趣需求，校金帆管乐团曾在国家大剧院举行专场音乐会，合唱团、管乐团曾受邀参加央视“奋进吧！科学少年”直播演出。

以校训“像古槐一样成长”为总方向，以“槐园中成长”为主题，献礼建党百年，传承“红色”“正气”精神内核，以“节日纪念、仪式教育、校园节(会)、少先队活动”为载体，依托“习惯养成”“活动育人”“团队建设”“家校协同”路径，完善育人体系。举办“画说百年”绘画展、“诵诗词经典 品唐风古韵”第二届诗词大会、“温暖西部”书籍捐赠、“科学创造未来”第五届灯笼节，召开第三次少代会，组织非遗、名家、科技进校园特色活动，落实立德树人根本任务。以培养“乐观、乐学、乐群、乐行”健美少年为目标，开展群智共享、家长课堂活动。通过“幼小衔接 家校周报”分享缓解家长焦虑；通过“让‘双减’政策下的高质量陪伴，助力孩子健康成长”“让孩子爱上阅读，助力综合素养提升”“双减之下，孩子内在动力与习惯培养”系列家长课程，引导家长转变教育理念。通过家访交流家庭教育观念方法，提升学校教育满意度。

2021年，学校师生在全国市区获奖335项，立项市区级“十四五”课题13项，管乐团、合唱团均获北京市二十四届学生艺术节金奖。学校被评为北京市绿色学校、健康促进学校。

（吴琦）

【北京市通州区潞河中学】 北京市通州区潞河中学占地面积17.06万平方米、建筑面积10.0216万平方米、运动场地面积2万平方米，绿化用地面积60000平方米。图书馆藏书135691册。固定资产总值52662万元。2021年教育经费投入18881万元。学校拥有计算机2600台，多媒体教室8个，校园网出口宽带1.1gb，数字资源量2500GB，“信息技术”课程初中每周1课时、高中每周2课时。教职工376人，其中，正高级职称14人、高级职称148人、中级职称144人。专任教师305人，包括特级教师14人、市学科教学带头人5人、市骨干教师19人、市骨干班主任2人。本科及以上学历364人。开设教学班80个，其中，初中班30个、高中班50个。毕业913人，其中，初中393人、高中520人。招生1066人（初中445人、高中621人），在校生3217人（初中1231人、高中1986人），包括寄宿生1012人。高中录取分数线618分（通州区统招），应届高考本科上线率100%。

学校聚力内涵发展，课程校本化探索不断推进。行政班与教学班双轨制并存管理的教学管理模式满足学生个性发展的需要、成就学生个性成长。人才培养模式多样，1+3试验项目取得初步成绩。获得中高考优秀校、全国文明校园等荣誉。在叶圣陶杯全国中学生新作文大赛、北京市学生艺术节、信息学奥赛等赛事活动中均取得好成绩。

为了深入贯彻落实京津冀协同发展国家战略，促进北京市优质教育资源向北三县延伸布局，北京潞河中学三河校区正式建成。该校区依托潞河中学百年校史、品牌价值及办学优势，在办学理念、校风校训、校园文化等方面与潞河中学“同形、同构、同质”，潞河中学在政策、师资、课程建设等方面给予支持指导，努力将潞河中学三河校区打造成与京津冀教育协同发展相适应的高起点、高质量、高品质的现代化学校，为京津冀一体化建设蓄教育之力。

（徐甲）

【中国人民大学附属中学通州校区】 中国人民大学附属中学通州校区始建于1915年，位于通州区潞城镇胡各庄村南1号。学校总占地面积52770平方米，校舍建筑面积98亩，绿化面积12000平方米，室外操场面积20129平方米，室内篮球体育馆1200平方米，图书馆藏书10万册。固定资产总值41553万元，2021年教育经费投入3088万元，学校信息化经费投入29.65万元，拥有计算机1029台，网络多媒体教室66个，校园网出口总带宽8000Mbps，数字资源量5000GB，“信息技术”课程每周1课时。教职工234人，包括高级职称83人、中级职称64人。专任教师195人，包括北京市学科教学带头人1人；区级骨干教师16人，区级青年骨干教师1人。本科以上学历230人。开设教学班68个（小学

2个、初中26个、高中40个）。毕业568人（初中288人、高中280人），招生799人（初中242人、高中557人），在校生2317人（初中814人、高中1503人），包括寄宿生823人，随班就读学生2人。高中录取分数线570分（通州区），应届高考本科上线率99.6%。

中国人民大学附属中学通州校区坚持党建引领，修订完善《人大附中通州校区学校章程》，组织起草《人大附中通州校区十四五教育发展规划方案》，开展“致敬党旗100年献礼”系列活动，申请区级课题“新时代中小学加强党的领导研究”，全体党员、教师签订《党员承诺书》《廉洁从教承诺书》《师德诚信承诺书》，先后获得区年度先进女职工委员会、区教育系统党建示范品牌、区教育系统先进基层党组织。

组织第二届“青蓝工程”青年教师培养工作，继续优化“人通·心通”三层次课程体系，实现“以英才育英才”目标。完成全国教育科学“十三五”规划教育部重点课题“具身学习促进学生思维发展的实践研究”等6项子课题的开题研究和“一带一路”课程开发等6个项目申请，结合“教师专业发展测评系统”的开发，开展系列教师培训，结合“创造性教学培训”项目，提高教师的教育教学水平。

开展“四个一”走进军事博物馆活动，模拟政协活动，提升学生综合素质。纪念中国人民志愿军抗美援朝出国作战70周年，各班召开主题班会，继承发扬抗美援朝的革命精神。60余名学生参加通州区模拟政协活动，21份提案在通州区学生模拟政协活动中获奖。加强宪法教育宣传，开展宪法日活动，4人代表北京市参加全国宪法大赛。每月开展安全疏散演练，节假日下发《致家长的一封信》，强化学生、家长法制安全意识。副中心消防支队走进学校，利用消防宣传车实体展示安全的重要性，增强学生自我防护意识。学校联系潞源派出所警力、组织保安和全体学生参加反恐防暴实操演练，增强学生反恐防暴安全意识，提升反恐防暴能力。学校顺利通过市级文明校园、绿色学校、国防教育示范校园的评选，先后获得区教育系统卫生工作优秀集体、北京市中华经典诵读工程活动优秀组织奖、北京市政府颁发的“节约用水先进集体”等荣誉。

落实精准教学项目研讨，课后服务满足多元需求和提质增效策略研究，注重提高管理实效。参与大数据精准教学项目，开展多种形式的教学研究。9月，开展大数据平台项目使用培训，初三化学备课组内听课研讨，12月15日，初三化学组承担“双减”背景下精准教学项目区视导研究课，展示大数据平台使用效果。高度重视，加强培训。10月9日，学校初中全体干部、教师100多人，在党委书记、常务副校长的带领下，结合“双减”政策大学习、大讨论方案，开展“双减”政策研讨学习。针对“双减”背景下的“单元整体，优化作业设计”，初二语文备课组在区研修员的指导下，听课研讨。“双减”背景下的答疑辅导，初三数学组聘请区教研员为高端生做专题辅导。

实施禁毒教育，参与全国青少年禁毒知识竞赛，学校参与答题率100%，满分率26%。每年5月为学校心理健康月，开展主题为“送生命一朵小红花”的“525心理文化节”。初高中各年级开展足球、篮球、排球、射击等体育社团活动和体育队的常规训练，参加市级中小学生足球比赛初中女子组比赛。初中学生开展机器人、铜管乐队、男女舞蹈队、天文观测、AR社团等活动，培养学生的艺术修养、科技素养和科技创新能力。作为北京市足球、篮球、排球传统项目学校，3月份申报北京市“金奥”女足和女排2个运动队，市级项目组委会于11月15日进校检查。在2021年澳大利亚数学思维挑战活动（AMC）中，1人获二等奖、2人获三等奖、1人获数学技能奖；在第十八届“叶圣陶杯”全国中学生新作文大赛上获一等奖1名、二等奖2名、三等奖3名、优胜奖4名；4人在2021年“全国中小学信息技术实践与创新大赛”中获得市级一等奖；8人在2021年度“希望中国”双语文化艺术节——第十二届“希望中国”青少年教育戏剧全国展评中获得全国特等奖，9人获全国二等奖；1人获得2021年“中国银行”全国U12冰球比赛U12优胜组第一名；2人获得世界机器人大赛锦标赛第一名；1人在第二十二届全国信息素养提升实践活动中获创新作品奖；10人在第二十二届中小学师生计算机作品交流展示活动机器人项目比赛中获得市级一二三等奖；5人在北京市第三届中小学生技术创意设计现场展示活动中分获二三等奖；52人分获北京市中小学生植物栽培大赛一二三等奖；9人分获CSP-J/S非专业级软件能力认证（入门级第一轮）初赛一二三等奖；学校先后获得全国青少年人工智能活动特色单位、区第三届中小学师生“漕运杯”书法作品展示优秀组织奖荣誉。

先后组织教师参加2021年通州区首届体育、艺术、科技教师中心组优秀论文及案例评选征集活动，北京市教育学会创造教育专委会2021年征文、课例征集活动，北京市第十四届“京美杯”美育教育教学论文评选征集活动，完成“十四五”北京市及通州区规划课题申报工作，组织通州区“学科基地”数学、物理、生物、英语4个学科的答辩工作，总计150多名教师获得市区级科研论文、示范课评比一二等奖，挂牌教育部“基于教学改革、融合信息技术的新型教与学模式”实验区通州区实验学校，获2021年区级高招工作目标管理优秀集体、区高三毕业班工作优秀学校、区中考优秀考点、2021年首届京津冀教育高峰论坛“我身边的好学校：中国人民大学附属中学通州校区”荣誉。
继续与觅子店中学进行线上线下手拉手教科研交流，对内蒙古翁牛特旗对口学校进行帮扶，与乌丹二中签订交流合作协议书，有4名内蒙古干部教师在学校进行“云跟岗”，推进优质教育资源向西部辐射。继续保持与国内外友好学校的线上交流，组织“中葡文化交流—冬奥主题交流——带一路项目”，推进国际教育共同体的创造。

（邓丕来）

【北京理工大学附属中学通州校区】 北京理工大学附属中学通州校区建于1956年，位于北京市通州区宋庄镇徐辛庄村1000号。学校占地面积73992平方米，校舍建筑面积37545平方米，运动场地面积2540平方米。图书馆藏书45104册，固定资产总值20024.827388万元，2021年教育经费投入8391.227047万元。学校信息化经费投入114.18835万元，拥有计算机855台，网络多媒体教室66个，校园网出口总带宽8000Mbps，数字资源量1200GB，“信息技术”课程每周初一、初二、高一各1课时。教职工180人，包括高级职称64人、中级职称54人。专任教师137人，本科以上学历177人。开设教学班37个（初中21个、高中16个）。毕业358人（初中221人、高中137人）；招生436人（初中250人、高中186人）；在校生1375人（初中769人、高中606人），包括寄宿生656人，随班就读学生4人。高中录取分数线579分（通州区），应届高考本科上线率97.14%。

2021年，北京理工大学附属中学通州校区通过书记讲党课、教师讲党史、学生讲故事等形式开展党史学习教育。参与通州区课题“党组织领导的校长负责制”跨区域办学方向研究，为相关政策制定提供依据，2021年度，学校党总支被评为通州区教育系统优秀党总支，注重“双培养”，骨干教师党员比例为61%。

坚持五育并举，发展核心素养。学校以落实“双减”和“五项管理”政策为深化教育改革契机，以“基于信息化手段支撑下的分层作业研究”项目研究为抓手，转变教育评价观念、注重课堂教学管理、科学设计作业、借力集团化办学东风，挖掘潜在资源，提升课后服务品质，优秀教师承担课后服务“名师大讲堂”、学生小讲师团，引入校外优质资源，聘请专家专题讲座，组建22个特色社团，国学特色课程、艺术体育教师专业训练等满足学生多样化需求，为学校教育教学增添靓丽与底色。

学校牢固树立“安全重于泰山”意识，充分利用国旗下讲话、校会、班会、宣传窗、宣传大屏、微信公众号等各种阵地，加强对师生的安全教育。通过签订安全工作责任书，开展中小学安全教育周、安全教育日活动、安全应急演练等，提升安全防范能力。严格执行学校突发公共安全事件报告制度，做好预防和处置工作，进一步完善教师值班制度和校园安全联防制度，深入开展学校及周边治安综合治理，确保学校安全稳定。疫情防控是2021年安全工作重要内容，学校认真贯彻执行疫情防控规定，及时组织师生接种疫苗，加强疫情防控教育，落实《学校卫生工作条例》，日常工作高标准要求，做到提前谋划、严格落实，保障师生安全。

2021年学校有通州区骨干教师14名，青年骨干教师5名，骨干班主任4名。教师在市、区级教学工作中取得优异成绩。优秀课程类，包括研究课、示范课、评优课56节，发表论文82篇，优秀教学设计、优秀课例32个，获市、区级荣誉16项，辅导奖42项，经验交流15次。

科技楼、浩宇馆、steam教室等对所有科技爱好者开放。2021年度有28人获得全国一等奖，74人次获得市级一二三等奖，87人次获得区级奖项。在FRC钱江国际机器人公开赛中，学校获得新秀战队最高荣誉——全明星奖。

（张为民）

【北京物资学院】 北京物资学院是一所以物流和流通为特色，以经济学科为基础，以管理学科为主干，经、管、理、工、文、法等多学科协调发展的公办普通高等院校。1980年建校，先后隶属于国家物资总局、物资部、国内贸易部，1998年10月划归北京市管理。2018年2月，经北京市人民政府批准，北京市商务科技学校并入北京物资学院。学校设有5个校区，主校区、继续教育学院校区、研究生生活区位于通州区。

北京物资学院占地面积40.86万平方米，产权校舍建筑面积21.95万平方米、非产权建筑面积3.37万平方米。图书馆建筑面积12883平方米。2021年，教育经费投入50609.96万元，其中，国家拨款43706.79万元、事业收入5800.72万元、经营收入48.92万元、其他收入1053.52万元。固定资产总值110965.36万元，包括教学、科研仪器设备资产值31004.06万元，信息化设备资产10212.11万元。拥有教室138间，其中网络多媒体教室114间。拥有图书132.12万册，计算机6285台。网络信息点11000个，上网课程357门，电子邮件系统用户9000个，管理信息系统数据总量3500GB。数字资源中电子图书198.09万册、电子期刊109.16万册、学位论文1002.01万份、音视频39884.3小时。学校设置11个教学院部。开设27个本科专业，覆盖6个学科门类；具有一级学科6个；一级学科硕士点6个，二级学科硕士点20个，硕士专业学位授权类别9个。国家级一流本科专业建设点5个，北京市级一流本科专业建设点5个，北京高校重点建设一流专业1个，北京市特色专业建设点3个。国家级人才培养模式创新实验区1个，国家级实验教学示范中心1个，北京市高等学校实验教学示范中心2个，北京重点实验室2个。教职工1021人，其中，专任教师517人，包括正高级职称80人、副高级职称193人；硕士研究生导师258人。学历教育学生中毕业生2153人，其中，研究生333人，普通本科生1474人；成人教育本专科生346人（本科生275人、专科生71人），本科毕业生就业率98.64%。招生2488人，其中，学历教育学生中全日制研究生629人（均为硕士研究生），普通本科生1638人，成人教育本专科生221人（本科生164人、专科生57人）。2021年高考北京地区提档线：不限选考专业组（1）482分；不限选考专业组（2）484分；物理必考专业组481分；物理／化学／生物（选考一门）专业组500分。在校生8594人，其中，研究生1410人，普通本科生6232人，成人教育本专科生1171人（本科生1033人、专科生138人）。留学生毕（结）业5人，招生35人，在校生129人。

以党建为引领，做好庆祝中国共产党成立100周年大会和北京冬奥会、冬残奥会服务保障工作，激发师生爱国情、报国志。学校选派261名师生参加庆祝中国共产党成立100周年大会和文艺会演。训练及会演全程做到“零通报”“零掉队”“零传染”，受到庆祝大会指挥部的感谢和表扬。发挥学校特色和优势，选拔131名志愿者和物流实习生，承担北京冬奥会、冬残奥会物流服务等任务。

修订《北京物资学院处级领导干部选拔任用工作办法》，完善干部选用管育工作体系。择优推荐13名优秀年轻干部到校外挂职。落实《党政领导干部考核工作条例》，将考核结果和奖励绩效工资挂钩，实现优绩优酬，切实发挥干部考核的指挥棒作用。获批马克思主义理论一级学科授权点，国际商务、法律、应用统计、电子信息、交通运输5个专业硕士学位授权点。实现期货学院、京东学院的招生运行。获批金融学、物流工程、物联网工程3个国家级一流本科专业建设点，4门课程获批北京市优质本科课程，1部教材获得首届全国优秀教材（高等教育类）二等奖，获批教育部新文科创新项目1项、教育部产学研（产业实践、学术、科研）协同育人项目22项、北京市本科教学改革创新项目4项，1门课程获评教育部课程思政示范项目。

结合北京市高质量发展要求，对标北京市高端智库建设要求，成立双碳研究院。与通州区签订战略合作协议，筹建副中心发展研究院、自由贸易区研究院。

获批国家留学基金委本科学术互认课程（ISEC）项目。在马来西亚沙捞越成立北京物资学院“一带一路”教育与科研中心，与玛拉工艺大学（沙捞越校区）合作举办亚洲国家“一带一路”国际教育合作与地方发展论坛。获批北京市“一带一路”东盟国际物流人才本科班、“一带一路”国际电子商务人才本科班2项专项资助。

（丁兆博）

【通州区社区教育学院】 2021年3月23日，经中共北京市通州区委机构编制委员会研究决定，同意将北京市通州区成人教育中心更名为北京市通州区社区教育学院，由区政府直属事业单位调整为区委教育工委、区教委所属事业单位，机构规格由正处级调整为副处级，加挂北京开放大学通州分校牌子。将原北京市通州区成人教育中心所属北京农业广播电视学校通州区工作站、北京开放大学通州区分校并入北京市通州区社区教育学院。2021年11月11日，经中共北京市通州区委教育工作委员会研究决定，同意成立中共北京市通州区社区教育学院总支部委员会，下设4个支部，中共北京市通州区社区教育学院行政管理支部委员会、中共北京市通州区社区教育学院成人教育支部委员会、中共北京市通州区社区教育学院社区教育支部委员会、中共北京市通州区社区教育学院离退休支部委员会。

北京市通州区社区教育学院工作职责是以习近平新时代中国特色社会主义思想为统领，认真贯彻党的教育方针。把握社区教育理论政策，探索社区教育方式、方法，增强工作的示范性、指导性、服务性；充分利用三级教育网络，探索借助街道乡镇居民（村民）文体娱乐团体开展社区教育的有效形式，依托并指导社区教育学校开展工作；加强社区教育队伍建设和业务培训，建好社区教育指导员库和教育内容课题库。加强成人学历教育全过程教育教学管理和规范化建设。

北京市通州区社区教育学院位于北京市通州区中仓街道玉带河东街358号，占地面积12100.28平方米，校舍建筑面积14254.86平方米。固定资产总值2931.67万元，全年教育经费投入3555.47万元。学校信息化经费投入19.6万元，拥有计算机532台，网络多媒体教室31个，校园网出口总带宽500Mbps。拥有教职工96人，有教师职称50人，其中高级职称20人、中级职称24人、初级6人。专任教师62人，包括区级骨干教师1人、区级青年骨干教师2人。本科以上学历82人。开放教育与奥鹏远程教育未设置录取分数线，入学须符合前置学历要求。开设教学班123个（开放教育：专科25个、本科26个、研究生2个；奥鹏远程教育70个）。

以“稳定规模，提升质量，拓宽功能，强化服务”为指导思想，整合行业教育资源，开展“一主多元”可持续发展模式的成人学历教育。北京开放大学通州分校专科（行政管理、会计、人力资源管理）、本科（行政管理、会计、学前教育、工商管理）5个专业，在校生1715人，春秋两季共招生375人，专科、本科毕业336人，其中，本科65人、专科212人，申请学位3人；奥鹏远程教育学习中心专科、本科在校生283人，招生14人，专科毕业31人、本科毕业20人；中国政法大学在职公共管理硕士研究生在校生6人，毕业8人。

发展农民教育，加速农村职业教育和社区教育融合发展。发挥农业广播电视学校的示范引领作用，依托市农校师资库，整合优质师资力量，抓好中专学历教育，有在籍学生281人，结业学生95人。在宋庄镇、马驹桥镇和于家务回族乡等6个乡镇开设8个中专班，开展舞蹈、声乐、国画、陶笛和太极拳等培训课程。

充分发挥“运河讲堂”的公益品牌属性，向社区居民宣讲文明素质教育类、健康类和文化类等知识，传递社会主义核心价值观。全年组织完成4次主题为“传承好家风，成就好人生”、“学习党的历史，深刻理解共产党为什么‘能’”、通州历史与运河文化和高血压知识讲座，参与居民453人。

家庭教育公益课堂课程主题紧贴家校共育、亲子教育关系等社会热点问题，讲授儿童礼仪、如何以良好的情绪和状态养育孩子等知识。根据疫情防控常态化要求，灵活采用微课、网课和面授等形式讲授课程。开展家庭教育公益课堂，网课6次、微课8次、送课进社区44次，1555人次参与培训。

“绿色同享——助力副中心建设”公益环保课获得2021年北京市“终身学习品牌”项目称号。通过讲授垃圾分类、减量等知识技能，帮助社区居民提升环保意识，践行绿色理念，开展“绿色同享——助力副中心建设”公益环保课31次，培训522人。

发挥区级骨干教师的引领、示范作用，增进教师间交流学习，提高教育教学水平，举办区级骨干教师专题讲座和学院教师公开课活动。区级骨干教师李庆做“走进学分银行”和“知觉：体验多彩大千世界”专题讲座。学院教师金琪、白雪、金佳兴等6人以面授或网络视频形式开展公开课交流。

（郑琛颖）

北京通州年鉴

2022

文　化

▲ 10月1日，第12届中国·宋庄文化艺术节暨宋庄艺术创意小镇嘉年华开幕仪式现场

| 宋庄镇提供 |

▲ 5月13日，永乐店镇马合店村2021年欢庆中华母亲节暨乡情村史馆揭牌庆典活动圆满举行

| 永乐店镇提供 |

▲ 5月26日，西集镇举办“五月的鲜花”群众歌咏比赛

| 西集镇提供 |

▲ 6月11日，“粽情话端午　红色运河情”通州区2021年“我们的节日·端午节”文艺演出在西集镇文化广场举办

| 西集镇提供 |

▲ 9月21日，副中心图书馆玻璃梁安装现场

| 区融媒体中心提供 |

▲ 9月30日，2021北京（台湖）影偶艺术周开幕

| 区融媒体中心提供 |

▲ 11月9日，区委办公室（区档案局）举办学习贯彻习近平总书记重要批示交流研讨暨档案业务培训会

| 区档案局提供 |

▲ 11月26日，“我为群众办实事”直播带货首场——永乐店镇西槐庄村开辟线上销售渠道

| 永乐店镇提供 |

▲ 12 月 6 日，中国共产党北京市通州区第七次代表大会直播后台

| 区融媒体中心提供 |

▲ 观众参观北京运河文化节影像大赛展览

| 区文旅局提供 |

▲ 2021 年通州区新时代文明实践系列活动——通州区文联书法进校园

| 区文联提供 |

▲ 3 月 1 日，举办《志在四方》通州区博物馆馆藏石刻拓片展

| 区文旅局提供 |

媒体传播

【概　况】 2021年，通州区融媒体中心全力构建的全媒体宣传报道合力持续强化，有效展示了副中心发展建设成就。区融媒体中心将全平台改版升级作为推进区域媒体融合的首要攻坚任务抓紧抓牢、抓出成效。通过与市级媒体细化合作，持续新闻采编工作的提质增效，高站位形成宣传北京城市副中心形象的舆论强音。围绕北京城市副中心高标准建设及各项工作的高质量推进，区融媒体中心发挥区属媒体的喉舌作用，持续推出前期有策划、中期有组织、后续有跟进的系列报道，持续强化新闻采编工作的提质增效。新媒体平台坚持内容为王，加强专题策划，在做优做强权威融媒体产品方面不断进行探索，新闻报道质量大幅提升。

【副中心宣传阵地建设】 2021年，围绕北京城市副中心建设这个中心和大局，区融媒体中心立足副中心新发展阶段的“三个定位”，跨级别、跨区域、跨平台推进媒体融合工作，多方面、立体化、大容量宣传北京城市副中心发展建设成果，营造北京城市副中心生机勃发的舆论氛围。通过加强人力、财力、物力投入，全力保障与北京日报社、北京广播电视台的深度密切合作；通过与天津、河北两地媒体的互通互联机制构建大宣传格局；通过选题会商和专线供稿，统筹市、区两级报纸、电视、新媒体采编力量，有效提升新闻策划和采编质量水平，实现更为丰富和立体化的北京城市副中心高质量宣传局面。2021年，区融媒体中心共组织召开编委会46次；发行《北京城市副中心报》257期，每期发行量从原来的2万份增加到4．5万份。被国家新闻出版署批准获得正式刊号，于10月19日正式公开出版发行；北京城市广播播出副中心相关节目6570小时；北京电视台播出副中心相关新闻1700余条，BTV《北京城市副中心新闻》栏目在传统电视媒体逆水行舟的态势下，保持相对稳定的收视率，在竞争激烈的晚间黄金收视时段收视率稳定在0.2左右，最高收视率曾触达0.6。

2021年，北京城市副中心主流媒体矩阵围绕控规实施一周年、全面建设小康社会、副中心重点工程建设、城市精细化管理等宣传重点形成前期有策划、中期有谋划、后期成声势的系列报道。形成市、区两级媒体协同发力、深度融合、内容共享、同步发声的高效宣传工作模式。以“北京城市副中心形象宣传”为首要任务的“北京城市副中心媒体矩阵”日趋成熟。

【擦亮北京城市副中心名片】 根据市委主要领导关于“加强北京城市副中心宣传推介”“形成京津冀协同发展展示窗口”的宣传工作指示精神，2021年，区融媒体中心在前期改版升级的基础上，围绕北京城市副中心高标准建设、重点工程推进及京津冀协同发展等内容全年贯穿，持续推出高质量报道。精心打造了《北京城市副中心生机勃发》《协同发展绘新篇》《努力打造改革开放的“北京样板”》等专题专栏，深度挖掘、跟进展示、系统推介北京城市副中心建设成果，提升北京城市副中心美誉度、影响力。

2021年，《北京城市副中心报》刊发稿件5200余篇，其中，围绕推进北京城市副中心高质量发展相关主题稿件1100余篇，同比增长90%；通州电视台《副中心新闻》发稿3200余条，向《北京新闻》《北京城市副中心新闻》《北京您早》等市级新闻平台输送成品新闻1700余条，其中50%与北京城市副中心高标准建设成就相关；与《北京您早》栏目进行直播连线10余次，行进式展示副中心政务服务及发展的细节；与北京城市广播《副中心之声》紧密配合，通过节目内容供给、工作协同等方式成系列、成规模地推出《运河之上》《红色电台》《畅谈十四五，描绘副中心》等多个专题节目，有效提升了北京城市副中心形象宣传的深度和广度。在9月举办的中国国际服务贸易交易会上，区融媒体中心配合北京城市广播推出《在服贸会遇见北京城市副中心》广播直播节目，其中“两区建设助力北京城市副中心”内容引发广泛关注，节目收听率与上期同期数据相比增长150%，市区两级媒体合作再创佳绩。2021年，由融媒体中心记者参与采写拍摄的《北京环球主题公园核心工程全面完工》《北京天桥湾：从“老破旧”到“美社区”》《打造蓝绿交织的北京城市副中心》等7条新闻在央视《新闻联播》播出。区融媒体中心充分发挥副中心新闻生产主力军作用，借助中央级、市级媒体，在更高、更多、更广的平台上展现北京城市副中心生机勃发的崭新气象。

【创新报道形式】 2021年，区融媒体中心利用“运河人才”培养计划与地区航校开展合作，在全国区县级融媒体中心范围内成立首个直升机航拍团队。全年开展航拍活动2次，形成视频资料420余分钟，拍摄形成的素材被北京电视台、中央电视台、“学习强国”北京平台等多家媒体使用。

在5月首届北京城市副中心全程马拉松比赛中，区融媒体中心首次进行赛事的全程航拍直播。全平台通过空地协同，多工种、多角度报道赛事盛况。比赛直播过程中，北京电视台体育频道分时段使用航拍信号，所形成的新媒体产品总点击量达300余万次，其中单条视频最高点击量达144万次；8月，北京环球度假区开始内部测试，航拍团队将北京环球度假区及文化旅游区建设的全貌进行空中多角度的完美呈现，形成的独家视频素材被市级媒体采用并受到多方关注。

【开设党史教育活动专栏】 2021年，结合党史教育活动，全平台开设《学党史 悟思想 办实事 开新局》《红色打卡地》《我为群众办实事》《重走红色印记 追寻红色记忆》等专题专栏。与北京城市广播《副中心之声》合作，开通“红色电台”，在《运河之上》栏目中推出《探寻红色之路》特别节目，生动讲述北京城市副中心红色传承；与区委宣传部联合策划、制作推出“我在北京城市副中心为党送祝福”创意互动H5融媒产品，17.3万人次参加，微信稿件阅读量10万+；于4月开始，在融汇副中心客户端启动“学习党史知识问答”活动，4万人次参与答题，专题访问量超过20万次。截至2021年底，区融媒体中心各平台共刊播党史学习教育主题新闻稿件1200余篇。

【推出北京城市副中心高质量发展系列报道】 2021年，区融媒体中心围绕协同发展、高质量建设、产业结构优化和集群建设、消费转型升级等方面谋划推出多个成就性系列报道，相继开设“做实做深‘两区’建设 推动北京高质量发展”“优化营商环境”等专题版块，对北京城市副中心发展成就进行全方位、多层次的细致展现；为强化“京津冀协同发展”主题报道内容，在建立“小京津冀”媒体联络机制的基础上，持续丰富《协同发展绘新篇》《建设副中心 大家来出力》专栏内容，《北京城市副中心》全年刊发相关稿件360篇，较上年增长89%；《副中心新闻》全年播发相关新闻70余条，较上年增长16%。

11月26日，《关于支持北京城市副中心高质量发展的意见》公开后，区融媒体中心配合并落实好新闻宣传舆论引导方案，及时转发中央级、市级主流媒体权威信息；组织撰写高质量文章，围绕产业发展、生态环境、文化旅游等系统梳理典型素材，确保主题宣传持续性，推出相关报道45篇，刊出5期整版特别报道。新媒体制作发布《副中心品牌》《副中心速度》等综合成就类稿件，微信公众平台总阅读量突破10万；组织发起“行走京津冀大型融媒采访活动”，携手天津武清、河北廊坊媒体突出报道京津冀协同发展成果，讲好京津冀协同发展故事。

【围绕“开局‘十四五’ 开启新征程”主题形成专题报道】 2021年是“十四五”开局之年，也是北京城市副中心落实副中心控规、全面推进高质量发展的重要一年。区融媒体中心以中央精神及市委、区委中心工作为主线，围绕北京城市副中心重点工作，策划了《回眸“十三五”诉说新成就》系列报道，着力展示副中心各条战线取得的成就及普通百姓的幸福感、获得感。重点推出《畅谈“十四五” 对话一把手》访谈节目15期，通过北京城市广播、电视新闻栏目，深度解读和宣传“十四五”时期副中心高质量发展目标；报纸开设《聚焦“十四五”权威访谈》

专栏，同步将副中心最新建设成果、最优发展商机进行多角度展示，形成媒体声势。

【重要会议服务保障】 2021年，区融媒体中心调用直播车，对中共北京市通州区第七次代表大会和北京市通州区第七届人民代表大会开幕会进行现场直播，摘录工作报告重点内容，制作96张“金句海报”和96期“金句短视频”，同步在客户端、头条号和短视频平台发布。截至2021年底，一图读懂工作报告系列稿件总阅读量已突破10万余次。区融媒体中心打通报纸、电视、新媒体各业务平台报道渠道，形成强大报道合力。电视新闻推出的“两会”日记专题、沉浸式听会等系列报道，共计50余条，在内容、语态、形式等多方面实现多层次、立体化、沉浸式传播体验。策划拍摄的《党代会日记》和《两会日记》系列短视频，及时在抖音、快手、微信视频号等各短视频平台推送，生动呈现大会盛况和代表委员心声，发布短视频66条，短视频反响强烈，在各社交媒体平台广泛传播，总浏览量突破68万余次。其中，《两会日记：倾听通州政协委员心声》浏览量20.3万次，《两会日记：对话通州区人大代表》浏览量23.5万次。区融媒体中心在此次会议报道期间，积极调动力量并充分利用市级媒体的传播优势，配合协助北京电视台《北京城市副中心新闻》同步播出会议重点报道内容的工作；电台也同步转发报纸端和电视端的报道内容，同时，开展《运河之上》《对话一把手》等专题系列报道，营造会议前后良好的社会舆论氛围，充分展现了通州区融媒体中心媒体融合报道的新气象。

【疫情防控宣传】 2021年，面对疫情防控形势，区融媒体中心开展了贯穿全年的报道。各平台全年刊发相关稿件3800余篇，根据全国疫情发展情况，及时调整各平台头版头条位置的重点刊播内容，适时增加相关稿件数量，及时准确权威发声，回应百姓关切。开设《从严从紧 全力以赴 坚决打赢疫情防控阻击战》《疫情防控》专栏，持续刊发《区疫情防控工作领导小组指导组检查指导工作专报》；更新报道通州区新冠疫苗接种情况，制作短视频产品，引导副中心百姓积极接种；针对社会面防控不力点位，通过《疫情防控曝光台》专栏予以曝光，督促社会各单位切实履行“四方责任”，助力各项疫情防控工作的有效开展。全年播发疫情防控类公益广告累计10950余次，累计播出时间65700分钟，微信公众号、“融汇副中心”App刊发疫情防控类公益广告60期。

【多维度推广大运河文化】 2021年，区融媒体中心与区政协文史委建立联系，在《北京城市副中心报》开设“文史”专版，结合中国共产党成立100周年，深化大运河文化红色记忆的当代价值，刊发《大运河畔的红色村落》等4期专版内容；全平台设立以大运河为主题的重点栏目和版面，强化新媒体参与，推出《大运河北京段全线旅游通航》《弘扬非遗文化 传承艺术匠心》等多篇报道，全平台全程报道“2021北京（国际）运河文化节”系列活动盛况。全年刊播相关稿件210余篇。与区委宣传部联合制作推出四集历史文化宣传片《爱上大运河》，通过拍摄运河水、运河人、运河情，娓娓讲述运河故事，助力大运河文化在新时代更好地延续、发展和传承。

【提升新闻报道质量】 2021年，新媒体平台紧扣各阶段宣传重点发布稿件近3万篇；北京通州发布微信公众号继续保持稳中求进的良好态势，发稿1400余篇，总阅读量1600余万次，单篇稿件平均阅读量过万；新媒体短视频制作方面持续发力，在原有抖音、快手平台的基础上，增设“北京通州发布”腾讯视频号，结合当下热点，加强提升各阶段、各主题短视频生产的策划力度和制作水平，截至2021年底，3个短视频平台制作发布短视频1400余条，发布总量同比增长40%，总浏览量超过2200万余次，其中3条短视频的浏览量超过100万次，反响热烈。

（张维颖）

有线电视

【概　况】 歌华有线通州分公司秉承“以用户为中心、以网络为基础、以服务为抓手、以创新为引领、勠力同心建设智慧广电网络、助力北京城市副中心智慧城市建设”的工作理念，在疫情及汛情的压力下，全力配合北京城市副中心城市管理、政务服务、社会民生和产业经济等方面的工作，做好中国共产党成立100周年、国庆、十九届六中全会等重要时期的安全传输保障工作。

【服务通州区百姓】 2021年，分公司坚持开展“为群众办实事”的党史学习教育实践活动，顶住疫情和汛情的双重压力，全年组织近300场“服务进社区”便民活动，惠及百姓20余万人次，为超过5000名老年用户提供“尊老助老服务”，收到各类群众表扬1195例。全年新建双向网覆盖用户超过2.2万户，为通州区近50万名有线电视用户及超过5万名宽带用户提供质优价廉的网络传输服务。

【安全传输保障和服务工作】 3月起，分公司对全部二级机房陆续开展包括加装烟感报警及远程监控等安全措施在内的升级改造工程，完善机房安全预警机制。在春节、“全国两会”、国庆等重要时段内，分公司出动保障人员1492人次、保障车辆170辆次，完成各项重要保障期的安全传输服务。分公司全力完成中国共产党成立100周年以及2022年北京冬奥会、冬残奥会等重要事件的各项服务工作。6月25日，由分公司建设监控系统、Wi-Fi覆盖系统及全园广播系统的潞城党建公园开园。12月30日分公司配合市广播电视局、区经信局、区委宣传部等单位设立的11个8K超高清大屏幕实现信号全部贯通。

【营维一体用户服务保障工作】 2021年，分公司全面落实中国广电“深入践行以用户为中心的‘圆心战略’”的号召，通过建立动环监控平台、搭建调度+网格+营业厅的快捷联动机制、加强技术培训、优化监控环节等手段提升服务品质，不断推进“接诉即办”向“未诉先办”的转化。

【全面助力副中心智慧城市建设】 2021年，分公司全力做好通州区政府信息网、副中心行政办公区及北京环球度假区有线电视网络、“雪亮工程”、煤改电运行监控平台等事关政务和民生的各项工程的建设和维保工作，先后参与多项线路移改入地、多项道路交通联网点位以及“北京视听小站”示范样板项目等重点工程的建设工作，并且为台湖、漷县等多个乡镇的近百个村庄搭建应急广播及视频会议系统，进一步推动北京城市副中心“智慧化城市”和“智慧化乡村”的建设进程。

【配合区委、区政府各项精神文明创建活动】 作为2020年“首都精神文明单位”，分公司组织党支部、团支部及工会成员大力配合通州区“诚信通州·社区行”、永顺镇“礼让斑马线”、区委宣传部“2021年国家网络安全宣传周”等各项精神文明创建工作，并积极申报市级交通安全先进单位。

（梁悦）

文化活动

【概　况】 2021年，公共文化服务体系建设有序推进，强化基层文化空间升级，移交5处公共文化设施，推进文化馆图书馆总分馆制建设，实现区、街道乡镇、社区（村）三级公共文化设施全覆盖，启动全区22个街道乡镇综合文化中心社会化运营，促进公共文化服务向基层延伸。截至年底，人均公共文化服务设施建筑面积约为1.2平方米。在疫情防控常态化的背景下，区文化和旅游局及时调整工作思路，变线下培训为线上培训，新增线上"掌心"系列公益讲座和"未来学堂"系列培训活动，惠及10余个街道乡镇的广大居民，开启形式多样、内容丰富的互动参与式文化活动。在确保安全健康的前提下，采取实名预约、人员限流、总量控制、防止聚集等方式，有序开放通州区公共文化服务设施，完成惠民演出2000余场。举办2021北京（国际）运河文化节、国际非遗文化周、京津冀（通武廊）文化交流季、运河嘉年华，推出通州区惠民演出，持续推进首都市民系列文化活动、"我们的节日"、农村"文艺演出星火工程"、二十四节气及传统文化体验活动。

【2021北京（国际）运河文化节】 2021（北京）国际运河文化节由北京市委宣传部、中国新闻社主办，于10月9日在漕运码头开幕，为期一周。其间，开展了开幕式、世界运河文化对话会、好运巴士游、运河小铁人挑战赛、"嗨！运河 文化派对"、运河赛艇大师赛、相遇大运河——世界运河交流艺术项目、融和——运河文化时尚大赏、运河音乐会、运河1935展演、文脉千年书画展等11项文化活动。紧扣国际消费中心城市的战略部署，通过活动助推运河文化与科技、商业、旅游、体育的融合发展，在保护好、传承好、利用好大运河中起到引领示范带动作用。

【国际非遗文化周】 采取线上线下相结合模式开展，旨在通过发现"通州非遗之美"。根据市文化和旅游局非遗处的指导意见，制订通州方案。涉及开幕式、快闪视频、非遗文化展演、"非遗来助力　冬奥迎新春"非遗文化街、"魅力非遗　冰雪冬奥"冬奥非遗艺术沉浸展、"遗悦通州　巧手匠心"通州巧娘工作室推广等6项内容，提升"文化＋旅游""多元＋典型"的"非遗＋"沉浸式体验效果。实现了以大运河孕育的非遗文化为立足点，促进非物质文化遗产保护的目的。

【京津冀（通武廊）文化交流季】 活动以"听""寻""绘""话""享"的形式，开展"文脉同源"线上专题展、"戏韵同根"国粹赏析直播、"荟墨同声"微声音评选、"冬梦同行"冬奥＋文化体验活动以及"书香同悦"阅读征文等5大项活动。交流季活动紧扣大运河文化带建设发展主线，聚焦通武廊文化传承与创新，进一步推动京津冀三地文化和旅游产业深度融合和协同发展，更好地促进了以文促旅、以旅彰文。

【运河文化嘉年华】 活动以"悦享生活 通运未来"为主题，深挖运河文化及非遗文化，整合街镇文化活动资源，把文化、旅游、消费融为一体，分出文化活动板块、全民盛会板块、文体活动板块、文旅融合板块四大板块，线上线下开展精品演出、文化讲座、主题展览、非遗市集、广场舞、合唱演出等6项活动，丰富市民群众的参与感和体验感。同时，推介通州区精品旅游线路路书，把文化、旅游、消费融为一体，展现了通州充满多种文化元素的旅游资源魅力，以多元的视角讲述新时代的通州故事，描绘新时代通州人的精神图谱。

【庆祝中国共产党成立100周年文化活动】 举办"我心向党——献礼中国共产党成立100周年"系列文化活动。开展庆祝中国共产党成立100周年弦歌诗会、诗歌朗诵会、市民大合唱展演、基层文艺巡演、原创话剧《追梦人》展演、伟人毛泽东书信墨迹展、非遗情景展、家庭红歌汇、主题创作笔会等。

（陈晨）

文学艺术

【概　况】 2021年，区文联在区委的正确领导下，坚持以人民为中心的工作导向，团结、带领广大文艺家和文艺工作者投身副中心文艺事业建设，坚定文化自信，继承弘扬中华优秀传统文化，自觉培育和践行社会主义核心价值观，在繁荣文艺创作、服务副中心工作、开展艺术活动、推动文艺惠民等方面贡献力量。

【庆祝中国共产党成立100周年名家书画邀请展】 区文联与泰宁县委宣传部和泰宁县政协在福建省三明市泰宁县举办“百年风华，旗帜力量”——庆祝中国共产党成立100周年名家书画邀请展，以红色历程、伟大成就、人物风采、时代新貌等内容，抒写中国共产党领导人民开天辟地、改天换地的丰功伟绩。20天举办2场展览，6月6日在福建泰宁（中央红军21个苏区之一）举办展览。6月26日：在北京通州宋庄举办展览，50余位中国美协理事画家的作品参展。区政协、区文联等相关人员参观展览。

【摄影展暨摄影大赛颁奖活动】 4月16日，区文联举办“千年大运河 魅力副中心”摄影展暨摄影大赛颁奖活动，助力大运河文化带建设。中国金像奖摄影名家、摄影协会会员、摄影爱好者的近60幅摄影作品参展并集结成册。其中《千年大运河新航程》摄影作品被《中国纪检监察杂志》第16期电子版选为封面；此次摄影展的多幅作品入选副中心建成五年专题片；此次活动被《中国摄影报》第45期专版刊登。

【庆祝建党百年公益大讲堂】 6月30日，区文联与区委组织部联合在北京城市副中心党群服务中心远航厅举办庆祝建党百年公益大讲堂——面塑授课，通过面塑党旗、红军形象，让更多人近距离感受非遗文化面塑的传统魅力。

【文艺志愿演出进工地】 中秋节前夕，区文联组织文艺志愿者到北京城市副中心职工周转房（北区）二标段建设工地，以精彩的演出与建设者们共庆中秋佳节。

【传统文化进校园活动】 2021年，区文联开展文学、书法、音乐、美术、戏曲、经典诵读等中华优秀传统文化进校园、非遗进校园活动，邀请艺术家进校园对学生进行指导，弘扬传统文化，增强文化认同，500余名师生参加活动。

【文学成果】 区文联组织作家扎根人民，积极写作，推动文艺繁荣发展，编辑出版《运河》杂志，2021年区文联作协在市级以上媒体刊物发表文章33篇，出版新书29部，共计约700万字。

（崔琪）

文化产业

【概　况】　2021年，副中心文化产业发展迸发新活力。北京环球度假区盛大开园，成为首都文化旅游新地标，带动三个特色小镇串联发展。制定《通州区促进乡村民宿发展的实施意见》《通州区台湖演艺小镇营业性演出场所审批实施意见》，推动北京环球度假区周边特色民宿、精品酒店建设。形成《北京环球度假区溢出效应研究》《台湖演艺小镇产业研究》等调研成果。北京时装周、北京国际设计周、北京城市建筑双年展永久会址落户张家湾设计小镇。郎朗工作室入驻台湖演艺小镇。宋庄艺术创意小镇小堡文化广场完成升级改造。宋庄艺术创意小镇嘉年华、北京（台湖）影偶艺术周、台湖演艺艺术周、台湖音乐节等活动品牌效应进一步彰显。

【参加2021年服贸会文旅专题展】　9月3日至7日，2021年中国国际服务贸易交易会在北京首钢园区与国家会议中心盛大召开，北京城市副中心文旅服务专题展在首钢园区2号馆展出。北京城市副中心文旅服务专题展以“古运新城，身临奇境”为主题，贯穿大运河文化元素，围绕“蓝绿交织、水城共融”的理念，立足北京城市副中心古今交融、中外结合的发展思路，设置文化旅游区、特色小镇建设、文旅商融合发展示范区、运河商务区和大运河文化带、产品展示区五大分区，展现北京城市副中心在新规划蓝图下的文旅新图景、产业发展升级新动能及城市发展新活力。服贸会期间共计完成线上线下订单近300个，主题展相关报道稿件累计共236篇。

（王尤伯）

文化设施

【概　况】　2021年，按照公共文化服务体系建设标准，进一步规范公共文化设施、丰富优秀公共文化产品供给、扶持文化活动品牌，全面提升公共文化服务软实力。

【通州区图书馆】　2021年，通州区图书馆以疫情防控为核心，将安全放在首位，有序开展各项工作。以“阅美副中心 图书活起来”为主题，利用线上线下相结合方式，全年举办庆祝中国共产党成立100周年、喜迎冬奥、我们的节日等各类讲座、展览、阅读推广活动共730场，受众人数约50万人次。持续推动志愿服务活动开展，组织开展学雷锋新时代文明实践志愿服务系列活动。“家风学行合一”志愿项目荣获2021年首都志愿服务项目大赛提名奖、首都志愿服务项目大赛“最佳志愿服务项目奖”。建设完成22个街道乡镇图书馆，实现总分馆全覆盖，漷县镇图书馆获2021年阅读北京·十佳优读空间称号。累计建立168个流动送书点，完成全区664名基层专兼职管理员为期10天的业务培训。重印《流光旧影认通州——通州区图书馆藏老照片集》《北京通州历史舆图》；编辑出版《人文通州——2020年通州区纪实摄影作品集》；完成《中国大运河历史文献集成》20册古籍数字化。国家公共文化云通州专区更新395条，累计访问量1100502次；微信公众号累计访问量194229次，各类媒体报道166次。

【通州区文化馆】　2021年，坚持以文化人，以满足人民群众日益增长的精神文化需求为目标，围绕"建党百年"、"建设北京城市副中心"、"京津冀协同发展"和"大运河文化带"的主题，开展了系列活动。举办通州区合唱指挥培训项目，以音乐会的方式做结业汇报展示。组织"我的舞台"、"重要节庆日"、惠民演出等市民系列文化活动和品牌文化活动。举办"运河清风书画展"、"通州雅集"系列书画展、"生命的赞歌"系列书画摄影作品展、"史海波画展"。举办我心向党——献礼中国共产党成立100周年系列文化活动，包括庆祝中国共产党成立100周年弦歌诗会、诗歌朗诵会、市民大合唱展演、基层文艺巡演、原创话剧《追梦人》展演、伟人毛泽东书信墨迹展、非遗情景展、家庭红歌汇、主题创作笔会等13项活动，受众群体万余人。举办"通之韵"错峰文化培训班，服务群众5万余人次。完成了全区22个街道乡镇文化馆分馆的达标及挂牌工作。

【创建公共文化服务体系示范区】　2021年，全区22个街镇均建有街道乡镇综合文化中心，实现区级、街镇级、社区村级三级公共文化设施全覆盖，并免费开放。首次采取为全区22个街道乡镇综合文化中心购买社会化服务的形式，推进综合文化中心免费开放、错时开放。完成36处智能微型图书馆、8处24小时智能文化空间建设，新设立的5处24小时智能文化空间装修改造工程也正在抓紧施工。推进武夷花园南区项目、怡然世家住宅小区等5处配套文化设施移交工作，总建筑面积8000余平方米。

（陈晨）

文化遗产保护

【概　况】　2021年，区文化和旅游局开展非遗代表性项目和传承人申报工作，完成第四批非遗代表性项目遴选工作。截至年底，有67个项目被列入区级名录，其中，花丝镶嵌制作技艺、"面人汤"面塑制作技艺2个项目被列入国家级名录，"通州运河船工号子""通州运河龙灯"等7个项目被列入市级名录。这些非物质文化遗产展现了地域特色、文化基因和历史文脉，是历史文化的基石，是优秀传统文化的重要组成部分，也是推进全国文化中心建设的宝贵资源。

【加强非遗保护制度建设】　2021年，结合通州区实际，做好通州区非遗代表性项目、非遗代表性传承人的申报与管理工作，成立《北京市通州区非物质文化遗产保护工作联席会议》并制定《关于加强通州区非物质文化遗产保护传承的扶持办法》《通州区级非物质文化遗产代表性项目评审、认定办法》和《通州区级非物质文化遗产项目代表性传承人评审、认定办法》等相关文件。

【策划组织展演展示非遗项目】　2021年，充分利用传统节日以及文化和自然遗产日开展活动。协助市局开展"行走大运河"非遗展活动，多名非遗项目展示通州风采，近700名来自全市各企事业单位的健身爱好者参加活动。文化和自然遗产日期间，在"三庙一塔"举办文化和自然遗产日主题活动，吸引周边群众200余人近距离体验非遗文化。"匠心向党·传续辉煌"通州区庆祝中国共产党成立100周年非遗情景展，在北京市通州区文化馆一层开幕，现场通过年代老物件布置"通州非遗传承之家"场景，老式缝纫机、收音机、钟表与通州非遗大风车、料器花卉、景泰蓝等作品巧妙融合，引起参展观众共鸣，纷纷合影留念。开展暑期系列文化活动"指尖上的京味毛猴"非遗手工体验活动，现场带领大家制作"小小毛猴迎冬奥"主题作品，在传承非遗文化的同时宣传冬奥知识。

【开展非遗代表性项目资料整理及口述史工作】　2021年，深入挖掘通州区非遗资源，完善区内现有非遗代表性项目资料整理工作，详细记载通州区非遗代表性项目的名称、特点、价值、存续状况、传承谱系、保护情况等各项内容，为形成通州区非物质文化遗产代表性项目档案信息库，进一步做好保护、传承工作奠定基础。为更好地推进通州区非物质文化遗产保护和传承工作，开展非遗口述史书籍编撰工作，记录和保存通州运河文化历史记忆和一些濒危的非遗文化，固化保护成果，留存保护资料。

【东北角城墙遗址保护工程】 6月，通州区文化和旅游局启动通州区东北角城墙遗址保护工程，全力配合两区展示中心工作。

【不可移动文物安全监测】 7月，按照市、区两级相关工作要求，在确保文物安全的前提下，通州区文化和旅游局根据文物类型和文物级别，分批实现对全区文物的监管保护，正式入场实施不可移动文物安全监测建设项目。

【革命烈士纪念碑修缮】 9月，通州区文化和旅游局启动通州区烈士墓环境整治工程（二期），对辽沈战役烈士墓、翟里村革命烈士纪念碑和于家务革命烈士纪念碑进行环境整治和文物本体修缮，打造爱国主义教育基地。

【北京运河文化节影像大赛展览】 2月，“游运河、行大运”2021北京（国际）运河文化节影像大赛展览在通州区博物馆展出，以艺术、纪实摄影、短视频为表现形式，征集反映大运河聚汇融通的文化元素，表现大运河所储存的丰富文化内涵的作品，展示大运河文化带的保护和建设成果，让更多人了解、发掘、传承和传播运河文化遗产。

【《志在四方》通州区博物馆馆藏石刻拓片展】 3月1日，通州区博物馆举办了《志在四方》通州区博物馆馆藏石刻拓片展。展出的墓志铭拓片，全部是通州出土或征集的具有很高价值的石刻文物，对研究通州历史提供了宝贵的资料。通过这些石刻拓片的展示，深入贯彻落实习近平总书记关于保护文化遗产重要指示精神，让收藏在博物馆里的文物、陈列在广阔大地上的遗产、书写在古籍里的文字都活起来，为广大观众服务，大力弘扬中华传统文化。

【《古韵寻芳》通州文物摄影展览】 截至年底，通州区有238处不可移动文物登记项目，其中49处被公布为各级文物保护单位，包括国家级2处（大运河、通州近代教育建筑群）、市级3处（李卓吾墓、通州清真寺、通州兵营）、区级44处，地下埋藏区7处。随着北京城市副中心的建设与发展，围绕“保护好、传承好、利用好”的工作原则，通州区高度重视文化遗产保护工作，多渠道开展规划编制、文物修缮、资源梳理等工作，使区域内文物得到有效保护和利用。5月18日，通州区博物馆举办了《古韵寻芳》通州文物摄影展览。展览主要向社会展示通州区深厚的历史文化底蕴，宣传保护文物的重要意义，弘扬传统文化，激发民众的爱家乡热情，助推北京城市副中心文化建设。

（陈晨）

通州区北京市级文物保护单位一览表

表6

名称	时代	地址	公布时间
通州清真寺	明	通州区清真寺胡同1号	1995年10月20日
李卓吾墓	明	通州区西海子西路12号	1984年5月24日
通州兵营旧址	中华民国	通州区东营前街64号	2011年6月13日
路县故城遗址	汉	通州区潞城镇古城村	2021年8月27日
通州文庙	清	通州区大成街1号	2021年8月27日
平津战役指挥部宋庄旧址	中华民国	通州区宋庄镇宋庄村	2021年8月27日

通州区级文物保护单位一览表

表 7

名称	时代	地址	公布时间
通州北城垣遗址	明	北京市市辖区通州区新华街道西海子西街 12 号	2007 年 5 月 24 日
金代闸河遗址	金—清	北京市市辖区通州区永顺镇、新华街道	2007 年 5 月 24 日
中仓仓墙遗址	明	北京市市辖区通州区中仓街道中仓路街 10 号	2007 年 5 月 24 日
北齐土长城遗址	南北朝	北京市市辖区通州区永顺镇窑厂村北部	2001 年 9 月 21 日
金口新河故道	元	北京市市辖区通州区台湖镇新河村西口	2007 年 5 月 24 日
萧太后运粮河故道	宋辽金	北京市市辖区通州区张家湾镇张湾村至大高力庄段	2007 年 5 月 24 日
通惠河故道及 3 座石桥	元、明、清	北京市市辖区通州区张家湾镇土桥村至张湾村间	2007 年 5 月 24 日
笥沟故道	三国	北京市市辖区通州区漷县镇漷县村东口外	2007 年 5 月 24 日
永济渠故道	隋、唐、清	北京市市辖区通州区永乐店镇半截河村东部、马驹桥镇前堰上村东	2007 年 5 月 24 日
黄带子坟	清	北京市市辖区通州区马驹桥镇西马各庄村东北	1984 年 5 月 31 日
晾鹰台	战国—汉	北京市市辖区通州区永乐店镇德仁务村后街西口	1984 年 5 月 31 日
三大冢	汉	北京市市辖区通州区永乐店镇德仁务村东南	1959 年 7 月 26 日
紫清宫	清	北京市市辖区通州区新华街道大成街 1 号	2001 年 9 月 21 日
宝通银号暨日寇慰安妇所旧址	清—中华民国	北京市市辖区通州区新华街道北大街 142 号	2007 年 5 月 24 日
程家大院	清	北京市市辖区通州区新华街道北大街贡院胡同 5 号	2007 年 5 月 24 日
静安寺	清	北京市市辖区通州区新华街道北大街静安寺胡同 12 号	1984 年 5 月 31 日
三义庙	清	北京市市辖区通州区中仓街道玉带河东街 358 号	2001 年 9 月 21 日
张家湾清真寺	清	北京市市辖区通州区张家湾镇张湾村	1984 年 5 月 31 日
大辛庄关帝庙	清	北京市市辖区通州区张家湾镇大辛庄村东口	2017 年 5 月 18 日
三士庙	清、中华民国	北京市市辖区通州区张家湾镇陆辛庄村东北部	1984 年 5 月 31 日
垡头村菩萨庙	清	北京市市辖区通州区张家湾镇垡头村北部	2017 年 5 月 18 日
漷县东门石桥	清光绪	北京市市辖区通州区漷县镇漷县村东港沟河上	1984 年 5 月 31 日
曹氏祠	清乾隆四十九年	北京市市辖区通州区漷县镇曹庄村西北角	2017 年 5 月 18 日
马驹桥清真寺	清	北京市市辖区通州区马驹桥镇北门口村中心	1984 年 5 月 31 日
于家务清真寺	明	北京市市辖区通州区于家务乡于家务村三街 96 号院	1984 年 5 月 31 日
真武庙	清	北京市市辖区通州区于家务乡北辛店村东北	2001 年 9 月 21 日
石像生群	明	北京市市辖区通州区新华街道西海子西街 12 号	2001 年 9 月 21 日
乾隆喻祭徐元梦碑	清	北京市市辖区通州区宋庄镇草寺村北	2001 年 9 月 21 日
日本侵华罪证碑	中华民国	北京市市辖区通州区梨园镇小街村西	2001 年 9 月 21 日
谕祭国柱碑、文孚碑	清	北京市市辖区通州区梨园镇北杨洼村东部	2001 年 9 月 21 日
土桥镇水兽	明	北京市市辖区通州区张家湾镇土桥村	1959 年 7 月 26 日
王芝祥故居	清	北京市市辖区通州区北苑街道新城南街 9 号	2001 年 9 月 21 日
京兆男子师范学校教室	1916 年	北京市市辖区通州区北苑街道中山大街 163 号	2007 年 5 月 24 日
通州起义指挥部旧址	清	北京市市辖区通州区新华街道东大街 83 号	2001 年 9 月 21 日
万字会院	中华民国	北京市市辖区通州区中仓街道西大街 9 号	1984 年 5 月 31 日

续表 7

名称	时代	地址	公布时间
通县发电厂自来水塔	中华民国	北京市市辖区通州区永顺镇小圣庙村滨河中路10号	2007年5月24日
张家门楼	中华民国	北京市市辖区通州区梨园镇北杨洼村	1984年5月31日
日寇机窝、暗堡	中华民国	北京市市辖区通州区张家湾镇三间房村	2007年5月24日
通永道署遗存	元	北京市市辖区通州区新华街道大成街1号	1959年7月26日
宝光寺遗存	明	北京市市辖区通州区中仓街道西大街9号	1959年7月26日
詹府客厅壁画	清	北京市市辖区通州区潞城镇卜落垡村	2007年5月24日

通州区非物质文化遗产项目名录

表 8

序号	类别	项目名称	项目级别		
			国家级	北京市级	通州区级
1	传统技艺	区级：“面人汤”面塑技艺市级：“面人汤”面塑国家级：面人（面人汤）	★	★	★
2	传统体育、游艺与杂技	口技			★
3	传统技艺	毛猴制作技艺（张政）			★
4	传统舞蹈	通州运河龙灯		★	★
5	传统舞蹈	徐官屯路灯老会			★
6	传统体育、游艺与杂技	吴式太极拳			★
7	传统技艺	靛庄景泰蓝制作技艺			★
8	传统技艺	通州雕漆制作技艺			★
9	传统技艺	仙源腐乳制作技艺			★
10	民俗	李氏续家谱习俗			★
11	传统体育、游艺与杂技	五行通臂拳			★
12	传统美术	京剧彩塑脸谱			★
13	传统技艺	区级：骨雕技艺　市级：通州骨雕		★	★
14	传统技艺	花丝镶嵌制作技艺（赵春明）			★
15	民俗	通州饹馇饸		★	★
16	传统音乐	兴各庄吹歌			★
17	传统舞蹈	东堡高跷会			★
18	传统技艺	大顺斋糖火烧制作技艺		★	★
19	传统音乐	西后街夯歌			★
20	传统舞蹈	大松垡高跷会			★
21	传统戏剧	郭村“蹦蹦戏”			★
22	传统技艺	空竹制作技艺			★
23	传统技艺	雕漆制作技艺（王慧茹）			★
24	传统技艺	雕漆制作技艺（王继勇）			★
25	传统技艺	黄铜掐丝珐琅制作技艺			★
26	传统技艺	花丝镶嵌制作技艺（赵云亮）			★
27	曲艺	通州单琴大鼓			★
28	传统技艺	料器制作技艺			★
29	传统技艺	通州玉器制作技艺			★

续表 8

序号	类别	项目名称	项目级别		
			国家级	北京市级	通州区级
30	传统美术	通州团花剪纸制作技艺			★
31	传统技艺	区级：风车制作技艺 市级：通州大风车		★	★
32	传统音乐	通州运河船工号子		★	★
33	传统技艺	区级：花丝镶嵌制作技艺 市级：北京花丝镶嵌制作技艺 国家级：花丝镶嵌制作技艺	★	★	★
34	传统音乐	半截河道教音乐			★
35	传统舞蹈	半截河武跷会			★
36	传统技艺	风筝制作技艺			★
37	传统美术	烙画制作技艺			★
38	传统医药	邵氏中医按摩针灸疗法			★
39	传统音乐	延寿圣会音乐		★	★
40	传统舞蹈	通州里二泗小车会			★
41	传统舞蹈	通州里二泗高跷会			★
42	传统体育、游艺与杂技	陆辛庄少林武术			★
43	传统美术	通州大辛庄剪纸制作技艺			★
44	传统美术	北京绢人			★
45	传统技艺	通州青铜器制作技艺			★
46	传统技艺	“枯木陶”陶器制作技艺			★
47	传统技艺	小楼烧鲇鱼制作技艺			★
48	民间文学	大运河的传说			★
49	民俗	“六月初六节”习俗			★
50	传统舞蹈	枣林庄民族小车会			★
51	传统美术	太平燕			★
52	传统技艺	古法琢玉技艺			★
53	传统技艺	毛猴制作技艺			★
54	传统美术	绢花制作			★
55	传统技艺	手工笤帚制作技艺			★
56	传统技艺	通草花制作技艺			★
57	传统体育、游艺与杂技	少北拳			★
58	传统技艺	老南关串茶（黄芩茶）制作技艺			★
59	传统医药	王氏拔罐刺络疗法			★
60	传统技艺	景泰蓝技艺			★
61	传统技艺	陈记白酒酿造工艺			★
62	传统技艺	椒麻鸭翅烹饪技艺			★
63	传统技艺	传统琵琶制作技艺			★
64	传统戏剧	福艳皮影戏			★
65	传统技艺	莫家菜之葵花大斩肉			★
66	传统技艺	烙画葫芦技艺			★
67	传统技艺	宣明典居百宝嵌			★

文化市场监管

【概　况】　2021年，通州区文化和旅游市场监管工作，围绕全国“两会”、庆祝中国共产党成立100周年、国庆节等重要时间节点，突出重点区域、重点部位，大力开展文化和旅游市场专项整治，坚决查处各类违法违规案件，检查全区各类文化和旅游经营单位3953家次、立案67起、结案67起、吊销出版物经营许可证2起、移送公安机关1起，有效维护了通州区文化和旅游市场的安全稳定和健康发展。

【出版物市场监管】　2021年，以打击整治违禁有害出版物为重点，严守“网上网下”两个阵地，强化对实体书店、印刷复制等企业监管力度，开展出版市场专项整治。加大与区新闻出版局联防协作力度，结合出版物销售单位年度核验工作，对异地经营、未按规定参加年度核验等违法违规行为加大核查处置力度。

【文化娱乐场所监管】　2021年，结合文娱领域专项整治工作，压紧压实监管责任，督促互联网上网服务营业场所严格落实身份验证措施，杜绝接纳未成年人的违法行为，严查歌舞娱乐场所提供含有禁止内容的曲目、电子游戏场所设置违规电子游戏游艺设备、营业性演出未按规定办理审批备案手续或演出含有禁止内容等违法违规行为。

【旅游市场监管】　2021年，主动对接、主动服务，全力做好北京环球度假区开园运营服务保障，多次与市总队、文景街道、度假区管理方进行座谈对接，制定《北京环球度假区及周边文旅市场专项整治行动工作方案》《北京环球度假区知识产权保护专项行动方案》，成立北京环球度假区及周边文旅市场秩序专项整治行动领导小组，联合区公安分局、台湖镇政府等部门对北京环球度假区及其周边开展专项检查。同时，加大旅游执法检查力度，督促旅行社、旅行团、星级宾馆、导游员、等级景区落实主体责任，严查非法“一日游”“黑车、黑导、黑票提”“不合理低价游”等违法违规行为。

【文物工作监管】　2021年，加大文物安全执法检查的频次，督促管理和使用单位切实履行责任，加强文物看护，及时排除安全隐患，做好文物防火、防盗、防破坏工作，确保文物安全。

（陈晨）

档 案

【概 况】 2021年，党管档案体制机制进一步健全，档案管理各项工作长足发展，档案工作服务大局作用日益凸显。围绕服务保障庆祝中国共产党成立100周年，北京冬奥会、冬残奥会举办，新冠肺炎疫情防控等重大活动、重点工作充分发挥档案作用。依法治档力度不断加大，档案行政执法规范化水平进一步提升。区档案馆新馆、区数字档案馆建设取得历史性突破。《北京城市副中心（通州区）“十四五”时期档案事业发展规划》发布实施，“十四五”时期档案事业发展实现良好开局。

【区档案馆新馆开工建设】 2021年，区领导3次调度、7次专项督查，区委副书记亲自督查解决项目前期手续办理过程中遇到的困难和问题。区委办公室建立“双周督查”机制，倒排工期，明晰时间。区档案馆新馆于11月30日开工建设，规划建筑面积（46617平方米）居全市各区之首。项目建设严格对照副中心规划定位、发展理念，落实“绿建三星”标准，同时实施“两馆融建”工程，规划建成在全国率先实现近零碳排放的国家档案馆。《光明日报》、《北京日报》、“学习强国”等媒体进行宣传报道，得到国家档案局的特别关注。

【助力党史学习教育】 2021年，区档案馆与区委组织部等部门合作，推出“重走红色印记、追寻红色回忆、重温红色故事”系列宣传片，提供抗美援朝、唐山大地震及“非典”时期档案史料9卷、照片289张；与区委宣传部、区史志办共同举办“红星照耀大运河”党史主题展览，提供实物13件、档案史料16卷，照片300余张；举办“百年百人 红色基因代代传” 庆祝中国共产党成立100周年主题巡展，接待参观群众2万余人次。

【推进数字档案（馆）室建设】 2021年，制定《通州区“两馆建设”推进工作方案》，明确2025年建成区数字档案馆系统并努力争创全国示范数字档案馆的目标，成立北京市通州区档案信息化建设工作专班。

【档案指导和执法检查】 2021年，对区法院、区财政局、新华街道、张家湾镇等32家单位开展行政执法检查，对区划调整成立的潞源、通运、九棵树、临河里、潞邑、杨庄、文景等街道进行重点监督指导。

【完善档案政务服务】 推进北京市2021年政务服务领先行动计划落实，开展“局长走流程”工作，审核政务服务事项电子档案保管期限1300余条，政务服务工作流程不断完善。

【服务保障北京冬奥会、冬残奥会】 制发《关于做好通州区服务保障2022年冬奥会和冬残奥会档案工作的通知》，提前介入、培训指导，相关档案工作规范开展。

【服务保障庆祝中国共产党成立100周年重大活动】 制发《关于做好中国共产党成立100周年庆祝活动通州区服务保障档案工作的通知》，指导相关档案收集、整理、保管、移交规范开展。

【发布档案“十四五”规划】 经广泛征求意见、专家论证及区政府第163次专题会审议，10月15日，《北京城市副中心（通州区）“十四五”时期档案事业发展规划》正式印发实施。

【开展档案业务培训】 11月9—12日，区委办公室（区档案局）举办学习贯彻习近平总书记重要批示交流研讨暨档案业务培训会，全区90余家立档单位、300余名档案工作干部参加。

【开展档案宣传】 2021年，区档案局联合潞源街道、西集镇开展以新修订档案法为主要内容的法治宣传活动，持续推进档案法律法规“进机关、进乡村、进社区、进学校”活动，在通州区第二中学、人大附中等单位深入开展法治宣传。在“6·9”国际档案日，区档案局组织全区各单位开展专题征文活动；区档案馆开展“品读刘绍棠，爱上大运河”读书活动；

在大运通州网、京华丹心、融汇副中心App等平台开展刘绍棠乡土文学作品精彩片段有声欣赏、“永远的雷锋”文献资料展、“缅怀先烈 赓续精神 砥砺前行”先烈事迹展、云端追思优秀共产党员——“中国雷锋”孟宪峰活动，网络点击量达7万人次。编印《档案与文化》杂志2期，其中特刊内容为庆祝中国共产党成立100周年《档案与文化——百年百人红色基因代代传》，编辑出版《颂石诗语》。区档案馆开展红色记忆图片展——通州区档案馆庆祝中国共产党成立100周年系列活动；局馆两家共同到西集开展档案宣传，累计发放《档案与文化》杂志2000余册。

【档案寄存】 2021年，区档案馆为保证馆藏空间满足基层档案移交进馆的需求，寄存档案4665箱，包含档案162664卷7722件。

【开展档案接收工作】 2021年，区档案馆接收区园林绿化局、国资委等6个全宗30卷、4579件档案；接收档案数字化副本19.26GB。

【到期档案开放鉴定】 2021年，区档案馆完成89个全宗80025件档案的鉴定初审工作；开放1990年档案5588件，累计开放档案33238件。

【档案修复】 2021年，区档案馆修复古籍2套7册（《平蛮碑贴》和《通州志》），革命历史档案29卷，区委50年代档案3卷。

【档案利用服务】 2021年，区档案馆接待社会各界档案利用者5427人次，利用档案6670卷次，出具各类证明5207份，同时受理跨馆利用99人次、108件，协办145件。与河北省廊坊市辖三河市、大厂回族自治县、香河县三家档案馆签订《民生档案异地跨馆利用服务协议》。

【档案信息化工作】 2021年，区档案馆完成1100万页馆藏档案数字化数据检查；完成知青档案180388件目录校对补录；完成中仓街道65080页档案数据的挂接。

【举办捐赠仪式】 3月2日，区摄影协会原副秘书长武政将拍摄留存的孟宪峰相关档案资料全部无偿捐赠给区档案馆；5月18日，中国美术家协会会员、北京齐白石艺术研究会副会长王志学将其创作的《京杭大运河》图卷和小说《永升斋》手稿等无偿捐赠给区档案馆；6月25日，北京市烟草专卖局原局长、烟草公司经理陆峻岳将其撰写的《生平简顾》手稿等无偿捐赠给区档案馆；6月29日，武政将其拍摄的反映通州发展的210张历史照片无偿捐赠给区档案馆；7月8日，景浩将历时8年绘就的158幅《万里长城实绘》画卷手稿及画册无偿捐赠给区档案馆，区政协、区档案馆联合在区会议中心举办捐赠仪式。

【档案征集】 2021年，区档案馆征集到通州籍著名书画家、奇石收藏家张源书法作品，通州区融媒体中心《通州记忆》视频，张家湾镇村志，通州老照片等实物档案335件、照片140张、视频214.6GB。

（陈晨 白云）

北京通州年鉴
2022

卫生健康

▲ 2月22日，区领导到马驹桥镇指导疫苗接种点工作

| 马驹桥镇提供 |

▲ 6月17日，新华医院临河里院区

| 区融媒体中心提供 |

▲ 7月27日，区妇幼保健院获得北京市妇幼健康文化建设特色单位称号

| 区妇幼保健院提供 |

10 月 12 日，潞河医院妇产科荣获“全国五一巾帼标兵岗”荣誉

| 区卫健委提供 |

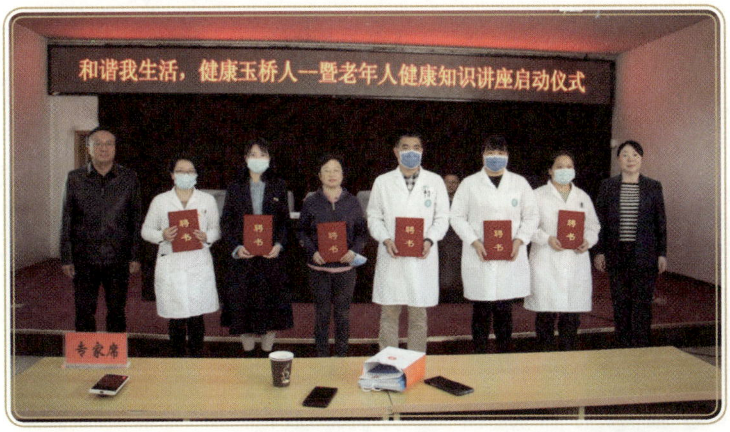

10 月 12 日，玉桥街道组织召开健康知识讲座启动仪式

| 玉桥街道提供 |

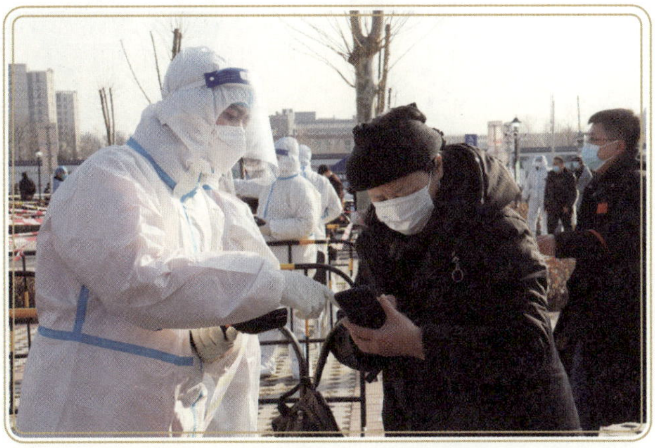

11 月 22 日，宋庄镇小堡村组织居民进行核酸检测

| 宋庄镇提供 |

▲ 12月8日，新华医院开展安全秩序培训及演练

| 区卫健委提供 |

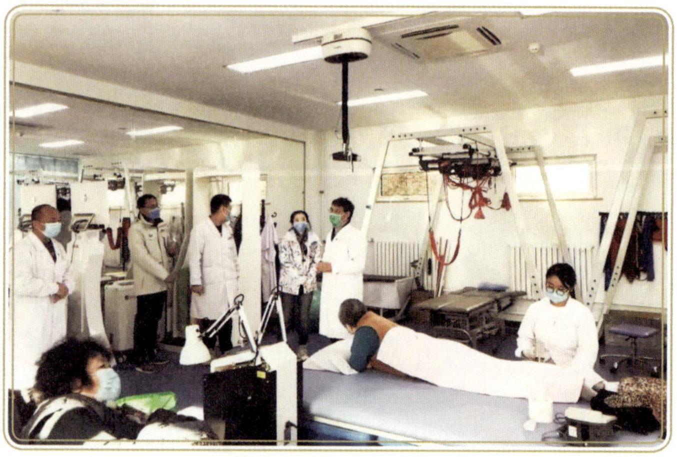

▲ 12月10日，马驹桥社区卫生服务中心康复科迎接市卫健委康复专病特色科室检查验收

| 区卫健委提供 |

▲ 12月11日，潞城社区卫生服务中心服务保障高考第一次英语听说机考疫情防控工作

| 区卫健委提供 |

综 述

【概　况】 2021年，通州区户籍人口出生率为7.74‰、死亡率为6.87‰、自然增长率为0.87‰。因病死亡人数5480人，占死亡总人数的比率为96.34%，死因顺位前十位的排列依次为心脏病、恶性肿瘤、脑血管疾病、呼吸系统疾病、伤害、内分泌营养代谢疾病、消化系统疾病、神经系统疾病、先天异常、泌尿生殖系统疾病。户籍人口期望寿命81.54岁，男性79.20岁，女性83.95岁。

【区域医联体建设】 片区医联体有4家核心医院，其中首都医科大学附属北京友谊医院通州院区有成员单位5家，首都医科大学附属北京潞河医院有成员单位7家，北京中医药大学东直门医院通州院区有成员单位5家，北京大学人民医院通州院区有成员单位5家。紧密医联体2个：北京潞河医院—郎府卫生院、通州区老年病医院；友谊医院通州院区—徐辛庄社区卫生服务中心。北京胸科医院为核心医院，成员单位涵盖16家社区医疗机构，成立通州区肺癌专病医联体，并在此基础上形成肺癌区域诊疗中心。

为进一步加强残疾人康复工作，成立全区康复专科联盟，以首都医科大学附属北京康复医院为上级，以中西医结合医院为中心，对甘棠、徐辛庄等13家社区卫生服务中心进行医联体帮扶。

全区有14家社区医院加入影像医联体通州区医学影像医联体，完成线上远程影像诊断117万余例，2021年远程影像诊断6万余例，其中CT阅片5640例。

【经费管理】 全年全区卫生健康系统总收入687242.63万元，其中财政拨款金额180128.82万元，业务收入496883.8万元；其他收入10230.01万元。总支出674723.6万元。卫生健康系统专用基金15584.99万元。

【基本建设】 全年基建总投资11130.14万元，其中财政投入9115.3万元，单位自筹2014.84万元。全年新建医疗用房12万平方米。通州区中西医结合医院工程（北京大学人民医院通州院区），该工程位于通州区漷县镇中心区，占地面积147亩，建筑面积约12万平方米，床位数800张，概算批复金额8.2亿元，全部为区自筹资金。工程于2014年8月开工建设，2021年12月18日正式营业。

【对口支援】 全年派出10名医务人员到内蒙古地区开展为期7个月的支医活动。9月8日和9月14日，首都医科大学附属北京潞河医院、北京中医药大学附属东直门医院通州院区、区疾控中心、区妇幼保健院、区新华医院及13家社区卫生服务中心共接收来自内蒙古共计65名跟岗培训医师，分别为期1个月和1年。9月16日和10月10日，区疾控中心分别接收翁牛特旗和奈曼旗疾控中心主要业务人员2批次共计6人，进行为期4周的进修学习。2021年，区卫健委所属医疗卫生机构累计捐赠设备11台，总价值314.26万元；支援医用外科口罩10万余个、防护服500余套；帮扶消费共264.22万元。

【受援情况】 通州区作为受援区，朝阳医院为支援首都医科大学附属北京潞河医院共派出85名医师，其中主治医师51名，主管技师2名，副主任医师32名，门诊工作35670人次，会诊58次，协助手术57例次。区妇幼保健院共接收支援机构派驻医师7人，门诊共计接诊120余人次，会诊5次，培训医务人员40余人次。

（李珺）

医疗与中医工作

【医疗工作】 区属医院全年出院120675人次，病床使用率为65.20%，平均住院日8.0天（不含精神专科医院），全年住院手术61406人次。

【血液管理】 全年区属医院用血总量25016单位，自体输血1080人次，自体用血总量2403.82单位。通州区内设置采血点5个，包括通州区中心血站、梨园家乐福、万达广场A座、西门、梨园贵友大厦，其中血站采血屋1个、方舱3台，献血车1辆。全年共采集血液111362.5单位，其中全血87282单位，机采血小板24080.5单位。2021年向临床供应红细胞类血液105073单位，冰冻血浆91258.5单位，机采血小板24071单位。

【中医工作】 开展基层卫生技术人员中医药知识与技能培训工作。2021年6月开展中医药知识与技能培训工作，来自通州区社区卫生服务中心的44名基层卫生技术人员参加培训，均通过线上考核与线下实践考核，实现全员通过，并获得由北京市中医管理局颁发的荣誉证书。通州区首批基层中医传承工作室完成结题评审。2021年11月25日，通州区首批基层中医传承工作室进行结题评审，共8家工作室参与评审，均完成工作室建设任务，共培养16名中医优秀传承人才，促进了优质资源下沉基层，基层中医药医、教、研能力得到全面提升。

（李珺）

疾病防控

【传染病防治】 甲类传染病发病数和死亡数为0。乙类传染病发病总数2258人，死亡人数6人，前三位疾病为肝炎、肺结核、梅毒。肺结核患病人数1152例，其中新发病人数738例；艾滋病患病人数2033人，其中新发病人数198人，死亡人数1人。人畜共患疾病中狂犬病、人禽流感、手足口病、布病的发病人数分别为0人、0人、797人、11人，均无死亡。

【流感疫苗接种】 2021年，接种流感疫苗159443人，较上年（182263人）下降12.52%。其中，学生接种78295人、60岁以上老人接种58869人、保障人群接种1012人、医务人员接种778人、中小学教师接种1082人，其他人群接种19407人。

【慢性病防治】 全区社区卫生服务机构共管理高血压患者101512人，其中规范管理78317人，规范管理率为77.2%，共管理Ⅱ型糖尿病患者44997人，其中规范管理35248人，规范管理率为78.3%。强化培养家庭保健员440人。

【健康支持性环境建设】 2021年，共建设148个健康社区（村），占全部社区（村）的23.49%；建设42个健康促进机关；62所健康促进学校，建设覆盖率达100%；建成10个健康主题公园、24条健康步道、26个健康小屋及12个健康知识一条街。

【精神卫生】 2021年，全区检出精神障碍患者4076人，报告患病率2.43‰，其中六类重性精神障碍患者3615人。全区随访18607人次，其中入户访视（包括视频访视））9215人次，门诊访视4955人次，电话访视4437人次，危险度评估18607人次。在册管理率为94.92%，在册规范管理率为94.14%，规律服药率

86.9%，面访率91.46%，均达到北京市要求。截至年底，全区免费服药患者人数为3003人，其中领取免费药物的患者2358人，办理补助患者人数645人，免费服药办理率为73.7%。严重精神障碍患者监护人补贴申请人数达3352人，监护人申请办理率为90.30%。

（李珺）

基层卫生

【社区卫生】 社区卫生服务中心（站）93家，其中政府办81家，社会办12家；卫生技术人员2846人，其中执业（助理）医师1097人、注册护士865人；全科医生522人。全年总诊疗4869835人次。全区社区卫生机构上门服务6936人次。社区卫生服务中心（站）标准化建设情况达100%。通州区家庭医生签约率情况：累计签约常住人口634548人，常住人口签约率为34.5%。其中，重点人群签约279537人，重点人群签约率为97.1%。二、三级医疗机构共派出医务人员192人支援17个社区卫生服务中心。上转患者152369人次，其中执单转诊152155人次；下转患者2人次，其中执单转诊2人次。全区建立居民电子健康档案1345220份，电子健康档案建档率为73.1%。其中，动态使用健康档案754752份，档案使用率为56.1%。

【农村卫生】 村卫生室349家，均属村办；全年诊疗227683人次。乡村医生416人，执业（助理）医师135人。全区470个行政村中，除涉及拆迁的49个村庄外，全区村卫生室覆盖率为100%。

（李珺）

卫生监督

【公共卫生监督】 截至2021年底，通州区取得卫生许可公共场所2094户，完成监督执法2057户，监督覆盖率98.25%；截至2021年底完成量化分级1683户，量化分级比例为80.37%；完成监督执法4100户次，合格3590户次，合格率为87.56%。行政处罚473起，简易程序403起，一般程序70起，累计处罚金额15.5万元。

【生活饮用水卫生监督】 截至2021年底，通州区取得卫生许可供水单位及备案现场制售水机经营单位共计567户，完成监督执法564户，监督覆盖率99.74%；完成监督执法762户次，合格722户次，合格率94.75%。行政处罚62起，简易程序52起，一般程序10起，累计罚款金额15.52万元。

【学校卫生监督】 截至2021年底，通州区卫生健康监督所监督学校卫生共计156户，完成监督执法156户，监督覆盖率100%；完成监督执法291户次，合格287户次，合格率98.63%。行政处罚4起，均为警告。

【医疗机构监督】 截至2021年12月31日，全区共有有效期内医疗机构556户。2021年，区卫生健康监督所监督537户，监督覆盖率93.72%；监督2120户次，合格2087户次，合格率98.44%。行政处罚33起，简易程序19起，一般程序14起，累计处罚金额7.65万元。

【传染病监督】 2021年，区卫生健康监督所监管的传染病消毒单位共617户，监督604户，监督覆盖率97.89%；监督3280户次，合格3089户次，合格率94.18%。行政处罚191起，简易程序171起，一般程序20起，累计处罚金额9.9万元。

【放射卫生监督】 2021年，区卫生健康监督所监管的放射卫生单位共67户，监督54户，监督覆盖率80.86%；监督114户次，合格102户次，合格率89.47%。行政处罚12起，简易程序11起，一般程序1起，累计处罚金额3000元。

【血液监督】 2021年，区卫生健康监督所监管的血液单位共7户，监督7户，覆盖率100%；监督7户次，合格7户次，合格率100%。

【计划生育监督】 2021年，区卫生健康监督所监管的计划生育单位共34户，监督25户，监督覆盖率73.53%；监督60户次，合格60户次，合格率100%。

【疫情防控监管】 2021年，通州区卫生健康监督所监督检查医疗机构12164户次，其中医疗机构10934户次（三级178户次、二级229户次、一级954户次、未定级9573户次），核酸采样点102户次，第三方核酸检测机构73户次，新冠疫苗接种点187户次，隔离观察点868户次。累计出动执法人员18935人次，执法车辆6991车次。

【联合执法】 2021年，区卫生健康监督所组织与区公安分局环食药旅安全保卫支队、区市场监督管理局等部门联合执法33次，共摸排2369户次，出动执法人员4104人次、车辆1061辆次，立案行政处罚51件。累计罚没金额143.13万元，没收药品器械46箱，行刑衔接移送3人。

（李珺）

妇幼保健与人口卫生

【妇幼健康】 辖区孕产妇建档人数12148人（常住）；死亡人数1人（常住）、死亡率8.11/10万（常住），活产剖宫产率46.71%（常住），活产数12325（常住）。全区0～6岁儿童人数105873人（常住）。新生儿死亡人数6人（户籍）、死亡率0.94‰，婴儿死亡人数10人（户籍）、死亡率1.56‰，5岁以下儿童死亡人数16人（户籍）、死亡率2.50‰。围产期出生缺陷发生率为36.77‰（常住人口），主要出生缺陷病种为先天性心脏病、肾积水、多指(趾)、性染色体异常、并指(趾)。

【老龄健康】 全区常住人口中60周岁及以上老年人数量213521人，占比24.13%；80周岁及以上老年人数量25638人，占比0.21%；百岁以上老年人数量84人。户籍人口中60周岁及以上老年人口量212528人，占比25.46%；80周岁及以上老年人数量25114人，占比0.30%；百岁以上老年人数量84人。

【老年健康服务】 全区养老服务机构21家、养老中心和老年驿站40家、医养结合机构7家，无安宁疗护机构。

【社会保障体系建设】 发放高龄补贴271569人次，总金额4043.52万元；发放失能老年人补贴144617人次，总金额8474.18万元。在全区范围内开展老年友好型社会三年建设活动、“向全社会发出关爱老年人倡议书”活动，利用敬老月开展系列敬老孝老活动15场。

【生育服务与家庭发展】 北京市卫健委最新修订的《北京市人口与计划生育条例》于2021年11月26日开始实施，通州区严格按照文件精神执行，全面落实放开三孩政策。

【生殖健康】 2021年，全区适婚人群婚检率92.70%（初婚婚检率为102.06%），疾病检出率2.27%（初婚疾病检出率为1.93%）。免费孕前优生健康检查定点医院为通州区妇幼保健院；孕前优生检查7547

人，评估出具有风险因素的人数为4290人。

【计生关怀】 全年符合计划生育奖励扶助政策人数39018人，奖励总金额5724.3万元。享受独生子女父母奖励人数19187人，总金额398.9万元。独生子女奖励扶助金标准为每人每年2100元，特别扶助金标准为伤残每人每年7080元、死亡每人每年8640元，奖励扶助对象人数18964人，发放奖励金总金额4981.8万元。独生子女低保户831户，补助金额11.8万元；独生子女意外伤残死亡扶助人数36人，扶助金额35万元；失独家庭帮扶人数909人，发放金额297.4万元。

（李珺）

首都医科大学附属北京潞河医院

【概　况】 2021年，首都医科大学附属北京潞河医院在区委、区政府，市、区两级卫健委和首都医科大学的领导下，秉承“两个以人为本”的办院宗旨，在坚决做好疫情防控的同时，坚持保证辖区百姓基本医疗。医院继续沿着打造优秀学院型医院的发展方向，持续推进医院各项工作，使医院继续保持稳步、快速发展。

2021年，医院业务收入26.32亿元，总成本26.44亿元，其中，人力资源成本占31.47%，耗材成本占32.11%，药品成本占32.15%，其他成本占4.27%。全年总门急诊量228.56万人次，日均门诊量7788人次，总出院人数5.51万人次。门急诊次均诊疗费550.03元，次均住院费23641.27元，全年住院患者中医保患者占74.82%，外埠患者占35.34%，平均住院日6.99天。全年收支基本平衡。

2021年，医院按上级要求做好疫情防控常态化工作，紧抓院感防控不放松、勇担区级疫苗接种点任务、全区疫苗接种点医疗保障任务和隔离点管理任务，完成各项保障工作。同时“以器官系统为基础，以疾病为核心”的学科建设内涵持续提升，烧伤科获批北京市重点建设专科，医学影像科获批北京市重点培育专科。开展医联体工作，“通武廊”糖尿病标准化建设体系基本打造完成。教学工作持续推进，“以器官系统为基础，以疾病为核心”教育教学改革具体实施方案确定。获批国家自然科学基金3项，省市级项目8项。“大型医院巡查”“经济管理年”工作，促进医院行政管理进一步规范。完成医保“贯标”和“DRGs”试点工作。通过国家卫生区复审工作。2021年潞河医院成为北京市基本医疗保险A类定点医疗机构、国家高级卒中中心、全国MMC省级管理中心和全国示范中心。医院5G+医疗项目获2021年世界5G大会——5G应用（全行业）设计揭榜赛二等奖。妇产科获得“全国五一巾帼标兵岗”荣誉。

2021年，结合疫情常态化和上级防控要求，医院开展各类疫情相关工作，巩固疫情防控效果。坚持疫情防控指挥部工作例会制和院感防控的常态化督导，推进牛堡屯院区定点医院建设，院内梳理院感防控流程，完成儿科门诊和感染科发热门诊通道改造，实现预检分诊“二码合一”功能，封闭式管理病房，保证院区安全。作为通州区核酸检测中心，持续完善PCR实验室建设，保证每日核酸检测量，完成全年“双平行”检测任务，完成隔离点核酸21946份，大规模采样106551份。重点人群核酸采样12653例次，环境采样3224例次，负责确诊病例、疑似病例的密切接触者或次级密切接触者的管理及转运，牵头完成人民商场接种点疫苗接种任务，全年完成接种38177剂次。负责全区14个疫苗接种点医疗保障任务，全年派出保障医生4750人次。护理部派出预检分诊5840人次。按上级要求，做好大规模采样的队伍组建，并完成市卫健委安排的顺义、大兴、昌平等地的核酸检测任务和区卫建委安排的副中心、街道乡镇、北京环球度假区等核酸检测任务，全力做好疫情相关工作，有效保障属地安全。

2021年，潞河医院科研管理支持形式多样。全年立项科研项目91项，其中国家自然科学基金3项、北京市自然科学基金2项、首都卫生发展科研专项6项、首都医科大学科研培育基金2项、北京慢性病防治与健康教育科研项目1项、中国医药卫生事业发展基金会医药科研课题1项、通州区科技计划项目38项、潞河医院青年科研孵育专项20项、潞河医院科技创新成果孵化激励专项15项、潞河医院实验室发展建设专项3项。总在研课题185项，其中国家级课题10项、省市级课题11项、校局级课题5项、区级课题38项、院级课题38项、IIT（研究者发起的课题项目）项目47项、合作课题36项。全年发表论文142篇，其中中文期刊论文80篇、SCI（科学引文索引）论文62篇，累计影响因子194.865。作为副主编参与编写“十三五”规划教材《实用儿科学》，以编委身份参与编写专著1本。年度内获授权专利236项，其中发明专利2项、实用新型专利234项，专利成果转化2项。

2021年，GCP（药物临床试验质量管理规范）受理63项临床实验立项，其中药物临床实验53项、医疗器械7项、体外诊断试剂3项。全年启动临床实验51项，结题24项。为保证临床实验项目质量，全年机构质控298次。为提升科研人员临床试验能力、提高实验规范化水平，2021年开展鼓励制度、质量分析、SOP（标准操作程序）等培训1875人次，完成营养科特医食品资质和放射治疗科药物临床实验资质备案，丰富潞河医院药物临床实验专业学科体系。

【治疗心脏瓣膜病新技术TAVI落地潞河医院】 1月20日，潞河医院心脏中心在安贞医院TAVI团队指导下、在全院多科室协作下成功完成了首例经股动脉TAVI手术。术后结果显示，介入瓣膜定位准确、功能良好，无瓣膜狭窄和反流，无瓣周漏；心电图提示无房室传导阻滞。手术全程无需开胸、几无出血。患者术后临床症状迅速消失，术后第一天即下地活动，术后1周康复出院。潞河医院心脏中心以最先进的技术、最优质的医疗、最温暖的服务，为北京市北京城市副中心老年心脏病患者带来福音。

【迎接复检工作】 4月26日，北京市疾控中心，通州区卫健委相关领导、专家到潞河医院，进行“创建国家卫生区”复审工作指导。检查过程中，相关专家对医院的“创卫”工作给予肯定。

【北京市残疾人康复定点医院启动仪式在潞河医院举行】 4月22日上午，北京市残疾人康复定点医院启动仪式在潞河医院举行。通州区残联及新华、北苑、中仓、玉桥街道理事长，潞河医院相关科室负责人及康复科工作人员参加会议。座谈会后，区残联领导与潞河医院领导一行到潞河医院康复大厅，进行残疾人康复定点医院揭牌。

【潞河医院顺利开展三维后装治疗技术】 6月3日，潞河医院放疗科经过前期的充分筹备以及多次配合演练，成功完成了京东地区首例宫颈癌术后患者的三维后装放疗。三维后装放疗的顺利开展，使潞河医院肿瘤的精准化治疗又迈上新台阶，成为妇科肿瘤患者“私人订制”的一种放疗方法，使京东地区的妇科肿瘤患者能得到及时救治。

【脑卒中专科护士临床教学基地正式接收首批学员】 7月12日至8月6日，潞河医院脑卒中专科护士临床教学基地正式接收9名来自全国各地的第一批专科护士学员。脑卒中专科护士培训基地的获批，是对潞河医院护理临床教学工作的高度认可和肯定。

【举办第一届京东风湿免疫性疾病诊治论坛】 为提高对自身免疫性疾病的诊治水平，更好地服务临床，改善患者生活质量，9月4日，潞河医院内分泌代谢与免疫性疾病中心主办的2021年第一届京东风湿免疫性疾病诊治论坛召开。会议致力于促进风湿性疾病学术交流，规范临床诊疗。

【举办义诊活动】 9月24日上午，根据国家、北京市、通州区卫生健康委关于开展2021年“服务百姓健康行动”大型义诊活动周的通知和通州区2021年新时代文明实践志愿服务活动要求，潞河医院党委本着服务百姓、科普卫生知识等宗旨组织开展了以“服务百姓健康行动”和“新时代文明实践志愿服务活动”为主题的院内义诊活动。

【世界安宁缓和医疗日 潞河安宁在行动】 2021年10月9日是第十七个世界安宁缓和医疗日，为提高民众对安宁缓和医疗的知晓度及认可度，提高终末患者的生命质量，北京潞河医院、潞河医院通州区老年病医院、梨园社区卫生服务中心联合举办了以“缓和医疗——人人享有”为主题宣传活动。活动中，医务人员向居民发放宣教手册千余册，并向居民推荐安宁缓和医疗服务微信公众号，以方便有需求的居民线上咨询。潞河医院与梨园社区卫生服务中心达成协议，为有意愿进行居家安宁的患者及家属提供评估及相应的服务。

【妇产科获得“全国五一巾帼标兵岗”荣誉】 10月12日，潞河医院妇产科被评选为“全国五一巾帼标兵岗”。潞河医院妇产科是一个团结精干、具有较强凝聚力的集体，此项全国荣誉的获得不仅是对妇产科各项工作的肯定，更是对妇产科的鼓励和鞭策。

【MMC中心成为首批全国20家省级管理中心及MMC示范单位】 10月22日，在中国内分泌代谢病专科联盟会上宣布成立首批MMC省级管理中心及MMC示范单位。综合各中心前期的工作业绩和贡献等，经总中心及项目组的反复讨论，潞河医院MMC中心被选为首批全国20家省级管理中心的成员之一MMC示范单位。主任赵冬被聘为中国内分泌代谢疾病专科联盟全国委员，分享北京市副中心MMC1+X模式的优秀管理经验。

（赵娜）

北京市通州区妇幼保健院

【概　况】 北京市通州区妇幼保健院于1982年建院，现已发展成为集医疗、保健、教学、科研为一体的三级妇幼保健院。医院建筑面积26486.4平方米，编制床位346张，开放床位300张。在岗员工848人，其中卫生技术人员743人，中高级职称337人，博士硕士研究生156人。拥有核磁共振、螺旋CT、移动式C型臂、全数字乳腺钼靶X光机等万元以上设备近700台，百万元以上设备35台，综合保障能力位于北京市妇幼专科医院前列。

2021年，医院晋升为三级妇幼保健院，在全市三级妇幼保健机构绩效考核中排名第二，在“七五”行动中被评为四星妇幼保健院。获得全市妇幼健康文化建设特色单位、北京市母婴友好医院、儿童早期发展优质服务基地、婚前孕前优质服务单位等荣誉。

医院在职职工中，编制内人员618人、派遣人员226人，正高级职称27人、副高级职称53人、中级职称257人、初级职称443人。执业医师296人，注册护士347人。护理人员中具有大专及以上学历者占89.3%、本科及以上学历占47%，有专科护士19人。重症医学床位32张。

年底医院固定资产净值7892.55万元，其中医疗设备净值为5303.08万元，有乙类医用设备2台。全年医院总收入49621.53万元，其中医疗收入41661.25万元。医院占地面积27874.8平方米、建筑面积26486.4平方米，租用面积6230.7平方米。

医院牵头的医联体及专科联盟有通州区儿科专科医联体及妇儿中医医联体、京津冀协同发展医联体（河北省廊坊市妇幼保健院医联体、河北省廊坊市三河市燕郊迎宾北路社区卫生服务中心医联体）。医院加入的医联体及专科联盟有首都儿科研究所附属儿童医院医联体、北京大学人民医院通州妇幼医疗联合体、“三明”下基层（首都儿科研究所附属儿童医院新生儿科及北京朝阳医院产科）、孕产妇区级转会诊对接单位潞河医院、孕产妇市级转会诊对接单位北京朝阳医院和北京地坛医院、产前诊断转会诊及北京市城乡对口支援合作单位北京妇产医院、北京市城乡对口支援合作单位首都儿科研究所附属儿童医院、东西部对口支援合作单位内蒙古通辽市奈曼旗妇幼保健计划生育服务中心和内蒙古赤峰市翁牛特旗妇幼保健院。

【医疗工作】 2021年，出院16191人次，床位周转53.97次，床位使用率64.64%，平均住院日4.31天。卫技人员与开放床位之比为2.48∶1，执业医师与床位之比为0.99∶1，病房护士与床位之比为0.43∶1。住院手术9838例，其中三级手术占17.24%、四级手术占5.37%，日间手术1020例。剖宫产率44.6%，无孕产妇死亡，新生儿死亡3人，围产儿死亡16人。开展临床路径的科室7个、病种43个，入径率70.07%，完成率94.70%。全年临床用血总量390单位，其中自体输血1人3单位。预约挂号占门诊总人次的92.55%。本地医保门诊677185人次、次均费用218.26元，医保出院12464人次、次均费用5566.17元；异地医保出院429人次、次均费用7512.17元。

医院药占比20.48%，其中门诊药占比21.71%、住院药占比17.59%。门诊抗菌药物处方比例5.69%，急诊抗菌药物处方比例45.35%，住院患者抗菌药物使用率53.79%，抗菌药物使用强度为30.57DDD（限定日剂量）。

对口支援与扶贫协作的单位有内蒙古翁牛特旗妇幼保健院（翁牛特旗妇女儿童医院）、内蒙古奈曼旗妇幼保健计划生育服务中心、内蒙古兴安盟科右中旗人民医院 。

【科研工作】 2021年，获批立项科研项目3项，其中省市级2项，获资助经费24.895万元，医院匹配经费3万元。年底在研课题18项，年内结题13项。有市级重点学科——北京市妇幼保健中医儿科专科。

【完成电子病历系统应用水平分级评价工作】 9月，医院完成电子病历系统功能应用水平4级的评级工作。通过升级院内14个子系统、新建9个新信息系统。促进医疗大数据质量的完善，避免数据沉睡，防止医疗差错，提高医疗质量安全。电子病历升级，能更快地获得患者完整、可追溯的诊疗数据，工作更便捷；医院管理效率可以有效提升，医疗数据更加精准。

【京津冀协同发展】 2021年，继续向廊坊市妇幼保健院派驻医疗小分队，4个专业11位专家参与当地工作共190个工作日，确保廊坊妇幼的各项工作稳定开展。5月21日，通廊深度合作推进会暨跨区域妇产科联盟启动会议在通州区妇幼保健院召开。大会以“融合、创新、发展”为主题，共商合作大局，会上正式建立跨区域妇产科联盟。向通州区妇幼保健院授予“廊坊市危重孕产妇转诊救治合作单位”牌匾。廊坊地区妇幼管理能力与通州妇幼同质化发展。

6月24日，通州区妇幼保健院与三河市燕郊迎宾北路社区卫生服务中心签署合作协议。每周派出妇科、产科、乳腺科专家出诊，接诊子宫肌瘤、子宫脱垂、乳房肿物、乳腺结节、乳头溢液、腹股沟斜疝等多个病症患者，建立孕产妇两地联合管理机制，自签订协议以来，出诊专家队伍包括科室主任、主任医师及副主任医师，并为到区妇幼保健院就诊的患者提供绿色通道。

在双方卫健委的协调下，与大厂回族自治县妇幼保健院不断联系并开展调研，寻找合作契合点，解决其人员匮乏、业务能力亟待提高等主要问题。10月，通州妇幼保健院班子成员及临床科室骨干多次到大厂回族自治县妇幼保健院实地考察，与当地卫健委等政府部门共同磋商，拟成立通州区妇幼保健院大厂分院，参与装修改造及流程设计，并将派出的妇、儿相关的科室业务骨干组成分院成员，从零起步，打造一支集管理、临床、保健、后勤保障为一体的素质过硬的团队，服务大厂回族自治县的妇女儿童。

【辖区儿科医联体建设】 2021年，主要以专业培训、免费接收进修学习、指导业务开展、专家出诊及建立转诊绿色通道为主。全年参与社区内成人病人接诊400人，指导手术1156台，接收转诊60余例（其中异位妊娠22例、宫颈病变10余例、子宫肌瘤囊肿近20例、子宫内膜病变及子宫内膜息肉近10例）；接诊各类问题儿童转诊1300余人；接收进修3人。

（刘昆莲）

通州区区属医疗机构一览表

表 9

序号	医疗机构名称	级别
1	首都医科大学附属北京潞河医院	三级
2	北京市通州区中医医院	三级
3	北京市通州区妇幼保健计划生育服务中心（北京市通州区妇幼保健院）	三级
4	北京市通州区中西医结合医院	二级
5	北京市通州区新华医院	二级
6	北京市通州区老年病医院	二级
7	北京市通州区精神病医院	二级
8	北京市通州区梨园镇梨园社区卫生服务中心（北京市通州区梨园卫生院）	一级
9	北京市通州区永顺镇永顺社区卫生服务中心（北京市通州区永顺卫生院）	一级
10	北京市通州区漷县镇漷县社区卫生服务中心（北京市通州区漷县卫生院）	一级
11	北京市通州区漷县镇觅子店社区卫生服务中心（北京市通州区觅子店卫生院）	一级
12	北京市通州区潞城镇甘棠社区卫生服务中心（北京市通州区甘棠卫生院）	一级
13	北京市通州区张家湾镇张家湾社区卫生服务中心（北京市通州区张家湾卫生院）	一级
14	北京市通州区马驹桥镇马驹桥社区卫生服务中心（北京市通州区第二医院）	一级
15	北京市通州区台湖镇台湖社区卫生服务中心（北京市通州区台湖卫生院）	一级
16	北京市通州区宋庄镇宋庄社区卫生服务中心（北京市通州区宋庄卫生院）	一级
17	北京市通州区宋庄镇徐辛庄社区卫生服务中心（北京市通州区徐辛庄卫生院）	一级
18	北京市通州区西集镇郎府社区卫生服务中心（北京市通州区郎府卫生院）	一级
19	北京市通州区永乐店镇永乐店社区卫生服务中心（北京市通州区永乐店卫生院）	一级
20	北京市通州区于家务回族乡于家务社区卫生服务中心（北京市通州区于家务卫生院）	一级
21	北京市通州区潞城镇潞城社区卫生服务中心（北京市通州区潞城卫生院）	一级
22	北京市通州区张家湾镇牛堡屯社区卫生服务中心（北京市通州区牛堡屯卫生院）	一级
23	北京市通州区马驹桥镇大杜社社区卫生服务中心（北京市通州区大杜社卫生院）	一级
24	北京市通州区台湖镇次渠社区卫生服务中心（北京市通州区次渠卫生院）	一级
25	北京市通州区西集镇西集社区卫生服务中心（北京市通州区西集卫生院）	一级
26	北京市通州区北苑街道社区卫生服务中心	一级
27	北京市通州区中仓街道社区卫生服务中心	一级
28	北京市通州区新华街道社区卫生服务中心	一级
29	北京市通州区玉桥街道社区卫生服务中心	一级
30	北京市通州区 120 紧急救援中心	公共卫生机构
31	北京市通州区疾病预防控制中心	公共卫生机构
32	北京市通州区中心血站	公共卫生机构
33	北京市通州区社区卫生服务管理中心	直属机构
34	北京市通州区卫生健康事业发展综合保障事务中心	直属机构
35	北京市通州区人口生育服务中心	直属机构
36	北京市通州区公共卫生应急处置事务中心	直属机构
37	北京市通州区老龄事业发展中心	直属机构

北京通州年鉴

2022

体育

▲ 2月8日，区体育局开展安全生产和疫情防控执法检查工作

| 区体育局提供 |

▲ 4月23日，区体育局体育运动学校电竞队夺得2021年第三届王者荣耀全国大赛华北大区北京城市赛冠军

| 区体育局提供 |

▲ 4月23日，台湖镇2021年春季健步走活动现场

| 台湖镇提供 |

▲ 5月23日，北京城市副中心马拉松赛事现场

| 区融媒体中心提供 |

▲ 6月8日，"北京农商银行杯"第三届副中心职工足球联赛举办

| 区融媒体中心提供 |

▲ 6月16日，举行"TZBA"阳光体育2021年通州区中小学生篮球比赛

| 区融媒体中心提供 |

▲ 7月13日，通州区组队参加"我要上全运"北京市健身气功选拔赛暨2021年北京市健身气功站点联赛

| 区体育局提供 |

▲ 9月15日，通州区组队参加"我要上全运"北京市第八届广场舞大赛

| 区体育局提供 |

综　述

【概　况】 2021年，通州区体育工作以习近平新时代中国特色社会主义思想为指导，深入实施健康中国和全民健身国家战略，编制完成《北京城市副中心（通州区）“十四五”时期体育事业发展规划》。构建全民健身公共服务体系，充分发挥全民健身在促进人的全面发展、提高人民健康水平、展示城市文化软实力、推动经济社会发展等方面的综合价值与多元功能，努力打造“健康通州”，大力推广全民健身运动，发展群众体育社会化组织，以发展体育运动促进群众健康，以改善健身环境推广全民健身，满足人民群众对幸福生活的新追求。全民健身利民生，体育工作作为民生工作，其发展至关重要。2021年体育部门立足北京城市副中心建设发展大局，结合疫情防控，努力推进全区体育工作。围绕区委、区政府的中心任务，在具体工作中，以完善全民健身公共服务体系、提升青少年体育和竞技体育水平、发展体育产业等重点工作为抓手，努力补足体育事业发展短板。

【体育总会第七届会员大会召开】 12月1日，在体育总会第七届会员大会上，选举产生新一届理事会、监事会机构。加强社团组织建设，新成立武术协会、冰上轮滑协会、电子竞技协会、马术运动协会、象棋协会、跆拳道协会等6个一级独立法人社团。截至年底，总计有44个体育组织，23个一级法人社团，8个民办非企业，8个人群体协，5个二级单位。以党建引领开展社团活动，在社团中建立功能性党支部，增强为民服务功能。开展全民健身团队备案工作，并配合市体育总会完成星级评定工作。

【安全生产】 以全国“两会”、五一、国庆节等重要节日、重点时段以及中共十九届六中全会等重大政治活动为重点，做好体育经营单位安全生产的工作。通过日常检查、突击检查、夜查、联合执法检查等方式夯实安全基础，强化安全检查工作，保障辖区内体育运动项目经营单位安全运营，确保无安全生产责任事故发生。

（冯晶晶）

体育设施建设

【概　况】 2021年紧扣市、区实事任务目标，在全区范围内建设完成80套健身路径，18块足球和篮球等多功能球场，5.5千米标准健走步道，40张乒乓球桌和30张台球桌等一批室内外全民健身场地，为百姓日常就近就便健身提供便利，有效提高群众健身的幸福指数。

【体育场升级改造】 2021年，按照体育场升级改造工程进度，推进体育场升级改造工作。通州区体育场升级改造项目是区属重点工程，也是列入2022年的市级重点工程之一。项目位于通州运河核心区启动区VI-07地块，总用地面积约为49335.146平方米。总建筑面积为70523平方米，其中地上面积为20609平方米，地下建筑面积为49917平方米。项目建设内容包括体育馆、游泳馆、冰上运动场、地下停车场等。项目总投资估算为58540.70万元。该项目按照“一会三函”流程办理前期手续，已取得前期工作函，设计方案审查意见函，规划条件、交评、水评、项目建议书（代可行性研究报告）等前期手续文件。

（冯晶晶）

竞技体育

【概　况】 2021年，完成2020—2021年度北京市运动员注册工作，共计注册22个项目。注册总人数达到1852人，为下一届市运会储备了运动员；根据疫情情况及市区两级安排，做好疫情期间“停训不停练”相关工作，加强防控防疫，认真完成训练计划，有序有效开展训练工作；根据《通州区体育局关于确定小型项目采购比选流程方案（暂行办法）》，对2021年预算项目进行评估。

【18个项目参加市级比赛】 2021年，根据市体育局竞赛管理中心及青少处组织的各项竞赛规程，组织通州区参加北京市青少年锦标赛及北京市青少年U系列比赛。截至12月底，通州区有18个项目参加北京市青少年锦标赛及北京市青少年U系列比赛，参赛运动员达到700多人次。2021年通州区青少年在北京市青少年锦标赛中获得金牌27枚、银牌23枚、铜牌57枚；在北京市青少年U系列比赛中获得金牌26枚、银牌28枚、铜牌24枚。

【推广冰雪活动】 2021年，加大宣传，营造冬奥氛围。通过网络，利用政府OA平台向各街道乡镇、区属各委办局中心、园区发送冬奥知识33期；通过微信群向各体育组织、社会体育指导员发送冰雪知识；向街道乡镇、区教委、区委区直机关工委、区总工会发放1.2万张冰雪宣传海报。加强冰雪组织建设。成立第一个冰雪社团——冰上轮滑协会，完成冰雪项目体育组织由0向1的突破，为下一步开展冰雪运动奠定了基础。举办冰雪社会体育指导员培训班。10月20—21日在东方宾馆举办2021年通州区冰雪社会体育指导员培训班，来自各街道乡镇、部分协会的200名学员参加培训。赵立、王金英和刘平江3位教授为学员们讲授公共理论课、冰雪及健身健康知识，获得学员们的好评。通州区陆地冰壶体验赛活动于11月19日在运河公园举办，近200人参与活动。向街道乡镇、区教委、区委区直机关工委、区总工会发放5111张冰雪体验票，组织居民参与冰雪体验活动。

（冯晶晶）

群众体育

【举办各类体育活动】 5月23日举办的北京银行·2021北京城市副中心马拉松取得圆满成功，来自京津冀地区的近万名跑者亮相“全马时代”的北京城市副中心马拉松。5月30日至6月20日，以“回顾中国共产党建党百年风采，骑游北京城市副中心感受美好生活”为主题的北京城市副中心骑游系列活动暨运河绿道骑游周在城市绿心森林公园拉开帷幕。此次系列骑游活动分不同时间和地点共举办8场次，近万名健身爱好者参与活动。举办北京市首届社区杯八人制足球赛通州赛区活动，在仙源乒乓球俱乐部举办区乒乓球比赛，在弘赫国际体育中心举办区羽毛球比赛，在绿心活力汇和OD腾龙体育中心举办篮球比赛。协助区农业农村局举办首届美丽乡村健康跑活动。开展单项赛事活动。组织环北京自行车比赛、京津冀健身操舞比赛暨通州区第八届健身操舞比赛、京津冀武术比赛、毽球比赛、京津冀风筝比赛和定向越野联赛。各协会如风筝协会、空竹协会、门球协会、武术协会等自主开展比赛，同时承办并组队参加市级竞赛。

【开展测试及评选】 2021年，通州区体育局实施《国家体育锻炼标准》测试工作。4—7月，启动2021年度的《国家体育锻炼标准》达标测验。组织专业的裁判员队伍，严格按照北京市疫情防控要求，在通州区19个街道乡镇的19个测试场地进行《国家体育锻炼标准》达标测验。测验总人数4167人。2021年特色村评选工作历时6个月，最终确定授予北京市通州区永顺镇永顺村、通州区马驹桥镇大杜社村等22个行政村“2021北京市通州区体育特色村”称号，并予以命名。开展北京市体育特色乡镇、示范街道的创建工作，经过8个月的工作，最终永顺镇、马驹桥镇被北京市体育局评为2021年北京市体育特色乡镇；通运街道办事处被评为2021年北京市体育示范街道。

（冯晶晶）

北京通州年鉴

2022

社会建设

▲ “手递手”残疾人服务中心组织开展“100名绣娘100日绣红旗”活动，庆祝中国共产党成立100周年

| 社会组织提供 |

▲ 5月27日，举行“力量在党旗下凝聚”通州区社会组织党校授牌仪式

| 区委社会工委区民政局提供 |

▲ 6月20日，北苑街道在万达广场设立志愿服务站，为行人提供志愿服务

| 北苑街道提供 |

▲ 10 月 21 日，通州区 2021 年社区邻里节开幕

| 区委社会工委区民政局提供 |

▲ 12 月 10 日，北苑街道召开社区社会组织联合会一次理事会

| 北苑街道提供 |

▲ 12 月 21 日，举行玉桥街道社区工作者入职十五周年颁发荣誉奖章仪式

| 玉桥街道提供 |

综　述

【概　况】 2021年，全区社会建设工作坚持以习近平新时代中国特色社会主义思想为指导，全面落实中共十九届五中全会和市委十二届十五次会议精神，加强党对社会建设全面领导，坚持以人民为中心的发展思想，围绕市委、市政府和区委、区政府的中心工作，高标准实施“十四五”规划，统筹做好社会建设各项重点工作，全面聚焦基本民生保障、基层社会治理、基本社会服务等职责，全面助力北京城市副中心建设，以优异成绩庆祝中国共产党成立100周年。

【召开社会建设工作领导小组会议】 2021年，召开通州区社会建设工作领导小组2021年度第一次会议，会议由区委书记赵磊主持，审议通过《通州区社会建设工作领导小组及办公室工作规则（修订稿）》《关于通州区街道、乡镇成立社会建设工作领导小组的实施意见》《通州区社会建设工作领导小组成员单位社会建设工作基本职责》。印发《2021年通州区社会建设工作要点》，涉及50项通州区2021年社会建设工作要点。

【撤村建居】 10月11日，印发《通州区关于开展撤村建居工作的实施意见的通知》，组织召开撤村建居工作部署会和试点村撤村建居工作专题推进会，指导各乡镇依法有序做好撤村建居的具体组织实施工作。逐村研究解决撤村建居工作中的重难点问题，对10个试点村开展走访调研，详细了解村情、民情和对撤村建居的意见建议等，逐村梳理集体土地征用征收、人口、村级资产等情况，为下一步撤村建居工作开展提供保障。

【落实街道工作改革重点任务】 2021年，印发《通州区街道工作专班工作制度》和《2021年度下半年街道工作要点》，统筹推进全区街道工作重点任务落实。

【社区减负】 2021年，为切实解决形式主义突出问题，为基层减负，与有关单位联合印发《关于进一步严格社区表格清单化管理工作的通知》，严格清单化管理。同时对社区工作准入落实情况开展抽查暗访，及时解决相关问题。组织召开社区减负督查座谈会，重点开展社区减负政策制度告知宣传及挂牌规范工作。

【社区自治】 2021年，社区自治功能不断增强。持续推进城乡社区协商议事厅和楼门院治理，推进基层治理重心下移，印发《关于做好2021年城乡社区协商议事厅和楼门院（村组）治理示范点建设工作的通知》，打造9个议事厅和24个楼门院建设示范点位。

【社会组织管理】 2021年，做好社会组织成立登记、变更登记等常规咨询业务。充分发挥社会组织动员作用，健全完善社会组织参与社区治理的社会化动员机制，提升社区共治水平。成立区社会组织党校，开展庆祝中国共产党成立100周年系列活动。根据通州区“双减”工作要求，经与区教委商定，对符合“盈转非”（指配合区教委完成“双减”工作，对符合条件的校外培训机构由盈利性转为非盈利社会组织，并进行登记）要求的校外培训机构，按照业务主管单位和登记管理机关双重管理方式，完成登记业务。

【街道工作重点任务落实情况】 根据《通州区2021年度街道工作和“吹哨报到”改革重点任务清单》要求，区委社会工委区民政局负责13项重点任务，各项工作均已完成，其中撤村建居、合理调整社区规模、加强社会心理服务体系建设等任务得到有力推进。

【社工人才队伍建设】 一是线上线下分别开展社区党组织书记、社区居委会主任培训，社区工作者职业技能培训等。二是在全区范围内开展“寻找最美社工”评选活动，并举办表彰活动进行表彰。三是组织开展通州区2021年度社区工作者招聘工作，完成150名社区工作者招聘的报名、笔试、面试、岗前培训等工作。四是组织实施“优才计划”，启动玉桥街道、杨庄街道试点工作，合理制定“优才计划”实施方案并组织实施。

【社会心理服务站点（中心）建设】 2021年，与市民政局对接，明确重点任务指标，加强基层调研，结合属地申报情况，确定玉桥街道、九棵树街道等6家街道乡镇社会心理服务中心，并通过市级督导评审，完成全部硬件施工，已投入使用。

【社会建设试点工作】 2021年，按照市级重点任务指标要求，完成创建生活垃圾分类社区动员试点、基层社会工作服务中心试点、志愿服务试点等重点任务工作。

（霍佳莹 陈蕾）

社会组织工作

【概 况】 2021年，区民政局社会组织工作落实常态化疫情防控，持续优化社会组织监督管理和培育扶持服务，深入推进“在线咨询、网上申请、一次办好”模式，简化办事程序规范服务行为，依法依规完成社会组织成立、变更、注销、换证等重点工作。其中民办非企业单位成立登记34个，变更登记57个，注销登记9个，换发证书223个；社会团体成立登记8个，变更登记15个，注销登记5个，换发证书12个。截至年底，通州区登记注册社会组织523个，备案社区社会组织8067个。建立社会组织党建提质和培育监管融合发展机制，提高政治站位，凸显服务属性，促进形成政治正确、发展有序、层次丰富、覆盖广泛、作用明显的区域社会组织体系。

【坚持党建统领社会组织凝心聚力】 一是区社会组织党校揭牌成立。开展“学深悟透，知行合一”党史学习教育活动，制定并落实《“百人万步学党史 建功北京城市副中心”社会组织党史学习教育徒步活动方案》，150个社会组织从业者参与。二是开办专题党课。打造针对社会组织的专题党史知识微党课“周三带你学党史”，完成10期课程。三是发布“力量在党旗下凝聚”区社会组织党校庆祝中国共产党百年华诞专题片。四是开展“重温历史记忆，传承强国之志”党建实践活动，50个社会组织代表赴红色基地穿红军装、走征战路。

【社会组织数量质量双提升】 一是开展线上社区社会组织交流分享活动，12个街道乡镇社会组织发言分享实际案例和经验体会，社会组织代表、社会治理专家等近200人连线参与；二是完成10节能力建设社会组织专项培训课；三是配合区教委完成“双减”工作分工任务，为7家符合“盈转非”要求的校外培训机构办理登记。

【年检评估行政执法检查】 一是完成全区社会组织2020年度年检工作，开办3期社会组织年检线下培训会，每期培训有20人参加，426家社会组织完成年检工作，年检率99%；二是完成150家社会组织行政执法检查，其中社团50家、民办非企业单位100家，对2家违反《民办非企业单位登记管理暂行条例》的社会组织法人进行约谈，给予警告处罚；三是55家社会组织参与等级评估，同比增长12%，分2批次开展社会组织等级评估线上培训，为140余位参评人员提供指导；四是配合市局及区审计部门做好行业协会商会现状调查和收费事项专项审计及延伸审计；五是落实打击非法社会组织工作，进一步强化社会组织遵纪守法意识；六是完成通州区“僵尸型”社会组织检查工作。

【社会组织参与内蒙古对口帮扶】 一是召开总结表彰大会，给2018—2020年参与内蒙古帮扶工作的社会组织颁发荣誉证书；二是发布《2021年度通州区社会力量助力内蒙古脱贫物资捐赠倡议书》；三是动员14家单位、个人捐赠图书2432本，价值76058.73元，用于对口帮扶地区阅览室建设；动员28家单位、个人捐赠爱心助学款68000元，44名贫寒学子及其家庭受益。

（徐颖）

社区建设与管理

【深化协商共治体系建设】 2021年，区委社会工委区民政局以推动多元主体参与为方向，以民生需求为导向，稳步开展基层民主协商，切实解决群众关心的问题。逐步构建社区议事协商工作体系，形成自下而上协商机制，即楼院（胡同）协商、网格（小区）协商、社区协商。推进社区议事协商规范化，形成《通州区社区议事协商工作指导手册》，引导广大居民依法、和谐、有序地参与社区事务与问题的全程解决。推动社区议事协商常态化，制定印发《通州区社区月月有协商工作实施方案》，相继打造9个市级社区议事厅示范点，有效促进居民的议事协商常态化以及“有事好商量”浓厚氛围的形成，有效解决社区环境整治、停车管理、助老服务等事项。拓宽协商参与渠道，搭建线上线下协商参与平台，线上全面实现社区微信公众号建设，拓宽社区居民参与社区议事协商的渠道。线下利用社区议事厅、议事角等平台，建立物业服务企业、业主委员会、社区社会组织、辖区单位、产权单位等共同参与的多方联动服务机制，通过协商共治会议协调解决小区环境整治、公共设施改善等物业管理问题。

【深化楼门院治理】 2021年，强化示范引领、典型带动，相继打造24个市级楼门院治理示范点，逐步构建起党建引领下的多方参与、共建共治的北京城市副中心社区治理“新模式”。制定《楼门院治理示范点建设实施方案》，编印楼门院示范点建设标准等制度文件，为全区示范点位建设提供支持指导。明确健全自治体系、推进居民参与的两手抓思路，将楼门院打造成集民智、凝合力、促和谐的重要自治阵地。完善楼门院自治组织架构，大力强化社区居委会、居住区小院委员会、楼门层长三级自治建设组织。注重理顺居委会、业主委员会、物业公司三者关系，鼓励支持培育社区社会组织，形成事情共商、难题共解、资源共享的治理格局。推进楼门院治理公示牌建设，指导社区在楼门院统一公开楼门院长、社区包片人员、物业负责人等6类服务管理人员相关信息，让便民服务更加精准高效。指导社区开展民意征询、畅通反馈渠道，定期召开楼院议事会，制定停车管理、垃圾分类、环境卫生管理、文明养犬等公约，居民互相提醒、互相帮助，共同维护“楼院大家庭”。

【持续推进社区减负】 严格落实准入制度，印发《关于落实北京市社会建设领导小组〈北京市社区工作准入管理办法（试行）〉的通知》《年度社区工作任务计划清单》《社区工作准入指南》，社区依法履行职责和依法协助政府工作职责清单均在各社区显著位置展示。多种形式加强宣传，严格落实并实行社区工作计划清单和日常审核管理。严格社区挂牌、表格清单化管理。多部门联合印发《关于进一步严格社区表格清单化管理工作的通知》，严格7项社区表格清单，不得增加填报表格种类和频次。创新工作方式方法，发挥安全员、网格员、调查员等专业力量作用，综合采取数据采集、共享数据等方式方法。抓好日常监督检查。对160个社区减负落实进行督查指导，设立中仓街道四员厅社区和玉桥街道新通国际社区建立市区减负监测点，通过经常性座谈沟通、日常反馈、实地查看等多种形式，及时精准掌握社区减负工作落实情况及有关问题线索。

（马超）

基层自治组织建设

【概　况】 2021年，按照全市统一部署，完成村委会、社区居委会换届选举工作。为进一步加强农村基层自治组织建设，维护农村社会和谐稳定，进一步规范全区村规民约、居民公约工作，组织开展村“两委”班子及村“两委”干部公众评价工作。按照区委、区政府要求，依法有序推动撤村建居和社区规模调整各项工作。

【村（居）委会换届选举工作】 2021年，完成全区470个村和155个社区“两委”换届工作，选举产生“两委”成员4187人，其中社区“两委”成员1537人，村“两委”成员2650人。此次换届选举实现一次选举成功率100%，35岁以下干部覆盖率100%［全区每个村（社区）“两委”班子中至少有1名35岁以下的年轻干部］，社区“一肩挑”（社区党组织书记和社区居民委员会主任由同一人担任）达100%，呈现出“一最两优三提高”的特点，即参加换届村和社区总体量最大，年龄结构优、学历结构优，村“一肩挑”比例、居民委员会成员本地化比例、社区直选和户代表选举比例均高于上届。全区470个村、160个社区中，除42个村党支部书记下派外，其他村全部实现“一肩挑”，村“一肩挑”比例提高4.3个百分点；村（社区）“两委”班子平均年龄分别为47岁、37岁，同比分别下降5.2岁和3岁，大专以上学历比例分别为43.7%和98.6%，同比分别提高12.5%和5%，社区直接选举和户代表选举比例82.6%，较上届提高22.6个百分点；村委会成员中女性比例达到35.9%，实现年龄、学历“一降一升”、女性和直选比例显著提升，完成市委既定的各项换届目标任务。

【城乡基层自治组织建设】 2021年7月，在全区范围内组织开展村级“民主日”活动，集中召开村（居）民会议。按照程序，召开村（居）民会议，对村规民约、居民公约进行修改完善。年底，组织全区470个村，严格依照“宣传贯彻党的路线方针政策、党员干部模范带头作用发挥、组织基层依法自治、推动经济发展、班子和干部队伍建设、民主管理和民主监督、矛盾调处化解、为民服务能力、群众思想政治工作和党风廉政建设”等10个方面对村“两委”班子及村“两委”干部进行公众评价。

【第二批社区规模调整】 2021年，切实加强全区社区管理各项工作，扎实有序推进社区规模调整。指导有关街道乡镇上报社区规模调整方案，坚持目标、问题和结果“三个导向”，扎实摸底、多轮论证，制订第二批社区规模调整总体方案，上报区政府审议，稳步推进社区规模调整工作。

（向越）

社区工作者队伍建设

【社区工作者招聘】 2021年，为进一步加强社区工作者队伍建设，夯实社会建设基础，根据各街道、乡镇社区工作岗位需要，完成150名社区工作者招录工作。

【社会工作服务中心试点建设】 2021年，开展街道（乡镇）社会工作服务中心试点建设和项目实施，制定《通州区街道（乡镇）社会工作服务中心试点建设实施方案》，明确建设内容和任务要求，探索建立本土化基层社会工作服务平台。通运街道建立两级社会工作体系平台，实现社区社工站全覆盖。梨园镇建设完成乡镇级社会工作服务中心。

【组织实施社会工作服务项目】 2021年，按照工作指标任务，加强前期调研，在玉桥、通运、杨庄街道开展社会工作服务项目12个，推动基层社会治理创新，满足社区居民多层次、多样化需求。

【推进“优才计划”项目】 2021年，制定《通州区“优才计划”实施方案》，在玉桥街道、杨庄街道推进“优才计划”项目落地，制订团队岗位实训项目策划书，做好区级高级社区工作者的人才培养工作，同时带动街道分层分类提升社区工作者社区治理能力，取得实效。

【开展社区工作者培训】 7月22日，北京城市副中心社区干部学院举行揭牌仪式，同时对全区160名社区党组织书记、社区居委会主任进行为期2天的培训。9月10日至10月8日，开展全区社会工作领军人才（高级社会工作师）培训活动，就社会工作的价值观和专业伦理、社会工作项目设计管理、社会工作实务案例、社会工作督导等内容进行培训。9月27—29日，与区人力社保局联合举办通州区社会团体秘书长人才培养高级研修班，包括北三县7人在内的39人参加。11月25—27日，开展为期3天的通州区社区“两委”成员线上培训，约1500人参加，培训内容聚焦党建引领社区治理体系解读、两个关键小事、“12345”市民服务热线“接诉即办”等展开。12月8—10日，采取线上与线下相结合的方式，开展包括通运街道在内的6个新成立街道社区工作者职业技能培训。

【开展社工宣传活动】 2021年，落实第六届“北京社工宣传周”主题系列宣传活动，制定《通州区“寻找副中心最美社工”表彰活动方案》并及时进行活动总结，经过街镇申报、网络投票以及专家评审，评选出“优秀社工”10名、“最美社工”10名、“优秀团队”5个、“最美团队”5个，在大力宣传社会工作知识的同时，展现通州区社会工作在扶贫济困、社区治理、社区服务等领域发挥的重要作用，进一步提升社会工作的知晓度、认同度和参与度。

（陈蕾）

精神文明建设

【概　况】 2021年，区委宣传部坚持将文明创建与城市精细化治理相结合，大力推进垃圾分类、移风易俗、文明交通等工作，文明城区常态化创建添彩赋能，新时代文明实践中心建设深化拓展，群众性精神文明创建取得成果，副中心社会治理水平持续提升。

【扎实推进全国文明城区常态化创建】 4月14日、8月4日，先后召开通州区文明委全会暨深化文明城区常态化创建工作会议，印发《关于深化通州区全国文明城区常态化创建工作的三年行动计划（2021—2023年）》《2021年通州区全国文明城区常态化创建工作督查方案》《2021年通州区文明城区常态化创建重点单位实地督查工作方案》《通州区2021年全国文明城区常态化创建区领导实地督查工作方案》。全年发放督察通知单5024张，推动完成问题整改14.2万余个。区领导到各重点单位开展实地督查145次，调度点位430余个。

（侯洋）

【启动“文明驾车　礼让行人”专项整治行动】 9月10日，在银地路口启动“文明驾车 礼让行人”专项整治行动，60名公共文明引导员以“‘等灯等灯’公益歌曲+手语操+广场舞”相结合形式进行文明劝导，宣传礼让要求、讲清政策规范、发放礼让倡议、签订礼让承诺，动员副中心市民以实际行动践行文明礼让。北京卫视新闻频道进行专题报道。

（孟思）

【完成中央文明办年度测评工作】 9月16日至19日，中央文明办对通州区文明城区实地考察和问卷调查指标进行年度测评，实地考察部分涉及30个类型113个点位，问卷调查部分抽取5个街道12个社区。12月1日至10日，中央文明办开展网上申报材料填报工作，通州区提交文字说明报告41项49篇，图片资料36项301张，正式发文3个，部门评价26项。

（侯洋）

【开展文明礼仪宣传教育活动】 10月9日起，以"文明创建 礼在通州"为主题，开展线上线下文明礼仪宣传教育活动，在融汇副中心App开设网络知识答题专题，答题总人数4万余人，专题总点击量42万余次。在中国文明网·通州站、通州融媒、文明通州微信公众号设置文明礼仪知识专栏，共推送28期，引导副中心市民形成文明的行为习惯，提升副中心城市文明形象。联合区教委开展"文明通州 与礼同行"进校园系列活动，加强对未成年人的文明礼仪宣传教育。

【打造副中心"家庭家教家风"示范街】 10月28日，区委宣传部联合区妇联打造的"家庭家教家风"示范街正式开街。此街在玉桥街道梨园中街一巷原有景观的基础上，围绕家风教育、文化熏陶、实践养成等主题进行提质升级，设置最美家亭、文明家庭宣传栏、家风家训墙等30余个点位，展示文明家庭建设成果。评选区级文明家庭81个、文明户300个，将优秀家庭事迹以"荣誉名片"形式展示在"最美家亭"中，以好家风促进好民风、以好民风支撑好社风。

【常态化开展文明交通引导】 2021年，组织500名公共文明引导员，持续在19个重点路口、75个公交地铁站台开展常态化文明交通引导。新组建文旅中队，专门服务保障北京环球度假区周边交通秩序。参与文明示范路口创建活动，发动各站台公共文明引导员推举文明有礼好乘客575人。全年好人好事累计1285件，捡拾物品469件，归还371件，接到市区两级表扬电话60个，收到锦旗50面。

（孟思）

【推进新时代文明实践中心建设】 2021年，完善"3+21+N"文明实践阵地（"3"指区新时代文明实践中心、街道（乡镇）新时代文明实践所、社区（村）新时代文明实践站三级体系，"21"指新时代文明实践中心所有成员单位，"N"指特色文明实践阵地），统筹推进中心建设和志愿服务制度化工作。北苑街道官园社区新时代文明实践站工作经验《贴近就是力量》入选中央文明办《建设新时代文明实践中心"怎么干"》系列丛书。"文明银行"、"三同三联"工作法（指新时代文明实践中心探索形成的同研判、同部署、同推进、上下"联动"、左右"联合"、全线"联通"的工作方法）、"四+"工作模式（指标准+特色、宣讲+队伍、活动+品牌、积分+反馈的工作模式）被评为北京市新时代文明实践创新案例。

（尹静）

【抓好乡情村史陈列室建设工作】 2021年，印发《通州区2021年精神文明宣传视屏和乡情村史陈列室建设实施意见》，明确年度建设任务，完善建设使用标准，指导各街道乡镇完成13个宣传视屏和7个陈列室的建设任务。

（孟思）

【开展网络文明宣传引导】 区委宣传部引入《北京日报》宣传资源，对中国文明网·北京通州网站、"文明通州"微信公众号、微博等进行提档升级，围绕背街小巷环境整治提升、精神文明五大创建等重点内容，推进网络宣传教育与网络文明引导工作。发布信息1.2万余条，点击量约980万次，推出报刊专版、专栏及专题片等，引入H5、长图、短视频、动漫、VR全景展馆等一批新媒体技术，全方位、多角度展开宣传。

【开展绿色主题生活创建工作】 开展2021年度"通州区绿色环保公益组织"和"通州区绿色生活好市民"评选活动，表彰通州区级优秀环保公益组织39个、绿色出行好市民20人、绿色消费好市民12人、绿色公益好市民19人、志愿服务好市民30人、文明健康好市民16人。其中小梨花垃圾分类环保志愿服务队等12个公益组织获评北京市优秀环保公益组织，郭艳斌等7人获评北京市绿色生活好市民。

（王晓宇）

北京通州年鉴

2022

社会生活

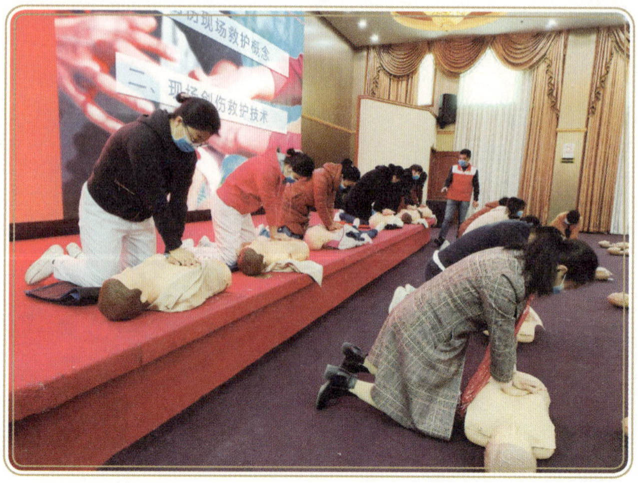

▶ 4月，区红十字会与区医学会联合举办乡村医生应急救护技能培训班

| 区红十字会提供 |

◀ 4月9日，通州区2021年线下系列招聘活动启动

| 区人力社保局提供 |

▶ 5月16日，中仓街道举办以“保障合法权益 促进融合发展”为主题的全国助残日活动

| 社会组织提供 |

5 月 18 日，梨园镇残疾人温馨家园开展庆祝建党 100 周年主题活动

| 梨园镇提供 |

6 月 17 日，举办第三届通州区职业技能大赛暨“通武廊”职业技能大赛通州区选拔赛

| 区人力社保局提供 |

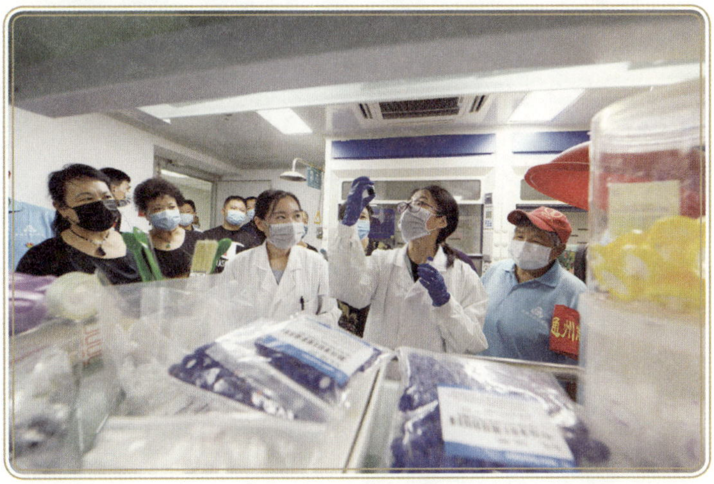

6 月 25 日，通州市民走进实验室零距离体验食品检测

| 区市场监管局提供 |

▲ 9月17日，开展区医疗保障局新时代文明志愿服务总队医疗政策宣讲系列志愿服务活动

| 区医保局提供 |

▲ 10月20日，区市场监管局组织召开第二届北京城市副中心消费论坛

| 区市场监管局提供 |

▲ 7月14日，召开临河里街道土桥社区居民公约议事会

| 临河里街道提供 |

人民生活

【概　况】 2021年，全区城乡居民收入稳步增长，消费结构继续优化。抽样数据显示，全区居民人均可支配收入49695元，比上年增长8.4%；全区居民人均消费支出33413元，比上年增长12.5%；城镇居民人均可支配收入59674元，比上年增长8.3%；城镇居民人均消费支出38857元，比上年增长12.5%。个人存款余额2155.1亿元，较年初增加193.8亿元。

【全区居民家庭人均可支配收入】 2021年，全区居民人均可支配收入49695元，比上年增长8.4%。其中，全区居民人均工资性收入为35152元，增长10.7%；人均经营净收入798元，下降26.2%；人均财产净收入6335元，增长19.8%；人均转移净收入7409元，下降3.9%。人均工资性收入、经营净收入、财产净收入、转移净收入占可支配收入的比重分别为70.7%、1.6%、12.8%和14.9%，工资依然是居民家庭最重要的收入来源。

【全区居民人均消费性支出】 2021年，通州区居民人均消费支出33413元，比上年增长12.5%，八大类消费支出“七升一降”。其中，增速居前三位的支出分别是生活用品及服务、教育、文化娱乐和其他用品及服务，增速分别达到24.9%、23.2%和20.3%；交通和通信支出增速下降2.9%。

【城镇居民人均可支配收入】 2021年，城镇居民人均可支配收入59674元，比上年增长8.3%。其中，城镇居民人均工资性收入达到42036元，增长7.7%；人均经营净收入859元，增长16.6%；人均财产净收入8593元，增长25.3%；人均转移净收入8186元，下降3.7%。人均工资性收入、经营净收入、财产净收入、转移净收入占可支配收入的比重分别为70.4%、1.5%、14.4%和13.7%，工资依然是居民家庭最重要的收入来源。

【城镇居民人均消费性支出】 2021年，城镇居民人均消费支出38857元，比上年增长12.5%，八大类消费支出“七升一降”。其中，增速居前三位的支出分别是其他用品及服务、医疗保健和教育、娱乐，增速分别达到25.5%、24.2%和22.6%；交通和通信支出增速下降4.3%。

（范丽华）

人力资源和社会保障

【概　况】 2021年，通州区人力社保局主动作为，砥砺前行，稳中求进，全区人力社保各项工作取得优异成绩，《人民日报》、“学习强国”、《北京日报》等具有较强影响力的国家级、市级重要媒体宣传报道了全局大量特色亮点工作，向全市乃至全国提供了可复制、可推广的副中心经验，其中新型学徒制培训等重点工作获得上级领导批示，《构建“4+”全流程“双创”服务体系》入选北京市“两区建设首批改革创新实践案例，在全市范围内推广；综合执法队、劳动人事争议仲裁院分别获得全国清理整顿人力资源市场秩序专项行动取得突出成绩单位及全国人力资源社会保障系统优质服务窗口称号，在全国人力社保系统内通报表彰。

2021年，区人力社保局深化社保服务体系建设，多措并举，兜牢基本民生底线，全区参保单位6.1万家，同比增长17.5%，养老、失业和工伤保险规模分别达到88.56万人、53.97万人和50.06万人，同比分别增长4.2%、7.4%和7.2%。各项社会保险基金累计收缴112.14亿元，同比增长70%；累计支出85.21亿元，同比增长10.4%。审结、办理各类支付业务27175件，累计发放城镇职工基本养老保险、城乡居民基本养老保险、工伤保险社保待遇60.69亿元，全部按时足额发放到位。其中，发放企业离退休人员养老待遇123.98万人次，涉及金额47.5亿元，较上年同期分别增长10%和21%；发放城乡居民基本养老保险人员待遇139.25万人次，涉及金额11.74亿元；为全区享受工伤待遇人员支付相关待遇9589人次，涉及金额1.45亿元。农转非劳动力社会保险补缴工作稳步推进，完成7个乡镇12个村827人的农转非社会保险补缴工作。落实企业职工基本养老保险遗属待遇工作，核准遗属待遇4.3亿元。

【推动辖区劳动力就业】 2021年，实施就业优先政策，全力减负稳岗扩就业，深入挖掘就业岗位，精心组织招聘服务活动，稳定并扩大就业。通过开展走基层、送服务专项行动，实行处级领导包干制，建立企业档案库，创建“通州人社帮帮团”服务群和“人社e管家”服务专员群，建立重大项目服务专班，实现用工需求精准对接。大力提高培训层次和质量，开展精准性技能培训，开办面试培训班，促进本地劳动力就近就业。加强对新就业形态招聘信息的采集发布，开展职业指导，提供政策咨询服务，精准帮助劳动者实现新形态就业。强化重点群体就业帮扶，针对高校毕业生、就业困难人员、低收入农户和零就业家庭，开展不断线就业服务，多渠道促进重点群体就业。落实岗位补贴和社会保险补贴、灵活就业社会保险补贴等政策，全年累计发放各类补贴近8.6亿元。发挥就业工作领导小组统筹协调作用，推进就业政策和各项经济政策协同联动，凝聚全区各部门稳就业保就业合力，2021年全区开发岗位信息近6.2万个，完成75426人次城乡劳动力职业技能培训、创业培训；实现城乡劳动力就业2.69万人，登记失业率控制在4.28%。

【开展事业单位人事人才管理】 2021年，在完成党政机构改革的基础上，压茬推进、接续递进深化事业单位改革，指导全区62家涉改部门转变设岗思路，围绕人随事走、优化协同、精简高效、人岗相适原则，科学合理调整岗位设置，提升改革成效。制定出台《通州区区外调入事业单位人员管理办法》《通州区事业单位人员流动管理办法》，进一步规范工作流程，为全区事业单位办理人员调入292人，调出119人；完成公务员调任转任签批工资等手续225人。统筹推进非京生源毕业生引进，完成毕业生进京审批397人，特殊政策毕业生京津审批210人；为重点企业引进毕业生202人。严格落实疫情防控要求，组织完成17项人事考试工作，涉及1557场13.85万人次；公开招录46名乡村振兴协理员到农村从事“三支一扶”（是毕业生基层落实政策，指大学生在毕业后到农村基层从事支农、支教、支医和扶贫工作）工作，助力乡村振兴；组织事业单位招聘7场，确定聘用人员757人，近50%聘用人员为硕士研究生及以上学历，全区事业单位人才队伍不断壮大。做好博士后工作站资金扶持，为博士后工作站和在站博士后提供科研经费扶持110.5万元，并协助甘李药业股份有限公司等企业10余名博士后申报市级科研项目资助。组织全区17家博士后科研工作分站开展经验交流，依托博士后创新创业平台引进优秀科研青年人才，累计培养企业博士后人才31人。

【维护劳动关系和谐稳定】 2021年，持续推进保障农民工工资支付五项制度（内容涵盖实名制管理、工程款支付担保、总包代发工资、农民工工资专用账户、人工费分账管理五方面制度）落实，在施工程项目农民工工资专用账户、总包代发工资、实名制管理达到100%全覆盖，工程款支付担保、政府投资项目分账管理覆盖率分别为75.2%和87.5%，均达到指标要求。开展根治欠薪专项行动、女工特殊保护专项行动等各类联合执法检查，全力维护劳动者特别是农民工群体的合法权益，全年办结各类案件14188件，涉及劳动者17729人，各类款项1.8亿元。探索建立基层仲裁派出庭常态化运行机制，率先在漷县、宋庄、台湖、马驹桥4个镇，先行试点组建仲裁派出庭，就近就地开展调解和开庭服务。2021年累计受理劳动人事争议8034件，审结7789件。成立劳动关系综合矛盾调处中心，集中受理反映频次相对较高的劳动关系类市民热线工作。全年承办“12345”诉求14150件，办结9308件，平均原始响应率98.85%、解决率78.11%、满意率89.17%。

【推进人力资源产业园建设】 2021年，中国北京人力资源服务产业园通州园区新引进北京联服企业服务有限公司、北京职脉通科技有限公司等5家成长型人力资源机构入驻园区，入驻园区的优质企业达到51家。参展亮相第一届全国人力资源服务业发展大会，举办园区招商推介会、第二届北京城市副中心人力资源发展高峰论坛，聚焦“数字技术+人力资源服务业”进行交流研讨，促进京津冀人力资源服务顺应新形势，创新协同一体化发展。与北京华夏国际人才研究院合作，共同开展“中国北京人力资源产业园通州园区与‘两区’建设融合发展”课题研究，提升服务“两区”建设工作水平。配合相关部门在产业园设立服务窗口，实现外籍人才工作许可、工作类居留许可“两证联办”工作“一窗受理、同时取证”。

【全程监控多支待遇追退】 2021年，逐笔核实支付、稽核环节多支待遇追退情况，建立例会通报制度，相关业务科室研究分析未退人员情况及追退措施，加大多支社保待遇的追缴和防控力度，确保基金安全运行。全年核实223人多支各项社会保险待遇情况，涉及金额602.80万元，追回各项社会保险待遇88.81万元，追退率达14.73%。

【提升社保经办服务效能】 2021年，严格落实疫情防控各项要求，大力推行网上办、不见面式业务办理模式。启动网上申报、邮箱申报业务办理模式，做好各项重点业务的线上告知和培训，减少线下接触。推进京津冀社保转移接续数字化办理，养老保险跨省转移实现从“最多跑一趟”到“一趟不用跑”，线上办理量达85%以上。

（马宜坤）

医疗保障

【概　况】 区医保局坚持以人民为中心的发展思想，圆满完成各项任务目标，推进医疗保障各项工作有序开展。2021年，药品集中采购、大病保险、医疗救助等各项任务圆满完成，深入打击欺诈骗保，医保基金安全运行，聚焦便民利民，经办服务优质高效。

【参保规模】 2021年，全区医疗保险参保规模达到139.10万人，同比增长37.77%。其中，城镇职工基本医疗保险参保106.83万人，同比增长54.85%；城乡居民基本医疗保险参保32.27万人，同比增长0.92%。

【医保基金】 2021年，医疗（含生育）保险基金总收支合计89.57亿元，同比增长18.31%。其中，基金收入58.47亿元，同比增长22.68%；基金支出31.10亿元，同比增长10.88%，总体运行平稳。

【医药费审核结算】 2021年，医疗费用审结1784.40万笔，支付基金34.06亿元，拒付不合理医疗费用311.93万元。其中，审结跨省异地就医直接结算业务5.09万笔，支付基金2.81亿元，拒付不合理医疗费用6.63万元。

【生育保险待遇核准】 2021年，完成生育津贴待遇申领、变更业务9052人次，支付基金2.79亿元。

【打击欺诈骗保工作】 2021年，研究制定打击欺诈骗保工作方案，开展打击欺诈骗保系列行动，切实维护基金安全。对137家定点医药机构开展基金监管全覆盖现场检查，对102家定点医疗机构（含河北燕达医院）开展自查自纠专项行动，对37家有床位定点医疗机构开展假病人、假病情、假票据“三假”专项检查，188家次定点医药机构存在违规或不合理行为，涉及的违规费用全部完成拒付或追回。

【定点医药机构协议续签】 2021年，接收139家医药机构报送各类审核材料415份，协助市医保中心与考核合格的56家独立法人定点医疗机构及36家定点零售药店续签医保服务协议；与3家工伤医疗机构续签工伤服务协议；与1家异地持卡结算机构签订市区两级直接结算服务协议。

【新增定点医药机构考核验收】 2021年，按照时限接收医药机构的申报材料15份，其中，1份不符合申报条件退回；对其余14家医疗机构开展医疗保险诚信信息核查、现场检查及函询工作。通过区级考察评估并上报市级部门医疗机构12家。完成北京运通中医院、北京美尔目眼科医院和潞城敬老院医务室3家医疗机构的HIS系统验收工作，并签订《北京市基本医疗保险定点医疗机构服务协议书》。

【落实国家药品集采督导工作】 2021年，推进实施国家药品集中采购和使用试点工作，辖区涉及一批续约药品采购任务的91家医疗机构完成药品采购数量4012.09万片(支、瓶)，完成任务总量的203.47%；涉及二批集采中标药品总采购任务的94家医疗机构完成药品采购数量5751.20万片(支、瓶)，完成任务总量的138%；涉及三批集采中标药品总采购任务的34家医疗机构完成药品采购数量5615.55万片(支、瓶)，完成任务总量的126.85%。

【大病保险和医疗救助】 2021年，为辖区符合条件的647名城镇职工大病患者支付医疗费923.08万元，为2262名城乡居民大病患者支付医疗费2962.74万元；向6722人次社救对象、237人次退养人员、264户因病致贫家庭，分别发放医疗救助资金1508.09万元、70.73万元、230.66万元。

【推广医保电子凭证】 2021年，按照全市统一部署，进一步推进落实医保凭证电子化，参保人员看病不用携带实体社保卡，而是通过扫码就可享受到医保结算服务。全年深入街镇举行医保政策宣讲服务活动21场，涉及133个社区、474个行政村，通过政策宣传、现场指导，电子凭证全区激活57.12万人，激活率62%。

【医保经办服务】 2021年，推行“网上办”“掌上办”，提升医保经办服务智能化水平，让数据多跑路，让群众得便利。推进“数智医保”创新成果转化，实现手工报销节点监控系统上线运行，对受理单据实现快速定位、查找，提高工作效率；创新宣传方式，聚焦群众关注度高的医保政策和经办服务事项，联合区税务局、区人力社保局每月开展政策培训直播；依托“国家医保服务平台”App和“国家异地就医备案”微信小程序，开展跨省异地就医线上备案，减少现场备案环节，全年审核完成异地就医备案申请1.36万笔。

（王立娜）

退役军人事务

【概　况】 2021年，通州区退役军人事务局（以下简称区退役军人事务局）按照中央、市委、区委统一部署，自觉提高政治站位，牢固树立以服务退役军人为中心的思想，依托北京城市副中心区位优势，坚持新发展理念，探索新时期退役军人服务保障工作方法，退役军人各项工作取得显著成绩。

【接收安置】 2021年，区退役军人事务局接收职级及技术级军官干部、复员干部、自主就业退役士兵和符合随时退役条件义务兵。接收符合政府安排工作条件退役士兵，安置人数和满意率均居全市前列。

【就业创业】 2021年，举办多场专项网络及现场招聘会，为全区退役军人搭建就业平台。组织退役军人企业参加北京市退役军人创业创新大赛，分别获得市级比赛二、三等奖。举办通州区自主择业军队转业干部“创业沙龙”。与多家企业建立长期合作关系，定期发布招聘信息。

【优待褒扬】 2021 年，区退役军人事务局下拨发放各类抚恤补助资金。为符合条件优抚对象报销医疗费、发放临时补助金，使优抚对象生活得到有效保障。为义务兵发放优待金。走访慰问全区优抚对象、困难退役军人、军休干部及无军籍职工，并发放慰问金。梳理并建立区、镇两级烈士纪念设施电子档案，完善辖区内多处烈士纪念设施数据，完成《通州区烈士纪念设施档案》。全面开展烈士纪念设施管理保护专项行动及烈士纪念设施整修工程。开展“9·30”烈士公祭活动。完成清明祭扫服务保障工作。

【服务管理】 2021 年，区退役军人事务局组织开展街道乡镇及社区（村）示范型退役军人服务站创建指导工作，有多家乡镇、社区（村）退役军人服务站达到示范型创建标准。继续做好退役军人信息采集与光荣牌悬挂工作，悬挂工作完成率 100%。深入贯彻落实常态化联系退役军人制度。

【志愿服务】 截至 2021 年，通州区已建立老兵志愿服务队 246 支，共有志愿人员 1835 名。主要服务疫情防控、治安巡逻、应急抢险、环境整治等方面的工作。2021 年，在北京范围内率先成立了区级委办局“首都老兵”志愿服务队，全区共有 15 家委办局单位成立了“首都老兵”志愿服务队，服务队成员达 200 余人。

【双拥工作】 2021 年，区退役军人事务局号召成员单位、驻通州区各部队围绕庆祝中国共产党成立 100 周年，广泛开展主题宣传教育活动，充分利用各级媒体平台广泛宣传双拥先进事迹，并在国家级、市级等重要媒体进行刊发。全年定期开展走访慰问驻通州区部队活动，为官兵送去慰问品和慰问金。全力解决“三后”（后路、后院、后代）问题，召开退役军人及随军家属专项招聘会，军人子女百分百进入优质学校。推动军民共建社会主义精神文明活动深入开展，结成军民共建对子。全区打造十大双拥品牌，进一步密切军民鱼水情谊。

【军休荣休服务】 2021 年，探索“一站式”接收安置工作模式，完成军队离休退休干部移交安置工作。强化品牌建设，丰富“颐和通州 乐融军休”内涵，开展形式多样的文体活动，丰富军休干部精神文化生活。在重要节日开展走访慰问活动，为全体军休干部和无军籍职工送去温暖，为百岁无军籍职工送上慰问金、“寿桃”、书法作品等百岁生日祝福。举办“辉煌百年正青春·老兵永远跟党走”——庆祝中国共产党成立 100 周年文艺演出暨“光荣在党 50 年”纪念章颁发仪式，为老党员颁发“光荣在党 50 年”纪念章。通州区军休所被评为五星级军休所。

2021 年，区光荣院在做好疫情防控的基础上，投入 320 余万元全面推进维修改造工程进度，购置更换公寓楼老人房间门窗，改造老旧暖气管道、暖气片，加强院内文化墙建设，完成车库危墙翻修及卷帘门更新，推进消防安全改造项目，使老人的居住环境进一步改善和提升。携手首都医科大学附属北京潞河医院建立医养结合服务合作关系，深入做好在院老人医疗服务保障工作。在服务好院内集中供养对象基础上，做好在乡重点优抚对象服务保障工作，“七一”前夕，慰问在乡烈士遗属，为他们送去党和政府的关怀与温暖。“八一”前夕，组织全区荣立二等功及以上退役军人赴辽宁丹东红色教育基地参观学习，并慰问荣立二等功以上的退役军人。

（王黎珩）

民政事务

社会救助

【概　况】　2021年，通州区社会救助工作以维护困难群众的基本生活权益为出发点和落脚点，建立健全各项保障制度。一是开展“精准救助”服务，为困难群众提供系统、全面、规范的救助服务。二是持续推进社会救助领域专项整治工作，有效防范各类违规违纪问题。三是各项社会救助政策得到落实，城乡低保标准和特困供养水平进一步提高，各类专项救助及临时救助足额发放。

【城乡低保】　2021年，城乡低保标准提高至月人均1245元，全区有城市低保对象1028户1561人，年保障资金2388.04万元；农村低保对象2216户3621人，年保障资金5070.11万元。依据现行政策做好城乡低保（低收入）受理审核、入户调查、公示上墙、审批发放、复审检查等环节的工作，确保实现动态管理下的应保尽保。全年新审批281户582人享受城乡低保待遇，并对城乡低保对象采取半年复审、不定期抽查和社会监督等方式，进一步加大动态管理力度。全年因城乡低保对象去世或收入超标，停发享受365户479人；因城乡低保标准调整或家庭情况变化，调整2483户。全年发放低收入家庭生活补助28.86万元。

【特困供养】　2021年，将特困供养人员生活费标准提高至月人均1867.5元，照料费最高标准为1392元。特困供养对象有485人，其中集中供养165人、分散供养320人，全年发放生活费及照料费1476.6万元。

【专项救助】　2021年，为153人次城乡特困人员发放医疗救助金67.27万元；2021—2022年度采暖季，为3746户城乡低保、低收入、分散特困家庭发放采暖补助金429.07万元；为100名困难大学生发放助学金44.7万元。

【其他救助】　“两节”期间，向全体城乡低保（特困供养）对象发放走访慰问金253.1万元；为20户、47人因病、因灾等特殊原因造成生活暂时困难的家庭发放临时救助金14.88万元；全年为城乡低保（特困供养）对象发放电价补贴32.64万元。

（李宝辉）

儿童保护

【概　况】　2021年，通州区民政局全面深入推进体制机制建设、加大保障力量投入、注重工作成效，深层次构建北京城市副中心儿童关爱保护体系，全面、系统、准确地开展儿童福利和保护工作。

【儿童关爱保护体系建设】　2021年，为贯彻落实《中华人民共和国未成年人保护法》规定，加强全区未成年人保护工作的统筹部署，经区政府同意，调整北京市通州区未成年人保护委员会及其办公室设置，区未成年人保护委员会办公室由团区委调整至区委社会工委区民政局。调整后，区未成年人保护委员会通过召开座谈会和专题会议的形式，各委员单位之间加强联络沟通，探索多部门合作最佳发力点，促进突出问题有效解决和针对性预防，形成各部门协同配合的良好局面；继续组织实施强制报告制度能力建设项目、通州区儿童主任、儿童社工社会工作实务能力提升项目和通州区困境未成年人法律服务项目，通州区困境儿童关爱保护体系建设全面加强。

【困境儿童帮扶工作】　2021年，继续委托9家专业社会组织开展“通惠明天”——通州区儿童福利服务项目，为辖区内的困境儿童提供个案服务，开展小组和社区活动，提供精准帮扶，截至年底，为全区17个街道乡镇的困境儿童开展形式多样的儿童活动321场，开展个案帮扶1552人次。联合通州区儿童保护多领域专家团队成员与专业儿童社工，开展业务能力提升和强制报告制度培训。全区儿童督导员、儿童主任、儿童社工参与率达95%以上。为全区近700人的儿童服务队伍赋能。

【儿童福利保障政策落实】 2021年，通州区为130名社会困境儿童（4名社会散居孤儿，96名事实无人抚养儿童，30名贫困家庭重病、重残儿童）足额及时发放困境儿童生活费共计220.69万元；为6名孤儿（3名社会散居孤儿、3名机构内集中养育孤儿）发放“福彩圆梦——孤儿助学工程”补助资金6.5万元；为4名事实无人抚养儿童发放事实无人抚养儿童助学金2.4万元。协调区住保办及相关单位，协助2名成年孤儿申请保障性住房，其中1名完成入住；协助2名成年孤儿落户孤儿集体户；协助1名成年孤儿就业。

【社会福利院服务管理】 截至2021年底，区福利院有孤残儿童29名。投入100万元，对儿童综合楼楼顶防水设施进行升级改造，对空气源热泵设备进行更新，对综合楼电梯进行维修，福利院综合服务设施全方位升级，为孤弃儿童提供优质的成长环境；聘请专业机构对院内儿童档案进行整理、归档，安装档案管理信息系统，实现电子档案动态精准管理。

（缪怡）

殡葬管理

【殡葬惠民】 2021年，按照《通州区城乡无丧葬补助居民丧葬补贴办法》，严格丧葬补贴操作手续，防控风险，避免重复申领、避免政策规定的十类人员申领（该类人员已在其他渠道享受丧葬补助）核准丧葬补贴申请618件，区、镇（乡）两级财政拨付丧葬补贴资金309万元。

【殡葬便民】 2021年，深入推进“零百千万”工程，即零元骨灰撒海、百元骨灰盒、千元殡仪服务、万元墓地，全区销售百元骨灰盒122个，提供千元殡仪服务3255次。全年举行告别仪式1408场次，火化遗体12594具。继续推进落实《北京市通州区节地生态安葬补贴实施细则》。通州区户籍重点优抚对象和享受通州区城乡居民最低生活保障待遇的对象免费使用骨灰格位。

【清明祭扫】 2021年，通州区清明节继续实行预约、分时、限流祭扫并提供代为祭扫服务。成立区清明节群众祭扫服务工作临时指挥部。通州区殡仪馆、永安公墓、通惠陵园、京运陵园、惠灵山陵园、大甘棠集中埋葬点6处重点祭扫接待点，累计接待预约祭扫群众22.3万人次、机动车辆7.1万辆次，代为祭扫319人次。

【殡葬专项整治】 2021年，制定下发《通州区开展违建墓地专项整治成果巩固提升行动方案》。通过摸排，全区超面积墓穴有552个。对于存在超面积墓穴的陵园，采取点对点方式向逝者家属做工作，现已全部完成整改。11月19日召开全区散坟专项整治工作推进会，通州区散坟采集工作有序铺开。联合区发展改革委等八部门以及各街道乡镇政府印发《关于开展殡葬业价格秩序、公益性安葬设施建设经营专项整治的通知》，对殡仪馆违法违规、殡葬中介服务违法违规、改变公益用途违规经营以及墓地价格不规范和手续不全等行为进行联合整治。

【殡葬执法】 2021年，加大殡葬领域监管力度，开展多项行政执法检查。一是对医院太平间殡仪服务进行执法检查。会同区市场监督管理局和区公安分局对东直门医院通州院区、潞河医院、胸科医院太平间以及通州区殡仪馆进行联合执法检查，检查中发现太平间不同程度存在未明码标价、不能提供进货来源、违规展示公益性公墓宣传展板、超范围经营以及违法销售丧葬用品等情况。采取立即整改、定期整改规范殡仪服务。二是对非法社会车辆接运遗体开展执法检查。联合公安、交通等部门在通州区殡仪馆开展查处社会车辆非法接运遗体联合执法行动，此次专项行动依法查处非法运尸车辆7辆，给予行政罚款7000元，并制作一般性执法案卷。三是对丧葬网点进行执法检查。联合属地政府对丧葬用品市场进行检查。发现1家殡葬用品商店存在销售冥票的违法行为，执法人员对违法销售冥票行为进行处罚，并当场销毁冥票。

（王瑞荣）

婚姻登记

【概　况】 2021年1月1日，《中华人民共和国民法典》正式实施，《中华人民共和国婚姻法》同时废止。2021年，通州区婚姻登记服务中心办理结婚登记5688对（较上年下降11.7%），离婚申请3794对，离婚登记2573对（较上年下降39.8%），补领婚姻登记2811对（较上年增长17.2%），涉外、涉港澳台婚姻登记26对，出具婚姻记录证明6份，配合公证处、公安、检察院、法院、车管所等部门调查当事人婚姻登记资料6000余份，受理当事人查询婚姻档案3000余件，接待群众电话咨询及现场解答6万余人次。

【离婚登记程序调整】 依照《中华人民共和国民法典》《民政部关于贯彻落实〈中华人民共和国民法典〉规定》，自2021年1月1日起对离婚登记程序做出调整，即夫妻双方自愿离婚，应当共同到有管辖权的婚姻登记机关提出申请，自婚姻登记机关收到离婚登记申请之日起三十日内（冷静期），任何一方不愿意离婚的，可以向婚姻登记机关撤回离婚登记申请，自冷静期届满后三十日内，双方应当亲自到婚姻登记机关申请发给离婚证，未申请的，视为撤回离婚登记申请。至此，离婚登记手续不再是夫妻双方自愿离婚即可到有管辖权的登记机关一次性办理。2021年，有957对离婚当事人撤销申请，占全年申请量的25%。

【小客车指标核查工作】 2021年，按照市政府出台的《北京市小客车数量调控暂行规定》《〈北京市小客车数量调控暂行规定〉实施细则》相关要求，全市符合条件的人员可以参与以家庭为单位办理小客车配置指标申请登记，其中全市民政部门负责家庭申请人婚姻关系核查工作，全年，区婚姻登记服务中心为5133个家庭进行了核验。

【婚姻健康特色服务】 2021年，为提高通州区新人婚检率，有效降低新生儿出生缺陷，区婚姻登记服务中心继续与区妇幼保健院联合开展免费婚前医学检查工作，在做好新冠病毒防疫措施的基础上，通州区新人广泛参与，婚检率达102%，位居全市前列。

【特殊婚姻登记日工作】 2021年5月20日是特殊的结婚登记日，为做好疫情期间特殊婚姻登记日服务工作，区婚姻登记服务中心借鉴往年高峰日经验做法，预先制定工作方案和各项应急预案，切实落实卫生消杀环节，并做好相关引导工作，当日办理结婚登记206对，由于准备充分，工作深入，服务周到，未发生一起投诉事件，群众满意率100%。

【婚姻法律法规宣传】 2021年，区婚姻登记处通过多种媒体向全社会宣传婚姻法律法规，并在《通州时讯》、通州新闻、八通网等新闻媒体刊登宣传稿件20余篇。同时，不断加大婚姻政策法规宣传，全年向全区群众发放《中华人民共和国民法典》、《婚姻登记条例》及婚检、计划生育相关知识等宣传资料8000余份，取得良好的宣传效果。

（刘广宇）

老龄事业

【落实老年人优待政策】 根据《关于开展通州区老年人能力综合评估培训的通知》，2021年累计评估总人数10386人，其中居家评估10010人，机构评估376人，有9323人被评为重度失能。同时为保证评估机构评估质量，2021年度复查评估4706人，其中个人复查评估3370人，机构复查评估1336人。全年发放老年人困难服务补贴26416人，共计577.34万元，发放失能老年人护理补贴144617人，共计8474.18万元，发放高龄老年人津贴补贴共计271569人，共计4043.52万元，办理老年证6个。

【完善残疾人保障体系】 2021年，逐步健全完善残疾人保障体系，为确保全区两项补贴发放到位，实现残疾人应保尽保，加大残疾人两项补贴支出力度。全年发放困难残疾人生活补贴97565人次，发放金额4928.06万元；发放重度残疾人护理补贴64096人次，发放金额863.00万元。通州区在落实残疾人两项补贴跨省通办政策过程中，在全国范围内首先落实该政策，获得市局级媒体多次报道。

【推进区级养老院重点工程】 区养老院建设工程项目于2021年10月30日办理施工登记意见函，取得施工手续，完成主体结构、二次砌筑结构、屋面和外立面工程。

【养老设施建设】 养老设施建设有序推进。全区22个街道乡镇除新设立的文景、杨庄、潞源、九棵树、潞邑街道及新华、中仓街道未建成养老照料中心外，其余均完成建设。2021年完成梨园镇、宋庄镇、漷县镇、于家务回族乡养老照料中心备案运营，推进台湖镇、永乐店镇、西集镇养老照料中心加快备案运营。完成通州区光荣院养老床位的变更调整工作。全年新增养老床位数3093张。持续推进老城双修（国务院批复《北京城市副中心控制性详细规划（街区层面）（2016年—2035年）》，要求“强化空间织补，在老城区做好城市修补和生态修复”，此工作由规自委牵头，完成永顺镇敬老院升级改造、12家养老驿站及6家助餐点建设。做好小区配套移交工作，完成宋庄镇格拉斯小镇和清水湾的小区配套移交工作。

【养老服务质量显著提升】 截至2021年底，通州区有五星级养老院1家，四星级养老院1家，二星级养老院19家。围绕为老服务安装“一键呼”设备700余户，并督导第三方公司做好入户宣传和政策讲解工作。与北三县（指地处北京市与天津市交界处的三个隶属于河北省廊坊市的县级行政区，包括三河市、大厂回族自治县以及香河县）养老服务协同发展取得突破，召开通武廊养老工作座谈会，落实市局制定的协同发展政策，做好对武清、廊坊地区达标养老机构的宣传工作，通州区老年人异地养老。为北三县养老机构培训护理人员1386人次。

【社会福利机构和养老驿站疫情防控督查】 2021年，严格落实疫情防控要求，持续做好全区养老服务机构疫情防控工作。全年进行疫情防控督查560次，其中督查养老机构215次、养老驿站321次、残疾儿童康复机构24次。

（李学民）

残疾人事业

【概　况】 2021年，区残联围绕北京城市副中心建设发展的新形势、新要求，突出改革创新，努力破解残疾人民生难题，推动残疾人事业高质量发展。完成《北京城市副中心（通州区）“十四五”时期残疾人事业发展规划》编制工作。全力推进27个政务服务事项进驻副中心政务服务中心，实现“一窗”办理，全程网办、跨省通办等各项工作。2021年全区有15个街道乡镇设立残疾人联合会，544个社区（村）设立残疾人协会。截至年底，户籍人口中有持证残疾人35057人，其中视力残疾3622人、听力残疾1696人、言语残疾164人、肢体残疾22908人、智力残疾3101人、精神残疾2195人、多重残疾1371人。

【无障碍环境建设】 2021年，持续落实全区无障碍环境建设专项行动，突出全区4个方面和18个重点领域无障碍环境整改提升工作。全年整改点位2105个，组建一支由1661名无障碍义务监督员组成的队伍，通州区无障碍环境的规范性、适用性、系统性水平得到显著提高。

【强化精准康复】 2021年，为20个街道乡镇的残疾人及其家属共2719人开展残疾人心理康复培训工作。认真落实三项康复政策补贴工作，补贴成年残疾人康复费用约140.97万元；儿童少年康复费用约679.37万元；残疾人辅具补贴经费约563.32万元。推进“温馨家园＋康复机构”运行模式，有7家温馨家园引入康复机构。开展残疾评定与康复调研，全力配合通州区妇幼保健院下属通州区儿童康复中心入驻区残疾人职业康复中心三楼，为通州区儿童提供康复治疗。

【增进社会保障】 2021年初，元旦、春节慰问困难残疾人家庭共计7126户，发放慰问金591.85万元。

完成4693户困难残疾人家庭日常保洁、送餐、出行等居家助残服务。为180家企业审核发放岗位补贴，为88家企业审核发放社会保险补贴，共为751名残疾人发放岗位补贴和保险补贴共计826.17万元。发放1155名残疾人自主创业就业社会保险补贴1421.55万元。与区人力资源和社会保障局共同开展2021年就业援助月专项活动，发放5名残疾人大学生实习见习补贴3.75万元，为1名残疾人提供支持性就业辅导，推荐2名残疾人工作者参加手语培训。

【丰富精神文化生活】 2021年，开展“爱耳日”及“助残日”宣传教育活动，举办残疾人文艺会演活动，展现广大残疾群体“共筑中国梦，共赴新征程”的美好愿景。盲人协会开展“重温红色记忆　弘扬民族精神”爱国教育活动。为500多名具有法律需求的残疾人及其亲友提供18场次的“庭院式”法律宣讲服务。

【温馨家园建设】 2021年，推进社区村级温馨家园建设，完成4家村级温馨家园验收。新建马驹桥职康站、同享阳光职康站2家帮扶性就业基地，并在全区推广示范性帮扶性就业基地的示范引领作用。处理“12345”市民热线服务平台工单150件，做到接诉即办，按时办结。

（李春美）

红十字事业

【概　况】 2021年，通州区红十字会发放救助款、物合计352.1万元，3420户困难家庭受益。其中，元旦和春节送温暖，为全区2763户困难家庭送去救助款物共101.5万元。连续13年开展通州区红十字低保大学生助学项目，共为45名低保大学生发放助学金18.3万元。

【应急救护培训】 2021年，广泛开展高校新生应急知识普及讲座，中小学幼儿教师及医疗工作者取证培训，公安干警、辅警应急救护技能培训工作，重点完成100余名冬奥志愿者心肺复苏术和自动体外除颤仪(AED)使用培训任务。为副中心工地、区消防支队消防车辆和区级、街道乡镇党群服务中心配置各类定制急救箱175个、外伤急救包1200个，便于重点领域、场所各类易受损人群外伤急救处置。全年完成应急救护取证培训165期、受训人员8146人次，完成普及讲座58期、参与人员15091人次，普及人数创历年新高。

【应急救援物资储备】 2021年，共投资13.22万元，购置棉褥1000床、棉大衣360件，进一步提升备灾物资储备，提高备灾救灾能力；投资1.7万元制作安装货架指示牌、标识牌、垛卡标识等，使物资储备库管理更加规范；坚持定期巡库制度，全年入库巡查26次，保障库区绝对安全。

【推动“三献”事业发展】 2021年，发放“三献”（指献血液、献造血干细胞、献人体器官组织）宣传材料、体脂称、红十字志愿马甲、毛巾、洗手液等宣传物资近4000份，累计1.2万人参与，有力推动了“三献”宣传工作。全年累计招募造血干细胞志愿者70名，留存造血干细胞血样70份。先后参与区中心血站在物资学院、临河里街道、九棵树街道等地组织的无偿献血活动4次。累计登记遗体捐献85人，其中有6人实现捐献，2021年有4名志愿者办理遗体捐献登记，完成“通州榜样”——历蒙遗体捐献登记公正及相关宣传报道工作。遗体捐献登记志愿者何振生被评为“2021年度通州榜样”。生命永恒工作室负责人商冬凝被评为中国红十字会“会员之星”。

【疫情防控】 2021年，协调北京市红十字会为通州区调拨棉大衣、棉帐篷、冲锋衣、消毒液、暖手宝、保温杯等物资9批次，总价值40.59万元。全年累计为全区防疫一线发放抗疫物资14批次，价值62.9

万元。

【对口支援合作】 2021年，区红十字会对口支援合作工作队携手爱心企业家先后赴内蒙古奈曼旗、翁牛特旗开展对口支援合作工作。为两旗捐资20万元，给予200名义务教育阶段品学兼优的困难家庭学生每人1000元资助。爱心企业家捐赠校服1310件、价值6.55万元，图书770本、价值2万元，为当地困难家庭学生送去了温暖和帮助。

【红十字文化传播】 2021年，以党史学习教育为契机，结合纪念第74个“5·8”世界红十字日，在全区红十字系统开展以“爱在身边——红十字在行动”为主题的宣传实践月活动，以“进村居、进企业、进学校——为身边群众送温暖”为主要内容，精心组织开展扶危助困、敬老助老、救护培训、健康知识讲座等系列宣传实践活动40余场，累计1.2万人参与。在《中国红十字报》、《博爱》杂志、《北京城市副中心报》、通州电视台、融汇副中心App、大运通州网等媒体刊发新闻30余条。红十字情缘文章《妈妈让你做天使》在《博爱》2021年第9期刊登。调研文章《全面提升北京城市副中心人道救助能力研究》在《通州调研》2021年第十五期、《北京农村经济》杂志2021年12月号刊登。大运通州网增设《红十字会微新闻》专栏。立足红十字会网站、微博、微信公众号开展正能量宣传，共发布文章287篇。设计制作3集应急救护视频短片并联合区网信办在“北京通州发布”微博上进行推送，每条视频播放量均突破100万，进一步推动红十字文化的传播，提升群众对红十字工作的知晓率和参与度。

（许超）

北京通州年鉴

2022

街道 乡镇

▲ 6月27日，潞邑街道庆祝中国共产党成立100周年文艺演出暨"两优一先"表彰活动

| 潞邑街道提供 |

▲ 6月28日，"扬帆起航　砥砺前行"杨庄街道"七一"表彰大会召开

| 杨庄街道提供 |

▲ 6月21日，新华街道全体党员开展主题党日集体宣誓活动

| 新华街道提供 |

▲ 6月29日，举办“光荣在党50年”活动

| 张家湾镇提供 |

▲ 临河里街道政务服务中心揭牌

| 临河里街道提供 |

▲ 3月8日，九棵树街道入驻正式办公地点揭牌仪式

| 九棵树街道提供 |

▲ 10月27日，马驹桥镇召开下沉干部抗疫工作对接会

| 马驹桥镇提供 |

▲ 6月14日，通运街道根据街道工作、居民生活中真实故事自编自演的原创话剧——《这些天，我们》首演

| 通运街道提供 |

潞源街道

【概　况】　潞源街道地处北京城市副中心行政办公区核心区，是北京市委、市政府办公驻地，辖区西起东六环，东至通济路、南临北运河、北靠运潮减河，总面积约6.9平方千米。街道下辖含英园东社区、含英园西社区、朗清园北社区、朗清园南社区、朗清园东社区5个社区。潞源地区作为一脉相承的京师源头，有着通州最古老的故城——西汉路县故城遗址，伴随着北京城市副中心的建设诞生成长，是副中心政务服务的主要承载区、京津冀协同发展的桥头堡、古今同辉的运河历史文化承载区、新时代基层治理的样板。

【基层党建和精神文明建设】　开展特色鲜明、形式多样的党史学习教育，引导广大党员做到学史明理、学史增信、学史崇德、学史力行。结合党日活动，组织主题演讲比赛、外出参观、红歌传唱、国旗下演讲、过政治生日、庆祝中国共产党成立100周年主题展览等活动。结合街道实际，制定《社区党支部选举工作实施意见》，严把民主推荐关，对各社区进行民主测评、谈心谈话、征求意见等组织考察工作，坚持“五好、十不能”条件，严格执行资格联审“四必查”，履行“五报五批复”程序，在全市范围率先完成社区党支部选举工作。加强宣传阵地建设，营造良好宣传氛围，围绕习近平新时代中国特色社会主义思想和街道各项活动，推送公众号665篇，其中原创234篇，推送内容分别被市、区级媒体报道53篇、47篇。做好社会面宣传，在辖区显著位置累计张贴海报1100余张，安设公益广告牌、展板等400余个。推进新时代文明实践中心建设，以党群服务中心为依托，开展新时代文明实践相关活动118次；在各社区建立新时代文明实践站，通过志愿服务、累计积分，开展活动80余次，宣传覆盖万余人次。稳步推进全国文明城区复审工作，围绕工作重点，开展专项整治，定期开展实地拉练，对主次干道、小区、学校、商户等点位进行实地督查，确保痼疾顽症得到有效解决。发挥党群服务中心的前沿阵地作用，用好用活红色资源，增设庆祝中国共产党成立100周年主题展板，设置讲解员，讲解党群中心各版块，接待参观、开展各类党组织活动20余次；升级“初心之潞”党史学习专区，增加党史图书。

【疫情防控】　2021年，街道从严从实开展疫情防控工作，摸排管控各类风险人群2300余人次，疫苗接种1.4万余人，其中60岁以上老人接种1048人，接种率205.1%，核酸检测9500余人次。加强对辖区相关经营主体的监督检查，督促整改落实疫情防控措施，出动执法人员700余人次，检查各类经营主体400余家次。加大对相关经营主体从业人员接种疫苗的宣传教育，辖区“七小”场所从业人员的疫苗接种率达到100%，每周组织冷链从业人员及其共同居住者进行核酸检测和环境核酸检测。

【“接诉即办”】　2021年，制定《潞源街道接诉即办“八办”工作要求》《潞源街道“接诉即办”工作优秀案例和先进个人考评奖励工作暂行办法》《潞源街道接诉即办“八坚持”工作要求》。推动源头治理、找准服务为民的定位，每周开会听取“12345”接诉即办工作情况汇报，分析典型工单、调度难点问题；在工单办理中，要求各部门加大见面率，通过与诉求人见面，进一步提升诉求办理效果，让诉求人的获得感更实。全年接办“12345”工单732件，平均得分98.59分，全市排名前50，全年8次排名全市第一。

【城市管理】　推进通胡路北侧、涌翠西路东侧、运河东大街南侧等9个地块揭网见绿工作，揭网面积214739.6平方米，揭网率106.04%。组织摸排电动自行车存量底数行动，摸清辖区5个社区及周边道路电动自行车1121辆。环保通上报6517件，结案率100%，网格覆盖率100%，细微颗粒物$PM_{2.5}$浓度均值为45微克/立方米。检查辖区内北运河、减河、丰字沟3条主要河道和城市雨水口357场次。推进“潞晓分”积分兑换系统，补足积分兑换手持机，提高居民垃圾分类正确投放率。按照源头控制、主动发现、快速处置、及时解决的基本原则，提升网格精细化治理服务开展城市管理工作，对辖区18个网格，采取7×8小时开展日常巡查。

【民生保障】 制订爱国卫生运动三年行动方案，有序推进除“四害”、重点场所环境提升、“健康潞源我行动”、爱国卫生宣传等六大专项行动的实施，完成3个社区、28家单位的爱国卫生组织体系建设。创建卫生街道、无烟机关，开展健康场所和健康支持环境建设，在2个社区创建健康社区、健康超市、健康家庭。进工地、进社区开展职业健康和急救知识宣传指导活动。创建“双百双规范”企业，加强宣传和劳动监察，对辖区企业（工地）开展常规性检查，从严要求，对发生的或区劳动监察大队要求协助处理的案件一盯到底，妥善处理，未发生影响稳定的事件。开展保持双拥模范区的常态化创建工作，广泛宣传，为新转业的退役军人进行信息采集，通过开展各种活动组织退役军人发挥老兵作用。

【平安建设】 严格落实维稳安保工作，完成全国“两会”、“庆祝中国共产党成立100周年”等重点时段维稳安保工作。整治违法群租，组织开展专题宣传活动4次，出动各类检查力量800余人次，排查出租房屋4000余户次，促进违法群租及时整改。强化安全隐患排查治理，深入推进安全生产大检查，巡查检查生产经营单位5891家次，约谈企业150家次，发现和整改各类安全隐患6623项，整改率100%。加强燃气安全巡查检查，出动检查人员700人次，监督检查单位320家次，下达检查文书79份，发现并整改隐患35处。按照“三自主两公开一承诺”有关要求，督促落实消防安全主体责任。全年开展消防安全检查和夜查行动63次，出动各类执法人员450人次，消除隐患150余处，开具《责令立即改正通知书》200余份。进机关、进校园、进社区、进工地、推送微信公众号开展以反恐反邪、群租房危险警示、禁种铲毒、国家安全、消防安全、平安铁路、注意金融风险为主题的宣传活动，切实提升辖区群众的法制观念和参与平安建设工作的热情，为辖区营造和谐稳定的社会氛围。

【社区建设】 搭建工作联络机制，建立与市机管局、市住保中心、北投集团、社区等多主体的联络平台，加强社区、共驻单位共治共建，提升服务质量。把志愿服务融入社区治理，各社区有实名注册志愿者754人，志愿服务队15支，开展“义务理发进社区”“最美志愿者”等活动，发布志愿服务项目220个，结项192个。组织社工理论知识和实务技能培训，链接高校、第三方机构资源，为社区工作者组织开展线上线下针对性培训31次。建设2处含英园24小时智能文化空间，配置2000册藏书及各类智能文化设备。满足居民多元文化需求，结合传统节日、社区特色、建党百年、垃圾分类等主题开展线上线下各类文化活动200余场。挖掘和发展社区文体活动类、为民服务类、志愿服务类社区社会组织队伍44支，激发社区社会组织参与基层治理的热情和活力。

（林梦楠）

通运街道

【概　况】　通运街道辖区面积约5.5平方千米，四至范围：北至通胡大街—芙蓉路—运潮减河一线，与永顺镇、潞城镇相接，东至六环路，与潞源街道相接，西、南至北运河，与中仓、玉桥街道相接。下辖运河湾、运河园、星河、水仙园、紫荆雅园、荔景园、京贸家园、融御、牡丹园、芙蓉10个社区。有户数19120户，常住人口49613人。规模以上企业32个，其中，餐饮业2个，房地产业2个，服务业18个，工业1个，建筑业3个，零售业1个，金融业1个，住宿业1个。

【基层党建和精神文明建设】　2021年，自上而下开展党史学习教育活动，组织各基层党组织开展“红色打卡地”参观学习、“百讲党课进基层”活动等，推动党员干部切实把学习成效转化为推动街道高质量发展的生动实践。精心组织建党百年系列庆祝活动，完成区级“两优一先”表彰活动；开展“光荣在党忆初心”活动，为109名50年以上党龄老党员颁发纪念章；组织“薪火相传践初心”共产党员献爱心活动，共计捐款6万余元；开展“见证100年、建功新时代”主题活动，通过学习研讨、承诺践诺、我为群众办实事、在职党员回社区等方式，引导广大党员践行宗旨意识、展现担当作为。通过党建工作协调共理委员会，加强社区党组织与业委会、物管会、物业企业的党建联建工作。不断提升“两新”党组织覆盖率，重点推动非公企业党支部、国企党支部的健康发展。大力发展党建品牌，其中，党建引领全环节多元化解中心，荣获通州区首届“十佳”基层社会治理品牌，并在全区推广经验；运河湾社区在职党员党支部，被评选为区优秀“基层党建工作创新项目”。以庆祝中国共产党成立100周年为契机，各级党组织共组织入党宣誓活动、建党百年庆祝活动90余场。以新时代文明实践推动日为契机服务街道百姓，全年举办志愿服务活动307场，开展理论政策宣讲活动63次、教育服务活动46次、文化服务活动82次、科技与科普活动11次、健身体育活动30次、医疗卫生活动75次。拓宽宣传渠道，围绕政务解读、民生服务、民俗节日、志愿服务等主题，利用微信公众号“天天通运”推送信息1300余篇，其中原创稿件600余篇，转发700余篇。建立通运街道青年宣讲团，招募宣讲员20名，开展专题宣讲活动。完成创城迎检工作，加强社会面宣传，及时新增更换辖区范围主次干道、社区等点位的公益广告。开展2022年北京冬奥会冰雪知识宣传，组织多项冰雪活动，全力营造冬奥氛围。

【疫情防控】　2021年，街道严格落实疫情常态化防控要求，持续做好中高风险地区来京人员管控、大数据派单、核酸检测等工作。排查重点人员1.3万余人，国内中高风险地区返京人员派单8000余人，核查后确需健康监测和隔离管控的1600余人，上门提供核酸检测150人次。严格按照《通州区核酸检测集中采样点工作指引》要求，分批次对重点人员、冷链相关人员、农贸市场、家政服务单位、七小门店等相关从业人员采样7000余人。积极开展疫苗接种工作，召开10次新冠疫苗接种专题调度会，要求各社区抓紧宣传动员，逐户走访，各社区包片领导和包片干部带头入户，做好疫苗接种宣传工作。在社区设置疫苗接种点，方便居民接种疫苗，为老年人接种提供车接车送和绿色通道等服务，持续关注已接种老年人中有不良反应者的身体状况。3～17岁儿童和学生共接种4900余人，18岁以上人群接种31630人。

【“接诉即办”】　2021年，街道主要领导积极靠前指挥，召开党工委会，研究部署“接诉即办”工作，主要领导每周进行至少三次调度。充分运用“二次回访”政策，对所有“涉否”诉求全部进行二次办理。增加与诉求人见面次数，面对面处理诉求，能见面必见面，提高满意率。使用街道设立的“接诉即办”快速处置资金，解决一批通过“花点小钱”就能及时解决的诉求。全年共接到“12345”诉求4717件，响应率100%，解决率46.76%，满意率84.20%。1月至11月考核周期成绩在全市街道乡镇中排名第112名，区分转成绩位列全区第7名。

【城市管理】 2021年，街道不间断开展环境检查，出动检查人员380人次，检查小区、道路等点位2000余处。开展自然资源例行督察工作，提交举证材料12条。完成无证无照经营整治12起，“开墙打洞”巡查点位72处，实现动态清零。深入落实《北京市生活垃圾管理条例》，创建完成2个垃圾分类示范小区，新建18处生活垃圾分类驿站。加大交通综合治理力度，落实交通事故预防“减量控大”和“两站两员”建设工作。积极推进林长制工作，定期巡林。完成第二轮中央生态环境保护督察报告反馈问题整改1件，完成大气污染防治督查36件。防治环境污染，开展专项行动8次、对施工现场联合执法30余次、后半夜联合执法41次，共出动2442人次，检查点位1369处，查处各类环境问题589处，立案处罚96起，处罚金额88万元。完成6条背街小巷环境精细化整治提升。协助相关部门做好地铁22号线勘探、进场前准备工作。加强综合执法，动态清零占道经营、专项整治黑车。

【民生保障】 2021年，街道全力稳就业、保就业，做好根治欠薪相关工作，日常巡查30余次、专项检查3次，对在施工程项目和门店、商场进行劳动关系督导检查，未发生欠薪或以欠薪为由引发的群体事件。委托水仙园驿站对80岁及以上的独居老年人进行巡视探访，重点为身体状况和精神状况较差的独居或空巢老年人，与重度残疾子女共同居住的老年人，半失能、失能、失智、重度残疾、罹患重大疾病等的空巢老年人提供电话和入户探访服务，涉及专项资金15.66万元，共计探访148名老人，电话问询6000余次，上门探访900余次。为12户低保户（保障人数21人）、1户特困户（1人），发放保障资金共计281186.21元，按月复核低保、特困对象，复核率100%。制定印发《通运街道社会救助业务一事一议方案》，全年为社会救助对象进行医疗二次报销1.07万元，为社会救助对象中的高等教育学生发放救助金4000元，为120余名老年人发放三项补贴保障资金61.54万元；为20余名残疾人发放两项补贴保障资金16.3万元。

【平安建设】 2021年，街道实现地下空间、普通地下室动态清零。组织完成建党百年系列庆祝活动、节假日期间的消防安保工作，安装独立式感烟火灾探测报警装置340个、电动自行车集中充电口1042个，建成微型消防站10个，全年未发生有影响、较大及以上火灾事故。加强宣传教育，定期开展安全培训，有序消核隐患。积极开展气象灾害、防汛抗旱等工作。

【社区建设】 2021年4月2—3日，通运街道完成所辖10个社区“两委”换届选举，并推选出新一届居务监督委员会，规范社区居委会下属委员会。根据社会建设和民政工作年度重点任务安排，充分发挥社区居委会的桥梁纽带作用，完成紫荆雅园社区服务空间开放式建设试点工作。深入落实《物业条例》，成立业委会5个、物管会13个，组建率为95%，物业服务实现全覆盖，各小区平均合同签约率94%，物业费收缴率96%。

（陈思宇）

中仓街道

【概　况】 中仓街道位于通州区北京城市副中心核心区域，属于老城中心区，东起滨河中路毗邻北运河，与通运街道相隔；西至新华南街与北苑街道相邻；南至京秦铁路与玉桥街道为邻；北至新华大街，与新华街道为邻。辖区面积约3.45平方千米，有街巷52条；下辖12个社区；街道工委下设12个党总支，65个党支部，有党员4067名。2021年，中仓街道坚持“四有四服务”党建引领，巩固疫情防控常态化工作成果，统筹抓好“两个关键小事”，积极推动“接诉即办”提质增效，稳步推进“疏解整治促提升”专项行动，全面做好安保维稳、安全生产、创城常态化建设等各项工作。

【基层党建和精神文明建设】 开展党史学习教育，通过组织领学、党员自学等方式，落实“书记讲党课”和党员“微型党课”制度；开展“重走红色印记”主题党日活动、“我为群众办实事”实践活动。夯实基层党组织建设，完成社区党组织换届，进一步优化12个社区“两委”班子结构，实现年龄、学历“一降一升”，社区居委会选举出成员108人。动员各社区成立物管会党支部49个，实现了党的组织全覆盖。依托工委驿站等载体，落实“未诉先办”，居民诉求满意率逐步提高。通过工委驿站、书记信箱等畅通意见建议征集渠道，把握意识形态领域的主动权。强化“两微一报”自有宣传阵地建设。

【疫情防控】 及时调整卡口管理措施，落实24小时值守制度，配备自发热岗亭解决冬季卡口值守人员夜间取暖和用电隐患问题，在条件成熟的卡口安装电子门禁人脸识别系统。严格管控重点人群，成立集中隔离转运小组，对入境进京人员，实行闭环管理和集中观察，加强信息监测、前端管控和闭环管理。加强宣传引导，运用宣传栏、微信群、新媒体平台等多种方式，通过张贴防控海报、安装横幅标语、发放《疫情防控20问》和《工作指引》，宣传防疫政策、健康知识。持续推进疫苗接种工作，成立专项工作领导小组，制定专项组织保障方案，设置人民商场大规模接种点，完成接种第一针5.44万人，接种加强针2.63万余人。对辖区生产经营单位开展疫情防控和安全生产大检查，与各单位签订《抗击新型冠状病毒感染肺炎疫情期间防控及安全生产责任书》831份。

【“接诉即办”】 制定“中仓街道热线案件诉求派单分类表”，按照主管领导、分管科室对诉求问题进行分类汇总，快速、及时解决市民诉求，全年办结市民反映问题6031件，召开街乡吹哨会30次。推进未诉先办，结合网格化管理，开展了一批小微惠民生项目，主动发现和解决新城南关58号院、新城东里8–13号楼公共区域综合整治等重点难点问题。

【城市管理】 召开“创城”“创卫”“创森”工作动员部署会，协同配合、凝聚各方合力，推进“三创”工作。完成北小园老旧小区综合整治工程，在1号楼7个单元安装电梯，6个单元电梯已投入使用。对窑厂村、东营前街和东营后街进行环境卫生和综合整治，重新铺设窑厂村柏油马路300米，对道路两侧墙面进行粉刷，打造文化墙，填埋化粪池，清理垃圾200余车。通过网格化与区域化建设模式，形成以同心嘉园、北人家园为示范小区的无人值守垃圾投放站点体系。厘清了辖区63个网格、156名网格员负责的楼宇单元及胡同。治理西上园、西顺城等几个片区违法建设和私搭乱建，完成2条精治类、4条达标类背街小巷的精细化治理，聘请两支便民服务队对街巷绿化及设施进行日常维护管养。

【民生保障】 完成辖区522处点位的无障碍设施建设，完成率100%。为民办实事，申报4批25个“小微惠民生”项目。加大公益性就业岗位托底安置力度，对辖区实有登记失业人员进行逐一摸查，实施“一人一策”精准帮扶，促进登记失业人员实现稳就业。创新“党建＋服务”基层治理模式，践行服务治理双向奔赴，针对新就业群体特征，建立17个暖心驿站。建成通州区首个社区级家园中心——中仓社区家园中心，项目占地800平方米，总建筑面积1800平方米，融合养老、保健、便民、文化一站式服务。打造政府主导、社会参与、居民自治的综合运营管理服务平台，为2800余户8000余位居民提供服务。以需求为导向，开展小而美、真而实的“精微计划”，为特困群体提供送菜、保洁、理发、上门送医服务。深化协商议事体系，探索“6组1队”模式，联合民政、街道、社区、专家、施工方、社会组织及居民等，推进老旧小区改造工作。

【平安建设】 做好春节期间烟花爆竹禁放工作，发动实名看护力量740余人，发放《致辖区居民一封信》5800余份，签订“禁放承诺书”500余份。严格落实各项安全防范措施，开展北京冬奥会、冬残奥会及全国“两会”安保维稳工作，启动社会面一级超长防控等级，发动2890名群防力量对辖区重点人群、重要部位进行一级管控，发动治安志愿者936人在辖区主要路口开展巡控防控；开展矛盾大排查，围绕“重点问题、重点领域、重点人群”建立台账，加强协调督办，集中力量化解难题。重点摸排可能引发群体性事件、个人极端行为、舆情炒作热点等风险隐患，及时掌握苗头性、预警性、倾向性信息，做到随有随排、随排随化。坚持源头治理、多元化解，严防各类矛盾交织叠加、集中爆发。开展“安全生产宣传咨询日”活动，发放宣传材料2000余份；对建筑工地、厂库房、人密场所、文物古建等300处重要点位开展日检查，发现整改隐患90余处。加强防汛预警响应、重点区域防范、调度及通信力度，完成119棵危树、102处危房危墙、8处积水点的排查，2处严重积水点位的全自动化排水设备及应急发电机的调试工作；组织17支防汛队伍力量，274人在职在岗，保持通信畅通、反应迅速。统筹协调街道、社区、物业对辖区电动车、消防通道安全等隐患进行排查，出动检查力量192人次，群防群治力量380人，检查各类单位100余家次，消除隐患30余处。

【社区建设】 动员社区按照相关程序组建物管会（业委会）50个。为无物业小区和低效物业管理小区引入4家新物业，接管物业服务面积145336平方米，其中中上园5号院实现签约收费，签约率达到95%。增强街道议事协商能力，设立文明议事亭，建立中上园5号院“连心桥”协商议事厅。成立中仓文学社，举办文学比赛，将获奖作品汇集成册出版《中仓文韵》《中仓文韵第二集》，并与河北雄安安新县、天津武清区、河北怀来县作家协会建立文学共建关系。为80岁以上低收入人群、重度残疾人、无收入老人、军烈属家庭、60岁以上空巢老人等109位居民送菜4693次、保洁116次、理发810次；为52位居民提供306次送医服务，每周回访2～3个特困家庭，并根据季节和需求变化，提供菜品勾选单。发挥社区社会组织支部帮手作用，以实际行动书写新时代雷锋故事，面向社区社会组织发布“V爱中仓”雷锋月志愿服务倡议，得到12支社区社会组织积极响应。组织30家企事业单位，开展义务理发、健康义诊、垃圾分类、卫生清扫等6场志愿活动，服务489人。

（陈熙）

新华街道

【概　况】　新华街道地处运河商务区起步区和“三庙一塔”风景区，是北京城市副中心商务服务功能的重要承载地及“老城双修”、新老融合发展建设的关键区域。辖区东至芙蓉路，南至新华东街—通胡大街，西至新华北路，北至温榆河—运潮减河，面积4.48平方千米。下辖如意、天桥湾、盛业家园、京贸国际城、京贸北区、河畔雅园6个社区和保利绿地、新光大中心、侨商总部基地3个试运行的商务公寓工作站。常住人口5.5万人。其中，户籍居民9510户、1.48万人，流动人口4.02万人。辖区内2.02平方千米为运河商务区的商务楼宇和施工工地，占总面积的45%，有新光大、保利、侨商、富华水乡南、北区、复地、绿地、绿地中央城、运河壹号、京杭府、万科、远洋、智富等13个开发项目，涉及建筑面积472.87万平方米。其中，京杭广场、绿地一、二期、保利、新光大、侨商中心、富华水乡南区等项目共计42栋楼宇，已经完工并交付使用。交付新华属地管理的商务楼宇总体量为：写字楼2733套、公寓3251户、市场经济主体6545户，其中自由贸易试验区企业4713户，主要分布以商业、服务业为代表的第三产业，涉及金融服务、文化创意等多个领域。

【基层党建和精神文明建设】　结合党史学习教育，在社区开展“七彩志愿 益在社区”等38个党组织服务群众项目，其中天桥湾社区为市委组织部地区干部处“我为群众办实事”工作联系点，解决了群众提出的增补绿地绿植、加装路灯、增设电动自行车充电设施等3项实事项目。以运河商务区党群服务中心为主阵地，构建以街道工委为核心，以运河商务区联合党委、商务楼宇工作站＋商务公寓工作站为支撑的区域化党建模式，组织“两新”党组织开展庆祝中国共产党成立主题活动等40场，着力强引导、促凝聚，不断扩大党的组织和工作的覆盖面。创新开展“新华青年读党史”“新青年文明劝导”等活动，143名机关青年干部主动参与志愿服务活动，通过公众号诵读红色经典210期，比学风提升能力，强作风提升效率。围绕庆祝中国共产党成立，开展“百姓心中百年大党，志愿服务新征程”志愿服务主题活动和新时代文明实践推动日主题活动57场；组织五彩袖标志愿者拍摄《百姓心中的百年大党》，全网播放量达220万次，CCTV《公益之声》、中华网等多家媒体转发报道，群众文化获得感显著提升。高标准谋划配套文化服务设施，建成“咱家书房”和“花园里”餐吧2家公共空间融合发展书店，绿地保利商务公寓获评市级“书香社区”。促进“艺术＋文化”的深度融合，举办“魅力副中心·乐享在新华”文化艺术节，成功打造“乐享在新华”文化品牌，举办文化活动近50场。文化服务效能稳步提升，全力推动1274平方米的街道级综合文化中心建设，按照“2+X”模式，设置多功能厅和户外文化广场，以及图书室、培训室、排练室等多个功能用房，举办朗诵、二胡、书法等线上线下培训活动16次。

【疫情防控】　2021年，新华街道疫情防控，坚持“外防输入、内防反弹”，统筹做好防控和经济社会发展各项工作。应急处置和常态化精准防控有机结合，对重点地区返京人员进行调查摸底、大数据排查和多轮次的“敲门行动”，做好隔离观察、大规模核酸检测，严格落实市场、商务楼宇、工地、社区等重点场所日常监管。构建免疫屏障，深入开展疫苗接种“进社区、进工地、进楼宇”工作，辖区60岁以上人群接种率达74.6%，全区排名第五名。

【“接诉即办”】　围绕“七有”“五性”需求，不断夯实“12345”市民诉求规范化办理机制，建立“闭环式操作流程”“主动抢单”“回手处置”等机制，实现持续有效运转，实现了“立即办”，更保证了“能办好”，办件人“我来办”的担当和“我能办”的实力不断增强，“接诉即办”成绩排名保持全市前列。“线、环、体、间”的“新华模式”典型经验做法被北京新闻和北京城市副中心新闻相继报道，《通州区新华街道探索“接诉即办”“新华模式”》荣登市委全面深化改革委员会《北京改革情况交流》和区委改革办《通州区2021年“微改革”文集》。2021年市级直派案件成绩排名全市第32名、直派+区转综合成绩排名全区第3名。

【城市管理】 把握新华区位特点，主动问需问计，以“让环境等企业”为目标，策划开展环境品质提升“百日攻坚”专项行动，建立与运河商务区管委、北投通城的常态长效联动机制，在全区率先实现共享单车入栏结算。合理优化桶站配置，打造3座市级分类驿站；强化桶前值守，严格执行“定时定点”分类模式和“桶前值守+警示约谈+执法检查”的长效机制。天桥湾、吉祥园、加华印象街、保利大都汇、月亮河等5个小区获评北京市生活垃圾示范小区和楼宇。落实环境保护工作责任制，聚焦粗颗粒物、道路尘负荷排名靠后区域，精准锁定问题，建立治理清单，立案处罚违法渣土车辆、夜间施工和扬尘类问题等110起，罚款189.75万元。全年$PM_{2.5}$平均浓度每立方米44微克，降尘量每月每平方千米5.6吨，辖区温榆河（通州段）当选2021年度北京市优美河湖。聚焦“老城双修”和“疏整促”各重点任务，坚持清存量和控增量相结合，拆除违法建设6886.93平方米；占道经营、“开墙打洞”和“群租房”等实现动态清零。4条背街小巷精细化整治高质量完成，鱼市胡同获评2021年“十大北京最美街巷”，司空分署街、西塔胡同获评2021年度“首都文明街巷”。

【民生保障】 坚持以满足群众办事需求为导向，树立“主动跟进、主动服务、主动作为”的工作理念，为低保、残疾人、特扶家庭、优抚对象、育龄妇女等人群提供更为及时有效、标准规范的“一门一网一次”服务。推进就业再就业工作，开展“百日千万网络招聘”等线上线下招聘会23场，促进城乡劳动力就业人数307人。新增6个生活性服务网点，完成率200%。提前建成2个养老驿站和助餐点并实现常态化运营。49个点位的无障碍环境建设完成验收。月亮河休闲小镇入选北京市第二批“深夜食堂”特色餐饮街区。

【平安建设】 深入推进“平安新华”建设，全力推动“智慧新华”大数据平台和“智慧门禁”项目，实现人口管理动态化、人房管理规范化、服务管控精准化、信息研判数据化。“智慧新华”平台成功入选通州区首届“十佳”基层社会治理品牌项目。持续深化安全生产风险管控、安全隐患排查体系建设，第一时间发现并整改安全生产隐患3567项，检查覆盖率和隐患整改率均达100%。主动为企业纾困解难，不断健全政企居沟通协商联动机制，全力会同区级职能部门及时协调解决在建工程中的讨薪投诉、施工扰民等问题和纠纷，助力提高重大项目推进效率。深入开展面向全区域、全时段、全领域的电动自行车消防隐患专项排查整治行动，开展应急演练活动40次，督改隐患615处；持续推进便民充电桩安装工作，安装59处充电桩、680个充电端口。

【社区建设】 不断健全完善党建引领物业管理机制，成立物业企业联合会，覆盖辖区13家物业企业，实行“双向进入、交叉任职”模式，凝聚协商共治合力，组织物业企业开展“我为群众办实事”系列主题活动61次，逐步形成党建引领、多元共治的新华街道“红色物业”社会治理体系，将优质服务延伸到千家万户。

（田婧玉）

北苑街道

【概　况】 北苑街道位于通州城区西部，东起新华北路、新华南路中心线，西南至京通快速路—北苑南路，西至翠屏西路，南至运河西大街中心线，北至通惠河中心线。辖区总面积3.35平方千米，常住人口70283人，下辖13个社区。

【基层党建和精神文明建设】 组织纪念建党百年系列活动，深入开展党史学习教育、“我为群众办实事”实践活动，引导各级党组织和广大党员以实际行动和工作成绩献礼中国共产党100周年华诞。完成社区换届，进一步优化社区班子结构，选举产生新一届社区党组织班子成员65名、居委会成员111名。聚焦基层党建，充分发挥党群服务中心资源优势，接待参观200余人，组建培育定期活动团队23支，举办各类演出、培训、会议活动310场。打造“两新”（新经济组织和新社会组织）党建特色亮点，探索建立“六圈共建”（组织圈、平台圈、服务圈、交流圈、共治圈、安全圈）商圈党建模式，成立万达商圈新业态新就业群体流动党员党支部，覆盖4家企业、5名流动党员；建立全区首个商圈新就业群体妇女微家；打造“社区青年汇”示范点；建立“党工共建”基地和暖心驿站，吸引288名“小哥”（快递、外卖从业者）加入工会组织，实现党的组织和工作有效覆盖。推进新时代文明建设，依托新时代文明实践平台，打造“文明北苑人 家园守望者”志愿服务品牌，组建队伍133支，注册志愿者1545人，通过平台发布志愿活动963场。加强未成年人思想道德建设，依托“宝贝计划”品牌项目，开展青少年党史学习教育活动30余场；国庆期间以“同心向党 共庆华诞”为主题，征集优秀的青少年书法与绘画作品177个；“宝贝计划”体验式教育聚合力活动获评首都未成年人思想道德建设创新案例。组织“助力冬奥拼搏创新”全民健身运动会，吸引居民群众800余人参与。提升基层文化服务设施水平，建设提升13个社区公共文化服务站，更新社区排球场地1处，建成通州区文化馆北苑分馆。

【疫情防控】 2021年，坚持重点时期疫情防控每日会商，确保防控决策部署有效落实，召开疫情防控领导小组会122次。开展人员清查摸排，组织80名区级干部，48名街道干部下沉社区，充分发动党员干部、志愿者、楼门长，实施“敲门行动”，累计自摸排26582户62295人；紧盯大数据派单，全年核查2477批次16846人，横转入2390人。对中高风险人员严格落实“14+7”隔离政策、定期核酸检测等防疫要求，实现全流程闭环管理，人员应管尽管。坚持常态化防控政策，加强各小区出入卡口值守，严格落实测温、扫码、“一米线”等防疫措施。成立防疫专项检查组，加强对“三类场所”（商务楼宇、商场超市、餐馆食堂）、“七小场所”（小餐馆、小网吧、小旅馆、小浴室、小歌舞厅、小理发店、小便民店）、大型商超等场所的督促检查，确保“四方责任”（属地、部门、单位、个人）落到实处。创新疫苗接种动员方式，通过张贴四色安全等级卡、送你一朵小红花等方式，引导从业人员接种疫苗；以“社区动员＋全流程服务”的方式提升老年人疫苗接种率；18岁以上人群接种加强针22873人，60岁以上老人接种首针8260人。

【“接诉即办”】 2021年，承办工单7607件，其中纳入市级考评工单2282件，平均响应率99.53%，解决率90.54%，满意率93.72%，市直派考核平均成绩93.61分，全市排名第192名，全区排名第10名。强化诉求解决统筹调度，召开工单调度会51次，月度点评会12次，持续压实工单办理职责。召开“接诉即办”专题培训会12次，通过轮岗方式培训人员42名，进一步提升办件人诉求解决能力。利用“吹哨报到”平台推动重难点诉求解决，发起吹哨150次，解决事件110件。强化资金保障，设置“接诉即办”应急处置专项资金，确保市民诉求有人办、马上办、能办好。

【城市管理】 推进老城区升级改造，完成复兴南里3号院和芳洲花园老旧小区改造，为玉带河西街2号楼、30号楼加装电梯6部，居民居住环境进一步改善。推进14条背街小巷精细化整治提升，持续开展41条背街小巷的日常维护工作。完成新华西街14号楼加固工程，动员滞留户搬迁，新签约2户。配合区房屋征收办公室开展通惠河房屋征收，签约212户，为通惠河黑臭水体治理、雨污合流管线改造夯实基础。提升物业管理水平，辖区65个物业管理单元中，有62个组建物管会（业委会），64个引进物业。持续加大垃圾分类力度，组织开展桶前值守人员培训8场和商圈宣传活动7场，进社区、学校宣传90余次，累计6000余人次参与，5个小区获评北京市垃圾分类示范小区。有序推动“疏整促”（疏解整治促提升）专项行动，拆除并销账违法建设50处，建筑面积4406.76平方米，专项治理违法群租房99处。创建文明城区，对辖区11575个实地督办问题集中力量进行整改，实现辖区占道经营、无证无照经营问题动态清零，公共环境秩序明显提升。持续优化辖区生态环境，整改大气污染问题192起，治理苫盖裸地16690平方米；落实河长责任制，开展河道整体巡查41次；整改三方监测台账问题20处。

【民生保障】 扎实推动社会保障工作，为99户低保人员发放低保金565911.48元，为9名特困人员发放特困金50422.5元。持续做好社会救助对象关心帮扶，提供医疗救助159人次、452674.69元，提供采暖救助100人、180000元，提供教育救助4人、18000元。做好老年人社会关爱，为86名困难老人发放养老服务补贴170200元，为592名失能老年人发放护理补贴4047500元，为1798名符合标准高龄老年人发放津贴3300800元。启动试点养老联合体和家庭养老床位照料建设项目，开展日常照护25人，服务75次。落实退役军人优待政策，为待业退役军人推送招聘会信息11场，为优抚对象提供药费报销53260.21元，完成示范性退役军人服务站建设。

【平安建设】 持续开展常态化安全巡查，全面消除安全隐患，检查各类生产经营单位2441家次，排查安全隐患2265处。加强消防设施建设，在13个社区、12个高层建筑建设小微型消防站，同步配齐人员装备。细化电动自行车领域专项整治，开展电动自行车充电源头治理，推进辖区充电设施全覆盖，投入资金300余万元，安装智能充电柜37组。强化安保维稳，完成重点时期服务保障任务，出动各类执法检查力量2000余人次，检查单位7000余家次，发现、整改隐患问题300余处。推进基层矛盾化解，落实领导包案制度，排查各类社会矛盾隐患，多措并举排查化解信访矛盾，办理群众来访10批13人次，办理信访来信65件，报送预警信息9条、涉稳信息7条。

【社区建设】 着力提升社区服务能力和水平，大力推进便民网点建设，新增各类生活性服务业网点8家，蔬菜零售、便利店、早餐等基本便民商业服务社区覆盖率达到100%。打造“一刻钟社区服务圈”，并制作示意图130张、手册6500份、宣传品810份，全面提高居民知晓率、满意率。推动居民议事厅建设，为居民协商自治、活动娱乐提供场地支持，建成玉带路社区议事厅并投入使用。聚焦居民身边小事，申报小微项目52个，完工45个，惠及3万余人。满足居民心理健康需求，建成北苑街道社会心理服务中心，全面发挥化解社会矛盾的积极作用，开展宣传活动4场次、心理疏导活动4场次、情绪调节活动1场，发放宣传品200份。加强公益金项目组织管理，助力居民自治水平进一步提升，开展活动267项，推出传统文化进社区、未成年人“等灯”、巾帼志愿阳光站等特色项目。

（王泽宇）

玉桥街道

【概　况】　玉桥街道位于通州城区东南部，东至北运河、运河西大街、玉桥东一路，西南至新华南路、果园环岛路、九棵树西路、九棵树东路，南至梨园南街，北至京秦铁路。辖区面积5.2平方千米，人口13.5万余人。设6个办公室、3个事业单位、1个执法队，派驻市场所、教委办、消防工作站、交通安全委员会等4个职能部门。下辖18个社区，有社工242人。

【基层党建和精神文明建设】　2021年，玉桥街道党工委深化党建引领精细化基层治理路径，从治理架构、服务效能、家园意识三个维度，打造“三区一门”党建责任体系和党建引领楼门微治理模式。健全完善组织体系，强化社区党组织领导核心作用，聚焦“微网络”“微榜样”“微循环”“微幸福”的“四微”治理，发挥党员和党组织作用，把治理力量凝聚在楼门一线；不断深化社会动员机制，助推形成项目化服务机制和服务品牌，逐步建立以家园治理平台“玉见”为依托的智慧化基层治理机制；运用“五动五桥”工作法，通过“五员一体＋关心成长”，打造“玉见骑士·星”党建引领新业态参与基层治理品牌，增强基层组织力、凝聚力和服务水平。

【疫情防控】　2021年，玉桥街道严格按照上级指示要求，快速精准对风险人员进行落地排查，坚决落实集中隔离、居家观察、健康监测等管控要求。及时制定街道核酸检测方案及各社区核酸检测点位网格图，积极与卫健部门协调核酸检测等事宜，实现辖区范围内居民应检尽检。通过线上建立联系和线下实地检查的方式，针对辖区内151家“三类场所”进行多轮全覆盖检查和不定期抽查，动态更新台账，重点检查各责任主体是否严格落实口罩佩戴、体温监测、通风消毒、健康码更新、自觉扫码登记等防控措施，对在检查过程中发现的问题督促其立即整改，从根源上消除疫情传播隐患。全年排查大数据派单40000余人，落实集中隔离50余人，落实居家观察1000余人，核酸检测48723人次。18岁以上人群接种新冠疫苗1针人数61292人，加强针接种人数29426人。

【“接诉即办”】　2021年，玉桥街道进一步完善“接诉即办”工作机制。贯彻落实《北京市接诉即办工作条例》，根据社区职责清单和科室职能职责，完善街道“接诉即办”工作事项清单，提高精准派单落实首接负责制。制定玉桥街道“带否”工单“3+5”调度工作机制，明确主要领导每周调度三次，业务主管领导和包片领导每日调度，形成上下压力传导。突出抓好诉求工单见面率，明确民生类诉求必见面、特殊类诉求常见面、带否工单再见面制度，全方位压实诉求办理结果。持续推进“热线＋网格”强融合，在18个社区88个小区全覆盖安装“热线＋网格”为民服务公示牌，公开社区书记、物业经理及工作人员联系方式，将工单吸附在社区，实现未诉先办，真正做到“小事不出社区、大事不出街道”。

【城市管理】　2021年，玉桥街道高度重视背街小巷整治提升、污染源整治、垃圾分类等各项城市管理工作，努力实现街道环境保护全面协调可持续发展。研究制定《玉桥街道背街小巷环境整治提升三年（2020—2022年）行动方案》《玉桥街道大气污染防治攻坚战2021年行动计划》等多个工作方案，层层压实责任，传导压力，确保落细落实工作任务。利用传统与新媒体等多种方式营造良好创城宣传氛围，组织开展各类新时代文明实践活动186次，通过微信公众号和微信群及时发布创城信息30余篇（条）。通过各类媒介组织多种形式宣传活动652场，入户宣传2.3万次，营造垃圾分类处处可见、人人可见的良好氛围。合力打造智能化硬件设施，运用视频监控、语音提示等技术手段助力垃圾分类。在远洋东方、景馨家园小区改造分类投放站，加装AI影像监控系统。柳岸景园、荞馨园等7个社区获评市级垃圾分类示范小区，乔庄北街、乔庄商业街荣获“首都文明街巷”荣誉称号。街道环保人员累计出动2466人次，巡查点位8396处，发现问题476处，按照要求完成苫盖及整改所有问题点位。

【民生保障】 2021年，玉桥街道推出重点民生项目15项，实事项目清单18件。在两节期间慰问辖区111户低保、低收入、特困分散供养人员和困难家庭，发放慰问品价值5万余元；为3户患重病的家庭申请并发放慈善大病救助金1.2万元；为110名严重精神障碍患者监护人发放2020年度补贴247240元；为95名残疾人办理2项补贴；为民政对象申请医疗救助120人次；为491名老年人办理了养老服务补贴、失能津贴、高龄津贴、失能评估。挖掘辖区就业岗位1407个，召开“双线”会33场，累计发布岗位6000个，培训260人，实现城乡劳动力就业人数915人，完成率达全年指标183%。

【平安建设】 2021年，玉桥街道坚持多措并举，把握关键环节，全力落实好重点人员排查稳控、矛盾纠纷排查化解、群租房排查治理等各项维稳专项工作。严格落实安全生产“一岗双责”，坚持统筹兼顾和强基固本，全面落实安全生产责任。强化重点行业领域安全生产监管，深化安全生产专项整治三年行动，大力开展风险防控和隐患排查治理，出动安全生产检查人员7782人次，检查生产经营单位3891家次，整改安全隐患1309项。完成中国共产党成立100周年庆祝活动、北京冬奥会、冬残奥会等重大活动安全保障工作，发动群防群治力量37890人，实现社会面安全形势平稳向好。

【社区建设】 2021年，玉桥街道不断强化“玉事好商量”制度，深化“1+18+N”议事体系。围绕议事协商氛围营造、议事厅建设全覆盖、议事厅阵地建设、议事协商能力提升、议事协商品牌打造五个方面，不断提升玉桥街道议事协商专业化、规范化、持续化水平。通过“党建联席会”“四方联席会”“恳谈会”等方式，引导多元主体共商共议，巧解社区公共难题；拓宽居民群众参与社区治理新渠道，推动主动治理、未诉先办，努力从源头上减少群众诉求，切实将议事协商的制度优势转化为基层治理的强大力量，推动群策群力找不足、集思广益谋新篇，让基层治理更加精准、更有温度，共绘社区治理同心圆，办好“未诉先办”暖心事。逐步形成以“微协商”带动“大改变”、以“微协商”带动“大治理”的“参与型”社区协商治理新格局，形成一批以“玉东话事”“玉南彩虹议事厅”“乔庄北街会客厅”“艺苑西里楼门共商会”“新通国际五方联席会”等议事品牌为示范，覆盖辖区18个社区的协商议事体系，打造“玉”事好商量品牌项目，并荣获通州区第二届“十佳”基层社会治理品牌。

（张源）

文景街道

【概　况】 文景街道地处北京城市副中心西南部，东北至张采路，东南至东六环路，西南至京哈高速、西北至九棵树西路，北至万盛南街、群芳南街。总面积约12平方千米，有规模以上企业11个，常住人口总数4506人。2021年，文景街道全力保障北京环球度假区9月20日开园、平稳运行；统筹协调各方力量，全面落实市领导环球项目双调研指示精神和区委、区政府工作部署，认真履行属地服务保障职责，抓好自身建设和辖区综合治理，打造文明、活力、宜居的平安街道。

【北京环球度假区开园保障工作】 牵头制定《北京环球主题公园开园服务保障方案》及58项重点任务清单，确定“一办九组”组织架构（综合协调办公室、工程保障组、园林水务组、环境秩序组、市场监管组、交通保障组、疫情防控组、安全维稳组、宣传动员组、文旅配套组），建立常态化协调调度机制。制定《关于环球主题公园周边环境综合整治提升方案》，逐步完成清理北京环球度假区项目周边和道路沿线区域施工、拆迁后遗留构筑物、建筑垃圾，规范万盛南街、张采路沿线及地铁站点周边非机动车停车等14项重点整改任务。协助北京环球度假区开园指挥部编印工作简报79期，召开例会48次。牵头编印北京环球度假区运行工作简报6期。抽调8名街道工作人员组建环球开园指挥中心运行保障专班，完成指挥中心软硬件基础设施建设，安装41台坐席电话、电脑，连通政务外网，部署指挥对讲系统，完成应急系统、加密系统布设调试，建设停车场、门禁系统等。全力推进文旅区智慧园区项目，建成235套视频监控探头、3套前端信息诱导屏和13套一键呼叫报警、网络音柱等；完成与区公安分局“雪亮工程”、市交委TOCC、区市场监管局特种设备监测系统、城市大脑、气象平台、园区数据等对接联网。

【北京环球度假区运行服务工作】 启动“北京环球度假区周边保障志愿服务项目”，将“党建+志愿”的元素融入文化旅游区治理，以调研融智精准化、服务融情常态化、资源融汇品牌化的“三融三化工作法”，打造文景志愿服务特色品牌。累计组织2448名志愿者开展北京环球度假区疫情防控保障工作，对疫情防控进行宣传引导，制止不戴口罩行为、引导游客有序扫描健康宝等27万余次；对游客排队进行秩序维护21万余次；处理游客入园路线咨询16万余次。协调医疗卫生部门，评估环球大规模核酸检测采样场地、指导采样点位设置，储备采样设备140台。在北京环球度假区地铁南广场设置核酸检测点，共检测2596人次。协调医疗团队定期入园进行疫苗滚动接种，完成实际人员接种率97%，无禁忌症应接人员一剂次接种率99%，满足条件人员加强针接种实现动态清零。会同市交通委、市交管局、首旅集团成立环球交通压力测试工作专班，制定包含五大类60项监测指标的交通压力测试方案。组织区城市管理委、北京环球度假区运营管理分公司、慢行系统专家、责任双师团队（即自然资源和规划分局责任规划师和责任建设师）等赴北京环球度假区周边开展10余次现场调研，确定在园区出入口500米范围内设置2处共享单车集中停放区，提供车位数约1200个。加强北京环球度假区周边执法检查力度，建立“三级防控”体系，查处非法网约车87辆，处罚金额96万余元。向北京环球度假区、辖区企事业单位发放宣传折页、知识手册、主题海报等安全生产宣传资料1000余份。依托开园指挥中心运行保障专班，承接市、区调度会议、应急会议50余次，应对大人流、大车流应急指挥调度17次；依托综合指挥系统实时监测园区内外客流、交通及秩序管理等情况，编制指挥中心信息专报210余期，形成专项分析报告6篇。

【基层党建和精神文明建设】 成立文景派出所党支部，实现党员队伍规范化管理建设。在“双积分、双报到”系统上建立虚拟社区，开展“党旗在基层一线高高飘扬”活动10余场，该项目被评为2021年通州区二类党建特色项目。组织开展“三会一课”主题党日活动、百讲党课进基层、区委党史宣讲报告会等30余场；通过“四个结合”（线上与线下结合、学习与实践结合、党群团组织结合、党建引领与基层治理结合）抓好党史学习教育。

【疫情防控】 制定“八询七类”（八询：询问何时离开派单所显示的风险地区；何时由风险地区进京；乘坐何种交通工具；到京后曾前往何处；现居住何处；何时进行核酸检测及检测结果；是否去过中高风险地区，接触过确诊病例；是否打过疫苗。七类人员：居住在北京市其他区；居住在通州区其他街道乡镇；已离京；需要隔离观察；无法取得联系；不承认但已签承诺书做核酸检测；落位在通州区，但无固定居所，无法落实管控）大数据排查法，累计开展大数据排查4028人，横转其他街道乡镇管控1100人，核实购药及就诊166人。这一方法被区疫情防控数据组作为通用模板在全区推广使用。制定“健康宝弹窗问题”处理流程，10月28日至12月31日，解除健康宝弹窗异常140余人，包括“12345”工单35件，接待来访游客10余人次，线下解答各类疑问80余次。组建暗访督查工作组，工作组成员轮流上岗，每日以游客视角检查北京环球度假区园外地铁安检口、HUB桥安检口、城市大道商户区域疫情防控措施落实情况，形成暗访记录，建立反馈机制，通报城市大道防疫风险点位15个，督查企业落实疫情防控主体责任，反馈暗访记录68次。

【“接诉即办”】 制定“三色分级评定办理效果”（即采用“红、黄、绿”三色分级评定办理成效机制，红色代表重难点工单，主管领导领衔督办；黄色代表尚未彻底解决工单，科室负责人重点承办；绿色代表已解决且满意工单，专班组织跟踪问效）、“带否工单二次办理”、“定期跟踪回访问效”等工作机制，实现工单处置进度每日更新，“带否”工单全部二次办理；承办市民热线工单522件，跟踪回访367件，区城市管理指挥中心回访289件，实现承办工单回访率125%，回访结果为原始响应率97.93%，原始解决率81.63%，满意率88.84%，市政务服务局月度考核十个考核周期并列全市第一，年度综合成绩全市第九。每周复盘工单处置情况，形成典型案例40篇。推进未诉先办，实施花庄地铁站C口小微改造，开展静音行动护航高考，利用“接诉即办”奖励资金实施萧太后河南岸、德邑新时空小区北侧空地环境整治提升项目。

【城市管理】 成立垃圾分类工作领导小组，制定《文景街道2021年垃圾分类日常检查机制（试行）》，梳理《文景街道党政机关和社会单位垃圾分类管理基础台账》，并实现信息动态更新。建立河道长效管护机制，每10～15天对岸坡及河底的杂草进行一次集中清理。全面落实林木绿地管护主体和管护责任，深入开展创森活动，完成路侧、公共空地等绿化面积208公顷。优化非机动车停车秩序管理，在九棵树中路、度假区北街、花庄地铁站等周边设置50余处停放区。督促做好万盛南街沿线共享单车清理，建立共享单车运营企业约谈机制，每日通报地铁站点巡查结果，清理淤积共享单车400余次。网格化管理工作，自7月份正式考核开始，连续以满分成绩并列全区第一。

【民生保障】 建成北京市通州区图书馆文景街道分馆，提供藏书15000册，设有阅读座椅30个，并实现在全市百余家“一卡通”联网成员馆通借通还。丰富文娱生活，联合辖区企事业单位，开展红色诗歌朗诵会、健康公益大讲堂等各类文化活动6场次。在曹园逸家社区、德邑新时空社区和曹园村，开展人口抽样调查，登记户数108户，登记人口总计225人。

【平安建设】 制定《文景街道2021年禁种铲毒工作方案》。成立文景街道综治中心，制定《文景街道办事处人民调解委员会工作制度》。成立文景街道防火安全委员会，建立应急消防科普教育基地，设置消防知识展示区、消防标识认知系统、火灾隐患查找系统等设备；建成街道微型消防站，配备专职消防队伍，配齐灭火器、水枪、水车等消防器械设备，实现“有专业人员、有规范设备、有战斗力”目标。组织辖区200余名企事业单位职工参与2021年度灭火救援疏散逃生演练。制定《文景街道落实安全生产“党政同责、一岗双责”实施办法》，树立365天全天候安全意识，以辖区8个片区为基础，统筹安排机关干部、综合协管员、安全巡查员、专职消防员、群防群治队伍五方力量进行“365×8×5”全时、全域、全员式安全检查，实现隐患排查治理不留死角。全年开展联合执法检查80余次；开展常态化安全巡查检查，累计出动检查人员16719人次，检查生产经营单位及在施工程项目7682家次，发现并督促整改安全隐患2902处；拉动消防、防汛等应急演练14次，组织各单位清理可燃物2104.03吨。联动公安、消防等部门，实行“三防”（人防、物防、技防）、“两控”（动态巡控、定点布控）社会面维稳硬招，发动群防群治力量5000余人次。

【综合执法】 系统梳理408项下沉行政处罚权和23项行政强制权，制定《文景街道办事处综合行政执法工作方案》和《文景街道办事处综合行政执法工作细则》。科学研判北京环球度假区和辖区规划建设实际情况，布控16个重点执法点位和2组机动巡查力量，推进执法力量前移布控。建立完善“前端统一执法，后端分流处置”的联合执法工作机制，确保执法工作无盲区无死角和各类违法行为动态清零。探索推行属地管理主导、供气单位配合、用气单位跟进的“三位一体”燃气专项执法检查新模式，实现辖区50余家燃气使用单位全覆盖检查。强化日常执法检查和后半夜执法，开展执法检查5344次，填报检查单16094个，组织参与联合执法667次，查处各类违法行为336起，罚款352.74万元，没收违法所得0.45万元。

【司法保障】 制定《文景街道重大决策合法性审核制度》《规范性文件合法性审核工作制度》《合同合法性审查备案工作制度》等基础制度。制定《北京环球影城主题公园运营安全法制保障工作方案》。开展“4·15”国家安全日普法活动，到高校、高速服务区和环球度假区地铁站进行法制宣传，发放宣传材料和宣传品650余份，解答法律咨询60余次。联合区消防救援支队、区公安分局文景派出所、北京地铁环球度假区站区、北京致宏律师事务所共同开展“12·4”国家宪法日系列活动，发放宣传折页、宣传册等2000余份。

（陈金花）

杨庄街道

【概　况】 杨庄街道管辖范围东北至北苑南路，东至翠屏西路，南至怡乐南街，西至区界，北至京通快速路，总面积4.7平方千米。办事处内设“六办一队三中心”（即综合办公室、党群工作办公室、平安建设办公室、社区建设办公室、城市管理办公室、民生保障办公室，综合行政执法队，便民服务中心、市民活动中心、市民诉求处置中心），下辖16个社区、2个行政村。辖区规模以上法人单位28家，涉及第二产业和第三产业，其中企业25家，行政、事业单位3家。2021年规模以上企业实现营业收入64488万元。

【基层党建和精神文明建设】 完成社区“两委”换届选举、区“两代表一委员”推选、街道各群团组织成立、党支部到期换届和补选等工作，一次性成功率达100%。规范党支部建设，规范党员发展流程，新发展党员15人，完成通州区“两优一先”评选工作，为319名老党员颁发“光荣在党50年”纪念章。选优配强机关干部队伍，到岗96人，平均年龄32.8岁，35岁以下68人，实现老中青结合。探索“一站三上门”党建模式（“一站”指暖杨驿站，“三上门”指服务送上门、宣传送上门、政策送上门），以“流动微光　点亮多彩城市”为主题创新开展“一分钟微行动”，推动新业态新就业群体党建工作高质量发展。深入开展党史学习教育工作，扎实推进“五个一”系列活动（用好“一条通道”，关怀“一个群体”，讲好“一个故事”，列好“一张清单”，用好“一个平台”）。组织党员培训15期，各级党组织书记、班子成员讲党课79次，培训2510人次。创新党员教育形式，开展红色学习参观18次，录制微党课和教育片20个。落实党建工作责任制，筹划构建街道、社区两级党建协调委员会，突出“全区域统筹、全领域协同”，推进协调联动、资源整合，以党建为引领凝聚发展合力。扎实推进精神文明建设，开展各类主题新时代文明实践、“我们的节日”及志愿服务活动100余场，全年向“通州榜样”候选人库推荐优秀候选人10余名，挖掘推荐“绿色生活好市民”11名、“绿色公益组织”2家，营造辖区浓厚精神文明氛围。落实全面从严治党月度“体检”机制，检查内容58项，发现80个问题，提出75条整改建议，通过构建“检查、反馈、整改、警示、治理”完整链条，拧紧责任“发条”。建设社区“三位一体”监督体系，探索交叉监督、扩面交叉监督形式，持续开展廉政教育培训，提升监督质效。

【疫情防控】 积极应对新冠肺炎疫情，健全杨庄街道新冠肺炎疫情防控指挥体系，严格落实常态化疫情防控。多次召开专题部署会、推进会、调度会，制定防控工作方案和应急预案，强化防疫宣传引导。科学、有序、规范开展核酸检测工作，按照市区新冠肺炎疫情防控要求，在探矿厂区空地建设1万平方米的大规模核酸检测点，全年完成常规、大规模、重点行业从业人员核酸检测6.7万余人次。加强小区卡口管理，落实19处小区、2处平房院落的24小时值守、测温及人员识别要求。摸排管控中高风险进返京、境外返京4.3万人，排查购药、就医患者0.6万人。推进疫苗接种，将疫苗接种纳入街道重点工作，主要领导每周进行疫苗接种调度，针对接种情况开展专题研讨，制定《杨庄街道疫苗接种工作方案》，开展“七大专项行动”（开展敲门扫楼、优惠福利、社区接种、安心楼门、氛围营造、绿色商户、小手拉大手行动），全年第一针接种59016剂，三针累计接种超14万剂，筑牢居民免疫屏障。

【“接诉即办”】 建立主要领导、主管领导、街道各办和社区的案件分级处理机制，逐级研判，提升“三率”。开发闭环处置系统，全力保障“接诉即办”工作专班高效运转。制定《杨庄街道市民服务热线“接诉即办”工作方案（试行）》《杨庄街道12345市民热线诉求职责清单（第一版）》，明确职责分工，建立健全案件办理、协调调度等相关工作机制，梳理诉求类别，为街道整体“接诉即办”工作高效开展、高质量解决群众诉求提供重要保障和依据。制定《杨庄街道解决“接诉即办”和“未诉先办”问题小修快补资金管理使用细则（试行）》和《杨庄街道“接诉即办”工作奖励激励实施办法（试行）》，为辖区居民解决破损路面维修、危墙危房修葺、大件垃圾清运、小广告清理等问题。全年承办5364件，响应率98.64%、解决率67.81%、满意率81.71%。全年区级排名第5名，4次获得全市前50名，11月全市排名第14名。针对居民反映的问题，以一个案件解决一类案件，实施小修快补项目53个，涉及车棚改扩建、维修破损立面墙壁等，共投资216.7万余元，利用疏整促资金推进小微项目16个，涉及小区路面修复、小区广场改造提升等，共投资172万余元，切实解决居民急难愁盼问题。

【城市管理】 扎实开展文明城区常态化建设工作，实行主要领导双调度机制社区书记定期专项汇报。积极调研实地督导，破解难点问题，收到待整改问题10127个，总整改率99%。构建党组织、居委会、物业、业委会（物管会）和居民“五方联动”的社区治理体系，新增京贸国际公寓、京贸国际公馆、靓景明居、巴克寓所、通广嘉园5个垃圾分类市级示范小区。建立“日抽查”“周调度”“月考评”“奖惩结合”的工作机制，创新平房区、准物业小区大件垃圾等低值可回收物流动收集模式，有效减少现场问题数100余个。完善硬件设施，现设有分类桶站177处、生活垃圾分类驿站29座、大件垃圾投放点23处、装修垃圾投放点36处，实现垃圾分类、投放设施全覆盖。开展“疏解整治促提升”专项行动，全年拆除违法建筑物4500平方米。建立自查、巡查、处置联动机制，着力发挥街巷长机制作用，严格门前三包执法检查，综合监管，共同发力。建立生态环境保护巡查体系，加强对扬尘污染等环境违法问题的执法检查力度。持续深化辖区“一微克”行动，开展扬尘污染“拉网式”排查，从严从细加强大气污染治理监管，实现全区空气质量月检查排名第2名。全年对在施工地及裸地点位开展巡查320次，发现裸露土地或建筑垃圾苫盖不到位问题78个，完成辖区内所有枯草绿地湿化。推进绿色工地建设，检查工地500余次，发现问题办理案件36个、罚款金额52万元。

【民生保障】 建立劳动监察执法台账、应急预案、特殊时点工作方案，劳动监察案件办结率达到100%。开展根治欠薪夏季和冬季专项行动执法检查，受理讨薪案件31起，涉及221人，为农民工和辖区企业职工追回拖欠工资260余万元。建立健康社区工作架构，成立16个社区公共卫生委员会，编制《杨庄街道健康指导手册》，评选出7个健康社区、70

个健康家庭，建设“健康小屋”2所，组织健康主题活动约20场。开展“暖阳计划——残疾人关爱项目”，组织“首届残疾人趣味运动会”，改造无障碍设施点位168个。打造“一刻钟服务圈”，开设便民服务网点5家。成立街道儿童成长驿站，完成非京籍适龄儿童少年义务教育初审工作。建成图书馆杨庄街道分馆，上线“杨庄街道民意直通车”。建成杨庄街道社会心理服务中心，为“心美杨庄”社会心理服务体系、社区多元矛盾化解机制、心理服务网格化机制、协同服务提升机制等建设奠定基础。落实“双减”政策，对辖区教育机构、培训机构开展专项联合执法及常态化回头看。

【平安建设】 采取“自查、抽查、复查”的形式，开展安全生产大检查工作，检查企业1263家次，整改隐患2073项，约谈企业6家；抽查三类场所570余家，消除隐患78项，整改商户32家，收缴违规燃气罐36个。依托“12345”热线，精准打击违法群租房行为，建立群租房检查工作机制，全年摸排1251家，发现并整改群租房183处。重点关注电动自行车消防安全，开展超标电动自行车安全隐患排查164次，排查整改飞线充电等安全隐患327项；推进电动自行车充电设施建设，新建扩建车棚5个，充电柜14组，新增充电口1120个。制定《杨庄街道办事处人防工程和普通地下室日常巡视检查制度》，加大人防工程和普通地下空间排查力度，与区人防办开展联合检查3次、安全联合检查112次，出动检查人员138人次，检查349处。切实解决群众合理诉求，维护群众合法权益，开展社会矛盾“大排查”“大化解”，健全社会矛盾排查预警和调处化解机制，制定《杨庄街道信访联席会议制度》，解决信访件反映问题50个。

【社区建设】 健全包片联系工作机制，制定《杨庄街道联系社区、村工作机制》，明确六大职责，将包片领导、社区专员、机关下沉干部指导联系社区的实践制度化、常态化。搭建“乐享卡”公益积分社区治理平台，建立街道、社区两级激励反馈机制，壮大社区志愿者队伍，志愿服务常态化建设不断深化。发挥社会治理创新实验室的作用，针对杨庄南里西社区熟人社会特点，开展“老街坊”社区营造项目。举办杨庄街道首届邻里节，弘扬邻里团结、互助和睦的传统美德，融洽邻里亲情。建成通州区图书馆杨庄街道分馆，为居民提供阅读与交流空间。落实“三率”提升，逐步完善居民自治组织体系建设，推进业委会（物管会）组建，业委会（物管会）覆盖率从交接之初的58%提升到96.8%，物业服务覆盖率100%，党组织覆盖率100%。

【司法建设】 打造法治长廊、法治楼门、法治图书角、调解室等法治文化阵地，广通社区荣获“北京市民主法治示范社区”称号。成立杨庄街道人民调解委员会和行政调解委员会，在怡乐园社区建立多元化解矛盾纠纷服务站，强化行政调解、律师调解、议事协商、心理服务对人民调解的支援，实现矛盾纠纷就地吸附化解。成立杨庄街道法治建设委员会，统一部署、统筹各方力量推进街道法治建设。落实普法责任制，提高居民学法尊法守法用法能力，聚焦重点人群，多部门联动开展进机关、进校园、进社区、进企业宣传《中华人民共和国宪法》《中华人民共和国民法典》《中华人民共和国未成年人保护法》等活动30余次。无缝衔接和帮扶救助、安置帮教人员，确保辖区和谐稳定。获北京政府法制研究会“实践调研合作单位”授牌，为街道法制工作开展搭建更广阔的交流平台。

【统计工作】 推进统计基层基础建设工作，建立《杨庄街道办事处统计所规章制度》，明确业务规范及统计调查标准流程等；建立完善辖区人口底数台账及企业基本信息台账，掌握辖区经济社会运行基础。切实提升源头数据质量，精准对接纳统企业，全年共完成辖区28家规模以上单位120余张定报表及220余张年报表的审核，上报率、直报率、直验率均为100%。在全区年度统计工作考核中以94.587分的成绩位居22个街道乡镇第一。全力做好统计服务与统计宣传工作，完成《杨庄街道辖区概况分析》的撰写，按季度提供《杨庄街道经济指标数据需求表》，为各部门提供数据咨询服务。

（邵振娟　吴金鑫　杨光）

九棵树街道

【概　况】 九棵树街道辖区东北起九棵树东路，西至翠屏西路，南起云景南大街，北至通朝大街，面积3.7平方千米。下辖12个社区和7个行政村，户籍人口2.2万人，其中农业户口560人，常住人口8.05万人，集体土地1254亩。2021年，围绕“善治、精治、法治、智治、共治”，逐步构建街道治理的组织体系、责任体系、运行体系、保障体系、监督体系，按照“有序规范、攻坚克难、提质增效”的要求，努力解决基层治理难题，不断提升治理水平。

【基层党建和精神文明建设】 2021年，完成7名区党代表选举、10名人大代表选举工作和12个社区党支部换届，成立街道级党建协调委员会、12个社区分会，成立功能型党支部10个、两新党组织1个，与5家快递网点签订支部共建协议。发展党员18名，举办五期20课时积极分子培训，拍摄党员电教片1部，组织117名“两委”成员轮训。审批立项党组织服务群众项目61个，涉及资金480万元。动员870余名在职党员回社区开展志愿服务122次。举办庆祝中国共产党成立100周年表彰大会和文艺演出系列活动，表彰“两优一先”，为121名老党员颁发纪念章。开展党史学习教育活动，组织25次理论中心组学习，召开意识形态工作专题部署会2次。处级领导带头深入社区、单位开展分众化、互动化宣讲，组建街道百姓宣讲团，举办宣讲活动24场，受众人数1200余人。选树道德榜样16名，在40多个小区张贴宣传海报。结合街道各部门及各阶段重点工作开展文化宣传活动78次，利用微信公众平台宣传背街小巷整治成果26篇，增设公益广告503处，宣传核心主义价值观等内容。

【疫情防控】 健全完善疫情防控管理文件、指引7件，组织疫情防控会议、培训15次。完善提升云景里汽配城和九棵树城南加油站北侧两处中大型核酸检测点，组织开展中大型核酸演练3次。组织开展各类核酸检测1.1万人次。完成卫健委派发密接、次密接告知单处理91人次。完成接种加强针2.4万人次，接种完成率60.73%。完成60岁以上人群接种9321人，接种完成率72.90%。承办疫情防控方面市民服务热线派单131件。

【“接诉即办”】 全年承办工单7600件，月均承办工单630余单。其中日常类工单6044件，占比79.6%；疫情类工单390件，占比5.1%；垃圾分类工单200件，占比2.6%；物业管理类工单966件，占比12.7%。

【城市管理】 申请三批小微项目，涉及9个小区，投资金额301.2万元，惠及人口21776人。选定翠屏里、怡乐北街、市政家属院3个住宅小区开展老旧小区改造项目，建筑面积93568.48平方米，投资金额14035.27万元，惠及辖区居民1380户。完善设立大件和装修垃圾投放点30处，完成8座垃圾分类驿站建设，实现对大部分桶贴标识的更换，补齐辖区内各小区垃圾桶条形码4600个，确保垃圾分类设施数量充足、功能完善。成功申报瑞都国际、玉兰湾嘉园、金成府、龙湖蔚澜香醍、云景豪庭、泉蕾佳苑6个小区为市级生活垃圾分类示范小区；申报金成中心、瑞都国际中心为示范商务楼宇。对5条背街小巷开展背街小巷环境精细化整治提升。完成系统上报图斑1245处，上报率达到96.6%。

【民生保障】 严格对23户低保、低收入家庭定期筛选、动态审核，核算发放低保金33.97万元；完成二次医疗报销、采暖补助、两项补贴等困难群体498人次的补贴救助，累计补贴救助金额20.6万元。提升完善云景里养老驿站运营管理工作，完成新建格瑞雅居社区养老驿站建设工作，推动金侨时代社区养老驿站在建工作。构建社区养老和居家养老相结合体系，完成265名老人驿站服务划定。坚持营造文明卫生环境，开展群众性爱国卫生运动37次。制定《2021年国家卫生区复审工作实施方案》等文件，高质量完成国家卫生区复审工作。卫生街道、无烟机关、5个健康社区、50个健康家庭创建申请通过区级评估。完成541人次残疾人证、信息采集、燃油补贴、残疾辅具审核发放，残疾人康复率达到100%。按期推进云景东路无障碍一条街、领展生活圈、12个社区内171个无障碍点位建设改造任务和1户居家无障碍改造工作。围绕相伴同行、精准救助主题，组织残疾人、困难人群开展摄影比赛、手工制作、主题讲座等活动23次，个案帮扶25人。制定《九棵树街道民生领域慰问管理办法》，在八一、重阳节、两节等重大节日为失独老人、高龄老人、优抚对象等60余人送上街道的关怀和温暖。

【平安建设】 建立安全生产检查等工作保障机制147项，针对全辖区992家生产经营单位检查出的3202条安全生产隐患，形成周报30期，季度总结4期，半年总结2期，建立平安建设基础台账153份，编制各类应急预案21项。出动18个检查组，622人次，检查社会单位数228家，发现消防隐患421处，警示约谈1家物业产权单位，畅通消防通道52处，清理管道竖井杂物601件，配备消防灭火器7948个。在消防应急力量拉动活动中，累计拉动大型商市场4家、重点单位1家、社区物业1家，拉动科目近20项。统计电动车5878辆，其中悬挂正式牌照4340辆、临时牌照716辆、无牌照822辆，安装电动车充电桩210个，设充电口1689口，电动车充电设施覆盖率95%，签订电动车安全使用承诺书21239份。接到“12345”群租房举报282件，拆除率100%。检查人防工程、普通地下室。接收信访件32件，及时受理率、按期办结率100%。出台12项安保维稳工作方案，发动群防群治力量18000余人次，完成重要时间节点的安保工作。

【社区建设】 完成12个社区居委会的换届选举工作，产生居委会成员104人。完成每个社区6个居委委员会的组建工作。加强社工人才队伍建设，公开招聘35名社区工作者，强化基层人员工作力量。开展社区公益金活动150余场。全面推进社区社会组织覆盖，备案社区社会组织120支，服务居民2000人次。建立社会心理服务站点，开展社区社工团体心理服务活动5次，通过线上、线下服务居民累计2000余人次。完成玉兰湾小区和洼子一号小区业委会物管会备案，业委会（物管会）的成立率达到93.7%，实现三年行动计划90%的目标，其中业委会7个，占比24%。非京籍义务教育入学审核通过非京籍学生共计491名，完成数量全区排名第二。开展线上线下科普直通车、科普志愿者进社区活动30余次，激发居民参与科技创新创造热情。完成街道图书馆分馆建设，藏书1.5万余册。

【商圈建设】 围绕“年轻、时尚、文化、品质”四个主题，对标辖区构建“活力街巷、时尚街区、和谐街道”的发展目标，开展东郎啤酒节、领展七周年店庆、我和党共庆生短视频大赛等3个系列11场专题活动，全业态65场促消费活动，涵盖文化创意、沉浸式娱乐、电子竞技等内容。组建“3+N”（综合办、统计所、责任规划师加具体业务科室）企业服务小分队，对街道商圈发展采取“跟进式服务”，形成“无接触线上服务，常态化上门服务”双服务机制，丰富服务商圈企业手段，走访商圈重点企业40余次，引导企业主动参与街道基层治理工作，深入开展辖区“送温暖”公益活动，实现街道、企业共赢发展格局。

（安可心）

潞邑街道

【概　况】　潞邑街道位于通州城区北部，东至东六环路，南至运潮减河，西至小中河，北至潞苑四街、疃里大街，毗邻新华街道、永顺镇、宋庄镇。面积约7.8平方千米。下辖9个社区。常住人口86639人。潞邑街道办事处设置六办一队三中心（综合办公室、党群工作办公室、平安建设办公室、城市管理办公室、社区建设办公室、民生保障办公室，综合行政执法队，便民服务中心、市民活动中心、市民诉求处置中心），街道纪工委单独设置。潞邑街道正式与永顺镇所辖各社区居委会实现属地管辖交接后，整体运行有序，各项工作初见成效。

【基层党建和精神文明建设】　2021年，开展党史学习教育集体学习研讨8次，举办庆祝中国共产党成立100周年文艺演出暨“两优一先”表彰活动。创新开展“强作风、树形象、开新局”实践活动，建立班子成员固化进社区机制，接待居民432人次，解决问题143个，完成实事项目17项。深入学习十九届六中全会精神，在辖区17家基层党组织开展各类学习宣讲活动20余场；新就业群体党员录制领学视频，引导新就业群体助力副中心建设。夯实组织基础，完成社区“两委”换届、区党代表和人大代表选举，全面搭建群团组织构架；组织社区治理等专题培训12次，提升社区干部能力水平。开展“双报到”活动41次，在职党员服务时长800余小时。深化区域化党建，成立党建协调委员会，14家成员单位互联互通、优势互补，在提供红色教育资源、创城志愿服务、疫情防控值守等方面发挥积极作用。完成文明城区创建工作，牢固树立“创城永远在路上”常态化建设工作理念，督促社区、物业加大巡逻整改力度，先后落实市区督办整改问题180余个。组织社区广泛开展“通州榜样”主题活动，大力选树先进典型，向区级层面推荐榜样15人。充分发挥新时代文明实践平台作用，传递文明理念，不断增强新时代文明实践工作的社会影响力，开展各种形式志愿服务活动486场，时长21634小时，吸纳志愿者792人。

【疫情防控】　2021年，全面提升疫情防控应急处置能力，编制《潞邑街道核酸采样方案》2版。准备核酸采样场地8处，其中大中型场所2处，储备核酸检测手持设备40套。建立疫情防控工作日报制度，连续发布疫情日报简报286期。开展疫苗接种工作，协调区卫健委，进社区、进学校、进单位上门疫苗接种28次，接种总服务时长105小时，现场接种12492剂次。设立街道固定接种点，开设老年人专属通道，专车接送、专人帮扶，加快加强针接种速度。完成区级下达大数据摸排1203批次，累计摸排9049人。落实区卫健委直派密切接触者、次密切接触者集中隔离、居家隔离管控共150人。落实高风险地返京集中隔离管控7人，中风险地返京居家隔离476人，境外返京人员补足21天集中隔离25人。加强商超、冷链等从业人员核酸检测，组织重点人员核酸检测76批次，共1290人。

【“接诉即办”】　2021年，制定《潞邑街道“接诉即办”工作奖励资金管理办法（试行）》，发挥“接诉即办”工作考核结果的导向和激励作用，利用街道事权资金每月为街道考核排名前三的社区发放奖励资金，充分调动各社区的积极性。实行“接诉即办之星”推选制度，通过“通晓潞邑”公众号，将优秀办件人的处置方法和经典案例进行分享。搭建“接诉即办”闭环处置系统，实现街道和社区线上接单、派单、处置、回复、反馈的全流程闭环管理。创新学习和培训形式，聘请专业人员采取“送课上门到科室”“送培训下社区”的方式，对工单处置人员进行“面对面”高效培训，切实全面提升工单处置效率和部门、社区解决疑难问题能力。针对属地层面难以解决的问题，通过“吹哨报到”等多种途径，主动和区级、委办局沟通，厘清权属责任、畅通解决渠道，最大限度回应居民诉求。全年共接到“12345”市民服务热线反映问题8348件，召开吹哨报到会17次，解决率、满意率稳步有升。

【城市管理】 2021年，推进辖区水、电、气改造工程。完成华龙小区自备井改市政水工程，彻底改善小区3008户居民用水品质问题；完成龙旺庄小区更换市政电彻改工作和新潮嘉园二期燃气改造消隐惠民工程，进一步提升居民居住环境。搭建街道垃圾分类精细化管理平台，安装电子计量条形码678个，实现与区级精细化管理平台对接管理。推动建立可回收物管理体系，完成9座分类驿站建设。运通花园小区、东亚逸品阁小区、北通家属楼、枫露花园小区被评为北京市生活垃圾分类示范小区。

【民生保障】 2021年，潞邑街道享受居民最低生活保障32人，发放低保金27.9万元。低收入家庭1户，累积发放补贴1500元。特困户1户，享受生活补贴2.5万元。失能老人134人，累积发放补贴43.8万元。严格落实优抚对象资金发放管理工作，共计发放定期抚恤金4.8万元，采暖补助1850元，两节慰问金8000元。发放重残无就业助残券108次，总金额1.08万元。推进“一乡一特”养老服务创新项目工作，为老人提供上门家政服务，发放服务卡600余张。完成街道门店和小区无障碍环境改造点位167个，方便特殊群体出行。联合相关部门对辖区工地劳务用工各项台账建立、更新管理工作进行检查，处理各种欠薪讨薪案件21起，涉及金额236万元，已全部结清。

【平安建设】 2021年，制定《潞邑街道科技建安三年行动方案》，完善街道技防设施建设，为符合条件的小区安装监控探头设备222部，安装电动自行车进电梯阻止器367部。重点整治电动自行车安全隐患，摸排上账电动自行车4509辆，检查单位、小区2320家，清理违规停放、充电电动车545辆，发放“三类告知书”7536份。排除小区安全隐患，聚焦小区楼道堆堵，消防通道、地下车库和人防工程等可燃物堆积等问题，清理楼道垃圾71吨、可燃物42吨。构建“纵向到底、横向到边”的安全生产监管网络，对辖区内生产经营单位进行全覆盖检查，检查生产经营单位2700余家次，整改隐患700余处。推进基层平安社区创建工作，通瑞嘉苑、潞邑、潞苑北里、潞苑南里、潞苑嘉园5个社区被评为区级平安社区。

【社区建设】 2021年，加强社区人才队伍建设。完成社区换届选举，选优配强班子成员；初步建立社区工作者考核管理评价机制；注重提升社区工作者队伍整体素质，分层分批开展社会治理能力提升专题培训14课时。抓实抓严物业管理。持续提升物业管理“三率”覆盖率，实现物业服务覆盖率100%，党组织覆盖率100%，业委会（物管会）组建率91.6%；积极响应居民诉求，化解各类矛盾纠纷累计374件。不断深化社区治理。打造街道、社区、楼门院“三级服务链”社区治理模式，建成区级楼门院示范点1个，完成街道级楼门院微治理项目8个；成立街道社区社会组织联合会，线上备案社区社会组织131个，开展成员融合、交流学习等活动30余场，开展宣传教育、个案咨询、团体辅导等特色心理服务活动70余次，累计受益5700余人次；着力提升公共文化服务水平。持续推进潞邑街道综合文化中心建设，依托潞邑街道24小时智能文化空间完成“潞邑街道图书馆分馆”挂牌建设，增配图书15000册、阅读坐席20余个；结合传统节日、全民健身、北京冬奥会等主题，组织开展线上线下各类文体活动112次；完成义务教育入学“四证”审核工作，累计受理各类审核材料454件，接待家长咨询1000余人次。提高便民服务水平，新建便民服务网点3个，指导并督促各餐饮企业、商超，结合各类节假日主题开展促消费活动7场。

（卓一璠）

临河里街道

【概　况】　临河里街道毗邻北京环球度假区和家园中心，东至东六环路，南至九棵树东路，西至梨园南街、玉桥东一路，北至运河西大街、北运河，面积5.15平方千米。下辖10个社区，常住人口约7.31万人。街道党工委下设21个党支部，共有党员891名。有规模以上单位37个，全部为规模以上法人单位。其中，企业30个，占比81.1%；事业单位7个，占比18.9%。

【基层党建和精神文明建设】　2021年，全面推进党支部规范化建设，发展党员14名，加强对16个基层党组织的领导，深化落实党员领导干部联系点制度，确保党的建设落到实处。严肃换届纪律，完成6名区党代表、10名区人大代表、50名社区党组织委员选举工作。形成党建引领基层治理组织体系，实现物业管理“三率”均达100%，开展党建服务项目70余个，在各类活动中发挥党员先锋模范作用，服务居民4万余人，走好新时代群众路线。成立党建协调委员会，打造华远商圈雷锋岗，凝聚辖区力量，在党建引领下共治共建共享。积极做好精神文明建设，扎实开展党史学习教育。制定“制、讲、帮、乐、暖、解、习、展、传”十字计划，组织开展“学党史 庆百年 传非遗”等百场系列活动，惠及居民超过18000人；开展“我为群众办实事”活动141件，完成率达100%。结合老旧街巷改造，挖掘历史文化特色，打造土桥中街“精神文明一条街”、临河里路“党建文化墙”、土桥“特色街巷”、铭悦园“精神文明小广场”等宣传微景观，形成特色党建新阵地。制定“三横八纵”工作方法，纵向建立“1+8+10+N”志愿服务融合模式，打造阵线联盟，横向开展全民阅读、七彩文明、文明条例推广三项专项行动计划，发展志愿服务在城市治理中的积极作用，各类活动获得市区级以上媒体报道、转发180余次。

【疫情防控】　2021年，临河里街道组建专班，全力应对区域性疫情，昼夜排查高中风险地区返京人员1.26万余人次；组织重点人群开展核酸检测4.2万余人次，开展联合执法检查10余次。协调卫生院、各社区，组织85次疫苗接种进社区服务，累计完成一二三针接种93725针剂。

【“接诉即办”】　2021年，临河里街道共接到市民诉求7395件，其中市直派3537件，区分转3858件，响应率为99.53%，解决率为57.08%，满意率75.07%。1—12月市直派平均成绩为97.43分，有4次进入全市前50名，全年成绩排全区第4名；区分转平均成绩为91.96分，全年成绩排全区第5名；市直派+区分转的综合成绩平均为94.70分，全年成绩排全区第5名。上半年“接诉即办”市直派工单平均得分97.96分，综合排名全市第34名，全区第4名。全年“接诉即办”市级考核成绩为97.43分，全市排名第43名，全区排名第4名。

【城市管理】　2021年，临河里街道探索垃圾分类“两高两低”新思路，建立“双长制”试点并广泛推广，建成首个街道级可回收物中转站，考核排名在街道组位列前茅。与890家临街单位和商户签订了“门前三包”管理责任书，明确辖区28条街巷的负责人，制作完成街巷长公示牌，组建临河里“小巷管家”志愿者队伍，实现社区全覆盖。三条精治类“背街小巷”高分通过市区两级验收，二季度城乡环境秩序考核排名均为街道组第一。作为通州区林长制工作唯一试点街道，完成街道、社区两级林长制体系建设。“创森”宣传和“首都花园式社区”建设，筑牢生态底线。有序推动城市“微更新”，依托“小微项目+责师团队”，改善修复便民设施，实施完成10个小微项目。大力推进违法建设治理，建立“党建引领、精细管理、拆违坚决、对接主动”

模式，整治违法建设，拆除违法建设28处，拆除面积约620平方米，在第一批无违建创建单元中位列第一。整改完成中央生态环境保护督察期间群众信访反映合生滨江二期侵占代征绿地问题。加大空气重污染预警巡查，全年$PM_{2.5}$累计浓度均值为45微克/立方米。完成辖区20个居住小区100%建设安装电动自行车充电设施，实现充电设施全覆盖。全年出动执法人员3100余人次，检查门前三包单位3900余家次，开展施工工地、液化石油气、疫情防控、占道经营等联合执法123次，立案处罚186起，罚款94.05万元。

【民生保障】 2021年10月，临河里街道政务服务中心正式揭牌对外办公。公开残疾人、社保、养老、计生等30项办事指南，开展热情、规范、高效、廉洁的政务服务。暖心做好139个高龄、失能、困难老人、25个低保户、2个特困人员的救助服务。细心做好177名残疾人辅具申请、残疾卡激活等社会福利工作，完成17个点位的无障碍环境改造。关心关爱计生家庭，为8个计生失独人员送去扶助金，为84个独生子女父母完成三项奖励申请和发放。办理生育登记服务单370余件。全部实行综合窗口服务，主动提供早上、中午、周末延时服务，保证群众只进“一门”、只找“一窗”。

【平安建设】 2021年，检查生产经营单位1600余家次，出动检查人员1500余人次，发现隐患798项，整改完成792项，被评为“通州区安全生产先进单位”。6家社区被评为“北京市综合减灾示范社区”，总创建率达80%，位居全区前列。为辖区内老旧小区，60周岁以上老人、鳏寡孤独人群的居住地安装烟感报警器250个。加大辖区电动自行车非法充电整治，加装97部电动自行车电梯阻拦系统，实现辖区内电动车信息全在账、动态管理。联合大运河便民服务中心、运乔建材城、金隅大成物业等单位，开展消防、防汛应急演练10余次，参与人数1000余人次，获通州区消防技能比武竞赛街道组团体第三名。发动禁放看护队伍270人，在小年、除夕、初五、十五全员上岗，确保辖区烟花爆竹“零燃放”。全力做好重点时期安保工作，整治违法群租房30余家。

【社区建设】 2021年，完成社区居委会换届选举，成立3个业委会、9个物管会，实现了业委会（物管会）全覆盖。推进社区议事协商，从居民关心的生活小事入手，开展各类协商120余次，有效解决各类问题94个。完成玫瑰园、运河滨江、临河里等社区办公用房规范化建设，落实社区居民会议制度、居务公开制度，加强社工队伍考勤和考核。搭建社区动员平台，成立临河里街道社区社会组织联合会，扶持和培育各类社区社会组织150支，累计开展各类志愿服务活动600余次，参与志愿者10000余人次。推动文化中心（室）、图书馆免费开放，打造6个便民服务网点，完成土桥、运河滨江、裕馨等社区健身器材配备。完成368名非京籍适龄儿童的入学审核工作。

（王梦琪）

永顺镇

【概　况】 永顺镇位于北京城市副中心西北部，面积19.39平方千米，常住人口11.94万人，户籍人口3.3万人，其中农业户籍人口3952人。下辖11个村、10个社区。有党支部57个，党员4037人。2021年，完成税收40.6亿元，形成区财力17.2亿元，均位居全区第一，完成固定资产投资13.4亿元，完成建安投资9.7亿元。

2020年5月，根据《北京市通州区人民政府关于变更部分行政区划的通知》撤销永顺地区办事处，保留镇建制。对永顺镇行政区域范围作相应的调整。将永顺镇果元村、杨富店社区、杨庄村部分区域［京通快速路以北的房屋、复兴北里小区（含7处平房院落）］划归北苑街道办事处；将果元村部分区域（果园南小区）划归九棵树街道办事处；将小圣庙村、乔庄村部分区域（运乔建材城、东方华奥汽车销售服务有限公司）、上营村部分区域（大运河便民中心）划归临河里街道；将耿庄村、苏坨村、焦王庄村、刘庄村、龙旺庄村、小潞邑村、王家场村划归潞邑街道办事处；将杨庄村划归杨庄街道办事处；将乔庄村、南关村部分区域（京秦线以南）划归玉桥街道办事处；将上营村、南关村部分区域（京秦线以北）划归中仓街道办事处。

【基层党建和精神文明建设】 加强党员队伍建设，发展入党积极分子49人、党员44人。持续推进资源下沉，投入党建资金1560万元用于基层党组织规范提升。选派“第一书记”，为2个市级软弱涣散村“强筋壮骨”。成立3家非公企业党支部，对30家新就业群体网点摸排建账，推动融入基层党建格局。组织“学党史、铭初心”党史知识竞赛。开展“学条例，守初心，我为群众办实事”和“四个一”活动，深化党建引领“接诉即办”，科级干部轮流坐班“12345”平台，扎实抓好群众每件诉求办理。组织38家党组织、3592名在职党员回村、社区报到，服务群众1.4万余人次。实现新时代文明实践站全覆盖，全镇35个新时代文明实践所站发布文明实践活动1367次。围绕传统文化节日开展“文化幸福贺新春　副中心里过大年”、“同心向党 献礼百年”红色系列绘本故事、亲子手工、文化行走等100余场群众文化活动。开展“文艺演出星火工程”活动，全年安排演出43场。完善永顺镇综合文化中心（富力惠兰美居）设施，配备乐器、朗读亭、数字阅读大屏等。保持“扫黄打非”高压态势，加强对网吧、书店等文化娱乐场所的监管，定期对文化市场进行专项检查。

【疫情防控】 利用村、社区203个宣传栏、40个电子屏，强化宣传引导，构筑疫情防控体系。严格中高风险地区进京人员排查管控，对于自摸排人员、大数据派单人员加强信息监测、前端管控和闭环管理，入住社区（村）者严格要求进行14天居家或集中观察，实行核酸检测“应检尽检”。每周召开疫苗接种工作部署会，明确疫苗接种工作组织架构、进度安排、场地设置、任务分工等具体内容，组织地区适宜人群有序进行接种，开设固定接种点2个，下村、社区设临时接种点200余次。

【“接诉即办”】 牢固树立“民有所呼、我有所应”的宗旨意识，完善体系机制，规范处置流程，建立“三级审批”责任体系，健全分级管理，实行“党委会每周调度、主要领导每日阅研、主管领导每日调度，重点工单随时跟进”的工作模式。对群众诉求的高频问题、重点区域开展专项治理，推动解决复兴北里小区房本办理、西马庄片区改水等难题，实现电动自行车集中充电设施村、社区全覆盖。回应民生诉求，利用治理类街道乡镇“补短板”资金完成60余项公共区域基础设施提升改造小微项目。

【乡村振兴】 全年经济保持“稳中有进、进中提质”的总体态势，加快产业转型升级，引进并完成工商注册企业277家，注册资金6.8亿元。持续推进永顺西街住宅、朗庭湾小区等重点项目。开展“拔钉行动”，清理完毕友谊医院二期剩余5户滞留户，拆除潞苑三街项目滞留8年的10户商业用房。精细化整治提升6条背街小巷环境，改造完成万福家园等4个老旧小区，永顺中街被评为“最美街巷”。全力保障三大建筑、东六环入地及地铁22号线永顺站等市级重点项目建设。

【生态环境】 持续加强大气污染防治工作，精细化管控扬尘，检查施工工地、裸地1585家次，问题整改率100%。$PM_{2.5}$年均浓度下降到43微克/立方米，改善率3.2%，年均浓度排名全区第一。推进水环境建设，开展“清河行动”，整治入河排污口，7条小微水体均达到“五无目标”，出境断面水质年均值达到Ⅳ类水质标准。深入落实河长制，镇级、村级河长完成巡河1871人次，巡河率达到100%。持续拓宽绿色空间，绿化养护面积达到5000余亩，森林覆盖率33%。规范提升绿化养护标准，将全镇1300余亩公园绿地全部纳入通州区城区绿地养护项目，解决了绿化管护主体多元、标准不一、水平不齐等问题。

【平安建设】 深化安全隐患及消防安全专项整治，持续开展电动自行车违规充电隐患及燃气隐患排查，年度挂账隐患整改率达到100%，安全生产形势保持平稳。纵深开展“平安永顺”建设，做好社会矛盾纠纷排查化解工作，推动历史积案的稳控。在重要节日和重大活动期间，启动社会面大防控等级方案，发挥全镇1384名群防群治力量作用，实行社会面24小时不间断巡控，落实24小时应急值守工作机制和“日报告”制度等措施，圆满完成“七一”建党百年等重大活动的安保维稳和服务保障任务。

【民生保障】 建成永顺南里社区楼门院治理示范点。聘请“社区参与行动服务中心”等专家团队，提升基层议事协商能力，提高群众基层治理参与度。以最低生活保障为基础，专项救助制度相配套，临时救助和社会互助为补充，保障困难群众基本生活。通过“一乡一特”养老服务创新项目提供个性化、精准化的养老服务，累计巡视探访约35000人次。持续促进就业，新增就业2005人，城镇登记失业人员就业率67.12%。关心百姓健康，投入450万元开展惠民健康体检，覆盖人员6441名。实施无障碍环境建设，改造完成339个点位。

（王雪）

梨园镇

【概　况】 梨园镇位于北京城市副中心西南部，紧邻文化旅游区北京环球度假区，城市道路三纵三横，地铁八通线、7号线穿镇而过，路网畅达，交通便利。辖区西至大稿村与朝阳区交界，北至通州内环路，东至九棵树东路，南至万盛南街。面积约9.2平方千米，常住人口10.94万人，其中，户籍人口2.95万人。下辖10个村、15个社区，共47个小区、694栋楼。划分物业管理单元37个，业委会（物管会）组建率100%，物业服务覆盖率100%，党组织覆盖率100%。基层党支部64个，党员3378名，“两新”组织156家（非公企业146家、社会组织10家）。2021年，完成税收153374万元，实现区财力43693万元。

【基层党建和精神文明建设】 庆祝中国共产党成立100周年，组织党史学习教育，开展党史宣讲、“进党校·学党史”等主题活动，举办“共筑梨园梦 同心谱新篇”、“我们的中国梦”群众歌舞文艺会演和“党在我心中·最美新梨园”庆祝中国共产党成立100周年主题书画展、摄影大赛等活动。丰富宣传文化载体，加大宣传工作力度，在区级以上新媒体和报纸报道信息258条，市级以上媒体报道97条，“学习强国”报道11条。依托重阳节“孝满京城 德润人心”等重要节日主题活动，组织文艺下乡90余场次。深耕“最美梨园人”品牌，在全镇范围内开展2021“最美梨园人”评选活动，有9人获评。

【疫情防控】 成立新冠病情防控工作组，做好疫情防范和突发处置应对各项工作，制定《梨园镇环球影城周边区域疫情防控工作方案》、《梨园镇新冠病毒大规模核酸检测应急工作方案》和《梨园镇突发新冠肺炎疫情应急处置预案》，并召开3次党委扩大会对方案进行可行性研究，进行桌面推演，确保工作职责明确到人。设立办公室、数据摸排组、社区村防控组、医疗保障及流调隔离组、转运隔离组、检测检疫组、复工复产组、城市管理保障组、监督检查组和物资保障组等12个专项疫情防控工作组，由领导班子成员分别牵头负责。充分发挥基层党组织的战斗堡垒作用，各村、社区制定疫情防控方案，并根据实际情况不断完善工作方案和应急预案；组织下沉干部、“双报到”党员、志愿者等多方力量，网格化管理各村、社区，指定网格长，确定各环节责任人，确保方案细节都能落地实施，保证预案可根据突发事件有效启动响应。

【“接诉即办”】 2021年，梨园镇承办“12345”市民热线各类群众诉求12645件，月均1054件；其中市直派9120件，占比72.1%；区分转3525件，占比27.9%；万人诉求量923件/万人。月均综合成绩93.11分，全市综合排名218名。通过采取制作《梨园镇接诉即办工作日报》、安装为民服务牌等措施，达到“降量、提率、排名提升”，三个治理类乡镇退出重要标准，退出治理类乡镇范围。在15个社区制作安装2443块为民服务牌，有效降低居民诉求量。

【乡村振兴】 海通梧桐苑三期土地一级开发项目取得一级开发授权授延期批复手续并完成拆迁工作。东小马土地一级开发项目取得规划条件、钉桩报告、用地预审、交评意见、环评意见、立项批复等前期手续，规划综合实施方案已申报，完成征地协议、征地款支付。西小马居住项目开工建设。强力家居土地一级开发项目取得规划条件、钉桩报告、实施方案审批表、用地预审、可研报告、立项批复等前期手续，拆迁工作全部完成，规划综合实施方案已上报副中心党工委审核。翠屏南里小区老旧小区改造项目完工。云景公园项目完成集体土地签约，大稿村休闲公园完成拆迁。半壁店医养结合试点及幼儿园项目取得“一会三函”手续、《建设工程规划许可证》、《建设工程施工许可证》及征地手续。杨家洼地下停车场项目完成总锚杆工程量的70%，桩间锚喷面完成33%，土方开挖完成35%，项目整体完成11%。

【生态环境】 梨园镇城市森林公园建设项目可施工区域主体大树栽植全部完成，总体进度完成86%。制定《梨园镇2021年大气污染防治行动计划》，持续加大对扬尘、挥发性有机物、餐饮等行业的治理力度。制定《梨园镇2021年土壤污染防治行动计划》，做好土壤污染防治措施。进一步完善垃圾分类自查机制，推进垃圾分类精细化治理。推进小区分类驿站建设，建成合格分类驿站14个，基本实现所有小区全覆盖。推进拆违工作，完成违法建设销账2.24万平方米，腾退土地2.81万平方米。

【平安建设】 在建党100周年纪念活动、全国“两会”等重点时期，启动一级社会面巡逻防控方案，成立网格化、立体式、全方位、无死角巡逻防控体系，发动群防群治力量1万余人次。大力开展扫黑除恶专项斗争，维护社会安全稳定，群众获得感、幸福感、安全感不断提升。重点治理群租房，2021年1月1日至10月28日，接到举报357件，其中接市民热线举报群租房315件，接蛋壳租房纠纷举报42件，经核实确认违法群租房168户，整治验收58户，其余110户全部办结。筑牢防汛安全屏障，成立梨园镇防汛抗旱工作指挥部，明确防汛相关工作任务和职责；制定《梨园镇2021年防汛应急预案》；组建约700人的防汛应急抢险队伍；开展防汛隐患排查整改工作，不留盲区死角，定期检查和清理辖区内2个入河口，坚持做好930个雨水篦子和466个雨污井盖的日常巡查维护；加强防汛物资的采购、储备和日常管理维护，切实提高物资运输能力，确保遇到极端天气防汛抢险物资调得出、运得到、用得上；做好低洼易积水地区群众避险转移预案，确保群众汛期遇到险情有序、安全撤离。开展安全生产隐患排查治理，检查企业3766家次，检查覆盖率94.27%，消除安全隐患2286处。对工业企业和学校、医院开展危化品使用安全专项整治工作，检查单位12家，排除隐患23处；开展液化石油气专项检查，出动981人次，检查液化石油气使用单位56家，消除隐患86处。推进消防安全专项整治，对高层建筑、大型商业综合体、养老机构、文博单位、“三合一”场所、老旧小区、电动自行车等重点领域进行治理，检查单位130多家，消除隐患230余处。加速推进电动自行车集中充电桩安装进度，在10个村、15个社区安装电动自行车充电桩2835个，在高层住宅安装电动自行车电梯阻车器910多个。

【民生保障】 2021年，梨园镇有城乡低保人员128人、低收入人员9人、城乡特困人员6人，落实社救保障金共计163.86万元，为社救对象二次医药费报销共计30.9万元。切实保障困难群体基本生活，对大病及突发事件导致生活困难的家庭进行救助，为社救对象报销采暖补助22.62万元。重阳节慰问高龄及重点优抚对象，发放资金136000元。完成政务服务大厅升级改造，实现“前台受理分类，后台审评，综合出件”的综窗工作模式，有效解决大厅存在依部门设窗、受审未分离、部分功能区域闲置、分布凌乱等问题。完成颐瑞东里社区、群芳一园和新城乐居3个社区服务空间开放式建设。持续推进一刻钟社区服务圈建设，在新成立和新拆分出的社区实现“一刻钟服务圈”全覆盖。建立完善梨园镇社会组织联合会及社会组织孵化基地管理制度，重点培育扶持志愿服务类、心理干预类等社会组织，为居民提供更好的服务。全面提升社工核心专业能力，培养“全能”社工，持续开展社工超市培训项目。

（朱琳）

宋庄镇

【概　况】 宋庄镇位于北京市通州区北部，东与河北省三河市隔河相望，南毗邻市行政办公区，西距天安门24千米，北距首都机场T3航站楼2千米，交通便捷，区位优势明显，是北京城市副中心北部的绿色生态屏障，被定位为宋庄艺术创意小镇，为通州区三个重点打造的特色小镇之一。镇域面积114.5平方千米，下辖47个行政村，常住人口16.9万人，户籍人口7.8万人，流动人口9.1万人。入驻艺术家5300余人，艺术从业人员7000余人。具有一定规模的艺术展馆30余所、画廊240家、艺术家工作室4580个，集中展览、艺术性经营面积10万平方米，有文化艺术氛围浓厚的餐厅、休憩、时尚空间170处，年均接待旅游、观展、参展人员40万人。已经成功举办12届宋庄文化艺术节和五届国家级艺术品产业博览会。经过20多年的发展，“中国·宋庄”品牌远近闻名。2021年，完成税收15亿元，完成区级财力5.1亿元。

【基层党建和精神文明建设】 2021年，加强非公企业党支部建设，成立北京东六元物流有限公司、北京天海鸿鋆会计服务有限公司、宋庄镇新就业群体流动、宋庄水务所、宋庄林场、北京利冠承再生资源有限公司等非公企业党支部。完成47个村党组织换届，组织新一届村级“两委”班子成员进行3天集中培训，引导村级干部牢记党的宗旨，增强为人民服务、做人民公仆意识。组织全体基层党支部书记、机关党员赴潞河中学党性教育基地、北京城市副中心规划展厅、党的“一大”会址参观学习。全年发展党员50名，其中35岁以下党员29名，占比58%；持续加强党员组织关系管理，完成党组织关系转接事项288起。在全镇广泛开展“通州榜样”“道德模范”“身边好人”推荐工作，向区委宣传部推荐“通州榜样”候选人15人，其中宋庄镇管头村历蒙当选2021北京市榜样候选人。大庞村建成精神文明宣传视屏，提升村民爱党、爱国、爱家乡意识。加强未成年人思想道德建设，清明节前后组织10所学校的中小学生在翟里烈士墓、尹各庄辽沈战役烈士墓开展祭奠英烈爱国主义教育系列活动；暑假期间，组织中学、小学开展“红色百年 童心向党——庆祝中国共产党成立100周年”主题征文活动。

【疫情防控】 坚持疫情常态化防控不放松，压紧压实“四方”责任，高效有序运行镇级疫苗接种点、核酸检测集中采样点，不断提高疫苗接种覆盖率，完成疫苗接种9.8万人。组织由镇机关干部、党员志愿者队伍、村级“两委”班子成员、村民代表、群众积极分子共6500人常态化下沉防控一线。宋庄艺术区新联会、宋庄艺术促进会密切关注回京党员、外出艺术家情况，周期性巡查各场馆、工作室，严格执行疫情严重时期不办布展、不参展等防疫工作方案，减少人员聚集。12月19日，通州区疾控中心通报小堡村华卿画室一名学生核酸检测结果阳性。镇防控机构立即响应，对华卿画室进行管控，同步开展流调溯源工作。并成立3个工作专班进驻一线，8个包片领导分片落实，30名机关干部下沉值守，2小时完成华卿画室封闭管控，4小时启动全员核酸检测，连夜实现小堡村全域封闭管理，有效遏制了疫情扩散风险。积极做好隔离人员心理安抚和服务保障，实现疫情防控有力度、有温度，跨省市协调解决封控区学生艺考问题。

【“接诉即办”】 2021年，接办“12345”市民诉求1372件，其中，涉及煤改电诉求654件，道路改造诉求567件，市政路灯照明诉求110件，其他问题诉求41件。全年“12345”市民诉求件响应率100%，办结率100%。

【乡村振兴】 镇域总体规划编制工作已完成规划公示，美丽乡村村庄规划编制工作已完成政府审批，小堡艺术区城市设计国际征集方案的汇总深化工作已初步确定方案并按计划推进。稳步推进重点项目前期手续办理进度，加快重点工程建设实施步伐。完成固定资产投资37亿元，建安投资8.5亿元。细化村民建房审批流程，严格按照市区关于农村宅基地和房屋建设管理的文件执行。切实做好保障性住房资格审核申报，完成保障性住房（公共租赁住房）申请审批80件。实现村庄人居环境“准物业”服务管理模式全覆盖。整治环境顽疾，坚持重点约谈、高位调度以及广泛宣传，着力解决村庄私搭乱建“拆不动”、生活垃圾“捡不完”、乱堆乱放“改不掉”等重点问题。积极发动广大村民参与开展“美丽庭院”评比活动，形成全民参与人居环境整治、全民共享环境整治成果的浓厚氛围。充分利用区级“一事一议”工程、“小微工程”政策，按需开展村庄建设，着力解决百姓身边亟待完善的环境及基础设施问题。完成20个美丽乡村“小微工程”和第一批8个村美丽乡村补短板工程。

【生态环境】 2021年，宋庄镇治理整改环境污染问题10个，其中，拆除烟囱1个、清理散煤3吨、蜂窝煤4954块。建立裸露土地整治日常监管长效机制，实施动态管理，强化监管力度，摸排建立裸露土地台账1124700平方米，涉及点位113处，全力实现问题早发现、早整改。严格监管腾退拆迁地块和施工工地降尘、抑尘措施落实情况，$PM_{2.5}$平均浓度浓度为46微克/立方米，全区排名第16位；改善率为-0.6%，全区排名第10位；降尘量每月7.5吨/平方千米，全区排名第17位。

【平安建设】 镇党委、政府通过各级责任状的签订和各级主体责任的完善，逐级明确责任分工，层层落实全镇社会单位安全生产目标责任，与重点企业、规模以上企业、危化单位、重大危险源企业、小规模企业等签订年度安全生产目标责任书1200余份，与各行政村签订安全生产责任书47份。深刻吸取“9·20”电动自行车火灾事故教训，全面落实社会面保障措施，按照“一警六员”标准对37家物业小区的微型消防站、保安、物业服务人员200余人进行消防培训；新安装电动车集中充电桩141组，充电孔数1440个；在六合小区、莱茵湾小区、莱茵湾小区加装81部电动自行车电梯阻止器。全年出动2389人次联合执法检查，共计检查企业398家次。对出租厂库房摸排整治，出动联合执法检查4569人次，检查各类厂库房499家次，发现问题隐患547处、断电123处，隐患整改完成数量442处。

【民生保障】 2021年，宋庄镇便民服务中心认真贯彻落实各项保障政策，推进完成各项便民服务工作。组织开展各工种培训，累计培训779人，完成全年目标任务的108%。开展各类线上招聘活动，发布165家各类名优企业招聘信息238次，提供13568个就业岗位，促进城乡劳动力就业3435人。宋庄镇劳动合同签订率约96%，城镇职工劳动合同续订率约85%。建立劳动监察执法台账、应急预案、特殊时点工作方案，劳动保障监察案件办结率98%；做好根治欠薪相关工作，未发生欠薪或以欠薪为由引发的群体事件；建成固定调解室，新增基层调解组织一家；办理线下登记失业人员336人，办理非农灵活就业577人，管理社会化退休人员3867人，新增社会化退休594人，居民医疗保险新增1399人，申请大病补偿412人，大病补偿金额531万元，新办理残疾证415人，持证残疾人3735人。宣传倡导全民健身，持续加强体育基础设施建设，建成标准足球场地2个、标准篮球场地1个，安装室内乒乓球设施9处、室内台球设施7处，建成健身路径8套。

【疏解整治促提升】 围绕北京城市副中心建设，深入开展安全隐患大排查大清理大整治，积极推进无违建区创建，拆除违法建设67.57万平方米，全力保障安贞医院通州院区、万套保障房、东六环入地改造、北京市疾控中心等重点工程项目，首都儿研所实现开工建设，蓄滞洪区（二期）、温榆河综合治理工程投入使用，重新启动富豪村村民自住楼拆迁安置，破解了长达14年之久的历史遗留难题，发展空间进一步优化。落实耕地保护制度，完成年度复垦任务，复垦农户全部签约，整理复垦土地680亩。

（赵豫坤 王丰）

张家湾镇

【概　况】 张家湾镇位于通州区东南，是通往华北、东北和天津等地的交通要道，面积105.4平方千米，下辖57个行政村，常住人口10.57万人，其中外来人口3.6万人，非京籍外来人口2.86万人。域内交通便利，文化特色突出，工业基础雄厚，是一座具有千年历史的文化古镇，曾作为京杭大运河北端起点上重要的水陆交通枢纽和物流集散中心，有“大运河第一码头”之称。2021年完成税收17.19亿元，排名全区第三，全社会固定资产投资完成25765万元。张家湾设计小镇建设得到市、区高度关注，设计小镇累计落户企业181家。北京芯能电子科技有限公司、中建方程投资运营（北京）有限公司、公交集团北京城市副中心客运公司、国际度假区票务公司等一批项目落地。中国水环境集团、中际联合科技股份有限公司、朗坤环境集团有限公司等一批高质量、有前景的储备项目加快推进。

【基层党建和精神文明建设】 举办庆祝中国共产党成立100周年系列活动凝聚党心民心，党建引领推动副中心重大决策部署落地生根。全年召开党委会92次、理论中心组学习14次。实施“五色土”培训，提拔使用7名优秀干部。完成镇村换届工作；统筹完善村级考核；严把党员入口关，发展党员71

名。开展党史学习教育活动，为全镇3602名党员、106个党支部配发党史学习材料3708本。挖掘漕运古镇历史文化，邀请学者、央美专家等围绕古镇建设和设计小镇发展进行研讨，与区政协教文卫对《漕运古镇张家湾》（2014年版）进行充实、修订和更新。国家级文物保护单位——通运桥（萧太后古桥）成为张家湾最亮的名片。唐人坊、剪纸等11个项目获批区级非物质文化遗产，张湾清真寺、陆辛庄三士庙等7处文物古迹被入列区级文物保护单位。张家湾博物馆收藏地区历史文物100多件，接待市区领导及文化人士参观千余人次。皇木厂、北仪阁等8家乡情村史陈列室，收藏展品330多件，成为地区中小学生及村党员干部学习教育基地。丰富群众文化生活，开展“建党百年”系列活动、五月鲜花、咱家书屋等群众性文化活动。市级以上媒体报道张家湾新闻150篇。“漕运古镇张家湾”微信公众号全年推出365期，1480篇稿件，关注用户35184人，点击量50余万次。

【疫情防控】 坚持党建引领、科学防疫，扎实有序落实常态化疫情防控工作，为地区正常生产生活秩序提供有效地保证。建立健全工作领导小组，制定常态化防控及应急工作预案，明确责任分工，形成工作合力。高标准建设镇级核酸检测点、疫苗接种点，累计完成疫苗全程接种8.8万人，核酸检测7万人；优化村级卡口管理，落实“三班倒、四件套”防疫措施；加强大数据派单和自摸排，严格落实闭环管理；紧盯学校、酒店、北京环球度假区周边、冷链、七小场所等重点地区、领域，持续开展监督检查，严格落实防疫要求；做好应急储备和实战演练，确保全员核酸检测启动迅速、规范有序。

【“接诉即办”】 落实“鉴事、见人、建情”主题实践活动，探索建立“12345”工作法，建立镇市民诉求处置中心，固化统筹协调、接单派单、回复回访等职责和配合方式，建立镇级“接诉即办”工作平台，实现实时接单、实时处置、实时回复、实时审核、实时考核的无缝连接。2021年，受理群众来电18554件次，环比上年上升55.38%，市直派诉求响应率97.74%，解决率88.73%，满意率92.23%，综合考评91.93分，全市排名第266名，比上年度提升66名，市直派和区分转综合成绩从全区末位提升至14名。

【乡村振兴】 镇域国土空间规划编制有序开展，产业、总体城市设计、生态资源等专题形成阶段性成果，国土空间规划内容基本稳定。完成41个村的美丽乡村规划编制工作，完成率100%。聚焦市区重点项目，完善古镇规划，有序推进南火堡公租房项目，加快建设六小村安置房，推进漷马路、漷台路、九德路拓宽和东六环入地改造、架空线路迁改等工程项目。武窑桥、九德路二期竣工通车。有序推进张湾消防站污水处理厂地上物拆迁。完成220千伏安输变电工程（梁各庄、南火堡）现场踏勘。夯实农村基础设施、生态环境、文明生活根基。投资2.6亿元落实补短板项目、乡村公厕、户厕、外墙保温、一事一议、一村一室和小微工程等专项工程，改造公厕70座、摸排户厕16910户，农村人居环境整治整改4680处点位。完成市区腾退、销账78.5万平方米，位居全区第一名。非宅腾退严格落实“930”工作要求，预签约57万平方米，正式签约率达58.42%，交房面积25万平方米，拆除14万余平方米，清运达到销账条件10万平方米。土地复耕完成入户395户，面积1.33万亩，签约8428亩。

【生态环境】 2021年，$PM_{2.5}$浓度大幅下降，累计浓度均值为45微克/立方米，全区排名第六位，改善率3.9%，区排名第4，为历史最好水平。对施工工地日检夜查与执法处罚并举，落实生物覆盖及苫盖110余万平米，裸土扬尘污染得到长效治理。整治完成42个入河排污口。3条出境考核断面水质均达到考核标准，获河流断面补偿金74万元。环保检查14000余人次、16600万个点位，发现问题1612个，整改1586个，整改率98.39%。“环保通”系统上报数量30349件，居全区第二名。森林覆盖率提高至33%，城乡生态景观环境得到明显改善。

【民生保障】 2021年，城乡医保参保缴费2.63万人，城乡养老参保缴费1.41万人，整建制农转非安置2700余人。支付城乡养老待遇9511人，无保障待遇4894人。无障碍环境建设改造379个点位；建成7家养老服务驿站、照料中心。推进创业带动就业，精准开展职业技能培训1049人次，促进2604人就业；新增参保创业单位304户，带动就业岗位1280个；安置困难人员“社区保安岗”就业134人；采集空岗信息2000余个，推进公益性、公共就业服务。

【平安建设】 实施“党政同责、一岗双责”，建立镇、村、企业（单位）三个层级管理组织架构。建立条块结合的网格化安全管理体系，落实“定岗、定人、定责”安全生产监管，专业和志愿力量联合监管。开展安全百日攻坚行动，实施“一村一图、一村一账、按图销账”等方式检查单位23191家次，排查整治隐患6522项；整改城市安全隐患治理挂账72条。完成标准化建设30家，单位投保安责险279家任务。紧盯重大活动，重大工程全方位攻坚管控，保障全国“两会”、中国共产党成立100周年庆祝活动、十九届六中全会期间社会安全稳定。吸取电动自行车火灾事故教训，落实电动自行车精准管控，“一车对一人”建立数据库，为55个村17568辆电动自行车粘贴“二维码”标签。

【法治工作】 强化法治意识，聘请专业法律顾问团队，做好法律咨询保障；对接法院，协调律师团队及业务科室开展综合研判、证据准备工作。组织班子成员学习《中华人民共和国民法典》；创新实施镇长办公会制度，邀请纪委、人大、司法、财政、审计部门人员全程参会，加强廉政风险管控，严格重大工程审计，提高政府资金使用效率；建立会前议题征求意见等监督机制。加大政务信息公开力度，主动公开、依申请公开400余条。办理市区两级代表议案、建议和政协提案50余件，办复率100%。加强法律宣传服务，提高群众法治意识。

（姜春杰）

漷县镇

【概　况】 漷县镇位于通州区东南部，东临河北省香河县，南依天津市武清区，直线距离北京环球度假区约15千米，距离北京城市副中心约18千米，交通便捷，首环高速、京哈高速、G103国道（京塘路）穿境而过，是京津冀三省市门户、京津冀协同发展重要节点，总体发展定位为文化健康小镇。镇域面积113.7平方千米，辖61个村、3个社区，常住人口7.1万人，其中非京籍人口1.02万人。2021年，完成税收11.2亿元，形成区财力2.94亿元，完成建安投资4.97亿元。在全年绩效考评中，被评为区委、区政府年度绩效管理综合考评优秀单位。

【基层党建和精神文明建设】 发挥党委领导核心作用，严把人选关、程序关和纪律关，利用包村（社区）网络，提前梳理重难点问题，一村一策，顺利完成村、社区“两委”换届，全部一次选举成功，实现书记、主任“一人兼”和学历、年龄“一升一降”。开展“履职践承诺、开门办实事”，为群众解决水质提升、精准就业等实事难事150余件，3799名党员参与“我是副中心党员”垃圾分类桶前值守672场。3个软弱涣散村成功摘帽，村级精神风貌焕然一新。制定《党史学习教育宣讲方案》，广泛开展贴近党员干部群众的宣讲活动。围绕重点工作，在“学习强国”、《北京日报》、通州电视台等市、区媒体多维度开展宣传，发表原创稿件110余条。依托漷县书院公众号宣传疫苗接种政策，助推疫苗接种率持续提升。不断丰富群众业余文化生活，筑牢社会主义核心价值观，结合重要节日，举办“迎新春、写春联”等各类实践活动。采取“馆店结合”方式打造马头、北堤寺、绿荫西区和漷县书院4个新型阅读空间。其中，漷县书院图书馆为全区唯一获得首都图书馆“北京市十佳优选阅读空间”称号的镇级图书馆。

【疫情防控】 紧抓防疫不松懈，筑牢安全屏障，不断巩固疫情防控良好态势。成立“一办十六组”统筹疫情防控工作。完善包片包村督导检查机制，每周三进行常态化检查。200多名市、区、镇党员干部下沉一线，700余名党员坚守村居卡口。深化开展“敲门行动”，筑牢疫情防线，确保疫情防控常态化工作扎实有效开展。制定优化完善《漷县镇全员核酸检测方案》。加大核酸检测培训力度，进一步提升规模核酸组织实施能力和疫情防控应急保障水平。60岁及以上老年人群第一针接种率71.9%，加强针接种率67.8%。

【“接诉即办”】 深化党建引领“接诉即办”，推动“三下三上三结对”党建工程走深走实，做到日调度压实责任、周调度攻坚克难、月通报查摆问题、季考核奖优惩劣。进一步完善《漷县镇12345市民服务热线工作细则》，细化诉求处置流程。全年接收“12345”市民热线诉求14068件，同比增长33.65%。诉求有效回访12378件，解决率57.13%，满意率60.72%。年度“接诉即办”工作考核综合得分为93.18分，市级排名第215名，区级排名第12名。东寺庄、西定安、柏庄、许各庄、尚武集村、穆家坟等6个行政村实现连续6个月以上零诉求。

【乡村振兴】 深化街巷长、小巷管家机制，党员干部带头参与“参与垃圾分类、建设绿色漷县”活动。实施美丽乡村“回头看”，人居环境持续提升。改善村级基础设施，扎实推进北堤寺等第一批8个村庄的生活污水、供水管线改造工程。解决村民就近看病问题，完成南阳等7个村庄卫生室小微工程改造。打造漷县镇蔬菜品牌，7月25日，柏庄村蔬菜合作社“一村一品+科技支撑”项目施工改造完成。扶持壮大后元化、军屯2个试点村集体经济，大力发展林下经济、设施农业、光伏发电等项目。军屯村成功入选2021年北京市美丽休闲乡村名录。北大人民医院通州院区顺利开诊，甘李药业股份有限公司荣获金融界“2021年度中国上市公司杰出贡献奖”，春立正达医疗器械股份有限公司成为副中心首家“A+H”双股上市企业，一方健康谷建成运营。

【生态环境】 坚持绿色发展理念，生态环境持续向好。$PM_{2.5}$年均数值46微克/立方米，改善率2.7%，全区排第6名。燃煤设施及散煤清理动态清零，未出现新增“散乱污”点位。港沟河治理及城南水网建设工程取得阶段性成果。“河长制”“林长制”“田长制”持续深化。坚守耕地红线，完成1.88万亩复耕签约及全区近1/3蔬菜粮食播种面、产量任务。完成村污治理（三期）工程、中长期裸露土地简易绿化，镇村两级河长巡河率100%。完成河道整治点位1059处，整治率98.5%，全区乡镇排名第二。建立涉水企业动态台账，发现并处理问题24处；开展入河排口专项整治，现场逐一核查、定位全镇65个入河排口。2021年12月，被北京市爱国卫生运动委员会评为2020—2021周期北京市卫生乡镇。

【平安建设】 压实安全生产责任，筑牢平安建设防线，将安全生产纳入重要议事日程，严格“一岗双责”，镇领导班子成员深入基层开展大规模督导检查4轮次。持续推进安全生产专项整治三年行动，将每周三作为常态化检查日，全面推动安全隐患自查自改，年度挂账隐患整改率100%。健全完善安全风险分级管控，51家企业完成风险评估，210家生产经营单位投保安责险。全年组织线上线下大型培训7次，参训人员5500余人次。完成13个村和社区综合减灾示范社区创建，启动7个村消防水鹤建设前期准备工作。持续开展电动自行车安全专项整治。建立森林防火组织机构，逐级落实森林防火责任。

【民生保障】 坚持以人民为中心，不断巩固民生保障，全年累计办理城乡就业失业登记证2562人，发放失业保险409万元，城镇登记失业人员就业率69.4%，下岗失业人员再就业1279人，发放社会救助对象医疗救助金128.6万元，上报慈善大病救助7户，申请发放救助金3.9万元。开展低保核查调标工作，实现低保家庭动态调整。开展居家养老巡视探访服务，完成养老照料中心选址工作。4月，实现第一家区仲裁派出庭挂牌，提高居民办事效率；11月，漷县镇劳动人事争议调解中心入选第一批北京金牌劳动人事争议调解组织名单。

【村史馆建设】 漷县村村史馆位于漷县村村委会院内，展览面积1000平方米。馆内藏有实物300余件，资料图片100余件，全方位展示了党领导下漷县村的历史变迁和发展面貌。展品分为四大主题：一是漷县古城兴衰，有漷县古城复原图、漷县八景图、三潮井照片等，生动展现了漷县古城面貌。二是村民生活足迹，包括各类契约、所有证、印花税、分家单、粮票、购货券、通州唯一一套四清档案和村民贡献出来的各式古老农具物件，记载了100多年来漷县村村民真实的生活状况。三是抗战历史史料，有日军侵占我国东北、华北的侵略图，国家领导人的合影照片，毛主席纪念章，1976年出版的《伟大领袖毛主席永远活在我们心中》全套63张毛主席照片等。四是发展中的漷县村，有漷县村获得的各种奖励、为漷县村发展做出突出贡献的人物资料。

榆林庄运河文化展览馆紧邻京津公路，面积约500平方米。主要展览内容有乾隆御赐榆林图、四爷台钞关场景再现、小庙台儿运河祭祀、运河古文献、运河英烈及大运河生态党建、历史文献、根雕艺术等。展示了大运河文化与村庄的关系。

（王欢）

马驹桥镇

【概　况】 马驹桥镇历史悠久，曾是北京最大的湿地、是辽、金、元、明、清五朝皇家猎场和明、清两朝皇家园囿。地理位置独特，地处北京东南郊、通州区西南部，背依京城、朝阳区，东瞻通州，西望大兴，镇中心区距通州城区约20千米，距首都机场40千米，京沪高速公路与北京六环路在镇中心交汇。镇域面积82平方千米，下辖45个行政村，10个社区，实有人口25万余人，其中本镇人口5.8万余人，常住人口17.5万余人，流动人口15万余人。有基层党组织83个，其中，党委1个，党支部82个；党员3047名。2021年，马驹桥镇立足京津冀协调发展和“两区”建设大局，结合“科技服务小镇”和科技创新发展新区功能定位，抓经济、促发展、优环境、强基础，乘势而上、锐意进取、奋力拼搏，全镇经济社会发展平稳向好，完成税收19.14亿元，形成区财力（不含转户到亦庄部分）1.45亿元，工业总产值94.18亿元，完成固定资产投资133.55亿元，建安投资38.32亿元。

【基层党建和精神文明建设】 按照市委、区委统一安排部署，严格把控流程节点，进一步优化村（社区）“两委”班子结构，完成55个村（社区）“两委”换届，实现年龄学历“一降一升”。组织指导76个选举单位和相关部门按照既定程序，严格人选资格条件，做好党代表和乡镇领导班子换届选举工作，选出130名镇党代表、17名区党代表，选优配强镇级领导班子。成立宏仁瑞农、祥远物业全福凯旋和水务所、马驹桥镇业委会（物管会）联盟党支部和社区社会组织联合会党支部。大力弘扬志愿服务精神，利用各村、社区新时代文明实践站，集中开展周末卫生大扫除、垃圾分类等志愿服务活动。开展“优秀党员”“最美防疫志愿者”等推荐评选活动，加强正面宣传引导，塑造见贤思齐、崇德向善的民风镇风。完成镇级图书馆建设，配备并启用通州区首家微型智能自助图书馆，实现与首图、区图通借通还功能；多形式开展“书香马桥 全民悦读”系列活动，打造具有马驹桥特色的文化品牌。为各村、社区建设足球场，安装配备台球桌、健身器材等体育设施，小杜社村等15个村获得“2021年北京市体育特色村”。开展永远跟党走、重走长征路等文体活动，进一步提升群众的幸福感、获得感，助力北京市体育特色乡镇创建。

【疫情防控】 严格按照市、区疫情防控管理要求，将大数据派单与自主摸排相结合，对进返京风险人员第一时间落位管控筛查，从快、从严、从细落实好疫情防控各项措施。联合下沉干部等多方力量开展“敲门行动”，做好疫情防控排查清零工作。严格落实闭环管理，紧盯商务楼宇、商场超市、餐饮单位等重点场所，持续开展监督检查，管控防范疫情。高效有序完成大规模核酸检测，设立88个核酸检测点，并为检测点点长及工作人员进行专业培训。采取增设临时接种点、设立流动接种点、适时开设夜场、出台激励政策等方式，推进疫苗接种工作。

【“接诉即办”】 围绕“七有五性”要求，建立完善全流程闭环管理机制。坚持每日调度，就“未解决不满意”、可能引起的集中诉求、重点诉求等问题进行重点督办，不断提升解决率、满意率。将“12345”工作责任延伸到村居，纳入绩效考核，对涉及群众利益、民生的重大决策事项事先进行风险评估，制定工作预案，及时排查化解矛盾纠纷，强化未诉先办，从源头上预防和减少“12345”诉求的发生。发挥“街乡吹哨、部门报到”机制作用，会同区级部门形成解决问题的合力。2021年，承接“12345”市民服务热线23618件，日均接单64.71件，累计上报各类网格问题5万余件，事件处置率、按时结案率、一次性完成率均达到95%以上，及时发现率达到90%以上。

【乡村振兴】 坚持以方案规划引领乡村建设，第一批美丽乡村前银子、六郎庄等6个村建设施工完成90%，第二批、第三批美丽乡村建设有序启动。完成年度供暖季“煤改电”“煤改气”设备使用、维修工作，并对全镇村级管护员进行安全技术培训。持续改善农村人居环境，严格落实河长制要求，开展农村生活污水治理工程和镇域骨干河道生态治理，强化水源保护区巡查，杜绝各类违法排污问题，做好水环境评价考核，促进水质不断改善。制定马驹桥镇“田长制”实施方案，成立镇级“田长制”办公室，制定工作职责、工作机制和保障措施，坚决遏制耕地“非农化”、防止“非粮化”。

【生态环境】 全面推进垃圾分类，广泛动员党员群众参与周末守桶，引导各村居垃圾分类工作步入正轨，应用各种科技手段不断完善垃圾分类硬件设施，居民自主投放率、生活垃圾减量、厨余分出率等提升效果显著。制定裸地扬尘治理专项行动计划，逐一分解任务，实现靶向治理。按照宜绿则绿原则，扩大裸地生物覆盖，减少扬尘污染，完成六环路城市景观建设等绿化工程。提高两级河长巡河频次，强化河道沟渠管护；持续开展雨水管网“清管行动”；2个5000吨临时污水处理站建设工程正式商运。

【平安建设】 完成全国“两会”、中国共产党成立100周年庆祝活动等一系列重大活动服务保障工作。深入开展平安村、社区创建工作，24个村、社区申报成功，其中新海北里、新海南里、新海祥和、宏仁社区获得2021年度通州区基层平安创建“百家示范单位”称号。进一步加大群租房治理力度，全年实现动态清零。开展电动自行车领域消防安全专项整治、“防风险、除隐患、保平安”消防安全隐患集中排查等专项行动，排除安全隐患，提高安全防范意识与能力。

【民生保障】 推进民生工程，完善路网及水电气暖等基础设施建设，实施“小微工程惠民生”工程，真正实现花小钱办大事，干小活解大难。全力解决养老难、上学难、看病难问题，推进养老驿站新建工程，申办一批民办普惠幼儿园，升级社区卫生服务中心软硬件设施，积极落实《大额住院费用进行二次报销的实施意见》。创新开展“红色温情、心暖鹤老”养老服务“一乡一特”创新项目。强化已建成养老驿站的管理力度，前堰上、大松垡、团瓢庄、一街村等老年驿站推出1元爱心早餐，不断提高老年人的幸福感。落实“双减”政策，从规范学校办学行为、促进家校协同育人、加强增效减负工作监督管理等方面综合施策，加强学生作业源头管理，减轻学生作业负担。开展“加强残疾预防 促进全民健康”、残疾人趣味运动会、红色诗歌朗诵等系列活动，丰富残疾人的精神文化生活。

【村史馆建设】 2021年，马驹桥镇结合美丽乡村建设，建成柏福村和六郎庄村2个乡情村史陈列室。

柏福村陈列室面积112平方米，设计主题为“百姓德福”，内容分为前言、历史沿革、柏福寻踪、民风民俗、党建工作、农村生活微缩实景八个篇章，以翔实的文字叙述、真实的器物展示、浓缩的记忆实景，全方位地展示了柏福村的历史、人文、经济以及社会发展历程与成就，是柏福村承载乡恋乡愁、构筑精神家园的重要阵地。六郎庄村陈列室面积70平方米，设计主题为“六郎新声”，内容分为村历史沿革、古村探幽、发展历程、留住乡愁、民间文化、六郎新声、先锋旗帜墙等七个篇章，通过承载历史的物件、记录进程的图片、浓缩的记忆实景，全方位展示六郎庄的历史文化、民俗风情和不同时期的发展面貌，真实再现了村民们自强不息世代奋斗的历程。

（毛青媛）

西集镇

【概　况】　西集镇位于通州区东南部，镇域面积91.4平方千米。北与潞城镇连接，东临潮白河，与河北省大厂回族自治县、香河县隔河为邻；西、南临北运河，西隔河与张家湾镇相望，南与漷县镇、香河县隔河相接。耕地保护区2100亩，永久基本农田2.62万亩，辖57个行政村。户籍总数27926户，户籍人口49174人，其中，农户15201户，农业人口29995人，非农户12192户，非农户人口19177人；2021年新出生人口329人。户籍人口以汉族为主，另有满族、回族、蒙古族等少数民族。外来人口7683人，出租房屋2357户。2021年完成财政税收6.62亿元，其中本地生产企业纳税1.3亿元，占比19.6%，实现区级财力1.75亿元；工业总产值35.2亿元；总收入44亿元；增加值9.6亿元；重大工程类项目固定资产投资6.57亿元。

【基层党建和精神文明建设】　2021年西集镇党委制定村“两委”考核管理办法，奖惩并行提升村干部干事创业积极性，太平庄村党建引领村庄治理典型获评全区二类党建项目。加强新业态、新就业群体党建工作，吸纳物业企业、两新群体参与党建协调委员会，成立流动党支部。通过“双报到、双积分”“接诉即办”等机制，动员党员广泛参与两个“关键小事”和疫情防控落实工作。完成镇、村两级换届选举，各村“两委”成员实现学历和年龄“一升一降”。“关键小事”党建引领，实现物管会组建率和党组织覆盖率双100%；规范村级建筑垃圾管理，加大垃圾分类执法检查力度，建设精细化分类管理系统，由“人防”向“技防”转变。

【疫情防控】　2021年，始终把疫情防控作为各项工作有序开展的重要前提和基础保障，制定大规模核酸采样工作应急预案，投入近百万元建设临时集中采样点，储备采样设备物资，组建大数据摸排梯队，深入开展“敲门行动”，优化人员管控措施，累计核酸检测4.9万余人次，接种新冠疫苗3.5万剂次，参与卡口执勤4700余人，确保疫情防控形势持续平稳可控。北水公司和金各庄村出现丰台区阳性病例密接人员后，第一时间妥善处置，同步封闭管理、流调检测、环境消杀，及时阻断疫情源头，未出现继发确诊病例。

【“接诉即办”】　围绕群众关心的热点难点问题，打造“30分钟服务圈”，市民热线从“接诉即办”向“未诉先办”转变。不断完善市民热线办理工作机制，坚持“日通报、周复核、月考评”，领导带头提高见面率，实现高频诉求降量约15%。

【乡村振兴】　推动新型产业体系加快构建，打造产业振兴轻骑兵。引进新税源，完善实施促进产业经济发展办法，不断优化营商环境，新注册企业251家，推动中际联合（北京）科技股份有限公司在上交所主板上市，北京诺思兰德生物制药有限公司在北交所上市。促成网安企业落地，协同推进网安园重点工作，完成83家企业进驻审核，西北工业大学北京研究院等3个项目地块国有土地使用权出让挂牌，实现网安园首批项目落地；加快推进北汽地块和首钢地块收储，做好上市交易准备；打造高精尖发展模式，5家企业入围北京市专精特新“小巨人”企业名单。做大做强特色农业，举办樱桃采摘季系列活动；依托运河通航，实施休闲农业线路项目，打造集市IP，扶持民宿重点村，全区首批10家特色乡村民宿中，西集占8家；农旅结合，加快推进市级现代农业产业园建设，2家果园获评北京市四级休闲农业园区；加大低收入村产业园投入，车屯梦田园羊肚菌种植面积位居全市首位；耿楼御樽庄园建设大棚130个，有效解决赋闲村民就业问题。

【生态环境】 2021年，西集镇坚持打好污染防治攻坚战，加大$PM_{2.5}$等污染物排放管控力度，集中开展专项执法行动，实施常态化管理，完成生物覆盖4万平方米，绿网苫盖39.3万平方米，年度降尘量全区排名第二。持续提升景观绿化水平，细化落实林木病虫害防治和林地防火措施，围绕平原造林、战略留白等绿化工程，新增绿化面积约758.32亩，全镇森林覆盖率达48.45%，集体林场养护范围内的平原生态林保育小区入选“全市十佳”示范小区。水环境质量不断提高，完善河道管理长效机制，开展清洁河道沟渠综合治理，完成第一批美丽乡村生活污水管网建设；实施饮用水水质提升工程，全面提升农村饮水安全保障能力。

【平安建设】 持续推进安全生产专项整治三年行动，加强排查管控，整改隐患5400余项；经常性开展防火、防汛、防寒、防疫等突发应急演练，加强应急值守，实现全年安全生产零事故；聚焦“平安通州”，完善防范体系，严格落实信访工作领导责任制，开展各类综合治理宣教活动，先后被评为“北京市扫黑除恶专项斗争先进集体”“北京市信访工作先进集体”。

【民生保障】 全面落实惠民政策，累计发放惠农、低保、残疾人两项补贴近1700万元，实现城镇失业就业率67.35%，新建养老驿站17家，群众获得感幸福感不断增强。民生工程西集幼儿园项目规划落地；养老照料中心项目竣工验收；投入近1600万元，完成7条镇、村级公路大修和4.7万平方米道路中小修；出台镇级宅基地房屋建设翻改扩审批方案，完成全部165户危房解危。完善新时代文明实践站基础设施，加快便民文化站、镇级民俗馆建设；线上、线下结合开展各类文娱活动，用“活”基层文化新阵地，充实群众文化生活。法治建设取得实效。积极配合行政复议应诉，推进重大行政决策法制化，依申请公开回复率100%，全年接收法务建议100余条，政府合同管理经验获评区第二批法治政府建设示范项目。

（秦泽敏）

潞城镇

【概　况】　潞城镇地处首都百里长安街延长线最东端，京唐秦发展轴线上，距离天安门约30千米，西邻北京城市副中心，东接大厂、燕郊，与河北燕郊、大厂隔河相望，是京津冀协同发展的前哨阵地。镇域面积59.86平方千米，自北向南形成六环以西的城市化建成区、六环以东155平方千米以西的行政办公区、155平方千米以东的潞城生态智慧小镇区域。下辖56个自然村，54个行政村，户籍人口51606人，常住人口63576人。域内交通便利，已建成“五横四纵三全域”（“五横”自北向南为通燕高速、通胡大街、玉带河大街、运河东大街、武兴路；“四纵”自西向东为六环西辅路、六环路、通济路、潞城中路；“三全域”自西向东为运河左堤路、胡郎路、潮白河右堤路）的道路框架，初步形成主干路与次、支路相结合的网状交通格局，地铁六号线在镇内设站4个。2021年，潞城镇主要经济指标实现平稳较快发展，税收28.6亿元，同比增长33.9%；利润17.5亿元；销售收入278.6亿元；工业总产值85.0亿元；工业增加值34.9亿元。

【基层党建和精神文明】　完成村党组织换届选举，“两委”成员年龄结构、知识结构、性别结构得到进一步优化，全镇54个村共产生“两委”成员327人，平均年龄46.9岁（上届50.5岁），大专及以上学历123人，占比37.6%（上届30%），实现学历和年龄的“一升一降”。为364名老党员颁发“光荣在党50年”纪念章，完成推荐“两优一先”“三优一先”工作。不断提升基层治理能力和水平，党建引领提高基层党支部规范化建设水平，制定《潞城镇基层党支部规范化建设方案》，重新修订《2021年潞城镇村级工作千分考核办法》。组织开展理论中心组学习18次。利用“村村通”广播开设《百名党员忆初心》《童声向党》《潞城青年说》等专题节目，共制作相关节目400余期。全镇各基层党支部开展党史学习专题党课和组织生活会200余场次、“红色经典诵读班”活动54场，全面推动党史学习教育走深做实。深化移风易俗，培育文明乡风，利用“文明银行”枢纽型平台，开展各类文明主题活动1000余场，服务5万余人次，“文明银行”入选2021年北京市新时代文明实践创新案例。建成集体婚礼主题公园，打造宣传婚姻家庭文化的舞台和基地。举办潞城镇第五届和第六届集体婚礼，服务新人30对。持续发挥红白理事会制度作用，简办白事330件。潞城镇被评为“首都文明乡镇”。

【疫情防控】　2021年，潞城镇疫情防控工作领导小组设置“一办十六组”，实行专班化工作方式。组织280名党员“战疫”先锋队，协同385名市区下沉干部、54名网格员和1545名群防群治力量，坚守“卡口”、扎紧“口袋”，成功创建“零感染”乡镇。12月24日，开始九类重点人群疫苗接种工作，共同构筑免疫屏障。研究制定潞城镇全员核酸检测方案，统筹调配核酸检测综合能力，有效提高核酸检测效率。

【“接诉即办”】　2021年，潞城镇接到市民诉求15136件，其中，市直派12268件，区分转2868件，响应率94.59%，年末较年初提升8.48%；解决率64.39%，较2020年增长24.41%；满意率71.01%，较2020年增长22.42%。成立由运潮物业组成的应急处置组，着重针对市政基础设施类诉求、环境治理类诉求等三大方面十六项问题进行专项处置。协助办理364个工单，响应率99.78%，解决率91.17%，满意率94.99%。推动“接诉即办”工作不断走向深入，制定《潞城镇市民热线“接诉即办”工作实施方案》《村“两委”吹哨、科站队所报到机制实施意见》《“热线＋网格＋巡察”调度机制》等工作制度。

【乡村振兴】 2021年，持续优化营商环境，加大力度吸引优质企业入驻，新注册企业1028家，新建8家生活性服务业网点。高标准持续开展村庄建设工作，第二批美丽乡村建设通过验收。持续推进美丽庭院评选工作，共有321户家庭参与通州区美丽庭院评选。扶持壮大集体经济，促进富民增收，以夏店、武窑等运河沿线村落为试点，通过租赁、入股、合作等方式与专业运营团队联合运营精品民宿。

【生态环境】 2021年，潞城镇大气污染防治工作突出精准治污、科学治污、依法治污，$PM_{2.5}$平均浓度46微克/立方米，降尘量均值7.4吨/平方千米·月。建立《潞城镇污染源总台账》，采取销账式管理，为407家企业建立“一企业一档案”。排查镇域内所有污染源，检查工业企业1792家次。在前疃村等18个村庄实施美丽乡村污水治理工程。持续开展“河长制”工作，镇、村两级河长巡河3335人次，巡河里程6698.677千米，巡河率100%。完工验收4864.09亩绿地，种植19.45万余株苗木，播种地被362928.8平方米。建成并开放党建公园、大运河水梦园、东堡公园、重要游憩带等休闲设施。做好“关键小事”，在全区率先完成撤箱换桶，通过垃圾分类示范片区创建验收，4家单位获得北京市垃圾分类示范村（小区）称号。

【平安建设】 2021年，潞城镇以法治政府建设为引领，积极开展各项平安建设工作。镇司法所完成疑难纠纷调解入卷1件，矛盾排查1700余次，执法案件审核249件、诉讼复议案件承办19件。在全国“两会”和中国共产党成立100周年庆祝活动期间，设置168个防控点位，确保社会面秩序平稳。开展流动人口和出租房屋摸排工作，建立健全出租房屋和流动人口台账，检查出租房屋6600余间，排查违法群租房（含安全隐患）36家。开展禁毒宣传活动35次，提升居民识毒、防毒、拒毒意识。

【民生保障】 2021年，潞城镇补齐农村卫生医疗空白，为16个卫生室空白村建成标准化卫生室。关注解决老人、残疾人等生活困难群体，全镇建有15家养老驿站、1家敬老院。完成54户家庭无障碍设施改造。持续推动解决村民就业问题，开展技能培训800人次，解决就业1500人。建成镇级综合文化中心和图书馆。选址东刘庄村建造普惠性幼儿园，缓解潞城镇北片学前儿童入园压力大问题。成立后北营一区、二区、三区社区服务站，完善回迁社区电动自行车车棚、充电桩等基础设施建设，持续提升社区精细化治理水平。

【村史馆建设】 2021年，建成东刘庄村乡情村史陈列室。陈列室位于东刘庄村文化广场北房，室内面积约150平方米，馆内包含文字及图片展览、实物展陈、活动室三个部分。主要陈列有鼓棒、鼓槌等物品，展示了东刘庄打鼓队从2012年成立至今的故事。

（朱波）

台湖镇

【概　况】 台湖镇位于北京市东南部，通州区西南部，五环路与六环路之间，镇域西侧与朝阳区、大兴区接壤。京哈高速、京津高速、京沪高速和六环路在镇内交汇贯通。镇域面积81.3平方千米，下辖41个行政村，6个社区。户籍人口58230人，常住人口151847人。有126个党支部，3579名党员。2021年，完成税收13.0367亿元，形成区级财力4.3738亿元，完成固定资产投资45.5亿元。

【基层党建和精神文明建设】 扎实开展党史学习教育，深入开展理论宣讲、参观红色教育基地、百年回眸书画展、庆祝中国共产党成立100周年文艺演出、“我为群众办实事”实践活动等各式各样的党史学习教育活动，引导广大党员干部学史明理、学史增信、学史崇德、学史力行，不断为演艺小镇建设注入新动力。

【平安建设】 2021年，超额完成监督检查、安全生产责任险年度目标任务。开展大型应急演练1次；集中整治违章用火、用电、用气问题170处；可燃物清理湿化约25.46万平方米；安装独立式感烟火灾探测报警装置1517个。开展电动自行车领域专项整治工作，督促物业公司安装电梯阻断装置163部，安装电动自行车集中充电口2113个，完成率469.6%。组织“应急安全进万家”宣传活动，获北京市应急办、市安委办通报表扬。强力保障社会稳定，顺利完成全国“两会”、十九届六中全会、中国共产党成立100周年庆祝活动服务保障工作。开展“七五”普法工作，持续严抓扫黑除恶、禁毒、反邪教、外来人口管理等工作，确保全镇安全稳定。

【演艺小镇建设】 落实市委书记蔡奇及市、区有关领导多次调研演艺小镇的指示精神，进一步明确演艺小镇的未来发展方向、产业和落地项目，为全镇明确发展方向。完成台湖镇国土空间规划、交通规划和产业规划。万科集租房项目顺利开工。加强与北投台湖事业部的工作融合，重点推动图书城改造项目。积极推动经略天则、蓝玥度假村等精品酒店项目的实施，探索唐大庄民宿发展模式，启动外郎营村宅改的方案研究。首个经营演出场所台湖演艺车间获得审批。开展星期音乐会、精品剧目展演、台湖演艺艺术周、影偶艺术节、曲剧、爵士音乐节等多种形式的文化活动数百场。

【民生保障】 稳步提升教育水平，持续推进“双减”工作，区教委下发办学许可的学科类培训机构由13家减为2家。组织“春风行动”“台湖图书城人员安置”“金秋招聘月”等9场就业专项活动，举办大型专场招聘会3场，与企业达成初步就业意向488人。通过“台湖社保所”微信公众号发布“台湖镇网络专场招聘会”8场，浏览量2万余人次。城乡劳动力就业率指标达61.88%，城镇登记失业率控制在5%以内。强化劳动监察保障工作，积极妥善处理劳资纠纷案件49起，涉及453人，追讨资金641万余元。

【疫情防控】 重新制定《台湖镇新型冠状病毒感染肺炎疫情防控工作方案》，进一步完善疫情防控工作架构，积极组织和发动全镇各方面力量做好疫情防控。设立台湖镇党群服务中心为全镇固定核酸检测采样点，按照区、镇两级要求，安排相关人员进行核酸采样工作。协调安排2家卫生院对辖区内特种行业及特殊人群进行核酸采样及环境采样工作。按照相关文件要求对镇域内重点人群进行上门核酸采样及环境采样工作。在坚持常态化防控的基础上，做好重点事件、重点时期的疫情应对。多举措推进新冠疫苗接种工作，全年累计接种295679针次。

【生态环境】 大气环境质量持续改善，$PM_{2.5}$累计浓度46微克/立方米，全区街道乡镇排名第九。持续推进污水治理工作，开展全镇水污染源头治理和水域沿线污染源排查；实施农村污水处理全覆盖工程，完成7个村污水改造工程，实现污水零直排。聘请第三方对全镇的农村环境进行巡视、检查，配合区农业农村局的App系统，对于问题点位及改进效果，要求按原照片角度进行拍摄，进行网上审核处理，完成整改点位2200多处。23个平房村及拆迁滞留户实现煤改清洁能源，其中外郎营村为“煤改气”村，改造完成264户；其余22个村和滞留户为“煤改电”，改造完成8185户。19个美丽乡村建设规划已经全部审批完成。

【重点项目建设】 强力推进拆违控违，完善拆违控违长效机制，遏制新增违法建设，完成“两违”专项台账销账任务，销账面积12.47万平方米，腾退土地面积13.9万平方米。接到规自委通州分局下发的卫星监测图斑16批次，配合规自分局现场核查256宗。开展整治私搭乱建联合执法活动，解决历史遗留美丽乡村违建骨头问题，拆除胡家垡私搭乱建点位200余处。加速推进复耕复垦工作，入户清登测量103户，签约1000亩（约占总任务量的91%），其中复垦地块签约为282亩（占复垦任务量的200%）。复耕复垦工作进度排名全区第一。加强与经开区协同发展，改建协调办公室，加强统筹协调，推动165区域工作的落实。

【“接诉即办”】 对《台湖镇市民热线“接诉即办”工作实施方案》进行重新编制，制定出台《台湖镇12345派单规则》，明确各部门工作职责，完善派单工作机制、规范“接诉即办”工作流程。建立镇级“接诉即办”工作平台，实现“接件—登记—分派—受理—办理—反馈—督办—总结”的线上闭环式操作流程，做到实时跟踪案件办理进展、掌握办理结果，在案件流转、信息保密、移动办公、时限把控以及查询统计等方面取得显著改善。全年接单22653件，退单4541件，实际承办18112件，其中市直派案件12658件，区分转案件5454件。按月统计，接诉量进入全市前10名5次，成绩排名在全市后300名6次。

（崔淑艳）

永乐店镇

【概　况】 永乐店镇位于通州区东南部，地处京、津、冀三省市交界处，距通州城区23千米，京津塘高速公路穿境而过，京津第二条高速公路和京津城际铁路途经镇域腹地，是国家级重点小城镇。面积104.68平方千米，下辖38个行政村，常住户数17244户，常住人口43308人，户籍人口46228人，农业人口29243人，出租房屋1344户，流动人口5116人。2021年，完成工业总产值23.8亿元，营业收入28.4亿元，工业增加值5.3亿元，利润总额0.8亿元，税收7.7亿元，实现区级财政收入2.25亿元。

【基层党建和精神文明建设】 2021年，全镇38个村在未选派镇机关干部下村担任党支部书记的前提下，顺利完成村“两委”换届。组织召开基层党支部书记抓党建述职评议考核会，由镇党委常委会会议确定评价等次并形成综合评价意见。庆祝中国共产党成立100周年，制定《永乐店镇庆祝中国共产党成立100周年组织开展“永远跟党走”群众性主题宣传教育活动实施方案》，表彰“两优一先”市优秀党员1名、区先进基层党组织3个、区优秀党务工作者3名、区优秀共产党员4名、镇先进党支部4个和优秀党员100名，向“光荣在党50年”老党员代表颁发纪念章。开展“见证100年、建功新时代”主题活动，通过学习研讨、承诺践诺、报到服务等方式，引导全镇党员践行宗旨意识、展现担当作为。健全党建引领基层治理体制机制，深入实施“强组织、搭平台、抓骨干、聚合力、建机制”五方面措施，推动党建引领基层治理各项任务落地落实。做实镇、村两级党建协调委员会，深化“四个双向”机制和“三项清单”制度。推动党建引领垃圾分类工作，开展“桶前值守”活动480次，活动时长951小时，累计参与在职党员816人、4637人次。2021年，文化基础设施建设稳步推进，修缮区级文物保护单位柴厂屯村姑子庵，完成改扩建孔庄村文化室项目，新建林沟屯村、后营村、半截河村、德仁务中街村4条健身路径。全面提高镇村级公共文化服务效能，在镇文体中心和38个村级文化室安装展板、门牌。举办各种文娱活动209场。6月4日，召开“二类”星火团队部署会，各村星火工程演出71场。

【疫情防控】 2021年，全镇38个村持续采取封闭管理措施，严格做好扫码、验证、登记、测温工作，坚决切断传染源、阻隔传播途径。采取“敲门行动”，对有中高风险地区接触史人员进行排查登记，分类管控，健康宣教。镇流调隔离组通过区卫健委、区疾控中心，联手镇社区卫生服务中心积极深入开展流行病学调查工作。投资300多万元购置核酸检测设备20套，设置3处大型核酸检测现场，39处小型核酸检测现场。对中高风险人员第一时间开展核酸检测，根据“应检尽检”“愿检尽检”原则主动对接食品加工、冷链物流等企业开展核酸检测工作。1月初，对与天津、河北交界，存在较大疫情防控隐患的6个村加强监测，完成6000余人核酸检测。对进京检查站工作人员定期开展核酸检测工作。累计开展核酸检测4万余人次，环境采样2000余处，结果均为阴性。

【“接诉即办”】 2021年，为做好“热线+网格”工单、事件的接、派、督调度协调工作，着重提高“两员”的思想政治素质、工作水平、专业技能和服务群众的能力，不断加大“接诉即办”工作督查督办力度。与中国联合网络通信集团有限公司合作开发永乐店镇“接诉即办”管理平台，通过电脑端、微信小程序，推进热线工作精准化、数字化、可视化。全年接单8685件，办结8685件，有效回访8002件，其中解决5272件，满意5759件，响应率92.14%，解决率65.88%，满意率71.97%，市直派成绩区内第7名，区分转成绩第12名。加强网格事件督办力度，每月15日左右将各村网格事件上报数量排名情况反馈至“12345领导工作群”中，督导各村保质保量上报网格事件，网格成绩排区第18名。

【乡村振兴】 2021年，巩固38个村农村人居环境整治成果，建立长效管护机制，定期检查各村人居环境情况，发现环境问题，督促整改，定期组织人居环境管护人员进行专业技能培训。加强农村基础设施管护，确保公共厕所运维安全、路灯正常运行。积极上报北京市乡村治理典型案例，老槐庄村获得“全国乡村治理示范村”称号。完成第二批“美丽庭院”评比评选工作，对获得“美丽庭院”称号的43户进行抽查核验，并对核验合格的农户发放奖金及“美丽庭院示范户”标牌。完成第一批马合店村、西槐庄村、西河村3个村的供水管线工程。

【生态环境】 2021年，永乐店镇集体林场正式运营，养护平原生态林面积4.2万亩，在全区组织开展平原造林林木养护考核中位列全区前列。$PM_{2.5}$累计浓度47微克/立方米，排名第19位，改善率为6.3%，改善排名全区第一。启动空气重污染黄色预警5次，出动各级环保力量930余人次，对裸地、施工工地、建筑垃圾存放点等850余个重点点位进行巡查，最大限度减少污染物排放。市级垃圾分类示范片区第四片区通过验收。在全镇各村、社区的建筑垃圾、大件垃圾存放点增设围挡。实现家庭厨余垃圾分出率平均值约25%，人均家庭厨余垃圾量约0.35千克，全区排名位居前列。

【平安建设】 2021年，持续开展安全生产隐患排查整治工作，对有限空间、建筑施工、燃气安全、危险化学品、仓储物流等重点领域安全大检查，检查各生产经营单位1712家次，发现安全隐患1185处，已整改1174处，限期整改11处，罚款16.3万元、“三停”2家、查封44家，联合公安派出所拘留违法作业人员5人。对出租土地进行安全生产大检查，检查出租地块209处，消除隐患118处。按照“街乡吹哨、部门报到”工作机制要求，召开治安乱象整治专项行动工作会3次、专项行动5次，部门捆绑作战，以点带面、辐射全镇、形成常态，确保经营规范，社会面干干净净、秩序井然。

【民生保障】 2021年，全镇参保人数19447人，城乡居民养老参保人数11771人，领取城乡居民养老保险金人数6789人，新增就业1730人，就业完成率为年目标任务的71%，失业人员再就业1100人，公益性托底安置就业困难人员105人。落实“六稳”“六保”工作任务，为困难劳动力建档立卡，将困难家庭、农村低保家庭、零就业家庭作为重点培训对象，以技能促就业、以技能稳岗，开展职业技能培训766人次，开设技能培训班19班次。保障农民工切身利益，处理劳动争议案件74件，涉及劳动者139人，金额172.52万元，案件办结率100%。实施“一站式救助”服务，落实城乡低保、医疗救助、因病致贫、残疾人两项补贴等救助政策，发放各类救助资金1437.01万元，办理医疗救助420人次，因病致贫救助52户家庭，红十字会救助3户家庭，急难型临时救助8人，因病致贫家庭补充医疗救助3人。镇财政投入资金857.42万元为8600余名60岁以上农村户籍老人每月发放生活补助金。

【村史馆建设】 2021年，建成孔庄村史馆陈列室，建筑面积200平方米。陈列室设计灵感来源于北方民宅，设计风格儒雅朴素，共有12个板块、19个展陈内容。其中，孔庄姓氏墙上标刻着全部村民的姓氏；红色藏品区展柜里陈列着60年代政治工作学习文件汇编、80年代的选民证、老版本的党章等珍贵老物件；馆内的部分老物件、学习文件汇编、党章、选民证等是该村一位已过世的参加过抗美援朝的老同志家人主动捐出的，他们希望这些老物件能够给村里的年轻人上一堂生动的红色教育课。

（王爽）

于家务回族乡

【概　况】　于家务回族乡位于通州区南部，距通州城区21千米，是北京市五个少数民族乡之一，通州区唯一的少数民族乡。京津高速、首都环线高速、京沪高速等穿乡而过，交通便捷。总面积65.7平方千米，下辖23个行政村、2个社区，常住人口4.1万人，其中户籍人口2.9万人、流动人口1.2万人。2021年，实现税收6.8亿元，形成区级财力1.68亿元，完成工业产值18.19亿元，全社会固定资产投资10283万元，建安投资5929万元。

【基层党建和精神文明建设】　完成村和社区“两委”换届选举；进一步规范村级干部队伍管理，制定“两委”成员社会保险补贴办法，修订离任村党组织书记生活补贴办法。开展庆祝中国共产党成立100周年活动，完成140个表彰对象市区乡三级评优表彰工作，给164名党龄50年以上老党员颁发“光荣在党50年”纪念章；指导基层开展“学党史、悟思想、办实事、开新局”专题组织生活会和“我为群众办实事”实践活动。规范党员发展流程，严格执行全程记实制度。开展党性教育专题培训，组织66名学员前往四川成都开展党性教育培训。组织新任村级“两委”进行专题培训教育。开展“百讲党课进基层”等活动。运用“双报到，双积分”工作机制，引导在职党员在重点工作中发挥表率作用。筑牢意识形态阵地，严格落实意识形态工作责任制，与各村（社区）党组织书记签订责任书。深化理论研究，组织29次理论中心组学习和4次集中研讨。开展党史学习教育专题讲座、知识竞赛等宣讲培训活动。深化常态化文明城区建设工作，处理区常态办下发督办单53张，整改问题1413个，整改率100%；开展榜样选树和家风文化节系列活动，深化家风主题活动效果。打通便民最后一公里，突出新时代文明实践，建立乡、村两级新时代文明实践队伍共92支。推进诚信体系建设和“扫黄打非”工作，对乡域内出租屋和印刷企业进行检查，确保不存在存储和印刷非法出版物和黄色书籍；率先在果村等村建设经营诚信体系，以点带面，统筹推进全乡诚信体系建设，营造良好文化氛围。

【疫情防控】　2021年，针对国内疫情呈现多点散发和局部聚集交织的态势和传播快、聚集场所多样、点多面广的特点，于家务回族乡坚持扛起疫情防控政治责任，坚持从严从紧落实常态化疫情防控措施，坚决打好疫情防控阻击战。加强统筹联动，多次召开党委会议、专题会议研究部署疫情防控和疫苗接种工作，对相关人员做好摸排、管控、检测等工作，累计核酸检测采样1万余人，疫苗接种3.2万余人，60岁以上接种率位居全区乡镇第一。提升应急反应能力，主动摸排机关风险人员信息，定期进行口罩、消毒液等防疫物资发放。对风险人员第一时间安排转运车辆，确保服务保障到位。

【“接诉即办”】　进一步完善“接诉即办”工作机制，提高无诉求单位奖励鼓励未诉先办，充分发挥党员、代表、村贤作用从源头化解矛盾纠纷，跟踪督办重难点问题着力提高原始解决率。全年承办各类工单6264件，在全市“三率”考核排名中，市直派成绩在全区平均排名第9名，区分转成绩在全区平均排名第4名，区级综合排名（市直派+区分转）第4名。

【乡村振兴】 推进科技农业全面发展，认真落实蔡奇书记调研指示精神，系统优化调整乡域总体规划和园区整体规划，着力办好于家务种业，梳理基础设施补短板项目库60项工程，完成现代农业产业园全部11个重点项目；种业研发大楼正式投入使用；举办第十届北京现代种业博览会，推广新品种2000余个。创建基本无违法建设区，全年累计完成1721个图斑举证及20.3万平方米违法建设拆除工作，腾退签约率达118.05%；复耕、复垦面积1.5万亩。城乡人居环境持续优化，完成第一批9个村美丽乡村建设任务，压茬推进第二批14个村，“开墙打洞”“无证无照经营”“占道经营”“群租房”保持动态清零；富各庄村设置红黑榜推进垃圾分类，对村民垃圾分类情况进行检查，分类合格贴红星，分类不合格贴黑星，并对贴黑星的村民进行垃圾分类指导，人居环境考核成绩连续位居全区第一、全市前十，这一典型经验在全区获得推广；南三间房、富各庄、吴寺被评选为“北京市垃圾分类示范村”。

【生态环境】 持续开展大气、土壤、水污染治理和“一微克”行动，不断加大对污染源的日常监管和执法力度，生态环境得到明显改善。深化“河长制”落实，建立健全职能部门督促指导、乡负责管理、广大群众共同参与的河道管理长效机制；全年有效巡河里程12863.523千米，巡河人次3777次。开展水系治理和生态修复，加强日常清理、整治、疏浚工作，凤港减河断面出境水质总磷改善率为9.2%、氨氮改善率为37.5%。全面推行“林长制”“田长制”，实现耕地、田地、林地巡查全覆盖。TSP（大气粗颗粒物）平均浓度为94微克/立方米，全区排名第3名。

【平安建设】 2021年，持续强化安全生产监督检查，出动安全检查力量1.2万余人次，发现并消除隐患2527项，约谈存在隐患企业73家；完成全国自然灾害综合风险普查及隐患排查治理信息系统推广应用工作，进一步强化灾害、事故防治。在全区率先完成村（社区）智慧门禁建设，进一步筑牢疫情防控“防火墙”。

【民生保障】 牢记为民宗旨，扎实办好民生实事，不断提升人民群众的获得感、幸福感，新增城乡劳动力就业1147人，办理市区人大、政协提案15件；深化“一网、一门、一次”改革，实现群众不出村一次性办结失业登记、户籍人口生育登记（两孩以内）、职业指导等共计15项业务；巩固提升农村饮用水安全，确保群众放心用水；建成养老照料中心1处，确保老有所养；新建便民服务网点5处，实现社区服务网点全覆盖；规范物业管理，提升服务水平，实现社区业委会（物管会）组建率、物业服务覆盖率、党的组织覆盖率全覆盖。

【村史馆建设】 于家务回族乡有仇庄、南三间房、东垡、枣林、吴寺5个村史馆，其中，2021年建成枣林村史馆。仇庄村史馆以“枯木逢春”为主题，展出了历任书记介绍、大事记、村庄现状沙盘、荣誉墙等内容。南三间房村史馆以文字、图片、实物相结合的形式，展示了村庄历史、村庄发展规划、历任党支部书记履历等内容。东垡村史馆从“村庄悠久”“历史记忆”“跨越发展”“展望未来”四个方面，通过珍贵文物、历史资料展现东垡村的发展历程。枣林村史馆以“铭记历史、开创未来”为主题，通过实物、照片、数字、摄影等形式，从“悠久村庄”“历史记忆”“时代变迁”“跨越发展”“硕果累累”“展望未来”六个方面，记录了枣林村民生产、生活状况，介绍了枣林村深厚的文化底蕴和村庄发展变化历程，展现了枣林村村民质朴祥和的民风。吴寺村村史馆通过历史事件展示、乡情村史陈列室、村庄发展规划等展现吴寺村建村以来村庄文化及七佛寺的发展演变过程。

（邵欣）

北京通州年鉴

2022

人物 荣誉

全国先进单位、先进个人

全国学雷锋志愿服务“四个100”先进典型

最美志愿者　李峰威

最佳志愿服务项目　“雷锋精神进工地”志愿服务项目

全国公安机关成绩突出青年集体

北京市公安局通州分局潞源派出所

全国“巾帼文明岗”

北京市公安局通州分局人口管理和基层工作支队(出入境管理支队)

全国优秀法院

北京市通州区人民法院

全国维护妇女儿童合法权益先进集体

北京市通州区人民法院

2020—2021年度全国价格监测工作先进单位

北京市通州区发展和改革委员会

全国青年文明号

国家税务总局北京市通州区税务局第一税务所

2020—2021年度消费维权先进集体

北京市通州区消费者协会

全国文明单位

通州区城市管理委员会

北苑街道

全国文明村镇

仇庄村

全国农村留守儿童关爱保护和困境儿童保障工作先进集体

通州区社会福利院

2019—2020年度全国青少年维权岗

通州区社会福利院

全国城市优秀展示项目奖

通州区人力资源和社会保障局

第七次全国人口普查先进个人

芮铭

全国五一劳动奖章

高颖(女)

“中国好人榜”荣誉称号

刘行行

退役军人服务保障先进个人

孟婧

全国公安系统二级英雄模范

张旗　尹宏大

全国公安机关教育训练工作成绩突出个人

李保瑞

平安中国建设先进个人

于阳

全国最美家庭

李中华

中央政法委2020年10月“平安之星”

晋怡

2020—2021年度全国价格监测工作先进个人

赵乾坤

全国市场监管卫士

张振川

全国脱贫攻坚先进个人

蒋京春

北京市先进单位、先进个人

2021 年度北京市应急值守工作先进单位
通州区政府
首都劳动奖状
北京市通州区人民检察院
北京市工人先锋号
北京绿色动力环保有限公司
北京维通利电气有限公司
北京通州开关有限公司
北京市“七五”普法先进集体
区委组织部干部教育科
国家税务总局北京市通州区税务局
2021 年首都文明街巷
乔庄北街　天元小区西侧路　北苑北路
土桥砖厂南街　司空分署街　永顺中街
砖厂村路　西塔胡同　乔庄商业街
首都文明村镇
仇庄村　富各庄村　北辛店村　大耕垡村
南三间房村　吴寺村　东垡村　后伏村　西垡村
首都文明乡镇
于家务乡
2021 年十大“北京最美街巷”
永顺中街
鱼市胡同
北京市先进基层党组织
北京市通州区委政法委员会党支部
北京市公安局通州分局新华派出所党支部
通州区社会福利院
潞城镇前疃村党支部
潞邑街道潞苑南里社区党支部
北京市先进居委会
潞邑街道潞苑嘉园社区居委会
北京市国家安全工作先进集体
北京市通州区委政法委员会
北京市扫黑除恶专项斗争先进集体（2018—2020）
北京市通州区委政法委员会（北京市通州区扫黑除恶专项斗争领导小组办公室）
北京市通州区人民法院刑事审判庭
首都文明单位标兵
北京市通州区人民检察院
国家税务总局北京市通州区税务局
北苑街道
北京市五四红旗团支部
北京市通州区人民检察院团支部
北京市五四红旗团委
北苑街道团工委
北京市扫黑除恶先进集体
北京市通州区人民检察院
北京市青年突击队
北京市通州区人民法院团委
北京法院人民法庭先进集体
北京市通州区人民法院宋庄人民法庭
北京市扶贫协作先进集体
北京市通州区发展和改革委员会
上营村
北京市市场监督管理工作先进集体
北京市通州区永顺镇市场监督管理所
北京市通州区市场监督管理局
北京市 2020—2021 年度“接诉即办”先进集体
北京市通州区市场监管局
北京市生活垃圾分类推进工作先进集体
通州区住房和城乡建设委员会
通州区城管执法局
2020 年度首都城市建设管理突出贡献单位
通州区住房和城乡建设委员会
北京市模范集体
通州区房屋征收事务中心征收二科

2018—2020 年度首都精神文明单位标兵

通州区城市管理委员会

2020 年度首都城市环境建设管理突出贡献单位

通州区城市管理委员会

2018—2020 年度首都精神文明单位

通州区环境卫生服务中心

2021 年度北京市应急值守工作先进基层单位

通州区永顺镇人民政府

通州区新华街道办事处

2021 年度北京市公共安全教育基地

综合类二级公共安全教育基地

通州幽兰山谷安全科普馆

首都劳动奖章

刘行行　马俊艳（女）　李涛（女）　周思思（女）　白月（女）　孟婧（女）　王祖兴

北京市抗击新冠肺炎疫情先进个人

吕晓飞

“北京榜样”荣誉称号提名奖

刘行行　唐燕　历蒙　马屿

北京青年榜样

孙艳

第八届“首都道德模范”提名奖

满春志　白春爱　王友

北京市优秀共产党员

涂清华　张先兵　马建鹏　田云惠　闫怀征

在“2020 北京榜样”大型主题活动中荣获“2020 北京榜样”提名人物

杨晓航

北京市优秀青年人才

晋怡

第十二批首都市民学习之星

张天娇

北京市优秀团干部

权泉　张颂雅

首都最美巾帼奋斗者

白杨

2019—2020 年度“接诉即办”改革工作先进个人

杨远航

北京市优秀共青团员

王刚刚　王宇航

北京市优秀残疾人工作者

张悦

附录

组织机构及负责人名录

区委序列

中国共产党北京市通州区委员会

书　　记　曾赞荣（2月免）
　　　　　赵　磊（7月任）
副 书 记　赵　磊（7月免）
　　　　　孟景伟（9月任）
　　　　　刘东伟
常　　委　郑　宇（5月免）
　　　　　陈江华
　　　　　汤一原
　　　　　张德启（12月免）
　　　　　王岩石（12月免）
　　　　　阳　波（9月免）
　　　　　郑　皓（女，朝鲜族）
　　　　　张宏韬（6月免）
　　　　　王永民（9月任）
　　　　　韩向军（6月任）
　　　　　苏国斌（12月任）
　　　　　吴孔安（12月任）

组织部

部　　长　陈江华
常务副部长　赵志刚（9月免）
　　　　　汪　维（女，满族，9月任）

政法委员会

书　　记　张德启（12月免）
　　　　　王永民（12月任）
常务副书记　任存高

宣传部

部　　长　汤一原
常务副部长　陈立军（11月免）

区委办公室

主　　任　鲁新红

统一战线工作部

部　　长　王岩石（12月免）
　　　　　吴孔安（12月任）
常务副部长　张洪亮

区委区政府研究室

主　　任　毕小京

机构编制委员会办公室

主　　任　孝　军

直属机关工作委员会

书　　记　刘东伟
常务副书记　陆德启

区委党校

校　　长　刘东伟
常务副校长　张立芳（女）

区委党史工作办公室（区地方志办公室）

主　　任　朱军辉

老干部局

局　　长　靳国旺（11月免）
　　　　　甄　朋（11月任）

网络安全和信息化委员会办公室

主　　任　谢振平

档案局

局　　长　李长风

中国共产党北京市通州区纪律检查委员会
中国共产党北京市通州区监察委员会

纪委书记　郑　宇（7月免）
纪委副书记　石建华（12月免）
　　　　　吴　涛
　　　　　蒋　啸（回族）
　　　　　刘　宁（女，12月任）
常务委员　刘　宁（女，12月免）
　　　　　王洪波（女）
　　　　　郭玉明（10月免）
　　　　　毛家宏
　　　　　刘伶艳（女，10月任）
　　　　　曾凡博（10月任）
　　　　　张健姝（女，12月任）

监委主任　郑　宇（7月免）
监委副主任　石建华（12月免）
吴　涛
蒋　啸（回族）
刘　宁（女，12月任）
监委委员　王洪波（女）
郭玉明
毛家宏
甄国清（女）
梁德春（11月免）

人大序列

通州区人民代表大会常务委员会

主　　任　赵玉影（12月当选）
副 主 任　刘　卉（女，12月离任）
尚祖国（12月离任）
薄立军（12月离任）
张绍武（12月离任）
王岩石（12月当选）
程卫民（12月当选）
孙奎亮（12月当选）
鲁新红（12月当选）
金文岭（不驻会，12月离任）
刘秀杰（女，不驻会，12月当选）

办公室

主　　任　姚华峰

财政经济办公室

主　　任　张东凤（女）

法制办公室

主　　任　郭宝圣

教科文卫体办公室

主　　任　蔡力凯

城建环保办公室

主　　任　李智敏（女）

农村办公室

主　　任　刘美俊（女）

代表联络室

主　　任　杨东莲（女）

研究室

主　　任　刘志刚

政府序列

通州区人民政府

区　　长　赵　磊（9月免）
孟景伟（12月任）
副 区 长　郑　皓（女，朝鲜族）
苏国斌
朱益军（10月免）
董明慧（女）
董亦军（10月任）
倪德才
杨　磊（6月任，10月兼）
秦　涛（10月任）
卢庆雷（12月任）
王翔宇（12月任）

信访办公室

党组书记　于　军
主　　任　于　军

人民防空办

党组书记　樊广杰
主　　任　杜　彤

经济和信息化局

党组书记　耿　磊
局　　长　耿　磊

住房和城乡建设委员会

党组书记　孙奎亮
主　　任　孙奎亮

重大项目协调服务中心

主　　任　赵　明（9月任）

房屋征收事务中心

主　　任　张　剑（9月任）
赵　明（9月免）

教育工作委员会

书　　记　刘青松

主　　任　　申　键

教育督导室

主　　任　　申　键

商务局

党组书记　　李　霞（女）
局　　长　　李　霞（女）

科学技术委员会（知识产权局）

党组书记　　郭澜涛
主　　任　　郭澜涛

发展和改革委员会

党组书记　　甄　宇
主　　任　　甄　宇

金融服务办公室

党组书记　　李俊霞（女）
主　　任　　李俊霞（女）

国有资产监督管理委员会

党委书记　　郭　军
主　　任　　吴长利

城市管理委员会

党组书记　　程卫民
主　　任　　程卫民

文化和旅游局

党组书记　　王立生（8月免）
　　　　　　张　华（8月任）
局　　长　　纪万成（10月免）
　　　　　　张　华（10月任）

人力资源和社会保障局

党组书记　　房亚军
局　　长　　房亚军

医疗保障局

党组书记　　纪福民
局　　长　　田春华（女）

财政局

党组书记　　王付轩
局　　长　　王付轩

审计局

党组书记　　周东振（8月免）
局　　长　　周东振（10月免）

生态环境局

党组书记　　张卫东
局　　长　　张卫东

统计局

党组书记　　杨连元
局　　长　　杨连元

经济社会调查队

队　　长　　刘宗刚

体育局

党组书记　　邓小民
局　　长　　邓小民

卫生健康委员会

书　　记　　白玉光（蒙古族）
主　　任　　白玉光（蒙古族）

交通局

党组书记　　裴志刚
局　　长　　裴志刚

园林绿化局

党组书记　　张军领（10月免）
局　　长　　胡克诚

农村工作委员会

书　　记　　王德松

农业农村局

局　　长　　王德松

水务局

党组书记　　曹树常
局　　长　　曹树常

民政局

工委书记　　于立东
局　　长　　于立东

退役军人事务局

党组书记　　徐景发
局　　长　　徐景发

司法局

党组书记　　甄　朋（11月免）
　　　　　　石建华（11月任）
局　　长　　张琴琴（女）

区应急管理局

党委书记　　刘永忠

局　　长　　刘永忠

城市管理综合行政执法局

党组书记　　聂玉泉（8月免）

局　　长　　聂玉泉（8月免）

区政务服务管理局

党组书记　　张胜勇

局　　长　　张胜勇

区机关事务服务中心

党组书记　　陈均芝

主　　任　　陈均芝

档案馆

馆　长　　刘海涛

地震局

党组书记　　陈洪波

局　　长　　陈洪波

投资促进服务中心

党组书记　　杨东风

主　　任　　吴　涛

融媒体中心

党组书记　　焦善鸣

主　　任　　焦善鸣

北京物资学院

党委书记　　王文举

院　　长　　刘　军

行政学院

院　　长　　阳　波（10月免）

　　　　　　郑　皓（女，12月任）

常务副院长　　张立芳（女）

首都医科大学附属北京潞河医院

党委书记　　杜会山（11月任）

院　　长　　吴英锋（11月任）

区红十字会

会　　长　　董明慧（女）

常务副会长　　贾立军（女）

秘 书 长　　相洪河

政协机关

中国人民政治协商会议北京市通州区委员会

主　　席　　赵玉影（12月免）

　　　　　　张德启（12月任）

副 主 席　　石宝玉（12月免）

　　　　　　尚祖国（12月任）

　　　　　　朱志高（12月免）

　　　　　　甄　宇（12月任）

　　　　　　禹学河（12月免）

　　　　　　冯利英（女，12月任）

　　　　　　王子江（不驻会，12月免）

　　　　　　田春华(女,不驻会，12月任)

　　　　　　金文岭（不驻会，12月任）

　　　　　　吴　涛(不驻会，12月任)

秘 书 长　　冯利英(女，12月免)

　　　　　　陈立军（12月任）

办公室

主　　任　　胡晓东（9月免）

　　　　　　吴绍伟（9月任）

研究室

主　　任　　谢京文

专委会一室

主　　任　　高　华（9月免）

　　　　　　胡晓东（9月任）

专委会二室

主　　任　　皮联仿

专委会三室

主　　任　　安志江（9月免）

　　　　　　纪万成（9月任）

专委会四室

主　　任　　程行利

专委会五室

主　　任　　李雅静(女)

专委会六室

主　　任　　孔庆媛(女)

法院 检察院

人民法院

党组书记　陈立如（7月免）
　李经纬（7月任）
院　长　陈立如（7月免）
　李经纬（7月代，12月任）

人民检察院

党组书记　祁治国（9月免）
　李　辰（女，9月任）
检察长　祁治国（10月免）
　李　辰（女，10月代，12月任）

群众团体

总工会

主　席　尚祖国
党组书记　关　平

共青团北京市通州区委员会

书　记　高　翔

妇女联合会

党组书记　孙雪松（女，9月免）
　樊淑玲（女，9月任）
主　席　孙雪松（女，10月免）
　樊淑玲（女，10月任）

工商业联合会

党组书记　张弘力（11月免）
　靳国旺（11月任）
主　席　赵　静（女）

文学艺术界联合会

主　席　樊淑玲（女，9月免）

科学技术协会

党组书记　岳凤山（10月免）
主　席　金文岭

残疾人联合会

党组书记　张玉震（8月免）
　陈凤香（女，8月任）
理事长　张玉震（8月免）
　陈凤香（女，8月任）

园　区

运河商务区管理委员会

工委书记　林正航（9月任）
主　任　林正航（9月任）

中关村科技园区通州园管理委员会

主　任　苏国斌
党组书记　杜　伟
常务副主任　余　龙

北京通州文化旅游区管理委员会

党组书记　赵　军
主　任　赵　军

街道 乡镇

潞源街道

工委书记　苏　昊（9月免）
　刘　鑫（9月任）
办事处主任　马　骎（女，9月任）

通运街道

工委书记　曾祥正
办事处主任　刘学军

中仓街道

工委书记　宗　飞
办事处主任　张　华（8月免）
　安文崑（9月任）

新华街道

工委书记　林正航
办事处主任　张民平（9月免）
　李佳佳（女，9月任）

北苑街道

工委书记　李彦明
办事处主任　成前锋

玉桥街道

工委书记　孔钢城（9月免）
　孙雪松（女，9月任）
办事处主任　陈世忠

文景街道

工委书记　杨　磊（9月免）
　赵志刚（9月任）
办事处主任　王立夫

杨庄街道

工委书记　刘　鑫（9月免）
　张民平（9月任）
办事处主任　李永海（裕固族）

九棵树街道

工委书记　杜德耕
办事处主任　杨　希

潞邑街道

工委书记　陈新全
办事处主任　郭春杰

临河里街道

工委书记　华　飞（女）
办事处主任　童　露

永顺镇

党委书记　邓忠义
镇　长　谢　楠（9月任）

梨园镇

党委书记　王翔宇
镇　长　王志佳

宋庄镇

党委书记　柳德利
镇　长　魏　欣（女）

张家湾镇

党委书记　邹海涛（1月任）
镇　长　邹海涛（10月免）
　周　丰（10月任）

漷县镇

党委书记　范亮亮（9月免）
　郭　枫（9月任）
镇　长　郝红芬（8月任）

马驹桥镇

党委书记　卢庆雷
镇　长　何志达（9月免）
　唐殿珂（9月任）

西集镇

党委书记　张全启（2月免）
　马清文（2月任）
镇　长　马清文（2月免）
　于　军（3月任）

潞城镇

党委书记　吴孔安
镇　长　张旭辉

台湖镇

党委书记　古　剑（回族，8月任）
镇　长　王　鑫

永乐店镇

党委书记　王　艳（女）
镇　长　郭　枫（11月免）
　彭凯泉（11月任）

于家务回族乡

党委书记　古　剑（回族，8月免）
　何志达（8月任）
乡　长　李亚军

双管单位

北京市规划和自然资源委员会通州分局

党组书记　靳　京（1月免）
　郭宝峰（1月任）
局　长　郑　皓（女）

北京市交通委员会通州公路分局

党委书记　李金钟（5月任）
局　长　李金钟

通州区气象局

党组书记　李文华
局　长　李文华

中国邮政集团公司北京市通州区分公司

党委书记　侯　杰（11月免）
　曹立冬（11月任）
总经理　侯　杰（11月免）
　曹立冬（11月任）

北京市通州区人民武装部

部　　长　　韩向军
政　　委　　张宏韬（5月免）
　　　　　　董丽猷（9月任）

通州区税务局

党委书记　　杨玉杰（1月免）
　　　　　　闫旭峰（1月任）
局　　长　　杨玉杰（1月免）
　　　　　　闫旭峰（1月任）

市场监督管理局

党组书记　　冯　源
局　　长　　冯　源

北京市公安局通州分局

党委书记　　朱益军（9月免）
　　　　　　董亦军（9月任）
党委副书记　王　骏
局　　长　　朱益军（9月免）
　　　　　　董亦军（9月任）
政　　委　　王　骏

通州区消防救援支队

支 队 长　　张敬军
政治委员　　刘少如（9月免）
　　　　　　雷永利（9月任）

通州区交通支队

党委书记　　吴学军（4月免）
　　　　　　黄培新（4月任）
支 队 长　　吴学军（4月免）
　　　　　　黄培新（4月任）
政　　委　　林　强

其他单位

中国联合网络通信有限公司北京市通州区分公司

党委书记　　朱正辉
总 经 理　　朱正辉

国网北京市电力公司通州供电公司

总 经 理　　闫承山（满族）
党委书记　　刘德坤（8月免）
　　　　　　邱明泉（8月任）

北京歌华有线电视网络股份有限公司通州分公司

党支部书记　石江明

统计资料

2021 年通州区国民经济主要指标统计表

表 10

项　目	单位	2021 年	2020 年	增速（%）
区域概况				
全区土地面积	平方公里	906	906	—
乡镇数	个	11	11	—
# 镇	个	10	10	—
街道办事处	个	11	11	—
村民委员会	个	470	470	—
平均气温	度	12.7	12.7	持平
常住人口				
年末常住人口	万人	184.3	184.0	0.2
# 常住外来人口	万人	89.9	90.4	-0.6
按性别分				
男　性	万人	96.9	96.8	0.1
女　性	万人	87.4	87.2	0.2
按城乡分				
城镇人口	万人	136.9	136.1	0.6
乡村人口	万人	47.4	47.9	-1.0
按年龄分组情况				
#0-14 岁人口	万人	22.9	22.3	2.7
15-64 岁人口	万人	139.5	140.5	-0.7
60 岁及以上人口	万人	32.1	31.6	1.6
65 岁及以上人口	万人	21.9	21.2	3.3
户籍人口情况				
户籍人口	人	834909	819912	1.8
按性别分				
男	人	412344	405166	1.8
女	人	422565	414746	1.9
按城乡分				
农业人口	人	254441	256691	-0.9
非农业人口	人	580468	563221	3.1
总户数	户	410609	406109	1.1
农业户	户	126943	127737	-0.6
非农业户	户	283666	278372	1.9
劳动力情况				
乡镇及行政村从业人员	人	531579	431010	23.3
国民经济核算				
地区生产总值（初步核算数）	万元	12063469	11104688	7.8

续表 10

项　目	单位	2021 年	2020 年	增速（%）
按产业分				
第一产业	万元	132358	130976	2.6
第二产业	万元	4486628	4265016	3.0
第三产业	万元	7444483	6708696	10.9
财政税收金融				
地方财政收入	万元	2095432	1864141	12.4
# 一般公共预算收入	万元	924091	766818	20.5
地方财政支出	万元	4859666	5230913	-7.1
# 一般公共预算支出	万元	3302886	3068889	7.6
各项税费收入	万元	4067129	2785300	46.0
人民币各项存款余额	万元	60511188	57113352	5.9
人民币各项贷款余额	万元	19768355	16549155	19.5
对外贸易				
实际利用外资	万美元	40685.6	56528.1	-28.0
新增外商投资企业个数	个	125	96	30.2
进出口贸易总额	亿元	177.8	148.5	19.7
# 出口创汇总额	亿元	75.2	58.2	29.2
固定资产投资				
固定资产投资（不含农户）		—	—	-2.6
# 民间投资		—	—	8.2
基础设施投资		—	—	-19.2
建安投资		—	—	-16.4
按产业划分				
第一产业		—	—	-82.4
第二产业		—	—	374.8
# 工　业		—	—	374.8
第三产业		—	—	-8.9
房地产开发投资		—	—	-16.9
农村经济				
农林牧渔业总产值（现价）	万元	311016	307918	1.0
# 农　业	万元	168008	131306	28.0
林　业	万元	101658	145957	-30.4
牧　业	万元	33211	21137	57.1
渔　业	万元	7575	9172	-17.4
农林牧渔服务业	万元	564	348	62.1
粮食总产量	吨	20262	17049	18.8
夏　粮	吨	6377	3855	65.4
秋　粮	吨	13885	13193	5.2
农作物总播种面积	公顷	11864	9304	27.5
粮食作物	公顷	3241	2669	21.4
经济作物	公顷	19	20	-5.7
其他作物	公顷	8604	6615	30.1

续表 10

项 目	单位	2021 年	2020 年	增速（%）
农副产品产量				
蔬菜产量	吨	316800	248858	27.3
出栏生猪	头	18124	993	1725.2
出栏羊	只	2880	3569	–19.3
出栏牛	头	1238	1332	–7.1
水产品	吨	1656	3302	–49.8
鲜奶产量	吨	54776	35186	55.7
鲜蛋产量	吨	77	96	–19.8
园林水果产量	吨	16704	17487	–4.5
瓜果类产量	吨	6427	3207	100.4
鲜切花产量	万枝	122	234	–47.7
盆栽花产量	万盆	489	595	–17.7
都市型现代农业				
观光农业				
农业观光园	个	100		
接待人次	人次	591178		
观光园总收入	万元	13999		
设施农业				
设施农业实际利用面积	公顷	1583	1658	–4.5
温 室	公顷	815	920	–11.4
大 棚	公顷	729	696	4.7
中小棚	公顷	39	42	–7.6
设施农业收入	万元	75148	79997	–6.1
种 业				
种业收入	万元	4520	427	957.8
农 业	万元	3208	313	925.6
林 业	万元	325	115	183.6
牧 业	万元			
渔 业	万元	987		
销往外埠收入	万元	2283	83	2650.8
工 业				
规模以上工业总产值（现价）	万元	6340828	5855518	8.3
#高技术制造业	万元	1550856	1316684	17.8
规模以上工业主营业务收入	万元	8574203	7438938	15.3
#高技术制造业	万元	1496933	1324218	13.0
规模以上工业利润总额	万元	663074	597174	11.0
#高技术制造业	万元	342457	391523	–12.5
建筑业				
建筑业企业个数	个	186	184	1.1
建筑业总产值	万元	20116394	16273715	23.6
按行业类别				
房屋工程建筑业	万元	12143832	9344569	30.0

续表 10

项　目	单位	2021 年	2020 年	增速（%）
土木工程建筑业	万元	7425805	6525931	13.8
建筑安装业	万元	113910	84764	34.4
建筑装饰和其他建筑业	万元	432848	318451	35.9
施工面积	万平方米	16792	16283	3.1
#本年新开工面积	万平方米	3242	3692	-12.2
竣工面积	万平方米	3022	1851	63.2
竣工产值	万元	7219675	4071996	77.3
签订合同额	万元	51226394	58801431	-12.9
#本年新签订合同额	万元	28838257	24493668	17.7
消　费				
社会消费品零售额	万元	5635822	5293041	6.5
按规模分				
限额以上	万元	3810026	3510588	8.5
限额以下	万元	1825796	1782453	2.4
人民生活				
全区居民人均可支配收入	元	49695	45845	8.4
全区居民人均消费支出	元	33413	29697	12.5
城镇居民人均可支配收入	元	59674	55113	8.3
城镇居民人均消费支出	元	38857	34532	12.5
个人存款余额	万元	21550729	19612709	9.9
社会保障				
参加企业职工基本养老保险单位数	个	60491	51578	17.3
参加企业职工基本养老保险人数	人	656036	617360	6.3
参加失业保险单位数	个	60417	51597	17.1
参加失业保险人数	人	539713	502611	7.4
领取失业保险金金额	万元	90517	75362	20.1
参加城乡居民养老保险人数	人	187594	227515	-17.5
参加工伤保险人数	人	500610	466909	7.2
领取工伤保险金金额	万元	13617	10655	27.8
劳动就业				
城镇登记失业率	%	3.65	3.30	
城镇登记失业人员就业率	%	67.16	57.39	
城镇登记失业人员实现就业人数	人	17544	10161	72.7
城镇登记失业人员总数	人	26121	17790	46.8
失业人员参加培训人数	人	1647	2438	-32.4
促进城乡就业人数	人	26900	21328	26.1
职业介绍服务机构数	个	211	137	54.0
职业技能鉴定总人数	人	2421	5350	-54.7
参加职业技能培训人数	人	75426	101332	-25.6
职工最低工资标准	元 / 月	2320	2200	5.5
企业退休人员基本养老金最低标准	元 / 月	1714	1714	持平
企业退职人员基本养老金最低标准	元 / 月	1559	1559	持平

续表 10

项 目	单位	2021 年	2020 年	增速（%）
企业退养人员基本养老金最低标准	元 / 月	1418	1418	持平
失业保险金最低标准	元 / 月	2034	1816	12.0
基本养老金平均增加水平	元 / 月	206.1	216.0	-4.6
文 化				
公共图书馆	个	1	1	持平
公共图书馆藏书	万册	89.3	85.6	4.3
区级以上非物质文化遗产项目	项	67	49	36.7
教 育				
幼儿园	所	248	227	9.3
# 在园人数	人	57823	51553	12.2
小 学	所	81	82	-1.2
毕业生数	人	9288	8989	3.3
招生数	人	13650	15470	-11.8
在校生数	人	77728	74881	3.8
中 学	所	46	43	7.0
毕业生数	人	7850	7817	0.4
招生数	人	11254	11032	2.0
在校生数	人	31873	29448	8.2
卫 生				
卫生机构	个	609	599	1.7
医 院	个	22	22	持平
基层医疗卫生机构	个	572	564	1.4
# 社区卫生服务中心（站）	个	93	89	4.5
专业公共卫生机构	个	6	6	持平
其他机构	个	9	7	28.6
实有床位数	张	4425	4155	6.5
# 医院	张	3705	3435	7.9
社区卫生服务中心（站）	张	420	420	持平
卫生技术人员	人	10846	10486	3.4
# 执业（助理）医师	人	4203	4062	3.4
注册护士	人	4359	4241	2.8
公共卫生类执业（助理）医师数	人	216	187	15.5
5 岁以下儿童死亡率	‰	2.50	2.85	
婴儿死亡率	‰	1.56	1.90	
公共设施				
公 园	个	51	31	64.5
体育多功能球场	个	20	19	5.3
更新全民健身器工程器材	套	80	80	持平
全区公路总里程	千米	2325	2330	-0.2

注：

1. 部门数据来源于中共通州区委社会工作委员会通州区民政局、气象局、生态环境局、北京市公安局通州分局、北京市规划自然委员会通州分局、财政局、税务局、商务局、人力资源和社会保障局、文化旅游委、教委、卫生健康委、园林绿化局、公路分局。
2. 存贷款数据、个人存款余额来源于北京市统计局。
3. 全社会固定资产投资为项目建设地口径；地区生产总值产业划分依据国家统计局2018年修订的《三次产业划分规定》，行业划分依据《国民经济行业分类》（GB/T4754-2017）。为可比价增速。
4. 规模以上工业为年主营业务收入2000万元及以上的工业法人单位。
5. 社会消费品零售额按"产业在地"原则核算。
6. 观光农业统计口径调整，无上年同期数。

文件辑录

2021 年通州区委文件目录

京通发〔2021〕1 号	中共北京市通州区委关于制定北京城市副中心（通州区）国民经济和社会发展第十四个五年规划和二〇三五年远景目标的建议（2021-01-12）
京通发〔2021〕2 号	中共北京市通州区委印发《关于在全区开展党史学习教育的实施方案》的通知（2021-03-11）
京通发〔2021〕3 号	中共北京市通州区委关于印发《区委常委会 2021 年议题计划》的通知（2021-03-16）
京通发〔2021〕4 号	中共北京市通州区委北京市通州区人民政府关于印发《通州区服务保障 2022 年冬奥会和冬残奥会工作方案》的通知（2021-03-25）
京通发〔2021〕5 号	中共北京市通州区委关于评选表彰通州区优秀共产党员、优秀党务工作者、先进基层党组织的通知（2021-04-19）
京通发〔2021〕6 号	中共北京市通州区委北京市通州区人民政府关于对通州区 2020 年度绩效管理综合考评优秀单位和特别嘉奖单位进行表彰的决定（2021-04-26）
京通发〔2021〕7 号	中共北京市通州区委关于印发《中国共产党成立 100 周年庆祝活动通州区服务保障工作方案》的通知（2021-04-22）
京通发〔2021〕8 号	中共北京市通州区委印发《市委第三巡视组关于巡视通州区的反馈意见》、赵磊同志在市委巡视组巡视通州区情况反馈会议上的表态发言的通知（2021-04-28）
京通发〔2021〕9 号	中共北京市通州区委关于成立通州区委巡视整改落实工作领导小组的通知（2021-04-29）
京通发〔2021〕10 号	中共北京市通州区委关于做好 2021 年乡镇领导班子换届工作的意见（2021-04-28）
京通发〔2021〕11 号	中共北京市通州区委关于表彰优秀共产党员、优秀党务工作者和先进基层党组织的决定（2021-06-18）
京通发〔2021〕12 号	中共北京市通州区委关于调整部分单位党组织隶属关系的通知（2021-07-20）
京通发〔2021〕13 号	中共北京市通州区委北京市通州区人民政府关于对通州区 2020 年度村“两委”班子及村“两委”干部考核“优秀村”“十佳村”进行表彰的决定（2021-07-06）
京通发〔2021〕14 号	中共北京市通州区委关于调整六届区委常委分工的通知（2021-07-28）
京通发〔2021〕15 号	中共北京市通州区委转发《中共北京市通州区人大常委会党组关于做好区和乡镇两级人民代表大会换届选举工作的意见》的通知（2021-08-10）
京通发〔2021〕16 号	中共北京市通州区委北京市通州区人民政府关于印发《通州区 2021 年度绩效管理综合考评工作方案》的通知（2021-08-12）
京通发〔2021〕17 号	中共北京市通州区委关于中共北京市通州区第七次代表大会代表选举工作的通知（2021-08-20）

京通发〔2021〕18号	中共北京市通州区委关于撤销中共北京市通州区城市管理综合行政执法局党组的通知（2021-09-07）
京通发〔2021〕19号	中共北京市通州区委北京市通州区人民政府转发《区委宣传部 区司法局关于在全区开展法治宣传教育的第八个五年规划（2021—2025年）》的通知（2021-09-15）
京通发〔2021〕20号	中共北京市通州区委关于认真学习贯彻《中国共产党宣传工作条例》的通知（2021-09-30）
京通发〔2021〕21号	中共北京市通州区委北京市通州区人民政府关于印发《北京市通州区爱国主义教育实施方案》的通知（2021-10-13）
京通发〔2021〕22号	中共北京市通州区委关于印发《中国共产党北京市通州区第七届委员会工作规则》的通知（2021-12-13）
京通发〔2021〕23号	中共北京市通州区委印发《中共北京市通州区第七届委员会常务委员会关于以政治建设为统领、全面加强自身建设的意见》的通知（2021-12-13）
京通发〔2021〕24号	中共北京市通州区委关于七届区委常委分工的通知（2021-12-22）
京通发〔2021〕25号	中共北京市通州区委关于印发《中国共产党北京市通州区第七届委员会常务委员会工作规则》的通知（2021-12-24）
京通发〔2021〕26号	中共北京市通州区委关于印发《中共北京市通州区第七届委员会常务委员会落实“三重一大”决策制度的实施办法》的通知（2021-12-27）
京通发〔2021〕27号	中共北京市通州区委关于调整通州区委巡视整改落实工作领导小组成员的通知（2021-12-28）
京通发〔2021〕28号	中共北京市通州区委北京市通州区人民政府关于印发《北京城市副中心（通州区）法治政府建设规划（2021—2025年）》的通知（2021-12-31）

2021年通州区委办公室文件目录

京通办发〔2021〕1号	中共北京市通州区委办公室北京市通州区人民政府办公室印发《通州区关于落实赋予街道相关职权要求的实施意见（试行）》的通知（2021-02-09）
京通办发〔2021〕2号	中共北京市通州区委办公室印发《中共北京市通州区委关于落实中央第十一巡视组对北京市开展巡视反馈意见的整改工作方案》的通知（2021-02-26）
京通办发〔2021〕3号	中共北京市通州区委办公室关于印发《通州区落实党委（党工委、党组）意识形态工作责任制的实施意见》的通知（2021-03-31）
京通办发〔2021〕4号	中共北京市通州区委办公室关于印发《通州区政协2021年专题协商议题计划和民主监督议题计划》的通知（2021-04-08）
京通办发〔2021〕5号	中共北京市通州区委办公室关于印发《2021年度区委重点督查事项》的通知（2021-04-06）
京通办发〔2021〕6号	中共北京市通州区委办公室关于印发《庆祝中国共产党成立100周年组织开展“永远跟党走”群众性主题宣传教育活动实施方案》的通知（2021-05-25）
京通办发〔2021〕7号	中共北京市通州区委办公室印发《中共北京市通州区委关于落实市委第三巡视组

对通州区开展巡视反馈意见的整改方案》的通知（2021-05-25）

京通办发〔2021〕8号	中共北京市通州区委办公室北京市通州区人民政府办公室关于印发《通州区贯彻落实〈领导干部干预司法活动、插手具体案件处理的记录、通报和责任追究规定〉及北京市贯彻落实实施办法的实施细则（试行）》的通知（2021-06-25）
京通办发〔2021〕9号	中共北京市通州区委办公室关于印发《2021年北京市通州区档案工作重点任务》的通知（2021-06-28）
京通办发〔2021〕10号	中共北京市通州区委办公室印发《关于落实〈“两区”“三平台”建设干部人才支撑三年行动计划（2021—2023年）〉工作方案》的通知（2021-08-27）
京通办发〔2021〕11号	中共北京市通州区委办公室北京市通州区人民政府办公室印发《北京市通州区贯彻落实〈北京市关于加快建立网络综合治理体系的若干措施〉的实施方案》的通知（2021-09-23）
京通办发〔2021〕12号	中共北京市通州区委办公室北京市通州区人民政府办公室印发吴问平、李晓华、赵磊同志在北京市第一生态环境保护督察组督察通州区动员会上的讲话的通知（2021-10-19）
京通办发〔2021〕13号	中共北京市通州区委办公室北京市通州区人民政府办公室关于印发《北京城市副中心推进国际消费中心城市建设实施方案（2021—2025年）》的通知（2021-10-27）
京通办发〔2021〕14号	中共北京市通州区委办公室转发《区委统战部关于做好区工商联（商会）换届工作实施方案》的通知（2021-11-12）
京通办发〔2021〕15号	中共北京市通州区委办公室北京市通州区人民政府办公室关于印发《通州区安全生产督察方案（试行）》的通知（2021-12-20）
京通办字〔2021〕1号	中共北京市通州区委办公室北京市通州区人民政府办公室关于印发《北京环球主题公园综合管理服务方案》的通知（2021-02-04）
京通办字〔2021〕2号	中共北京市通州区委办公室北京市通州区人民政府办公室关于印发《北京市通州区区域协同发展促进中心机构职能编制规定》的通知（2021-03-25）
京通办字〔2021〕3号	中共北京市通州区委办公室北京市通州区人民政府办公室关于印发《北京市通州区重大项目协调服务中心机构职能编制规定》的通知（2021-03-25）
京通办字〔2021〕4号	中共北京市通州区委办公室北京市通州区人民政府办公室关于印发《落实蔡奇书记到北京城市副中心调研全力保障环球主题公园如期开园重点任务清单》的通知（2021-04-08）
京通办字〔2021〕5号	中共北京市通州区委办公室北京市通州区人民政府办公室关于印发《北京环球主题公园开园服务保障方案》的通知（2021-04-12）
京通办字〔2021〕6号	中共北京市通州区委办公室关于成立通州区换届工作领导小组的通知（2021-04-23）
京通办字〔2021〕7号	中共北京市通州区委办公室北京市通州区人民政府办公室关于印发《落实蔡奇书记到北京城市副中心调研推进老城“双修”重点任务清单》的通知（2021-05-07）
京通办字〔2021〕8号	中共北京市通州区委办公室北京市通州区人民政府办公室关于印发《落实蔡奇书记到北京城市副中心调研碳达峰、碳中和重点任务清单》的通知

	（2021-06-11）
京通办字〔2021〕9号	中共北京市通州区委办公室北京市通州区人民政府办公室关于印发《通州区创建“基本无违法建设区”两年行动方案（2021—2022年）》的通知（2021-06-24）
京通办字〔2021〕10号	中共北京市通州区委办公室北京市通州区人民政府办公室关于印发《北京市通州区处级领导干部离任经济事项交接工作制度》的通知（2021-07-15）
京通办字〔2021〕11号	中共北京市通州区委办公室关于印发《通州区“两馆建设”推进工作方案》的通知（2021-07-15）
京通办字〔2021〕12号	中共北京市通州区委办公室北京市通州区人民政府办公室关于印发《落实蔡奇书记到北京城市副中心调研大运河文化带保护利用重点任务清单》的通知（2021-08-02）
京通办字〔2021〕13号	中共北京市通州区委办公室北京市通州区人民政府办公室关于印发《北京市通州区推行林长制工作方案》的通知（2021-08-30）
京通办字〔2021〕14号	中共北京市通州区委办公室北京市通州区人民政府办公室关于印发《北京市通州区贯彻落实第二轮中央生态环境保护督察报告反馈意见整改方案》的通知（2021-09-28）
京通办字〔2021〕15号	中共北京市通州区委办公室关于成立北京市通州区档案信息化建设工作专班的通知（2021-10-14）
京通办字〔2021〕16号	中共北京市通州区委办公室北京市通州区人民政府办公室关于印发《北京城市副中心（通州区）“十四五”时期档案事业发展规划》的通知（2021-10-14）
京通办字〔2021〕17号	中共北京市通州区委办公室北京市通州区人民政府办公室关于印发《落实蔡奇书记到北京城市副中心调研文旅产业发展重点任务清单》的通知（2021-10-21）
京通办字〔2021〕18号	中共北京市通州区委办公室转发《关于认真学习贯彻习近平总书记重要批示的通知》的通知（2021-10-22）
京通办字〔2021〕19号	中共北京市通州区委办公室北京市通州区人民政府办公室关于印发《北京城市副中心（通州区）“十四五”时期保密事业发展规划》的通知（2021-11-01）
京通办字〔2021〕20号	中共北京市通州区委办公室转发《关于印发深入学习贯彻习近平总书记重要批示精神专题研讨班辅导报告的通知》的通知（2021-11-16）
京通办字〔2021〕21号	中共北京市通州区委办公室关于印发《通州区学习贯彻党的十九届六中全会精神宣讲工作方案》的通知（2021-11-29）
京通办字〔2021〕22号	中共北京市通州区委办公室北京市通州区人民政府办公室关于明确街道涉村区域管理有关事项的通知（2021-12-01）
京通办字〔2021〕23号	中共北京市通州区委办公室印发《通州区关于做好党的十九届六中全会精神学习宣传的通知》的通知（2021-12-03）
京通办字〔2021〕24号	中共北京市通州区委办公室北京市通州区人民政府办公室关于印发《中共北京市通州区委运河商务区工作委员会　北京市通州区运河商务区管理委员会职能配置、内设机构和人员编制规定》的通知（2021-12-30）

2021年通州区人民政府文件目录

通政发〔2021〕1号　北京市通州区人民政府关于印发2021年通州区政府折子工程的通知（2021-2-23）

通政发〔2021〕2号　北京市通州区人民政府关于印发《通州区深入打好污染防治攻坚战2021年行动计划》的通知（2021-3-2）

通政发〔2021〕3号　北京市通州区人民政府关于印发2021年通州区重要民生实事项目的通知（2021-3-9）

通政发〔2021〕4号　北京市通州区人民政府北京市科学技术委员会、中关村科技园区管理委员会关于印发北京城市副中心加快新场景建设行动方案（2021—2023年）的通知（2021-3-30）

通政发〔2021〕5号　北京市通州区人民政府关于印发赵磊同志在区六届人大七次会议上作的《政府工作报告》的通知（2021-4-9）

通政发〔2021〕6号　北京市通州区人民政府关于印发通州区知识产权促进办法（修订版）的通知（2021-4-29）

通政发〔2021〕7号　北京市通州区人民政府北京市地方金融监督管理局关于印发北京城市副中心促进金融业发展措施的通知（2021-5-27）

通政发〔2021〕8号　北京市通州区人民政府关于废止部分行政规范性文件的通知（2021-6-3）

通政发〔2021〕9号　北京市通州区人民政府关于落实向区人大常委会报告国有资产管理情况制度的实施意见（2021-7-21）

通政发〔2021〕10号　北京市通州区人民政府关于公布通州区第四批区级非物质文化遗产代表性项目名录的通知（2021-7-27）

通政发〔2021〕11号　北京市通州区人民政府关于公布征收农用地区片综合地价比例的通知（2021-12-23）

2021年通州区人民政府办公室文件目录

通政办发〔2021〕1号　北京市通州区人民政府办公室印发关于加快推进张家湾设计小镇设计与城市科技产业发展若干措施的通知（2021-1-21）

通政办发〔2021〕2号　北京市通州区人民政府办公室关于印发2021年通州区交通综合治理行动计划的通知（2021-2-26）

通政办发〔2021〕3号　北京市通州区人民政府办公室关于印发通州区地下管线施工防护管理实施细则的通知（2021-4-16）

通政办发〔2021〕4号　北京市通州区人民政府办公室关于印发通州区创业带动就业补贴、奖励办法的通知（2021-4-25）

通政办发〔2021〕5号　北京市通州区人民政府办公室关于印发2021年通州区非本市户籍适龄儿童少年接受义务教育证明证件材料审核实施细则的通知（2021-4-29）

通政办发〔2021〕6号　北京市通州区人民政府办公室印发关于加快推进国家网络安全产业园区（通州园）产业发展若干措施（试行）的通知（2021-5-31）

通政办发〔2021〕7号	北京市通州区人民政府办公室转发区财政局关于《通州区深化政府采购制度改革工作方案》的通知（2021-6-9）
通政办发〔2021〕8号	北京市通州区人民政府办公室关于印发北京城市副中心（通州区）国民经济和社会发展第十四个五年规划和二〇三五年远景目标纲要区级任务分工方案的通知（2021-8-16）
通政办发〔2021〕9号	北京市通州区人民政府办公室关于印发通州区乡村公路路长制实施方案的通知（2021-8-20）
通政办发〔2021〕10号	北京市通州区人民政府办公室关于做好北京城市副中心及拓展区责任规划师、责任建筑师使用管理工作的意见（2021-8-26）
通政办发〔2021〕11号	北京市通州区人民政府办公室关于印发通州区海绵城市建设管理办法的通知（2021-12-9）

国务院关于支持北京城市副中心高质量发展的意见

国发〔2021〕15 号

各省、自治区、直辖市人民政府，国务院各部委、各直属机构：

规划建设北京城市副中心（以下简称北京城市副中心），与河北雄安新区形成北京新的两翼，是以习近平同志为核心的党中央作出的重大决策部署，是千年大计、国家大事。为深入贯彻落实党中央、国务院决策部署，进一步支持北京城市副中心高质量发展，现提出以下意见。

一、总体要求

（一）指导思想。

以习近平新时代中国特色社会主义思想为指导，深入贯彻党的十九大和十九届二中、三中、四中、五中全会精神，按照党中央、国务院决策部署，坚持稳中求进工作总基调，立足新发展阶段，完整、准确、全面贯彻新发展理念，构建新发展格局，统筹发展和安全，围绕创造“北京城市副中心质量”，坚持创新引领，提高治理水平，推动绿色发展，深化改革开放，提升和谐宜居品质，有序承接北京非首都功能疏解，努力推动实现更高质量、更有效率、更加公平、更可持续、更为安全的发展，引领带动周边地区一体化发展，打造京津冀协同发展的高质量样板和国家绿色发展示范区，为建设和谐、宜居、美丽的大国首都作出贡献。

（二）基本原则。

——承接疏解、错位发展。牢牢抓住疏解北京非首都功能这个“牛鼻子”，有序承接符合北京城市副中心发展定位的功能疏解和人口转移，提升对首都功能的服务保障能力，实现以副辅主、主副共兴，与河北雄安新区各有分工、互为促进，有效解决北京“大城市病”问题。

——改革创新、试点示范。坚持创新驱动发展，根据发展定位和实际需要，赋予更大发展自主权，提升科技创新、行政办公、商务服务、文化和旅游等功能，推动政策措施和试点示范项目先行先试，形成可复制、可推广的经验。

——协同联动、一体发展。按照统一规划、统一政策、统一标准、统一管控（以下称四统一）要求，积极推进北京城市副中心、通州区与河北省三河市、大厂回族自治县、香河县（以下称北三县）一体化高质量发展，探索逐步实现共同富裕的新路径，为推进京津冀协同发展作出示范。

（三）主要目标。

到 2025 年，北京城市副中心绿色城市、森林城市、海绵城市、智慧城市、人文城市、宜居城市功能基本形成。北京市级党政机关和市属行政事业单位搬迁基本完成，承接北京非首都功能疏解和人口转移取得显著成效，城市管理和社会治理水平明显提升，现代产业体系初步形成，“北京城市副中心质量”体系初步构建。通州区与北三县一体化高质量发展制度体系基本建立，成为现代化首都都市圈建设的重要支撑。

到 2035 年，现代化北京城市副中心基本建成。承接北京非首都功能疏解和人口转移的作用全面显现，形成现代化城市管理和社会治理体系、现代化经济体系，“北京城市副中心质量”体系完善成熟，与周边地区一体化高质量发展取得显著成效。

二、坚持创新驱动，打造北京发展新高地

（四）强化科技创新引领。聚焦新一代信息技术、智能制造等领域，实施一批国家重大科技项目和应用示范项目，引导创新链、产业链在北京城市副中心及周边地区布局，大力发展数字经济。围绕第五代移动通信（5G）网络、人工智能、云计算、大数据、互联网协议第 6 版（IPv6）等加紧布局数字新基建，在智慧城市、数字乡村建设等领域

建成一批示范应用新场景，支持开展科技应用场景沙盒试点。着力打造于家务国际种业科技园区，建设一批现代农业产业化示范基地，提升发展都市型农业。支持具备条件的中关村国家自主创新示范区核心区新一轮先行先试改革政策在北京城市副中心落地实施，支持中关村产业协同创新平台在北京城市副中心及北三县等地布局。发挥政府投资基金撬动作用，带动社会资本投入北京城市副中心科技创新项目。探索科技成果转让市场化定价机制和利益分配机制，支持跨区域共建一批产学研创新和成果转化实体。

（五）提升金融商务服务功能。依托国家服务业扩大开放综合示范区和中国（北京）自由贸易试验区，将北京城市副中心打造为京津冀金融创新、高端商务发展高地。加快全球财富管理中心建设，加强金融基础设施建设，支持金融标准认定机构及国际金融机构、民营金融机构在北京城市副中心发展。鼓励熟悉国际法律准则的律师事务所、会计师事务所在北京城市副中心布局。强化金融对北京城市副中心政务服务、居民服务的全面支持，稳妥有序承接符合北京城市副中心发展定位的金融机构及分支机构，加快发展区域养老金融、健康保险业务。稳妥推进基础设施领域不动产投资信托基金（REITs）试点，支持发展保障性租赁住房REITs，鼓励公募REITs基金管理人在北京城市副中心落户发展。加快发展绿色金融，创新金融产品，支持碳达峰碳中和行动及技术研发。鼓励金融机构依法设立绿色金融专门机构，设立国际绿色投资集团，推动北京绿色交易所在承担全国自愿减排等碳交易中心功能的基础上，升级为面向全球的国家级绿色交易所，建设绿色金融和可持续金融中心。支持金融科技创新发展，加快推进法定数字货币试点，做好金融科技创新监管工具实施工作，支持大型银行等依法设立数字人民币运营实体，支持符合条件的银行参与直销银行试点，探索建设数字资产交易场所。

（六）加快文化体育旅游发展。支持北京城市副中心创建文化、旅游、商务融合发展示范区。加快大运河国家文化公园、环球主题度假区建设及宋庄、台湖等特色小镇建设，将张家湾设计小镇打造成为城市设计发展高地。高标准完善博物馆、图书馆、文化馆（站）、剧院等公共文化设施建设。推进运河文化资源跨区域共享，着力打造文化精品，支持举办大型文艺演出、优秀舞台艺术展演、文化展陈展示等文化活动。建设体育公园，打造全民健身新载体，支持举办国内外品牌体育赛事，支持足球、篮球等顶级职业运动俱乐部在北京城市副中心落户。

三、推进功能疏解，开创一体化发展新局面

（七）有序承接中心城区非首都功能疏解。通过北京市级党政机关和市属行政事业单位搬迁，推动北京内部功能重组，加强对首都功能的服务保障。研究制定中心城区存量疏解调整综合政策，符合北京城市副中心发展定位的国有企事业单位，在疏解至北京城市副中心时，允许其新建或购买办公场所；符合划拨条件的，可以划拨方式供应土地；原国有土地使用权被收回的，经批准可以协议方式按照规划建设用地标准为原土地使用权人安排用地，所收回的土地由属地人民政府依法安排使用。建立健全北京城市副中心与河北雄安新区工作对接机制。

（八）加快建设通州区与北三县一体化高质量发展示范区。按照四统一要求，在规划管理、投资审批、财税分享、要素自由流动、公共服务、营商环境等方面探索协同创新路径。通过政府引导、市场运作以及合作共建等方式，推动北京部分产业和功能向北三县等周边地区延伸布局。加强北京城市副中心与北京经济技术开发区、北三县、天津市武清区等周边地区产业合作，鼓励北京市企业和产业园区与北三县重点产业园区对接，优化区域产业链布局。

四、强化规划管理，创建新时代城市建设发展典范

（九）实施高标准规划建设管理。强化国土空间规划管控，统筹划定落实永久基本农田、生态保

护红线、城镇开发边界三条控制线。支持在北京城市副中心及周边地区制定高于国家标准、行业标准的市政设施建设、生态环保等地方标准，推动绿色城市、森林城市、海绵城市、智慧城市、人文城市、宜居城市建设。加强城市设计引导，坚持地上地下立体开发，加强新建高层建筑管控，强化超大体量公共建筑、超高层地标建筑、重点地段建筑管理，塑造城市时代特色风貌。实施城市更新行动，积极推进城市生态修复和功能完善，因地制宜补齐既有居住社区建设短板。按照大部制、扁平化原则统筹使用各类编制资源，推进城市管理和执法体制改革。实施乡村振兴战略，构筑城乡融合发展的关键功能节点，带动区域农业农村现代化。

（十）推进智慧城市建设。加强城市信息模型平台和运行管理服务平台建设，打造数字孪生城市，建设智慧高效的城市数据大脑，探索形成国际领先的智慧城市标准体系。推动在北京城市副中心建设北京政务大数据平台，推广“互联网+政务服务”，支持北京城市副中心政务服务改革先行先试、提升效能。加强新型城市基础设施建设，提高市政基础设施体系化、网络化、智能化水平。实施智慧医疗、智慧交通等一批智慧惠民工程，提升城市服务品质。

（十一）构建便捷高效现代交通体系。建设以轨道交通为骨干、公共交通为主导的便捷智能综合交通系统。研究加强北京城市副中心与中心城区的轨道交通快速连接，支持北京城市副中心及周边地区有序规划建设市域（郊）铁路线网，提升通勤能力。制定市域（郊）铁路公交化运营标准，打造一批市域（郊）铁路示范项目。建立级配合理的城市路网体系，实施北京东六环路北京城市副中心段入地改造和国家高速公路功能外移。加快建设跨界道路和跨界河桥梁。制定实施北京城市副中心及周边地区综合交通一体化提升规划，提升互联互通水平。

（十二）提升公共服务水平。有序推动中心城区优质中小学教育资源和医疗资源在北京城市副中心及周边地区合理布局。建立健全疫情防控常态化机制和防控救治体系，强化基层医疗服务设施和医疗人员力量，提高应对重大突发公共卫生事件的能力和水平。鼓励社会力量依法依规举办国际化医院，支持医学院、高水平专科医院等建设，推进互联网医疗平台建设。推动京津冀区域基本医疗卫生服务资源共享、联动协作，逐步实现跨区域双向转诊、同级医院检查检验结果互认。高水平规划建设医养结合的多层次养老服务体系，推动北京养老服务项目向北三县等周边地区延伸布局。

五、加强环境治理，建设国家绿色发展示范区

（十三）构建大尺度绿色空间。践行绿水青山就是金山银山的发展理念，坚持顺应自然、尊重规律，坚持山水林田湖草系统治理，注重留白增绿，加强生态绿带建设，形成城市绿色空间体系，创建国家生态园林城市。鼓励北京城市副中心与北三县协同建设潮白河国家森林公园。开展北运河上下游同步治理和防洪达标建设，根据水资源条件分步推进京津冀段通航。

（十四）健全生态环境综合治理体系。坚持将绿色发展理念融入经济社会发展全过程，推进城市生态修复和功能完善工程。构建绿色交通体系，沿河、沿绿、沿路建设慢行系统，打造自行车友好型城市，积极推广新能源汽车，引导绿色出行。大力推广绿色建筑，新建大型公共建筑执行三星级绿色建筑标准、将安装光伏设施作为强制性要求。构建绿色低碳综合能源系统，推进近零碳排放示范工程，探索开展碳中和相关工作，支持节能减排相关改革创新政策在北京城市副中心先行先试。探索氢能利用、智慧化供热、多能耦合等应用场景，大力推广综合智慧能源服务项目。推进工业废水资源化利用试点示范，实施工业节水技术改造。广泛开展绿色社区创建行动，推进生活垃圾分类、建筑垃圾和园林垃圾资源化利用，加强危险废物医疗废物收集处理，打造“无废城市”。加强区域环境污染联防联控联治，全面改善大气、水体等生态环境质量，管控土壤污染风险，逐步统一区域生态环境标准体系和绿色环保施工标准。创新环境信息强制性披露、环境污染强制责任保险等管理制度。完善区域自然灾害预警监

测网络和突发事件应急处置协同联动机制。

六、对标国际规则，搭建更高水平开放新平台

（十五）推进服务业扩大开放。加快建设国家服务业扩大开放综合示范区，高质量建设中国（北京）自由贸易试验区国际商务服务片区，支持高水平的贸易便利、投资便利等政策在北京城市副中心先行先试。支持符合条件的企业按规定在北京城市副中心开展本外币一体化资金池试点。支持北京城市副中心按规定申请设立综合保税区。加大对跨境金融、文化贸易和数字贸易的政策支持力度，研究审慎开展绿色债券、绿色股权投融资业务。支持开展适合科技型企业的个性化融资服务，推动开展知识产权保险业务试点。组织开展数据跨境流动安全管理试点，探索数据跨境流动安全管理方式，在保障安全的前提下促进数据合法有序自由流动。支持建立北京、天津、河北自由贸易试验区联合授信机制，完善京津冀一体化征信体系。

（十六）发展消费新业态新模式。推动线上线下消费有机融合，发展数字文化、直播经济、在线医疗、智慧旅游、智能体育等新型消费，加强消费产品和服务标准体系建设。建设国际科技消费展示平台，打造全球科技新品首发地。创新模式建设高端商业综合体，打造地标性商业街区和多层次差异化区域商圈。

（十七）打造专业人才新高地。大力吸引符合北京城市副中心发展定位的高层次、高技能、紧缺急需专业性人才。开展国际人才服务管理改革试点与重点领域国际职业资格认可试点。

七、加大改革力度，增强发展动力活力

（十八）强化财政金融支持。加大中央财政对北京城市副中心发展的支持力度，合理保障基本公共服务领域建设和运行需要。在保持政府债务风险总体可控的前提下，加大地方政府债券支持力度，将北京城市副中心建设融资需求作为重要因素予以单独核算。鼓励采用授权经营、基础设施项目配建经营性建设内容等方式盘活存量资产，支持北京城市副中心投资建设集团有限公司创新融资模式。支持北京城市副中心及周边地区符合条件的企业发行上市、并购重组、股权转让、债券发行、资产证券化。

（十九）探索土地管理利用制度改革。推动不同产业用地类型合理转换，探索增加混合产业用地供给，创新低效、闲置国有土地利用政策。优化完善土地招拍挂出让制度，推广用地预申请制度，加大用地预审和用地审批制度改革力度，改进优化建设用地审批流程。国家统筹支持解决北京城市副中心及周边地区公益性建设项目耕地占补平衡指标。稳慎推进农村宅基地制度改革，按照国家统一部署稳妥有序推进农村集体经营性建设用地入市工作。

（二十）有效推进更大区域职住平衡。坚持房子是用来住的、不是用来炒的定位，建立以政府为主提供基本保障、以市场为主满足多层次需求、以推进职住平衡为基本原则的住房供应体系。大力发展住房租赁市场，扩大保障性租赁住房供给，单列用地计划，增加土地供应，支持利用集体经营性建设用地、企事业单位自有闲置土地、产业园区配套用地和存量闲置房屋建设保障性租赁住房，支持通过“商改租”、“工改租”等形式将非住宅改建为保障性租赁住房。支持北三县盘活存量土地、合理利用增量土地，与北京城市副中心合作建设保障性租赁住房。加大共有产权住房供应，优先满足符合条件的疏解北京非首都功能迁入职工置业需要。加强房地产市场调控，着力稳地价、稳房价、稳预期。

八、组织实施

（二十一）坚持党的全面领导。把党的政治建设摆在首位，贯穿北京城市副中心高质量发展全过程，增强“四个意识”、坚定“四个自信”、做到“两个维护”。激励干部大胆干事、担当作为，鼓励政治坚定、业务熟练的中央和国家机关干部到北京城市副中心挂职和任职。充分发挥基层党组织战斗堡垒作用和党员先锋模范作用，坚定不移推进全面从严治党，为北京城市副中心高质量发展提供坚强政

治保证。

（二十二）强化责任落实。北京市要切实履行主体责任，明确时间表、路线图、任务书，完善激励考核和监督检查机制；研究赋予北京城市副中心更大的改革开放、创新发展自主权，适当下放市级行政管理权限，实施相对集中行政许可试点。北京城市副中心要切实承担具体落实责任，主动与有关部门和周边地区加强沟通对接，确保本意见确定的目标任务和政策措施落地见效。有关部门要按照职责分工细化支持政策，及时研究解决工作中遇到的困难和问题。天津市、河北省要积极支持配合，形成共同推动北京城市副中心高质量发展的合力。重大事项、重大政策和重大项目按规定程序报批，重大问题及时向党中央、国务院报告。

国务院

2021 年 8 月 21 日

（本文有删减）

（通州区人民政府提供）

关于推进北京城市副中心高质量发展的实施方案

为深入贯彻落实党中央、国务院决策部署，高起点、高标准、高水平规划建设北京城市副中心，推进高质量发展，制定本实施方案。

一、总体要求

1. 指导思想

以习近平新时代中国特色社会主义思想为指导，深入贯彻党的十九大和十九届二中、三中、四中、五中全会精神，按照党中央、国务院决策部署，立足新发展阶段，完整、准确、全面贯彻新发展理念，构建新发展格局，紧紧围绕《国务院关于支持北京城市副中心高质量发展的意见》(国发〔2021〕15号，以下简称《意见》)明确的总体要求、主要目标和重点任务，按照“半年出政策、三年全落地、五年见成效”的工作安排，勇于改革创新，敢于先行先试，努力创造“城市副中心质量”，推进城市副中心、通州区与河北省三河市、大厂回族自治县、香河县(以下简称北三县)一体化高质量发展，探索逐步实现共同富裕的新路径，打造中心城区功能疏解和人口转移的重要承载地、京津冀协同发展的高质量样板和国家绿色发展示范区，成为现代化首都都市圈建设的重要支撑，与河北雄安新区形成北京新的两翼，为建设和谐、宜居、美丽的大国首都作出贡献。

2. 基本要求

——突出规划先行。围绕城市副中心控制性详细规划、城市副中心“十四五”规划以及各专项规划，提高统筹调控能力，建设未来没有“城市病”的城区，创建新时代城市建设发展典范。

——突出创新驱动。深入推进以科技创新为核心的全面创新，强化科技赋能，大力发展数字经济和城市科技，打造高质量发展的新动力源。

——突出协同联动。紧紧围绕疏解非首都功能，深化与北三县一体化高质量发展，加强通武廊战略合作，与河北雄安新区强化两翼联动，推动形成更加紧密的协同发展格局。

——突出绿色引领。将绿色发展理念融入经济社会发展全过程，促进碳减排，推动碳中和，实现生产生活生态有机融合。

——突出开放发展。紧抓“两区”建设契机，加快建立更有竞争力的制度体系，厚植服务业扩大开放新优势。

——突出改革创新。聚焦重点领域和关键环节，赋予城市副中心更大的改革开放、创新发展自主权，推进更深层次改革，实现改革和发展深度融合、高效联动，增强城市副中心发展内生动力。

二、强化科技创新引领，服务支撑北京国际科技创新中心建设

1. 创新发展数字经济。集成5G、人工智能、云计算、大数据、互联网协议第6版(IPv6)等新一代信息技术，推动城市副中心建设一批数字技术与经济融合创新平台，完善数字经济产业技术创新生态。布局细分领域产业互联网平台，依托运河商务区等板块，集聚工业云平台等新平台型企业群体。提升信息内容产业创新活力，建设信息内容消费体验馆，依托城市副中心特色文化旅游资源，吸引聚集一批数字内容制作传播的企业与平台。落地中国信息通信研究院，建设国家ICT技术产业创新基地。推动网络安全产业集聚发展，加快建设国家网络安全产业园区(通州园)，打造国家网络安全高端产业集聚示范基地和网络安全领军人才培育基地。

2. 大力发展城市科技。吸引一批国家级科技创新平台、产业创新中心、城市科技前沿技术创新中心在城市副中心布局，发挥政府投资基金撬动作用，带动社会资本投入城市副中心科技创新项目。积极推进中关村国家自主创新示范区新一轮先行先试改革政策在城市副中心落地实施，加快推动中关村产业协同创新平台、科技成果转化统筹协调与服务平台等市级平台建设，搭建一批技术研发、概念验证、测试检验等公共科技服务平台，为企业提供专业化

服务。探索科技成果转让市场化定价机制和利益分配机制，支持“三城一区”与城市副中心开展科技成果供需对接，推动具有市场前景的科技成果在城市副中心转化落地；积极引导高等学校、科研院所、科技企业等与城市副中心融通对接，支持跨区域共建一批产学研创新和成果转化实体。制定城市副中心开展科技应用场景沙盒试点工作的支持政策，围绕互联网医院、智能微电网、智慧社区、环境治理等领域打造一批重大应用场景，全力推动智慧大运河(通州段)、数字台湖演艺小镇、科技张家湾设计小镇等12大场景建设，打造一批带动性强、示范性好的场景标杆。以张家湾设计小镇为承载，建设未来实验室、设计人才工作站，推动首都创新设计研究院智慧生活实验室建设，打造设计之都新平台。

3. 加快发展智能制造高端制造。推动传统制造业转型升级，采取“优势产品＋标杆工厂”模式落地实施一批“优品智造”项目。台马科技板块打造集成电路产业集群，建设集成电路高端制造基地，培育形成芯片设计、先进制造、关键工艺与设备、多元应用、基础材料等上下游协同的集成电路产业链。台湖光机电一体化基地围绕机器人与智能制造产业，打造全国高端装备产业创新示范区和系统解决方案策源地。办好中关村通州园，打造产业园区品牌，营造良好的创新生态。

4. 加快发展现代农业科技。深入实施科技兴农战略，建设一批现代农业产业化示范基地和示范园区，提升发展都市型农业水平。建设于家务国际种业科技园区，为生物育种领域关键技术攻关提供支撑，重点发展种业研发中试、展示交易、农业科技服务，打造种业创新高地。加快建设城市副中心生鲜农产品直供中心，打造农产品智慧物流配送体系，完善农产品仓储保鲜冷链物流设施建设，畅通农产品销售链。

三、强化与中心城区联动发展，承接非首都功能疏解

5. 积极承接中心城区非首都功能疏解。积极推进非首都功能疏解激励约束政策落实落地，完善功能疏解承接制度机制。加快推进第二批市属行政事业单位有序迁入城市副中心，全面完成行政办公区二期及配套基础设施工程建设，引导与行政资源密切相关的其他社会服务机构迁入。加快推动一批央企二三级企业、市属国企、民营企业及跨国企业总部等优质资源落地城市副中心，北投集团、首旅集团、华夏银行、北京建筑设计院、市保障房建设投资中心、北咨公司新办公楼2022年上半年实现全部开工。保障搬迁至城市副中心的国有企事业单位办公场所用地需求，符合城市副中心发展定位的国有企事业单位，在疏解至城市副中心时，允许其新建或购买办公场所；符合划拨条件的，可以划拨方式供应土地；原国有土地使用权被收回的，经批准可以协议方式按照规划建设用地标准为原土地使用权人安排用地，所收回的土地由属地政府依法安排使用。深化与中心城区产业结对机制，建立对接项目库，形成“中心城区培育孵化、副中心承接发展”的产业链条，实现企业无感迁移。

6. 强化与中心城区的快速交通联系。构建以轨道交通为主的大容量快速交通体系，优化轨道交通开行方案，研究制定与中心城区之间的轨道快线建设方案。推动连接中心城区与城市副中心的快速道路建设，建成京哈高速加宽改造工程，推进观音堂路、京秦高速西延(东五环路—东六环路)工程，研究推动城市副中心与中心城区高速公路取消收费。加快形成绿色便捷的公交网络，依托广渠路快速公交示范走廊，研究大站快车运营方案，实现城市副中心与中心城区快速通达。

7. 持续做好首都核心功能服务保障。加强安检力量与安全防护，强化与中心城区之间在人口流动、社会管理、信息传输、安全保障等领域的协同管控，保障国家政务活动安全、高效、有序运行，保障政治中心功能。持续强化科技创新驱动，加快布局一批国家级、市级技术创新中心和技术产业创新基地，助力北京国际科技创新中心建设，服务国际科技创新中心功能。推进大运河国家文化公园建设，加强大运河沿线遗址遗存、重点片区历史风貌和古镇、文物遗址等整体保护，服务支撑全国文化中心建设。规划建设国际组织集聚区，吸引一批国际组织、国

际机构及跨国企业总部落户，打造国际交往新窗口，服务国际交往中心功能。

8. 强化与河北雄安新区两翼联动。健全完善城市副中心与河北雄安新区工作对接机制，搭建两翼互动交流平台，加强在规划建设、产业承接、生态治理等方面的经验交流共享。加强城市副中心与雄安新区的快速交通联络，通过京雄城际铁路、城际铁路联络线等实现两地连通。立足各自功能定位和资源禀赋优势，拓展科技创新和产业发展合作领域，推动城市副中心企业与雄安新区开展精准对接，加强绿色城市、海绵城市、智慧城市等方面的技术交流合作，推进两地互促发展。

四、提升金融商务服务功能，建设国际商务服务新中心

9. 建设全球财富管理中心。加快国内外优质金融资源集聚，推动央属、市属金融企业总部、分支机构、新增专业子公司及大型企业集团新增投资、财务、科技、结算等金融业务板块落户，鼓励和吸引高质量外资、民营金融企业总部及分支机构落户。加强金融基础设施建设，争取金融标准认定机构落户，推动国家金融监管部门在城市副中心设立分支机构。在运河商务区建设财富管理聚集区，引进一批国内外优质资产管理、金融投资、银行理财等财富管理机构，支持银行、保险、证券、基金、信托等金融机构在城市副中心开展财富管理创新业务，支持区域养老金融、健康保险等业务发展，推动财富管理业态集群化、国际化发展。积极探索开展基础设施领域不动产投资信托基金 (REITs) 试点项目并制定支持政策，加快发展保障性租赁住房 REITs，吸引公募REITs基金管理人在城市副中心落户发展。举办好全球财富管理论坛，定期发布北京财富管理行业报告，编制财富管理发展指数，打造财富管理领域高端交流平台和深度合作平台。

10. 打造北京绿色金融国际中心。培育发展各类国际化、专业化绿色金融市场主体，创新发展气候投融资、碳权交易等各类绿色金融创新产品，优先探索在城市副中心实践并完善绿色金融标准和信息披露制度，将城市副中心打造成绿色金融功能主要承载区和先行示范区。积极落实各项绿色金融改革创新任务，争取绿色债券、绿色股权投融资等在城市副中心先行先试。积极推动金融机构依法设立绿色金融专门机构，加快设立国际绿色投资集团，建设绿色金融和可持续金融中心。推动北京绿色交易所在承担全国自愿减排等碳交易中心功能的基础上，升级为面向全球的国家级绿色交易所，建设和完善绿色项目库。

11. 推动金融科技创新发展。吸引金融机构和大型科技企业在城市副中心设立金融科技公司，支持金融机构和企业依法依规开展金融科技创新活动。建设法定数字货币试验区和数字金融体系，积极推进城市副中心开展法定数字货币试点，积极吸引大型银行等依法设立数字人民币运营实体，吸引符合条件的银行参与直销银行试点，探索建设数字资产交易场所。建设北京城市副中心金融风险监测预警与监管创新联合实验室，有效防范化解金融风险。

五、加快文化体育旅游发展，打造文旅商融合发展示范区

12. 推进文旅商融合发展。创建北京（通州）大运河文化旅游国家 AAAAA 级景区，开发高品质的水上项目和文化活动，丰富大运河特色旅游休闲产品；加强张家湾古镇保护与规划建设，与大运河国家文化公园规划做好衔接，推进运河文化资源跨区域共享。推进环球主题公园后续项目建设，延伸发展 IP 设计、动漫游戏、演艺娱乐、精品民宿等文化旅游产业链条。将张家湾、台湖、宋庄打造为以创新设计、综合演艺、原创艺术品设计与交易为支撑的特色小镇，发挥“旅游 +”和“文化 +”功能，进一步聚集产业发展要素、完善产业发展配套、提升产业发展水平。高标准建成并运营城市副中心图书馆、城市副中心剧院、大运河博物馆（首都博物馆东馆）等公共文化设施，打造首都文化新地标。积极策划举办北京国际设计周、北京（国际）运河文化节、台湖演艺艺术周、宋庄文化艺术节等文化活动，着力打造文化精品。

13. 打造体育乐活之城。加大体育设施供给，建设若干体育公园示范点，建成潞城全民健身中心，完成体育场升级改造，打造全民健身新载体。丰富体育旅游产品，推进开发运河骑行、健步走、赛龙舟等文化旅游体育融合项目。举办国内外品牌体育赛事，大力吸引足球、篮球等顶级职业运动俱乐部在城市副中心落户，举办马拉松、定向越野等大型体育赛事。

六、坚持绿色发展理念，建设国家绿色发展示范区

14. 深入推进全域绿化造林。完成国家森林城市创建，同步开展国家生态园林城市创建工作，持续完善“一心、一环、两带、两区”城市绿色空间格局，提升城市绿心绿化品质。加快环城绿色休闲游憩环建设，打造东西部生态绿带和南北生态廊道控制区，全面建设9个乡镇景观生态林，促进城市副中心与周边区域生态环境的有机衔接。重点推动特色小镇绿化建设，系统规划实施镇区道路绿化、镇区中心公园、公共开放空间、环镇生态景观林带等绿化景观提质建设。

15. 健全级配合理、类型丰富的全域公园体系。谋划启动并建设潮白河国家森林公园、路县故城考古遗址公园等一批特色公园。推进区域生态公园建设，加快通燕公园、潮白河公园、运河公园等区域生态公园规划建设工作。推进综合公园提质和建设工作，完成云景公园（二期）、梨园文化休闲公园（二期）规划建设工作，实现高品质综合公园均匀分布。推进社区公园建设，在宋庄艺术区、文化旅游区等建设实施一批社区级公园，推进漪春园、万春园等街头公园景观提升，提升日常游憩服务能力。深入推进老城区城市绿地建设，充分利用城市边角地、废弃地和闲置地开展腾退还绿、疏解建绿、见缝插绿，增加游园绿地、城市绿地。

16. 构建清新明亮、亲水宜人的水系环境。基本建成上蓄、中疏、下排的通州堰系列分洪体系，加快实施温潮减河工程，全面推进城市防洪排涝基础设施建设。实施城南水网、城北水网、两河水网治理工程，建成潮白河综合治理工程，完成玉带河、萧太后河、通惠河等骨干河道治理，实现全域水系连通。加快推进杨洼船闸建设，开展北运河上下游同步治理和防洪达标建设，根据水资源条件分步推进京津冀段通航。持续深化海绵城市试点建设，发挥生态空间在雨洪调蓄、雨水径流净化、生物多样性保护等方面的作用，实现生态良性循环。开展全域湿地保护修复，推进东郊湿地公园试点建设，开展1000亩湿地修复精品工程，打造体现湖泽风貌、兼具生态科普功能的湿地景观片区。

17. 打造品质优良、特色突出的健康绿道网络。完善“区域—城区—社区”三级绿道体系，依托河道绿廊、交通绿廊，建设绿荫密集、连续贯通的干线绿道，建设尺度宜人、慢行舒适的二、三级绿道，构建完整连续、蓝绿交织的绿道网络。实施300千米精品绿道升级建设工程，重点建设潮白河沿线、城市绿心—大运河、广渠路—行政办公区等一批精品绿道。完善绿道设施服务，强化绿道的体育健身、文化体验、风景休闲、慢行通勤功能，加强沿线驿站、标识等设施的配套建设。

18. 构建绿色低碳安全高效的能源体系。严控化石能源消费总量，逐步淘汰车用汽柴油，推进油品减量发展；配合传统能源调峰保障，优化现状能源基础设施布局，将使用可再生能源供能方式纳入地块规划综合实施方案，作为新建居住和公共建筑规划设计方案审查内容。制定节能减排改革创新政策在城市副中心先行先试的支持政策，探索氢能利用、智慧化供热、多能耦合等应用场景，大力推广综合智慧能源服务项目。大幅提升外调绿电规模，推进通州北500千伏输变电工程、北京东特高压—通州500千伏送出工程（北京段）建设，加快建设安全高效的区域电网；理顺城市副中心外调绿电输配、消纳和核算机制，形成有利于提高城市副中心使用外调绿电的政策环境。充分挖掘城市副中心资源潜力，全面推动可再生能源优先发展，逐步提升地热、光伏等可再生能源的利用规模。提升能源利用总体效率，开展智能微电网示范应用，建立智慧供能系统，实现能源供给向综合能源服务转变。

19. 强化绿色理念引领城市建设。提高新建建筑

建设标准，新建建筑执行二星级绿色建筑以上标准，新建公共建筑全面执行三星级绿色建筑标准，加快推进应用光伏设施。新建保障性及政策性住房项目、新立项政府投资的新建建筑采用装配式建筑。加快既有建筑节能改造，结合老城区城市修补和生态修复工作对存量建筑进行提升改造；提高农村地区建筑可再生能源应用覆盖率。推动建筑绿色低碳技术应用，在重点区域开展超低能耗建筑示范，推进光伏建筑一体化(BIPV)、高性能太阳能集热器、室内环境控制、水资源循环利用、绿色智能化监控、光储直柔新型建筑配电系统等技术的应用。

20. 建设绿色智能的城市运行体系。完善新能源汽车配套基础设施，推动机动车辆电动化，到2025年，公交车、出租车、分时租赁车辆、环卫运输车等城市服务车辆基本实现电动化，逐步推动工程车实现电动化，试点示范氢燃料电池汽车应用。创建绿色供热系统，逐步转变供热格局，不再新增独立燃气供热设施，加大绿色电力在热泵及储热领域的规模化应用，因地制宜利用中深层水热型地热、浅层地热能、中深层井下换热资源、空气能和城市余热资源，推动供热方式由集中式向分布式转变，加快实现电气化、低碳化。构建水循环利用体系，推进工业废水资源化利用试点示范，实施工业节水技术改造。打造固废资源化循环体系，加快推进再生能源发电厂二期建设，试点建设一批园林绿化废弃物资源化利用设施，推进园林绿化废弃物资源化利用，加强危险废物医疗废物收集处理，在老旧小区和城中村改造过程中推广实施有机更新和建筑垃圾就地循环利用等技术，着力打造“无废城市”。

21. 构筑绿色低碳循环发展的产业体系。强化绿色刚性约束作用，将碳排放总量和强度“双控”指标作为产业落地约束条件，创新环境信息强制性披露、环境污染强制责任保险等管理制度，鼓励科技含量高、资源消耗低、碳排放少的产业发展。行政办公区率先建成近零碳排放示范区域，带动运河商务区、文化旅游区及张家湾设计小镇、台湖演艺小镇、宋庄艺术小镇等特色小镇近零碳排放示范区域建设。加强绿色创新技术应用场景建设，探索成立城市副中心碳中和实验室，开展碳中和关键技术、新能源开发利用、储能材料及技术、“互联网+低碳”等前沿技术研发攻关，推动科技成果在城市副中心就地转化。推进现状产业转绿降碳，加快推动中关村通州园、潞县、永乐店等地区传统产业转型升级，在台马科技板块、西集网安园地区围绕数字经济、信息服务、平台经济等新兴产业集聚区强化应用先进绿色节能环保技术，通过能源替代、节能提效、工艺改造等措施全面提升企业发展质量，打造企业绿色名片。探索城市副中心开展生态产品价值实现路径，推动搭建城市副中心生态资源收储中心等运营平台，对土地、林木、水等资源进行集中收储与运营开发，促进生态资源规模化流转、市场化交易、产业化开发。

22. 大力倡导绿色低碳的生活方式。推进节约型机关创建行动，行政办公区优先采购节能、节水、环保、再生等绿色产品，更新公务用车优先选用新能源汽车。加强公共机构节约能源资源管理及信息公开，全面推行能源资源消耗分户、分区、分项计量，强化人均能耗、水耗、碳排放等目标管理。开展减塑生活创建活动，加强行政办公区、旅游景区等重点区域塑料污染治理。在城市副中心范围内组织开展“文明有我，绿色先行”系列主题活动，推进绿色家庭、绿色学校、绿色社区、绿色商场等创建行动，树立人人崇尚绿色发展、践行绿色低碳生活的新风尚。强化绿色生活示范，实行居民绿色生活积分奖励，通过量化绿色出行、节约用水用电、再生资源循环利用、垃圾分类、植树绿化等指标，鼓励居民践行绿色生活。

七、落实四统一要求，加快建设通州区与北三县一体化高质量发展示范区

23. 加快实现区域交通一体化。制定实施城市副中心及周边地区综合交通一体化提升规划，提升互联互通水平。推进轨道上的京津冀建设，22号线(平谷线)、京唐城际铁路等一批线路加快实现通车运行。加快打通交通堵点，重点推进厂通路、姚家园路东延、石小路、通宝路等一批跨界道路建设，推进武兴路拓宽升级。优化进出北三县的公交线路，共建区域

快速公交走廊，加强轨道交通接驳换乘，便利群众快速通行。加速交通服务同城化，推动检查站优化设置，完成白庙、兴各庄检查站公交专用通道设置，提升进出京通行效率。

24. 共抓生态环境大保护。着力扩大区域生态容量，加快落实潮白河国家森林公园规划方案，实现开工建设，形成可进入、可体验的大尺度绿色生态空间。完善跨区域河流水环境治理联席会议机制，加强跨界地区联合执法，加大沿河截污力度，全面消除入河点源污染。建立健全区域大气环境监测预警和联合督查机制，逐步统一区域生态环境标准体系和绿色环保施工标准，按照“以点带面、区域协同、量化管理、严格标准”原则，合力实施控车节油、散煤污染、挥发性有机物综合治理。协同推进区域碳达峰碳中和工作，优化调整区域能源结构，抓好重点领域节能减排，加强碳捕集等领域科技合作，开展林业碳汇体制机制研究，增强区域碳汇能力。

25. 推进产业协同分工与联动发展。坚持政府引导、市场运作、合作共建，推动深化产业分工与协作，在更大范围延伸布局创新链、产业链、供应链，共同打造跨区域产业协同发展示范区。落实产业功能定位，城市副中心重点围绕前沿技术研发环节、科技创新服务环节进行布局，与北三县地区在中试孵化环节、制造环节和配套服务环节加强协同。合作共建产业园区，支持北三县承接都市制造服务产业，深化产业协同分工与联动发展。办好项目推介洽谈会，鼓励在京企业以市场化方式参与北三县开发建设。

26. 统筹推进公共服务资源共享。共同培育北三县区域性医疗养老服务功能，推动北京养老服务项目向北三县等周边地区延伸布局，统一养老标准，落实跨区域养老机构补贴等鼓励支持政策。引导北京优质医疗卫生资源向北三县纵深布局，推进朝阳医院、天坛医院、首都儿科研究所附属儿童医院、北京中医医院等对口支持三河市相关医院，友谊医院通州院区、潞河医院、通州区妇幼保健院等医院与北三县现有医疗机构建立技术支持机制。逐步实现跨区域双向转诊、同级医院检查检验结果互认，建立区域医疗卫生资源共享平台，推进跨省异地就医联网直接结算工作，提升异地就医结算便利度。加强教育合作，采取合作办学、远程教育、建立分校等形式深化城市副中心与北三县教育交流合作，支持大厂回族自治县承接中国人民大学的研发孵化和融合创新功能，鼓励北京优质职业教育资源向北三县布局。推进大型文体设施共建共享，共同承办和推进重大体育赛事活动，促进地区间文化活动交流。与北三县探索住房合作机制，支持北三县盘活存量土地、合理利用增量土地，合作建设保障性租赁住房，解决搬迁至城市副中心的党政机关和企事业单位职工区域职住平衡问题。

27. 支撑现代化首都都市圈建设。落实现代化首都都市圈分工方案，深化通武廊产业合作，增强对周边地区辐射带动作用，以点带圈，协同联动，示范引领“通勤圈”一体化发展。建立健全交通规划对接机制，完善高效便捷的区域交通网络，持续推进一批跨市域道路建设。提升产业协作水平，充分发挥园区示范引领作用，建立中关村通州园、廊坊开发区、武清开发区等重点园区协调对接机制，搭建跨区域产业合作平台。以旅游市场一体化为方向，推进通武廊三地旅游资源整合，鼓励旅游市场主体开展合作，共同打造京津冀区域的特色旅游名片。加快通武廊三地公共服务统筹发展，深化教育、医疗卫生异地合作，建成一批服务三地群众的高水平教育、医疗机构。

八、紧抓“两区”建设契机，厚植服务业扩大开放新优势

28. 建立更有竞争力的制度体系。加快建设国家服务业扩大开放综合示范区城市副中心区域，高质量建设中国（北京）自由贸易试验区国际商务服务片区通州组团，制定高水平的贸易便利、投资便利在城市副中心先行先试的支持政策，争取对城市副中心跨境金融、文化贸易和数字贸易的更大政策支持，将城市副中心打造为京津冀金融创新、高端商务发展高地。深入落实外商投资准入前国民待遇加负面清单管理制度，开展企业投资项目“区域评估 + 标准地 + 承诺制 + 政府配套服务”改革，深化投资审批制度改革。持续拓展国际贸易“单一窗口”服务

功能和应用领域，推动经认证的经营者制度(AEO)落地，鼓励发展跨境电子商务新模式新业态。稳步推进符合条件的企业按规定在城市副中心开展本外币一体化资金池试点。开展适合科技型企业的个性化融资服务，推动城市副中心开展知识产权保险业务试点并制定支持政策。积极推进城市副中心开展数据跨境流动安全管理试点，落实好重点领域外商投资安全审查制度，制定风险防控清单，明确风险点和防控措施，提高风险防范精准度。

29. 推进重点领域开放创新。提升高端服务业国际化水平，鼓励熟悉国际法律、会计审计等相关准则的律师事务所、会计师事务所、资产评估机构在城市副中心布局。加快设立专业服务机构注册绿色通道，支持外商投资举办经营性职业技能培训机构，加大国际教育和高端医疗资源供给。允许境外高端消费服务机构在城市副中心开设体验中心和销售中心，探索免税商品“线上 + 线下”运营模式。依托张家湾设计小镇，加快设计资源要素聚集，落地一批国内外设计领域创新平台、领军企业、品牌机构与创业团队。按规定申报城市副中心综合保税区，对标国际先进水平加强要素整合和产业配套。依托文化旅游区，举办国际性文娱演出、艺术品和体育用品展会，推进新型文体旅游开放发展。

30. 推动形成区域统一开放市场。推动构建服务京津冀、辐射全国的陆海空口岸体系，推进京津冀通关物流数据共享共用，创造更加高效便捷的通关条件，提升区域通关便利化水平。加强政务信息共享，推动实现政务服务区域通办、标准互认和采信、检验检测结果互认，逐步实现与天津、河北自由贸易试验区内政务服务“同事同标”。探索建立北京、天津、河北自由贸易试验区联合授信机制，完善京津冀一体化征信体系。建立健全京津冀区域人力资源信息共享机制，探索建立国际、国内人才跨区域资质互认、学习交流等制度，促进人才跨区域自由流动。

九、发展消费新业态新模式，打造国际消费中心城市新引擎

31. 推动线上线下消费有机融合。发展数字文化、直播经济、在线医疗、智慧旅游、智能体育等新型消费，进一步完善优化消费产品和提升商业服务业服务质量的相关政策。引入线上线下一体化运营的新型仓储会员店，发展无人零售、“便利店 + 生鲜”、社区智慧书房等新业态。鼓励文体娱乐、保健康复、鲜花绿植等生活服务进社区，开展全时段经营，为社区居民提供实时便捷服务。支持社区搭建“云网端一体化”公共服务平台，打通店内服务到上门服务的通道，利用新媒体技术拓展服务渠道和内容，为社区居民提供个性化和专业化服务。

32. 以新技术与新场景应用引领新型消费。推进以信息科技和数字经济为引领的新消费业态落地，建设国际科技消费展示平台，打造全球科技新品首发地。围绕 5G 超高清视频直播等强化数字化新场景应用。推进 VR/AR 交互娱乐、虚拟真人秀、数字展览展示等创新科技布局应用，加快龙头商业主体开展智慧导览导购、沉浸式文体休闲、数字展览展示等新业态布局，提升顾客消费体验。培育云旅游、云演出、云阅读等特色线上消费。瞄准新消费群体数字化需求，支持重点商圈、大型商业中心引进一批未来商店、概念商店、艺术购物中心，推动建设智慧商店、智慧街区、智慧商圈。鼓励大型零售门店、品牌专卖店向特色体验店、定制中心转型，拓展协同化制造、个性化定制新模式。推动社区商业数字化、智能化升级，鼓励互联网平台企业利用技术、数据和供应链等优势，赋能城市副中心社区商业网点，提升运营效率和精准服务能力。

33. 打造多层次差异化区域商圈。建设站城融合的东部商业新中心，秉承以公共交通为导向的开发理念，打造交通功能与商务办公、文化娱乐、消费服务功能融合的北京东部区域商务功能新地标。结合运河商务区大型项目品牌组合、业态组合、应用场景，打造若干主题商业板块，实现差异化发展。实施传统商场“一店一策”改造，推动商业设施转型升级，增强门店吸引力和商圈辐射力。加快培育特色街区，对重点街区加大品牌整合与优化，建立各具特色、相互呼应的商业街区体系。

打造夜间消费活跃街区，支持运河商务区利用地下空间打造时尚活力型夜间经济街区，依托地上

滨水型空间打造运河夜消费带，优化夜间消费场景，打造夜间消费文化 IP。

十、坚持规划引领，实施高标准规划建设管理

34. 强化国土空间管控。统筹划定落实永久基本农田、生态保护红线、城镇开发边界三条控制线。落实最严格的耕地保护制度，推进完成耕地保护空间划定工作，全面落实永久基本农田特殊保护。强化“两线三区”规划管控，实施集中建设区、限制建设区全域管控，规划引导生态控制区，加强生态资源要素的保护和监管，开展生态保育和修复。

35. 提升城市建设品质。建立高于国家标准、行业标准的城市副中心市政设施、生态环保建设标准体系，推动绿色城市、森林城市、海绵城市、韧性城市、智慧城市、人文城市、宜居城市建设。加强城市设计引导，坚持地上地下立体开发，加强新建高层建筑管控，强化超大体量公共建筑、超高层地标建筑、重点地段建筑管理，塑造城市时代特色风貌。深入推进疏解整治促提升专项行动，分类开展腾退空间再利用，高标准实施背街小巷整治提升，围绕物业管理、公共服务等群众反映突出问题，滚动更新整治清单，全面提升综合治理能力。

36. 深入开展通州老城区城市修补和生态修复。完善提升老城区功能体系，实施南大街片区十八个半截胡同城市综合更新，建成若干家园中心，打造若干精品街区示范点。提升老城区宜居品质，完成一批老旧小区综合整治，增补公共服务和民生设施，完善照明、绿化、停车、电梯等设施配套，提高社区绿地服务覆盖面积。推动城市更新项目，丰富铁路沿线、硬质堤岸、高架桥下等存量公共空间功能，提升城市公共空间活力。

37. 实施乡村振兴战略。按照产业兴旺、生态宜居、乡风文明、治理有效、生活富裕的要求，大力推进乡村振兴，促进城乡各美其美、美美与共。高水平建设美丽乡村，持续优化农村人居环境，建设美丽乡村道路，推动城镇周边有条件的村庄供水管网接入市政供水，建设一批绿化示范村。统筹功能性新型城镇建设，构筑城乡融合发展的关键功能节点，带动区域农业农村现代化。

十一、强化数字治理，加快建设智慧城市

38. 加速布局智慧城市新基建。加速布局高速泛在通信新网络，实现 5G 全域连续覆盖，家庭千兆接入能力和商务楼宇万兆接入能力全覆盖，全面建成 100G 带宽的电子政务网络传输骨干网，实现 1.4G 宽带集群专网全覆盖。打造全球领先的数字孪生城市底座，加强城市信息模型平台和运行管理服务平台建设，超前布局以大数据平台、城市大脑、智慧灯杆感知载体为代表的数字基础设施项目。制定国际领先的智慧城市标准体系，规范信息系统的规划、建设、交付和运行，引领智慧城市建设。

39. 建设高品质数字化宜居环境。推动建设智慧生活体验馆，有效集成公共设施、生活、环境等各领域智慧应用，为市民提供新技术体验应用。引入无感支付、信用支付等数字新零售形态，提升市民生活品质。推进智慧小区建设，推广智能家居，升级智慧社区安防体系，推进老年人居家远程问诊、健康跟踪等扶老助老智能设施建设。依托“12345”市民服务热线，整合多种政民互动渠道，利用人工智能、大数据等技术实现“主动治理、未诉先办”。以全景开放模式建设智慧医疗、智慧教育、智慧交通，提升惠民智慧服务水平。

40. 强化城市治理协同智能。推动在城市副中心建设北京政务大数据平台，推广“互联网 + 政务服务”，制定城市副中心政务服务改革先行先试的支持政策。按照大部制、扁平化原则构建高效率组织体系，统筹使用各类编制资源，推进城市管理和执法体制改革。从城市治理突出问题出发，以事件为牵引，以数据驱动部门业务流程优化，构建城市管理、应急指挥、综合执法等领域横到边、纵到底的“一网统管”体系。构建关口前移的智慧管控新模式，开展城市体检和仿真研判，加强综合管廊实时监测和预警研判，加强密集楼宇安全、能耗等运行状态的动态感知，提升精准管控能力。健全区域自然灾害预警监测网络和突发事件应急处置协同联动工作

机制。

十二、坚持交通先行，构建便捷高效现代交通体系

41. 建设现代高效的轨道交通。强化交通枢纽功能，建成站城一体的城市副中心站综合交通枢纽，推进高速铁路、城际铁路、区域快线和城市轨道“四网融合”，同步推进城市航站功能建设。新建城市副中心轨道线网，提升轨道交通服务能力，建成17号线(城市副中心段)和6号线南延，加快推进M101线、M102线、M103线和M104线建设。制定市域(郊)铁路公交化运营标准，打造一批市域(郊)铁路示范项目，改造提升市郊铁路城市副中心线复线。

42. 建设通达顺畅的内部道路交通网络。加密内部路网，实现高效循环，加快实施北京东六环路城市副中心段入地改造和国家高速公路功能外移，建设潞苑二街等东西向干道，完善怡乐西路等南北向干道，基本建成“十一横九纵”骨干路网体系。完善老城区次支路系统，打通一批断头路，推进建成一批微循环道路，提升道路交通运行效率。优化重点功能区道路建设，加强环球主题公园、运河商务区、张家湾设计小镇、台湖演艺小镇、宋庄艺术小镇等区域内外交通快速联系，打造城市景观大道。

43. 完善舒适便捷、生态友好的绿色交通。实施公交优先战略，优化公交线网，加快场站和公交专用道建设，结合道路建设计划和交通需求，初步形成快捷、便利、多样化供给的公交服务体系，集中建设区公交站点500米半径覆盖率达到95%以上。发展多样化公交服务，持续增加、开通一批定制公交线路，打造广渠路快速公交示范走廊；建成环球影城北、东夏园、通马路3个交通枢纽和东小营、文旅区西区2个公交中心站。完善生态友好的慢行系统，增加自行车换乘(B+R)设施，建设通惠河沿线自行车专用路示范项目，建设自行车友好型城市，沿河、沿绿、沿路建成连续舒适贯通的慢行大网络，到2025年人行道和自行车道累计总里程达到1500千米。

44. 建设供需平衡的静态交通。坚持建管并重，有序缓解停车矛盾，在老城区以共享车位为主，适度补足基本车位缺口，建设通马路交通枢纽停车场等7个公共停车场，试点研究利用地下空间、桥下空间建设社会公共停车设施。创新停车管理机制，推动政府机关、国有企事业单位等专用停车场有偿错时共享。合理引导出行需求，落实“停车入位、停车付费、违停受罚”基本要求，推进道路停车电子收费全覆盖，全面实现路内路外停车规范管理。建设停车换乘(P+R)设施和智慧停车平台，科学引导停车。新增充电桩2.6万座，提高城市充电桩覆盖范围。

十三、紧扣“七有”要求和“五性”需求，提升公共服务水平

45. 大力提升教育现代化水平。加强基础教育，建成北京学校、北京第一实验学校、物资学院附属中小学等一批市、区优质学校，实施提升百年校、挖掘特色校、扶持农村校、保障优质校等工程，培育壮大潞河中学等一批本地优质品牌学校。加强高等学校建设，建成中国人民大学通州新校区(一期)、清华大学通州金融发展与人才培养基地。完善职业教育和培训体系，深化产教融合、校企合作，精准对接城市副中心产业人才需求，提升教育服务区域发展能力。打造高素质专业化教师队伍，持续实施教师素质提升计划，建立优劳优酬激励机制，强化政策支持保障，不断提高吸引和培养优秀教师的能力。推动育人方式变革，落实“双减”政策，有序推进教师交流轮岗，提升教育质量。

46. 提高医疗健康服务水平。强化公共卫生体系，加强疾病预防控制体系建设，构建覆盖全域的传染病动态监测网络，开展医疗机构发热、呼吸、肠道门诊等标准化建设，夯实社区卫生服务中心(乡镇卫生院)疾病预防职责。完善城市副中心疫情防控常态化机制和防控救治体系，提升应急救治能力，合理预留应急医疗设施储备，推进公共设施平疫两用改造，提高区域医疗救治韧性。加快培养一批防治复合型公共卫生人才，每万名常住人口疾控力量

配比达到 1.75 人。提升优质医疗资源供给能力，鼓励社会力量依法依规举办国际化医院，实现安贞医院通州院区、友谊医院通州院区二期工程等一批优质医疗资源建成投入使用。加强智慧医院和互联网医院建设，推广人工智能、5G 等前沿科技在医学诊断治疗、家庭医生服务、院前急救等医疗服务中的应用，提升智慧健康服务水平。

47. 构建多层次养老服务体系。推动养老服务设施多点均衡布局，建成通州区养老院，实现街道乡镇层面的养老服务机构和村社层面的养老服务站点全覆盖。创新养老机构运营管理机制，推进公办养老机构管办分离，引入高水平运营团队承办公办养老机构运营。鼓励社会力量参与养老服务，发挥家庭养老的基础性作用，推进机构、社区、居家养老融合发展，支持养老机构嵌入式设置综合为老服务中心、日间照料中心等。发展智慧养老，利用互联网等技术手段，打造养老服务信息平台，扩大居家养老服务的智慧化供给。探索建立长期护理保险制度。围绕老年人出行、就医、消费、文娱、办事等高频事项和服务场景，建设适老型公共设施，开发适老型产品和服务，解决老年人面临的“数字鸿沟”问题。

48. 提高就业质量和居民收入水平。实施就业优先政策，完善创业服务体系，鼓励多渠道灵活就业和劳动技能型就业，支持和规范发展新就业形态，精准施策推动重点群体就业，确保零就业家庭动态清零，城镇调查失业率控制在 5% 以内。多渠道增加城乡居民经营性、财产性收入。激活农村要素资源，增加农民收入。加大税收、社保、转移支付等再分配调节力度和精准性。着力扩大中等收入群体，落实居民人均可支配收入持续稳定增长行动计划，持续提高低收入群体收入，不断提高中等收入群体比重。提升劳动者人力资本水平，提高技能型人才收入。进一步加大重点群体支持力度，抓好收入不稳定群体稳收增收。

十四、强化人才保障，打造专业人才新高地

49. 创新人才引进机制。大力吸引符合城市副中心发展定位的高层次、高技能、紧缺急需专业性人才。完善产业和人才融合机制，充分发挥人才与产业联动工作机制优势，以总部经济、财富管理、金融科技、文化旅游、数字经济、智能制造等领域为重点，强化精准引才，推动人才链与产业链深度对接、融合聚变，鼓励人才带资源到城市副中心发展。深入实施北京城市副中心高层次人才引进支持计划，加大人工智能、大数据等前沿研究和金融科技、文化创意等重点发展领域柔性引才力度，鼓励高层次人才兼职到城市副中心创新创业。制定城市副中心开展国际人才服务管理改革试点工作的支持政策，建立重点领域境外职业资格认可机制。

50. 加强人才培养扶持。加大人才培养力度，支持通过“政企校研联手”“以产定培”“订单育才”等方式，补充紧缺专业人才。搭建干事创业平台，加大对人才创新成果的保护和应用，积极为新技术、新成果提供应用场景，拓宽创新成果转移转化渠道。持续加大对重点实验室、工程(技术)研究中心、博士后科研工作站、院士专家工作站等创新创业平台的扶持力度，对发展良好的平台给予持续性资金支持。

51. 优化人才激励保障机制。建立健全人才奖励机制，对在关键领域取得重大突破、作出突出贡献、发挥巨大推动作用的人才(团队)予以奖励，着力提升人才归属感和荣誉感。提升人才服务品质，探索建立“人才绿卡”制度，在人才关心关注的落户、教育、医疗、安居等方面予以重点支持。依托人力资源综合服务大厅，设立“一站式”服务窗口，搭建人才公共服务网络平台，为人才提供“线上+线下”的全流程便捷服务。建设国际人才社区，加快布局有海外氛围、有多元文化、有创新事业、有宜居生活、有服务保障的特色区域。推进中国北京人力资源服务产业园建设，吸引更多优质人力资源企业和国家级外事服务机构入驻，提供全链条人才服务。

十五、强化财政金融支持，有效保障城市建设发展需要

52. 积极争取中央财政金融支持。加强与中央财

政部门沟通对接，争取中央财政加大对保障城市副中心基本公共服务领域建设运行的支持力度。在保持政府债务风险总体可控的前提下，积极争取中央财政部门加大地方政府债券支持力度，将城市副中心建设融资需求作为重要因素予以单独核算。积极争取国家金融管理部门支持，在城市副中心借鉴试行全国各自由贸易试验区的资产管理领域经验做法。积极推动城市副中心及周边地区符合条件的企业发行上市、并购重组、股权转让、债券发行、资产证券化。

53. 充分发挥政府投资引导带动作用。鼓励采用授权经营、基础设施项目配建经营性建设内容等方式盘活存量资产，制定城市副中心投资建设集团创新融资模式的指导意见。优化财政支出结构和政府投资结构，优先安排涉及基础设施、公共服务、民生保障等领域的财政支出和项目投入，集中财力保证政府投资重大项目的资金需求。规范有序推进政府和社会资本合作模式，吸引更多社会资本参与城市副中心基础设施、公共服务等领域投资建设运营。

十六、探索土地管理利用制度改革，提高土地集约利用水平

54. 优化存量土地转型利用方式。制定城市副中心低效、闲置国有土地利用相关政策，探索存量土地盘活利用的有效路径，大力盘活批而未供和闲置土地资源，推动低效用地再开发利用。探索建立闲置国有土地使用权收回机制，健全腾退空间统筹利用机制。在符合国土空间规划和用途管制要求前提下，推动不同产业用地类型合理转换。

55. 推进土地有序供应。优化完善土地招拍挂出让制度，推广用地预申请制度，加大用地预审和用地审批制度改革力度，制定城市副中心改进和优化建设用地审批流程的管理办法。建立健全土地市场动态监测机制，合理安排土地供应时序和供应结构，保障土地供需平衡和职住平衡。制定差异化的土地供应方式和定价机制，积极探索规模化推介、产业准入、资格审核、先租后让、先供先摊等土地出让方式。试点工业用地弹性年期出让，探索产业用地租售并举的多元化供应方式。争取国家统筹支持解决城市副中心及周边地区公益性建设项目耕地占补平衡指标。

56. 创新土地综合利用开发模式。推进实施综合用地模式，研究用地性质混合、主体功能兼容的综合用地管理方式，探索地上地下空间综合利用机制。探索土地综合片区开发模式，建立“轨道交通＋土地开发”的可持续建设运营机制。积极利用集体建设用地保障产业融合中的配套设施建设，盘活周边资源。

57. 优化集体土地利用政策。因地制宜集约节约利用集体土地资源，结合城市副中心产业布局要求支持乡村振兴，研究集体经营性建设用地出让、出租和土地发展权收益相关政策。在尊重村民意愿的基础上，鼓励具备条件且村民有积极性的乡镇、村在居住类型、土地利用形式、产业发展和居住区风貌方面进行创新，采用多种举措实现户有所居。充分考虑通州区宅基地的历史沿革，结合房地一体确权登记、创建基本无违法建设区等具体工作，分类制定合理可行的政策措施，稳妥解决宅基地历史遗留问题。

十七、坚持“房住不炒”定位，推进区域职住平衡

58. 加大多层次住房供应。坚持房子是用来住的、不是用来炒的定位，建立以政府为主提供基本保障、以市场为主满足多层次需求、以推进职住平衡为基本原则的住房供应体系。有序推进商品房供应，加强市场监测预警和市场监管，持续推进房地产市场平稳健康发展。大力实施保障性住房工程，加快配套建设职工周转房、公租房，实施张家湾六小村等棚户区改造及安置房项目。完善共有产权住房分配、管理、退出制度，实现共有产权住房资源在无房家庭间有序流转。通过供应居住用地、与商品住房地块共同出让、利用国有企业自有用地等方式，加大共有产权住房供地力度。

59. 大力发展住房租赁市场。单列用地计划，增加土地供应，支持利用集体经营性建设用地、企事业单位自有闲置土地、产业园区配套用地和存量闲置房屋建设保障性租赁住房，支持通过“商改租”“工

改租”等形式将非住宅改建为保障性租赁住房。进一步规范管理住房租赁市场，建立租赁运营监管平台，加强租赁引导和专业化管理运营，维护好住房租赁市场秩序。

十八、坚持党的全面领导，强化干部队伍保障

60. 坚持党的全面领导。把党的政治建设摆在首位，贯穿城市副中心高质量发展全过程，增强“四个意识”、坚定“四个自信”、做到“两个维护”，确保党中央决策部署在北京不折不扣落地落实。强化各级党组织的领导责任和实施职责，将《意见》及本实施方案落实情况列入党委（党组）年度重点事项。严格落实全面从严治党主体责任、监督责任，不断提升党风廉政建设水平。

61. 加强干部队伍建设。全面贯彻新时代党的组织路线，持续强化干部队伍建设，提高城市副中心各级领导班子和干部抓改革、促发展、保稳定工作水平和专业化能力。落实城市副中心干部队伍建设三年行动计划，鼓励政治坚定、业务熟练的市级机关干部到城市副中心挂职和任职，激励干部大胆干事、担当作为，为副中心建设发展提供干部人才支撑。

十九、加强实施保障，强化责任落实

62. 建立组织保障体系。市委市政府城市副中心建设领导小组加强对城市副中心高质量发展工作的领导，定期召开会议听取《意见》及本实施方案落实情况，并作出工作部署。城市副中心党工委管委会加强统筹协调，推动各项重大政策、重大项目、重大改革试点早落地、早实施、早见效。创新城市副中心的管理体制和机制，加大市级赋权力度，实施相对集中行政许可试点，围绕土地管理、投融资体制改革、产业发展、人才引进、科技创新、金融服务、城市治理、区域协同、对外开放和地方标准制定等领域，进一步扩大市级赋权范围，明确新一轮赋权清单。市级各相关部门围绕本实施方案，结合各自职责分工，主动担当、开拓创新，落实好推进城市副中心高质量发展相关工作。通州区切实履行属地责任，与市级各部门加强协调联动、相互配合，形成合力。市委、市政府督查室加强督促检查，持续推动工作落实。

63. 强化重大任务和项目带动作用。制定城市副中心建设国家绿色发展示范区实施方案和通州区与北三县一体化高质量发展示范区设立方案、管理机构组建方案，将国家绿色发展示范区和一体化高质量发展示范区建设作为推动城市副中心高质量发展重要抓手。围绕实施方案提出的各项发展目标和重点任务，系统谋划、统筹安排、精心筛选一批基础设施、民生改善、产业发展等各领域具有一定规模的重大投资项目，涵盖重点功能片区，带动提升城市副中心整体发展水平。始终把项目质量放在第一位，科学合理安排建设时序，不断提升城市综合承载力和运行效率，打造“城市副中心质量”。市级各相关部门要提前介入、主动服务、加强指导，对城市副中心重大项目在供地安排、规划建设指标、资金安排等方面予以优先保障。

64. 强化新闻宣传和舆论引导。围绕推动城市副中心高质量发展，开展多渠道、多层次、多角度宣传报道，深入解读政策内涵和意义，把发展前景、政策优势、改革措施一揽子告知社会，扩大知晓度。宣传部门和网信部门加强舆情监测分析，指导相关部门及时回应社会关切。

（通州区人民政府提供）

社区居委会

潞源街道

含英园东	含英园十区 9 号楼
含英园西	潞源街道党群服务中心
朗清园北	朗清园一区西侧工勤楼
朗清园南	朗清园二区 10 号楼底商 10–1
朗清园东	朗清园三区 3 号楼一层 3–2

通运街道

运河湾	水仙西路 83 号
运河园	通运街道动物疫病防控中心院内
星　河	水仙西路 89 号
水仙园	通胡大街 68 号
紫荆雅园	通胡大街 1 号院月季园 10 号楼
荔景园	紫运西里荔景园新区 26 号
京贸家园	芙蓉园 310 号楼底商二层
芙　蓉	通胡大街 78 号京贸中心三层
牡丹园	通胡大街 11 号水恋晶城综合楼四层
融　御	通胡大街 1 号月季园 7 号楼

中仓街道

西上园	西上园小区一区甲 13 号楼一层
小　园	东营前街 6 号楼小园
滨　河	玉带河东街 2 号院 2 号楼单元 351
西　营	西营前街 18 号楼西侧平房
悟仙观	南大街 47 号
中　仓	玉带河东街 461 号 8 号楼东侧院内
四员厅	车站路 19 号
新华园	北人家园 2 号楼 1 层
白将军	东顺城街甲 8 号
东　里	新城东里 17 号楼后平房
莲花寺	莲花寺胡同 5 号
中上园	玉带河东街 145、147 号

新华街道

如　意	如意园甲 15–1–2
天桥湾	天桥湾小区 13 号楼北侧平房
盛业家园	通胡大街 23 号盛业大厦 2 层
京贸国际城	芙蓉路 1 号
京贸北区	京贸国际城南门东侧
河畔雅园	河滨路 1 号工艺 B 楼

北苑街道

后南仓	后南仓小区 12 号楼北侧平房
果园西	北苑南路 48 号院内平房
新华西街	新华西街 15 号院北门外
中山街	新仓路 2 号院 1 号楼底商 1–2
新城南街	富力金禧花园小区 3 号楼一层
北苑桥	八里桥南街一号院 F 座 303
滨惠南三街	北苑一路一号院 2–4 底商
帅　府	帅府园一期 40 号楼对面平房
西　关	北苑一路 1 号院万方家园锦园 C1–14
复兴南里	北苑南路 38 号院底商 2–6
玉带路	潞河中学北街 13 号
长桥园	八里桥南街 87 号院 3 号楼 3 单元 312
官　园	中山大街 56 号院 2 号楼

玉桥街道

新通国际	梨园西里 21 号楼南侧
玉桥东里南	玉桥东里 115 号楼 2 层
玉桥东里	玉桥东里 6 号楼底商 1 号 2 号
玉桥北里	玉桥北里 47 号楼
玉桥南里南	玉桥南里 50 号院 2 号楼底商
柳馨园	乔庄东区 91 号院南侧灰楼一层
乔庄北街	乔庄东区 91 号院南侧灰楼一层
运河东大街	葛布店东里 12 楼南平房
葛布店南里	当代名筑小区葛布店东里 100–8 号
玉桥南里	玉桥南里 22 号楼北平房
艺苑西里	艺苑西里 7 号楼 111
梨花园	梨园北街 18 号院 6 号楼前平房
葛布店北里	果园 47 号（蓝山国际）2 号楼 102
柳岸方园	玉桥西里中街 28 号

艺苑东里	艺苑东里小区 A3 号楼一单元一层
运乔嘉园	乔庄东区（博客园）62 号楼 4 单元 1 层
葛布店东里	北杨洼小区 28 号楼南平房
梨园东里	梨园东里南区 39 号楼对面物业楼一层西侧

杨庄街道

新华联家园南区	新华联家园南区 10 号楼 511 室
怡乐园	探矿家属院 28 号楼 2 层西侧
靓景明居	怡乐三区甲 21 号楼东北侧二层
京贸南区	怡乐中街 336 号院 1 号楼 0104 室
世纪星城兴业园	世纪星城 77 号楼 6 单元 101、102 室
世纪星城西	长城国际 66 号楼 D9 单元 3 层 106 室
杨庄南里南区	杨庄小区 13 号楼路西
杨庄南里西区	杨庄小区 1 号楼 7 单元对面平房院内
杨庄通广嘉园	杨庄怡乐一区 123 号楼底商 14–15 号
广　通	广通小区 1 号楼 2 单元 102 室
锦　园	五里店西路 6 号院 6 号楼底商 1011
五里店	杨庄路 5 号
新北苑	杨庄南街 1 号
京贸国际	八里桥南街 68 号院 1 号楼 107 室
天时名苑	天时名苑小区 10 号楼 1 单元 102 室
新华联家园北区	新华联家园北区东北门旁

九棵树街道

翠景北里	瑞都国际小区 9 号楼物业客服部二层
翠屏北里	翠屏北里西区底商 16 号
格瑞雅居	翠屏里 204 号楼怡乐中街 71 号
金侨时代	云景东里 365 号楼商 7 号
龙鼎园居	云景南大街 45 号新翠景园底商
苏荷时代	通朝大街 196 号葵花社小区底商
新城嘉园	新城嘉园小区 107 号楼 1 单元 101 室
怡乐中街	龙湖蔚澜香醍小区 101 号楼 101 室
玉兰湾	翠景北里 29 号楼
云景北里	新城阳光小区 32 号楼 511–513 室
云景东里	园景阁东区南门平方
云景里	云景里 10 号楼前三层小楼一层社区服务站

潞邑街道

龙旺庄	龙旺庄南街龙旺庄煤气站东院停车场院内平房
潞苑南里	潞苑南大街 25 号东亚逸品阁 20 号楼 2 层
潞苑南里西	京榆旧线路珠江丽景 64 号楼底商
东潞苑西区	潞苑中路东潞苑甲 12 号楼（尚东综合楼四层）
潞邑社区	潞苑南大街 185 号院新潮嘉园三期 21 号楼商 2
运通园	潞苑南大街 614 号院澜花语岸小区 9 号楼西侧平房
潞苑嘉园	陈列馆路永顺镇社会服务管理中心西二楼
潞苑北里	潞苑东路 40 号院（珠江拉维小镇）30 号楼二层
通瑞嘉苑	潞苑五街东潞苑一区 2 号楼二层 208–210

临河里街道

运河滨江	玉桥东里合生滨江帝景二期 122 号楼二层
潞阳桥	通和园小区 101 号楼 1 单元 101 室
净水园	梨园南街净水园 12 号楼
铭悦园	梨园镇砖厂南里 23 号楼二层 203
临河里	华业东方玫瑰小区 A 区 8 号楼一单元二楼旁
玫瑰园	华业东方玫瑰小区 D 区 9 号楼 123 号
土　桥	方恒东景小区 106 号楼首二层
砖厂南里	砖厂南里 43 号楼 3 单元南侧
花石苑	砖厂北里 133 号楼 406
裕　馨	裕馨家园小区西侧平房

永顺镇

惠兰美居	潞苑北里 4 区 8 号楼 2 层
榆东一街	金地格林格林小区南区 1 号楼 1 单元旁边小门上二层
永顺东里	新华北路 59 号院 3 号楼西侧平房
永顺南里	永顺南街 234 号

永顺西里	通惠北路12号楼底商6–7
富河园	富河园小区甲2号院
西马庄	西马庄小区34号楼东侧平房
天赐良园	榆景苑二期8哩岛小区22号楼底商东侧
西潞苑北区	安顺路368号三楼
悦澜家园	安顺路2号院1号楼1单元1层

梨园镇

万盛北里	万盛北里380号楼2层
京洲园	中泽馨园413号楼1层
颐瑞西里	群芳中二街152号瑞都公园世家小区5号楼
颐瑞东里	颐瑞东里C区147号2层
群芳园	云景东路66号院群芳园二楼
曼城家园	万盛北里甲420号楼三层305
欣达园	桃花岛小区15号楼4单元412室
通景园	通景园小区194号楼2层
新城乐居	新城乐居社区207号楼2层
大方居	大方居小区331号楼1层
怡然社区	怡然世家小区271号1单元1层
通大家园	通大家园20号楼三层
群芳一园	海棠湾小区14号楼一层
大方居北区	大方居小区323号楼二单元一层
晟世嘉园	晟世嘉园社区63号楼北侧

马驹桥镇

新海北里	新海南里39号楼3单元101室
新海祥和	新海祥和社区8号楼1单元101室
新海南里	新海南里39号楼1单元102室
瑞晶苑	景盛北二街15号院9号楼2层瑞晶苑
宏仁社区	马桥路228号院1号楼
香雪兰溪	景盛北二街3号院14号楼
国风美仑	国风美仑社区7号院6号楼
富力尚悦居	兴贸二区富力尚悦居B区05号楼
逸景家园	珠江逸景小区228楼
兴贸北街	燕保马驹桥家园6号楼

台湖镇

定海园一里	定海园一里7号楼底商
定海园二里	定海园二里9号楼底商
拾景园	拾景园小区4号楼
润枫领尚	兴光三街9号院22号楼
印象台湖北里	印象台湖25号楼三层南侧
印象台湖南里	印象台湖25号楼三层南侧

漷县镇

绿茵小区	漷大路绿茵小区南门附近
绿茵西区	绿茵西区小区西北角
金三角	德觅路与觅子店市场路交叉口东南150米

于家务乡

于家务西里	老政府院内
永济社区	紫峰九院城四区14号楼

村委会

玉桥街道

梨　园	梨园新村南区内梨园综合办公楼
三间房	梨园路与玉桥西里中街交叉路口往南约 100 米
北杨家洼	北杨洼小区 19 号创越基业写字楼附近
乔　庄	乔庄西区 18 号楼 4 层
南　关	玉桥西里小区 1 号楼底商

杨庄街道

杨　庄	杨庄路西 8 号
李老公庄	怡乐园一区 82 号楼东侧

九棵树街道

车里坟	云景东路 51 号
西总屯	翠屏里 218 号楼
西小马	翠屏南里街与翠屏西路交叉路口往东约 100 米
东总屯	东总屯小区 205 号楼
九棵树	九棵树家园
刘老公庄	九棵树西路 273 号
孙王场	孙王场小区 28 号楼

临河里街道

小圣庙	无固定办公地址
砖　厂	砖厂南里 23 号楼 522 室
小街一队	梨园东里南区
小街二队	九棵树东路 386
小街三队	临河里路临 2 号小街 3 队村委会

永顺镇

岳　庄	永顺路 45 号岳庄社区股份合作社
竹木厂	竹木厂村
西马庄	西马庄村
邓家窑	邓家窑村朝阳北路与金榆路丁字口路北
李　庄	李庄佳苑南区
新　建	新建村二期高层
北马庄	安顺北里小区甲 17
前上坡	永顺南里 1 号院
永　顺	永顺南街 109 号
范　庄	范庄村西潞苑小区临 21 号楼
后　窑	后窑村

梨园镇

半壁店	京洲北街半壁新村
大　稿	大稿新村 12 号底商
大马庄	大马庄小区
东小马庄	群芳中三街东小马庄村安置房小区
高楼金	高楼金第小区东侧
公　庄	群芳三园 85 号楼
将军坟	桃花岛小区西侧底商 998–30
孙　庄	日新路孙庄村
魏家坟	梨园镇政府东侧魏家坟村小区
小　稿	小稿村西区社区服务中心

宋庄镇

白　庙	白庙村西街 92 号
北刘各庄	北刘各庄村白师路西侧
北寺庄	北寺庄村东侧
北窑上	北窑上村窑平路北侧
菜　园	菜园村菜师路西侧
草　寺	草寺村通顺路东侧
大邓各庄	大邓各庄村堡师路西侧
大庞村	大庞村徐尹路南侧
大兴庄	大兴庄村潞苑北大街南侧
丁各庄	丁各庄村通怀路西侧
富　豪	富豪村东侧
岗　子	岗子村窑平路北侧
港　北	港北村东北侧
高各庄	高各庄村西南侧
高辛庄	高辛庄村西北侧

葛　渠	葛渠村西北侧
沟渠庄	沟渠庄村西北侧
关辛庄	关辛庄村任李路西侧
管头村	管头村北侧
郝各庄	郝各庄村右堤路西侧
后夏公庄	后夏公庄通怀路东侧
喇嘛庄	喇嘛庄村潞苑北大街北侧
六合村	六合新村一区南侧
南马庄	南马庄村徐尹路北侧
内军庄	内军庄徐内路东侧
平家疃	平家疃村通怀路东侧
前夏公庄	前夏公庄村通怀路东侧
任　庄	任庄村
师姑庄	师姑庄村白师路西侧
双埠头	双埠头村东南侧
宋　庄	宋庄村 99 号公寓
疃　里	潞苑北大街四海公寓 6 号
王辛庄	王辛庄村窑平路北侧
吴各庄	窑管路北侧
西　赵	西赵村任李路西侧
小　堡	小堡南街 38 号
小邓各庄	邓各庄村堡师路南侧
小杨各庄	小杨各庄村任李路东侧
小　营	小营村窑平路南侧
辛　店	辛店村潞苑北大街北侧
邢各庄	邢各庄村西南侧
徐辛庄	徐辛庄徐尹路北侧
摇不动	摇不动村白师路东侧
尹各庄	尹各庄村徐尹路北侧
翟　里	翟里村任李路北侧
寨　里	寨里村壁富路东侧
寨辛庄	寨辛庄村壁富路东侧

张家湾镇

张湾村	张湾村张湾博物馆旁边
张湾镇村	张湾镇村 7 号
施　园	施园村 102 号
宽　街	马营祥和乐园东底商北
唐小庄	唐小庄村
立禅庵	立禅庵村西张台路北侧
大高力庄	高丽园小区 223 号
南许场	南许场村村南
北许场	北许场新村底商 13 号
土　桥	土桥村
皇木厂	皇木厂村指挥部院内
上马头	临河里街道朗芳园六区 1 号楼三单元 101 室
张辛庄	贾各庄村 36 号
梁各庄	环湖小镇东区底商
东定福庄	东定福庄村 72 号
西定福庄	西定福庄村环湖小镇东底商 1 号
贾各庄	贾各庄村 62 号
姚辛庄	姚辛庄村
里二泗	里二泗村 481 号
烧酒巷	烧酒巷村 90 号
上　店	上店村 430 号
大辛庄	大辛庄村沟渠南侧
枣林庄	枣林庄民族小学东 200 米
何各庄	何各庄村 16 号楼 5 单元 512 室
瓜　厂	瓜厂村瓜厂路西侧
南姚园	南姚园村齐姚路南侧路边
齐善庄	齐善庄村南齐姚路向西 200 米路北
牌楼营	牌楼营村
马　营	马营祥和乐园东商北停车场口 150 米
前　街	前街村村南
中　街	中街村 268 号
后　街	后街村张采路西侧
后　坨	后坨村村东
小耕垡	小耕垡村 247 号
前南关	前南关村 1 号
后南关	后南关村东南六支渠西侧
前青山	前青山村主街路往南 50 米
后青山	后青山村 54 号
苍　上	苍上村 153 号
北仪阁	北仪阁村 402 号
王各庄	王各庄村西 300 米路北
东永和屯	东永和屯村村东
西永和屯	西永和屯村 275 号

小北关	小北关村诚意超市对面
大北关	大北关村 339 号
垡　头	垡头村委员会
三间房	三间房村三仓路成人学校对面
北大化	北大化村 658 号
柳　营	柳营村北路向西 800 米北侧
南大化	南大化幼儿园二楼
陆辛庄	陆辛庄村 340 号
十里庄	十里庄村 61 号
苍　头	苍头村东口三仓路北
南火垡	南火垡九州路南 10 米
坨　堤	坨堤村牛高路北
高　营	高营村 453 号
样　田	样田村 8 号

漷县镇

中辛庄	中辛庄村小靛路南侧
王　楼	王楼村郭庄路东侧
郭　庄	郭庄村东南侧
吴　营	吴营村小靛路靛庄小学东北侧约 220 米
靛　庄	靛庄村凉水河右堤路南 200 米
苏　庄	苏庄村村内
许各庄	许各庄村
南　阳	南阳村南阳路西侧
榆林庄	榆林庄村京塘路西侧
长凌营	长凌营村
三黄庄	三黄庄村村内
翟各庄	翟各庄村吴东路东 100 米
杨　堤	杨堤村村内
马　堤	马堤村马头小学西南 200 米
马　头	马头村村内
漷　县	漷县村漷马路北侧
马　务	马务村吴东路附近
东　鲁	东鲁村吴东路西侧
西　鲁	西鲁村村内
沈　庄	沈庄村村内
后　地	后地村村内
大香仪	大香仪村村内
小香仪	小香仪村村内
草　厂	草厂村田南路北侧
南丁庄	南丁庄村村内
黄厂铺	黄厂铺村村内
周起营	周起营村东南侧
东黄垡	东黄垡村石东路北侧
军　屯	军屯村漷大路北 100 米
柏　庄	柏庄村漷大路南 100 米
毛　庄	毛庄村村内
北堤寺	北堤寺村于永路南 50 米
西黄垡	西黄垡村漷大路西侧
高　庄	高庄村漷大路西侧
西定安	西定安村村内
东定安	东定安村村东口
徐官屯	徐官屯村漷大路北侧
大柳树	大柳树村村内
李辛庄	李辛庄村村内
东寺庄	东寺庄村东纪路南侧
张　庄	张庄村东纪路北侧
马　庄	马庄村石小路南侧
侯黄庄	侯黄庄村东纪路北侧
小　屯	小屯村南侧
曹　庄	曹庄村南侧
纪各庄	纪各庄村南侧
凌　庄	凌庄村村内
前尖平	前尖平村示范路北侧
后尖平	后尖平村大柏路附近
南　屯	南屯村村内
觅子店	觅子店村永觅路北侧
穆家坟	穆家坟村村内
尚武集	尚武集村永觅路北侧
石　槽	石槽村石东路与京塘路交叉口西南侧
军　庄	军庄村李军路南侧
龙　庄	龙庄村龙军路东侧
梁　务	梁家务村罗梁路南侧
罗　庄	罗庄村西侧
边槐庄	边槐庄村德觅路西侧
前元化	前元化村北侧
后元化	后元化村德觅路北侧

马驹桥镇

北门口	北门口村
一　街	马一街村
二　街	马二街村
三　街	马三街村
西后街	西后街村
辛　屯	辛屯小区 22 号楼旁
大葛庄	大葛庄村
东　店	东店村
西　店	兴华南街 327 号院 6 号楼
马　村	兴华南街 327 号院 6 号楼
大白村	兴华南街 327 号院 6 号楼
小白村	温馨家园西区 29 号楼 151 室
姚　村	温馨家园东区 10 号楼 862 室
张各庄	温馨家园西区 6 号楼 2 单元 263 室
张　村	温馨家园西区 16 号楼 1 单元 161 室
古　庄	温馨家园东区 10 号楼 7 单元 761 室
房辛店	房辛店村
小张湾	小张湾村
周　营	周营村
杨秀店	杨秀店村
郭　村	温馨家园南区物业楼一层
柴　务	温馨家园南区物业楼二层
小周易	小周易村
大周易	大周易村
史　村	史村
前银子	前银子村
后银子	后银子村
驸马庄	国风美仑小区 5 号楼
南　堤	国风美仑小区兴贸二街 7 号院 5 号楼 1 单元 1 层
大杜社	大杜社村
小杜社	小杜社村
西马各庄	西马各庄村
六郎庄	六郎庄村
小松垡	小松垡村
神　驹	神驹村
柏　福	柏福村
东田阳	东田阳村
南小营	南小营村
团瓢庄	团瓢庄村
姚辛庄	姚辛庄村
前堰上	前堰上村
后堰上	后堰上村
陈各庄	陈各庄村
西田阳	西田阳村
大松垡	大松垡村

西集镇

曹刘各庄	曹留各庄村
南小庄	南小庄村 113 号
上　坡	上坡村临 282 号
和合站	和合站村
安辛庄	安辛庄村
吕家湾	吕佳湾村
杨家洼	杨家洼村 167 号
辛　集	辛集村
肖家林	肖家林村 267 号
前寨府	前寨府村
后寨府	后寨府村
东辛庄	东辛庄村
大灰店	大灰店村
小灰店	小灰店村
大沙务	大沙务村
小沙务	小沙务村
牛牧屯	牛牧屯村
桥　上	桥上村
杜　店	杜店村
前东仪	前东仪村
史东仪	史东仪村
侯东仪	侯东仪村
黄东仪	黄东仪村
尹家河	尹家河村
赵庄村	赵庄村
侯各庄	侯各庄村 35 号
于辛庄	于辛庄村 160 号
车　屯	车屯村
武辛庄	武辛庄村

胡　庄	胡庄村
协各庄	协各庄村
西　集	西集镇西尹路旁
石　上	石上村
王　上	王上村
岳　上	岳上村
林　屯	林屯村
郎　东	郎东村 7 号
郎　西	郎西村 126 号
老庄户	老庄户村
冯各庄	冯格庄村临 5 号
耿　楼	耿楼村 247 号
陈　桁	陈桁村
小　屯	小屯村
何各庄	何各庄村 88 号
金各庄	金各庄
张各庄	张各庄村
望君疃	望君疃村
马　坊	望君疃村 187 号
小辛庄	小辛庄村
供给店	供给店村
儒　林	儒林村内
沙古堆	沙古堆村
太平庄	太平庄村
王　庄	王庄村
杜柳棵	杜柳棵村
任辛庄	任辛庄村
金　坨	金坨村 64 号

潞城镇

东杨庄	东杨庄村（三元村）
南刘各庄	南刘各庄
后北营	古月家园项目提升指挥部
堡　辛	东堡村委会东侧
前北营	古月家园东区 3–3–102
霍　屯	紫运园小区 2 号楼一单元
常　屯	古城小区 3 号楼 9 单元 102 室
七　级	七级村
黎辛庄	东堡村委会东侧
杨　坨	杨坨村
郝家府	古月家园项目提升指挥部
大　营	大营村
留　庄	东堡村委会东侧
辛安屯	东堡村委会东侧
侉　店	侉店村
西　堡	西堡村
胡各庄	古月佳园西区东门底商
召　里	召里家园 6 号楼
八各庄	八各庄村
东夏园	东堡村委会东侧
古　城	古月家园项目提升指挥部
东　堡	东堡村
魏　庄	三元村甲 14 号楼
东小营	古月家园项目提升指挥部
后　屯	后屯村
孙各庄	孙各庄新村
庙　上	庙上村（潞城地铁站西 150 米）
大　台	古月家园项目提升指挥部
岔　道	岔道村
太子府	太子府村
小甘棠	小甘棠
燕山营	燕山营村
兴各庄	兴各庄村
东刘庄	东刘庄村
李　疃	李疃村
崔家楼	崔家楼村
后榆林庄	后榆林庄村
前榆林庄	前榆林庄村
武　窑	武窑村
大东各庄	大东各庄村
前　疃	前疃村
肖　庄	肖庄村
小豆各庄	小豆各庄村
夏　店	夏店村
大豆各庄	大豆各庄村
武　疃	武疃村
卜落垡	卜落垡村
东前营	东前营村

贾后疃	贾后疃村
凌家庙	凌家庙村
谢　楼	谢楼村
大甘棠	大甘棠村
康各庄	康各庄村
小东各庄	小东各庄村

台湖镇

外郎营	外郎营村 50 号
北火垡	北火垡临 1 号
北姚园	北姚园村
丁　庄	丁庄村 41 号
董　村	董村 133 号
周坡庄	周坡庄村临 3 号
次二村	次渠南里 109 号楼
台　湖	台湖村村北水厂院内
马　庄	马庄夺 60 号
唐大庄	唐大庄村委会
兴武林	兴武林村 4 号
蒋辛庄	蒋辛庄村
北神树	次渠北里 5 区公建房
白　庄	白庄村 1 号
永隆屯	次渠北里二区 107 号楼
胡家垡	胡家垡村
西太平庄	次渠嘉园 7 区公建房
前　营	蒋辛庄村
麦　庄	前营村
桑　元	次渠南里 109 号楼
西下营	西下营村
高古庄	次渠北里 5 区 135 号楼
水　南	次渠南里 109 号楼二层
新　河	次渠嘉园 7 区公建房
次一村	次渠南里 109 号楼二层
江　场	江场村 139 号
窑　上	窑上村临 155 号
东下营	东下营村
口　子	口子村
垛　子	次渠嘉园 7 区公建房
玉甫上营	玉甫上营村 394 号
大　地	次渠南里 109 号楼
田　府	梨园镇萧太后河北岸 7 号
朱家垡	朱家垡村
桂家垡	次渠北里二区 107 号楼
东　石	次渠南里 109 号楼
碱　厂	碱厂村 290 号
徐　庄	徐庄村 22 号
北小营	次渠南里 109 号楼
铺　头	梨园镇萧太后河北岸 7 号
尖　垡	尖垡村 96 号

永乐店镇

永乐店一村	永新路 76 号
永乐店二村	老工商所斜对面
永乐店三村	永乐店三村 143 号
小南地	小南地村 28 号
新西庄	新西庄村 1 号
南堤寺东	南堤寺东村 317 号
南堤寺西	南堤寺西村 158 号
马合店	马合店村 330 号
大　羊	大羊村 202 号
孔　庄	孔庄村 1 号
老槐庄	老槐庄村 385 号
陈辛庄	陈辛庄村
邓　庄	邓庄村 24 号
后　甫	后甫村 26 号
东张各庄	东张各庄村 207 号
德仁务前街	德仁务前街村
德仁务中街	德仁务中街村 521 号
德仁务后街	德仁务后街村 331 号
西　河	西河村 103 号
东　河	东河村 236 号
小　务	小务村 151 号
大　务	大务村 586 号
鲁　城	鲁城村 236 号
后　营	后营村 243 号
西槐庄	西槐庄村 40 号
坚　村	坚村 79 号
小　安	小安村 19 号

临沟屯	临沟屯村 285 号
应　寺	应寺村 310 号
胡　家	胡家村 229 号
柴厂屯	柴厂屯村 136 号
熬硝营	熬硝营村
小甸屯	小甸屯村 315 号
三　堡	三堡村 141 号
半截河	半截河村 496 号
兴隆庄	兴隆庄村 122 号
前马坊	前马坊村 119 号
后马坊	后马坊村 51 号

于家务乡

于家务	于家务村五街 64 号北 100 米
东马各庄	东马各庄村 433 号
西马坊	西马坊村 69 号
果　村	果村 4 号
神　仙	神仙村 147 号
北辛店	北辛店村 304 号
大耕垡	大耕垡村 128 号
南仪阁	南仪阁村 114 号
南刘庄	南刘庄村 1 号
吴　寺	吴寺村 114 号
仇　庄	仇庄村 227 号
枣　林	枣林村甲 6 号
小海字	小海字村 037 号
渠　头	渠头村 244 号
南三间房	南三间房村 60 号
富各庄	富各庄 2 号
王各庄	三区 105 号
满　庄	满庄村 47 号
崔各庄	崔各庄村 116 号
东　垡	东垡村 45 号
西　垡	西垡村 161 号
前　伏	前伏村 55 号
后　伏	后伏村 101 号